ФУНКЦИОНАЛЬНО-КОММУНИКАТИВНАЯ ГРАММАТИКА

国家社会科学基金一般项目资助

中央高校基本科研业务费专项资金资助

（Supported by the Fundamental Research Funds for the Central Universities）

北京外国语大学学术著作出版资助

俄语功能交际语法

郭淑芬 著

北京大学出版社
PEKING UNIVERSITY PRESS

图书在版编目(CIP)数据

俄语功能交际语法 / 郭淑芬著. —北京：北京大学出版社，2023.1
ISBN 978-7-301-32952-8

Ⅰ.①俄… Ⅱ.①郭… Ⅲ.①俄语–功能语法 Ⅳ.①H354

中国版本图书馆 CIP 数据核字（2022）第 046983 号

书　　　名	俄语功能交际语法 EYU GONGNENG JIAOJI YUFA
著作责任者	郭淑芬　著
责 任 编 辑	李　哲
标 准 书 号	ISBN 978-7-301-32952-8
出 版 发 行	北京大学出版社
地　　　址	北京市海淀区成府路 205 号　100871
网　　　址	http://www.pup.cn　新浪微博：@北京大学出版社
电 子 信 箱	pup_russian@163.com
电　　　话	邮购部 010-62752015　发行部 010-62750672　编辑部 010-62759634
印 刷 者	河北滦县鑫华书刊印刷厂
经 销 者	新华书店
	787 毫米×1092 毫米　16 开本　35 印张　721 千字 2023 年 1 月第 1 版　2023 年 1 月第 1 次印刷
定　　　价	108.00 元

未经许可，不得以任何方式复制或抄袭本书之部分或全部内容。
版权所有，侵权必究
举报电话：010-62752024　电子信箱：fd@pup.pku.edu.cn
图书如有印装质量问题，请与出版部联系，电话：010-62756370

谨以此书纪念我的博士导师

Майя Владимировна Всеволодова
（玛雅·弗拉基米罗夫娜·弗谢沃洛多娃）教授
（1928—2020）

目 录

代 序 ··· 1
绪 论 ··· 1
　§1　本书的研究动机、意义和目的 ··································· 1
　§2　本书的主要特色 ··· 2
　§3　本书对"语法"的理解和研究方法 ································· 4
　§4　本书的结构和主要内容 ··· 5

第一篇　俄语功能交际语法的相关理论概览 ······················· 1

第1章　关于功能和功能主义 ··· 3
　§1　当代语言学对"功能"的界定 ····································· 3
　§2　功能主义的实质和发展脉络 ····································· 3
　§3　俄语功能交际语法对"功能"的理解 ······························· 7

第2章　俄语功能语言学的发展历史及特点 ····························· 8
　§1　俄语功能语言学产生的理论基础 ································· 8
　§2　俄罗斯功能思想的典型代表人物 ································ 10
　§3　俄语功能语法的界定 ·· 13
　§4　俄语功能语法与西方功能主义的区别 ···························· 15

第3章　当代俄罗斯功能语法的主要学派 ······························ 17
　§1　Бондарко 的功能语法理论及其发展状况 ······················· 18
　§2　Золотова 的学术成就及其交际语法思想概述 ··················· 21
　§3　Всеволодова 的学术生涯及成就简介 ·························· 26

第4章　俄语功能交际语法理念概述 ·································· 29
　§1　俄语功能交际语法的理论框架 ·································· 29
　§2　Всеволодова 对应用型功能交际语法的定位 ···················· 30
　§3　俄语功能交际语法对我国俄语教学的启示 ························ 31

第 5 章　俄语功能交际语法的方法论基础 ·············· 36
§1　对语言基本特征的认识 ················· 36
§2　对语言表达层面单位的认识 ············· 42
§3　对语言内容层面单位的认识 ············· 47
§4　对实现言语建构的语言机制的认识 ········ 51

第 6 章　科学院派和大学派功能语法的主要差异 ········ 53
§1　所属语言模式的不同 ··················· 53
§2　对术语理解和使用的不同 ··············· 54
§3　关于"三位一体"学说 ·················· 59
§4　关于"观念"的分类 ···················· 60
§5　关于"场"的分类 ······················ 61

第二篇　句法中的词汇 ···································· 63

第 7 章　词汇在句法中的功能 ························ 65
§1　词汇在功能交际句法中的地位 ············ 65
§2　词在句子中的功能体现 ················· 67
§3　词汇层面的语言世界图景 ··············· 70
§4　词汇与语境的关系 ····················· 71
§5　词汇的句法分类原则 ··················· 73

第 8 章　词类范畴和词的范畴类别 ···················· 77
§1　应用语言模型对词类的重新定义及其分类原则 ··· 77
§2　俄语词类的结构体系 ··················· 80

第 9 章　词的句法分类 ····························· 88
§1　形义对称词和形义非对称词 ············· 89
§2　功能标记词的分类和变异词的类型 ········ 92
§3　建构词的类型 ························· 95
§4　关系说明词 ··························· 96
§5　描写说明词 ··························· 97
§6　类别词和类属词 ······················ 101

§7	对词的语义分类的重新解读 …………………………………………	104
第10章	**名词的语义类别** …………………………………………………	**109**
§1	名词语义类别的分类 …………………………………………………	109
§2	表人和表动物名词 ……………………………………………………	110
§3	事物名词 ………………………………………………………………	110
§4	事件名词和特征名词 …………………………………………………	111
§5	名词语义类别的句法潜能 ……………………………………………	112
§6	专有名词和普通名词 …………………………………………………	113
§7	证同名词和述体名词 …………………………………………………	116
第11章	**动词的语义类别** …………………………………………………	**119**
§1	建构动词 ………………………………………………………………	119
§2	实体动词 ………………………………………………………………	121
§3	代动词 …………………………………………………………………	126
第12章	**形容词的语义类别** ………………………………………………	**127**
§1	形容词意义体系 ………………………………………………………	127
§2	形名词组中情景参项之间的关系类型 ………………………………	130
§3	形名词组中名词和形容词的语义级差 ………………………………	132
§4	汉语偏正词组与俄语形名词组的语义差别 …………………………	133
§5	形容词的述体类型划分 ………………………………………………	134
第13章	**副词的语义类别** …………………………………………………	**136**
§1	副词语义分类的新尝试 ………………………………………………	136
§2	情态副词的分类 ………………………………………………………	137
§3	表示客观特征的副词 …………………………………………………	139
第14章	**词的功能语义类别** ………………………………………………	**142**
§1	词的功能语义类别的概念 ……………………………………………	142
§2	词的功能语义类别组合的基础 ………………………………………	142
§3	汉语数量语义范畴中的量词与俄语的对应形式 ……………………	145

第三篇　语言的内容实体及其语言单位 ……………………………… **147**

第15章　概念范畴及功能语义场 …………………………………… 149
- §1　概念（逻辑）范畴和观念 ………………………………………… 149
- §2　功能语义场——概念范畴的民族体现 …………………………… 150
- §3　Бондарко对功能语义场的分类 …………………………………… 152
- §4　功能语义场的结构类型 …………………………………………… 156
- §5　Всеволодова对功能语义场理论的重新考量 ……………………… 158
- §6　数量功能语义场分析 ……………………………………………… 163
- §7　功能语义场理论对我国俄语教学的启示 ………………………… 167

第16章　功能语义范畴（意义体系） ………………………………… 169
- §1　功能语义场框架下的语义体系化原则 …………………………… 169
- §2　名词方位功能语义范畴（意义体系）——客观空间定位范畴 …… 172
- §3　名词和副词时间功能语义范畴（意义体系） ……………………… 177
- §4　意义体系的整体特点 ……………………………………………… 184
- §5　功能语义范畴（意义体系）在俄语教学中的作用 ………………… 185

第四篇　内容观念的言语体现层 ……………………………………… **187**

第17章　类型情景 ……………………………………………………… 189
- §1　类型情景的概念 …………………………………………………… 189
- §2　类型情景与命题的关系 …………………………………………… 191
- §3　类型情景与句子的关系 …………………………………………… 194
- §4　类型情景与功能语义范畴（意义体系）的关系 …………………… 196

第18章　所指角色 ……………………………………………………… 200
- §1　所指角色的类型 …………………………………………………… 200
- §2　述体角色 …………………………………………………………… 201
- §3　主事类角色 ………………………………………………………… 205
- §4　受事类角色 ………………………………………………………… 207
- §5　与事类角色 ………………………………………………………… 208
- §6　工具类角色 ………………………………………………………… 209
- §7　情景元角色 ………………………………………………………… 210

§8	疏状成分	211

第19章　类型情景和所指角色在俄语教学中的作用 … 216
- §1　类型情景概念在俄语教学中的作用 … 216
- §2　所指角色在俄语教学中的作用 … 217

第五篇　功能交际语法的形式结构及单位 … 221

第20章　词的句法形式——句素 … 224
- §1　句法中词的形式及其句法聚合体 … 224
- §2　句素的概念 … 227
- §3　句素的类型及其功能 … 228
- §4　句素位概述 … 231
- §5　名词句素的位置潜能 … 238

第21章　名词短语 … 242
- §1　名词短语的概念 … 242
- §2　名词短语的物质构成 … 243
- §3　名词短语的结构 … 244
- §4　把句素和名词短语引入我国俄语教学的意义 … 246

第22章　词组及其类型 … 252
- §1　词组的传统观念 … 252
- §2　词组在功能交际语法中的分类 … 254
- §3　描写词组的类型体系 … 256
- §4　多结构词组 … 262
- §5　词组的体系和聚合体 … 267
- §6　词组在俄语教学实践中的意义 … 271

第23章　句子和语句的基本特点 … 274
- §1　功能交际语法对句子的理解 … 274
- §2　形义对称结构及形义非对称结构 … 279
- §3　语句的四个平面及其结构 … 280

第24章　句子的线性语调结构 ·············· 284
　§1　句子线性语调结构的概念 ·············· 284
　§2　俄语词序的特点 ·············· 284
　§3　实义切分和语调的基本概念 ·············· 286
　§4　语调、词序与实义切分的相互关系 ·············· 289
　§5　实义切分与不同层面句子要素之间的相互关系 ·············· 292
　§6　句子成分的词序与实义切分的相互关系 ·············· 296

第25章　句子的聚合体系统 ·············· 298
　§1　句子聚合体系统产生的基础 ·············· 298
　§2　句子聚合体的构成 ·············· 301
　§3　句子的句法场 ·············· 303
　§4　句子的句法聚合体与语言教学实践 ·············· 311

第26章　句子的语义建构 ·············· 313
　§1　句子的逻辑类型 ·············· 313
　§2　句子的逻辑类型及其语言教学实践 ·············· 316
　§3　模型句的概念及其体系构成 ·············· 317
　§4　模型句的分析方法及形式标志 ·············· 318
　§5　模型句理论与我国俄语教学实践 ·············· 321

第27章　句子内容层面的构成 ·············· 325
　§1　句子的所指平面及其结构要素 ·············· 325
　§2　句子的交际平面 ·············· 328
　§3　句子的语义平面及与其他平面的关系 ·············· 329
　§4　所指角色和语义结构中伪角色的对应关系 ·············· 337
　§5　信源说明及其表达手段 ·············· 339
　§6　主观评述及其表达手段 ·············· 343
　§7　句子的内容层面及其语言教学实践 ·············· 350

第28章　句子的形式结构及句子成分 ·············· 353
　§1　功能交际语法中句子成分的新观念 ·············· 353
　§2　句子的述谓基础：述谓性和述谓化 ·············· 357

§3　词形在句子中的位置 359
§4　句子成分的重新划分及其新定义 361
§5　句子所指、语义和形式平面结构成素的对比 368

第六篇　语篇 373

第29章　功能交际语法视域下的语篇 375
§1　语篇的归属、概念及特征 375
§2　语篇的类型 379
§3　语篇与实义切分的相互关系 382

第30章　科学语体中的语篇 385
§1　书面科学语篇的基本分类 385
§2　成品科学语篇的结构类型 386
§3　生成科学语篇的类型 387
§4　科学语篇组成部分的功能特点 388
§5　语篇理论与语言教学实践 397

第七篇　语言机制 401

第31章　语义机制 404
§1　语义协调律 404
§2　配价机制 406
§3　语法结合机制 411
§4　蕴涵机制 413

第32章　形式机制 414
§1　支配范畴 415
§2　深层语法的形式机制——补充配置条件 422
§3　补充配置条件的词汇因素 425
§4　补充配置条件的词法因素 430
§5　补充配置条件的句法因素 432

第33章　交际机制 ································· 440
　§1　句子的交际聚合体概述 ····················· 440
　§2　实义切分机制及其聚合体 ··················· 443
　§3　句子的实义切分机制与语言教学实践 ········· 462
　§4　句子的解释机制及其聚合体 ················· 464
　§5　句子成分及语句的交际预期 ················· 468
　§6　引进描写述谓的同义句式变换 ··············· 476
　§7　逆向同义句式变换 ························· 481
　§8　同义转换 ································· 492

第34章　句子的解释机制与我国俄语教学实践 ······· 500
　§1　将解释机制引入我国俄语教学的重要性 ······· 500
　§2　学习形式简单语义复杂的句子解码和生成的方法 · 502
　§3　学习描写述谓的重要性 ····················· 504
　§4　学习逆向转换的重要性 ····················· 506
　§5　学习简单句句式变换的重要性 ··············· 507

结束语 ··· 510
参考文献 ······································· 513
术语俄汉对照汇览 ······························· 531

代 序

从20世纪七八十年代起，在语言学界出现了功能主义的研究倾向，无论在西方还是俄罗斯都发表了不少相关的论文和专著。我国英语学界对功能主义介绍较多的是韩礼德（Halliday）的系统功能语法理论，而我国俄语学界对俄罗斯语言学中的功能研究介绍得却相对较少，对功能研究关注不足，尤其在俄语教学实践中更是鲜少运用。

最早开始介绍俄语功能语法的是黑龙江大学的张会森教授，他于1988年起陆续发表了《功能语法导言》《俄语功能语法：祈使范畴》《俄语功能语法：存在范畴》《苏联的功能语法研究》等多篇论文，于1992年出版了《俄语功能语法》一书。随后逐渐有越来越多的中国俄语学者加入俄语功能语法的研究领域，如华劭、吴贻翼、王铭玉、于鑫等等。近年来，国内虽然出现了不少介绍和评论俄语功能语法的文章，但大都是针对该领域的某一个方面，全面系统呈现俄语功能语法理论体系的专著实属鲜见。

目前，俄罗斯的很多语言学家对"功能"概念的理解仍持不同看法，因此，形成了各种不同的流派。其实在俄罗斯的语言学研究中，功能主义有着悠久的研究历史和传统，很多俄罗斯著名的语言学家，诸如波捷布尼亚（А.А. Потебня）、博杜恩·德·库尔德内（И.А. Бодуэн де Куртенэ）、谢尔巴（Л.В. Щерба）、维诺格拉多夫（В.В. Виноградов）等都涉猎过功能主义研究，对功能思想和研究方法都做出过不同程度的贡献。

当代俄罗斯语言学家，特别是语法学家，在语言是一种社会现象、语言的根本功能是交际功能的思想指导下不断创新，开始从功能和交际的角度来研究俄语语法。俄罗斯功能语法产生的标志是著名学者佐洛托娃（Г.А. Золотова）在1973年出版了《功能句法概论》，随后圣彼得堡的语法学家邦达尔科（А.В. Бондарко）于1983年出版了《功能语法的原则和体学问题》，不久后由其带领的研究团队连续出版了六卷本系列文集《功能语法理论》（1987—1996），开始研究功能语法的方方面面，从此俄语功能语法的学理研究逐步迈向成熟。

俄罗斯的功能语法研究基本上很少受到西方功能语言学的影响，是以自我发展为主，有着独特的原创性。俄罗斯语言学家认为，功能语法不能完全取代传统结构语法，而是对其不足的有益补充。在研究层面上，俄罗斯学者更侧重从宏观层面来研究语言，注重建构宏观的语法体系；在研究方法上，多以描写为主，兼具说明解释，其目的是归纳语言事实，揭示语言的功能如何反映在不同的语言结构形式上；在研究视角上，俄语功能语法以"由表及里"以及"由里及表"两个角度进行研究，突破了传统语法"从形式到意义"的研究方法和把句子看成抽象样板的静态结构的局限。功能不再简单地等同于"语法功能"或"语义功能"，语言研究扩展到语言之外，即功能不仅来源于语言内部结构，还来源于语言使用者，于是便与"语境"发生了紧密联系，而且"语境"既包括狭义的"交际场合""上下文"，也包括广义的社会和文化环境，其哲学根源是"人本中心论"（антропоцентризм）。这些学理特点形成了俄罗斯功能语法学派的理论基础。在多个功能语法流派中，俄罗斯科学院语言研究所的佐洛托娃和邦达尔科属于科学院派，而莫斯科大学的弗谢沃洛多娃（М.В. Всеволодова）则属于大学实践派，因为她的功能交际语法理论是以服务于对外俄语教学为主要目的。

  弗谢沃洛多娃教授是我于1986—1992年间在莫斯科大学攻读博士学位时的导师，也是本书作者郭淑芬教授的博士导师，我们作为她的同门弟子，在求学期间承蒙恩师教诲，深得她的真传和影响。她不仅在俄语语言学和对外俄语教学上孜孜以求、认真严谨、笔耕不辍，成为我们的学术榜样，而且在我们的学业上也给予了无微不至的指导和带领，在生活和身心健康方面更是奉献了极大的关爱和援助，成为我们为人处世的表率和终身学习的标杆。这对我们来说真可谓受益终身，师恩难忘！

  弗谢沃洛多娃教授创立的俄语功能交际语法理论体系是对其一生在对外俄语教学实践中取得的经验和成果的总结。她认为，对外俄语教学需要的是一部全新的应用型、重在掌握语言机制而不只是分析抽象句子的实用语法。她把语法分为"表层语法"（открытая грамматика）和"深层语法"（скрытая грамматика），前者研究什么样的表达方式是正确的，后者则相反，研究什么样的表达方式是错误的。深层语法在传统语法中缺乏研究，因此，其对外语教学来说意义重大。而弗氏的功能交际语法二者兼容，囊括了表层和深层两个层面。她在自己的研究中大量列举外国人所犯的俄语错误，通过详细分析揭示出俄语的深层语言机制，从而验证了其语法解释力，不仅为对外俄语教师在教学中解释学生的错误提供了理论依据，也为学生避免类似错误提供了帮助。弗氏的功能交际语法是多层面的理论体系，对语句的研究采取所指、交际、语义、形式四个层面相结合的方法，进而总结出俄语的语言机制，同时还与所教外国学生的母语进行对比分析，了解学生出现俄语错误的原因，促使学生掌握俄语语言机制，从而满足交际需求，达到交际目的。因此，弗氏的功能交际语法理论在整个俄罗斯俄语学界和对外俄语教学界受到一致赞誉和广泛应用。

弗氏的功能交际语法首先来源于传统的结构描写语法，但同时也借鉴了佐洛托娃和邦达尔科等功能语法学家的先进理论、概念和术语，比如句素（синтаксема）、形义对称和非对称（изосемия и неизосемия）、功能语义场（функционально-семантическое поле）等理论，从而形成了不同以往、独树一帜的功能交际语法理论。弗氏的功能交际语法是以认识论为方法论基础的语法，是以语言的客观特点和言语体现的主观特点为研究的出发点。我们知道语言在言语中的每一种体现都是操该语言的具体的人，这就不只包含了客观信息，还不可避免地包含了说话者对该信息的主观态度。此外，语言还可反映出操语言者语言意识中的语言外客观事实，以及主观认识中客观的现实化能力，决定着语言的内容和语义空间。每一种语言的语义空间都是以一定方式结构化了的，从而形成了功能语义范畴和功能语义场。

弗氏认为，研究语言的内容和意义的表达手段（即从意义到形式的研究方法）是功能交际语法的重要组成部分。各种语言之间的区别不只是语法和词汇，还有涵义和意义体系，意义只有在语法和词汇的帮助下才能得以表达。每一种语言独特的语义空间构成了操该语言者的"语言世界图景"。学习外语的困难即由母语与对象语之间世界图景的差别引起，因此，学习外语必须了解其语言世界图景。语言是一个系统组织，是人的意识在语言中的系统反映。语言的系统性是依赖语言各层面单位的具体特征而形成的，比如以词形变化和词类特点为基础的词的分类组合具有一定的有序性。这些形式上的特点都与内容紧密相联系，但又不是任何时候都直接而单一地表现出来，俄语中由"城市名称"构成"该城市居民"一词（如Москва – Москвич; Тула – Туляк; Киев – Киевлянин; Саратов – Саратовец等）时就没有一定的规则和系统，形成了俄语中反系统的区域，这一现象还有待于进一步深入探讨研究。语言的多种形式构成了意义的复杂系统，意义又是通过语言的各种手段表达的，是有结构的。由于语言本身具有客观性，故语言系统也具有客观随机性特征，正如西安人把馍夹肉称作肉夹馍一样。鉴于语言事实的多样性，语言便成为一个既有交际功能又有信息功能的多功能体系，它不可能只有一个强大统一的专门机制来解释交际中出现的各种问题，于是语言便形成了各种不同的研究领域。然而，人们在组织言语时需要同时运用词汇、词汇—语法、构词、句法、语调、语篇等各种手段来实现交际，这就是打破传统语法各语言层面相互孤立的功能交际语法的研究方法。

弗氏在其功能交际语法里提出了三个表达单位：（1）词的句法形式或称句素；（2）名词性句素或称名词短语（именная группа）；（3）语句（предложение-высказывание）。在表达框架内研究的对象还有词组和语篇，包括超句统一体和复杂的句际组合统一体等。弗氏在研究功能语义范畴问题时提出了"意义体系"（система значений）概念，特别对时间和空间意义体系做出了极其详细的建构。此外，词序、实义切分（актуальное членение）和语调也是弗氏功能交际语法的研究对象，其在言语的主观情态评述方面做出了深入探讨。语言机制是弗氏关注的又一重要课题，这是在语言的各个方面调节语言结构运作的一种机制。学会运用语言机制对掌握言语的正确性有非常重要的意义，特别是对外国人学习俄语时掌握语义机制和形式机制并说出符合标准的俄语表达有着不可估量的作用。以上这些理论概念成为弗氏功能交际语法的创新标志，不仅为俄语功能语法研究开辟了新的视角和研究方法，也给对外俄语教学带来了更加实用的指导。

弗氏对俄语语法做出的创新贡献使其在俄罗斯国内外的影响日益扩大，在对外俄语教学中的地位显著提高并且发挥着巨大作用。然而，在我国俄语教学中，弗氏的功能交际语法理论还未得到充分的重视和运用，期望郭淑芬教授这本专著的出版能够改变这一现状。以上提及的功能交际语法的各种理论概念都在郭淑芬教授的专著中得到全面细致的描述和呈现，唯愿这本专著能使俄语功能交际语法理论在中国得到大力推广和广泛应用，为我国俄语教学的发展贡献应有的一份力量。

郭淑芬作为弗谢沃洛多娃教授的得意门生，在学生时代在莫斯科大学进修的三年（1986—1989）期间就开始聆听导师的理论课并参加相应的专题研讨课，在导师的指导下完成了年级论文，后来在读博期间也一直得到导师的培养和指导，受到导师言传身教的深刻影响，因此，她对导师的功能交际语法有较为细致深入的理解和继承。毕业回国后郭淑芬开始在教学第一线从事俄语实践课和语法课的教学，感受到传统语法和功能交际语法的不同，希望能把所学到的新理论引进俄语课堂中，积累了不少教学经验，也发现了不少存在的问题，在不断的科研工作中越来越发现将导师的功能交际语法理论引进我国俄语教学实践的必要性，也发表了多篇相关的学术论文，为中国俄语教学提供了一些有益的启示、指导和实操方法，同时也为学生深入理解俄语言语、用俄语准确表达自己的思想以达到交际目的提供了必要的帮助。我想这也是郭淑芬教授出版该专著的初衷和最终目标。

在该专著中郭淑芬教授对俄罗斯最主流的功能语法学派的学术思想和成就进行了详细介绍和评述，厘清了各功能语法学派的独到之处和主要差别，以弗氏创立的功能交际语法理论体系为蓝本和框架，运用"大语法"概念（即打破传统的形式和内容界限，把属于不同层面的分支学科，如词汇、词法、句法、构词、语义、语篇和语用等，都囊括在表达相同语义的同一个功能语义场里整合研究），从新的研究视角出发，即采用"从意义、功能、交际意图到语言已有的表达手段和形式标志"的研究方法对功能交际语法中的诸多语言现象进行了多层面、全方位的解析，指出了将各个理论概念（如句素、名词短语、类型情景、所指角色、句子的四个平面、句子的句法聚合体、模型句、线性语调结构、实义切分、句子成分的交际级等）引进我国俄语教学的重要作用、意义和影响，并在必要的地方与汉语进行了对比分析。这种新型的整合研究方法在我国俄语界具有一定的创新意义，对我国俄语教学，特别是对俄语语法教学和教材编写在理论和实践上都具有很强的指导作用和现实意义。

在我国俄语界，郭淑芬教授是把弗谢沃洛多娃的功能交际语法理论体系完整、全面、详尽地介绍到国内的第一人。通读该专著之后，我为该著庞大的篇幅、丰富的内容、严谨的结构、细致入微的语料分析而感到震撼和佩服。特别是看到作者根据多年的教学实践经验和学术研究成果，不仅自己撰写发表了几十篇相关学术论文，同时还指导多位硕士研究生在俄语功能交际语法领域进行了诸多题目的俄汉语对比研究，取得了丰硕成果，我作为同门师兄为她感到骄傲和自豪，也为我们导师的理论成就能够在中国得到继承和发扬光大感到无比欣慰。

该专著引进了许多新观念和新思想，采用了一些新材料和新方法，值得我国俄语学界的同仁和年轻学者对俄语功能交际语法理论进一步关注、研究并共同探讨。诚愿郭淑芬教授为我国俄语教学事业做出的贡献，为俄语专业广大师生介绍的俄语功能交际语法理论体系以及易于操作又卓有成效的分析方法和教学步骤，能够得到俄语界同仁的认可，为我国俄语教育事业带来裨益。

谨以此序献上我对恩师弗谢沃洛多娃教授的无限哀思和怀念！衷心感谢她对俄语语言学做出的巨大贡献和对我们中国学生的栽培！感谢郭淑芬教授为恩师的俄语功能交际语法理论体系和教学实践经验在中国俄语学界的大力推广和传播所付出的辛苦努力！

以上所述如有不当之处，敬请专家学者批评指正。

王仰正
2021年11月15日
于西安

绪　论

§1　本书的研究动机、意义和目的

弗谢沃洛多娃（М.В. Всеволодова[①]）是莫斯科大学语文系的著名教授、语文学博士，是本人1995—1999年间在莫大攻读博士时的导师。在读博期间我有幸上了她的"功能交际句法理论"课，在她的指导下完成了博士论文并通过了答辩。2000年她的教材《功能交际句法理论——应用语言学模型片段》问世，经过对该书的不断学习和深入研究，我发现这是一部系统庞杂，涵盖语法、语义和语用多学科，包括形式、内容、交际和语言机制多层面的整合语法理论体系，其中有很多理论概念和研究方法我国俄语学界还没有涉猎，值得进一步深入探索和钻研，并在可能的情况下将该语法引入我国俄语教学以及俄汉语对比研究中。于是，本人在2011年9月就该课题成功申请到国家社科基金项目，2018年6月顺利结项。本书就是该项目的主要研究成果。

弗谢沃洛多娃一生致力于俄语功能交际语法理论研究和对外俄语教学实践，耄耋之年依然笔耕不辍，于2016年对原教材进行了修订，补充了很多新的内容，本书也在原成果基础上做了部分补充和修正。

2020年是全世界经历疫情之年，新冠病毒夺走了很多人的生命。2月份我最挚爱的导师也因病离世，谨以此书献上我的哀思和怀念，以纪念她为俄语语言学和对外俄语教学做出的巨大贡献。希望她的俄语功能交际语法研究能够后继有人，得到进一步发展和推广，唯愿本书能够为我国俄语科研和教学事业贡献绵薄之力。

当今语言学的研究角度在发生不断变化，从原来更多关注语言的形式结构转向对语言的功能、使用规则和规律的研究。俄语语法研究也呈现出多视角和多维度的态势，其中引起学者极大关注的方向是研究活的语言的功能主义研究方法，即在传统形式语法的基础上，形成了与"从形式到意义"相反的"从意义到形式再到功能"的新的研究方法。功能语法作为描写语言语法结构的特殊方式，作为语法学发展的新趋势，近几十年来在俄罗斯发展很快，相继诞生了理论派和实践派两大研究阵营以及多个俄语功能语法学派。

[①]　本书只对第一次出现的俄文名字写名字和父称的第一个字母，再次出现时则省略，只写姓氏的俄文。鉴于书中涉及的俄文名字太多，限于篇幅我们只对较常见的名字在第一次出现时译成汉语，其他恕不逐一翻译。

随着俄罗斯对外俄语教学和我国俄语教学的不断发展，从前不可或缺的传统描写语法已无法满足时代需求，如今俄语语法研究和教学不只需要采用"从形式到意义"描写方法的传统语法，即谢尔巴（Л.В. Щерба）所说的"消极语法"（读者或听者的语法），更需要采用"从意义到形式"描写方法（即从功能、意义、交际目的和意图到语言已有的手段和形式标志）的功能语法，也就是"积极语法"（说者或写者的语法）。

众所周知，语言的形式和功能是紧密相联系的两个方面，传统语法更重视形式方面，总是先给出某个语法形式，然后再找到该形式的使用方法，即了解其功能，就像解数学题的方法，先给出某个公式，再用这个公式去解题。然而这并不符合人和自然存在的实际情形。人首先是先遇到某个情景，然后才决定应该如何解决问题，即找到其解决方法。于是语言的功能越来越受到研究者的关注。

俄语功能语法从20世纪60年代开始发展，先后出现了邦达尔科（А.В. Бондарко）、佐洛托娃（Г.А. Золотова）和弗谢沃洛多娃（М.В. Всеволодова）等多位功能语法学家，有六卷本《功能语法理论》（Бондарко等 1987—1996）、《现代俄语功能句法概要》（Золотова 1973）、《俄语句法的交际层面》（Золотова 1982）、《功能交际句法理论》（Всеволодова 2000）等学术著作相继问世。但到目前为止，我国还没有完整的介绍俄语功能交际语法理论与实践的专著和将该语法引进我国俄语教学的教材。正是这一背景促使我把Всеволодова的功能交际语法理论作为本书的研究对象。鉴于该功能交际语法理论的最大特点是把语法理论与对外俄语教学实践相结合，本书尝试把该理论引入我国俄语教学，为之提供一些教学建议和策略，同时倡导借助该语法的相关理论指导汉语语法研究，并进行俄汉语相关语法课题的功能对比研究。

本书的目的是为我国俄语学界提供一部不同于传统语法的完整系统的俄语功能交际语法专著，同时也希望能为俄语语言学方向的研究生提供一本教材及参考书。

§2 本书的主要特色

本书所依据的理论是一部创立于应用语言模式框架下的功能交际语法。Всеволодова（2016: 1）认为，"语言模式"是语言学家在研究解决某些具体问题过程中形成的对整个语言的某种认知，因而解决不同问题的语言学家就在同一研究方向中形成了不同的语言模式，比如在俄语功能语法框架内就有四种不同的语言模式：（1）Бондарко（1967）的普通功能语法模式；（2）Золотова（1973）的交际语法模式，是为分析文学作品语言而创立的有效工具；（3）Всеволодова（2000）的应用语言模式，是针对外国人在各种活动领域中学习用俄语交际，即为学会用俄语进行自然交际而创立的客观语法（объективная грамматика）[①]；（4）З. Д. Попова（波波娃）创立的沃罗涅日学派的功能语义语法。应用语言模式的特点是研究语言如何起作用和如何运作，构成语篇的语言单位、交际条件和说话者的交际任务之间如何联系，故其名称是功能交际语言教学法语言模式（функционально-коммуникативная лингводидактическая модель языка）（Амиантова и др. 2001）。多年的俄语教学实践证明，我国需要这样一部理论联系实际、关注自然交际中语言的客观语法，因为我们以前的俄语教学中过分注重以形式结构描写为主的传统语法，而在如今俄语学不断发展变化的时代，传统语法已无法满足以学会言语交际为主要目的的教学实践。Всеволодова（2000：3）指出，对外俄语教学所需要的语法应该描写以下内容：

（1）语言的内容，即语义空间，应包含两个方面：客观意义，即巴利（Балли）所谓的客观陈述（диктум），主观意义，即情态性或巴利所谓的主观评述（модус）；

（2）各种意义表达手段的集合，不管这些手段处于哪个语言层面；

（3）这些手段的类型及其在言语中的功能；

（4）保证言语的正确性并符合交际参项需求的语言机制。

也就是说，该部应用型语法关注的是对语言的掌握，而不仅仅是对抽象样板的分析。重视语言内容，运用从内容（语义）到其表达手段的研究方法，寻找正确表达语言内容手段的语言机制，是功能交际语法的最大特点。该语法在强调"功能"的同时，也强调"交际"，这里的"功能—交际"概念的内涵与西欧或美国功能主义学派或俄罗斯本土其他功能语法学派的理解不完全相同，该语法更注重语言系统的建构。功能交际语法虽然与传统语法从结构—语义角度描写的系统不完全相同，但并不排斥描写语法中的基本观点，而且特别强调词汇在句法中的作用，注重语言语义空间和句子内容常体的构造，关注句子内容和包含该内容的模型句意义之间的相互关系等其他许多语言现象。如果不了解这些，便无法建构完整的应用语言模式，也便无从写出思想理论完整的功能交际语法。

Всеволодова（2016：10）认为，功能交际语法不仅是一个流派，而且是整个语言学发展的一个新阶段，囊括了各种流派和学派的成果，同时定位于语言教学。因此，那些经过教学实践检验、适用于应用教学语言模式的国内外各语言学家（无论是理论派还是实践派）的思想（包括科学院派功能语法、语义语法、语用学、认知语言学等各个不同流派的思想观点及研究成果）在功能交际语法中都得到了充分的运用和发展。语言教学实践促使

[①] 按照Всеволодова（2016b：7）的观点，客观语法描写自然交际中出现的真实言语，即操语言者说自己的语言时可能会破坏规则，但不会犯超出语言体系用法之外的错误（口误除外）。

Всеволодова对语言事实及其分析和描写方法进行深刻的理论反思和重新审视，于是形成了一种不同于形式语法的新语言观，创立了一套认识语言事实的不同价值体系，致力于从"内部"观察语言，呈现出与其他语言不一样的语义架构图、不一样的意义表达手段和机制，这就是把语言当作交际系统来研究的功能交际语法的主要任务。这部语法不仅有益于以交际手段为目的的俄语教学，而且更利于功能交际语法领域的学术研究。

§3 本书对"语法"的理解和研究方法

在语言学研究中，对"语法"这个术语有两种理解，一是指语法规律，即客观存在的语法事实，二是指语法学（知识或理论），即语法学者对客观语法事实的说明。也有人把语法当作"语言学"的同义词。通常人们所说的"语法"这一术语包含三方面的所指：（1）语言构造；（2）对语言构造的描写；（3）对某些语言单位语法特点的描写，比如某个词类的语法（名词语法、动词语法等）或某个格、不定式、前置词的语法（ЛЭС：113）。本书使用的语法指语法学，即从功能和交际的角度对语言系统进行描写。

我们知道，俄语传统语法由词法和句法两大部分组成，词汇学、构词学、语义学和语用学都是独立的语言学分支学科，而功能交际语法是个"大语法"概念，即打破了传统上的形式和内容层面的界限，把属于不同语言层面的分支学科（包括词法、句法、词汇、构词、语义、语篇、语用等）由同一语义功能结合成一个整体。在属于屈折语的俄语中，句法和词法有着密切的联系，二者之间的关系有着极其重要的意义。而句法又是语法的中心，无论是美国的乔姆斯基（Н.Хомский），还是俄罗斯的维诺格拉多夫（В.В.Виноградов）都持这一观点。

我们也认为，俄语语法最重要的一个问题是对句法的系统描写。因此，本书以从功能和交际的角度系统描写句法理论为主，解释具体语言现象的语言机制为辅，同时兼顾从词汇、语义和语用等方面对语言现象进行分析。这不仅是因为当今语言学研究趋向于多视角、多层次、多系统、多功能的整合研究，而且也是基于我国俄语语法教学（尤其是研究生阶段）对功能交际语法迫切需要的考量。

本书也遵循并延续从功能、意义、交际目的和意图到形式的研究原则，不仅有整体、宏观的语言系统方面的描述，也有对具体语言现象的细致分析，主要运用从"意义到形式"，同时也兼顾从"形式到意义"的研究方法，此外还运用了归纳法、描写法、成素分析法和对比法来探究俄语功能交际语法，力争取其精华，去其繁琐，为我国俄语教学所用。

§4　本书的结构和主要内容

本书由绪论、正文七篇（共34章）、结束语、参考文献和术语俄汉对照汇览组成。

绪论主要论述了本书的研究动机、意义和目的，阐明了本书的主要特色、对"语法"的理解和研究方法，概述了本书的结构和主要内容。

第一篇"俄语功能交际语法的相关理论概览"（1—6章），介绍了功能、功能语法和功能主义的概念；概述了西方功能主义的主要流派及其与俄语功能语法的相异之处；简述了俄罗斯功能语法主要学派的代表人物、学术思想及其不同的功能观；重点介绍了弗谢沃洛多娃的功能交际语法的方法论基础、重要的学术理念及其在俄语功能交际语法方面的创新和特殊贡献；论述了俄语功能交际语法理论对我国俄语教学的启示。

第二篇"句法中的词汇"（7—14章），介绍了俄语词汇在句法中的功能、词类范畴和词的范畴类别、词的句法分类；描述了名词、动词、形容词和副词语义类别的划分和词的功能语义类别。

第三篇"语言的内容实体及其语言单位"（15—16章），阐述了功能语义场和功能语义范畴（即意义体系）的主要内容及其对我国俄语教学的启示和作用。

第四篇"内容观念的言语体现层"（17—19章），讲述了语言内容实体的言语体现，即类型情景和所指角色的概念及其相关内容，论述了这两个概念在俄语教学实践中的作用。

第五篇"功能交际语法的形式结构及单位"（20—28章），描述了功能交际语法的主要形式单位（句素、名词短语、词组、形义对称和非对称结构、同构和非同构结构、句子和语句）的概念和相关内容；论述了把句素和名词短语引入我国俄语教学的意义；重点介绍了句子的四个平面及其结构、句子的线性语调结构、句子的聚合体系统、句子的语义建构以及句子成分的新观念。

第六篇"语篇"（29—30章），主要介绍了语篇作为功能交际语法研究对象的相关内容，包括语篇的归属、概念及其特征，语篇的类型，语篇与实义切分的相互关系，分析了科学语体中的语篇，包括书面科学语篇的基本分类、成品和生成科学语篇的类型以及科学语篇组成部分的功能特点，指出了语篇理论在俄语教学实践中的意义和作用。

第七篇"语言机制"（31—34章），阐述了句子语言机制的类型及其内容，重点分析了语义机制（包括语义协调律、配价机制、语法结合机制、蕴涵机制）、形式机制（包括支配范畴和各种补充配置条件）、交际机制（包括实义切分机制和解释机制）的主要内容以及掌握这些语言机制的重要性。

俄语功能交际语法在我国的研究历史并不长，在学术领域和俄语教学中都还未得到应有的研究和推广，希望本书能够为此献出绵薄之力。

鉴于俄语功能交际语法理论内容庞杂，本人的学术水平、研究能力、精力和时间都极其有限，书中表达不当和错误之处在所难免，切望专家、学者和同仁不吝赐教，批评斧正。

衷心感谢我的博士导师弗谢沃洛多娃教授为俄语功能交际语法研究做出的巨大贡献，感谢她对我的培养，为我在俄语功能交际语法研究的道路上坚持不懈地走下来打下坚实的理论基础。相信她在天有灵，一定会为她所创立的俄语功能交际语法理论在中国被推介、引用和发展而感到无比欣慰！

感谢我的丈夫和女儿对我所从事的科研工作一直以来的支持和鼓励，感谢亲人、朋友和同事们在生活、身体和精神健康等各方面给予我的莫大关心和鞭策！

特别鸣谢北京大学出版社的张冰编审和李哲编辑对本书出版所付出的努力，若没有他们的大力支持和辛苦付出，便不可能有本书的面世！

感谢国家社科基金项目提供的科研资助！

感谢北京外国语大学为本书出版提供的资助！

第一篇 俄语功能交际语法的相关理论概览

第1章
关于功能和功能主义

§1　当代语言学对"功能"的界定

　　功能（function，функция）一词源于古拉丁语词根（functio），原本有两个意思：功能；函数，函数关系。文献中的"功能"有多种涵义，基本意思有"职能、功用、用途、使用、作用、意义、目的"等（胡壮麟1996），不同的学者使用的涵义有所不同。基于对"功能"的不同理解，在功能语言学中产生了各种不同的流派和思想体系。语言学中的"功能"是指语言成素（结构、成素分类等）或整个语言系统完成某种功能或起作用的能力。对语言功能的理解首先是在人类交际中语言所起的作用（使用，用途）。根据传统的分类，语言最重要的基础功能是交际功能（即指语言作为一个人向另一个人传达信息的交际手段）、认知功能（即表达意识活动、存储和处理信息的手段）、表情功能（即感情和情感表达的手段）、元语言功能（即用语言本身的术语来描写和研究语言的手段）。

　　当代语言学对"功能"术语有两个基本解释：狭义的指独立的语言单位在语句中完成自己使命的作用；广义的指语句本身完成交际行为的能力（Левицкий 2010: 34）。研究语言和言语的功能是功能学派的中心课题。其实，20世纪前50年的普通语言学理论在不同程度上都是"功能的"：最典型的是布拉格功能主义，然后是伦敦功能主义，其后是荷兰功能主义。日内瓦学派的典型代表是巴利（Ш.Балли），他曾对法国语言学家泰尼耶尔（Л.Теньер）和马丁内（А.Мартине）等都有过较大影响，他们属于温和的功能主义，比较现实地看待语言事实的功能解释。

§2　功能主义的实质和发展脉络

　　随着语言研究逐渐由关注形式转向重视功能，世界各地出现了研究功能语法和功能语言学的热潮，于是当代语言学研究形成两大主流，一是以哲学和心理学为基本指导的形式语言学，二是以人类学和社会学为基本指导的功能语言学。形式主义认为，语言学的主要任务是研究语法成分之间的形式关系，无须涉及这些成分的语义性质和语用性质。功能主义[①]（functionalism，функционализм）认为，形式和意义紧密相关，不仅要研究语言的形式结构意义，更要研究词和句子的情境意义。

"功能主义"其实不是语言学的分支学科，而是语言学研究的一种思路或研究方法。"功能主义"这个术语在一系列人文科学中，首先是语言学、心理学和社会学中，用来指一定的方法论原则。在语言学中"功能主义"被称作一种无法离开功能概念对语言的基本特性进行描写的理论方法。很多现代功能主义流派的具体任务就是用功能来解释语言形式。

胡壮麟（2000：22）指出，功能主义是当代语言学界与形式主义相对峙的一种学术思潮，旨在通过语言在社会交际中应实现的功能来描写和解释各种语言的语义、语法和音系的语言学特征，因而这里所说的功能内涵上远远超过传统文献中的诸如"主语""宾语""补语"等句法功能。

功能主义与形式主义的基本区别表现在研究方法上：形式主义的研究方法是把厘清语法构成因素之间的形式关系作为中心任务，而不考虑这些因素的语义和语用特征；功能主义的研究方法则是强调语法形式强大的表意功能，语法的分解毫无意义。很多语言学家都倡导形式主义和功能主义的相容和互补。因此，在研究的一定水平上功能主义和形式主义的区别，可视为"兴趣的主要焦点"的区别。功能主义者的兴趣焦点是了解为什么语言（语言整体及每一个具体的语言事实）是如此构造的。功能主义者不一定否定形式，只不过这个问题对他们来说不重要而已。

功能主义在句法自治性、语言习得、语境等问题上区别于形式主义，突破了形式主义语言学的静态研究陈规，开辟了动态研究的新领域。这对语言学的发展无疑是一大进步。

从整体上看，功能主义旨在通过语言在社会交际中应实现的功能来描写和解释语言在语义、语法和音系各层面的语言特征，是从语言功能的角度来研究功能与形式的对应关系，解决语言为什么是这样的问题，揭示功能影响语法结构这一现象的本质，也就是从语言系统外部寻求对语言现象的解释。

虽然功能主义在近几十年才形成，但与其相关的思想在语言学中几乎存在于其整个历史进程中。在讨论某个语言形式时不可避免地要问"为什么说话者需要用这个形式"，比如即使是时间语法范畴的形式描写本身通常也要基于假设语法时间跟现实世界的时间是相关的。

---

① 本节所提到的功能主义都指西方的功能主义，主要包括欧洲和美国的功能语言学，不包括俄罗斯的功能语法。

功能思想的源头可追溯到波兰语言学家博杜恩·德·库尔特内（И.А. Бодуэн де Куртенэ），他在瑞士语言学家索绪尔（Ф.Соссюр）之前就已经提出了关于语言功能的思想。但功能主义理论在语言学界的广泛传播是布拉格语言学派的功劳。功能主义的先驱主要是布拉格学派的叶斯柏森（О.Есперсен）、马泰休斯（В.Матезиус）、雅各布森（Р.О. Якобсон）、特鲁别茨科伊（Н.С. Трубецкой）等。功能主义最早的出版物之一是《布拉格语言学小组纲要》（1929），其中Якобсон、Трубецкой和С.О. Карцевский将语言定义为表达手段的功能和目的性体系。

20世纪30年代初，捷克语言学家马泰休斯提出了语言的"二功能说"，即交际功能和表达功能，其中交际功能是语言的基本功能。后来德国心理学家和语言学家布勒（К.Бюлер）提出了区分交际功能的"三功能说"，即三种交际功能与交际过程的三个参项（说话者、听话者和言语内容）和三个语法人称相对应，它们是表达功能（экспрессивная функция，指说话者的自我表现）、称谓功能（апеллятивная，指对听者的称呼）和描述功能（репрезентативная，指对交际所涉及的外部世界信息的传达）。到了60年代，雅各布森发展了布勒的功能模式和布拉格学派的思想，提出了更加详细的包括六种交际成分的模式：说话者（говорящий）、受话者（адресат）、联系渠道（канал связи）、言语主题（предмет речи）、编码（код）和报道（сообщение）。在这个模式基础上得出语言的"六功能说"，除了把布勒的三个功能重新命名为感情功能（эмотивная）、意动功能（конативная）和所指功能（референтивная）外，又补充了三种：寒暄功能（фатическая，指纯粹为了打开交流渠道的谈话，比如谈论天气的友好对话）、元语言功能（метаязыковая，指谈论交际语言本身，比如解释某个词的意思）和诗学功能（поэтическая，指为了将注意力集中在报道上而使用"游戏"加报道的形式）。对功能语言学发展起过重要作用的还有叶斯柏森1924年出版的著作《语法哲学》，其中揭示了概念范畴和语义范畴的相互关系。

马林诺夫斯基（Malinowski）以研究土著文化著称，是"人类学功能学派"的创始人。他对语言理论最重要的贡献莫过于强调语言的功能，强调语境研究的重要性。他认为"话语和环境互相紧密地纠结在一起，语言的环境对于理解语言来说是必不可少的"（王远新 2006: 298）。他使用"情景语境"探讨语义，认为话语应放在全部的生活方式情景中去理解，话语的意义实质上就是当时当地正在发生的人的活动。

马林诺夫斯基的"情景语境"和"意义是语境中的功能"的思想为语言研究开辟了新的视野，为后来弗斯（Firth）的"语境学说"和韩礼德（Halliday）关于语言功能的研究提供了历史铺垫。马林诺夫斯基的语言功能性思想和弗斯的情景语境理论都对系统功能语法的发展起了重要作用。这实际上确定了系统功能语言学的任务就是揭示人们如何根据社会文化环境在语言系统中通过意义潜势的选择来实现各种功能。

韩礼德的系统功能语法对英语的结构和功能两个方面进行了系统研究，认为语言结构从功能衍生并可从功能得到解释。韩礼德认为，语言应被解释为意义体系，伴之以意义得以体现的形式。形式是走向目的的手段，本身不是目的。我们要问的不是"这些形式的意义是什么"，而是"这些意义如何表述"。韩礼德试图建立一种将形式和意义结合起来的语言理论，使它既能强调语言的形式规则，又能强调语言在社会生活中的运用规则，这就是系统功能语言学。韩礼德提出语言的三层次系统：语义层、词汇语法层和音系层，这得益于他的导师弗斯和哥本哈根学派（也叫语符学派）的代表人物叶尔姆斯列夫（Hjemslev）。

韩礼德以英语为蓝本建构了系统功能语法，自成一家，有很多追随者。他是对语法中整个功能部分进行广泛研究的第一人，提出语言拥有三种功能：观念功能、人际功能、篇章功能。在小句层次上，这三大功能分别由及物性、语态和情态、主位这三个语法部件来完成。韩礼德的主要贡献在于描写功能关系时所使用的综合、系统的分析方法，这一贡献在功能主义语言学中独树一帜（严辰松 1997）。

到了20世纪60年代，布拉格学派的功能主义思想得到法国语言学家马丁内的继承和发展，他创立和描写了最著名的节约原则，成为语言发展历史的最重要因素。根据这个原则，语言的变化就是交际需求和人付出最小努力渴望之间的妥协。

荷兰著名功能语法学家狄克（S.Dik）的功能语法与美国的弗莱（Foley）、范瓦林（Van Valin）的角色指称语法类似，属于结构功能语法范畴。其理论的产生主要是为了补救20世纪60年代形式语法中的两个不足：一是无法区分类别相同但关系功能相异的成分；二是不能说明类别相异但关系功能相同的现象（详见严辰松 1997；苗兴伟 2005）。狄克在1981年出版的著作《功能语法》中对形式主义与功能主义的主要分歧做出了描述。狄克的功能语法描绘了一个清晰简略的功能主义语法轮廓，他的语法更像是简单易懂的形式文法，但里面包含了功能主义的解释（详见严辰松 1997；王铭玉、于鑫 2007: 3-4）。

美国功能主义思想的最典型代表是语言学家塔米尔·吉冯（T. Givon）。他是20世纪70年代的功能主义鼻祖之一，第一个指出了句法跟语篇的关系，是系列丛书《语言类型学研究》的奠基者，这套书是功能主义的主要宣扬文献。吉冯把语言与生物挂钩，认为人类语言和思维进化或交际能力的进化就是生物机体的进化，并且认为人类语言是一个语码，有一定程度的非任意性，即象似性（iconicity）[①]。

---

① 关于吉冯的成就介绍详见（胡壮麟 1996）。

尽管布拉格学派早在20世纪30年代已开始研究"语音对立""功能语体"等课题，但功能主义作为语言学界的一种具有全球性影响的学术思潮，是在近几十年才出现并蓬勃发展的（胡壮麟 2000：12）。

基于各语言学家对"功能"概念的不同解读，西方功能主义在整个发展过程中有过各种类型，诸如"概念功能主义、结构功能主义、语义功能主义、语用功能主义、认知功能主义和元语言功能主义等"（彭玉海 2007：297）。如果按地域区分，西方功能主义可大致分为布拉格学派、欧洲学派和美国学派。

§3　俄语功能交际语法对"功能"的理解

在功能语法中对"功能"通常有两种解释：一个是语言形式在其所处的结构中的作用（比如语法功能），另一个是语言在交际中的职能或功用。也就是说，功能语法不仅研究语言的结构（即揭示语言的功能是如何决定语言形式的），还研究语言的使用（即描述语言被用来施行哪些功能以及如何被用来施行这些功能）（黄国文 辛志英 2014：2）。

"功能"在俄语中有两个对应的词：функция（用途、性能）和функционирование（运用，起作用）。我们赞同弗谢沃洛多娃的观点，认为"功能"一词来自функционирование，指语言单位在各个语言层面建构言语的过程中是如何发挥作用的。而以Бондарко和Золотова为代表的俄罗斯科学院派功能语法对"功能"的理解来自функция，指语言单位在言语建构中的功能，即在话语中如何和为何使用某种语言单位，再给出这些单位的意义和功能的具体分类。

我们认为，"功能"不等同于"交际"，"交际"指语言完成交际需求的宗旨，即能够正确解码所领受言语的语义和说话者的交际意图。因此，我们遵循的是弗谢沃洛多娃的大学派功能交际语法所倡导的功能交际语言教学法语言模式（Амиантова и др. 2001），就是一方面看到静态中语言的动态，即了解在使用时语言是如何起作用的、在建构言语时语言单位是什么样的、哪些因素在起作用；另一方面是了解词的构成和变化的所有细节。也就是说，对外俄语教学不只需要静态的描写语法，更需要动态的有解释力的功能交际语法，解释为什么和出于什么目的选择这种或者那种传达信息的表达手段。因此，俄语功能交际语法的主要目的是教会母语不是俄语的人恰当地使用俄语，使其能够展示出与具体交际条件相适应的言语构造。只有明白了包括语篇在内的所有语言层面语言单位的相互关系和相互作用，才能达到这一目标。

第2章
俄语功能语言学的发展历史及特点

§1 俄语功能语言学产生的理论基础

我们认同王铭玉和于鑫（2007：11）以及其他一些语言学家对功能语言学持狭义理解的观点，也就是把功能语言学等同于功能语法，是因为"功能语言学的核心任务是研究语言单位功能的形式体现，即研究广义上语法领域（此处指广义的语言规则，包括从语音、语调、词汇、构词、词法、词汇—语法、句法到语篇、语义和语用的所有范畴）中的功能"。功能语言学的基本原则是把语言理解为有目的的语言表达的手段体系。

随着语言学的不断发展，语言学家越来越趋同于一个观点：语言学的研究跟其他学科一样，有其历史传承性，任何一个理论的产生都离不开前人的研究成果。俄语功能语法的产生亦然。

从历史渊源上来看，俄语功能语法的产生受到过布拉格学派主要代表人物马泰休斯、雅各布森和特鲁别茨科伊等语言学家学术思想的影响。

虽然俄罗斯语言学家从功能的角度重新审视和研究语法学只有60余年的历史，但功能主义学术思想在俄罗斯语言学的整个发展过程中却有着非常悠久的历史传统，其主要功能主义先驱有А.А. Потебня（波捷布尼亚，1835—1891）、И.А. Бодуэн де Куртенэ（1845—1929）、А.М. Пешковский（别什科夫斯基，1878—1933）、Л.В. Щерба（1880—1944）、В.В. Виноградов（1895—1969）、С.Д. Кацнельсон（卡茨内尔森，1907—1985）等，他们在自己的学术著作中对功能主义方法都曾有所涉猎和论述。比如Потебня就非常注重语言的功能与创造问题，他认为言语是语言的现实化，是体现语言的具体形式。词是声音和意义的统一体，而词的真正生命力（即词的功能）是在言语中实现的（王铭玉、于鑫 2007：23）。Бодуэн де Куртенэ早在索绪尔之前就把语言的系统性作为解释语言学理论的基础，提出了语言和言语的区别（同上：24）。此外，他的有关语言思维的思想，包括与数学数量不相符的语言思维中的数量的思想对当今功能语法的形成起到了非常重要的作用，他的研究在很多方面对后来较晚时候才进行的概念范畴和"场"的研究都提前有所预见。

另外，在现代语言学中对功能语法理论基础产生过影响的是Щерба、И.И. Мещанинов（1883—1967）和Виноградов的著作。早在20世纪30年代，著名语言学家Щерба就提出过"积极语法（активная грамматика）"的思想（后来Бондарко继承并发展了这一思想，将其称为"说话人的语法"），他认为应该建立一种积极语法，其任务是为人们积极表达思想服务，描述、分析这种或那种思想、意念通过哪些语言手段按照一定的语法规则来表达（张会森 1992：7）。正是在这种"积极语法"的思想基础上诞生了Бондарко的功能语法。Мещанинов早在40年代就依据其分类研究提出了概念范畴的理论，把在这些范畴中所有与"语言表达"有关的东西都推至最先，特别关注某一体系的存在。Виноградов研究句子意义的开端，认为任何语言单位都是结构和意义的统一体。他把对词形活的用法及其周围语境的分析引入词的语法学说，他的关于述谓性和情态性的学说体现了功能思想的迹象。波兰语言学家E. Курилович的首要功能和次要功能理论对历时和共时的功能研究都有着深远的意义。

俄语功能语法的不断发展还受到当代著名语言学家功能思想的影响，比如研究功能语法理论问题的有В.Г. Адмони、Бондарко、В.Г. Гак、Н.Ю. Шведова、В.З. Демьянков等，研究功能句法理论的有Золотова、Д.Н. Шмелёв、Н.А. Слюсарева、Всеволодова、Н.К. Онипенко、М.Ю. Сидорова等，研究功能体貌理论的有Ю.С. Маслов、Бондарко、Т.В. Булыгина、М.Я. Гловинская、М.А. Шелякин、А.М. Ломов等。功能语法与语法类型学紧密相关，从事语法类型学研究的主要代表人物有Кацнельсон、А.Е. Кибрик等。此外，还有从事语法语义方面研究的学者Н.Д. Арутюнова、Булыгина、Е.В. Падучева、О.Н. Селивёрстова、Ю.С. Степанов、Шведова等，以及从事语言整合性描写的Ю.Д. Апресян，从事"意思↔文本"模型理论研究的И.А. Мельчук，从事语义元语言研究的А. Вежбицкая，从事功能社会语言学研究的Е.А. Земская，从事认知语言学研究的Е.С. Кубрякова，从事语用—交际研究的Г.В. Калшанский、Т.Е. Янко、О.А. Крылова、Б.Ю. Norman等。甚至1980年问世的科学院两卷本鸿篇巨著《俄语语法》对语法单位的意义、功能和用法的细致描写都对俄语功能语法的发展起到了不可忽视的推动作用。①

---

① 关于俄罗斯学者对功能语言学的贡献详见（王铭玉 2001）。

§2　俄罗斯功能思想的典型代表人物

2.1　俄罗斯功能主义者 А.Е. Кибрик

Кибрик（基布里克）是语言类型学研究的典型代表，以探寻语言中的常体和变量为基本目标。陈勇（2007）指出其研究特色是：功能—符号学范式的研究立场、田野调查式的材料收集法、构建自然语言理想的类型划分模式、将具体语言现象分析与类型学思考紧密结合的研究倾向等。

Кибрик（1992）坚持整合性的语言观，他深受萨丕尔语言整体观的影响，同时也赞赏Мельчук将理论语言学与应用语言学整合起来解决语言活动模式化的任务。"他认为，语言学研究方法的基础应该是普通语言学和具体语言学的统一、共时语言学和历时语言学的统一、理论语言学和应用语言学的统一、开创性的语言学研究和最终的整合描写的统一。这种全局性、综合性的语言观在其类型语言学研究中得到最充分的体现。"（陈勇 2007: 360）

Кибрик在1970—1990年间详细钻研了句法关系的非通用性问题，认为主语和直接补语等普遍基础概念在不同的语言中都有不同的构造，而且非常复杂。在一系列以不同结构语言材料为基础的论文中Кибрик勾勒出结构整体类型草图，在结构草图中分出三个能够排列句法关系的主要语义轴：语义角色（семантические роли）、交际特性（коммуникативные характеристики）或叫做信息流（«информационный поток»）（主位/述位，已知/新知）、指代特性（дейктические характеристики）（说者/听者/其他人，这里/那里）。这三个语义轴由三种逻辑方式表达：零形式表达、单独表达（不同意义分开表达）、合并表达（很多意义由同一个形式表达）。术语"主语"就是在几个语义轴合并表达的语言类型基础上创造出来的，因此它不是通用的语言范畴（Кибрик, Плунгян 2010）。

陈勇（2007：371）对Кибрик的类型学研究总结道："在分析具体材料时，Кибрик总是能从类型学的高度将具体的语言现象与一般语言理论结合起来，在广泛借鉴西方学者相关研究的基础上，将具体的语言现象置于类型学的可能空间中加以分析和解释，以揭示不同之中的共性本质。这与当代语言类型学强调具体的表达功能在不同语言中的实现手段及其深层的功能共性特点的主流倾向是相互呼应的。"由此可见，Кибрик的语言类型学研究中体现了功能思想，与功能主义是紧密联系的，对俄罗斯功能语法的研究起到了推动作用。

2.2 俄罗斯"新功能主义"观的代表人物 В.Г. Гак

Гак（加克）在功能主义研究方面建树颇丰。他的"新功能主义"观的研究倾向是：功能意义和语义意义之间不是对立的关系，语言单位的意义本身就可以理解为是它的功能，功能既可以是语义的，也可以是非语义的（黄东晶 2012）。Гак对语言单位的分析采用的是语义功能方法，即从语言形式到由其表达的内容的方法，属于新功能主义，即更加靠近形式的功能主义，其主要任务是对语言单位功能的普遍类型进行逻辑演算。彭玉海（2007）认为，"Гак是俄罗斯当代语言学家中在研究方法、课题、思路等方面较为接近西方语言学方法论的，尤其是与西方功能主义语言学交织较多。但……其研究又秉承俄罗斯语言理论传统长处、内涵的本土特点。"他对功能的理解接近布拉格学派的思想，即认为任何语言单位的用途都是功能。Гак（1974：9）认为："功能语法系统地研究每一个形式的功能，指出其语义的和非语义的特点，描述形式如何由一种功能转换成另外一种功能，分析词汇和语法的相关性，研究结构形式在语句中的语义特性。"Гак（1985）指出，"对语言来说，功能最终是与交际联系在一起的，语言正是因交际而能继续存在和发展"。（转引自何荣昌 1990）Гак在处理同一个语言现象时并用功能解释与形式解释，是所谓的"混合功能主义"，而不是抛开句法学只讲话语分析的"极端功能主义"（彭玉海 2007）。

语言单位的初始功能和派生功能是Гак语言观中最重要的理论之一，其基本特点是对词汇单位和语法单位的适用程度相同。语言单位是多功能的，其中最基本和最主要的被称作初始功能，它表现在该形式和其他形式的对立中，即在意义可自由选择的条件下。符号的初始功能是用来反映客观事实的，比如用于解释词序、语调、一致关系、支配关系等现象。该形式的其他功能都是派生的，派生功能体现在特殊条件中，即在特殊上下文的影响之下。符号和上下文的语义协调被破坏是符号行使派生功能的象征。派生功能分为有意义的（语义的）和无意义的（非语义的）。派生语义功能出现在：（1）中性化的上下文中；（2）位置转换的上下文中；（3）丧失语义的上下文中。这种功能方法对语言教学非常有意义。

Гак侧重共时描写的语言功能研究，注重实际语料的分析，"注重研究难以形式化描写的那部分语言事实，即Chomsky所说的语法外围部分"。（彭玉海 2007：300）Гак提出了一些带认知性质的功能分析法，为分析那些在句法上难以入手的句子开辟了新路，因为语言单位的功能比其本身有更大的普适性，因此功能方法更适合用于普适研究和类型研究，所谓的普适研究是在深层次上的，而非在形式表达手段重合的层次上。如果被比较的两种语言的语言单位的初始功能完全重合，那么这种语言事实容易掌握且不会有错误。错误大多出现在所学语言和母语的语言单位使用次要功能时，因为此时语言显示出各自的特点、特异和"变幻莫测"。比如英语和法语中的冠词在它们的初始功能中用法相同,但在派生功能(中性化、非语义化)中就完全不同了。Гак对功能语言学的研究采取的是一种多元、客观和务实的态度,他的功能方法独具一格,与众不同,可以说"在一定程度上代表了俄罗斯当代语义学研究、功能句法研究的新动向,而且对汉语句法研究也有参考价值"。(彭玉海 2007:301)黄东晶(2012)也认为,将Гак的新功能主义方法运用于语义研究的功能分析上非常有成效。

2.3 俄罗斯著名境外学者 И.А. Мельчук

Мельчук(梅里丘克)是莫斯科语义学派境外分支的主要代表人物。他在20世纪60—70年代创立了"意思↔文本"(«Смысл↔Текст»)模型理论,这是一种继乔姆斯基转换生成语法、法国依存关系语法之后的研究意思及其表达形式(文本)之间双向对应关系的语言学理论,是一部以语义结构为出发点的"转换生成语法"。其基本思想是在意思(即"所指")和文本(即"能指")之间建立一种相互转化的机制。其目的是模拟人脑语言功能系统建立一套人工功能模型,使语句的生成和解释模型化,再现言语生成和理解过程,直接为计算机处理自然语言、机器翻译提供一种从意义到形式或从形式到意义的转换机制。其主要特点是多层次结构。当Мельчук移居加拿大后,这一理论在俄罗斯由Ю.Д. Апресян继续研究并得到进一步发展。

Мельчук把描写意义与形式、语义与句法对应关系的理论体系称为"意思↔文本"学说,该动态语言模式是模仿人类交际过程的一种装置,由输入、输出和加工三部分组成。该学说主张以语义为基础,句法为语义服务,但在不同层次、不同局部,语义和句法都有不同程度的互动作用,语义与句法都有互为优先的可能。该学说把句法结构分为深层和表层,模型由语义结构到深层句法结构的转换主要体现在"词汇"和"句法"两方面的切分和组合,这种切分和组合是通过语义元语言实现的。深层词汇转换规则和深层句法转换规则都是一个开放的系统。[1]

王铭玉和于鑫(2007:256)认为,"意思↔文本"模型理论与以生成语法为代表的形式句法学有很大区别,其中蕴含了丰富的功能主义思想,又由于这一理论模拟了这两个认知环节,所以两位学者将Мельчук的理论归入"认知功能主义"。然而,在俄罗斯却很少有人认为"意思↔文本"模型理论属于功能语法,因为俄罗斯语言学界对功能语法的流行看法是从意义到形式的语法研究。我们也认为,虽然这一理论中有很多功能主义的思想,对当代俄罗斯的功能语法研究有很大影响,但它不是主流的功能语法学派。

---

[1] 关于Мельчук的主要学术成就参见(薛恩奎 2007)。

王铭玉和于鑫（2007：301）把Мельчук的学术价值归纳为以下几点：

（1）该理论是功能主义与形式主义相结合的语言理论；

（2）该理论具有整合性，对语言的各个层面进行整合描写，将语言从义素到句型、从词法到句法、从语义到语用等领域的研究内容采用一致的描写原则，纳入统一的描写对象；

（3）该理论较好地解决了词汇层面和句法层面的同义转换问题，在释义性的基础上借助词汇函数以及各种词汇、句法规则实现了各种同义表达手段之间的转换；

（4）该理论具有跨语言的普遍性，不仅适用于俄语，而且对任何一种语言都同样适用；

（5）该理论有较强的实践性，已被广泛地应用于跨语言的计算机信息处理和机器翻译等领域。

可见，"意思↔文本"模型理论是俄罗斯语言学中很有特色的一种功能语言学理论，值得我国语言学界对其深入研究和应用。

§3 俄语功能语法的界定

当今俄罗斯语言学界对"功能语法"的理解见仁见智，没有完全统一的定义，主要是因为功能语法作为功能语言学的一部分仍处于发展阶段，对相应的理论和概念还在研究探索之中，对功能的概念有不同的理解，对语法功能研究的策略有不同的理解。由于功能语法的研究范围与许多其他研究领域相交叉，比如词法和句法的结合、句法结构、比较语法、语篇的语法语义分析、应用语言学、语用语言学、心理语言学、认知语言学等，严格地说，它不是一门独立的语言学科。功能语法"作为语言学各个学科现代体系中的一个交叉成分，代表了功能主义流派的总的方向，是语言总的功能模式的一部分，是语言学中较为广义的功能主义方向中的一个组成部分"。（杜桂枝 2000：121）实际上，功能语法是"对语言的语法构造描写的一种特殊方式，是一种特殊的语法类型"。（张会森 1992：1）

目前在俄罗斯对"功能语法"的普遍理解是以语义功能、语义范畴为出发点，由语义到形式表达的语法。《俄语百科辞典》（ЛЭС）对功能语法的定义是：（1）研究建构语言的语言单位的功能和这些单位在言语和整个语篇中与其周围单位相互作用的功能规律的语法学分支；（2）研究由不同语言层面（词法的、句法的、构词的和词汇的）相互作用的手段来表达的语义范畴及其变体的语法学分支。[①]

[①] 参见网址：http://russkiyyazik.ru/983/（访问时间：2021年1月）。

功能语法是整个语法功能层面的发展和专门研究。功能语法大致有两个分析方向：（1）从形式出发（从手段到功能），揭示每个形式的用法和意义的典型特征，即"由表及里"的语法；（2）从语义出发（从功能到手段），解决祈使、时间、空间等各类关系是如何表达的问题，即"由里及表"的语法。功能语法的任务最完整地体现在以上两种分析方向的结合之中，一方面是说话者言语行为的模式化的角度（首先是从语义到其表达手段），另一方面是受话者的角度（首先是从语言手段到语义）。张会森（1989）认为，功能语法的重要特征之一是"由语义到形式"，即"由里及表"，与传统的"由表及里"的单平面的描写语法不同的是，功能语法是多平面的，这是功能语法的第二大特征。

语法的功能方向受到很多语言学传统流派的影响，比如Потебня，Шахматов，Пешковский，Щерба，Мещанинов，Виноградов，Есперсен，Матезиус，Якобсон等学者们的思想。最早提出"由意义到形式"语法思想的是丹麦语言学家Есперсен，在俄罗斯则是Щерба。Есперсен在其著名的《语法哲学》（1924）一书中指出：一种语言的语法只有用"从形式到意义"和"从意义到形式"两种角度描写才可能做到完整。20世纪30年代，Щерба根据其对外语教学法的研究，认为有必要研究"从意义到形式"的语法，并称之为"积极语法"（张会森1994）。

功能语法本质上是一种"编码语法"（кодированная грамматика），是为说（写）服务的语法，它要解决的问题是：某种思想（或意念）在该语言中能用、应用哪种语法手段来表达（同上）。此外，功能语法还有很多其他流派，如"语义功能语法"（семантико-функциональная гр.）、"语义（意念）语法"（идеографическая гр.）、"交际语法"（коммуникативная гр.）、"功能交际语法"（функционально-коммуникативная гр.）等。

功能语法关注的语言系统是为交际服务的，为说话者表达细微语义差别提供方法。语言系统中每个成分都是"为系统中存在的某个方法并为该系统提供某种服务而设定的"（Золотова и др. 1998: 45）。

功能语法按照功能原则研究自然语言的语法构造，语法描写从语言单位的内容和功能出发。功能语法的一大特征是多层面的整合研究方法，其主要任务是从语言的功能、使用规律及其与外部环境的关系等方面来研究语言，按照语义范畴来描写语法现象，即采取"从意义到形式""从功能到手段"的研究方法，在共同功能基础上把表达某个语义范畴的不同层面的所有语言手段（包括词法、句法、构词、词汇、语调等层面的手段）都联合起来，并对这些手段及其组成成分之间的相互作用和实现功能时的特点进行多层面的系统分析，比如表达"主体状态"这一语义范畴的手段就可能是词汇（Он **радуется**. В доме **тишина**. Во мне **горе**. Мне **холодно**. Ему **весело**. Он **болен**. Она **весела**.）、句法（Он

грустит. У неё **тоска**. Мне скучно. Она **счастлива**. Он **встревожен**. Он в **ярости**.）和词汇语法（Руки – **в язвах.**）等多个层面的语言手段。

俄语功能语法主要有以下特点：（1）研究语言共同拥有的交际功能，提出并回答"什么、怎么、为什么？"的问题；（2）主要任务是挖掘语言系统和言语中的单位、结构、整个类别的功能潜力；（3）注重每个功能实现条件的描写；（4）将每个功能与其形式载体的特点相结合；（5）确定语言系统和言语中语言单位不同功能的联系和相互作用；（6）发现语法单位与其他层面语言单位（词汇、语音等）之间的相互联系和相互作用；（7）划分出功能的不同类型并确定它们之间的区别。

当代俄语功能语法研究之所以兴旺繁荣，形成潮流，主要原因有：

（1）多年的形式主义研究暴露出其局限性，对许多语言现象都无法解释；

（2）在交际过程中，为了表达思想应该选择哪些手段，对掌握母语，尤其是学习外语都非常重要；

（3）对比语言学的需要，在比较不同语言，特别是非亲属语言时，单从语言形式出发解决不了问题，只有从表达同一客观事实的内容出发才能揭示所对比语言之间的本质差异，这大概是目前功能语法研究飞速发展的一大动力。

§4　俄语功能语法与西方功能主义的区别

4.1　二者产生的基础不同

俄语的功能语法与西方的功能主义虽然有着相同的本质，即它们都是借助语言结构之外的因素来研究语言结构的不同，但二者在思想渊源、研究内容、方法和目的等方面又有着明显的差异。

西方语言学大致经历了以下三个阶段：规约性的传统语法（从古希腊语法到18世纪的语言研究）；描写性的语言学（19世纪初到索绪尔时期）；解释性的语言学（20世纪60年代乔姆斯基的转换生成语法、韩礼德的系统功能语法）。（刘润清 1995：326）西方语言学走过的道路是：由结构主义到形式主义再到功能主义，可见，功能主义是在与形式主义的对峙中产生的。而在俄罗斯却没有形成能够与传统结构语法抗衡的形式语法，其功能语法是在对传统结构语法反思的基础上产生的，是结构语法发展到一定时期的必然产物（于鑫 2005）。也就是说，当语言学发展到一定阶段时，语言学家们发现，传统结构语法所采用的分层次描写语言体系的方法（即把语法划分为独立的分体系，如构词学、词汇学、词法学和句法学等）有一定的局限性：意义的分析集中在某一个语法范畴内，而由不同语言手段表达的意义只能在每个层次的基本描写类型以外进行。然而，同一语义范畴的意义特征却分布在语法的各个部分中，比如行为的时间关系和方位关系都可用词汇的、词法的和句法的各种形式手段来表达。于是，一种新的补充层次描写法的功能主义方法应运而生。因此，俄罗斯的语言学家们理解的功能主义不刻意追求与形式主义的对峙。在研究语言实质对象的过程中，语言学家们认识到，体系—结构方法和功能主义方法是相互联系的，这表现在"从功能到结构，从结构到更深层的功能"的不断变化中。在功能语法与结构语法的关系上，俄罗斯功能语法学家们普遍认为结构语法和功能语法都是必要的，后者不能取代前者，但功能语法弥补了结构语法的欠缺，是对结构语法的必要补充。

4.2 研究的内容、方法和目的不同

在研究的内容方面，西方功能语法通常对一些具体的语言现象研究较多，比如及物性、指代、照应、主题、焦点等。而俄语功能语法注重建构宏观的语法体系，对俄语语法中的传统课题研究较多，如格、体、态、主体、客体、述体、情态性等。

在研究的方法上，西方的功能语法多以解释性为主，其主要目的是从交际和社会角度解释语言形式的表达方式。而俄语功能语法则以描写性为主（当然也不乏解释性因素在内），其基本研究方法是归纳语言事实，揭示某个语言功能是如何反映在不同的语言形式上的（于鑫 2005）。

另外，俄语功能语法的一大特点是，它有着极强的实践性，其研究目的主要是服务于外俄语教学，比如Бондарко把功能语法看成是"说话人的语法"，他认为"功能语义场"[①]（функционально-семантическое поле）可以作为功能教学法中的"意念项目"，学生可以不受传统语法体系的束缚，直接学习主体、客体、时间关系、方位关系等语义范畴的各种不同语言层次的表达手段。Всеволодова更是把功能语法和功能教学法融为一体，从交际的角度出发突出了外国人学习俄语的重点和难点，使功能语法直接为对外俄语教学提供服务。

---

① 关于功能语义场的详细内容见本书第15章。

第3章
当代俄罗斯功能语法的主要学派

从20世纪60-70年代至今，俄语功能语法学研究蓬勃发展，成绩斐然，解决了许多传统结构形式语法无法解释的问题，基本形成了一套完整的理论体系，是语言学的一大进步。当今俄罗斯语言学界从事功能语法研究的语言学家很多（具体代表人物见前文），已形成流派的主要有以下七大功能语法学派：

1. 以A.B. Бондарко为首的彼得堡普通功能语法理论学派；
2. Г.А. Золотова创立的交际语法学派；
3. М.В. Всеволодова建立的应用语言模式下的功能交际语法学派；
4. З.Д. Попова创立的沃罗涅日功能语义语法学派；
5. В.Г. Гак的新功能主义学派；
6. Е.С. Кубрякова和И.А. Мельчук的认知功能主义学派；
7. М.В. Шелякин的言语功能主义学派。

在这七个学派中，最具影响力的是前三大功能语法学派，我们主要关注这三大学派，而且侧重介绍Всеволодова的应用语言模式下的功能交际语法理论，因为这部功能语法理论完全不同于Золотова和Бондарко两位学者的理论，该理论体系主要为对外俄语教学服务，以教会外国人正确说俄语为目的，以俄语与各种外语对比为研究方法。正是这种以其他语言为棱镜反射俄语语法的思想，为我们的俄汉语语法对比提供了一定的理论依据和实践平台。Всеволодова按照述体类型和类型意义归纳出139[①]个简单基础模型句（Всеволодова, Го Шуфень 1999; Всеволодова 2000），总结了将它们正确运用于交际所需注意的方方面面，尤其对隐藏在某些词汇中的原始意义对模型句的影响做了深入分析。这些具体翔实的模型句为外国人学习俄语提供了方便，为俄语模型句与其他语言句型的对比提供了条件。

---

① 在修订版（Всеволодова 2016）中增至142个模型句。

§1 Бондарко 的功能语法理论及其发展状况

以俄罗斯科学院通讯院士Бондарко为首的彼得堡科学院派功能语法理论是俄罗斯最著名的功能语法学派之一，致力于研究和描写语言结构单位（единицы строя，指词的语法形式、句法结构和Щерба称作"建构词汇"的单位）的功能以及这些单位在与不同层面组成成分的关系中相互作用的规律。语言结构单位的功能是在与语言内和语言外环境因素相互作用中实现的。Бондарко（ТФГ Т.1 1987: 7）给功能语法下的定义是："……功能语法的宗旨在于研究和描写语言结构单位的功能和这些单位与周围语境中不同层面的成分相互作用时运用的规则和规律。该语法在统一的体系中属于不同语言层面但基于共同的语义功能联合在一起的语言手段。在描写语言材料时主要采用'从语义到其表现形式'（'从功能到手段'）的方式（这种方式决定该种语法的构造），同时与'从形式到语义'（'从手段到功能'）的描写方式相结合。"

Бондарко1954年毕业于列宁格勒大学语文系，同年考上著名动词研究专家、体貌学研究的奠基者Ю. С. Маслов（1914—1990）的研究生，1958年通过副博士论文答辩，题目是《斯拉夫语中完成体和未完成体动词的历史现在时》，1968年通过博士论文答辩，题目是《与功能语义和语法范畴相关的俄语动词的时间体系》。1971年进入俄罗斯科学院列宁格勒语言研究所，从1981年起开始领导语法理论部，同时还任教于列宁格勒大学和赫尔岑师范大学。Бондарко是Н. Ю. Шведова为总主编的科学院《俄语语法》（1980）的编委成员，主要编写了关于动词的章节。其主要研究方向是：俄语动词的语法语义（体和时），词法范畴和语法意义的普遍理论。其开创的功能语法理论在很大程度上与20世纪30-50年代列宁格勒语法学派的传统息息相关，主要依靠的是"从意义到形式"的语言描写方法和功能语义场理论，场中心是语法手段，而词汇是边缘手段。

Бондарко的功能语法理论建立在体貌学基础上，对体与行为方式的联系、体形式的意义和上下文的相互作用的分析催生了体貌范畴的确立和形成。除了体貌学研究的奠基者Маслов以外，Бондарко功能语法理论的另外一个奠基人是Мещанинов院士，他早在20世纪40年代就撰写了关于概念范畴的文章，他所从事的类型语言学、语言学理论和动词等方面的研究都与俄罗斯语言学的发展紧密相关。

以Бондарко为主编的六卷本系列专著《功能语法理论》[①]（ТФГ Т.1—6 1987—1996）

---

① 参加这六本集体专著撰写的有来自俄罗斯科学院彼得堡语言研究所、彼得堡国立大学、赫尔岑师范大学和俄罗斯其他城市（如莫斯科、新西伯利亚、坦波夫、沃洛格达等）的高校和学术机构，以及来自其他国家（如白俄罗斯、爱沙尼亚、匈牙利、德国、奥地利、法国等）的44位学者。

对俄语功能语法研究的发展产生了巨大影响。

1.1 Бондарко 功能语法的主要学术理论

（1）"功能语义场"理论

早在20世纪60-70年代，Бондарко（1971а；1971б）就提出了"功能语义场"理论，成为功能语法的理论基础及其主要研究对象。Бондарко认为功能语法的任务是挖掘所有的表达手段，确定其同异之处，进行分类概括，并把它们聚合于有自身系统结构的"功能语义场"内。功能语义场是包括内容和形式两个方面的统一体，指"根据一定的语义范畴对语法单位和词汇'建构'单位的划分以及对在共同语义功能基础上相互作用的各种表达手段的划分"（ТФГ Т.1），亦即语言的不同层面表达手段在语义功能的共性和相互作用的基础上组合而成的系统。也就是说，这一理论的"场"基础就是句子中的多种语言手段与其共同功能的统一。在这一理论的研究方法中意义与功能语义场的基础——形式类别和形式范畴密不可分，比如时间功能语义场中不仅包括时间语法范畴，还包括时间副词等。

在Бондарко为主编的系列专著《功能语法理论》中划分并描写了四大类功能语义场，具体细化为体貌场（поле аспектуальности）、时间定位场（поле временной локализованности）、时序场（поле таксиса）、时貌场（поле темпоральности）、情态场（поле модальности）、质量场（поле качественности）、数量场（поле количественности）、人员场（поле персональности）、态相场（поле залоговости）、主体场（поле субъективности）、客体场（поле объективности）、表述的交际视角场（поле коммуникативной перспективы высказывания）、有定/无定场（поле определённости/неопределённоси）、方位场（поле локативности）、存在场（поле бытийности）、领属场（поле поссесивности）和制约场（поле обусловленности）等30多个功能语义场（详见ТФГТ. 1—6 1987—1996）。"功能语义场"分析的主要语料是俄语，"场"建构的基本原则是"从语义到其表达手段"的方法。在研究功能语义场这一概念范畴（即语言表达中的语义范畴）时，Бондарко进一步提出了"场结构化"的研究方法，也就是确定功能语义场系统的组成成分，将语义场划分为场心区、近心区、近边缘区及远边缘区，以确定某个功能语义场的结构类型，确定场与场之间的关系。

经过多年对外俄语教学实践和许多在该语言模式框架内完成的理论研究的验证，"功能语义场"理论具有极强的解释力和不容置疑的学术价值。这一理论的正确性在其他语言模式和研究方向中也得到了证实（详见Всеволодова 2000, 2016）。

（2）"范畴情景"理论

Бондарко提出的另一个重要概念是"范畴情景"（категориальная ситуация），他从语言和言语对立的角度出发，认为"功能"概念具有二重性，把功能分为潜在功能（потенциальная функция）和实现功能（результативная ф.），前者指语言系统中某个语言单位完成某一任务的能力；后者则指前者转化为言语时在特定语境下实现功能化的结果（王铭玉，于鑫 2007: 56）。作为语义范畴的"功能语义场"在言语中体现为"范畴情景"，指"以某一语言范畴及其相应的功能语义场为基础的典型内容结构，是言语所表达的总语义情景的一个方面。范畴情景是属概念，而与之相关的体貌、时间、存在等其他类似情景是种概念"。（Бондарко 2002: 319）"范畴情景"是功能语义场理论的继续和发展，表示功能语义场和语句之间的关系。通过范畴情景可以揭示语句中通过语法范畴形式、上下文和词汇意义所表示的范畴的全部意义。在该语法模式中起重要作用的不只是系统语言层面，还有言语（交际）层面。功能语义场概念跟言语思维活动的真实过程相关，范畴情景反映在具体的言语中，也就拥有了进入言语的入口。因此，Бондарко将自己的功能语法称为功能语义场和范畴情景的语法。

1.2 Бондарко 功能语法的发展状况及浅评

自六卷本集体专著《功能语法理论》出版之后，Бондарко率领彼得堡学派继续深入研究功能语法课题。近年来，他的功能语法理论得到了进一步发展，先后与С.А. Шубик共同出版了四本《功能语法问题》：2000年出版专著《功能语法问题：语句中的词法和句法范畴》（«Проблемы функциональной грамматики: Категории морфологии и синтаксиса в высказывании»）的关注点是语法范围内功能分析的体系—范畴基础与功能分析的交际—言语层面的联系以及对该问题在各个不同方面的思考；2003年出版了《功能语法问题：语义常体/变体》（«Проблемы функциональной грамматики: Семантическая инвариантность /вариативность»）；2005年出版了《功能语法问题：场的结构》（«Проблемы функциональной грамматики: Полевые структуры»）；2008年出版了《功能语法问题：语义的范畴化》（«Проблемы функциональной грамматики: Категоризация семантики»）。2002年他独立出版了专著《功能语法体系中的意义理论：以俄语为例》（«Теория значения в системе функциональной грамматики: на материале русского языка»），该书整合了他以前具体研究和理论探索的结果，更加全面地阐述了功能语法观念，从更广泛的问题出发研究了功能语法理论系统内容的语义范畴。

该学派功能语法理论发展的另一个新成分是С. Н. Цейтлин领导的以儿童语言为例对

功能语法进行的深入研究，课题名称是《功能语法问题：个体发育状况》（«Проблемы функциональной грамматики: Аспекты онтогенеза»）。

Бондарко（2001）指出，功能语法理论未来发展前景的一个重要方面是对比分析。功能语法将在对比研究基础上继续发展（Гладров 2001），因为功能语义场和范畴情景概念为在统一体中研究共同和不同的结合提供了基础，在不同语言中与相同语义范畴相关的"场"能在不同的语言结构中表现出本质的不同。此外，该学派还将对体貌、时间、人称及其他范畴情景框架内的次范畴体系进行更细致的研究，特别重要的是揭示语法单位使用类型方面的区别，确定所比较的形式和结构的功能类型及变体的等值性和非等值性。

姜宏和赵爱国（2015：55）指出，Бондарко"功能语法理论最大的特点也是最为学界推崇的是其研究范式的整体性和系统性。既坚持从意义到形式又不摒弃从形式到意义的方法原则，既坚持系统语言观又注重言语交际观，同时把语言各个层面的内容结合成为一个整体"。

虽然Бондарко的功能语法也存在着诸如系统性和整体性不足、有相当的主观性等一些缺陷（详见华劭 1994: 4；王铭玉、于鑫 2007: 100-101），但这一理论仍然被不断充实和发展着，不仅为语言研究提供了新的视角和领域，也为不同语言之间的功能语义场对比提供了平台[①]，有助于发现语言的共性和个性。该语法中的"功能语义场"和"范畴情景"理论及其研究方法值得我国语言学界学习、引进和借鉴，也许会对汉语功能语法研究带来意想不到的帮助和指导。

§2　Золотова 的学术成就及其交际语法思想概述

著名语言学家Золотова博士是俄罗斯科学院莫斯科语言研究所的首席研究员，培养了很多优秀的俄语专家，是在语言学界创立了自己学术流派的为数不多的当代语言学家。她所创立的交际语法思想引领了俄罗斯的功能语法研究。其学术著作富于深刻的思想、细腻的阐释和对俄语言语的精准分析。她发表了200多篇（部）学术著作，包括论文、专著、词典和教材。从大学时代起Золотова就是Виноградов院士的学生，在其指导下1954年于苏联科学院语言所通过了副博士论文《现代俄语标准语中的动词词组及其类型》的答辩；1971年通过了博士论文 «Очерк функционального синтаксиса современного русского языка»（《现代俄语功能句法概要》）的答辩。Золотова的学术之路始于对文

[①] 笔者所带的硕士研究生计冬姣、何静、叶凤、鲍建彩、刘小露、谭慧珠和胡悦就分别对俄汉语的原因、方位、态相、条件、目的、比较和体貌功能语义场进行了俄汉语对比研究。

学文本（Н.В.Гоголь，Н.М.Карамзин，М.Горький的作品）的句法研究，对语言个性句法的考察使其另辟蹊径，找到了解决一系列句法理论问题的其他方法。她的新方法依据的是句法单位形式、意义和功能的"三位一体"论（триединство формы, значения и функции）。自从把词的最小句法形式，即句素（синтаксема）概念引进语言学开始，她就建构了自己的句法模式。在其博士论文和1973出版的专著《现代俄语功能句法概要》中详细研究的句素理论促使她将俄语句法最小单位的全部名目进行编撰并出版了《俄语句法词典》（1988）。

2.1 Золотова 的主要学术思想

Золотова是从结构功能的角度研究句法的鲜明代表，对俄罗斯功能语法研究的影响很大，与Бондарко领导的彼得堡功能语法学派并称为俄罗斯科学院功能语法学派。她提出了很多极具应用价值的理论和概念，如形式、意义和功能"三位一体"、句素、形义对称与非对称（изосемия и неизосемия）、模型句（модель предложения）、句法场（синтаксическое поле）、交际言语类型句（коммуникативный регистр）[①]、主体视角（субъектная перспектива）等理论，这些基本思想奠定了俄语功能句法研究的基础。

Золотова把"功能"理解为句法单位参加构筑言语的方法，把"形式"分为高级（指句子）和低级（指句素）两种。华劭（1991）认为，Золотова的研究揭示了词义对句法的影响，为俄语功能句法研究开拓了新途径。

Золотова的研究角度从70—80年代的功能句法变化为90年代的交际语法，交际语法的方法论原则是找出形式、意义和功能三类语言现象的相互制约特点，主要研究范围是模型句的分类，从基础模型（主语+谓语句）到其变异句（如不定人称结构等）再到不定式、述谓副词、静词范畴谓语句，直到多述谓结构和语篇交际结构（包括实义切分和交际言语类型句）。

作为Виноградов的学生，Золотова继承了自己导师的主要思想，提出了解决词组问题的新方法：将词组这一独特句法单位的识别标准不仅与句素的依附位和非依附位的区别相联系，还与句素的功能分类相联系。于是词组不再是任何一对实词，而是有主要成分和依附成分的句法结构，其中主要成分是具有相关语义的词，而依附成分是粘附句素。她把词组看成交际前句法单位，提倡区分词组和词的组合，后者是交际单位与其他述谓单位结合的结果。如果说Золотова的词组理论与最小句法单位的类型和词的语义特点相关[②]，那

[①] 关于以上这些概念本书都有详细介绍，详见后文。

[②] 根据Золотова的词组理论，宁琦（2012）对俄语词组的功能做过比较详细的分析。

么句子理论中模型句的分类将词汇层与语篇的交际类型层结合了起来（参见鲍红 2000：14）。

Золотова的学生Н.К. Онипенко（2001）认为，传统描写语法关注的是句子成分和词形之间的关系，而解释语法要确定的是句子的类型意义和参与句子各种类型结构建构的词类的范畴意义之间的关系，这一关系是《俄语交际语法》（Золотова и др. 1998）理论中模型句分类的主要标准。与形式描写语法提出的结构模式清单不同，交际语法对句子的分类是建立在"场"思想上的，"场"体系区分的主要基础是中心结构和边缘结构，划分的标准是形义对称和非对称特征。形义对称指词法形式和范畴句法意义之间的最直接、最简单的关系，即范畴词法和范畴句法意义相符，而形义非对称指范畴词法和范畴句法意义不相符。

在献给Золотова的纪念文集《语法和语篇的交际语义参数》（2002）中，Онипенко对导师创立的有关俄语句子理论的学术思想总结如下：

（1）作为语言交际单位的句子原则上都是双部句的思想（принципиальная двусоставность）。Золотова指出单部性（односоставность）不是模型句的特点，不属于模型句类型意义领域，它要么是模型句特殊语义—句法变异的标志（比如与主体有关的不定人称性、泛指人称性、无人称性等），要么是模型句交际类型的某种变体（比如称名句就是用于再现描写或再现陈述类文本的特殊句法结构）。Золотова强调形式和意义紧密相关，竭力证明主体只能是一格无法准确解释俄语句子的结构，俄语中有很多带间接格主体的模型句①。主体成素的形式非常重要：一格是表示行为主体、控制情景的人称、数量主体和类别主体的基本形式；状态人称主体（无意志主体）通常由三格表示（如Мне грустно）；空间主体由前置格表示（如В лесу тихо）；数量特征主体由二格表示（如Братьев – двое）。与同行们关于俄语句子的多层面（所指层面、形式层面、语义层面、交际层面）观点不同，Золотова把句子看成不可分割的统一的物质客体，应该用整合的方法对句子结构进行准确的研究。

（2）揭示语义和句法之间关系的形义对称和形义非对称的思想。模型句是主体和述体的语义句法伴随关系，主体和述体不仅是模型句的构成成素，还是句子类型意义的成分。类型意义可由形义对称的词汇语法手段表达（如类型意义"主体及其性质"由形义对称模型句"Петя добрый"表示），相同的类型意义也可由形义非对称同义手段表达（如Петя отличается добротой; Петя – сама доброта）。形义对称和形义非对称概念能够区

---

① 我们不能苟同Золотова用"主体"这一术语代替传统语法学中的"主语"这一观点，这是两个有关系但分属于不同层面的术语。主语是句法学的术语，是谓语的陈述对象；主体指逻辑中的判断对象，也叫"逻辑主体"或"逻辑主语"（史铁强，安利 2012: 47）。

分基础模型句（形义对称结构）及其结构—语义变异句（阶段、情态、表情变异句等），区分基础模型句及其同义变体句。

（3）句子的句法场思想。指一个基础模型句及其各种变体的聚合，即在一个类型意义及其形义对称句周围聚集的所有语法变异句、结构—语义（单述体和多述体）变异句、同义变体句等。该思想将这些句子聚集在一起进行句法描写。与把不同的句法现象排列在同一个序列中的句法聚合体不同（比较1970年和1980年科学院俄语语法），句法场思想展示的是基础模型句的各种不同的结构—语义变异句以及句子类型意义不同程度的语义繁化，如Он серьёзный человек，的阶段变异句Он стал серьёзным человеком中的阶段动词стать并没有使述体单位的数量增加，而带信源说明（авторизация）的多述体结构（полипредикативная конструкция）：Он показался мне серьёзным человеком中的动词казаться（показаться）蕴含着情态述体结构"я считаю，я решил"。句子的句法场结构如同一个由中心向边缘放射的同心圆：处于中心位置的是形义对称的基础模型句及其语法变异的全部集合，在近心区的是阶段和情态变异句（述体的变异）以及主体的变异句（不定人称和泛指人称句），按照由中心向边缘移动的程度，下面依次是语篇制约（即交际）变异句、同义变体句，最外围的是建立在该模型句基础上的多述体扩展结构。如此一来，俄语句子类型的多样性就呈现为一个按层级排列的系统，这在理论和实践方法论方面都具有优势。Золотова是俄语句子动词中心论的对立派，她对俄语模型句类型的划分基于以下几点：述谓性和动词性不是意义相等的两个概念；述体类型和主体类型相互制约；模型句类型的基础存在于句子成分体系中。

（4）句素论和多述体结构思想。Золотова 句法模式的建立始于其在1973年出版的《现代俄语功能句法概要》一书，该书将最小的句法单位——"句素"引入语言学，还引进了信源说明和信源说明结构概念，提出了多述体结构（复合句、使役结构和信源说明结构）分类的新标准。在句子的句法场中使役结构（каузативная конструкция）和信源说明结构位于较远边缘区，因为它们是至少两个模型句相互作用的结果。由Золотова创立的使役结构和信源说明结构的描写和分类原则不仅对句法而且对动词语义都意义重大，如果俄语模型句的使役化和信源说明化的手段是非实义动词，那么这些动词就不可能像实义动词那样在词典中被描写。在与配价理论派的争论中Золотова证明了像заставлять，вынуждать或считать，находить一类动词在与另外一个动词不定式结合时，不是它们支配了动词不定式，这些动词形式之间的关系不属于词组层面，它们是平行的两个述体，是多述体结构。

（5）交际类型句思想。"交际类型句"这一概念早在20世纪60年代初就提出来了，直到1998年出版《俄语交际语法》时才得到完善和全面运用。言语交际类型句指从交际角度对语篇中的句子进行类型划分，把语言和语篇联系起来，是语篇句法结构的基本要素。任何一个模型句或其变体进入语篇（口语或书面语）时都体现为一种交际类型句。在语篇中不同的交际类型句相互作用，能够产生不同的语篇修辞效果，达到不同的交际目的。言语交际类型句是受说话人的观点及受交际意向制约的实际言语模型，它拥有一定数量语言手段并体现在语篇的具体片段中，是表现句子构造的手段。通过对具体文学语篇的分析，Золотова证明了交际类型句的划分是研究语篇句法结构的有力工具，她在语篇整体和与说话者的联系基础上把句法、语义和语用结合了起来。

此外，Золотова还提出了一些对现代俄语功能语法非常重要的概念，如评价范畴、优控述位（рематическая доминанта）、说话人的包容性（инклюзивность）和排他性（эксклюзивность）等概念（参见鲍红 2000：16）。就Золотова对现代俄语语言学的突出贡献来看，她不愧为新的功能语法体系的开拓者，她的研究对象不是语言学中的某一个分支，而是主要语言单位运用规律的整体性研究，为俄语功能语法的后续研究奠定了深厚的理论基础。

2.2　Золотова 交际语法的内容浅评

句法分析结果迫使Золотова对传统的词法项目（如状态范畴词、动词的体和时范畴）重新审视，于是在一些论文和1982年出版的专著《Коммуникативные аспекты русского синтаксиса》（《俄语句法的交际层面》）中，功能句法理论逐渐演变为交际语法理论。其导师Виноградов院士的"句法是语法的组织中心，而作者形象是语篇的组织中心"这些思想扩大了语法的界限，深化了语法的管辖范围。将普遍语法问题和语篇问题结合在同一时间和同一认知中促成了交际语法的建立，交际语法的核心是说话者。Золотова把说话者和作为说话者言语思维活动结果的语篇放在研究中心的同时，在自己的著作中将传统词法问题、结构句法问题和言语（语篇）句法问题都结合了起来。

Золотова的交际语法指构成积极语法最低限度的语法现象，掌握这些语法现象能够保证成功地参与口语言语交际。交际语法富于解释力的理论基础是语言单位的"三位一体"思想，同时把语言单位系统和语篇研究联系起来。为了把结构、语义和功能联合起来研究就必须使用能够发现词句和语篇联系、语法体系和语篇联系的语言学"工具"。这些语法工具是：（1）话语主体视角模型；（2）言语交际类型句概念；（3）作为语篇述谓关系排列技巧的时序。

Золотова的交际语法又被称作"活的语法"（одушевлённая грамматика），因为它把有个性的说话者放在研究的中心，正是说话者将所有有意义的语言单位、系统语言学和文学语言的美学都纵向地联系起来，这是一部解释言语生成规律的语法，是建立在形式、意义和功能"三位一体"原则基础上的有生命力的语法。

尽管Золотова的交际语法用整合的研究方法打破了传统语法的结构层次，从自由、制约和粘附三类句素开始研究句子、词组、简单句、复合句及至语篇，由低级到高级，由核心到边缘，呈现出完整的系统性和应用性，具有非常多的创新点和优势，但也有一些不足之处，比如：用主体代替主语；其形式、意义和功能"三位一体"论在针对所有语言现象时并不能完全自圆其说；在研究过程中只以文学语言作为分析语料，以描写语言事实为主，普及性不足，解释性稍差，不适合对外俄语教学。于是Всеволодова将Золотова提出的很多新的理论概念引入自己的功能交际语法理论中，并将之进行加工改造和补充，使之适用于对外俄语教学。因此，Всеволодова的功能交际语法理论与Золотова的功能语法有一定的亲缘关系，具体论述详见后文。

§3　Всеволодова的学术生涯及成就简介

Всеволодова 1951年毕业于莫斯科大学语文系，并于当年留校在语文系对外俄语教研室任教。1966年在Т.П. Ломтев（洛姆捷夫）的指导下通过了副博士论文答辩，题目为《波兰语中时间关系的表达手段研究》，1983年通过了题目为《名词时间范畴及其言语体现规律》的博士论文答辩，成为语文学博士，1985年晋升为莫斯科大学自然科学系对外俄语教研室的教授。1990年起入选莫斯科大学学报语文学版的编辑部成员，2000年被评为莫斯科大学功勋教授。从1955年至2008年她公开发表的专著和论文有230多部（篇）（详见Панков 2008）。直至耄耋之年她依然坚持带研究生和做科研，笔耕不辍，并于2016年修订再版了2000年问世的《功能交际句法理论》一书。

以Всеволодова教授为首的大学实践派是用功能交际法描写俄语语法的鲜明代表之一。Всеволодова的名字跟当代俄罗斯语言学、俄语教学的理论与实践发展的整个时代紧密联系。她毕生的学术道路和绵长的学术生涯都始于莫大对外俄语教研室。在这里她不仅教授外国学生俄语，还在学术论文、教学资料、教材编写和学位论文指导中逐渐积累起个人和集体的教学经验。在分析俄语及与外语对比的语料中她一直做着新的尝试，不仅以操母语者的眼光，还以在学习俄语语言体系时遇到困难的外国人的眼光审视俄语，也就是既从内，又从外着眼观察俄语中的各种语言现象。

1960年，Всеволодова编著了第一本《波兰人学俄语——语音练习册》，1963年与Л.П. Юдина出版了合编教材《波兰人学俄语》，教材至今还在使用，因为其中的语料依然鲜活实用，没有过时。它与苏联时期出版的许多教科书的不同之处在于其中没有政治色彩浓烈的课文。

Всеволодова及其同事发现，仅靠传统描写语法教外国学生用俄语交流非常困难。需要一部本质上全新的语法，它首先应该描写的是包括客观和主观涵义在内的语言内容，即语义空间；其次是独立于各语言层次之外的语义表达手段的集合；再次是这些表达手段在言语中的功能类型；最后是符合交际需求的语言机制。简言之，就是出现了对新的应用型语法的需求，其目的是掌握言语，而不是对抽象例句进行脱离实际的分析。

于是，Всеволодова开始致力于开创俄语描写的新方向——功能交际语法。早在1988年的专著《俄语实践功能交际语法基础》中她就阐述了建立这种使教师能看清语言体系的整体规模、能对显现在言语中的语言规律进行解释、能直接进入对外俄语教学实践的功能交际语法的必要性。这种语法是建立在教学实践的基础上，其结论的正确与否是要经过课堂教学检验的。

正是教学实践的需要催生了语言教学法（即应用教学）语言模式，该模式一方面结合了科学院派代表们研究的所有领域，另一方面又建立在教学实践需要的基础上。教学实践要求对语言事实以及语言分析和描写的方法做更加深入的理论探究，于是创立了一种别样的语言观、别样的语言事实价值体系。Всеволодова于2000年出版的教材《功能交际句法理论——应用（教学）语言模式片段》，就是一本融合了很多其他学派成就的不仅局限于应用任务的开放型语法。功能交际语法（即"言语语法"）涉猎的问题比传统的形式描写语法（即"语言语法"）更加广泛，比如词汇学作为句法不可分割的部分进入了句法学范畴，此外还有一些句法本身的范畴：（1）语言的语义空间及其结构，包括功能语义场、功能语义范畴、意义体系、类型情景等；（2）句法的形式单位及对象；（3）语言机制等也进入了功能交际语法的研究视野。

Всеволодова的科研兴趣极其广泛，但其主要研究方向是俄语的功能交际句法，主要研究范围是：句子聚合体的各个层面（聚合体系统）、时间与空间等词汇句法范畴、句法成语、体貌问题等。其优秀代表作有：1975年出版的专著《现代俄语时间关系的表达手段》、1982年与Е.Ю. Владимирский合著的专著《现代俄语空间关系表达手段》，1988年与Т.А. Ященко合著的专著《现代俄语中的因果关系》以及2000年出版的《功能交际句法理论》。

Всеволодова一生培养了大批优秀的俄语专家，其中三位莫斯科大学语文系的教师（В.В. Красных 1999、Д.Б. Гудков 2000、Ф.И. Панков 2009）在她的指导下获得了博士学位，40多位学生获得了副博士学位，而本科生则不计其数。她的学生遍布世界各地，都在从事着俄语教学或与俄语相关的学术研究。她还有很多学生工作在莫大语文系和自然科学系的对外俄语教研室。她的很多著作都是跟自己的学生合作出版的。

Всеволодова的另一个主要研究方向是对比研究,她跟来自保加利亚、波兰、中国、伊朗、韩国和日本等许多国家的外国学生共同参与了对比研究,近几十年来她与外国学生合作出版了很多专著(见参考文献),其中包括她与笔者合著的《俄语简单句模型体系及其类型意义:带状态述体的模型句及其言语体现(以汉语为棱镜)》(Всеволодова, Го 1999)。

此外,Всеволодова还致力于从功能交际视角研究俄语前置词,其观念超前,已经占领研究这个虚词范畴类别词的前沿,在她的带领下,团队创立了俄语前置词和前置单位的结构化清单,共6000个,已出版词典《俄语前置词及前置词手段》1册和2册(Всеволодова 2014, 2018)。

由Всеволодова创立的大学派功能交际语法有着非同寻常的多极性和博学性,是富有生命力的学派。正如乌克兰语言学家А.П. Загнитко(2008)对她的评价:"弗谢沃洛多娃对功能交际语法研究及其提出的重要理念有助于对传统概念和语言现象进行批判式思考和补充解释,其著作不仅属于今天的语言学,更属于明天的语言学,因为其中蕴藏着太多有待于继续深入研究和分析的思想和观念。"弗谢沃洛多娃坚持谦虚开放的学术态度,不苛求自己的观点绝对正确,也不认为其他语言模式不可取,只要具有阐释力、能够解决实际交际任务需求的任何理论都可以拿来"为我所用"。因此,她的《功能交际句法理论》(2000,2016)吸收了很多科学院派功能语法的研究成果。该理论针对的首先是俄罗斯及其他国家的对外俄语教师,其次才是俄语学习者。

鉴于我们的研究以大学派功能交际语法为理论框架和蓝本,下面单独介绍Всеволодова功能交际语法的主要观点、思想及创新价值。

第4章
俄语功能交际语法理念概述

§1 俄语功能交际语法的理论框架

俄语功能交际语法的理论框架是功能交际语言教学法。（Амиантова и др. 2001）我国俄语界的学者想必都知道，在莫斯科大学语文系有个对外俄语（简称РКИ）教研室（кафедра русского языка как иностранного），成立于1951年，是在Виноградов院士领导的莫大语文系俄语教研室РКИ教学部基础上成立的，第一任教研室主任是Г.И. Рожкова，教学法专家是И.М. Пулькина。这个教研室半个多世纪积累的РКИ教学经验和教学实践需求促使Всеволодова及其同事共同开创了俄语学应用方向，并提出了功能交际语言教学法语言模式，因为对外俄语教学实践要求教师对语言事实以及语言分析和描写的方法有更深入的理论探究，对传统描写语法的很多观点及语言中的各种关系要重新审视。学者们发现在对外俄语教学中重要的不再是对语言单位和研究对象的分类，而是要发现保证语义内容准确表达的语言机制，于是他们逐渐形成了一种独特的语言观和不同的语言事实价值体系。该语言模式反映了在语言的交际功能中人对语言多层面的认识，反映了操其他语言学习者掌握用俄语进行交际的途径，主要针对的是对外俄语教学实践，特点是语言学和教学法、理论与实践紧密结合。

Всеволодова认为，功能交际语言教学法语言模式是语言学家在解决具体任务过程中形成的对语言的理解，也就是说，任何一种语言模式都是在语言学家解决所面临的实践任务过程中形成的。以对外俄语教学为己任的功能交际语言教学法语言模式跟其他功能语法或交际语法的使命完全不同，该语言模式的任务是在具体的话语中呈现出建构言语的规则和规律。对外俄语教学需要的不只是描写型的语法，还需要解释型的语法，解释"为什么和出于什么目的选择某种表达手段来传递信息"，譬如解释为什么名词**мáчта**有复数二格形式**мачт**（много мачт很多桅杆），但名词**мечта́**却没有***мечт**①这个形式；为什么可以说жил в гостинице **пять дней сентября**，却不能说***пять дней моей командировки**（因为天数是月份而不是出差的组成部分），而不只是让学生死记硬背。只有明白了所有语言层面的相互关系和相互作用，才能完成解释任务。该语言模式提倡积极地掌握语言，也就是在语言环境中直接进入言语活动。

透过该语言模式的特点我们看到，如今这套应用语言模式已完全融入现有的语言学范式，有着普遍的科学和语言学意义，其研究成果对整个俄语学都大有裨益。

§2 Всеволодова 对应用型功能交际语法的定位

在多年的对外俄语教学实践中Всеволодова发现，传统语法在呈现语言系统时，忽视了语言的内容层面，忽视了语言系统在"活"的言语中起作用的规律，在建构言语过程中很多系统的联系和原理要么被破坏，要么被重构，在这个基础上无法教会操其他语言的学习者积极掌握俄语言语，因此需要一部解决对外俄语教学需求的应用型功能交际语法，其定位是掌握语言，而不是对抽象例句做脱离实际的分析。Всеволодова呼吁教师凝聚集体的力量收集在实践中遇到的各种语料并对其进行语言学认知分析，然后编写一部符合对外俄语教学实践的应用型功能交际语法教材。这部功能交际语法涉猎的问题要比传统语法更加宽泛，因为教学实践经常是跟那些传统语法本身不研究或被其视为边缘的语言事实打交道。这应该是一部应用型语法，对传统语法的一些基础知识进行重新审视，甚至对某些现象和已经习惯了的术语概念给出新的解释或重新定义。该语法不仅有益于广大的俄语教师，而且对整个语言学的发展都极有贡献。目前很多俄语教材反映的俄语知识只是作者自己的理解，无法解释实践中遇到的各种语言事实。

Всеволодова对俄语语法结构的描写首次同时使用了术语"功能"和"交际"。对她来说，这两个术语不是同义词，之所以称其为功能语法，是因为试图解决"语言是如何起作用的？""所有语言层面和语言单位在建构言语时是如何起作用的？"等问题；之所以称其为交际语法，是因为试图解决说话者的交际需求。这部功能交际语法主要是为对外俄

---

① Всеволодова（2005）根据 О.В. Кукушкина 的观点解释道：мечта́ 没有复数二格不是个例，是有一定规律且成体系的，因为在мечтА – мечтЫ, тахтА – тахтЫ, каймА – каймЫ 一类的阴性名词中复数一格的重音在词尾上，而变复数二格时元音 -a 脱落，最后的音节不存在了，就不可能有这个词形了。比较：Я поймал одну плотвУ, две/три/четыре плотвЫ. 但不能说 *пять плотв; Я купила две трескИ，但不能说 *пять треск. 而мАчта 一类阴性名词的复数一格和二格的重音规律是：如果复数一格重音在词干，那么这个重音就不必移至复数二格的词尾，所以有 мечт 这个形式。但有词干内的重音由一个音节移至另一个音节的情况，如 семьЯ – сЕмьи（复1）– семЕй（复2）。

语教学服务的，以教会外国人有效掌握俄语为目的，以俄语与各种外语对比为主要研究方法，是当今描写语言现象比较有效的学派，在对外俄语教学的理论和实践方面都成就显著。该语法不仅描写语言的形式层面，还描写主观和客观语义在不同层面的表达手段以及这些手段的类型和功能，而且描写保证交际得以实现的语言机制。

该语法引进了一些著名俄罗斯语言学家提出的有实用价值和说服力的功能语法理论概念，如Золотова的句素理论（теория синтаксем）、形义对称和形义不对称词和结构理论（теория изосемических /неизосемических слов и конструкций）、Кацнельсон和Арутюнова的名词语义类别（семантические разряды существительных）概念，即把名词划分为事物名词（предметные имена）、事件名词（событийные имена）和特征名词（признаковые имена），没有这些概念就无法理解和描写俄语句子和整个功能语义范畴的建构和功能。首先由А.М. Мухин提出的词的句法形式（синтаксическая форма слова），后来被Золотова称为句素的概念，不仅使得词法和句法中的词形概念发生了原则性的改变，同时也为俄语与其他语言，尤其是像汉语这样非屈折语（нефлективные языки）的对比提供了可能性。虽然在非屈折语中缺乏词的词法形式，但作为语言共相（лингвистическая универсалия）的句素在任何语言中都存在，而且它们的范畴本质基本上也相同（Всеволодова 2005）。

在功能交际语法中语言系统离不开内容与语言手段使用规则的相互关系，正是这些规则保证了语言的功能。这些规则对操母语者是下意识的，对外国人却需要学习，而对语言学家来说则需要解释为何和如何在某些条件下选择这种而不是那种手段。因为语言是有功能的系统，就必须提供保证这个功能的机制、规则和规律。

因此，应用型功能交际语法与其他学派最大的不同是要找出具体的语言规则，呈现符合交际任务和条件的言语建构规律。该语法的研究方法与传统语法相反，是从功能、意义、交际目的和意图到语言已有的手段和形式标志的描写方法，是说者和写者的语法，是Щерба所说的"积极语法"，与"消极语法"（读者或听者的语法）不同。

§3　俄语功能交际语法对我国俄语教学的启示

俄语功能交际语法研究涉及语言现象的各个不同层面及其体现形式，对很多传统语法的基本观点进行了重新思考，最大限度地顾及语言现象"活"的价值。功能和交际是Всеволодова对语言现象进行创新和批判式思考的重要观念，这表现在她有关功能交际语法的很多理念中，比如：

（1）俄语功能交际语法启发我们，不仅要注重内容和意义，同时也要注重形式（форма或модель），因为形式是内容和意义的载体，也是功能的实现者。意义必须有形式，而在这个形式包裹下的内容可能是各种各样的，比较：У неё есть дача（领属关系）．У неё ангина（生理状态）．У неё тоска（情感心理状态）．У неё голубые глаза（特征）．У неё будет экзамен（事件）。而相同的语义又可用不同的形式来包装，如"玛莎阅读流利"这句话可由不同的模型句表达：Маша читает бегло. — У Маши беглое чтение. — У Маши – беглость в чтении. — Маша отличается беглым чтением. — Машу отличает беглое чтение. — Чтению Маши присуща беглость. — Маше свойственна беглость в чтении. — Маша – это беглость чтения.等等。这正是模型句理论的优势所在，掌握模型句的同义转换不仅能减轻学习者的记忆负担，还能为准确而地道地用俄语表达思想提供丰富多样的可能性。

（2）Всеволодова（2016）特别关注词汇在句法中的功能，经过多年的教学实践和对语料的分析后，她改变了自己在2000年出版的《俄语功能交际句法理论》一书中认为词类即是词的范畴类别的观点，同意Панков（2008）区分二者的必要性。于是她提出了在每个词类里都划分出基础类别（базовые разряды）和按照其他词类规则构成的更加具体体现基础类别的"词的范畴类别"（категориальные классы слов），正是这些范畴类别使词类可以按照其词变潜力来进一步划分。依据以上原则Всеволодова（2016: 50-122）对词类做出了自己独特的细化研究，使每个词类内部都形成了一套二元对立的树形分类体系，这些体系并不排斥和反对普遍认同的传统词类，只是对原来词类进行了补充，使其更易于外国学习者理解和正确使用。她对一些词类内部出现的、与该词类特征不符、被归入其他词类的现象特别关注，如一些名词（утром, вечером）、形容词（по-новому）、数词（вдвоём）的副词化现象，代词的各种跨类：代名词（я, ты, они）、代形容词（какой, такой, некоторый）、代数词（сколько, несколько）等。甚至Панков（2008）还发现了类似英语to make, to do一样的代动词（местоглаголия），指表示发生类的非实义动词或实义动词的词汇语义变体（如делать, случиться, происходить, совершаться等），比较：Он **делает** коробку.（实义动词）和 Что он **делает**?（делать的词汇语义变体），可回答：Он спит. Всеволодова（2016: 67）指出："在对外俄语课堂上把один当成形容词，把вдвоём, вдвое, дважды当成副词是没有意义的，而指出这些词在言语中按照怎样的词法类型运用才是重要的。"俄语词汇的这些独特性以及新的研究成果提示我们在俄语语法研究和教学中应对其予以特别的关注和不断学习。

（3）Всеволодова的新句子成分观启发我们，俄语句子成分的功能与汉语不同，更多的是在交际层面起作用，而不只服务于语法的内容层面。我们在介绍俄语传统的句子成分概念时，应注重它们各自的功能和交际级（коммуникативный ранг），因为俄语的句子成分是有交际意义位置的等级系统，比如从"玛莎阅读流利"的各种不同模型句中不难看到主语Маша可降级为补语у Маши，Машу，Маше或定语Маши；谓语читает改变词类后可升级为主语чтение，也可降级为状语в чтении；状语бегло改变词类后可升级为主语беглость в чтении 或定语беглое чтение。正是句子成分的这个功能能解释句子同义转换的巨大潜能。句子的形式结构是说话人要达到一定交际目的的手段，为达到不同的交际目的就要将词放在不同的句子成分位置上。了解俄语句子成分的交际级理论能帮助学习者掌握句子之间的同义转换，不仅能减轻其记忆负担，还能丰富其用俄语表达思想的多样性。

（4）Всеволодова提出的句子四个平面理论启示我们，从实义切分的角度研究句子，使句子结构各个成素在不同平面的相互关系中得以进一步澄清，比如形式平面的句子成分（主语和谓语）跟语义平面的句子结构成素（主体和述体）、交际平面的句子结构成素（主位和述位）、所指层面的施事和受事之间没有绝对的相互对应关系。由此可进一步证明俄语的词序不只是词的排列顺序，还是句子成分位置的变化，并且词序也不像一些人认为的那样绝对自由，即便它相对于汉语的语法化词序确实比较自由。

（5）Всеволодова强调的俄语词序具有功能性的观点启示我们，词序是围绕说话人交际意图的不同而发生有规律的变化，词序一旦发生改变，句子的语义和类型意义都会发生变化。比如从原始句Я кормлю свою кошку, в основном, мясом.可转化出主语或其他句子成分为任何词形的同义句: Основной корм моей кошки – мясо; Основное в корме /в питании моей кошки приходится на мясо; Основной кошачий корм у меня – мясо; Основную часть кошачьего корма у меня составляет мясо.（Всеволодова 2011а: 81）可见，词序的变化是根据交际目的调整的，这一点对习惯按汉语词序（主—谓—宾）说俄语的中国学生至关重要。教师应该在教授俄语之初就让学生认识到词序的重要性，尽量避免母语词序的干扰，以免在交际过程中针对任何问题都说出汉语固有的"主—谓—宾"词序，影响交际意图和效果，甚至有可能造成交际失败。

（6）Всеволодова在句素基础上命名的名词短语（именная группа）概念（指具有独立语义的、自由的、具有独立范畴意义的名词句素），不仅使词法和句法中的词形概念发生了原则性改变，同时也为俄语与其他语言，尤其是像汉语这样的非屈折语的对比提供了可能性，因为在非屈折语中缺乏词的词法形式，但作为语言共相的句素和名词短语在任何语言中都存在，而且它们的范畴实质基本相同，可以帮助母语中没有格形式的外国学生在实践中引入俄语格形式，比如俄语名词短语в прошлом мае，在任何一种语言中无论有没有前置词、后置词或词尾变化，其定语却绝不可缺，因为它们是一个句法整体，且这个定语会对其他同义形式产生影响，如в мае只有六格形式，而带прошлый后则可有三种不同格的同义形式в прошлом мае – в прошлый май – прошлым маем。因此，把前置词和名词格形式组成名词短语来学习，比孤立地学习前置词的接格和意义有事半功倍的效果。关于句素和名词短语在教学中的意义和作用详见本书第21章§4。

（7）表示元语言与客观现实关系的形义对称和形义非对称范畴及致力于表达内容的模型句理论启示我们，可以把语法模型化，按照述体类型列出表达某一类型意义的由形义对称同构结构（изоморфная структура）表示内容常体的原始模型句（如Маша хорошо учится）、加入语法或情态成分的变异模型句（如Маша стала /должна хорошо учиться）、由形义非对称结构表示的同义转换句（如Маша – хорошая ученица. С учёбой у Маши хорошо.）形成简单句模型体系①，然后按照这个层次和难易程度安排教学顺序，能使学习者快速掌握模型句体系，丰富自己的俄语表达能力。

（8）描写述谓②（описательные предикаты）是俄语句法表达手段的独特方式，尤其在公文事务和科学语体中极为常用。该句法手段是语言共相，在汉语中也有很多带"虚化"动词的描写述谓形式，如"给予帮助（оказать помощь — помогать）""提出问题（задать вопрос — спросить）""施行手术（делать операцию — оперировать）""进行调查（вести/ проводить расследование — расследовать）"等。如果在我们的语法教材和课堂上把描写述谓作为一个系统的语法项目来讲授，将有利于学生准确丰富且符合语体要求地用俄语表达思想，使学生在写俄语公文或毕业论文时会用符合相应语体的带描写述谓的标准言语套句③。

（9）区分动词体（вид）和体貌（аспектуальность）的观点对理解没有体范畴语言中的体貌范畴极其重要。体貌是功能语义范畴，由语法义素表示，比如英语的-ing形式，汉语的动态助词"着""了""过"等都是体貌的标志。体貌也是语言共相，是所有语言都有的动作行为方式范畴，而"体"是主要在斯拉夫语中才有的语法范畴。了解体和体貌的区别有利于中国学生理解和掌握俄语大部分动词都有表示同一个动作的两个体：未完成体和完成体这一特殊现象。功能交际语法强调语法必须给出各种语言单位的选择规律和使

---

① 关于模型句体系详见（Всеволодова, Го 1999；郭淑芬 2002a, 2003），具体模型句分析详见（郭淑芬 2002c; 2007a; 2007b; 2009 [2]；2010 [1]；2012 [4]；2017 [2]）。

② 关于描写述谓的详细介绍见（郭淑芬 2007a；2011a）以及本书第9章§5和23章§3。

③ 关于常用标准言语套句列表详见（郭淑芬 2009）。

用规则以及具体言语的建构规则。比如讲中国学生特别容易出错的动词体和过去时，必须向学生解释清楚未完成体一般事实过去时（общефактическое прошедшее）和完成体结果意义过去时（перфектное прошедшее）的区别，比较表达相同所指情景的句子的不同意义：什么时候说Я уже *читал* эту книгу（在图书馆有人向你建议时）；什么时候说Я уже *прочитал* эту книгу（还书时）；什么时候说Кто *открыл* окно?（当你看到窗户开着而屋里本来就很冷时）；什么时候说Кто *открывал* окно?（当你看到窗框的把手坏了时）。动词未完成体的过去事实意义和结果消失意义是中国学生学习的难点，受母语的负迁移，学生常常不分场合地使用完成体。教师应该在交际情景中带领学生反复盘活动词体的用法。

（10）关注语言的语义空间观念和功能语义场理论对系统学习俄语时间、空间、原因、条件等语义范畴的各种表达手段非常重要，同时也为这些范畴与汉语的对比提供了平台。在这些方面Всеволодова及其学生做了非常细致深入的研究（详见Всеволодова 1975, 2000; Всеволодова, Владимировский 2008; Всеволодова, Ященко 2008）。Всеволодова（2010а）在功能语义场基础上提出功能语法场（функционально-грамматическое поле）概念，主要用于俄语词类的功能研究，引出把前置词、副词等词类范畴化和语法化的新趋势[①]。

（11）Всеволодова提出的语言机制（языковые механизмы）[②]概念启示我们，如果不掌握语言固有的保障言语建构发挥最有效作用的规律和规则，包括保证语句和语篇的语义正确、言语的形式正确的校正机制语，以及保证交际任务最佳实现的交际机制，则很难真正掌握俄语。语言机制对学习俄语的中国人来说需要不断学习和掌握，而对俄语教师来说则需要学会运用语言机制来解释为何和如何在某些条件下选择不同的语言手段，解释学生说俄语时犯错误的原因。教师的首要任务是要抓住俄语的异质性和语言的共通性，通过语言机制并适当运用对比法，看到汉俄语的异同，主攻异质性，避免母语干扰，预防学生在学习过程中可能犯的各种言语错误。

总之，Всеволодова在俄语功能交际语法理论中提出的很多新理念都有待我们继续深入研究。相信这部语法对我国未来俄语语法教材的编写和课堂教学策略的实施以及教学次序的安排都将起到极大的启迪和帮助作用。

---

① 关于俄语参量名词的前置词化研究详见（郭淑芬 2017（4））；关于副词的功能交际语法研究详见（Панков 2009）。

② 关于语言机制的全部内容详见本书第七篇。

第5章
俄语功能交际语法的方法论基础

§1 对语言基本特征的认识

Всеволодова（2016: 18）创立功能交际语法的方法论基础是认识论，该方法论原则是在形成语言学观念时对语言基本特征的认识，主要有以下几个基本特征：

（1）作为宇宙构成单位和人类思维实现机制单位，语言有二元统一的特点。语言实际上是联合所有相互对立的结构类型的二元统一体，一方面表现为"场"（поле）（比如宇宙中的磁场、电场和引力场）和离散单位（比如银河系、星球、陨石）；另一方面表现为形成人类思维的不同层面的范畴。在场结构中（如引力场）没有任何对立，有的是引力最强的场心以及在物质构成区域内逐渐变弱的引力（如磁场圈）。我们的思维把所有能观察到的元素和现象都联结成一个集合并以各种不同方式对其进行分类，如桌子、椅子、柜子、书架、沙发等属于家具，其中每个物体又可按照属性进行下位分类，如儿童桌、餐桌、写字台、办公桌；衣柜、橱柜、书柜、酒柜、餐边柜等。

（2）语言中有像场和离散单位一样形成交叉集合的宇宙构成单位，以及像范畴一样的人类思维单位。最初在词汇学中引入语义场概念的是特里尔[①]和其他一些语言学家。1967年Бондарко发现了语言中另一平面的场，即功能语义场，这个场把语言的内容和形式层面联结起来，之后又发现这些场是由功能语义范畴构成的，即由联结不同层面语言单位（从词汇到复合句）的结构联合体构成。

Всеволодова（2016: 21）通过俄语教学实践发现，语言的语法单位在使用过程中也会形成自己的场，并将其称为功能语法场，即由某个语法类型的单位形成的场，比如俄语双主格句（биноминативное предложение）形成功能语法场的场心句是类似Маша - студентка. Волк - хищник的句子，此类句子在世界任何语言中都有。而其边缘句 Пекин - Олимпиада-2008在许多语言中就没有。再如前置单位功能语法场的场心是原始前置词

[①] Трир (Trier) 是19世纪20年代德国著名语言学家，他是语言学中按照"语义（概念）场"研究词汇的开创者，他所理解的概念语义场首先是某个范畴的结构或概念圈。

в，на，к，по，из等，其远边缘区是类似前置词的参量名词词形 длиной, в высоту, на глубине（десять метров）等，这些词虽然行使着前置词的功能，但却没有脱离其所属的名词类别。在该类功能语法场的场心和边缘之间有逐渐远离中心的各个区域。与功能语义场不同的是，功能语法场由某一类体现功能语法范畴的语言单位构成，该范畴中语言单位的所有分支构成一个复杂而多层级的对立系统，该体系中有被语言加工得非常好的场心和由功能类似的个别词形构成的边缘区。也就是说，范畴本身是按照场的类型构成的。

（3）语言是功能统一体。语言是交际工具，但交际不是语言唯一的功能。语言同时也是人类思维实体化（发音、书写）的手段，与宇宙的自然形成不同的是，语言是范畴性的，即一切被认知的东西都是按照一定形式被结构化和体系化的，因此，语言不可避免地成为操该语言民族的知识宝库。存储在该民族语言中的知识要大于所有操该语言者的知识总和，因为在该语言中包含着许多前辈们遗留下来的知识。人类的语言认知，以自己的方式、不受人的意识控制地在语言内部对每个民族呈现的活动进行着收集、整理和排序的工作，因而形成的这些体系和结构都是内容和形式的二元统一。每种语言都有自己的体系和结构，而语言学的任务就是揭示和对比这些体系和结构，以此来解决教学法问题，这也正是应用语言模式的重要任务。

（4）语言具有客观特征，即语言的客观性是由其自然属性决定的。语言是大脑的功能，是自然现象；同时也是人类最重要的交流工具，是社会现象，也是精神现象。语言按其自身的内部规律发展并起作用，不受人意志的影响。因此，研究语言和言语的语言学的任务是，客观地认识语言的内部结构及其在所有领域的使用特点，包括即兴言语在内。语言描写不能只以文学语言为语料，因为这种语体的语料比其他所有语体的总和要贫乏得多。任何理论，包括语言学理论在内，都是人造之物，都不可避免地在某种程度上是主观的，而理论的认知价值越高，就越能准确和全面地反映真正的事实，也就越接近客观现实，对于语言来说就越接近语言的真实构造。然而，语言在言语中的每一种体现（即语句）都是由操该语言的具体"作者"完成的，因此语言就常常不仅包含客观的、罗列事实的信息，即Балли所谓的陈述要素（диктальный компонент），或称为客观陈述（диктум），也包含作者对该信息的主观态度，即Балли所谓的情态要素（модальный компонент），或称主观评述（модус）。也就是说，人们在利用语言传递有关客观世界的信息时也表达出了自己对所言内容的态度。主观情态性是每个句子都有的特性。语言是以说话人"我"为中心的，是以人为本的，而语句所有主观层面信息的表达都是由操该语言者所使用的共同手段实现的，否则受话人就无法听懂。

（5）语言有在人的意识中反映客观现实的能力，正是这种把客观现实反映在民族定型或称主观感知中的能力决定了语言的内容层面，即语言的语义空间。每种语言中的语义空间都是以一定的方式被结构化的，组成功能语义范畴和功能语义场，这是两个不同的概念（详见本书第三篇）。俄语里有空间、时间、主客体关系等功能语义场（详见ТФГ Т. 1-6 1987-1996）。按照Бондарко（1976）的观点，这些场都具有双重性特点，可分为反映场（отражательные ФСП）和解释场（интерпретационные ФСП）。

1）反映场是相对客观地反映语言外客观事实的场，大概任何语言都有在时间场框架内表示四季、昼夜、事件的持续时间（如работать два часа）、针对说话时刻的事件发生时间（如过去、现在、将来）或事件发生的前后时序（таксис: до обеда, во время обеда, после обеда）等表达手段；也有空间场内表达针对说话者的方位（здесь, там, далеко, близко）或针对某物体的方位（в лесу, у моря）的手段。

2）解释场表达的是对客观事实的民族主观解释，比如体貌场是语言共相，有专门的构形成分，而在无动词体语言中则有专门的语法成分，如汉语中的动态助词"着、了、过"，斯拉夫语中的动词体虽然没有专门的形式上或词汇上的语法成分，但却生动地表达着行为在时间中的流动，用行为的完结或未完结来标记行为流动的特性和动词行为的方式。没有动词体的语言就很难表达俄语动词набегаться（Я набегался за эти дни.）或выспаться（Я хорошо выспался.）的意义，只能靠词汇手段来解释：Я много бегал в эти дни и устал.（最近我跑得太多，跑累了）Я встал бодрым.（我精神饱满地起了床，即睡足了）体貌范畴的中心是"逻辑边界"动词或结果动词，这类动词在任何语言中都有，是语言共相。在所有语言中都有表达行为逐渐完成并达到结果这一手段，因为行为会自然而然地结束，比如：Снег таял и растаял.（雪化着化着就化完了）Дом строили и построили.（房子建着建着就建好了）Задачу решали и решили.（题解着解着就解完了）

Всеволодова（2016: 23）认为，即使在反映范畴中也必定有民族解释，比如俄罗斯人、英国人和西班牙人对昼夜的划分都有不同的习惯。俄罗斯人"今晚"去剧院用сегодня вечером（今天晚上），而英国人用tonight（今天夜里）；对俄罗斯人来说中午12点到下午5点是白天（день），如：в 11 часов утра（早上11点），12 часов дня（白天12点），в 5 часов начинается вечер, а в 12 - снова ночь（晚上在5点开始，而12点又是夜里了）。而西班牙人从12点开始午休，因为太热无法工作，2点以后是晚上（вечер），6点以后是夜里（ночь），夜里3—4点是黎明前时分（предрассветный час），5—12点是早晨（утро）。对俄罗斯人来说上午或午饭前指13点前，而对所有欧洲人（包括斯拉夫人和非斯拉夫人）来说一天的中间是中午，中国也是如此。在表达时间循环模式上还有一个更大的不同，俄罗斯人认为"过去"是"发生在前面的事"（то, что впереди），比如空间前置词перед用于时间意义时表示"以前"（раньше），时间观念习惯指向未来；而中国人跟古希腊人一样习惯指向过去，比较：后面的日子不多了（за плечами осталось мало времени），за плечами 对俄罗斯人来说指已经过去的日子，而对剩下的日子要用 впереди 表示：У нас впереди много работы.（后面还有很多工作）。

  俄语运动动词有定向（идти, ехать）和不定向（ходить, ездить）之分，但这些词本身却不表示空间定位的方向，把上面四个运动动词跟汉语的"来""去"和英语的 to come, to go 相比较便一目了然。对外国人来说俄语运动动词的移动范围（идти / плыть / лететь）、移动方式（идти / лететь / ехать）、移动速度（идти / ехать / бежать）都较难确定。俄语若要表示方向意义则必须借助带前缀运动动词，如 прийти, уйти, выйти, въехать 等，而且它们和方向的关系也不总是一致的。俄罗斯人把空间分为一定的区域，如 прийти, приехать 只能表示从别的区域来，在一个区域范围内运动是 подойти, подъехать。区域可分为内部和外部，比如 войти, въехать 可表示进入区域内，所以从外面进入阳台要用 войти：войти на балкон с улицы. 而从房间进入阳台则只能用 выйти：выйти из комнаты на балкон. 在学习空间移动的表达手段时，可以把俄语带前缀 при 的动词 прийти 和 приехать 与其在其他语言中的对应形式相比较，如英语的无前缀基础动词 to come 和汉语的"来"（приходить, приезжать），既表示主体朝指定方向移动的过程，也表示其结果，而俄语带前缀 при 的运动动词表示的是移动主体出现在此地的事实且跟之前的运动无关，因此，在英语、汉语和其他语言中可以使用上面提到的动词及其表示过程的相应形式：I see him coming. 我看见他来了（译成俄语为：Я вижу, что он пришёл.）受母语影响，在表示"彼得来了"时，一些外国人会犯类似这样的错误：*Вон приходит Пётр. 而正确应为：Вон идёт Пётр.

  由此可见，语言之间的差别不只是语法和词汇，还有那些各种语言中能或不能用语法和词汇表达的组合涵义和意义体系，正是每种语言中语义空间的独特性构成了操该语言者的语言世界图景[①]（языковая картина мира）。学习外语能让人在一定程度上了解操该语言者的语言世界图景，其难点在于母语和所学外语的语言世界图景的差别，外语学习者应该特别加以注意。

  （6）语言具有物质和实质特性以及观念层面。语言的语义空间的结构化依靠的是功

[①] 语言世界图景概念起源于洪堡特（В. Гумбольдт）的"每一种语言都包含着一种独特的世界观"这一理论假说，后来被美国的萨丕尔（Э. Сепир）和沃尔夫（Б. Уорф）、丹麦的 Есперсен、俄罗斯的 Ю.Н. Караулов, Б.А. Серебряников, Ю.Д. Апресян 等语言学家研究过。维基百科给出的定义是：语言世界图景指历史沉积在该语言集体中的普遍认知及反映在语言中的对世界认识的总和，是感知和建构世界及把客观事实概念化的方法。可将其比喻为"语言棱镜中的世界"，即反映在语言中的认知世界的方法。在语言世界图景中反映着一个民族对时间、空间、人和自然的认识。（https://ru.wikipedia.org/wiki/Языковая_Картина _мира.）

能语义范畴和功能语义场，由构成句法结构的词、词形和词组来体现，词汇在各方面决定了语言的物质性和实体特征。"语言是思维的物质外壳"，言语的发音形式是空气的振动，是一种物理实体，而书面形式则获得了物质性特征。正是由词和词形表达的语义组合体构成了语言的语义内容层面，因此在功能交际语法中词汇是句法的有机组成部分，没有词汇也就没有句法，词汇只能在句法中"生存"，其在句法中显示出与词汇学不同的功能规则和描写原则。此外，"语言是思维工具和交际工具，它同思维有密切联系，是思维的载体"。词、词组和句子是人类思维活动的产物，由它们表达的内容是思维的表现形式。

（7）语言具有系统性特征。语言是一个系统构造，语言的系统性一方面是大自然系统性的反映，另一方面是我们对客观事实认知的系统性和范畴性的反映（Мигирин 1973）。

1）语言的系统性在于其所有层面的组成都依赖于某个层面本身的特征，依赖于该层面单位本来就有的特征，比如俄语的语音和词汇系统。索绪尔给语言下的众所周知的定义是："语言是表征符号系统"，这包含了对功能交际语法来说非常重要的观点："语言是一个由各种成素组成为整体的系统。"在应用语言模式中语言和言语是两个不同的概念。Всеволодова（2016: 25）给语言下的定义是：语言是内容、形式和交际（语用）层面以及构成这些层面的所有语言单位的结构化系统，各层面及其内部各结构之间有着鲜明的界限（正是这一点使得语言可以使用不同层面的单位表达相同的信息，用其他层面的手段代替某个层面的单位来表达必要的信息），语言是一个以一定方式组成并结构化的语言机制的集合，这些语言机制是语言单位在言语中的功能得以实现的保证。每种语言系统都包含着一系列带有民族烙印并能用该语言表达的语义，以及以各种方式体现在言语结构中的陈述类和情态类的交际任务。而言语是语言潜在可能的体现。如果言语消失了，语言也就死了。因此，语言不可能在言语之外存活。

2）语言的系统性首先是由其具有自我组织、自我建构、自我发展的能力决定的（当然不否定在语言发展中具体人的作用，尤其是在文学语言中），其次是由预示某种语言单位在什么条件下、什么语篇中能否出现的因素决定的。词在其词形变化和句法潜能（即词类）基础上的分类组合具有一定的次序性，这些特征与其内容层面紧密联系，只不过不总是直接和单一的联系。词的词类属性不管其在语言中的表现力如何都极其重要，在研究语言现象时必须考虑到这一点。不管语言中是否有词形变化或形式构成范畴，词类存在于所有语言之中。

3）词类的范畴特征以一定方式有序排列，其中一些在语言外事实中并无所指，如"有性"语言（родовые языки）中非动物名词的语法"性"就是Бондарко（1976）所说的解释范畴；另一些则是反映现实世界中现象的，如名词的数、动词的时间形式就是

Бондарко 所说的反映范畴。然而，在解释范畴中通常也有反映成分（比较俄语、德语中的三个"性"范畴及英语中的性别范畴和非生命体的"无性别"范畴），就像在反映范畴中一定有民族主观解释成分一样（比较俄语时间的三成分体系和罗马日耳曼语时间的多成分体系）。

4）不同范畴的系统性建立在不同基础之上，比如俄语中的构词范畴虽然是系统范畴（РГ-80），跟语义没任何关系，但在用城市名称构成该城市居民名称时却出现了一些反系统成分，比较：Москва – москвич，Тула – туляк，Одесса – одессит，Киев – киевлянин，Саратов – саратовец，Минск – минчанин，Омск，Томск – омич，томич，Курск – курянин，Архангельск – Архангелогородец 等，还有一些城市（如Новосибирск，Коломна）很难构成其居民名称，而女性居民的名称就更难构成。这种反系统成分的成因可能是人分析得不全面（主观因素），也可能是该系统成分的积极变化过程（客观因素），亦可能是该语言片段还没有形成完整的系统。

在组词造句层面研究不足的是语言的内容层面，它虽不直观可见，且语义（内容常体）和形式（形式总有这样或那样的意义）往往不一一对等，但却存在于词和词形中（в доме – в дом）、句法模型（话语形式）中，比如表示相同意义的不同格形式（в том мае – в тот май – тем маем）；不同词的相同格形式表示不同的意义（кистью /ночью рисовать）；同一词形表示不同意义（кистью рисовать /кистью любоваться）。由此可见，语义总比意义多，意义比形式和词多。由某语言各种手段表达的全部语义（即语义空间）是以一定的方式被结构化的，语义相互结合又相互对立，形成一个复杂的、逐渐被认知的意义体系。由于语言本身的客观性，意义体系也是客观的，但同时它们又是人类认知活动的结果，反映着人类认知的特性，因此又具有民族主观性。

语言是一个多功能系统，但其主要功能是交际（信息）功能，因此语言必须拥有一套强大的专门机制来保障交际的实现。实义切分（актуальное членение）机制虽只是该套机制之一，但却比与交际功能相关的句子成分范畴重要得多。交际任务的一大类型是言外任务（提问、同意等方面的表达）。言外之意、言语礼节及其表达手段是与功能交际语法交叉的语用语言学的研究对象。交际任务的其他类型与说话者的主观意图相关，而且跨越句子和语篇两个平面。

在建构言语时通常需要解决一系列不同类型的任务，为此要同时使用语言不同层面的手段，如词汇、构词和句法等手段，此处显示出语言的多因素性。例如，俄语回答"什么时候"的问题时，如果是不带限定成分的月份名称，就用 **в+N_6**[①] 形式：в мае, в

---

① 本书用大写英文字母 N 表示名词，其下角标的数字表示名词是几格，如 N_6 就是名词六格，以此类推。

августе；如果是星期名称，则用**в+N₄**形式：в среду，в пятницу；如果带上限定成分，月份名称则有三种形式：в этом мае /в этот май /этим маем；而星期名称则用**N₅**形式：этой субботой，минувшей средой。

交际任务类型的创建、表达手段的正确组成和描写，是语言教学法的主要任务，此时需要进行对比研究，因为在不同的语言中任务的表述及其表达手段不总相符。

根据以上所描述的语言特征，Всеволодова（2016:27）认为，俄语功能交际语法的主要研究对象有三：语言的内容层面，即语义空间；语言的表达层面，即形式单位；保障言语结构生成和运作的语言机制。

§2 对语言表达层面单位的认识

Всеволодова（2016: 28）认为，功能交际句法中表达层面的单位有：（1）词的句法形式或称句素及名词句素的功能变体——名词短语；（2）词组；（3）语句（предложение-высказывание）；（4）句法成语；（5）语篇（текст，包括超句统一体，即复合句法整体）及其运作时语言外条件的总和，即语境或称话语（дискурс），因为交际是在语篇层面实现的，而不是在孤立的句子层面。可见，形式句法和功能交际句法有不同的研究对象。

（1）作为句法单位的词的形式[①]（форма слова）在《80年语法》（РГ-80）中已被关注。词的形式经常用于构成不可分割的复合句法结构——名词或副词（如方位、时间、原因等）短语，它们具有不同的句法潜能，即参与句法建构的能力，这是句法和词法深层交叉的区域之一，即所谓的形态句法（морфосинтаксис）。语言中的任何一类词都可以成为词的句法形式，即句素（Золотова 1973）。

（2）Всеволодова（2016: 28）与科学院语法的观点不同，她扩大了词组的范围，不仅把传统上排除在词组之外或属于成语的组合纳入词组，如дать совет，оказать помощь，还囊括了一些词组的言语体现，即在句中以反词序出现的词组：читаю **книгу интересную**；有间隔的词组：**Читаю** весь день **интересную книгу**；在述位化关系中的词组：**Книгу** я читаю **интересную**。在词组范畴中有一类自成体系的独特词组，如类

---

① 关于词的形式俄语中有三个不同的概念和术语：（1）词的形式 (словесная форма) 指与虚词成分组合，但不指出其构成词汇的词的词法形式，如：к+д. п. (或 к+N₃)，с+т. п. (或 с+N₅)等；（2）词形 (словоформа) 指与虚词单位组合的具体词位的具体词法形式，如：к морю, с сумкой；（3）词的句法形式或句素 (синтаксическая форма слова или синтаксема) 指顾及词汇、范畴意义和句法潜能的词的词法形式，对名词来说包括前置词在内（如果有的话）。

似 двадцать пять, две тысячи сорок восемь 的数词组合，以及表示数量或大小的数名词组：пять книг, трое студентов, двенадцать лет, шесть метров 等。

在俄语和整个斯拉夫语的句子中正是词组担当了实义切分的重要工具之一。Всеволодова（2016: 28）不认为词组是放入句中的"现成"句前单位，而是在言语建构过程中才出现的由构成语句内容层面成素组成的结构。经验表明，无论是俄罗斯人还是学俄语的外国人都是从已造好的整个句子中划分词组，而不是在句前先构建词组。因此，在应用语言模式中，对并列和依附词组作宽泛的理解是有道理的。

依据交际任务，相同的内容可由带各种词组的不同句子表达，这些词组不仅可由表达该内容的语言单位构成，也可由某些"建构"词构成，如：В России живёт **много национальностей**. Россия – **страна** многонациональная. **Население** России многонационально. Россия **характеризуется** многонациональностью. **Характер** населения России многонациональный 等等。①

俄语功能交际语法在以下情况中关注词组：

1）在分析具体词和词的形式搭配潜力时。在描写和列举动词支配关系时可发现，都接五格的同义动词却与不同的名词搭配，同为"领导"之意的动词 руководить 与страной，фирмой 搭配，而 заведовать 却与 булочной, складом, баней, кафедрой 搭配；同为"指挥"之意的动词 распоряжаться 跟 имуществом, деньгами, временем 搭配；而 командовать 却与 армией, полком, флотом, парадом 搭配。

2）在各种类型的句法转换时。在构成描写述谓时：помочь другу → **оказать помощь** другу, взорвалась бомба → **произошёл взрыв** бомбы, блузка синяя → блузка **синего цвета**; 在句子或其组成部分发生凝缩时，包括称名化，比较下面句子的转换：Когда учёные **проводили эксперимент**, они выявили, что этот материал **сохраняет свои свойства** даже если температура **повышается до 1000 градусов**. → **При проведении эксперимента** была выявлена **способность этого материала к сохранению своих свойств** даже **при повышении температуры до 1000 градусов**. 可见，在不同情况下词组的组合各有不同，但词根却是相同的。

3）在分析句子实义切分时。正是词组中的词序决定了句子的语调类型（Крылова 1992）。

此外，Всеволодова（2016: 29）认为，词组的构成还依赖很多因素，目前还不

---

① 本书的例句除了标注出处的，其他来自 Всеволодова（2000, 2016）或网络的不再标注。例句中的个别生词会给出翻译。

完全明了，比如针对生长在非洲的鸟兽可以用词组птицы и звери Африки；而针对生长在非洲的鹅和鳄鱼就必须使用词组африканские гуси和африканские крокодилы；当说生长在某条具体河里的鳄鱼，比如尼罗河，就不能说*крокодилы этой реки或*речные крокодилы，而只能说крокодилы в этой реке或нильские крокодилы。针对乌拉尔、高加索、帕米尔等山脉可以说горы Урала，горы Кавказа，горы Памира，但针对山脉Альпы（阿尔卑斯山脉），Пиренеи（比利牛斯山脉）就不能使用这样的词组。词组писатель России/ писатели России可以跟最高级形容词величайший连用：Достоевский, Толстой, Чехов – величайшие писатели России; Толстой – один из величайших писателей России. 但跟形容词великий连用时却通常使用形容词русский：Достоевский, Толстой, Чехов – великие русские писатели. 词组высокого роста与名词девушка连用时可以在述谓位置上：Эта девушка – высокого роста; 也可用于依附词组中，但必须是在初次提到时：В комнату вошла девушка высокого роста; 如果是第二次提到这个姑娘，则只能选用其他词组：Через минуту к этой высокой девушке подошёл Саша. 当跟专有名词连用时这个词组只能放在述谓位置上：Оля – высокого роста. 可见，词组的构成受到句子甚至语篇因素的影响。尽管决定具体词组能否成立的规则是由语言因素决定的，但在大部分情况下词组是言语和言语建构的事实，而不是句前单位。词组，确切地说是词组中的词序，是影响实义切分的因素。

　　Всеволодова（2016: 30）还指出，词组是在建构言语述谓单位时出现的，而那些固定词组（短语），包括术语词组以及成语化单位是独立存在的，如чёрная смородина，простое число，быть в курсе дела，остаться с носом等。关于词组的功能理论目前研究得较少，对词组具体类型的形成条件和规则还有待于做进一步的功能分析。

　　（3）语句跟传统语法中的句子之间的不同在于，它不是形式模型（结构单位）的抽象样板，而是带典型内容的言语作品，是交际单位，也就是说，在功能交际语法中任何句子都被看成是在具体语篇中、具体条件下、带有具体交际任务的被说出或写出的句子。语句的形式建构跟实义切分、焦点突显和词序一样，都只是作者表达交际意图的手段。因此，在分析语句前首先要确定它的内容层面，然后才是研究该内容的所有表达手段，包括韵律手段。Всеволодова（2016: 30）认为，句子既是语言单位，也是言语单位。

　　（4）句法成语跟词汇学中的成语、谚语、俗语或流行语不同，指的是对一般句子来说不典型，但在自然交际中却规律使用的形式结构，而且构成该结构的词汇没有限制，如：1）**Студент** он **как студент**, нормальный. 2）**Работа работой**, но о семье тоже надо думать. 3）Без купальника **отпуск – не отпуск.** 4）**Какой там дворец**! Такая же хибара（简陋的小屋），что остальные, только крыльцо побогаче. 所有这些单位都带

有主观情态涵义，但却不是通过词汇表达的。

（5）语篇[①]（包括话语语篇）不是形式句法单位，而是被归入语言学的独立分支——语篇语言学，但功能交际语法却无法避开语篇，主要基于以下原因：

1）话语语篇是言语存在的唯一形式。任何语篇都具有各种各样的类型、体裁和语体等特征，这一系列特征决定了每个语篇都是一个被结构化的整体构造。

2）话语语篇是语句发挥作用的唯一"生存领域"，该领域由之前语境或被交际参项当作言语的引子或动因的情景决定，而后续语篇由语句本身决定。

3）在很多情况下语篇的不同侧面决定着句子的句法结构，例如：

① 语篇的内容决定着句子的实义切分，同时也决定着各成素的次序，比较下面两个不同题目的语篇：

Вода

Вода является сложным веществом. Молекула воды состоит...

Сложные вещества

Молекулы сложных веществ состоят из двух или более элементов. **Сложным веществом является**, например, вода.

以《水》为题目的语篇中"水"是已知信息，位于主位上，而"复杂物质"是新信息，位于述位上；但以《复杂物质》为题目的语篇中正好相反，"复杂物质"在句首（主位），而"水"在句末（述位）。

语篇内容也可能决定句子的句法模型，如：

（а）Посреди комнаты – стол. **На столе – десятка два книг**.

（б）Стол завален книгами. **Книг на столе – десятка два**.

上面两个标黑的句子，虽然由完全相同的词形构成，但在涵义和形式结构上都有所不同，（а）的意思是"房间的中间是桌子，桌子上有大约20本书"，新信息是"20本书"，而（б）的意思是"桌子上堆满了书，书在桌子上大概有20本"，新信息是"20本"，书已成为已知信息。

② 语篇的一些特征对言语的建构非常重要，比如语篇与言语时刻是否相关（交际和叙述语篇），语篇的语义与其表达方式是否相关（语篇的交际类型），语篇属于"我—

[①] 关于语篇的详细论述参见本书第六篇。

语篇"（я-текст）还是"他—语篇"（он-текст）^①。具体说明如下：

- 语篇的体裁是叙述的（信息的）还是交际的（言语的），在很多情况下决定着词和句法结构的功能特点，比如时间副词скоро，близко跟与其功能相同的语气词вот-вот在交际语篇中都可以出现在同一个位置上，即零系词述谓位置：Зачёт（уже）скоро – Зачёт（уже）близко – Зачёт（уже）вот-вот. 而在叙述语篇中，当需要使用系词结构时，则只能用副词близко：Зачёт был（уже）близко, и пора было подумать о подготовке к нему. 当使用скоро和вот-вот时，则需要引进情态变异词（модальный модификатор）：Зачёт должен был быть скоро. Вот-вот должен был быть зачёт, а студенты ещё не начинали готовиться. 而不能说：*Зачёт был скоро. *Зачёт был вот-вот. 需要指出的是，在叙述语篇中更倾向使用语气词уже，而在交际语篇中则可不必使用。 уже一词可以让语气词вот-вот不使用情态变异词：Зачёт был уже вот-вот, и студенты начали к нему готовиться.
- 语篇的语义类型决定着述位的优化，即在述位焦点上的词形类型（名词或动词）决定着构成语篇的句子类型，即句子的形式结构。比如表示"主体及其行为"类型意义的模型句需要把句子Прие³хал// Иван Ива¹нович.变成Иван Ива³нович// прие¹хал. 实义切分的变化（主位—述位的变化）会导致模型句类型意义的变化，如句子Куртка на нём – новая.的类型意义是"主体及其性质特征"，而Новая на нём только куртка. 的类型意义却是"性质特征及其承载主体"。
- 语篇的语体属性常常决定着情景的呈现方式，比较句子：а）在描写句中使用简单动词谓语：**За деревней на лужайку сел** самолёт. б）在正式语体中使用描写述谓：**Совершил посадку** самолёт, прибывший рейсом № 916 из Батуми（格鲁吉亚的巴统市）。
- 语篇属于"我—语篇"还是"他—语篇"会对一些词形的功能产生影响，关于这一点的例证详见本书第六篇的语篇部分。

4）句子在语篇之外时会信息不足，如句子И **с этой точки зрения** некоторая ультимативность（最后通牒）позиции, о которой речь шла выше, объяснима.在没有上下文的情况下，无法得知究竟依据的是什么观点。

基于语篇既是学习语言的目的又是学习的手段，加之上述诸多因素，Всеволодова

---

① "我—语篇"和"他—语篇"与"人称"定位有关。"我—语篇"是从叙述者的人称出发，而"他—语篇"则是远离语篇作者的人称(Всеволодова 2008a)。

（2000，2016）把语篇作为功能交际语法的组成部分有其合理性。

§3 对语言内容层面单位的认识

（1）语言的内容层面是通过一系列手段来体现的。每种语言的大部分语义空间都由词汇掌控。词汇场（лексические поля）和词汇语义群（лексико-семантические группы）是功能语义场的最大内容单位的组成部分。语义的最小单位是义素（сема），Всеволодова（2016：32）将义素分为：

1）进入单词意义的词汇义素，如表示"工作一段时间"的动词проработать（где）中的前缀про表示的"时间持续性"就是词汇义素；

2）语法义素，指属于某词类的词形所特有的义素，如词形проработали中的"过去时"和"复数主体"就是语法义素；

3）词汇—语法义素，指某一类词汇的词形所特有的义素，如词形в лесу中的"空间名称界限内的位置"义素，词形в лес中的"空间名称界限内的运动方向"义素，词形в тоске中的"主体的现时状态"义素，词形в тоску（впадать）中的"进入该名词所称谓的状态"义素，都是词汇—语法义素。

Всеволодова（2016：32）指出，词形中的词汇和语法义素的相互位置可用分数形式表示，分子是词类的基本义素，如动词（глагол，verb），分母是语法义素，如词形проработали的语法义素是"过去时"прош.（past）和"复数"мн.（pl）。标注时用两套术语，一套是俄语术语缩写，一套是相应的外来术语缩写，比如动词проработать的词汇义素"行为"的两种表示法是действие（действ.）或акциональность（act），"持续性"是протяжённость（прот.）或дуративность（dur）；лес的词汇义素"空间"пространство（простр.）的外语表示法是（space）；тоска的词汇义素"状态"состояние（сост.）的外语表示法是（state）；词形в лесу的词汇—语法义素是"地点"пространство（простр.）或локатив（loc）；в лес的词汇—语法义素是"方向"направление（напр.）或директив（dir）；в тоске是"时间"время或темпоральность（temp）；в тоску（впасть）是"阶段性"фазисность（fas）。

Всеволодова（2016：32）把以上词形的义素分析呈现为以下分数形式：

проработали	в лесу	в лес	в тоске	в тоску（впасть）
действ. прот. act. dur	простр. space	простр. space	сост. state	сост. state
прош. мн. 或past pl	место 或 loc	напр. 或 dir	время 或 temp	фаз. 或 fas

对义素成分的分析将在分析语言义素机制时用到，如对配价（валентность）和语法组合（грамматическое присоединение）的分析。

（2）句法中有由非述谓单位和述谓单位表达的语义，"非述谓"语义的载体可为：

1）按词类变化的词的句法形式（поёт – пел – будет петь）以及将词汇义素和语法义素融合为一体的某一类别词的句法形式，如в лесу，в лес，в тоске；под давлением（相当于давить或оказать давление），при нагревании（相当于когда нагревают/нагревается）。这些语义并不是无序的，它们构成更复杂的功能语义范畴，是意义体系的成员。

2）词组有时等同于被压缩了的整个句子：**При заключении договора** присутствовали X и Y. 相当于**Когда заключали договор**，присутствовали X и Y. 有时等同于一个词：осуществлять сотрудничество = сотрудничать，круглой формы = круглый；有时组成一个语义集合：высокий дом，идти быстро. 有时也可能是词类本身，即合成数词，如сто сорок пять，двести пятьдесят один，три тысячи четыреста первый，шесть целых и восемь десятых等。

（3）上述所有单位在语言中都按不同的特征形成体系，并构成更大的语义和意义单位，即被语言联合在功能语义场中的功能语义范畴。功能语义范畴和功能语义场常常带有不同的民族特征。

（4）"述谓"语义在语言层面构成更为复杂的结构，即由述谓结构呈现的类型情景（типовые ситуации）[①]，如：Мама дала Пете грушу. Дипломы выпускникам вручил декан. От мамы Петя получил грушу. 等句子呈现的是同一个转交类型情景；而句子Мы едем завтра в Киев. На пляж мы уже ходили. Татьяна – в лес，медведь – за ней. 呈现的类型情景是"主体及其在空间界限内移动"。类型情景概念有时与命题（пропозиция）概念重合，但它们属于不同的层面（二者的区别详见第17章）。类型情景是语言共相，在所有语言中都是一样的。

（5）功能语义范畴（或称意义体系）是内容层面更大的单位，是功能语义场的组成部分。意义体系是在其表达形式的词类框架内形成的。比如时间功能语义场由多个部分构成，这些部分的每个中心都是由某个意义体系构成的，如：

1）由动词的时间形式构成的意义体系，如由词法手段пел – пою – буду петь构成过去时—现在时—将来时微型场，即针对说话时刻的同时/异时微型场；

2）由表示时间关系的名词格形式构成的意义体系，如由词汇语法手段в мае – к маю –

[①] 关于类型情景的详细内容见本书第17章。

за час до урока – весь год等构成的次序和持续性关系微型场或称客观时间定位微型场；

3）由时间副词构成的意义体系，如由词汇手段вчера – сегодня – завтра, давно, скоро, долго, часто, редко等构成的主观和部分客观时间定位微型场；

4）由各种带形动词或副动词的繁化句及带同等动词谓语和时间从句的复合句构成的意义体系，表示所描述事件的时间次序，即时序（таксис）。该意义体系与由名词的格形式和前置词+名词格形式表达的分场有部分交叉（ТФГ Т.1 1987）。

5）由特殊建构词（строевые слова），即关系说明词（реляторы）构成的功能语义范畴：Его приезду **предшествовали** некоторые события. Эта церковь – **ровесница** Ивана Грозного. За докладами **последовало** их обсуждение.

Всеволодова（2016: 34）认为，俄语教师必须具备功能语义范畴（即意义体系）方面的知识，这通常是语言内容方面的知识。对不同意义体系的了解能帮助教师解释某些形式的意义，哪怕这个意义在学生的母语中并不存在。

（6）功能语义场是个二元统一体，它把该语言表达各种共同意义的所有手段以及由这些手段表达的所有语义联合在一起。Всеволодова（2016: 34）认为，就目前来看，每个功能语义场中所有语言单位的类型都能构成自己的功能语义范畴，比如俄语表达空间关系的手段有如下几种：

1）词汇手段，包括：

① 表达该意义的专门名词，即元词（метаслова），如пространство, место, сторона, край, окраина, центр, середина, периферия, территория, поверхность, местность等；

② 空间参数名称，如длина, ширина, высота, глубина, радиус（半径）, диаметр（直径）, периметр（周长）, площадь（面积）, объём（容量）等；

③ 空间度量单位名称，如：

  а）线性单位：метр, миля（英里）, аршин（俄尺）, верста（俄里）, километр等；

  б）面积、体积、容积单位：ар（公亩=100平方米）, акр（英亩=4047平方米）, гектар（公顷）, литр等，词组型单位：квадратный метр（平方米）, кубический метр（立方米）等；

④ 方位述体，如находиться, располагаться, размещаться, ютиться, пробыть, побывать等；

⑤ 形容词，如лесной，речной，московский等，以及настольный，подземный，межзвёздный等；

⑥ 构成主观空间定位意义体系的方位副词：здесь – там，далеко – близко，слева – справа等。

2）词汇—语法手段，包括：

① 构成客观空间定位意义体系的前置词+名词格形式，即方位名词短语：в доме – на доме – перед домом – за домом – к дому – около дома – недалеко от дома等；

② 词法手段，一些表示方位的以-у结尾的阳性名词六格形式：в Крыму，в лесу，в углу，в шкафу，на мосту，на полу，на берегу[①]等。

3）构词手段——表地点后缀：

① -ище：стрельбище（打靶场），кладбище，стойбище（游牧人临时宿营地），пожарище（火灾迹地），городище（古城遗址）；

② -тека：библиотека，дискотека，игротека（游艺室），картотека（卡片索引），аптека；

③ -дром：аэродром，космодром（火箭发射地），автодром（汽车试验场）等。

4）句法手段，包括：

① 存在句：На столе книга. В лесу **есть** змеи. В реке **водятся** рыбы.

② 方位述体句：Книга – **на столе**. Отец – **дома**. Студенты – **в аудитории**.

5）语调手段。Всеволодова（2016：35）指出，语义也可由语调来表达。在使用同样词汇和句法结构表示"所属"的两个语句中，由于语调不同而语义不同，比较：

（1）Я взял зо³нтик Ильи Ильича и шляпу.（帽子是Илья Ильич的）

（1а）Я взял зонтик **Ильи Ильича**³ и шляпу.（帽子不是Илья Ильич的）

（2）**С сестро**³**й** Нины говорит её муж.（说话的人是Нина的丈夫）

（2а）С сестрой **Ни**³**ны** говорит её муж.（说话的人是Нина的妹夫）

（Падучева 1985：125）

可见，对"所属"功能语义场来说语调是其语境手段之一，而在其他功能语义场中类似的情况首先与词的交际作用有关。总之，在功能语义场中语言各个层面的手段都在起作用。

[①] 这种格形式被语言学家А.А. Зализняк（1967：43-44）和Е.В. Клобуков（1986：16）称为专门地点格（местный падеж）。

（7）Всеволодова（2016: 35）接着指出，以上列举的所有意义都属于客观陈述涵义，即反映现实中客观现象的涵义，而语句中还常伴有一些补充涵义，以揭示那些往往隐藏在表面之下的说话人对所述事实和报道的态度，比如：

1) **Пришёл** Иван Иванович. (报道的是客人来到的事实)
2) Иван Иванович **припёрся**! (表达的是作者对客人不合时宜造访的负面态度)

这些涵义的外部表达手段可能会与其内容相矛盾，比如某个外国学生在寻找空闲的教室时说：Трудно в университете с аудиториями! 听到此话的俄罗斯老师这样回答：И не говорите! (表示同意"可不是嘛"，不是字面意思"别说")如果外国学生没有理解这个句子是表示同意其说法的话，他就会按字面意思理解，然后问：Почему я не должен об этом говорить? 这就是Балли和Виноградов所说的"情态涵义"（модальные смыслы），而Всеволодова（2016: 35）称之为主观评述（модус）。

Всеволодова（2016: 35）认为，"情态性"（модальность）是个非常宽泛的概念，包括独立句子范畴的情态性，如现实/非现实情态：Я читаю - Я бы читал；包括表达应该、可能、愿望等情态意义的，如Я должен/ могу/ хочу - Мне нужно /можно /хочется читать；包括由专门的词或动词的专门形式表达的情态意义，如Встать! Встаньте! Встать бы! 这类情态性属于纯语法范畴。上文列举的例句（1）和（2）不属于纯语法情态范畴，而是靠隐形手段表达的主观情态意义，此类涵义及其表达手段在我国的俄语教材中缺乏系统介绍，需要特别关注。当然，在纯语法情态范畴和其他主观涵义之间没有严格的界限。比如对回答"如何去火车站"的话轮（реплика）"Не скажу, я не местный"的理解，俄罗斯人和外国人截然不同，前者理解为"我无法告知，因为我不知道"，而后者会从字面意思理解为"我不想说"，从而引起误会的想法"真没礼貌，问个路都不告诉"。因为该语句的情态性是用隐性手段表达的，这对外国人来说比较难理解，常常会导致交际失败。故此，学习句子的情态性，尤其是隐性手段表达的主观涵义非常重要。

§4 对实现言语建构的语言机制的认识

语言机制是功能交际语法的研究对象，但到目前为止还没有得到专门系统的研究。语言机制指语言固有的保障言语建构发挥最有效作用的规律和规则，主要分为两大类：（1）掌控言语正确性的机制；（2）掌控说话者实现交际意图的机制。（Всеволодова

2000: 358)

控制言语（包括句法结构和语篇）正确性的机制在以下两个方面发挥作用：

（1）保证语句和语篇的语义正确，即语义协调律（закон семантического согласования）①、配价和语法组合机制，以及保证语篇完整连贯的原则；

（2）保证言语的形式正确，除了众所周知的语法规则（如形容词和名词的一致关系）外，还包括一些属于所谓深层语法（скрытая грамматика）的现象，如句子Я жил в Москве три недели сентября是正确的，而*Я жил в Москве пять лет учёбы в университете却是错误的，其原因是时间四格形式（три недели, пять лет）只有在以下两种情况下才能带非一致定语：

（а）当表示"部分和整体"关系时：Пять дней сентября（不能是*пять дней командировки）я жил в Москве.

（б）当有一致定语时：Я жил в общежитии **все** пять лет учёбы /**первые** два года учёбы в университете.

否则就必须使用в течение+N_2形式：Я жил в Москве в течение пяти лет учёбы в университете /пяти дней командировки. 这种情况跟其他许多情况一样，是受补充配置条件（условия дополнительной дистрибуции）②影响的。教师只有了解掌控言语正确性的机制，才能解释许多言语错误的成因。

保证交际任务得以实现的语言机制不只包括实义切分、言外行为的表达手段（如请求、同意等），还包括句法转换，如：Читает мальчик бегло – Чтение у мальчика беглое – Чтению мальчика присуща беглость. 教师只有掌握了这些机制，才能使语言教学真正建立在交际的基础上。

如同语言其他层面之间的关系一样，以上两类语言机制之间也存在着极其紧密的联系，比如"实义切分"在语句层面是交际机制，而在语篇层面实际上是作为语义机制在起作用。

---

① 语义协调律指词汇单位的组合必须符合语义成素相互协调一致的原则，任何句子和语段都有自己的语义中心，其基本意思的形成与多次重复出现的相同义素紧密相联系。在某些语句中可能出现违反语义协调律的现象，比如在俄语文字游戏中违反语义协调律会造成喜剧效果。关于语义协调律的论述详见第31章。

② 补充配置条件指那些受客观因素影响而选择的表达手段，它们和"表层语法"（открытая грамматика）共同构成功能交际语法的主体。补充配置条件到目前为止在俄语学中还没有成为专门的研究对象，还没有明确的分类，但Всеволодова（2000，2016）给出了初步的分类，详见第32章。

第6章
科学院派和大学派功能语法的主要差异

§1 所属语言模式的不同

所谓语言模式，指不同研究者在解决自己所设定的实际任务过程中对语言整体的不同解读。仅从这一点来讲，科学院派和大学派功能语法就有所不同，因为它们属于不同的语言模式。比如Золотова的语言模式是创立分析文学作品语言的有效工具，Бондарко作为纯理论家，感兴趣的是语言的整体结构，Всеволодова作为对外俄语教师，认为最重要的是教会外国学生在相应的交际条件下理解和生成俄语。因此，三者的功能语法理念完全不同。Всеволодова的功能交际语法与前两者不同的是，遵循功能交际语言教学法的语言模式，是在对外俄语教学实践中创立起来的理论，是一种描写俄语的新方向。这部语法不局限于固有的语言事实，尝试给出在具体语篇中选择具体语法形式（词形、模型句、词序、语调等）的规律，而且在选择时要顾及所有的补充配置条件及其联系。当然，目前语言中还有很多原因不甚明了的选择，比如为什么在句子Конференцию открывал /открыл ректор МГУ. Этот дворец строил /построил Растрелли.[①] 中两个动词体都可以，而在句子Америку открыл Колумб. Периодическую систему создал Менделеев.中却只能用完成体（例句引自Всеволодова 2009b）。正如Всеволодова（2009b）所言："语言模式没有对错，只有不同，基于对语言统一性及多因素性的认知，每种模式都有自己的正确性，都走在追求真理的道路上。"因此，针对不同需求和不同对象形成不同的语言模式便成为必然。

科学院派的主要任务是解释在某话语中如何和为何使用这种或那种语言单位，其在言语建构中的功能是什么，进而给出这些单位的意义和功能的具体分类；而大学派的主要任务是理解在建构言语过程中语言从内容到话语是如何起作用的，目的是教会外国学生恰当地使用俄语，使其能够展示出与具体交际条件相适应的言语构造，同时能够正确解码所领受言语的语义和说话者的交际意图。以上两种任务有相互交叉的区域，而大学派的语言

[①] В.В. Растрелли（拉斯特雷利，1700—1771），俄国建筑师，巴洛克式建筑风格的代表。

模式是开放型的，常在自己的理论中借用其他功能语法学者以及其他语言学流派代表的原理，只要这些原理是有说服力的。所以大学派在科学院派的论著中找到了很多重要的理论依据，以便用来解释言语建构的组织机制，比如句素及其分类就是一种语言共相，它可以使俄语的名词句素与任何语言甚至是没有格变化的语言（如汉语、韩语、日语、阿拉伯语等）相比较。此外，如果上升到对所有语言都相同的所指层面，这种功能语法使得各种语言在内容层面上的比较变成可能，从而可以找出表达相同内容的各种不同语言的语法特点和交际机制。

§2　对术语理解和使用的不同

2.1　对"功能"概念的不同理解

Бондарко（1996：43-44）认为，"功能"是语言单位（包括语法单位）使用的用途、使命和目的。他从语言和言语对立的立场出发，认为"功能"概念具有二重性，把功能分为潜在的和实现的。因此，王铭玉和于鑫（2007：56）认为，Бондарко功能语法的整个理论体系都发源于"功能"概念的二重性思想。

Золотова（1973：79-82）把"功能"理解为句法单位参加构筑言语的方法，把"形式"分为高级（指句子）和低级（指句素）两种。她把"功能"划分为：系统功能和交际功能。系统功能指语言系统内部语言单位建构句子的能力，它们有三种类型：（1）独立使用的能力；（2）充当句子成分的能力；（3）充当词组成分的能力。交际功能指表达说话人思想和意图的功能，如陈述、祈使、感叹等。

Всеволодова在描写语法结构时首次同时使用了术语"功能"和"交际"。她对"функциональный"的理解与科学院派不同，认为这个词来自"функционирование"（"起作用"），而后者的这个词来自"функция"（"功能"）。对Всеволодова来说，"功能"和"交际"不是同义词，之所以称语法为功能的，是因为试图解决"语言是如何起作用的""所有的语言层面和语言单位在构成言语时是如何起作用的"等问题；之所以称语法为交际的，是因为试图解决说话者的交际需求。可见，这三位学者对"功能"的理解各有不同和侧重。

2.2　对功能语义场分类的不同看法

Бондарко在《功能语法理论》中划分并描写了四大类功能语义场，实际上是以场心词的词类属性进行划分的，如：（1）以动词为场心的体貌场；（2）以名词为场心的主—客体场；（3）以形容词和数词为场心的性质—数量场；（4）以副词及名词词形为场心的状语场。一些语言学家（Клобуков 1997; Кубрякова，Клобуков 1998; Всеволодова 2009b）不认同这一分类原则，主要理由是：如果功能语义场的基础是语义范畴，那何必还使用词类作为划分标准呢？在一个场中总是不同的语言层面、不同的词类在相互合作，"囊括该场的形式手段在特点和类型方面没有界限"（ТФГ Т.1 1987: 38）。

  Всеволодова（2009b）以动词或述体为中心的体貌功能语义场为例，证明了该分类标准的不合理。首先她认为"述体场心"（предикативное ядро）这个术语就不甚明了。述谓性（предикативность）属于句子范畴，述体（предикат）是主体的特征，它们都有无动词句的特性。述体不总是动词，动词也不总是行为。一方面，这一功能语义场并没有囊括全部类型的述体，另一方面，体貌（动词的体）在形式上一定囊括全部动词，而且只能是动词，不管其意义如何，这一点说明了这一功能语义场的特点与时貌（темпоральность）和方位场完全不同，而且体貌的不同常常借助上下文对动词词形的补充来表达：**сейчас /в данный момент** спит – **обычно /ночами** спит; **вчера /в среду** приходил – **часто / по средам** приходил等。不同的体—时形式可以表达相同的所指内容：В июне 1941 года Германия **нападает / напала** на Советский союз. Я уже **сказал /говорил** о них. 此时的时间是由不同的功能语义范畴表达的。体貌场其实由以下几大块组合而成：

  （1）体—时关系与体貌、时貌和时序功能语义场的组合。这一组合囊括了所有的动词述体，而且仅仅是动词述体。

  （2）情态—存在关系功能语义场组合。这些关系之间的组合特点尚不十分明了。这实际上是Золотова提出的句子句法场中的结构—语义变异句，包括：

  ① 情态变异：а）客观情态: читал – читал бы（语法变异），还包括其他词类: был бы здоров，был бы хороший，было бы тепло，был бы врачом; б）句法内情态: должен/хочет /может читать; может быть красивым，хочет быть врачом，возможен дождь等。

  ② 肯定与否定变异：читал /не читал; есть книга – нет книги, он красив /некрасив, Это он / не он等。

  ③ 陈述与疑问变异：Куда ты сядешь? Пришёл ли он? Красива ли она? Здоров ли он? Это дом?

  （3）行为—主体、行为—客体关系功能语义场与态相（школу строят /школа строится）、及物/不及物（дети рисуют цветы /дети бегают）、反身（мыться, чувствовать себя）、相互（ссориться, помогать друг другу）范畴的组合。

  反身和相互范畴是语法中研究得很不透彻的范畴。-ся，себя形式不总是反身的标志，如гордиться，любоваться（кем-чем）；стараться，стремиться，трудиться，бороться，смеяться，плакаться в жилетку（<口>诉苦）等并不表示反身关系。此外，-ся还可以是动词体对的标志：становиться/стать；可以是动词行为方式的标志：заплакать，зашуметь – расплакаться，расшуметься；доиграться，дозвониться；还可以是无人称的标志：мне не спится，не сидится，хорошо работается等。在很多语言中根本没有反身动词。

（4）状态场跟以上所有组合连接。状态场就像存在场一样，是一个带类型情景组合的独立场，存在和状态类型情景的组合是否与以上列举的语法变异在同一个系列中，还有待进一步论证。

（5）主—客体场和状语场也是如此。状语场联合了副词和名词短语手段。这实际上是带条件、方位和时间概括意义的几个场和比较场的组合。在Бондарко的《功能语法理论》中状语场不包括时间场。对于原因场来说，原型手段是复合句，而状语成分只是转换形式，并不是任何时候可以转换，比较：Я взял журнал, **так как мне стало скучно**.中的原因从句可转换为原因名词短语от скуки. 但Я взял журнал, **так как мне надоело сидеть без дела**.中的原因从句就不能作相应的转换。带关系词的句子Шторм помешал кораблям выйти в море.并不属于纯粹的状语功能语义场。比较场其实应该属于性质—数量场，那行为方式状语Мальчик **бегло** читает; Он **с трудом** ходит.应该属于哪个场？在Бондарко的《功能语法理论》中没有行为方式状语场。Всеволодова（2009b）认为，这些状语实际上是在使行为特征化，跟带形容词的行为相对应，比较：У мальчика **беглое** чтение.应该把它们归入性质—数量场。

在Всеволодова看来，虽然Бондарко（ТФГ Т.1 1987）创立的功能语义场理论对语言学极为重要，但未必能够直接用于应用语法的描写，因为在这一理论中没有对词类纯词法特征的描写。

2.3 关于功能语义场和功能语义范畴

在第一版《功能交际句法理论》（2000）中，Всеволодова最初描写功能语义场时没有区分"场"和"范畴"，包括功能语义场和功能语义范畴在内，后来她认识到这两个语言结构构成单位有着完全不同的结构和层级，再版时便对自己的观点做出了更正，并区分了这两个不同的概念。①这也进一步证实了Бондарко所说的"功能语法的理论基础具有探索性，对语法描写规则和原始概念体系的解释都会随着功能目标的继续研究得到明确和发展"。（ТФГ Т.1 1987：38）在传统理解中"场"指带有场心（特征是单义

---

① 关于俄语功能交际语法对功能语义场理论的再认识详见（郭淑芬 2021）。

的、范畴基本意义由专门标记的形式呈现）和逐渐向边缘区域弱化的球形连续统构造，这些区域依次是：（1）近场心区，（2）近边缘区，（3）远边缘区，（4）更远边缘区等（Бондарко，Шубик 2005）。目前语言学对范畴的结构有两种认识：（1）建立在对立二分法（дихотомические оппозиции）原则基础上的范畴，通常由树形图呈现；（2）建立在两集特征基础上的范畴，每一类该范畴特征的语言单位由表格呈现。

Бондарко（1983）认为，"场"的表达没有明确的界限，而且常与其他场相互交叉。Всеволодова（2009a）通过表达时间场的语言材料证明，交叉的不是场，而是形成场的范畴，这就是交叉的机制。

通过大量例证，Всеволодова（2009b）指出，功能语义范畴和功能语义场的区别是，功能语义范畴建立在意义体系之上，由某个语法类别手段表达，是意义体系和形成该体系的某范畴语言手段组成的二元统一体；而功能语义场是语义范畴和各层面不同语言手段组成的二元统一体。

功能语义场的结构不仅可由从中心到边缘的区域呈现，还可由语法和词汇（比如没有比例对立的副词时间范畴）组成的扇形结构呈现，这说明语言是一个系统。每个扇形都有自己的中心和边缘。每个微型场（микрополе）也都有表达相应语义的主要手段和弱标记的边缘手段。微型场及其功能语义范畴之间的相互关系值得进一步研究。假如每个功能语义范畴都有自己的中心，而在每个功能语义场中又有多种语言手段类型，其中每种手段都有自己的功能语义范畴，那显然可以推出，任何一个功能语义场都应该是多中心的。

功能语义范畴跟其他功能语义场或功能语义范畴的交叉通常发生在功能语义范畴的中心部分，无论是在较高还是较低的分裂级上。比如发生在较高分裂级上的名词时间功能语义范畴与数量功能语义范畴交叉（Во всём зале сидит **три человека**.不能说*Петя сидит во всём зале.）或与体貌功能语义范畴交叉（За прошлую неделю **позвонил один раз**. 不能说*За прошлую неделю позвонил.）；发生在较低分裂级上的名词时间功能语义范畴与空间功能语义场交叉（**При Иване** III итальянский архитектор Аристотель Фьораванти построил в Москве новый Кремль.该句中的句素При Иване III表示主体出现的地方与时间融合为一）、与原因功能语义场交叉（Я думала, мой муж толстеть начнёт **по урожайному году**.）、与情景功能语义场交叉（**В голубых сумерках** призывно светлели окна изб.）。

通过例证Всеволодова（2009a）还揭示出，一些功能语义场是由某类语法单位组成的功能语义范畴构成的。这些语义（即微型场）以及表达这些语义的范畴之间的关系还有待深入探索。

2.4 关于类型情景和范畴情景

Бондарко在划分纯语言单位（即功能语义范畴）的同时，还划分了言语层面的单位，将其称为范畴情景（категориальная ситуация）。Всеволодова在描写功能语义范畴时使用的术语是类型情景，Арутюнова（1976）称其为类型化事件（типизированное событие），指任何句子的内容常体，不依赖于句子的表达形式，体现在所指结构之中（Всеволодова 2000: 199-202）。类型情景这个术语首先出现在Всеволодова和Владимировский出版的专著《现代俄语空间关系表达手段》（1982）中。事实上，范畴情景和类型情景是两个完全不同的概念。

类型情景和所指结构由某个语义述体、中心题元（актант）和疏状成分（сирконстант）构成，实际上使用的是角色语法。比如下列句子Весь вечер мы говорили/проговорили о музыке. — Весь вечер разговор шёл о музыке. — Весь вечер мы вели разговор о музыке. — Весь вечер у нас прошёл в разговорах о музыке. — Весь вечер мы провели в разговорах о музыке. — Музыка в течение всего вечера была объектом нашего разговора о музыке. — Единственной темой наших вечерних разговоров была музыка. — Весь вечер – это разговоры о музыке.实质上是同一个类型情景的不同言语体现，有着相同的所指结构，但语义结构却不同，呈现出不同的命题。一个具体句子的所指结构可能包括不进入类型情景但对其具体体现所必需的任选成分：地点、时间、必需的定语等。

Всеволодова（2009a）认为，类型情景和所指结构是语言共相，任何语言中由形义对称词构成的形义对称同构结构（Золотова 1982）都是类型情景的原型形式，在这样的结构中所有的词形都占据着与情景中称名的角色对应的句子成分位置，比如句子Я решаю задачу.是形义对称同构结构，而句子Мне ещё решать задачу.则是形义对称非同构结构。同构所指结构的具体体现都有自己的类型意义，比如Маша красивая. Дом высокий.一类句子的类型意义是"主体及其性质特征"；В Москве находится Большой театр. На столе лежит книга.等句子的类型意义是"地点及处于其上物体的特征"；而惯用的形义对称非同构句У Маши голубые глаза. У отца плохой характер.的类型意义是"主体及其不可分离的身体或情感心理特征"。[①]任何一个俄语原始句在其他任何类型的语言中都有自己的对应形式，即使对应体的形式与俄语完全不同，但这种不同也是成体系的。可见，类型情景是基础模型句所有言语体现的内容常体。

---

① 关于带各种类型意义的模型句详见（Всеволодова, Го 1999; Всеволодова 2000: глава 11; Всеволодова 2016: глава 16）。

而范畴情景概念（ТФГ Т.1 1987：12）首先跟述体和内容的其他一些层面的特征有关，也就是说，对范畴情景来说重要的不是内容常体，而是内容常体的某些体现，比如句子Он прыгнул в воду. Все попрыгали в воду.是同一个类型情景Я прыгаю в воду.的不同范畴情景。又如Он решал /будет решать задачу. Мы бы решили задачу. Ты не решила задачу. Вы хотите /должны/ можете решать задачу. Петру ещё решать задачу. Коля начал решать задачу. Задачу，вижу，решает Зоя.等句子实质上是基础模型句Я решаю задачу.在句子的句法场（Золотова 1982）或者是句子的句法聚合体（Всеволодова 2000：212-218）中的语法变异（客观情态、时间、人称）、结构—语义变异（否定、句法内情态、阶段、信源说明）以及它们之间的混合。被动态形式、泛指人称、不定人称都是不同的范畴情景，但实际上是基础模型句的不同类型意义的体现。因此，它们的类型意义是"主体之外的另一个情景参项及作用于其身的未被主体称名的行为"。范畴情景是非常适合功能语法理论的概念，但这里也有不完全明了的地方。对范畴情景及其构成单位的划分标准还需要进一步的明确和细化。

由此可见，类型情景是由所指角色构成的，所指角色的识别方法极其明确且严格，而范畴情景的构成单位可以是不同层面的，可能是动词的体、情态、人称，甚至是句子在性质和数量方面的特征。

通过对比，Всеволодова（2009b）得出的结论是，类型情景和范畴情景概念反映的是语句的不同层面和不同角度：类型情景反映的是内容常体，范畴情景反映的是内容常体的各种不同体现，跟内容没有紧密的联系。应该把范畴情景及其表达手段变体的多级内容变种看成是语法现象，也就是Золотова所谓的句子句法场的成分。

§3 关于"三位一体"学说

Всеволодова 对Золотова（1982）提出的形式、意义和功能"三位一体"学说有不同看法，认为"三位一体"学说不重视形式（比如Золотова不区分形式主语和语义主体）。Всеволодова把意义和功能看成一个概念，除了注重内容和意义外，还注重形式（форма 或 модель），因为正是形式是内容和意义的载体以及某种功能的实现者。意义必须有形式，而在这个形式包裹下内容可能是各种各样的，比较下列同义模型句：**Я ударил топором** по окну и разбил его — **Удар** топора **разбил** окно — **Топор разбил** окно.在相同的形式和位置上出现的却是不同的情景参项——施事名词（имя агенса）、行为名词（имя действия）和工具名词（имя инструмента），此处无论如何，不能说内容、意义和功能是一体的，模型句本身就推翻了这种"三位一体"说。再比如动词"завидовать"的内容要求三个情景参项——主体（关系承载者）、关系表现者（关系客体）和羡慕的原因：Я завидую Петру, потому что у него хорошее здоровье. 但是在简单句中依附于动词завидовать的只有两个名词——主体和关系客体：Я завидую Петру. 而原因需要用单独的句子或客体移至定语位置上的原因短语表示：Я завидую здоровью Петра. 能否因为词形Петру和здоровью所占据的位置相同就认为它们的内容和意义相同？结论不言自明。

尽管Золотова的交际语法用整合的研究方法打破了传统语法的结构层次，从自由、制约和粘附三类句素开始研究词组、句子、简单句、复合句及至语篇，由低级到高级，从核心到边缘，呈现出完整的系统性和应用性，但其形式、意义、功能"三位一体"论在针对所有语言现象时有时并不能自圆其说，在研究过程中只以文学语言作为分析语料，以描写语言事实为主，普及性不足，解释性较弱，不适合对外俄语教学。于是Всеволодова将Золотова提出的很多新的理论概念引入自己的功能交际语法理论中，并将之进行加工改造和补充，使之适用于对外俄语教学，因此，Всеволодова的功能交际句法理论与Золотова的功能句法在某些方面有一定的渊源关系。

§4 关于"观念"的分类

Всеволодова（2009а）在Т.В. Шмелёва（1989）提出的四大述体类型（行为、状态、关系和特征）及五大表现范畴（物理、生理、情感—心理、智能—创造、社会）的划分理论、Е.С. Кубрякова（1996）提出的与四大述体类型一致的基本观念范畴理论[①]，以及Арутюнова（1976）提出的存在观念（逻辑类型句）等理论基础上，进一步修正了自己2000年的观点并认为述体类型和观念类型是重合的，由此总结出新的更普适的观念类型，即基本逻辑（观念）范畴（见下页表），也就是把原来的五个观念扩大到七个，即把时间和空间放入独立的观念范畴（Всеволодова 2016: 127）。

---

① Кубрякова 的观念范畴中没有观念表现范围，而且她把状态称为过程，Всеволодова（2016: 127）认为不妥，还是称为状态更合理，因为能说 быть в состоянии шока /стресса，却不能说 *быть в процессе шока /стресса. 能说 Дом в аварийном состоянии，却不能说 *Дом в аварийном процессе.

Сферы проявления концептов（观念表现范围）	Концепты（观念）						
	время（时间）	прост-ранство（空间）	бытие（存在）	действие（行为）	состояние（状态）	отношение（关系）	признак（特征）
	физическая（物理范围）						
	физиологическая（биологическая）（生理范围）						
	эмоционально-психическая（情感心理范围）						
	интеллектуально-творческая（智能创造范围）						
	социальная（社会范围）						
	духовная（灵性范围）						

Всеволодова（2009a）对各个不同层面语言单位的分析证实了这个表格的正确性及其基本特点。于是她推测，也许可以在这个基础上建构功能语义场的分类，因为这些观念是全人类思维共有的，在这些观念中就应该可以形成功能语义范畴和功能语义场，比如Бондарко理论中的性质—数量功能语义场就属于特征观念，特征还包括很多方面，如身体、外貌、服饰、参数、分类等特征（详见Всеволодова 2000: 261-267）。条件场和比较场应该属于关系观念。

§5 关于"场"的分类

Всеволодова（2009a）提议对语言单位应该给出结构和形式上都更加严格的体系划分。她站在超出功能语义场的高度，预设语言是一个整体，语言的所有范畴都显示出自己的场结构特点，"场"也许是语言的一个主要的建构单位，语言的场结构是宇宙结构统一体的体现。语言是与物理圈、生物圈一同进入宇宙系统的智能圈的组成部分。在宇宙中场和范畴有着密不可分的联系，范畴是人类认知世界的具化结果。从这一高度出发，Всеволодова（2009a）推测"场"应该有以下三种类型：

（1）功能—语法场：在很久以前特里尔（Трир）就提出过词汇语义场概念，Всеволодова（2000: 269-288）对双主格句类型意义场进行过详细分析，在这个场里从中心向边缘的过渡是由内容常体及其句法"包装"决定的，如从句子Маша – студентка到Дожди – это наводнение。这是跟功能语义场完全不同的场。Всеволодова曾带领学术团队研究前置词及其等值词的功能并发现，前置词有明显的场结构，其决定因素是前置词的词法—句法类型的二元体系（详见郭淑芬 2017（4））。这两个场都是功能—语法场。显然，格范畴（Клобуков 1986）、句子成分和态范畴应该进入功能—语法场。

（2）功能—语用场：称呼、致辞、请求等语义范畴应该属于功能—语用场。

（3）功能—交际场：实义切分范畴、句子的主观情态（详见Всеволодова 2000: 312 及之后）构成的应该是功能—交际场。

这三个场之间是相互交叉的，比如作为情态功能语义场成分的祈使范畴进入功能—语用场，但进入祈使意义二元体系的还可以是命令、允许、建议等。

可见，Всеволодова对场的这种划分是站在更高的高度和更广的视角上进行的，因此具有更高的概括性和更广的覆盖面，有较强的说服力，值得进一步研究和推广。

在语言教学法框架下、在对外俄语教学实践中创立的功能交际语法是一种描写俄语的新方向，研究思路与形式语法相反，是从功能、意义、交际目的和意图到语言已有的手段和形式标志的描写方法，是说者和写者的语法，是Щерба所说的"积极语法"，与"消极语法"（即读者或听者的语法）截然不同。

第二篇 句法中的词汇

第7章
词汇在句法中的功能

§1 词汇在功能交际句法中的地位

传统俄语语言学中词汇和语法是两个独立的部分，分别属于词汇学和语法学，词汇在句法中的作用鲜少有学者关注。一般认为只有在汉语一类的语言中词汇才对句法有重要价值，实则不然。我们之所以把词汇置于功能交际语法的重要位置，研究词汇在句法中的功能，是因为在语言学中有四个最重要的单位：音位（фонема）、词素（морфема）、词（слово）和句子（предложение）。音位是最小的语言物质——语音的单位，所有其他语言单位的语音外壳都是通过音位体现的。词素是最小的表义单位，词是最小的可以独立运用的称名单位，句子是最小的交际单位。在这些单位中词占据中心位置，因为音位和词素都存在于词之中，不能独立运用，而句子又是由词组成的。因此对词的研究在音位学、形态学、构词学、词法学和句法学中都是必不可少的。（华劭 1986）可见，词汇是语言的建筑材料，词汇在句法中的功能强大，所以，功能交际语法把传统语法中被分离的语法学和词汇学紧密地结合在了一起。

Всеволодова（2016：40）认为："词汇是句法不可分割的部分，语言的词汇量是语言的物质基础，也是把对客观现实的认知保存在语言意识里的内容层面要素，句法结构是由词汇建构（而不是填充）的，句法结构依赖于构成该结构的词汇，词在言语中的功能是由词法形式和句法结构体现的。"

1.1 词汇语义变体

在言语中起作用的不是作为词位（лексема）的单词，而是其具体的词汇语义变体（лексико-семантический вариант），在句法中应用的正是词的词汇语义变体，下文中的词就是词汇语义变体。如（1）Дети **выходят** в сад. 和（2）Окна **выходят** в сад. 中的谓语выходят就是一个词位的两个词汇语义变体，因为它们的意义和词法聚合体都不相同，例（1）可以说：（1а）Я **выхожу** в сад.（1б）Дети **вышли** в сад. 而例（2）则不能；但例（2）有同义转换形式：（2а）Окна **смотрят** в сад.（2б）Дом **смотрит**/

выходит окнами в сад. 而例（1）又没有。在汉语中这是两个完全不同的词：例（1）是"走进"，例（2）是"朝向"。这两句话表达的是完全不同的关系，例（1）表示的是"积极的身体行为"，例（2）表示的是"空间方向关系"。同一词位的不同词汇语义变体有不同的特点，比如：

（1）它们在句中可占据不同的位置，如副词 холодно，жарко，тепло，горячо 等，在表示"人的生理或自然状态"时占据的是谓语位：Мне **холодно**. На улице **жарко**. Рукам **горячо**. 而在表示"人对感到的情感或智能进行评价"时占据的是动词依附位（приглагольная позиция）：**Холодно** ответили. **Горячо** приветствовали. **Тепло** встретили.

（2）它们在词组中有不同的语调，比如形容词 настоящий 在表示"真正"意义时，与连用名词读相同语调或突出语调，比较：（3）Леонов был **настоящий артист**.（4）Только **настоящий** артист способен на такой поступок. 而在表示"像、相似"意义时，句重音移至名词上，比较：Наш кот – настоящий **артист**. 形容词 ранний 也是如此：То было раннею **весной**，трава едва всходила（强调春天伊始）. В **раннюю** весну снег долго лежит на земле（表示早春）.（Всеволодова 2000: 21，2016: 40）

1.2 词的所指属性

在分析句子的内容层面时必须考虑词的所指归属（денотативная отнесённость），也就是要看到隐藏在词背后的客观事实。比如下面两句（5）Самолёт **летел** на высоте 10000 метров.（6）**Полёт** самолёта проходил на высоте 10000 метров. 中的 лететь 和 полёт 表达的是同一个客观现象，而例（1）和例（2）中的 выходить 表达的则是不同的情景。

1.3 句法派生词

句法层面的派生词（дериваты），包括动名词（девербативы）、形名词（деадъективы）与构词层面的派生词不完全对等，如动词 ездить 的对应动名词不只是 езда，还可以是 поездка，比较：（7）Он **ездит** на велосипеде с удовольствием → （8）**Езда** на велосипеде доставляет ему удовольствие.（9）Он **ездил** в Киев → （10）У него была **поездка** в Киев. 此外，动名词 поездка 还是动词 ехать 的派生词：（11）Мы должны **ехать** в Орёл → （12）Нам предстоит **поездка** в Орёл. 动名词 ход 同时与动词 ходить 和 идти 有关系：（13）Рыба совершает **ход / идёт** на нерест（鱼去产卵）. Всеволодова（2016: 41）将这种现象称为句法派生（синтаксическая деривация），关于这一语言现象目前还鲜有人涉猎，值得进一步深入研究。

1.4 句法零形式

词在句子中可以是句法零形式（синтаксический нуль），指某个词在句中虽没出现，但根据其他词形的位置可以确定其语义，如：Ребятам – о зверятах（给孩子们讲小动物的故事）. Хасбулатов – о демократии（哈斯布拉托夫讲民主）. 这两句中的零形式为言语动词；而以下两句中的零形式是运动动词：На полюс – дуэтом（唱着二重唱去极地）. На собаках – по тундре（坐着狗爬犁穿越冻土带）. Арутюнова（1976：210）正是根据句法零形式的不同，判定下面两句话中на столе所占位置的不同：（14）На столе – книга. 中的零形式可推断为词汇化存在动词лежит，на столе是状语；（15）Книга – на столе. 中的零形式可推断为系词была，на столе是谓语。

§2 词在句子中的功能体现

词在句中的功能取决于其占据的句子成分位置。在句子成分框架里起作用的不是词本身，而是词形，哪怕该词类没有词变范畴。此时词义相近的词常有自己独特的表现，比如相同词位的词汇语义变体在句子的交际视角（коммуникативная перспектива）中可占据不同位置，起不同的交际作用。交际作用的集合就构成句子的交际结构，而词形占据不同交际级的能力则构成了该词形的交际聚合体[①]（коммуникативная парадигма）。

Всеволодова（2016：41）分析了以下几类词在句中位置受限或不受限的情况：

（1）副词сегодня，вчера，завтра的交际角色无限制，可出现在任何位置，如：

- 主位焦点：（16а）**Вчера**³ // было собрание[②].
- 无逻辑重音的主位：（16б）У на³с **вчера** // было собрание.
- 述位焦点：（16в）Собрание было // **вчера**¹.
- 无逻辑重音的述位：（16г）Собрание у нас // **вчера** бы²ло.
- 中间插入位（无逻辑重音）：（16д）Собра³ние в среду, то есть **вчера**, бы¹ло.
- 情态述位，即回答普遍问题时：（16е）У вас **вчера**³ было собрание? – **Вчера**¹.

[①] 关于句子的交际聚合体详见本书第33章。
[②] 俄语中有七个调型（интонационные конструкции），本书用调型-1（ик-1）至调型-7（ик-7）表示，下文句中词的重音上的数字表示用调型几来读。

● 陈述述位，即回答具体问题时：（16ж）Когда² у вас было собрание? – **Вчера¹**.

（2）有些副词（如вечно，зачастую，скоро，близко）就不能出现在所有位置上，其交际角色是受限的。比如вечно有两个词汇语义变体：

● вечно-1表示"长久、永远"意义时只出现在述位上，用调型-1读：（17）Я буду любить тебя **ве¹чно**.（18）Мы **ве¹чно** будем помнить о нём.

● вечно-2表示"经常、总是"意义时可能出现在主位上，用调型-7（强烈切分语调）读：（19）**Веч⁷но** он опа¹здывает.（20）Петрушка, **ве⁷чно** ты с разорванным ло¹ктем（Грибоедов）. 或者出现在无逻辑重音述位上，但此时其典型搭配是表示"被积极行为或状态占据"意义的词：（21）Дядюшка у меня (…) человек весьма прозаический, **вечно** в дела¹х, в расчё¹тах（Гончаров）.（22）Он **вечно** куда-то спеши¹т, **вечно** чем-то за¹нят.

（3）副词часто可以占据所有位置：（23а）**Ча³сто** в последнее время // идут дожди¹.（23б）Дожди³ у нас // идут **ча¹сто**.（23в）Дожди³ у нас // **часто** идут по 2-3 дня¹. 而其同义词зачастую只能出现在中间插入位上：（24）О³н **зачастую** не знает даже э¹того.（25）Дожди³ у нас **зачастую** идут по 2-3 дня¹.

（4）同义副词скоро和близко在述位上很自由：（26）Экзамен уже **скоро**.（27）**Экзамен** уже **близко**. 但占据情态述位的能力却不同，比如在陈述述位上只能说скоро：（28）Когда² экзамен? – **Ско¹ро**.（不能说*Близко），而在情态述位上就可以说близко：（29）Экзамен **бли³зко**? – **Бли¹зко**. 副词скоро和вскоре也是如此。同义副词скоро和близко可以跟相同词的不同词形连用，比如在零系词时是同义的：（30）Зима уже **скоро/ близко**. 而在简单句中他们与系词быть的搭配各不相同，скоро只跟将来时连用：（31）Зима **будет** уже **скоро**.（不能说*Зима будет уже близко）；而близко只跟过去时连用：（32）Зима **была** уже **близко**.（不能说*Зима была уже скоро）；只有在与情态成分连用时скоро才能与过去时连用：（33）Экзамен **должен был быть** уже **скоро**. 在复合句中跟三个时间都连用的只有близко：（34）Он начнёт заниматься, когда экзамен **будет** уже близко.（35）Он начал заниматься, когда экзамен **был** уже **близко**.（不能说*Он начнёт готовиться к экзамену, когда он будет уже скоро.）Всеволодова（2016: 43）用以下表格体现这两个词在简单句和复合句中不同的句法时间：

副词	简单句中的时间			复合句中的时间		
	现在时	将来时	过去时	现在时	将来时	过去时
скоро	а) Сессия уже **скоро**. б) Сессия **должна быть** уже **скоро**.	Сессия **будет** уже **скоро**.	а) – б) Сессия **должна была быть** уже **скоро**.	Он начал заниматься, так как сессия уже **скоро**.	–	–
близко	Сессия уже **близко**.	–	Сессия была уже **близко**.	Он начал заниматься, так как сессия уже **близко**.	Он начнёт заниматься, когда сессия **будет** уже **близко**.	Он начал заниматься, когда сессия **была** уже **близко**.

（5）语气词тоже和также的交际作用也有区别，当表示"也"，联合两个类比信息时，总出现在述位上：（36）Я был в Орле. В Курске я **то¹же / та¹кже** был.（37）Я купил хлеб. Мясо я **то¹же / та¹кже** купил.（38）Оля уехала на юг. Я **то¹же / та¹кже** иду в отпуск. 而当语气词также传达新信息时，则出现在中间插入位上：（36а）Я был в Орле. Я бы³л **также** в Ку¹рске.（37а）Я купил хлеб. Купи⁶л я **также** и мя¹со.（38а）Мой друг поехал на юг. В о⁶тпуск собираюсь **также** и я¹. 这两个词是中国学生学习的难点，常跟ещё混淆，可以用两个不同的汉字"也"（例36-38）和"还"（例36а-38а）及是否带逻辑重音来区分。

（6）语气词правда和и правда的交际作用也有不同，除了是否带и，还有位置和是否带逻辑重音的区别。当правда 表示"让步"意义时，出现在中间插入位上，且不带任何逻辑重音：（40）Он, **правда**, за³нят, но обещал прие¹хать. 相当于 **Хотя** он занят, он обещал приехать. 当и правда表示"确实"意义（相当于действительно）时，总是带述位逻辑重音：（39а）Он не обещал приехать – у него много работы. Он **и пра¹ᶜвда**① **/ действи¹ᶜтельно** очень занят.

（7）一些名词词形的交际角色也受限，比如词形воды在句子Кислород получают методом гидролиза **воды**.中位于述位上的名词依附位，不能将其移至主位*Воды кислород получают методом гидролиза. 正确的说法是必须将其变成из воды：**Из воды** кислород получают методом гидролиза. 与воды不同的是，из воды的交际角色不受

---

① 调型 -1с 是Всеволодова（2016）补充的一个比调型 -1 更低的调型 -1，详见本书 291 页脚注①。

限，可以出现在述位上：Кислород получают методом гидролиза **из воды**. 但此时这个词形需要重读，因为它占据的是动词依附位：получают из воды，而且是比较独立的情景参项。

Всеволодова（2016: 43）认为，正是交际角色的改变使得双主格句（биноминативное предложение）中的二格词形可变成三格或y+N_2形式：Онегин – сосед **Лариных**. Онегин **Лариным** – сосед. **У Лариных** сосед – Онегин.

§3 词汇层面的语言世界图景

在每种语言的语言世界图景（языковая картина мира）中都不同地反映着该民族对外部世界和价值体系的认知。这在词汇层面表现为以下三个方面：

（1）词汇反映世界划分的不同，比如俄语中表示"远近"的副词除了далеко，недалеко，близко外，还有вдали, вдалеке, невдалеке, вблизи。Е.С.Яковлева（1994）指出，第二组副词确定的是说话者在其可视的水平空间里的相对位置，因此它们指示的是绝对的远近，而不是相对的远近，如：**Вдали** чернел лес.（远处是黑黝黝的森林。）**Невдалеке** копошились в песке ребята.（不远处孩子们在沙堆里打着滚。）不能说*Где-то здесь **невдалеке** есть метро. 只能说: – Метро здесь **недалеко**, метров 700. – С моим грузом это очень даже **далеко**.

（2）词汇反映该民族特有的价值观，这些价值观构成该语言的观念范畴。在语言中有些词除了本身的词汇意义外，还带有补充观念意义，这类词被称为观念词（концептуальные слова），在每种语言中都各不相同。Яковлева（1994）指出，俄语中表示短促时间片段的名词момент, минута, мгновение, миг（更短的瞬间，眨眼间）属于观念词。除了词汇意义以外，这些词对俄罗斯人来说还带有补充涵义。

1）момент指的是针对说话人的外部事件时间：**В этот момент** зазвонил телефон. 或者是对社会来说重要的时间：Мы переживаем **важный исторический момент**.

2）минута指的是针对说话人重要的内部时间，是尘世上发生的事件：**В эту минуту** моя голова была другим занята. 又如в эту страшную минуту; в минуту встречи等表达。

3）мгновение是宇宙时间：Я помню **чудное мгновенье**: Передо мной явилась ты, Как мимолётное виденье, Как гений чистой красоты（Пушкин）.

这些观念意义限制了这些词的搭配，如момент与подходящий, важный搭配；минута与скорбная, счастливая, трудная搭配；мгновение与чудное, прекрасное搭

配：Остановись, мгновенье, ты **прекрасно**! миг与каждый, короткий, один搭配。

除此之外，час, день, пора是观念词，而месяц, неделя, время不是。（Яковлева 1994）

（3）语言中有表示说话人主观评价的词，这一意义可能包含在词的词汇意义中（如动词прийти和припереться, 后者是修辞上<俗，不赞地>表示"来，来到"），但只有在句子中才能表现出来：Его никто не знал, а он припёрся. 又如всегда和вечно-2（总是）同义，вечно本身没有任何否定意义，但当вечно-2在主位上用调型-7读时，就只表示说话者对事件的消极评价，试比较：Ве⁷чно он опаздывает! Он **всегда**¹ᶜ приходит вовремя. **Ве⁷чно** она какая-то лохматая.（她总是披头散发的。）Она **всегда** хорошо причё¹сана.（她总是头发梳理得很好。）

综上可见，不是语境（контекст）显明了词义，而是词汇选择了自己的语境和语境伙伴，换句话说，词的搭配是由词的语义变体、观念意义、词类属性和一系列主观涵义决定的。而对那些交际角色受限的词来说，起重要作用的还有它们在句子的交际视角中的位置。

§4 词汇与语境的关系

词与语境的关系可用来确切词本身的意义，从而揭示其在该语言中的观念意义。Всеволодова（2000: 26-27，2016: 45-46）通过例证对свойство, признак, качество这三个同义词进行了分析，证明了它们词义的不同。

（1）对于свойство（及其同义词способность）来说典型的语境是：

1）与动词连用，特性（свойство）表现在客体与客体的相互关系中：Он утерял всегда присущее ему **свойство отмечать** собственные мысли и поступки и **расценивать** их со стороны（Фадеев）.（他丧失了一直属于他的觉察自己的思想和行为并对它们从旁观的角度进行评价的特性。）Под хлебопекарными свойствами понимают **способность** муки **давать** достаточное количество хлеба надлежащего качества（Смирнов）.（烘焙特性指面粉提供相应质量和足够数量的面包的能力。）У него есть странное **свойство** во всём **искать** оригинального（Л.Толстой）.（他有在所有事物中寻找新颖东西的奇怪特性。）Продукт труда обладает **свойством существовать в виде** потребительской стоимости（Маркс）.（劳动产品具有体现使用价值的特性。）

2）与对应动词的名词或形容词连用：Ткань обладает **свойством несминаемости**.（布料具有抗皱的特性。）Наибольшее практическое значение имеют **водные** свойства почвы: **влагоёмкость**, **водопроводимость**, **водоподъёмная сила**, **испаряющая способность**, **гигроскопичность** и **тепловые свойства**: **теплоёмкость** и **теплопроводность**.（土壤的水特性最大的实践意义是：含水量、导水性、升水力、蒸发能力、吸湿和热力性能，即热容性和导热性。）**Хитрость и обман – свойства рабов**.（狡猾和欺骗是奴才的特性。）

3）与表示特性表现范围的形容词连用：Нужны сверхпрочные, обладающие заданными **электрическими**, **магнитными**, **оптическими свойствами** материалы.（需要具有规定的电、磁、光特性的超强力材料。）

（2）对于признак来说典型的语境是在感觉和智力上被感受到的、能识别客体的一些特征，比如：

1）视觉特征：**Маленькие чёрные усы**, **губы очень яркие и пухлые**; физиономисты говорят, что такие губы – **признак** повышенной чувствительности（Горький）.（两撇黑色小胡子，双唇鲜艳而丰满。相面先生说，这样的嘴唇是超级敏感的特征。）

2）听觉和动力特征：Отдельные **толчки и гул** служили **признаками** первых усилий ветра（Короленко）.（断断续续的震动和轰响是大风将起的特征。）Калломийцев просто не мог утерпеть на месте: **двигался** взад и вперёд, слегка **чмокал**, **кряхтел**, являл все **признаки** нетерпения（Тургенев）.（卡洛米采夫在座位上实在坐不住了，前后挪动着，轻嘬嘴唇，哼哧着，表现出不耐烦的全部特征。）Когда вороны **громко кричат** – верный **признак** плохой погоды.

3）触觉特征：Высокая **температура** – **признак** болезни. **Влажные** руки – **признак** волнения.

4）社会特征：В возрастающей **безнравственности** видел он **признак** неудержимого разложения.（在不断增长的不道德行为中他看到了不可遏制的腐败迹象。）

5）智力特征：**Умение обобщать практику** – **признак** зрелости руководителя.

6）物理或生理状态特征：Первые **признаки** отравления – **головная боль**, **головокружение**, шум в ушах и мелькание в глазах.

（3）качество表示客体的实际特征（包括特性和特征的总和），即质量或品质，出现在其他语境中：**Качество** всяких товаров определяется степенью максимальной **полезности**, которую можно извлечь из данного товара（«Товароведение»）. Каждый эстетик согласится со мной, что **искренность** есть необходимейшее

качество поэта（Писарев）。该词常与表示"好/坏"类的评价词连用：Машины оказались **дурного качества**（Тургенев）。**Высокое качество** изображения и звука（фильма онлайн）гарантированы.

可见，一个词属于哪个类别非常重要，词的类别把词按照重要的句法特征联系在一起。与词汇学不同，句法中的词汇注重的是词汇的句法分类。

§5 词汇的句法分类原则

5.1 词汇的两大句法分类

按照Всеволодова（2000: 28，2016: 46）的观点，词汇的句法分类（синтаксические классификации лексики）有两大类：

（1）建立在形式特征基础上的形式分类，此时词的词类属性由广义的语法特征决定，包括：1）词类和词的范畴类别（категориальные классы слов），分为实词和虚词两类；2）建立在各类实词内部"行为表现"的特征基础上的分类。

（2）建立在功能和语义特征基础上的功能语义类别，包括词、词形（即句素）、词组和模型句。功能语义分类渗透于整个语言体系并与功能语义场相对应。

在范畴类别层面及其内部还有一些针对句法非常重要的分类，包括形式分类和功能分类，二者之间有很深的交叉域。在形式分类的实词类别里还可划分出形义对称和形义非对称词（изосемические и неизосемические слова）（Золотова 1982），这一分类跟功能语义分类有很深的交叉，而且它们对句法来说更加重要，因为其跟句子层面直接相关。

5.2 建立在形式特征基础上的分类

形式分类在文献中常称为词的范畴类别或词类（Кубрякова 1997），但Ф.И. Панков（2008）指出了二者不总是同义词，有必要把它们区分开来，详见下一章。

形式特征有以下两类：

（1）词变（словоизменение）或构形（формообразование）[①]潜力以及某些位置特征（Панов 1999）。按照这个特征可以划分出词的所有基本类别，即词类，如名词、动词、形容词、副词、数词，它们构成词类范畴的核心。形动词和副动词由动词构成，没

[①] 词变和构形常用做同义词，但这是两种不同的机制，跟语言类型有关，在斯拉夫语中是词变，比如名词有性、数、格语法范畴，同一个"性"范畴的词因词尾不同，有不同的变格类型，如рука, весть 等。而构形是在那些没有词形变化的语言中，比如突厥语系加在词尾的数、格标志和后置词，汉语也是如此，如表示复数的"们"，表示时间标志的"着、了、过"等。

有理由把它们归入独立的词类，因为形容词和副词的比较级也不是独立的词类。而代词具有双范畴性，如я，ты，он是代名词，сколько，столько是代数词。

（2）功能特征，主要针对虚词和建构词。按照这个特征可以划分出：

1）参与更高层次单位构成的虚词，包括：① 参与构成名词格形式的前置词；② 参与构成句子结构的连接词；

2）参与表达某些说话者意图的语用情态类别（прагматико-модусные разряды），包括：① 语气词；② 感叹词。

3）占有特殊地位的拟声词（звукоподражательные слова）。

在传统语法中虚词在词类范畴的边缘，因为：

① 它们不能独立使用，它们的功能有的是亚词素（субморфема）（如前置词），有的是句子结构的建构成分（如连接词）。

② 它们之间有很宽的交叉域，如很多前置词是连接词的组成部分，比较：**благодаря** помощи друга – **благодаря тому**, **что** помог друг; **из-за** дождя – **из-за того**, **что** пошёл дождь; **во время** экзамена – **в то время**, **как** шёл экзамен.

③ 语用情态词既与某些核心词类交叉，如与副词交叉，比较： – Ты придёшь на вечер? – **Конечно**（副词）. – **Да**（语气词）., 也与第二大类的语义类别词交叉，尽管其外形依然明显属于其对应的词类。

然而，按照词类进行的基础分类无法穷尽具有词汇句法特征的所有名词，因此，Всеволодова（2016：48）从两个方面仔细研究了这些名词，给出了以下两个更具体的分类：

（1）按照一些重要的句法"行为表现"特征划分的类别，囊括了全部或几个词类：1）形义对称词和形义非对称词；2）功能标志词，如关系词（реляторы）、类别词（классификаторы）和描写说明词（экспликаторы）。

（2）每个基础词类内部的分类，这一分类可能是双重的，如：

1）在某一词类的内部词可按照它们共同的语义及与该语义相关的句法表现划分出该词类的语义类别，它们在不同话语中表现出自己的特点。比如名词дом，волк，пустыня总是称谓事物，бег，ходьба，полёт，чтение总是称谓行为，синева，красота，твёрдость总是称谓特征。如此分类的还有动词、形容词和副词。名词里还可根据其他一些实质特征划分出专有（собственные）和普通（нарицательные）名词、证同（идентифицирующие）和述体（предикатные）名词。可见，同一个词按照不同划分标准可同时进入若干个类别。

2）词还可根据其在一定的功能语义范畴内相应的句法表现来分类，比如上文提到的事物名词在方位（空间关系）名词语义范畴中可根据其所传达的意义以及传达该意义的形式来分类，如名词стол，сумка可分成两种意义类别：①位于物体表面的意义：на столе，на сумке；②位于物体内部空间的意义：в столе，в сумке. 这些意义由前置词в或на来确定。又如建筑物的名称也构成两类，一类按建筑物类型划分，如дом，изба，сакля（高加索山民的平顶土房或石头房），юрта（游牧民族的毡房）等，这类词跟стол，сумка一样，表示位于内部空间时用в + N_6：**В доме** никого нет；**В избе** тепло. 而表示位于表面时用на + N_6：**На доме** - флаги；**На избе** красивый флюгер（木屋顶上立着一个漂亮的风向标）。汉语中表示类似俄语的地点和时间时，对应前置词в的是介词"在"（共同空间和直接时间的标志），对应"内部"意义的是后置词"里"：在皮包里、在房子里；而对应俄语词形на + N_6的是"在……上"：在桌子上、在房顶上等。这种对应是成体系的。

另一类按照名词的功能划分，又分为两个次类：

1）类似дом，изба的建筑物名称，用в和на表示不同的空间意义：в школе - на школе；в магазине - на магазине；в аптеке - на аптеке（вывеска）（药店外面挂着招牌）；

2）在两种情况下都用前置词на的机构建筑物名称：**На почте** он купил марки（他在邮局里买了邮票）- **На почте**（= на здании почты）новая вывеска（在邮局外面挂着招牌）；**На бирже** скупали акции（交易所里购买股票）- **На бирже** вывесили флаги. （交易所外面挂上了红旗）。

机构建筑物名称还有一个词汇语义变体是机构名称本身，跟建筑物没关系，如Он работает в школе дворником. （他在学校做清洁工。） В нашем университете преподают 101 иностранный язык. （我们大学教授101种外语。）

此外，还有些名词善于表示位于某空间里，但是没有内部和表面的对立，属于不同类别的词选择相应的前置词в或на。比如表示世界部分的名称用в+N_6形式：в Азии，в Африке；地理区域的名称也用в+N_6形式，不管其上是否有植被：в тундре（在冻土带上），в пустыне（在沙漠上），в саванне（在热带稀树干草原上），в тайге（在泰加林里）；同样，长有植被地方的名称也用в+N_6形式：в лесу，в саду，в кустарнике（在灌木丛中）；而开阔地的名称则用на+N_6形式：на поляне（在林中旷地上），на лужайке（在林中草地上），на просеке（在林间通道上）。（Всеволодова，Владимирский

1982）.

这些词类内部的功能语义类别在表达内容范畴时，形成第一类形式类别和第二类语义类别的交叉域。

5.3　建立在语义特征基础上的分类

语义分类是在语言所有层面表达手段的语义基础上形成的。Щерба（1957: 72-78）和Виноградов（1972: 272）所划分的特殊词类"状态范畴"（категория состояния），以及Виноградов（1972: 568）划分的"情态词"（модальные слова）就属于这一分类。基于以下原因，我们赞同Всеволодова（2000: 30-33）的观点，认为不应该把以上两类词看作特殊的独立词类，因为：

（1）词类的划分需要最基本的形式标准，词类应该是按其词汇意义即可识别的，这是语言教学理论的观点。此外还有一些从理论上论证这一观点的其他看法：

1）词类应该根据一些表现在外部的内部特有属性来划分。Панов（1999）在其专著中对词类的形式特征（即词形变化特征和位置特征）进行了具体分析。

2）词在句中所占据的制约其词类属性的句法位置应属次要现象，否则只按这一特点划分词类，动词的不定式和陈述式也应该属于不同词类，因为它们从来不会出现在同一个位置上。传统的"状态范畴"或称为"述谓副词"（предикативы）（如холодно，больно, трудно等）以及навеселе, пора等类型的副词的划分基础是它们占据的似乎不是属于副词的位置，在有系词时它们表示的不是特征，而是主体的状态。Всеволодова（2000: 31）认为，这种划分说明最初对副词按位置定义是不准确的，因为动词除了称谓行为或过程外还可以表示"存在"：Зомби **существуют**；"状态"：Он **радуется**；"关系"：Он **дружит** с Таней；"特征"：Волосы **вьются**；名词也同样可以表示其他实词所表示的所有意义。形容词也绝对不只占据定语位置：На **окружных** холмах да курганах долго светит **вечерняя** заря, разливаясь по небу **алым** да **розовым**（Б. Екимов）.或谓语位置：Здесь, в степи, небо **просторное**.此外还可以占据补语位置：**Красивыми** – любуюсь, **умными** – восхищаюсь; Монастырского леса озера, Переполненные **голубым...**（Северянин）.或主语位置：**Голубое** ей к лицу.和状语位置：**На голубом** серебристое смотрится хорошо.

第8章
词类范畴和词的范畴类别

§1 应用语言模型对词类的重新定义及其分类原则

词类是传统上对词的语法类别的划分，其划分的依据是词形和位置变化的潜力。目前在俄语学中公认的词类定义是М.В. Панов（1999: 118）提出的，其主要理念是："对词类而言重要的是语法标志，不是词汇标志。"该理论使близко, трудно一类由形容词短尾形式构成的不变化词最终归入副词，而不是"状态范畴"或"述谓词"。然而，代词却跃出了Панов所划分的相应的实词，因为尽管代词有否定、不定人称和指示代词这样的总体类别，但它们却没有统一的词变聚合体。该理论使《80年语法》的作者把顺序数词归入了顺序形容词（因为它们有变格并跟名词在性数格上保持一致），却把形动词和副动词归入了动词，而实际上形动词比顺序数词更接近形容词，因为它们有长、短尾形式。一些语法学家把形动词和副动词看作独立的词类，另外一些则把它们看成是动词词形。Всеволодова（2016: 50）认为，应该更加谨慎和理性地对待每个词类的构成。

俄语传统语法对词类的划分如下：

I. 实词类　　　　　　　　　　**II. 虚词类**

1. 名词　　5. 数词　　　　9. 前置词　　　13. 拟声词（如мяу, гав-гав）
2. 形容词　6. 代词　　　　10. 连接词
3. 动词　　7.（形动词?）　11. 语气词
4. 副词　　8.（副动词?）　12. 感叹词（包括Ox! Ara!）

普遍认为，传统语法中除了副词是不变化词类外，其他词类都有这样或那样的词变聚合体，主要有变格和变位两大体系，变格体系中还有使聚合体繁化的一致关系问题，如俄语名词有决定词变聚合体特点的"格"、语法"性"和"数"范畴。俄语的语法"性"包括阳性、阴性和中性，这是对俄语来说非常重要的范畴。但有时语法"性"会与人或动物的自然性别发生矛盾，也就是说，由词尾表示的语法"性"和实际性别不一致，导致修饰和被修饰词之间出现词尾不一致的情况，这是中国学生学习的难点，经常会发生错误的一致关系，如带阴性词尾的дитя是中性：беззащитное дитя；дедушка，мужчина，юноша是阳性：высокий мужчина；公母不明的不变格动物名称кенгуру，шимпанзе是中性：высокое кенгуру，лохматое шимпанзе. 有的分公母гусь，гусыня：тульский гусь – ноская гусыня. 有的不分：белый лебедь – белая лебедь。①

名词可以称谓事物和物质：стол，слон，рука，железо，молоко；行为和事件：работа，шторм，бег，ходьба，езда；状态：грипп，тоска，разруха，застой；特征：красота，чистота，белизна，трудность；关系：дружба，родство，сходство，различие；抽象概念：качество，категория，система，глагол等。

随着语言的发展，个别具体词（或词形）可能进入其他词类，一些名词和形容词的副词化（адвербиализация）很活跃，如副词形式бегóм，по-новому就是由名词бег和形容词новый变来的。词典中常常把一些名词和前置词标注成副词，但应该区分由常规的词变形式构成的副词化词形。词形及其词类属性的对应关系在描写功能语义范畴时非常重要，因为在时间、方位和原因功能语义场中副词和名词构成独立的功能语义范畴。我们看到词形утром，днём，вечером，ночью，зимой，весной，летом，осенью在词典中都被标注为 "副词"：То было **раннею весной**（МАС Т I: 194）；**Ясным июльским утром** в безлюдном степном Задонье объявился вертолёт（Екимов），尽管形容词不能修饰副词。其实这8个词形中只有днём是比较彻底的副词化词形。Всеволодова（2000: 35）认为，区分副词和名词形式的客观标准应是以下三个因素的综合作用：（1）词汇语义因素；（2）词法因素；（3）句法因素。

（1）在词汇语义层面，一些副词化的词形要么拥有了新的意义，要么失去了一部分原始语义，如副词порой就失去了名词пора特有的 "最适合做某事的时间" 之意，比较：пора сенокоса（正是收割的时候）。

除了днём和连在一起用的词形день и ночь，днём и ночью外，其他词形都保留了与原始词утро，вечер，весна，лето，осень，зима相同的词汇语义。днём与день相比失去了部分意义，день一词至少有三个词汇语义变体：

1）表示0-24点的时间单位，即 "天"：Он болел два **дня**. Мать приедет через пять **дней**.

---

① 俄语中家禽名称有公(самец)、母(самка)和幼崽(детёныш)三种情况：1) 三个词完全不同：бык, корова, телёнок; баран, овца, ягнёнок; кобель, сука, щенок; петух, курица, цыплёнок; 2) 幼崽名称由公或母的名称构成：жеребец, кобыла, жеребёнок; селезень, утка, утёнок; 3) 三个名称是同根词：гусь, гусыня, гусёнок; коза, козёл, козлёнок; кот, кошка, котёнок; 这里也包括一些野生动物：волк, волчица, волчонок; лиса, лис, лисёнок; лев, львица, львёнок 等。

2）表示一昼夜当中天亮的部分，即"白天"：Телеграф работает **днём и ночью**. **День и ночь** шёл снег.

3）表示早晚之间一昼夜的1/4部分，从12点到17点，即"下午"：три часа **дня**；после двух часов **дня**. 比较俄语对一天的分割：早晨是5点到12点，下午是12点到17点，晚上是17点到0点，夜里是0点到5点。

而днём一词在没有一致定语时只表示一昼夜的1/4部分：**Днём** мы гуляли в парке. 当днём用于第二个意义时必须与ночь出现在同一个相邻的上下文中：Они летали **ночью и днём** в любую погоду.

（2）在词法层面，副词化指一个词形从词形变化聚合体中孤立出来，同时有重音变化，比较：круг - круга, кру́гом（名词格形式）- круго́м（副词）。副词化后这个词就不再有格形式的变化和数的对立形式。

上面8个词，除了днём外，都跟其他词形一起进入词法聚合体：весной - к весне - до весны - с весны; вечером - к вечеру - до вечера - с вечера. 而днём例外，如不能说：*к дню（придёт）-*с дня（сидит）-*до дня（нужно закончить）。再比较：утром - утрами, по утрам; вечером - вечерами, по вечерам. 然而днём却与之不同，比较：**Днём** хорошо ловится рыба - **Днями** хорошо ловится рыба. 其中днями表示"有时，在某些日子里，但不一定是在白天"。词形день и ночь在表示被行为完全占据的时间意义（即"日日夜夜"）时有两套变格体系：（1）用四格形式：Ни дня не сидел на месте: работал **день и ночь**. （2）用五格形式：Он работал **днём и ночью**, чтобы прокормить нас. 而在表示被行为不完全占据的时间意义（即"白天和夜里"）时只用五格形式：К ней он приходил **днём и ночью**.

（3）在句法层面，副词化破坏了组合联系（синтагматические связи）。以上7个词与形容词连用都不改变自己的意义：утром /летним утром; вечером/ поздним вечером; весной /прошлой весной. 而днём与形容词连用却表示一个时间单位意义：**Летним днём** хорошо встать на зорьке（Кузьмин）.（夏天时黎明即起感觉很好。）因此，除днём外，其他几个词都应该归入名词。由于很久以前这些词都属于名词，它们有依附于日期二格名词的能力，如：**Днём первого марта** император получил письмо из Санкт-Петербурга. Дело было **днём 8 марта 1945 г.** Победа! Войне конец!

还有个别副词（如конечно）的词汇语义变体在不同的词典中要么解释为语气词，要么解释为插入语（这是句法位置，而不是词法特征），但这其实是具有相同词法特征的同一个词的不同的词汇语义变体。

因此，应用语言模式对词类的定义是："词的词类属性是所有功能的动态组成部分，它既决定词在语言体系中的地位，也决定词在话语中被使用的可能类型（Кубрякова 1997: 171）。而词类的划分基于以下两条原则：

1）系统内原则（元语言原则），一个词进入某一个词类后才决定它是否有占据某个句子成分位置和形成句子形式结构的能力，而不是反过来，不能靠词所占据的位置来确定它的词类属性。比如不能认为副词在依附于名词的位置上就变成了形容词：в шапке **набекрень**（歪戴着帽子），в пальто **нараспашку**（敞着怀穿大衣）。

2）外部原则，也就是把语言事实和语言系统与语言外事实（即世界本身）联系起来的原则，正是根据这一原则Золотова（1982）划分出形义对称词（或称原型词 прототипические слова）和形义非对称词。

§2 俄语词类的结构体系

根据词类按基础范畴类别（базовый категориальный класс）和其他范畴类别划分的原则，Всеволодова（2016: 58）把词类体系分为两大类：

（1）按词类本身划分出主要的基础范畴类别和该词类中有词变聚合体的其他范畴类别，即该词类框架内的范畴类别体系；

（2）按照变化和不变化聚合体的特点划分出基础词类和按照该范畴类别的类型构成的其他词类，即针对该基础范畴类别的所有词类的范畴类别。

Всеволодова（2016: 58）指出，在做这样的分类时，需要特别注意的是：

（1）考虑所有基础词类的构词形式；

（2）对照基础词形的形式特征及其构词形式；

（3）找出基础词类及其相关代词的关联性原则。这个体系不是随便排列的，而是二元对立（即总是有两个对立项，且只有两个下位分类）的多层级结构，其中要按照词类的表现顾及各种不同特征。

2.1 实词和虚词对立的基础范畴类别体系

在词类体系中，Всеволодова（2016: 58）划分出的第一个对立是实词（знаменательные）和虚词（служебные）。实词项根据是否有基础范畴类别划分出1.1有基础类别的实词和1.2无基础类别的实词（即代词）；1.1列的下分对立是每个词类基础类别的词变潜力，分为1.1.1变化类实词和1.1.2不变化类实词（即副词）；而变化类基础类别按词变的特点下分为1.1.1.1变格类的基础类别和1.1.1.2变位类的基础类别（即动词）；变格类的下分为1.1.1.1.1纯变格类的和1.1.1.1.2一致关系类的（即形容词）；纯变格类的又分为名词和数词基础类别。名词只有一个纯的基础类别，无须再细分，而数词却比较复杂，需要再细分，详见本章2.2小节。

俄语按基础类别划分的体系结构可呈现为下面的树形图：

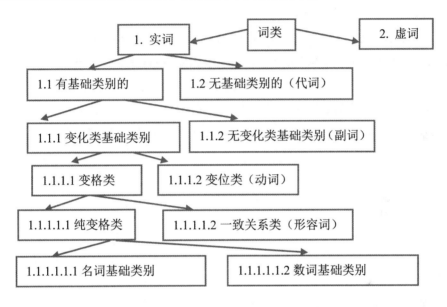

图8-1

2.2　数词的范畴类别结构

数词的第一个对立是构成该词类的词变特点，鉴于数量数词是该词类的基础类别，基本上按名词变格。与变化类数词对立的是带其他词变类型的范畴类别：一致关系类（即顺序数词первый，сто двадцать пятый）和不变化类，而后者又分为针对人的（вдвоём，впятером）、针对行为的（дважды，пятикратно）和针对倍数的（вдвое，впятеро）。Всеволодова（2016: 59）认为，像词典那样把不变化类数词归入副词对外国学生没有任何意义，只能造成混乱，把它们放在数词体系里更加合理。

虽然数量数词是基础范畴类别词，但却不是同一个种类的，分为两大类：

（1）纯数量数词，包括不管针对什么都作为纯粹的数使用的数词，和不表示纯数而是针对事物、行为和特征的数量及大小的数词；

（2）只表示大小或人、物、行为和事件的数量的类别，起初是用来跟其他词类构成词组的，这是俄语句法所要求的。另外，俄语中还有一类无法跟数词2、3、4连用的只有复数的名词（Pluralia tantum），如сани, ножницы, штаны, выборы等，它们只能跟集合数词连用。这是很重要的一个类别，它跟纯数量数词不同的是，必须跟其他词类连用。这个类别又分为两类：

1）只用来确定Pluralia tantum类名词或表人或动物的名词数量的集合数词：двое саней，четверо телят，пятеро мальчиков；

2）由两到三个独立的数组合在一起的组合数词，如小数、分数、表示程度、面积、宽窄、比例等标志的词：ноль целых и пять десятых нанометра（0.5纳米），девять в двадцатой степени（9的20次方），площадью пять на десять метров，породы крепостью один-шесть коэффициентов（强度系数为1:6的岩石），в пропорции один-три /один к трём（按1:3的比例）。其中所有的词都有自己的变格体系。

可见，数词包括变格类、一致关系类和不变化类的范畴类别，数词范畴类别结构可用下图呈现：

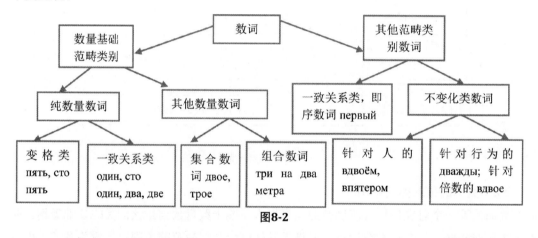

图8-2

2.3　形容词的范畴类别结构

在词类里形容词跟名词一样属于变化类的基础范畴类别，但同时又像数词一样，还有其他类别。基础范畴类别的第一个对立是能否构成比较级，分为既能构成比较级又能构成最高级的性质形容词，如высокий - выше - высший - самый высокий等；以及按照所表示的特征类型为对立的另外两类：

（1）通常由名词变来的表示非特征的关系形容词：заводской，железный，студенческий和以前是主动形动词的一类形容词：летучий，сидячий等。

（2）由具体人的名字或专有名词构成表示所属特征的物主形容词：мамин，отцов，Олин，Петин等。

Всеволодова（2016: 61）没有按形容词的长、短尾为对立来分类，因为在俄语里能够构成短尾的不只是性质形容词，还有关系形容词：углы равны，линии параллельны；

而如дедушкин, братов类的物主形容词起初就是斯拉夫语形容词的短尾。

形容词的范畴类别结构图如下：

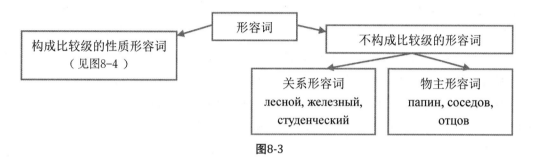

图8-3

性质形容词本身表示原级，而比较的级别包含两类：比较级和最高级，最高级又有两个下位分类：

（1）一致关系类，包括单一式：высший, наивысший, лучший, наилучший, труднейший; 复合式：более /менее высокий, самый высокий, самый хороший; 复合式最高级的中性词形在主语位可做名词用：**Самое вкусное** – это мамин борщ. **Самое красивое** у меня – моя новая юбка.

（2）不变化类，包括单个词和词组：выше, выше всех, выше всего. 该类词形也可由副词构成。

此外，Всеволодова（2016: 62）还指出，带前缀по-的比较级和最高级有时可用作转义，表示"最大数量"特征，相当于带очень的词组：Я бы сейчас чаю **покрепче** выпил = очень крепкого. Он в **самые сильные** морозы ходит без шапки = в очень сильные. Мама сварила **вкуснейший** борщ = очень вкусный.

性质形容词按照比较级别划分的范畴类别结构图如下：

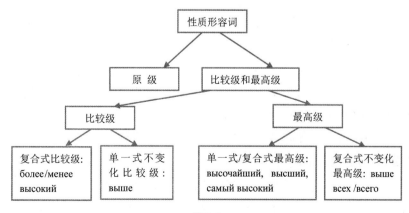

图8-4

2.4 动词的范畴类别结构

俄语动词不仅有人称和时间范畴，还有体范畴。动词的基础类别是陈述式（индикатив，用符号V_{ind}表示），即动词的变位形式，而动词不定式（инфинитив，用符号V_{inf}表示）是不变化形式。在陈述式里需要区分变位本身，即由人称和数表示的现在时和将来时，用语法性和数表示的过去时，也就是一致关系的形式。此时有些动词的简单将来时（即完成体СВ）和现在时（即未完成体НСВ）在变位上没有差别：решу – тушу（тушить），придёшь – прядёшь（прясть），стукнет – сохнет（сохнуть），бросим – просим（просить），скажете – вяжете（вязать）等。而复合形式буду писать只由НСВ构成，所以为了能够正确选择单一或复合形式，需要了解动词的体，如решу – буду решать，потушу – буду тушить. 只有быть（НСВ）本身有简单将来时形式：Я **буду** там. 可以说，在斯拉夫语中只有复合将来时是唯一带体标志的形式，再没有其他能够表示СВ或НСВ的形式标志，所以俄语学习者必须记住每个动词体的属性，这无疑大大增加了学习困难以及语法错误率的攀升。

动词范畴类别体系的第一个对立：是否有词变范畴，即变位形式和不变位形式。而变位形式下的对立是陈述式（即变位本身）还是命令式（императив: идите，читай）和假定式（конъюнктив: шли бы，читал бы）仍是个问题。"式"（наклонение）范畴被Золотова（1983）称为情态变异（модальные модификации），在不同层面进入句法场（синтаксическое поле），亦即由几个变异层面组成的句子的句法聚合体。除情态变异外，句法场中还有其他变异（详见本书第25章）。在不变位形式范畴里对立的是一致关系类（即形动词）和不变化类范畴类别（即不定式和副动词）。

在下面动词范畴类别结构图里没有显示命令式和假定式，默认它们为基础范畴类别词。

Всеволодова（2016: 64）强调指出，是否把不变位形式的范畴类别词划入具体的词类是语言学家们需要商讨的问题。其实在语言对象之间没有严格的界限，属于某个词类并不能使词与其他词类脱离，无论是否把形动词和副动词当作独立的词类，都不能否认它们是由动词构成的，不妨碍把它们看成动词词形（Панов 1999），否则任何一个形动词和副动词都作为单词来背，势必增加学生的记忆负担。况且在词典中这些词确实能通过动词来解释，比如читающий – тот，кто читает; читаемый – то，что читают。因此，在俄语教学实践和描写中形动词和副动词是归入动词词形范畴的。

动词的范畴类别结构图如下：

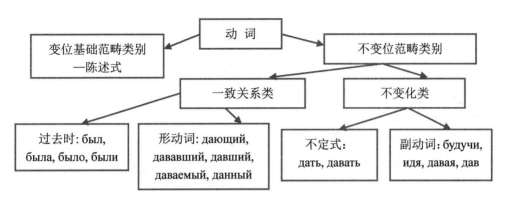

图8-5

2.5 副词的范畴类别结构

副词以单词形式呈现其基础范畴类别，其对立是可否构成比较级。进入不构成比较级的是由各个不同词类构成的不同形式的副词：по-моему, кругóм, богóм, впустýю（徒然）, плашмя́（平着）, врасплóх（突然）, впредь等，其中还包括来自前置词的副词 вокруг, около: обошёл **вокруг дома** 和 обошёл дом **вокруг**. Скажи прямо, а не ходи **вокруг да около**. 又如вдоль, поперёк: исходил Москву **вдоль и поперёк**. 进入构成比较级的是由形容词短尾中性构成的以-о, -е结尾的副词：громко（кричать）, быстро（бежать）, просто（объяснять）, искренне（признаться）, параллельно / перпендикулярно（расположить）, равно（важные задачи），正是这类由性质形容词构成的副词可构成比较范畴类别，即比较级和最高级。关键是这些单一式或复合式的词形跟形容词范畴类别完全相同，脱离语境根本无法判定其词类属性，这也是容易给外国学习者造成困难的地方。Всеволодова（2016: 65）指出，在副词范畴类别里有形容词词形证明了以-о, -е结尾的副词的去形容词化，虽然单一式最高级已很少使用，但语言中还是有的，如Вывод: детям и юношам **строжайше запрещено** пить колу, как впрочем, и взрослым.

副词的范畴类别结构图如下：

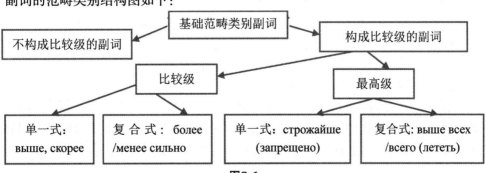

图8-6

2.6 关于跨类的代词

Всеволодова（2016: 65）认为，代词是词类范畴中最独特的一类，在词变和构形方面自古就没有统一的分类。每个代词（不是词形）实际上都同时有两个词类特征，即错合形式（контаминанты），如代名词，即属于范畴中心的人称代词（я, ты, он, она, оно, мы, вы, они）、代形容词（этот, такой）、代数词（сколько, столько, 但不是много, мало）。传统语法里没有代动词，但Панков（1999）发现了它们的存在。以上这些特点促使Шведова（1998）认为代词根本就应该从词类中除名，而Панов（1999）则认为应该把它们归入相应的词类，而不必单成一类。俄语代名词和代动词的存在本身更加证明了名词和动词是词类的主要基础范畴类别。

即便如此，代词无疑还是个统一体，因为其中可划分出疑问代词、不定代词、关系代词等各种类型，它们遵循着统一的规则，如никто – ни о ком, никакой – ни о каком, нисколько – ни о скольких; кто-то, какой-то, где-то, когда-то, как-то等。此外，它们还拥有共同的功能，如指代、疑问等。因此，Всеволодова（2000: 28）认为，在词法中把代词看成独立的词类还是合理的，因为它们还有针对句法非常重要的组词方面的特点，比如代名词不能与形容词、二格所属名词连用，如：высокий парень /парень высокого роста сказал（高个子的小伙儿说），但却不能说*он высокого роста сказал（高个子的他说）。

另外，与代词交叉的还有其他词类，如один这个词可以表示数字：один плюс два равно три. 也可以表示数量：У меня всего **одна** ручка. 还可作不定代词：В **одном** городе произошла интересная история. другой这个词可以是数词второй的同义词：Оба они уехали: один в Киев, а **другой** – в Минск（比较первый в киев, а второй в Минск），也可以是代词тот, те的同义词：Все разошлись: одни туда, **другие** сюда（比较Эти туда, те сюда）。代词это可以履行语气词的功能：Милан – **это** город в Италии. 代词сам及语气词тоже和также有与连接词相同的功能：Вы удивляетесь. Я **сам** был удивлён сверх всякой меры = Я **тоже** /**И** я был удивлён. 因此，在俄语教学中不仅要关注代词的分类，还要注重其功能、组词特点以及与其他词类交叉的问题。

2.7 整个词类范畴内的范畴类别体系

鉴于词变和构形潜力及其位置特点是所有词类划分的标准，词类中有词变潜力（包括变格、变位和一致关系，如名词、动词、形容词和数词）及构形潜力（如陈述式、不定式、形动词、副动词和比较级），这是两类不同的现象。词变潜力属于该词类中词的词法聚合体，而构形潜力针对的是各种词按照范畴类别潜力构成的词类。

在功能交际语言教学法语言模式中，除了学习词变和构形（即变格、变位和词类内部词形的构成）这些非常重要的不同形式特征外，还有Бондарко创立的功能语义场概念，即表达某语义的语言单位所有类型的集合。在外语课堂上称один为形容词，而称вдвоём，вдвое，дважды为副词是没有意义的，但指出这些词在言语中是如何按照词法类型运作的却是必要的。因此，在功能交际语法中呈现词类的范畴化时应该顾及形式语法的位置问题，需要区分"词类"和"范畴类别词"两个概念和术语。

2.8 关于虚词

俄语的虚词属于建构词类，是一个功能独特的范畴，因为：

（1）它们不能独立使用，要么作亚词素（前置词），要么在词组或句子里作建构词成素（如连接词）。前置词可以构成一个复杂且结构严谨的功能语法范畴；

（2）虚词之间有宽广的交叉域，很多前置词是连接词的组成部分，如：**благодаря помощи** друга – **благодаря тому**, **что** помог друг; **из-за дождя** – **из-за того**, **что** пошёл дождь; **во время** экзамена – **в то время**, **как** шёл экзамен.

（3）语用情态类虚词是核心词类与第二种语义分类的交叉域，尽管外部形式依然明确属于相应的词类，如同属于感叹词的有拟声词（мяу，гав，р-р-р-р）和与之不同的单位Ах! Ой! а-а-а-а, Бррр等，后者表达的是主观评价语义，应该归入语用情态类别。每种语言中都有自己的一套感叹词和拟声词，这导致俄语很多主观评价类意义常常令外国人无法理解，比如外国人会说：*Эх! Устал я.（Эх常表示责备、惋惜等情感）

Всеволодова（2016: 74）认为，应该把мяу, гав-гав, ку-ку, го-го-го, чик-чирик这类拟声词单独归为一类。

Всеволодова（2010）带领的学术团队从功能的角度对前置词范畴进行了深入研究，发现前置单位是一个更加庞大而复杂的系统。

第9章
词的句法分类

俄语功能交际语法对词在句法中最重要的两个具体分类是：

Ⅰ. 按照对句法来说非常重要的某些特征划分的类别，该类别囊括了全部或一些词类。按照这一原则可划分出以下类别：

1. 形义对称词和形义非对称词；

2. 功能标记词，包括变异词（модификаторы）和语义关系指示词（показатели смысловых отношений），即建构词（строевые слова），是履行虚词功能的实词，如关系说明词（реляторы）、描写说明词（экспликаторы）、类别词（классификаторы）和类属词（родовые слова）。

Ⅱ. 基础词类内部的分类，即词的语义类别，包括名词、动词、形容词和副词的语义类别。

词汇的句法分类可以用下图展示：

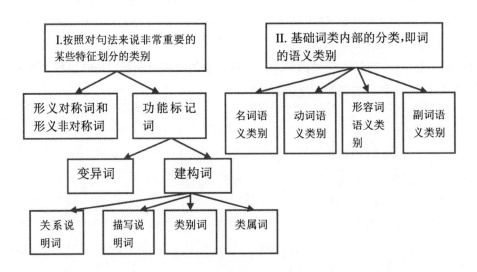

图9-1

§1　形义对称词和形义非对称词

形义对称概念是Золотова（1982：122-123）提出来的，包括形义对称词（或称原型词）和形义非对称词以及由它们构成的形义对称和形义非对称结构（изосемическая и неизосемическая конструкция）两个概念。这一基础分类几乎囊括了所有实词，并将词与语言外事实结合起来。

形义对称是词类范畴的核心，将词所属的范畴类别与该类词所表示的客观事实对应起来，当该词与所表示的客观事实完全吻合时，它就是形义对称词，不吻合时则是形义非对称词，比如名词表示事物（стол，река，вода，дерево，собака），动词表示行为或过程（идти，говорить，кипеть，развиваться），形容词表示事物的特征（новый，белый，красивый，длинный），副词表示行为的特征（быстро，медленно，громко，грациозно）。

Панов（1999：115-118）认为，事物"注定"由名词称谓，而Всеволодва（2016：75）指出，抽象概念（如категория，система，признак等）也"注定"由名词称谓，把它们归入形义对称词似乎更合理，这个问题还需要进一步讨论。在Золотова的观念里，名词却不只称谓事物（如бег，ожидание，высота，трудность），有很多行为或过程就不是由动词而是由名词（ходьба，развитие，строительство）、形容词或形动词（ходячий，ходящий，развитый，строительный）、副词或副动词（стоймя，лёжа，строя）表示的，这些词就是形义非对称词。所以说，名词переход当"过街通道"讲时，是形义对称词，如：Переход закрывается в час ночи；而当动词перейти/переходить所表示的行为讲时，就是形义非对称词如：Переход прекращается в час ночи.

形义非对称形容词可以是用一个事物修饰另外一个事物的形容词，如：кирпичный дом（＝из кирпича），яблочный пирог（＝с яблоками），городской транспорт（＝в городе）；可以是用行为修饰事物的形容词，如：швейная фабрика（制衣厂），строительный трест（建筑托拉斯），распиловочный материал（切割材料）；可以是用行为特征修饰事物的形容词，如：грациозная гимнастика（＝двигается грациозно 婀娜多姿的体操）；可以是修饰行为或过程本身的形容词，如：громкий разговор（＝говорят громко），удачливый охотник（＝охотится удачно），медленное развитие（＝развивается медленно），трудная задача（＝трудно решить）。

不是所有的动词都称谓行为或过程，试比较：У него волосы **вьются**（他一头卷发）——表示头发的特征，功能相当于形容词；Он **хромает**, **заикается**（他走路瘸腿，说话磕巴）——表示行为的特征，功能相当于副词。

通常学者们认为表示状态范畴的形义对称词是动词（спать, висеть, болеть, волноваться, переживать等）和述谓副词（холодно, сыро, тихо, больно, грустно, стыдно, горько等），但表示状态的还可以是名词（истерика, шок, транс, аффект, тоска, ангина, грипп, разгар, разруха）、形容词（болен, слаб, пьян, трезв, рад, счастлив, готов）和形动词（взволнован, встревожен），那么此时这些词应该是形义非对称词。

Всеволодова（2016: 77）认为，以下名词应归入形义对称词，因为我们正是用名词称谓：

- 几乎所有的抽象范畴概念：качество, количество, состояние, время, пространство, размер, форма, цвет, структура等；
- 各种单位：секунда, минута, час; метр, миля（英里）; дина（达因，力的单位），бар（巴，气压单位），эрг（尔格，功能单位）等；
- 关系标志：причина, цель, условие等。

以上名词都与概念和智力范畴的事物相对应，反映的是人对客观事实认知的过程和结果，比如абстракция是形义对称词，而абстрактность是形义非对称词。

此外，名词还可称谓有开始和结束的现象，也就是事件，比如表示昼夜部分的名称：утро, вечер, ночь, день; 四季的名称：весна, лето, осень, зима. 它们在俄语中是形义非对称词，但在所有语言里都是名词。

数量范畴里的形义对称词不只是数量数词和集合数词，还可以是名词，如тысяча, миллион, миллиард, двойка, тройка, пятёрка, десятка（表示数字2、3、5、10时），因为它们称名的是事物，但名词десяток, пяток, сотня, множество等（比较десяток яиц, сотня овец）则是形义非对称词，因为它们称名的不是事物，而是数量。

表示性能范畴的形义对称词是动词：Вещество обладает свойством **ускорять/замедлять** реакцию/ **растворять** жиры /**вступать** в реакцию с инертными газами. （物质有加快或放慢反应、溶解脂肪、与惰性气体发生反应的性能。）但从行为的性质方面确定性能时使用形义非对称形容词：Он **добрый**（＝по-доброму относится к людям）; Он **активен**（＝активно действует）; Он **критичен**（＝критически оценивает действительность）; 或用形义非对称名词：Он отличается политической **активностью**. Ему свойственна **самокритичность**.

可见，语言中有只用形义非对称手段表示不同客观事实的情况，有该特点的首先是名词。正如Золотова指出的那样，这一切都说明名词在词类范畴中的地位最高。

Всеволодова（2016：77）把词类的形义对称性和非对称性的主要情形反映在下列表格中（表中用*号表示伪形义对称词）：

Явление 现象 Слово 词	Предмет 事物	Абстрактное понятие 抽象概念	Действие процесс явление 行为、过程、现象	Свойство 性能	Признак предмета 事物的特征	Признак действия 行为的特征	Состояние 状态
形义对称词 Изосемическое	медь конь лес	?форма ?метр ?цель	читать идти расти	мяться краснеть （на свету）	новый синий умный	быстро громко	жарко темно болеть сидеть
形义非对称词 Неизосемическое	медный конный лесной *** по-лисьи	формальный метровый целевой *** формально	читая идя *** идущий растущий *** *весна *дождь *рост *** швейный	прозрачный инертный хрупкий *** доброта гибкость необратимость	блестеть виться （о кудрях） синеть *** синь краса	звонкий быстрый （бег） *** громкость высота （прыжка）	грусть тишина сухость （во рту） *** болен пьян *** сидя лёжа

总之，形义对称范畴具有场特征，有场心及边缘区，但其界限比较模糊。这是一个对句法学来说非常重要的子系统。

形义对称范畴的句法语义表现在由形义对称词构成的句子，即形义对称结构中，如Красивая девушка грациозно танцует. 其中所有的词都是形义对称词，事物由名词表示（девушка），事物的特征由形容词表示（красивая），行为由动词表示（танцует），行为的特征由副词表示（грациозно）。而句子哪怕只是部分由形义非对称词构成，也是形义非对称结构，如：Танец красивой девушки грациозен. 行为由名词表示（танец），行为特征由形容词表示（грациозен）；或者Танец красивой девушки – сама грациозность. 其中行为特征是由名词表示的。

关于形义对称概念Всеволодова（2016: 78）强调指出以下几点：

（1）形义对称结构对学俄语的外国人来说理解起来不难，在自己的母语中总能找到这样或那样的对应形式，而形义非对称结构理解起来就相对困难。（笔者认为，对形义对称词和形义非对称词的区分也是外国学生学习的难点。）

（2）在俄语的科技和政论语体中最常使用形义非对称结构，所以造成该类文本比较难理解。

（3）将形义非对称结构转换成形义对称结构可以呈现和澄清其在所指层面的言语内容，也就是弄清其与客观现实相对应的事实。（笔者认为，这一点是对外俄语教学的教师需要特别掌握的本领，能够帮助学生正确而轻松地理解文本。）

（4）在很多表达同一所指内容的不同句法结构中（如Мальчик бегло читает – Чтение у мальчика беглое /отличается беглостью – У мальчика отмечается беглость чтения）形义对称结构是原始结构，因为它是最中性地表达事实的结构。形义非对称结构不仅可以使表达某内容的所有可能性有序排列，还能显示出控制句法构造正确性的语言机制以及说话者的交际目的。形义对称结构是句子转换聚合体的基础成员。

§2 功能标记词的分类和变异词的类型

2.1 功能标记词的分类

每个句子都是由词构成的，但词在句子中的功能表现却可能不同，不仅表现在句子成分范畴，也表现在其他一些方面。一些词传达的是情景参项本身表示的内容，而另一些则拥有对基础内容进行补充的功能，比如俄语中大部分词汇都由称谓客观现实中存在的事物（брат, книга, река, волк）、现象（дождь, урок, война）、行为（читать, писать）、过程（гореть）、状态（разруха, кризис）、特征（красный）、性质（прочный）、数量（сорок, много）、评价（хорошо）的词构成。此外，还有一些不称谓具体所指的词，它们是拥有建构和服务功能的词。Всеволодова（2016: 79）把这样的词称为功能标记词（функционально маркированные слова），分为以下两大类：

（1）变异词，指使句子的句法聚合体繁化的词，即令基础语句变成某个变异句的词，如情态变异句：Я **хочу** спать. 阶段变异句（фазисная модификация）：Он **начинает** писать.（Золотова 1982）为了表达句子的变异，该类词（或词的形式）的出现对很多基础模型句都是必需的。

（2）建构词，指语义上不总是需要，但却使句法结构繁化的词，它们能够让说话者改变情景呈现的角度，理清词与词之间的关系，改变表示情景参项词的句子成分位置。该类词是语义关系的标志，是自成体系的，包括关系说明词、描写说明词、类别词和类属词。

2.2 变异词的类型

俄语中主要有三类基础句的结构—语义变异句：阶段变异句、情态（指句法内情态）变异句和信源说明变异句。

（1）阶段变异词，首先是用来构成阶段变异句的动词，如начинать /начать, продолжать /продолжить, кончать /кончить, переставать /перестать: Он поёт /Мы работаем – Он **начал** петь /Мы **начинаем** работать – Он **продолжает** петь /Мы **продолжали** работать – Он **кончил** петь /Мы **кончаем** работать. 称名化的句中常使用以下变异动词：начинаться /начаться, продолжаться /продолжиться, кончаться /кончиться, завершаться /завершиться, переставать /перестать, наступать /наступить: **Наступила** весна. **Продолжается** работа. Дождь **перестал**. **Кончились** занятия. 此外，该类变异句还有以下变体：Мы **приступаем** к работе. Он **продолжил** пение. Концерт **завершился** выступлением хора. **Завершением** концерта было выступление хора.

俄语中还有一些表示阶段变异的带前缀动词，如表示开始的запеть = начать петь, заговорить =начать говорить, заплакать = начать плакать. 比较表示结束的前缀动词：**Отговорила** роща золотая. **Отшумели** летние дожди. 这是一类独立的表示开始/结束意义的动词。在表示"继续"意义时还有起相同功能的词ещё, всё ещё（该词组的意义之一）：Старый компьютер **всё ещё** работает. Голова **ещё** работает, до маразма далеко.

（2）情态变异词，可由各种词类充当，目前还没有完整的词表和分类，但常见的首先是用来构成情态变异句的动词，如хотеть, желать, мочь, требоваться等，其次是形容词和副词，如должен /должно, нужен /нужно, необходим /необходимо, неизбежен /неизбежно, возможен /возможно, можно, нельзя. 还有名词долг, обязанность, желание, возможность, 以及插入词组может быть, 比较: Он **может** опоздать – Он, **возможно**, опоздает – Он **может быть**, опоздает. 在语义和功能上与该类词近似的还有любить（что делать）, ненавидеть（что, что делать）, рад（что делать）, готов, обязательно, вероятно, конечно等。类似Я хочу – Мне хочется ... Я должен – Мне нужно ... 等句子经常（但不总是）同义。还有类似есть возможность, есть необходимость /нужда（в чём, что делать）这样的变体。此外，句法内情态意义还可由带零位情态变异词的模型句表示：Мне завтра уезжать. Не бывать войне-пожару, не пылать земному шару. Всем сидеть! 这种变体不是所有语言中都有的，比如汉语的对应形式中就一定有"要/不要或必须/别"之类的词：明天我要出门。不可能发生战火，不可能烧毁地球。所有人都坐着别动！这种句子也是中国学生难以理解和不太会用的句子，需要教师讲解其中隐含的情态意义。

除了以上情态变异词外，情态变异最常用的是命令式本身，而且名词、形容词、数词和副词都可借助以下情态变异词构成：

1）系动词быть的单复数第二和第一人称命令式будь /будьте，будем /будемте：Будь здоров! Будьте осторожно!

2）单复数第三人称命令式пусть будет /будут：Пусть всегда будет солнце!

系动词быть的命令式与名词连用构成两种情态变异：

1）与名词五格连用：**Будь моим помощником** = помогай мне. **Будьте друзьями** = дружите. **Не будь лентяем** = не ленись.

2）与带前置词的名词格形式连用：**Будьте в полной военной готовности**: возможны атаки боевиков = Будьте полностью готовы к бою. К приходу комиссии **будь в полном порядке**, проверь всё заранее = У тебя должен быть порядок. **Пусть** ваши работы **будут на самом высоком уровне**.

系动词быть的命令式与形容词连用：**Будь спокойны**: с ребёнком всё в порядке = успокойтесь, не волнуйтесь. **Будем готовы** к таким явлениям = давай приготовимся. 此外，还可与比较级连用：**Будьте осторожнее**: на улице скользко. 这种形式体现为哪种程度，与形容词的长、短尾范畴和条件范畴相关：**Будь внимательным /Будь более внимательным**, и тогда ошибок не будет. = Если будешь внимательным /более внимательным, и тогда ошибок не будет. 与数词连用的情况：**Будьте втроём**. 可与副词连用的情况相比较：**Будь начеку**: он может вернуться. **Будь наготове**: они придут с минуты на минуту. **Пусть окна нараспашку**: на улице тепло. Всеволодова (2016: 80) 指出，类似的体现形式在以前的教材里没有被提及过，在功能交际语法里这种构造属于词的句法形式范畴，即句素，这是不同范畴和层面相互交叉和影响的结果。关于变异句的更多内容详见本书第25章。

§3 建构词的类型

俄语中有一类称谓关系的语义类别词，或称关系语义词。除了表示主客体关系、人员、事物和现象之间的关系外，还有一种没有具体所指的词，它们拥有建构和服务功能，称谓的是在能指层面被确定的逻辑关系，它们的特点是：（1）在语句中经常是可选的，（2）被称谓的关系没有具体特点，在描写词组里作语法主导词。这种语义关系标志词曾被Балли划分为证同词（идентификаторы），即特征命题中的显性特征述体，比较：Тюлень – **млекопитающее**.中的特征述体是名词млекопитающее；而句子 Тюлень **относится к классу** млекопитающих.中的关系是由系动词**относится**（Балли称为关系证同词）和名词**класс**（Балли称为术语证同词）表示的。

Всеволодова（2016: 80-82）把建构词分为以下四类：

（1）关系说明词（реляторы，Н.Д. Арутюнова的术语），指说明多成素（经常是双成素）情景参项关系的动词或名词，如：Дожди **привели** к наводнению. 和Дожди – **причина** наводнения. 确定的是因果关系；Волк **относится** к хищникам. 确定的是部分和整体的关系。

（2）描写说明词（экспликаторы，Т.В. Шмелёва的术语），Золотова称其为补偿词（компенсатор），指说明主体及其特征关系的动词、形容词和名词，如：1）Мальчик **занимается** рисованием（= Мальчик рисует）；2）Маше **свойственна** скромность（= Маша скромная）；3）говорит громким **голосом** = говорит громко；идёт быстрым **шагом** = идёт быстро。

（3）类别词（классификаторы，Е.М. Вольф的术语），指称谓范畴、现象所属类别的名词，如：Началось окисление – Началась **реакция** окисления; ощущать голод / **чувство** голода; быть в ярости / **в состоянии** ярости; относиться к рыбам / **к классу** рыб. Шаль синяя /синего **цвета**.

（4）类属词（родовые слова），指称谓所描述主体进入某个集合的名词，如：Москва – **город** большой = Москва большая. Маша – **девушка** красивая = Маша красивая. Т.М. Николаева（1981）是首次描述此类词的人。类属词跟类别词有区别，详见下文。

后三类词本身都不是单个词述体，而是描写词组，语义词所占据的位置要么是补语（Оля занимается **чтением**. = читает），要么是一致定语或非一致定语（Шаль **синего** цвета. = синяя），要么是主语（Произошёл **взрыв** бомбы. = взорвалась），具体描述详见下文。

§4 关系说明词

多成素关系至少由两个成素组成（哪怕这两个成素都处在同一个主语位置上），如：Пушкин и Байрон – современники. 表明情景参项关系的说明词由很多动词和名词构成，Всеволодова（2016: 83-84）将动词关系说明词划分为以下几大类：

（1）拥有、存有关系类：иметь，владеть，обладать，быть，иметься等. У брата **есть** машина. Он **владеет** гектаром земли. Царь **обладал** несметными богатствами. В стране **имеется** уголь.

（2）整体和部分关系类：входить，составлять（какую часть чего），приходиться（на что），включать（в себя, в свой состав）等. Дети **составляют** 30% населения города. В состав крема **входят** витамины. Волк **относится к** хищникам. На степь здесь **приходится** 70% территории. 选择成素«один из»也是整体和部分关系标记词: «Лебединое озеро» – **один из** балетов Чайковского.

（3）空间关系类，包括：

● 静态关系类：находиться，располагаться，помещаться，размещаться，соседствовать，ютиться，пробыть，населять，водиться等. Магазин **находится** за углом. Поле **граничит** с лесом. В озёрах **обитали** фламинго.

● 动态关系类：тянуться，простираться等. Тайга **тянется** на тысячи километров. Пустыня **простирается** до самого моря.

（4）时间关系类，包括：

● 顺序关系类：совпадать（с чем），приходиться（на что），выпадать（на что），предшествовать（чему），следовать（за чем）等. Его приезд **совпал** с моим отпуском. За его приездом **последовал** визит Паши.

● 延续关系类：длиться，продолжаться，тянуться等. Зима на севере **длится** четыре месяца. Собрание **продолжалось** три часа. Работа над статьей **заняла** две недели.

（5）制约关系类，包括：

● 引发情景类：вызвать，привести（к чему），вынудить（к чему）等. Проигрыш **заставил** нас изменить режим тренировок. Несхожесть этих суперэтносов **способствовала** выработке оригинальных культур（Л. Гумилёв）.（这些超民族的异质性促进了原始文化的开发）

- 依赖关系类：зависеть, влиять, обусловить, определять, предопределять 等。Форму кристалла **определяет** структура его решётки. Состояние здоровья матери **предопределяет** здоровье будущего ребёнка.
- 逻辑推论类：свидетельствовать, означать, показывать 等。Победа команды **означала** для неё выход в финал. Уже первый опус（乐曲）композитора **свидетельствует** о его таланте.

（6）人员之间关系（家庭亲戚关系）类：доводиться（кому кем）, приходиться（кому кем）等。Он мне **доводится** дядей. Блюм этот **приходился** даже родственником Андрею Антоновичу（Достоевский）。

名词关系说明词包括以下几类：

（1）空间关系类：сторона, центр, край, середина.

（2）时间关系类：ровесник, предшественник, потомок, предок.

（3）整体和部分关系类：часть, доля, деталь, элемент, компонент.

（4）所属关系类：собственность, владение, владелец, хозяин.

（5）逻辑关系类：причина, цель, условие, следствие, результат, свидетельство, основание, признак, симптом. Война - **причина** разрухи. **Цель** анализа - определить состав руды. **Румянец** - признак здоровья.

Всеволодова（2016: 84）指出，目前形容词关系说明词只有表示时间意义的 разновременен, современен: Эта церковь **современна** собору Василия блаженного.

关系说明词的基本功能是改变述体名词的句子成分位置，能够把客观事实中的语义关系表现出来，从而使复合句变成简单句，比较：Он приехал, когда я был в отпуске - Его приезд **пришёлся** на мой отпуск.

§5 描写说明词

目前对描写说明词的专门研究才刚刚起步，对它们的划分还没有最后的定论。Всеволодова（2016: 85）把描写说明词分为两类描写词组（дескрипции）：

（1）描写述谓[①]（описательные предикаты，В.А. Белошапкова 的术语），即把一个词展开成词组：спросить → **задать вопрос**；ответить → **дать ответ**；помочь →

---

① 关于描写述谓在 1985 年前盛行的是 В.В. Виноградов 的成语说，需要专门记忆，后来 П.А. Лекант（1974）将其归入可以找到构成规律的词组，Всеволодова（2016: 85）同意该词组观点。

оказать **помощь**; убежать → **совершить побег**; взорвать → **произвести взрыв**. Оля скромная → Оля **отличается скромностью**.

（2）行为方式状语，在描写词组中动词所承载的语义被复制：говорить громко / громким **голосом**; идти быстро /быстрым **шагом**.

带描写说明词的词组按照说明词的词类属性可分为：（1）动词和形容词描写词组；（2）名词描写词组。

5.1 动词和形容词描写说明词的结构类型

动词和形容词短尾描写说明词在描写词组中总是占据形式谓语的位置并构成描写述谓，即由两个词构成的描写词组，其中一个是语义主导词，占据句法依附位置，另一个是句法主导词，即完成建构功能的建构词，动词描写说明词通常占据的是纯谓语位置，同时为第二谓语位置开辟补语位置，如：Аспиранты работают над темой…– Аспиранты ведут **работу** над темой…; 或者是主语位置：Старуха заснула – Старуху сморил **сон**. Маша скромная – Маша отличается **скромностью** – Машу отличает **скромность**. 形容词描写说明词总是占据纯谓语位置，如：Маше **свойственна** скромность. Музыке **присуща** мелодичность. 而语义主导词（即名词或形容词派生词）一般占据以下位置：

(1) 在动—名词描写词组中，占据补语位置：Маша **читает**, **играет** → Маша занимается **чтением**, **игрой**. Дети **интересуются** сказками → Дети проявляют **интерес** к сказкам. Нина очень скромная → Нина отличается **скромностью**. 这种词组被称为**描写述谓-1**。

(2) 在形式上是主—谓词组但语义上却是一个述体的词组中，占据主语位置：В зале **шумят** → В зале **стоит шум**; Дети **интересуются** книгами → У детей **проявляется интерес** к книгам. Они **работают** хорошо → **Работа** у них **идёт** хорошо. Нина **скромная** → Нине **присуща скромность** → Нину **отличает** /характеризует скромность → Для Нины **характерна скромность.** 这种词组被称为**描写述谓-2**。

借助这两类描写述谓可构成很多同义转换句，比如原始句Весь вечер друзья говорили о музыке.可变成Весь вечер друзья **вели разговор**…→ Весь вечер у друзей **шёл разговор**…→ Весь вечер друзья **провели** в разговорах…→ **Весь вечер** у друзей **прошёл** в разговорах等。

描写述谓与单个的词具有相同的功能：испытывать увлечение = увлекаться; отличается мягкостью = мягкий; погрузиться в сон = заснуть. 与关系说明词不同的是描写述谓确定的是特征主体和特征之间的关系，不是主体与其他题元的关系。当动词或形容词谓语转换成描写述谓时通常会受到交际意图和语体的制约。

5.2 动词和形容词描写说明词的具体分类

动词和形容词描写说明词表达的是述体的范畴特点，Всеволодова（2000: 43-45）划分出以下14类描写说明词：

（1）一般行为建构动词вести，проводить，заниматься，делать，осуществлять：работать → **вести работу**；расследовать → **вести /проводить расследование**，**заниматься расследованием**；контролировать /проверять → **осуществлять контроль /проверку**；купить → **сделать покупку**. Эта кафедра много **занималась изучением** русских глаголов = изучала.

（2）评价行为建构动词совершить, допустить：нетактично поступил → **допустил нетактичность**；ошибся → **совершил / допустил ошибку**；согрешил → **совершил грех**；убил（человека）→ **совершил убийство**.

（3）具体行为建构动词，其中包括：

　　1）дать /давать表示：

●声音信号的传达：дать **выстрел** = выстрелить；дать **гудок** = прогудеть；дать **свисток** = просвистеть；дать **сигнал** = просигналить. Боцман **дал побудку** = просигналил, что пора вставать.

●某些言语行为：дать **обещание** = пообещать；дать **ответ** = ответить；дать **разъяснение** = разъяснить；дать **объявление** = объявить.

　　2）совершать /совершить表示空间移动：совершить **восхождение** = взойти；совершить **полёт /заплыв /пробег** = лететь /плыть /бежать；совершить **возложение**（венков）= возложить. Земля **вращается** вокруг Солнца → Земля **совершает вращение** вокруг Солнца.

（4）事件、过程建构动词совершаться，происходить，идти：**Вращение** Земли **совершается** вокруг Солнца. **Взорвалась** бомба → **Произошёл взрыв** бомбы. Медленно, с трудом **идёт накопление** фактов = накапливаются факты.

（5）给予行为建构动词оказать /оказывать：Фонд **оказывает помощь** инвалидам = помогает. Бандиты **оказали сопротивление** = сопротивлялись.

（6）客体定位行为建构动词подвергать / подвергнуть（кого-что чему）：**подвергать** тело сжатию, перегрузкам = сжимать, перегружать；анализировать ситуацию → **заниматься анализом** ситуации → **проводить анализ** ситуации →

подвергнуть ситуацию анализу. Он подверг свои взгляды коренному пересмотру = коренным образом пересмотрел.

（7）状态建构动词испытывать, ощущать, чувствовать, находиться, пребывать: Я голоден → Я чувствую голод. Он растерян → Он пребывает в растерянности. Он рад встрече с друзьями → Он испытывает радость от встречи с друзьями.

（8）智能行为兼状态建构动词предаваться / предаться: предаваться фантазиям = фантазировать; предаться мечте = мечтать.

（9）进入某状态的建构动词впасть, погрузиться, сморить, охватить: Он забылся → Он впал в забытье. Старик заснул → Старик погрузился в сон → Старика сморил сон. Она затосковала → Она впала в тоску → Её охватила тоска.

（10）性质特征和性能建构动词，包括动词和形容词：

1）动词отличаться, отличать, характеризоваться, характеризовать, владеть, обладать, иметь: Маша красивая → Маша отличается красотой → Машу отличает / характеризует красота.

2）形容词присущ, свойствен, характерен, чужд, типичен, естествен: Оля очень скромная → Оле присуща скромность. Хлор химически активен → Хлор обладает химической активностью → Для хлора характерна /Хлору свойственна высокая химическая активность → Хлор отличается химической активностью. Эти цветы прекрасно пахнут → Эти цветы имеют прекрасный запах /обладает прекрасным запахом. Оля не эгоистична → Оле чужд эгоизм.

（11）信源说明特征建构动词представлять: Эта книга интересна для детей → Эта книга представляет интерес для детей. Коронавирус опасен / представляет опасности для детей. Задача трудна /представляет трудность для первокурсников.

（12）数量特征建构动词составлять, достигать: Глубина океана в этом месте достигает трёх тысяч метров. 80% новых жертв гепатита В составляют подростки и молодёжь свыше 15 лет.（80%的乙型肝炎新患者是15岁以上的少年和青年。）

（13）阶段建构动词положить, дать: начать что /с чего началось → дать / положить начало чему; кончить что /покончить с чем → положить конец чему; С выступлений шахтёров начались забастовки → Выступления шахтёров дали начало массовым забастовкам. Нужно положить конец международному терроризму.

（14）根据、证明建构词 находить，иметь：Наше заявление **имеет обоснование** в постановлениях ректората = **обосновывается**. Это свидетельство **находит** документальное **подтверждение** в учебных тетрадях студентов = **подтверждается**.

到目前为止以上的分类并不完全，还有没被归类的动词，如：принимать участие = участвовать，иметь возможность = мочь，поддаться соблазну = соблазниться等。

而有些动词既可起关系说明词的作用，也可起描写说明词的作用，比如动词 находиться，пребывать实际上是空间关系说明词：Почта **находится** за углом. Дети **пребывали** летом в деревне. 也可以作状态描写说明词：Больной **находится** / **пребывает** в бессознательном состоянии. Страна **находится** в кризисе. 动词 иметь，обладать实质上是表示所属的关系说明词：Олег **имеет** машину. Страна **обладает** ресурсами нефти. 也可以做特征、特性和情态的描写说明词：Блузка **белая** → Блузка **имеет белый цвет**. Он **может** выступить → Он **имеет возможность** выступить. Ты **вправе** уехать → Ты **имеешь право** уехать. Кто **может** голосовать? → Кто **обладает правом** голоса?

描写说明词在句子中履行特殊的建构功能，它能够替代语义动词、形容词和名词并把它们移至补语或主语位置上。

5.3 名词描写说明词

名词描写说明词有两种结构：

（1）行为方式状语：посмотреть строгим **взглядом**，сокрушить мощным **ударом**，читать беглым **чтением**，бежать красивым **бегом**. 该类描写词组目前还没有得到相应的研究和描写。

（2）展开的名词，可占据任何句子成分位置：количество → **количественный состав**，качество клеток крови → **качественная характеристика** клеток крови，танец → **движения** танца; голоса → **звуки** голосов.

描写说明词是描写述谓的建构成分和一种词汇的句法语义类别，该类词的功能还有待进一步深入研究。

§6 类别词和类属词

6.1 类别词

类别词（классификаторы）和类属词（родовые слова）是一类在词组中起词形繁

化作用的名词，在其他条件下这些名词没有这个功能。

类别词是一种确定客观现象范畴类别的名词，是抽象级别较高的名词，本身不足以传达具体的信息，比较：Он испытывает **чувство**. Идёт **процесс**.它与下列词构成描写词组：

（1）与动名词和形名词连用：восхищаться – **чувство /состояние** восхищения; окисляться – **процесс** окисления; проверить – **акт** проверки; изучать – **процесс** изучения; скромный – такое **качество**, как скромность.

（2）与动词连用：**свойство сохранять** форму /**расщеплять** луч света（保持形状/劈开光线的性能）.

（3）与形容词连用：болезненное **состояние**; большое **количество**.

（4）与数词连用：в **количестве** пяти; **числом** не более трёх.

（5）与名词连用：**месяц** март; **профессия** учителя.

（6）与名词цвет, форма等连用的情况是：

1）与颜色和形状名称连用：джинсы **цвет бордо** = бордовые джинсы; Образуется **форма круга** = Образуется круг.

2）称谓与所指特征相符的事物或现象：**в форме** тыквы; **цвет** морской волны等。

带有类别词的名词描写词组经常占据以下位置：

（1）述体位：Я **в состоянии растерянности**.

（2）依附扩展成分位：Он был с девушкой **высокого роста**. Врач **вывел** больного **из состояния глубокого обморока**. Мы приобрели цыплят **в количестве 120 штук**.

（3）当描写词组的语义成分占据谓语位时，有些类别词占据的是补语位：Он **по профессии** врач. Предложение **по своей структуре** сложное. Она **по характеру** весёлая. 此时类别词完成的是主体和述谓化特征之间的语义系词的功能。

类别词 объект, предмет, тема 与其他建构词不同，表示的是行为与主体行为的客体之间的关系，与动名词连用：Мы **исследуем** вирус гриппа → Мы **проводим исследование** вируса гриппа（描写述谓）→ **Объект** наших **исследований** - вирус гриппа（带类别词的词组）. Особенно он **интересуется** физикой → Особенный **интерес** он испытывает к физике → **Предмет** его особых **интересов** - физика. Они говорили о музыке → **Тема** их разговора - музыка → **Темой** их разговора была музыка.

带类别词的描写词组可与关系说明词同时使用：Волк **относится к хищникам** → Волк **относится к отряду хищников**. В крем **входят** витамины → **В состав** крема

входят витамины. 还可与描写述谓同时使用，动词和形容词描写说明词允许而且有时要求引入类别词，而数量描写说明词составлять和достигать在表示纯参数特征（如величина, глубина, мощность, сила一类名词）时不要求类别词：**Мощность** мотора **достигает** 5000 лошадиных сил. **Масса** камня **составляет** 2 т. 但在表示事物和现象的数量特征时就要求引入类别词**число**, **численность**, **количество**：В стае бывает до десяти тысяч птиц → **Число** птиц в стае /**Численность** стаи **достигает** десятков тысяч. Через плохо завёрнутый кран в сутки вытекает несколько сот литров воды → **Количество** воды, вытекающей за сутки из плохо завёрнутого крана, может **составить** сотни литров. 值得注意的是，汉语中物质名词不能跟"数量"（количество）连用，而是改用"（容）量"（объём）：蓄水池里的水容量（= объём воды в цистерне）、降雪量（= объём выпавшего снега）、谷物的收获量（= объём собранного зерна）等。

类别词通常跟描写说明词иметь连用，比较: Стол круглый → Стол **имеет** круглую **форму**. Ящик был небольшой → Ящик **имел** небольшие **размеры**. Вода была зелёная → Вода **имела** зелёный **цвет**. ...двуязычие... **имеет** в принципе **нестабильный характер** (Б. Успенский) = нестабильно.

此外，对其他建构词来说，类别词的引入是任意的：Этот металл – сверхпроводник / **обладает** сверхпроводимостью /**свойством** сверхпроводимости. Я голод / **испытываю** холод /**чувство** голода. Больной в забытьи /**находится** в забытьи / **в состоянии** забытья. Оля добрая → Оле **присуща** доброта /**присуще** такое **качество**, как доброта.

6.2 类属词

类属词与类别词的区别是能够独立传达信息，如город, книга, человек等，比较：Он живёт в городе. Он пришёл с девушкой. Он добрый человек. В руках у него была книга. Он занимается наукой. 这些名词只有在特定的句法条件下才能成为类属词，比如：

（1）与作谓语的形容词连用：Москва большая和Москва – **город** большой. Маша умная和Маша – **девушка** умная. Хлор химически активен和Хлор – **вещество** химически активное.（氯是一种化学反应活跃的物质。）

（2）跟专有名词或某些普通名词连用：**Город** Москва – столица России. Мы будем изучать **науку** астрономию. 只有与类属词连用时两个名词才可以同格。

6.3 类别词和类属词的功能

类别词和类属词经常与形容词连用，以二格形式出现在述谓或依附位上，最常用的是带цвет, рост, форма, стиль, размер, характер, структура的词组，其中语义成分是形容词，如: Чашка **квадратная** → Чашка - **квадратной формы**. Парень **высокий** → Парень - **высокого роста**. Предложение **сложное** → Предложение - **сложной структуры**. 此时形容词在不改变词类的情况下就变成了描写说明词。当把这种描写词组分割开时，它们会构成"述谓对"：**Рост** парня **высокий**. **Структура** этого предложения **сложная**. **Количество** птиц в стае - **10 000**. Его **профессия - врач**.

这组词的句法语义非常重要，所有带建构词的结构都进入句子的转换聚合体，它们的主要功能是改变述体的句子成分级，当类别词上升至主语位，即获得主体角色时，描写说明词则获得交际意义，如：**Цвет** серы **жёлтый**. 当其上升至补语位或合成谓语，即获得客体角色时，亦然：Определим **цвет** раствора. Назовите **число** мест. Основным **цветом** ткани является синий.

另外，类别词还可改变信息传递的焦点，使句子的转换潜能增大，比较：
1) Оля высокая → Оля - высокого роста → 2) Роста Оля высокого（改变了词序）→ 3) Рост у Оли высокий（改变了句子结构，类别词移至主语位上）。在例2) 和例3) 中主位已不再是Оля，而是变成了"她的个子"。下面两个句子也有同样的特点，比较：Он **по профессии** врач和**Его профессия** - врач. 第二个句子中的主位不再是"他"，而是变成了"他的职业"。

§7 对词的语义分类的重新解读

7.1 对"状态范畴"的再认识

词的语义分类是建立在语言所有层面手段的语义基础上的，正是在这个分类里出现了被Щерба（1957: 72-78）和Виноградов（1972: 272及以后）作为特殊词类划分出的"状态范畴"和"情态词"。然而，随着语言学的不断发展，很多语言学家（РГ-80; Камалова 1994; Всеволодова 2000, 2016）开始意识到，不应该再把它们看成独立的词类，本书亦然，主要依据是词类的划分应具有最低的形式化标准，应依据词特有的外部形式特征就能被认定，这是语言教学法的原则，此外，还有如下一些理论因素：

（1）根据词在句子中所占据的句法位置来划分词类是次要现象，如果按这个原则动词不定式和陈述式应被归入不同词类，因为它们占据的不是相同的位置。事实证明，当时把навеселе, пора一类词划入"状态范畴"，即所谓的述谓副词（如холодно, больно，трудно），是因为它们占据的似乎不是副词所应有的位置，而且也不是行为或特征，而是表示主体状态，是最初对副词的定义不准确造成的，如今有了"功能语义场"概念，我们可以把所有表示状态的词、词形变化（如в царапинах）和一些模型句都归入状态功能语义场。假如Щерба认为副词замужем属于"状态范畴"，那么就有理由认为词形женат和в разводе也属于状态范畴，因为它们同属于一个状态功能语义场，表达的都是"人的社会状态"。假如认为"Мне стало **тревожно**"表示状态，那么就应该认为"**Я тревожусь**"和"**Я в тревоге**"也表示状态，因为它们拥有相同的词汇意义"人的心理状态"。由此可见，对状态范畴来说词汇本身的作用才是最重要的，尤其在模型句中首先需要看的就是表示述体的词是否带有状态意义。

（2）词类是元语言范畴，不能脱离语言而存在；而状态则是客观现实的范畴，是本体范畴（онтологическая категория），并与行为、原因、时间、空间等其他本体范畴息息相关（Всеволодова 2000: 32）。

（3）被Щерба划分为"状态范畴"的пора一词不总能跟其同义名词截然划清界限，比如句子**Пора было** ехать. 中的пора在词典（МАС Т II: 409）中虽未标出词类属性，却认为占据的句法位置是谓语（Всеволодова不同意此观点），但在句子**Настала пора** ехать. **Самая пора** ехать. **Настала пора** отъезда中就很难将其与名词区分了。МАС词典和Щерба只注意到了пора一词，而没有注意到与其功能相同的время一词：**Время** вставать. **Пришло время** ехать. **Самое время** пообедать. **Настало время обеда**. 因此，不能只把пора一词的词汇意义看成是表示状态的，因为在这一词汇语义变体中пора表示的是"完成由动词或名词表示的行为的最佳时刻"，况且行为有可能是未被完成的。应该指出的是，事实上带时间词汇意义的名词是可以表示状态的，但必须是事件名词才行，如：На улице **ночь**. На дворе **лето**. 而пора和время是特征名词，本身并不能表示状态，只有跟一致或非一致定语连用时才表示状态，如：На дворе – **осенняя пора / ночное время**. Сейчас – **пора /время охоты /охотиться** на уток（Всеволодова 2000: 31-32）。

（4）状态范畴可由句法、词汇、词汇—语法等各种手段表达：

1）在句法层面，Цейтлин（1984：161）将表达"主体及其状态"意义的句子划分为六个基本模型句和一个比喻模型句[①]：

① 动词模型句：Он **грустит**.

[①] 关于状态述体模型句在 Всеволодова (2000, 2016); Всеволодова, Го (1999); 郭淑芬 (2003) 的专著中都有所描述和分析。

② 述谓副词模型句：Мне **скучно**.

③ 名词模型句：У неё **горе**.

④ 形容词模型句：Она **счастлива**.

⑤ 形动词模型句：Она **встревожена**.

⑥ 前名格形式模型句：Он **в ярости**.

⑦ 比喻模型句：На меня **напал страх**.

2）在词汇层面，状态范畴可由任何词类的具有状态词汇意义的词表示，如：

① 名词：情感（радость, восторг, негодование, гордость）、心理（страх, ужас, боязнь, досада）、生理（боль, слепота, роды, смерть）、智能（раздумье, размышление）等：У меня **горе**. Я **в горе**. Страна **в разрухе**. В доме **тишина**. На улице **сырость и слякоть**. **Мороз**!

② 形容词长尾（злой, весёлый, живой, счастливый, висячий）：Ты совсем **больная**, иди домой. Я сейчас очень **злой**. Это лежачий камень. 短尾（зол, весел, жив, счастлив, сыт）：Он **болен**. Она **весела**.

③ 动词：生理（спать, болеть, родиться, жить, умереть）、心理（грустить, бояться, волноваться, тревожиться）、情感（восхищаться, сердиться, гордиться）、智能（задуматься, интересоваться, вспомнить, понять）等：Брат **болеет**. Я весь **дрожу**. Мама **радуется** за сына.

④ 副词：生理（холодно, жарко, душно）、心理（тоскливо, спокойно, боязливо, встревоженно, умиротворённо）、环境状态（морозно, знойно, прохладнно）等：Мне **холодно**. Ей **больно**. Они **навеселе**. Сестра **замужем**. На улице **сыро**.

3）在词汇—语法层面，状态范畴可由本身不带状态词汇意义的词形的词汇—语法意义表示，如名词：Больной - **в горячем поту**. Руки - **в язвах**（事物名词）. Дом - **на ремонте**（行为名词）. 被动形动词：Дом **разрушен**. Квартира **убрана**.

因此，我们赞同Всеволодова（2000：32）的观点，把Щерба划分为特殊词类的"状态范畴"看成副词的一个分支，即述谓副词，那么，相应就应该给副词下一个更加合理的定义，它应该比传统副词所占据的位置范围更加广泛。

7.2 对"情态词"的再认识

我们认为，Виноградов划分的"情态词"也不应该被看作特殊的词类，因为情态性可由属于不同词类的词的词汇意义、词汇—语法意义和模型句的语法意义表示。

（1）情态性可由属于不同词类的词的词汇意义表示，如：

1）动词**мочь**，**хотеть**，**желать**，**казаться**等：Линейное время **может** мыслиться как однородная и бесконечно делимая субстанция (Успенский). Пойми же наконец, что ты **желаешь** невозможного. Молодые **хотят** от старших понимания. Мне **кажется**，что работа хорошая.

2）形容词**должен**，**готов**（что сделать, на что, к чему），**рад**（что сделать），**способен**，**возможен**，**возможный**，**нужен**，**нужный**，**должный**，**необходим**，**необходимый**，**обязателен**，**склонен**，**склонный**等：Нам **необходима** ваша помощь. Он **рад** вам помочь. Это очень **нужная** книга.

3）副词**можно**，**нужно**，**нельзя**，**необходимо**，**надо**，**надобно**等：Нам **нужно** поговорить. **Нельзя** переходить улицу на красный свет.

4）名词**возможность**，**необходимость**，**долг**，**обязанность**，**нужда**等：Нет **необходимости** обсуждать этот вопрос. Мой **долг** помочь ему. Появилась **возможность** поехать в Москву.

（2）情态性可由词的词汇—语法意义表示：

1）动词形式的词汇—语法意义：Я **бы** в лётчики **пошёл**, пусть меня научат（Маяковский）.

2）位于制约位上（为表达句法外主观情态）的一些句素的词汇—语法意义，包括：

● 表示智能状态的动词现在时ты和вы的形式**видишь ли**，**видите ли**，**знаешь**，**знаете**，**знаешь ли**，**знаете ли**：Она, **знаешь ли**, опять уехала. Я, **видите ли**, был очень занят. А **знаете**, мне уже не хочется идти гулять.

● 位于插入语位上的词形**кажется**和**казалось**：Она, **кажется**, красивая. Природа, **казалось**, замерла перед бурей.
句素理论在动词框架内解释以上词形的功能，就像在副词框架内解释类似插入语видимо的功能一样，不应将它们看成其他词类，也就是说不应将它们作为特殊的词类"情态词"看待。

● 一些现在被动形动词：несгораемый шкаф = не сгорит; растворимый порошок = способен растворяться. 例如：Машины пятого поколения **обучаемы** 相当于 их можно обучать.

3）情态性可由模型句的语法意义，也就是模型句的情态变异句表示，比如类似下面一些情态变异句：**Быть тебе богатой! Всем быть в тапочках!** Я знаю – город будет! Я знаю – **саду цвести**!（Маяковский）

被Виноградов看成特殊词类"情态词"的一些词（如**конечно**，**обязательно**，**по-видимому**等），依照其词法实质应该是语气词（конечно）或副词，我们依然将它们看成副词，跟видишь ли一类动词句素一起进入情态功能语义场，如：Работа, **конечно**, хорошая. Она, **видимо**, ушла: её вещей здесь нет.

综上，与其增加特殊词类，不如重新定义副词，俄语副词的功能应该更加宽泛。Всеволодова（2000: 33）给副词下的比较合理的新定义如下：副词是一种不发生词形变化和没有一致关系的词的语法范畴，它所占据的位置有：依附词位，依附于动词、形动词和副动词、名词、形容词、副词；在"述谓对"中占据谓语位置；在"述谓对"外占据制约词位（如插入语）。副词在词法上通过词的范畴类别和构词与名词、形容词、动词、代词和数词相关联，一同构成实词系统。

因此，我们认为，被Щерба和Виноградов划分成特殊词类的"状态范畴"和"情态词"，应该归入副词类别，而状态功能语义场和情态功能语义场的表达手段除了副词以外，还有许多各种各样的表达方式。正是词的纵向语义分类和功能语义场的结合使得不同层面的所有同功能手段（изофункциональные средства）能够统一在一起，并且为语义相近的描写对象找到语义和功能在用法上的不同。这种分类的首选对象就是同时作为所指述体（денотативные предикаты）之一的状态范畴和有自己结构的情态范畴。因此，从功能的角度出发，不应该再把传统的"状态范畴"和"情态词"看成特殊的独立词类；同时，在现代功能语法学中，状态语义范畴和情态语义范畴已经不再是一个特殊的词类，而是一个客观本体范畴，比传统的理解要宽泛得多，表达的可能性越来越大，表达的手段也更加丰富。当然，不同层面的各种表达手段之间不总有明确的界限，但是，它们在功能语义场里却是排列有序的。当然，语言中各种不同因素之间的相互影响还有待于更加深入的研究。

第10章
名词的语义类别

§1 名词语义类别的分类

在词汇学中传统上把名词划分为具体名词和抽象名词，而现代学派把名词划分为具体、抽象、集合和物质名词。依据句法潜力划分词的类别的第一人是Кацнельсон（1972），后来对其进行深入研究的是Арутюнова（1976）。

名词首先成为专门类别划分的对象，因为名词的曲折变化可以使其在句法构造中以各种各样的形式展现句子的句法关系，使词在线性结构中的位置是不固定的，比如句子 **Мальчик** читает **книгу** - **Книгу** читает **мальчик**.的词序排列可以是相连的，也可以是间隔的 **Книгу** мальчик **читает** – **Читает** мальчик **книгу**. 句子句法联系的主要标记功能、对不同范畴现象名词化的能力（如книга是事物、чтение是行为、лёгкость是特征、зависимость是状态等）都决定了俄语句子的结构基础是名词，而不是动词这一事实。这一点也证明对名词的语义类别按其句法潜能进行有序划分的必要性。

Всеволодова（2016：96）将所有名词划分为三大语义类别：

1. 事物名词（предметные имена），包括：（1）表人名词（антропонимы）；（2）表动物名词[①]（зоонимы）；（3）包括物质在内的非动物名词；

2. 事件（命题）名词（событийные, пропозитивные имена）；

3. 特征名词（признаковые имена）。

显然，事物名词是传统的具体名词，而事件和特征名词是传统的抽象名词，但后两类名词在句法中的表现完全不同，不能把它们归入一类。

[①] 在俄语传统语法中有动物名词(одушевлённое существительное)和非动物名词(неодушевлённое)之分，动物名词通常指有生命的物体，包括人和动物。为了避免与动物名词混淆，我们在此使用表动物名词这一术语表示动物的称谓。

§2 表人和表动物名词

表人和表动物名词显然都属于事物名词，但是语言的人文特点使它们进入独立的类别，因为表人名词（或人称代词）在句中的主体作用经常影响句子的特点，比如只有带表人主体的句子才有不定或泛指人称形式：В роще поют. Яму завалили. 动物主体则必须有表动物名词出现：В роще поют **соловьи**（夜莺在林中歌唱）. Реку **бобры** запрудили（海狸拦住了河流）. 此外，名词和表动物名词在一些表示状态的模型句中有着不同的体现形式，比较：Отца парализовало /Отец парализован /Отец **в параличе**. 但最后一个模型句就不能使用表动物名词：*Собака в параличе.（Всеволодова，Го 1999）又如，可以用纯事物名词表示五格自然力：Яму завалило（**снегом**, **камнями**）. Его придавило **деревом**. 但却不能用表动物名词表示*Его придавило упавшим с дерева медведем. 这就是Всеволодова（2000，2016）把表人名词和动物名词划归为独立语义类别的原因。

同时，俄语句法中也有表人和表动物名词并不对立的一般动物性范畴，比如像бояться, слушаться一类的反身动词，在与动物名词和非动物名词连用时表现不同，跟动物（其中包括人和动物）名词连用时经常接四格名词：слушаться бабушку, маму, дядю; Волчата слушались волчиху; бояться дедушку, тётю, собаку. 而跟非动物名词连用时只能接二格名词：бояться взгляда, голоса; слушаться руки.

§3 事物名词

事物名词指那些称名具体事物或一类事物以及物质的词，有下面两种对立：
（1）物体（предметы），如книга, дом, дверь, цветок, ложка, туфли;
（2）物质（вещества, субстанции），如вода, воздух, хлеб, огонь, молоко等。
物体包括有生命（одушевлённые）和无生命的（неодушевлённые）的物体。
● 有生命的物体包括：人和非人（не лица），即动物（фаунонимы）；
● 无生命的物体包括：自然物（натурфакты）：море, дерево, гора; рука, голова等；表示人类活动（包括社会行政活动）产物的名称：страна, деревня等；表示体力活动产物的名称，即人工制品（артефакты）：дом, стол等；表示智能活动产物的名称（интерфакты）：опера, роман等。

表人名词可以是单数或复数：друг /друзья; чех /чехи; 也可以是人的集合：

учительство, детвора; семья, полк, отряд. 表动物名词也可依此类推: волк /волки - вороньё - стая, стадо等。这基本上已形成体系。

§4 事件名词和特征名词

事件（命题）名词指那些称名事件、过程、现象、行为或状态的词: война, урок, развитие, приезд, болезнь等。此外，还可称名昼夜和季节的组成部分: утро, день, зима, лето等; 称名年龄段: детство, юношество, старость; 称名星期几和月份: среда, суббота, май, декабрь等。

特征名词的分类比较复杂，而且描写得较少，除了称名特征的名词（包括由形容词变来的形名词）: талант, ум, красота, смелость外，还有其他一些下位分类，如:

（1）特征名称，包括:

1）性质特征名称: жанр, сорт, вид, порода, разновидность.

2）数量（参数）特征名称: размер, объём, рост, температура, длина, мощность, сила, плотность.

（2）参数单位名称，包括:

1）时间参数名称: секунда, минута, час, день, сутки, неделя, месяц, год, век, 及其一定的数量: столетие, десятидневка等。

2）空间参数单位名称: метр, сантиметр, километр, миля, фут（英尺）, аршин（俄尺）等。

3）其他参数单位名称: эрг（erg，尔格，能量单位），бар（bar，巴，压强单位），люкс（lux，勒克斯，照度单位），герц（hertz，赫兹，频率单位），这里不包括具有一定外形的货币单位，如: Этот рубль - старый.

（3）人类活动范围名称: искусство, наука, авиация, 及其具体领域: музыка, кино, математика, физика等。

（4）抽象概念名称，包括:

1）哲学范畴概念: время, пространство, причина, качество, количество, условие, состояние, 以及这些名称的具体表现: момент, эра, пора, результат, центр, число, признак等。

2）行为、事物、现象的性质特征概念: метод, методика, технология, способ, система, структура等。

3）认知概念: закон（природы），понятие, смысл, значение, идея,

теория等。

此外，在事物名词类别里具体和抽象概念的表现也有不同，如водоём, растение要比река, озеро, пруд或дерево, куст, цветок更加抽象一些。（Всеволодова 2016: 98）

§5　名词语义类别的句法潜能

名词语义类别的句法表现具有两个特点：（1）每个名词语义类别都有自己独特的句法潜能；（2）有时它们能起到其他类别的功能，即次生语义功能（вторичная семантическая функция）。（Арутюнова 1976）

5.1　事件名词的句法潜能

（1）事件名词是最接近句子也最容易构成句子的词，经常独立成句以达成韵律：Лето. Пожар! Вечер. 或借助动词以形成句法固定句：**Идёт** дождь. **Стоит** глухая ночь. Вот и август **проходит**. Дни **стоят** солнечные, жаркие. Долгие дни и ночи **стояла** изнуряющая летняя жара; и вот наконец августовской ночью **пришла** гроза с ветром, молнией, громом, спасительным ливнем（Роман-Газета 15/2006）.

（2）较易与阶段类动词（начаться, продолжаться, кончиться, прекратиться, перестать等）连用：**Наступила** весна. **Настал** вечер. **Начались** занятия. Ветер **стих**. Путь **продолжается**. Сон **прервался**. Боль **прошла**. 或者与作事件成员的代动词（случиться, произойти, иметь место）连用：**Случилось** несчастье. **Произошёл** взрыв.

5.2　事物名词的句法潜能及其次生语义功能

（1）在有限的条件下可构成句子，如在语篇的开始作为背景：Улица. Фонарь. Аптека. 剧本中的场景描写：Небольшая комната. Стол, диван, два стула. 或者是表示情景中的已知事件：Кошелёк! = Я нашёл / потерял кошелёк. Дай мне кошелёк（Арутюнова 1976）.

（2）事物名词在句中具有较强的"侵占性"，常把其他类别词挤出自己的位置来替代其功能，如俄语中广义的事物名词在表达原因关系时有排挤事件和特征名词的能力：Я опоздал **из-за автобуса**（= он сломался或не пришёл）. Я потерялась **из-за кошки**（= искала кошку）. Мы восхищаемся **Петром**（= его мужеством或умом）. 也有可能

用特征名词替代事物名词：Он всю жизнь создавал **красоту**（делал красивые вещи 或 планировал прекрасные парки）。名词语义类别的这种用法叫做次生语义功能。

对名词的次生语义功能的使用常常造成信息不足（比较上面例句中同一原因成素的各种不同解释），这种用法可能会给外语学习者在理解句子时造成困难，这是因为在其母语中没有类似的语义伴随意义。比如操英语者可能不懂俄语句子 Собака рада хозяину 的意思，因为英语的 glad 只能与事件名词连用，比较：Собака рада **приходу** хозяина. Собака рада видеть хозяина. 即使是斯拉夫语系的人对 Дети пели и танцевали **под рояль**（= под аккомпанемент рояля）. **За оркестром** я не слышал, что он сказал（= за игрой оркестра）. 一类的俄语句子也可能不理解（比如把以上名词短语理解为方位意义"往钢琴下""在乐队后面"）。这样的句子需要专门学习和掌握。

5.3 特征名词的句法潜能

（1）特征名词自身的范畴特点决定其极少独立使用，只有以下两种可能：

    1）在解释概念时：**Высота** - это вертикальное измерение от нижней до верхней точки. **Время** - это топологическое метризуемое пространство.

    2）在作为度量单位的本义使用时：Мы прошли **километр**. Камень весит **тонну**. 在有些语言（如汉语）中此处必须加上数词，如：Мы прошли **один километр**（我们走了一公里。）. Камень весит **одну тонну**（石头重一吨。）.

（2）在其他所有情况下特征名词都与其他词连用，如：

    1）与承载特征的词连用：**Высота горы** удивляет. Настало **время уезжать**.

    2）与描述特征的具体词连用：**Огромная высота**! Было **трудное время**.

（3）特征名词会有没有具体特征描述词形容的情况，自身却隐含着特征程度：У ребёнка **температура**（= высокая）. Нам нужно **качество**（= хорошее），а не **количество**（= большое）.

§6　专有名词和普通名词

传统上名词就被分为专有名词（собственные имена）和普通名词（нарицательные имена），但研究它们在句法中的表现却才刚刚起步。

普通名词分为：（1）称谓事物和现象的名词；（2）评价名词。这两类普通名词都有两个功能：（1）证同功能（идентифицирующая функция），即呈现事物和现象；

（2）描述事物和现象特征的功能。有这两个功能的名词称为证同名词和述体名词，详见下文§7。

6.1　专有名词的定义

专有名词首先指的是由普通名词表示的某些类别中个别客体的名称，如：Москва, Лондон, Женева – **столицы** стран. Саша, Оля, Маша – **дети** Ивановых. 通常它们被归入事物名词，但也可能称谓社会事件：Великая отечественная война. Октябрьская революция. Рождество Христово. 节日名称：Новый год. Международный женский день. 自然现象：Тайфун «Мери». 这些名词都保留了名词的特征。

6.2　专有名词的分类

（1）初始（原生）类专有名词，包括人名、动物名、地名（топонимы）：Пекин, Москва；水域名（гидронимы）：Байкал, Волга；地理和天文名称（астрономические имена）：Азия, Америка, Земля, Меркурий（水星）。

（2）次生类专有名词，包括建筑物、公司、出版物等个性名称：гостиница «**Мир**», корабль «**Чайка**», фирма «**Салют**», газета «**Известия**», журнал «**Огонёк**» 等。

初始类和次生类专有名词与类属词连用的规则如下：

（1）专有名词与一格类属词连用时可有两种形式：

1）用一格名词：город **Пушкин**, река **Урал**, планета **Земля**;

2）用二格名词：площадь **Пушкина**, горы **Урала**, созвездие **Лебедя**, завод **Лихачёва**, музей **Чехова**. 与复数的山脉名称连用时，两种形式同义：горы **Аиды** — горы **Анд**（安第斯山）.

在很多语言中专有名词与类属词连用时，经常处于依附形式，如英语 Republic of Egypt, 直译为：республика Египта. 由此引起的错误有：*река Волги, *республика Бенина.

（2）专有名词跟类属词有以下两种组合方式：

1）直接连用：провинция **Хэбэй**, собака **Шарик**, журнал «**Новый мир**».

2）借助与一格专有名词连用的类别词 по имени, под названием, с названием：девушка **по имени Маша**, собака **по кличке Шарик**, журнал **под названием «Новый мир»**, созвездие **с названием Лебедь**. 或者在类别词 имя 的二格形式 имени 后，将专有名词变为二格：на заводе **имени Лихачёва**; в институте **имени Пушкина**.

6.3 专有名词的句法功能

（1）专有名词经常在下面一些句子中使用：

1）当称呼或介绍人或动物时：Меня зовут **Настя**, а тебя? Будем знакомы, **Наташа**. Мой легавый щенок（猎犬崽）называется **Ромул**, но я больше зову его **Ромой** или просто **Ромкой**, а изредка величаю его **Романом Васильевичем**（Пришвин）.

2）作述体特征的承载者时：**Марс** виден всю ночь в созвездии Тельца（金牛座）.

3）作各种情景参项时：

① 题元（актанты，即事件参项）：Позвони **Оле**. Посмотрите на **Луну**.

② 疏状成分（сирконстанты，即状语）：Они приехали из **Китая**.

6.4 专有名词的特殊变格法

（1）当类属词缺失时，除了不变化的词外，与一格类属词并列的专有名词跟类属词同格：тётя Ира – идти **с тётей** – идти **с Ирой**; река Урал – на берегу **реки** – на берегу **Урала**; отель «Космос» – жить **в отеле** – жить **в «Космосе»**.

（2）当类属词存在时，专有名词变格如下：

1）人名和动物名必须与类属词同格：дружить **с девочкой Олей**; писать **брату Саше**; дать молока **кошке Муське**.

2）城市名和河流名可变同格或保留一格：в городе Киеве – в городе Киев; за рекой Уралом – за рекой Урал.

3）阴性的国家名（Польша，Чехия）和阴性的类属词连用时也可变可不变：в республике Индии /Индия – с республикой Индией /Индия; в стране Польше /Польша; В стране Испании /Испания есть город Севилья.

4）阳性和中性的专有名词在任何情况下都用一格，阴性专有名词与阳性或中性的类属词连用时也保持一格形式：в республике **Египет**; с княжеством **Монако**; к королевству **Иордания**.

5）其他情况多数保持一格，有时也可变成二格：на озере **Байкал**; у горы **Арарат**; в горах **Урала**; из журнала «**Мир**»; к заводу «**Каучук**». 次生专有名词很少与类属词同格，偶尔也会遇到：Мужчина **с газетой правдой**.

6）前置词之后类属词变格，专有名词在类属词后保持一格或者变成二格：с девочкой **по имени Люда**; для кошки **по кличке Муська**; на заводе **имени Лихачёва**.

§7 证同名词和述体名词

证同名词指呈现事物和现象的名词，述体名词指称谓事物和现象特征的名词，它们与普通名词相互交叉。

7.1 称名事物和现象的名词分类

（1）类属词：город，страна，река，животное，растение，дерево，признак，явление，мебель，одежда，постройка等；

（2）某类客体的名称：изба，шалаш，стол，стул，берёза，ель，ромашка，волк，лиса，платье，куртка等。

7.1.1 类属词既可以作证同名词使用：Вдали виден **город**. Наш **город** расположен на берегу реки. 也可以作述体名词使用：Углич - **город** на Волге. Углич - старинный русский **город**. 其具体说明词不是必需的：Углич - **город**, а Ключики - село.

7.1.2 客体类别名称可用于以下两种情况：

（1）作证同名词使用，可称谓：

1）整个类别：**Ваза** - сосуд для фруктов или цветов. **Волк** - крупный хищник.

2）类别的代表：На митинге выступили **студент и шахтёр**. Рядом с вазой стояла **пепельница**. 这里都有两个所指，即个体及其团体，当表示具体事物（即能指）时，需要加上具体说明词：**Этот волк** - из нашего зоопарка. Высокую вазу я купила давно, а **эту вазочку** - только вчера.

（2）作述体名词使用：Иван - **студент**. Эта ваза служит мне **пепельницей**.

7.2 评价名词的分类

（1）做出道德、社会、智力评价的词，包括：

1）对某一类人的评价：подлец，негодяй，герой，трус，идиот，гений等；还有用于转义的评价名词свинья，лиса，осёл，шляпа，дуб等。

2）对地方或事物的评价：рай，ад，малина（美事），вертеп（贼窝）等。

3）对事件、现象和思想的评价：кошмар，ерунда，чепуха，враньё等。

（2）聚焦在视觉上的评价，包括：

1）对人的评价：красавец（帅哥），красавица（美女），уродина（丑八怪），дылда（<俗>体型不匀称的高个子）等。

2）对事物的评价，经常用于转义：громадина（庞然大物），развалюха（破得要散架的东西），нора（窝，比喻狭小阴暗的房屋），апартаменты

（比喻拥挤条件差的居所），фолиант（大厚书，用于讽刺），кирпич（比喻厚书），пенал（比喻又窄又长的房间）等。

7.3 述体名词的句法表现特点（以人名为例）

（1）评价人的评价名词不能指代某个具体的人，如可以说：N – свинья. Z – подлец. 但不能说：*Тебе звонила свинья（指N）. *Я сегодня говорил с подлецом（指Z）. 但这些词借助专门标签этот, наш等词则可说（Арутюнова 1976: 350）：Тебе снова звонила **эта свинья**. Я сегодня говорил с **этим подлецом**. 值得注意的是，专有名词也有这种比喻功能，只是要借助标志词просто和настоящий：Ты у нас **просто** Ломоносов. Наша Маша – **настоящая** Уланова. 这类限定词就可以表示评价意义。评价人的述体名词也可没有专门标记的限定词，如在回答是否跟口碑不好的Z谈了话的问题时，可说：Я не хочу говорить **с подлецом**. 可理解为"Z是小人，所以我不想跟他说话"。这句与"Я не хочу говорить **с этим подлецом** = Я не хочу говорить с Z". 不同的是可有复数：Я не хочу говорить /не разговариваю **с подлецами**.

（2）类似красавица和уродина的评价名词可以指称某个具体的人，条件是它们与说话者已知的人没有关系（如сестра Паши, моя подруга等）: В комнату вошла **красавица**（= красивая женщина）. Он стоял радом с **уродиной**. 但如果这些词指代已知或已经提到过的人时，则要贴上标记词свой，наш, 如在话轮A Верочка у нас – просто красавица!之后可说：А вот **наша красавица**! 又如：Он пришёл со **своей уродиной**.

当表示某一类客体名词替代专有名词时，有着相同的重复指代，规则同上，如表示某一类客体的名词常出现在教师言语中：Сейчас ко мне **студент** на консультацию придёт. 或医生言语中：Я должен ещё **больного** навестить. 也可以出现在母亲说儿子的言语中：Скоро пять, сейчас и **мой студент** должен вернуться. 或熟人之间的言语中：Как **наш больной** себя чувствует?

具体词的词汇语义变体，包括词的社会特征或评价意义，对词的句法行为都有影响，如хозяйка，хозяин可称谓一个人在家庭中的社会地位，表示"一家之主""房主"之义，但也可表示管理企业或经济的人。在第一种情况下старая хозяйка, молодой хозяин可以表示人的年龄：Иван Васильевич – **старый хозяин**, а **молодой хозяин** – Сергей, его сын. 此处的这两个词组也有指代用法：**Молодой хозяин** в поле поехал, а **старый** с утра на конюшне. 在第二种情况下这些词还可以与评价形容词连用，如妈妈说孩子：

1）На Верочке у меня всё хозяйство. Она хоть и школьница, а убирается, готовит, продукты покупает, в общем, **опытная хозяйка**（有经验的女管家）.

2）Сын у меня молодец. Всё может сделать по дому, исправит, починит, **настоящий хозяин**（真正的管家）.

但这些带有评价意义的词或词组不能用于滞后指代，比如不能说：

1）*Как раз в этот момент в комнату вошла опытная хозяйка.

2）*Обратитесь к настоящему хозяину, он вам поможет.

此时只能使用具体名词：Как раз в этот момент в комнату вошла Верочка. Обратитесь к сыну, он вам поможет.（Арутюнова 1976: 11）

述体评价名词，包括动物名词，在不同语言中有不同的附加意义，如осёл（驴）对俄罗斯人来说指代的是固执和粗鲁的人，而对越南人来说指代的是热爱劳动和谦虚的人；слон（大象）对俄罗斯人来说是庞大和笨拙的象征，而对印度人来说则是姿态优美和动作灵活的象征。（Всеволодова 2000: 55）

以上是目前俄语功能交际语法在句法层面对名词词汇类别划分的描述。

第11章
动词的语义类别

俄罗斯有许多语言学家（如Э.В. Кузнецова，Л. М. Васильев，В.П. Недялкова等）对俄语动词在功能层面进行过语义类别的划分，其中Золотова（1982: 156-168）在功能基础上对动词语义类别做出的划分比较系统。

Всеволодова（2000: 55）对Золотова的划分做了更改、补充和诠释，她划分动词的词汇类别是按动词词类，而不是按述体类型（如Т.В. Булыгина，О.Н. Селивёрстова等的分类），因为动词词汇类别只是部分地与述体的语义（所指）类型重合。同一动词可以表示不同的述体类型，比如动词лежать，стоять，сидеть，висеть，течь等既可以是方位存在述体：Книга лежит на столе. Перед домом растёт дерево. 也可以是状态述体：Книга лежит, а стакан стоит. 还可以表示性能：Тополь растёт быстро. 不同词汇群的动词和不同下位分类的动词都可以进入同一个语义类型，比如属于不同分类的动词（находиться和 сидеть, лежать）在功能交际语法里都进入同一个所指（语义）述体类型，即存在述体，而相同的述体除了动词外还可由其他词类表达。

Всеволодова（2016: 105）把动词分为两大类：实义动词和代动词。实义动词又分为实体（полнознаменательные）动词和建构动词。这一分类的必要性体现在语句的建构和功能上。

§1 建构动词

建构动词分为四小类：（1）系动词（связочные глаголы）；（2）变异动词；（3）关系说明动词；（4）描写说明动词。

1.1 系动词 包括纯系词быть和半实体动词являться, являть собой, представлять собой, служить, состоять（в чём）, заключаться（в чём）, сводиться（к чему）, составлять等，如: Сергей **был** ещё музыкантом. Объектом исследования **являются** субъективные аспекты русского высказывания. Предмет анализа в данной работе **представляет собой** машинный перевод сложноподчинённых предложений разных типов. Объектом настоящего исследования **служат** учебные компьютерные курсы.

Работа моя **сводится** к регистрации карточек.

以上系动词，除了быть都有自己的语义和使用特点。系词служить表示的是主体的功能，如：Нефть **служит сырьём** для фармацевтической промышленности（石油是制药业的原料），但不能与评价形容词连用：Нефть **является**（不能用*служит）**прекрасным сырьём** для фармацевтической промышленности. 该系词还可表示因果关系，但只与表因而不与表果的词连用：служить причиной чего-либо，不能说 *служить результатом，следствием.

系词представлять собой用于从形式或结构上描写主体时：Предмет изучения в данном случае **представляет собой** семантическую структуру безличных предложений в русском языке. 或者是主体作为体系的组成部分时：Содержание второй главы **представляет собой** анализ прикладных аспектов…

Всеволодова（2000，2016）把传统语法认为是系动词的считаться，оказаться，казаться，представлять归入信源说明变异动词，因为这些动词在很大程度上带有说话者的主观态度。

1.2 变异动词 指在所有功能上都使动词形式变复杂的动词，包括三类：

（1）情态变异动词，又下分为三小类：

1）纯情态变异动词（собственно модальные модификаторы），指表示愿望、可能、应该等意义的动词，如хотеть，мочь，любить，уметь，стараться，следовать等，比较：Я читаю → Я **хочу /могу /люблю /умею** читать. Она красивая → Она **хочет /старается** быть красивой. Он уедет → Ему **следует** уехать.

2）情态—速度变异动词（модально-темповые модификаторы），指称谓主体在速度上愿意或不愿意完成某行为的动词，如медлить，не замедлить，торопиться，спешить，мешкать（拖延）等，比较：Он уходит → Он торопится уйти. Он отвечает → Он не **торопится** отвечать → Он **медлит** с ответом. И жить **торопится**, и чувствовать **спешит** (Пушкин).

3）评价—速度变异动词（оценочно-темповые модификаторы），指从结果上评价行为的动词，如успеть，суметь，смочь，比较：Он собрался → Он **успел** собраться. Он решил задачу → Он **смог /сумел** решить задачу.

（2）阶段变异动词（фазисные модификаторы），指称谓述体特征的开始、继续、结束等阶段的动词，如начать，стать，продолжать，остаться，кончить，перестать，прекратить，появиться，возникнуть，исчезнуть（= перестать существовать）等，比较：Я читаю → Я **начал /продолжал /кончил** читать. Он врач → Он **стал /остался** врачом. Саша высокий → Саша **стал** высоким. В лесу грибы → В лесу **появились /исчезли** грибы.

（3）信源说明变异动词（авторизационные модификаторы），指加入说话者观点的动词**считаться，казаться，оказаться**：Маша **считается** у нас лучшей ученицей. Книга **оказалась** на французском языке. Вечер **показался** нам тёплым.

从例句中我们看到，变异动词在句中占据的是陈述式位置，而表示内容的动词被挤至不定式位置。几个变异动词可以连在一起用，这时只有其中的第一个变异动词位于陈述式位置，比较：Он танцует → Он **хочет** танцевать → Он **продолжает** танцевать → Он **хочет продолжать** танцевать → Он **продолжает хотеть** танцевать. Он зашёл к другу → Он **хочет** зайти к другу → Он **успеет** зайти к другу → Он **хочет успеть** зайти к другу.

关系说明动词和描写说明动词在第9章已有详细介绍，在此不再赘述。

§2　实体动词

实体动词共分为六类：1. 行为动词（акциональные глаголы）2. 存在动词（экзистенциальные г.）3. 状态动词（статальные г.）4. 关系动词（реляционные г.）5. 特征动词（признаковые г.）6. 信源说明动词（авторизационные г.）。

2.1　行为动词　是表示人、动物、被人支配的事物或自然力发出的生理、智能和思想行为（不是状态）或过程的动词，它们根据不同的行为特点分为下面不同的小类：

（1）表示具体生理行为的动词，经常借助客体、工具或手段来完成的行为：**стирать** бельё，**капать** яму，**шить** блузку，**чинить** мебель，**чистить** картошку，**мешать** чай ложкой，**работать** на огороде，**играть** в футбол.

（2）表示在空间运动或搬动的动词，需要同时指出距离（起点、终点）、路径、移动手段，包括：

1）表示主体本身运动的动词：**идти** домой，**перейти** дорогу，**выбежать** из дома，**приехать** на машине. Самолёт **приземлился**.

2）表示主体移动客体的动词：**повести** детей в парк，**переставлять** мебель，**послать** письмо в Москву.

（3）表示作用于人或动物的生理或社会行为的动词，其结果是让后者完成某行为、感受某状态或改变某特征：**накормить** ребёнка，**одеть** сына，**обуть** дочь，**разбудить** отца.

（4）表示某事物或条件影响某人或某物的动词：Свет **разлагает** соляную кислоту в силу своей яркости（光凭借其亮度分解盐酸。）. Меня сюда **привело** любопытство. Золотова（1982：166）称这类动词为使役动词（каузативные глаголы）。

（5）表示言语行为的动词，同时要求言语、思想客体和对象：**сообщить** друзьям об отъезде，**рассказать** сыну сказку，**поздравить** коллег с праздником，**выступить** перед студентами с лекцией.

（6）表示转交物质客体的动词，同时需要根据动词的具体意义指出情景参项：**отдать** книгу другу，**подарить** цветы юбиляру，**сдать**（фермеру）/**взять** в аренду（у кооператива）землю на 10 лет за миллион руб.，**продать** машину за хорошие деньги，**одолжить** денег до завтра.

（7）情感影响动词，包括两小类：

1）要求对象名词的动词：**нежничать**（含情脉脉），**любезничать**（献殷勤）с дамами，**льстить**（阿谀奉承）начальству，**лицемерить**（假仁假义）с коллегами，**угодничать**（巴结）перед начальством，**подлизываться**（讨好）к старшим.

2）要求使役客体的动词：специально **нервировать**（使急躁），**раздражать**（激怒）соседей，**обольщать**（诱惑）спутницу，**очаровывать**（使入迷）экзаменатора.

此类动词只指那些有意图、有意识的主体行为，不包括人的感受结果（比较：Она меня просто очаровала），因为此时动词表示的已经不是行为，而是主体的状态，相当于Я очарован.

（8）表示社会或主体之间的行为动词，它们同时与关系动词交叉，要求关系主体，而言语客体或目的依据可选：**ссориться** с другом，**бороться** с соперником за медаль，**спорить** с сыном по поводу фильма，**дискутировать** с оппонентами о терминах.

（9）表示发生在自然或人造事物上的过程或事件的自然行为：Стекло **треснуло**. Рукав **оторвался**. **Вздымаются** волны. Стакан **разбился**. Снегом **заносит** дорогу. Ветром **сорвало** крышу.

（10）表示人能感受到的自然或人造物所具有的功能动词：**Грохочет** водопад. **Сверкнула** молния. Приятно **пахнет** скошённая трава. На небе **мерцали** звёзды.

受语言的场特征和语义类别之间没有严格界限的影响，许多功能动词有时可能与存在动词或状态动词甚至是行为动词很接近。（Золотова 1982：162）

2.2 存在动词 分为以下两类：

（1）纯存在动词，指表示事物或现象的在场、存在的动词，包括实义动词быть，бывать，существовать，наличествовать，иметься，присутствовать，отсутствовать等：В лесу **есть** змеи. **Бывают** летом совершенно безлунные ночи. В работе **имеются** ошибки. Зомби（僵尸）**существуют**. На лекции **присутствовало** 60 человек. 在具体的存在句中，实义动词стоять，лежать，царить，расти等也是存在动词，完成指示空间关系的功能：На столе **лежит** книга. Всю неделю **стояли** морозы. В доме **царила** тишина. В саду **растёт** куст роз.

（2）一些与自然现象或自然事物有关系的功能动词：**Идёт** снег. **Идёт** дождь. **Дует** ветер.（比较Снег. Дождь. Сильный ветер.）В долине **течёт** река. **Светит** солнце. **Мерцали** звёзды. 此外，还有一些表示颜色变化的词，如белеть，зеленеть，желтеть等：За окном **желтеют** листья. Во ржи **синеют** васильки（黑麦里一堆青蝇）. **Белеет** парус одинокий（Лермонтов）.

2.3 状态动词 分为以下几类：

（1）表示物理状态或空间位置的动词стоять，висеть，сидеть，лежать，двигаться，вращаться：Я **стою**，а она **сидит**. Пальто **висит**，а юбка **лежит**. Маятник **качается**. Дом **стоит** у леса. Город **лежит**（**стоит**）на берегу реки.

（2）物理功能动词：Станок **работает**. Это перо не **пишет**. Часы **идут**. Костёр **горит**.

（3）表示生理（病理）状态的动词[①]болеть，хворать，недомогать，гриппировать，кашлять，выздоравливать，воспаляться，нарывать，сохнуть，мокнуть，печься，жариться，вариться，разрушаться，расти等：Дети **болеют**. Рана **воспалилась**. Бельё **сохнет**. Репа хорошо **растёт**. Дом **разрушается**. Мясо **варится**. Рожь **колосится**（黑麦在抽穗）. 此类动词完全有理由归入行为动词，因为它们表示的是状态兼过程于一身。

（4）表示情感心理状态的动词分为专门动词和非专门动词，专门动词包括：

1）"害怕、难为情"类，接二格名词，如бояться，опасаться，остерегаться，робеть，трусить，пугаться，страшиться，избегать，трепетать，ужасаться，сторониться，стыдиться，стесняться，смущаться，конфузиться，совеститься，дичиться，чуждаться，чураться等：Он **боялся** смерти и никогда не говорил о болезнях（Трифонов）.

---

① 关于俄语病理状态动词的详细分析参见（郭淑芬 1998）。

2）"惊奇"类，接三格名词，如удивляться, дивиться, поражаться, изумляться, умиляться, радоваться, ужасаться等：...я **поразился** величине его творческого таланта（Л.Толстой）.

3）"赞叹、欣赏"类，接五格名词，如восхищаться, восторгаться, прельщаться, наслаждаться, упиваться, пленяться, умиляться, любоваться, увлекаться, гордиться, интересоваться, вдохновляться, воодушевляться, возмущаться, утешаться, удовлетворяться等：Мы красотою женской, Отшельники, **прельщаться** не должны（Пушкин）.

4）"担心"类，接за+N₄形式，如беспокоиться, волноваться, тревожиться, переживать, бояться, опасаться, пугаться, страшиться等：Княгиня нас послала. Она **боялась за** тебя（Пушкин）.

5）"不满、生气"类，接на+N₄形式，如досадовать, плакаться, обижаться, сердиться, злиться, злобиться, негодовать, гневаться, серчать, дуться等：Левин покраснел и **рассердился на** себя за то, что покраснел（Л.Толстой）.

6）"关心、挂念或惋惜"类，接о/по+N₆形式，如волноваться, беспокоиться, тревожиться, печалиться, кручиниться, горевать, скорбеть, тосковать, скучать, тужить, грустить, убиваться等：Публика и критики **горевали о** преждевременной кончине таланта（Пушкин）.

7）"痛苦情感"类，接по+N₃形式，如тосковать, скучать, томиться, горевать, скорбеть, плакать, мучиться, тужить, унывать, грустить等：**Скорбит** человек **по** человеку. Лес **по** топорищу не **плачет**（Даль）.

非专门表示情感的生理状态动词有以下三类：

（а）страдать, мучиться, маяться, изнемогать：Одни живут, а другие **маются**（Л.Толстой）.

（б）болеть，接变成五格的名词сердце或душа：Он **болеет душой** за простой народ（Мушкетик）.

（в）дрожать, трястись, трепетать：Я **дрожу от радости**, не нахожу слов（Чехов）.

8）表示智能状态的动词забыть, знать, помнить, понимать, вспомнить, разуметь, разбираться, размечтаться, задуматься等：Он хорошо **знает** физику. Она **понимает** теорему. Ира **разбирается** в химии. Он **размечтался** о свидании. Она **задумывалась**, и он становился серьёзен（Л.Толстой）. Я **помню** чудное мгновенье —

передо мной явилась ты (Пушкин).

9) 表示社会状态的动词 бюллетенить, нищенствовать, нуждаться: В городе свирепствовала эпидемия гриппа, и в цехах **бюллетенило** много рабочих (Носов). 表示从事工作种类的基础动词 работать, учиться, служить, 口语词 челночничать, 词组 сидеть с ребёнком, вести домашнее хозяйство, заниматься бизнесом: Отец у нас **работает**, брат **служит** в армии, а сестра ещё **учится**. Тётя **сидит** дома **с ребёнком**. Мама **ведёт домашнее хозяйство**. Дядя **занимается бизнесом**.

2.4 关系动词 指情景参项之间关系的动词，主要有以下几类：

（1）带有较量意义的动词 превосходить (кого), уступать (кому), выиграть (у кого), проиграть (кому), победить, одолеть (кого), опережать (кого), отставать (от кого) 等: Лыжники Скандинавии на этот раз **опередили** всех остальных. Экономические реформы явно **отстают** от политических. По количеству витаминов лимон **опережает** другие цитрусовые (Золотова 1982: 162).

（2）带有相对比意义的动词 соответствовать, отвечать, противостоять, главенствовать, подчиняться, гармонировать: Диссертация **отвечает** требованиям. Шляпа **гармонирует** с костюмом. Крайне правые и крайне левые **противостоят** центристам. Скала с замком **главенствует** над всей округой (Золотова 1982: 161-162).

（3）表示人员之间关系的动词 дружить, враждовать, сотрудничать (с кем), участвовать (в чём вместе с кем), помогать (кому), мешать, препятствовать (кому в чём) 等: Нина **дружит** с Ирой. Дети **помогают** маме по дому. Вместе с другом он **участвовал** в ралли.

（4）表示情感关系的动词 любить, ненавидеть, ценить, уважать, презирать, восхищаться, увлекаться, умиляться, упиваться, гордиться, любоваться 等: Паша **любит** Катю. Мы **любовались** луной (王仰正 1996).

2.5 特征动词 指表示事物或现象的特征和性质的动词，它们是：

（1）视觉感受动词 виться, блестеть, сверкать: Волосы у неё **вьются**. Снег **сверкал** на солнце. Глаза у детей **блестели**.

（2）表示物质或事物性质的动词：Стекло **пропускает** свет. Олово легко **плавится** (锡很容易熔化). Вода **разлагается** на водород и кислород (水分解为氢和氧).

2.6 信源动词

指带有作者主观评价或感受的动词，常与智能状态动词交叉，包括видеть，слышать，догадываться，считать，знать; находить (кого-что, каким)等，比较：Играет музыка – Я **слышу** музыку – Я **слышу**, как играет музыка – До меня **доносятся** звуки музыки. Оля красивая – Многие **считают** Олю красивой – Оля **считается** (у нас) красивой – **Считается**, что Оля красивая. Он **находит** эту книгу важной. Все **считают**, что конференция удалась. 这类动词在Золотова看来也是关系说明动词。正是该类动词将信源命题引入句子的基本内容中。

通过以上动词语义类别的划分，我们不难看出词汇语义变体在句法中的功能，比如动词стоять，лежать在句子На столе **лежит** книга. Село **стоит** у обрыва.中的功能相当于存在动词находиться，быть，而在句子Мы **стояли**, а мама **сидела** в кресле. Эта блузка **не висела**, **а лежала**.中的功能则是状态动词。

§3 代动词

代动词是由Панков (2009) 提出的新分类，首先指动词делать的替代意义，在功能上相当于英语的to do之于to make的差别，比如Он **делает коробку** (= to make) 和Что он **делает**? – Он спит/читает/ест. (回答时不再用делать)。

其次是表示发生类的动词случиться/случаться，произойти/происходить，比如问句：Что **случилось**? Что **происходит**? 以及其他词汇语义变体：В Москве **произошёл пожар** в церкови XVII века (描写说明动词). От него **произошло** большое потомство (实体动词). 又如：Жизнь – это то, что **случается** с нами, пока мы строим план на будущее (实体动词). **Случается** порой, что лев ест падаль (腐肉), с голодухи ослабев (代动词). На юге Москвы **случилась** массовая **драка** таксистов. = подрались таксисты (描写说明动词).

该类动词目前在俄语学中还少有人涉猎，值得进一步深入探究。

第12章
形容词的语义类别

从功能的角度划分形容词的语义类别是从 М.Ю. Сидорова（1994）开始的，Всеволодова（2016: 110）在其基础上做了补充，并强调指出，形容词语义类别的划分比动词和名词语义类别的划分要复杂得多，还没有在涉及形容词的其他句法范畴描写里得到检验，而且这种分类也只是所有可能性的一种。

形容词的具体词汇语义变体是根据限定组合或述谓组合进行选择的，被修饰词是词汇语义变体产生的必要因素，比如形容词 золотой /железный /цинковый /медный 修饰不同的名词的能力不同，跟物质名词 слиток 四个词都可搭配（表示金块、铁块、锌块、铜块）；表示头发颜色时只能用 золотые /медные волосы，不能用 железные 和 цинковые；评价性格时只能用 золотой (= прекрасный) /железный (= твёрдый, несгибаемый) характер，不能用 медный 和 цинковый。可见，形容词词组表达的内容很不相同，了解所指角色类型之后才能确定更多的类型。

Всеволодова（同上）从意义体系的角度分出了三个层面：（1）用形容词表达的意义体系；（2）形名词组表达的关系类型；（3）在形名词组中名词和形容词的语义等级。

§1 形容词意义体系

跟动词一样，形容词也分为两个功能类别：（1）建构形容词（非实义）；（2）实义形容词。

1.1 建构形容词
指那些不表示事物特征，只起建构作用的形容词，它们分为以下三类：

1.1.1 描写说明形容词，指描写述谓中的建构成分，如 свойственный, характерный, присущий, типичный, чуждый, естественный，它们执行谓语功能时用短尾形式，在称名化短语中用长尾形式，比较：Для синтиментализма（感伤主义）**характерна** условность изображения персанажей и окружающей обстановки. 和 **Характерная** для синтиментализма условность изображения персанажей и окружающей обстановки вела к условности, исскуственности языка. Для манеры выражения тяготеющей к украшенности, "цветам слога", **естественна** длинная фраза（Горшков）. Санта-Клаус – **чуждый** нам элемент! Быть либералом в России – это уже почти душевная травма и комплекс, **присущий** меньшинству.

形容词типичный, естественный, характерный同时也可能是实义的：**Типичный** посетитель ресторана в обеденное время – мужчина среднего возраста. Это плоды с **характерным** вкусом. У неё была **естественная** реакция на этот вопрос.

1.1.2 情态变异形容词是возможен, нужен, должен, обязателен, неизбежен, необходим, склонен一类的短尾形容词: Обвал фондового рынка **неизбежен**. Экзамен по математике снова **обязателен** с 2019 года. 它们的功能常与情态变异动词相同 **Возможен /Может быть** дождь. Ей **нужна** помощь /**нуждается** в помощи.

短尾形容词должен和склонен在模型句中与变异动词的功能相同已成体系：Он **должен /может** уехать. Он **склонен /хочет** выступить. 同时它们还与这组中的其他形容词的功能类似：Явка всех на репетицию **обязательна** = Все **должны /обязаны** явиться на репетицию.

需要指出的是，情态变异形容词的功能一方面可由形动词短尾形式вынужден, побуждён, обязан履行：Я **вынужден** уехать. Мы **обязаны** помочь ему. 另一方面可由实义形容词рад, счастлив, согласен, готов完成：Он был **счастлив** помочь Ане. Я **рад /готов** вам помочь. Пётр **согласен** играть. 正是这种功能的同一性说明了语言的场特点（полевой характер）。

此外，长尾变异形容词也可表示评价功能：Тишина стояла **невозможная**. Спасибо за подарок. Очень **нужная** книга（Всеволодова 1971）.

1.1.3 信源变异形容词 指称谓的不是事物的特征，而是信源发出者（即第二命题主体）对情景的感受，如виден, слышен, заметен等: В траве **видны** фиалки. **Слышны** крики птиц. Кое-где **заметны** признаки весны.

1.2 实义形容词

实义形容词的语义类别形成对立体系（оппозитивная система）。第一组对立与言语主体（即作者）称谓特征的出发点有关，如：

（1）与作者无关的客观特征（объективный或диктумный признак）；

（2）来自作者的主观特征（субъективный或модусный признак）。

第二组对立是对客观特征和主观特征的再划分，与特征本身的特点有关，如：

（1）感知特征（наблюдаемые признаки），指通过视觉、听觉、味觉、触觉等感受器官感觉到的特征；

（2）非感知特征（ненаблюдаемые），指通过对客观事实的了解而确立的特征。

客观和主观特征又下分为：

（1）客观感知特征，即实质特征（сущностные）：Эта книга **толстая**. Это стекло **чистое**. Розы на кусте **белые**.

（2）客观非感知特征，即信息特征（информативные）：Эта книга **папина**. Это стекло **хрупкое**. Розы в вазе – **покупные**.

（3）主观感知特征，即情感特征（эмоциональные）：Эта книга **грустная**. Эти розы **печальные**. Нина **весёлая**.

（4）主观非感知特征，即评价（оценки）：Эта книга **хорошая**. Стекло **некачественное**. Розы **изумительные**!

以上每个小类要么是一些非对立的类，如客观感知特征可分为：а）颜色特征：красный, чёрный; б）形状特征：прямой, круглый; в）味觉特征：сладкий, горький; г）参数特征：широкий, горячий. 要么是对立的类：хороший – плохой; весёлый – грустный等。

实义形容词的意义体系可用下面的树形图表示：

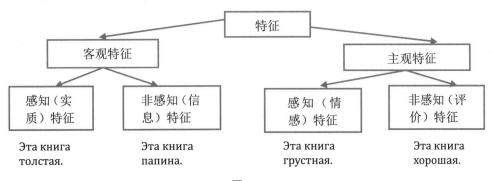

图12-1

其中客观非感知（信息类）特征又分为两类：

（1）按照能指类型（по референтному типу）划分为与一类事物或具体事物有关的以下两类特征：

1）某一类事物的特征：**вечерняя** газета; **ученическая** тетрадь; **хвойное** дерево; **женское** платье; **детское** пальто; **мужской** костюм.

2）某一具体事物的特征：**вчерашняя** газета；**прошлогодняя** тетрадь；её **нарядное /единственное** платье；**высокое** дерево.

（2）按照语义类型划分为下面两个特征：

1）表示关系的特征，又下分为：

（а）客体之间的关系特征：**обувная** щётка（指щётка和обувь之间的关系）；**отцовский** голос；**университетская** библиотека；**заводская** команда.

（б）与区域有关系的特征：**иностранные** студенты（＝студенты-иностранцы）；**рыночные** отношения；**грамматические** правила.

2）非关系特征，如不可感知数量特征：**единственный** ребёнок；**вторичное** обращение. 如典型特征：**типичный** китаец；**характерный** акцент.

（3）情感特征也分为两类：

1）情感—状态特征：又分为：

（а）与表人名词连用的情感—状态特征（作为状态的情感）：Она была **грустна**；Он был **сердит**.

（б）与以下名词连用的情感—表情特征（эмоционально-экспрессивные）：

● 表示容貌、目光的名词：Я вижу **печальные** очи；Я слышу **весёлый** голос.

● 表示被创造事物的名词：Он сочинил **грустную** мелодию；Он создал очень **весёлый** фильм.

● 表示心理现象的名词：**печальная** память；**невесёлые** мысли.

● 表示行为的名词：**радостное** восклицание.

2）情感使役特征（эмоционально-каузативные），经常与以下名词连用：

（а）表人或动物的名词：**обаятельная** девушка；**ужасный** пёс.

（б）表事物的名词：**печальный** сад；**приятный** домик.

（в）表事件的名词：**тревожное** сообщение；**печальные** события.

评价特征主要包括：强化评价特征（сильный，могучий）、弱化评价特征（лёгкий，слабый）、礼仪评价特征、审美评价特征、智能评价特征等。

§2　形名词组中情景参项之间的关系类型

Всеволодова（2016：11）通过分析与信息类形容词连用的词组，找到了不同的情景参项之间的关系类型。它们在以下范畴基础上划分：（1）表人名词（人），（2）表动物名词（动），（3）事物名词（物），（4）命题名词（包括行为、事件、状态）（命），（5）特征名词（特）。每种类型都由形容词（形）和名词（名）表示：

类型1：

1.1 人（形）+人（名）：детский хирург，генеральский сын，Олина подруга.

1.2 人（形）+动（名）：соседская кошка，Машин пёс，старухин щенок.

1.3 人（形）+物（名）：студенческое общежитие，капитанский мостик.

1.4 人（形）+命（名）：вражеская вылазка，ребячья ссора，Иваново детство.

1.5 人（形）+特（名）：девичья красота，детский характер.

类型2：

2.1 动（形）+动（名）：львиный молодняк（狮子的幼崽）.

2.2 动（形）+人（名）：собачий доктор，кошкина хозяйка.

2.3 动（形）+物（名）：лисий хвост，собачья будка（狗棚），орлиный нос（鹰钩鼻），рыбный суп.

2.4 动（形）+命（名）：собачий лай，медвежья походка.

2.5 动（形）+特（名）：собачий нюх（狗的嗅觉），собачья преданность.

类型3：

3.1 物（形）+物（名）：стенная газета，кабинетный рояль.

3.2 物（形）+人（名）：школьный учитель，бездомный старик.

3.3 物（形）+动（名）：дворовая собака，полевая мышь.

3.4 物（形）+命（名）：ручная вязка（用手捆绑），паровозные гудки.

3.5 物（形）+特（名）：снежная белизна，янтарный блеск（琥珀的光泽）.

类型4：

4.1 命（形）+命（名）：благотворительный концерт（慈善音乐会），разведывательная деятельность（侦察活动），летняя жара，пасхальная служба（复活节礼拜）.

4.2 命（形）+人（名）：футбольный тренер，строительный рабочий.

4.3 命（形）+动（名）：охотничья собака（猎犬），скаковая лошадь（赛马）.

4.4 命（形）+物（名）：беговые лыжи（越野滑雪板），толчковая нога（起跳的脚），питьевая вода.

4.5 命（形）+特（名）：трудовой энтузиазм，насильственные методы（暴力的方法），практический опыт.

类型5：

5.1 特（形）+ 特（名）： синтаксические законы, фонетические харак-теристики, характерный вкус, новая технология, научный метод.

5.2 特（形）+ 人（名）： типичный француз, настоящий учитель, талантливый актёр, славный парень, красивая девушка.

5.3 特（形）+ 动（名）： верный пёс, грациозная пума（姿态优美的美洲豹）.

5.4 特（形）+ 物（名）： единственная книга, вторичная повестка（次要议程）, нужная вещь, обычный дом.

5.5 特（形）+ 命（名）： первый зачёт, последний звонок, обычный урок.

§3 形名词组中名词和形容词的语义级差

形容词与名词构成的词组中名词和形容词的语义级别可以分为以下三种关系：

3.1 语义主导词是名词，形容词完成具体化功能：Мы уехали ранним **утром** = рано утром或утром. В руках у него был чёрный **портфель** = портфель. 但如果有重读切分（主位或述位焦点）时，句子的信息中心就是形容词，其地位就会提高。

3.2 语义主导词是形容词，而名词只是一个空的"形式支撑"（Сидорова 1994: 7），具体体现在以下词组中：

3.2.1 带类属词的词组，其中形容词的功能是：

（1）评价词，类属词可以为空：Оля – девушка **красивая** = Оля красивая. Пекин – город **большой** = Пекин большой.

（2）限定事物在分类表中所占位置的类别词，名词通常不能为空：Ежевика – ягода **лесная**. Сова – птица **ночная**. Ель – **хвойное** дерево. Треска – **промысловая** рыба.

3.2.2 带类别词的词组：синий цвет, высокий рост, овальная форма, радостное чувство, вчерашний день. 当具体特征由形容词表示时，类别词可以去除：взять чашку **синего цвета /синюю**, испытывать **горечное чувство /горечь**, работа **творческого характера /творческая**. 但有的时候类别词不能省，如可以说взять чашку **неопределённого цвета**, 但不能说*неопределённую чашку; 可以说испытать **странное чувство**, 但不能说*испытать странность.

3.2.3 带事件或特征名词的短语，与副词是同义词：говорить **на английском языке /по-английски**, писать **чётким почерком /чётко**, повернуться **резким движением /**

резко, идти **быстрым шагом** /быстро, говорить **тихим голосом** /тихо.

3.3 形容词和名词的语义关系平等，有三类词组：

3.3.1 有类属词①的词组，如果形容词带有评价和分类特征时，形、名语义关系平等：Иван – **хороший охотник**. Анна – **опытый врач**. Сергеев – **детский хирург**. Сызрань – **речной порт**（морские суда туда не заходят）。通常此类词组读作一个音位，或逻辑重音在形容词上。如果去掉形容词会发生语义断层（如Иван – охотник），因为语句的目的是性质评价。如果去掉类属词，要么改变了语义（如Иван – хороший），要么句子被破坏（如*Сызрань – речная），因为该句里重要的是类别词的分类特征。

3.3.2 在相同特征的词组中，关系可互换，如：

（1）当有特征或事件名词时：средь шумного бала – средь бального шума, весёлая бесконечность – бесконечная весёлость, осторожная недоверчивость – недоверчивая осторожность（Сидорова 1994: 6）。

（2）当个别事物名词是专门特征的承载者时：синее небо – небесная синь（特征名词），зелёные деревья – древесная зелень（特征和事物意义兼有）。

3.3.3 当评价特征和性质时：неуместная ирония, излишняя серьёзность, глупое упрямство.

综上可见，形容词在语义上的分类非常复杂且因素甚多，在带形容词的词组中名词的语义类别起着非常积极的作用。搞清楚形容词的语义类别及其与名词的语义关系，能够帮助学生理解以上不同语义类别的形名词组的搭配和转换，如特征（形）+ 事物（名）词组：Весенний Пекин = Пекинская весна. Ночной Шанхай = Шанхайская ночь. 与Пекин весной, Шанхай ночью, Весна в Пекине, Ночь в Шанхае对应，因为这些词都是跨语义的，变成形容词时完成的是派生后的形义非对称功能。

§4　汉语偏正词组与俄语形名词组的语义差别

与俄语形名词组类似的汉语偏正词组的逻辑语义关系比较隐蔽，即使是带相同词语的短语与俄语的对应形式，也常因逻辑语义关系的不同而不同，比较：

（1）科学问题（指问题的性质）——научная проблема；

（2）习惯问题（指属于习惯本身的问题）——проблема привычки；

---

① 通过对比我们来看类属词和类别词的区别：Яна – девочка. 中女孩是类属词，而 Яна – школьница. 中的女学生是类别词。又如 Сызрань – город（类属词）. Сызрань – порт（类别词）.(Савосина 1991)

（3）边界问题（指有关边界的问题）——вопрос о границе。

类似的例子极多，比如：

（4）人身保险（对人身的保险）——страхование жизни；

（5）天灾保险（指避免天灾伤害的保险）——страхование от стихийных бедствий；

（6）疾病保险（指如果发生疾病即赔付医疗费用的保险）——страхование на случай болезни。

另外，汉语短语中相同的词在俄语中可用不同的词表达，如：

（7）办公费用——средства на канцелярские принадлежности；

（8）福利费用——ассигнование（расходы）на улучшение материальных условий；

（9）安家费用——пособие на переезд и обзаведение；

（10）旅游费用——деньги на поездку（для поездки）。

而对相同短语的不同理解可导致不同译法，比较"塑料箱子"：чемодан из пластмассы（用塑料制成的箱子）—— пластмассовый чемодан（以塑料为特征的箱子）。但是вино из России和русское вино的意义却有很大区别：前者指从俄罗斯运来的酒，可能是俄罗斯产的，也可能不是；后者指酒的品牌、口味等是俄罗斯的，而买到的地点可能是俄罗斯，也可能不是。

对于上述汉语偏正类短语的俄语对应形式，陈国亭（2004：69-90）作过详细对比。这类短语是中国学生汉译俄时常常遇到的难点，值得深入学习和研究。

§5　形容词的述体类型划分

形容词除上面各种语义类别外，Всеволодова（2016: 115）认为，还可按照所指述体类型对述体名词的形容词化进行划分，主要可分为以下几类：

5.1　存在类形容词 包括：

（1）纯空间存在：местные жители, библиотечная книга, московские дома.

（2）时间存在：предновогоднее настроение, весений город, сегодняшняя погода.

5.2　行为类形容词 包括：

（1）纯行为或过程：рабочая комната, читательный зал, беговая дорожка, реанимационное отделение（重症监护室）, швейная фабрика, пожарный шланг（消防水带）.

（2）行为客体：рыбная ловля, медвижья охота, конный завод（养马场），книжный магазин, парфюмерная фабрика.

（3）客体和行为：рыболовные снасти（钓鱼绳索），сеноуборочная машина（干草收割机），деревообделывающий завод（木材加工厂），снегочистительная техника（扫雪设备）.

（4）行为发生的地点：школьные занятия, сельские работы, лабораторный тест.

5.3　状态类形容词

例如：больной отец, слабое сердце, жидкий металл, тревожная обстановка, отчаянный шаг,（едва）слышный голос, грустный взгляд, печальная новость等。

5.4　关系类形容词

例如：дружные ребята, параллельные линии, отцовская книга, Нинин блокнот, враждебные действия等。

5.5　特征类形容词 包括由以下意义的名词构成的形容词：

（1）带各种特征意义的词（цвет, форма, вкус等）：цветные ткани, формальный иероглиф（形符），вкусный суп.

（2）带源头物质意义的词：бумажный змей, стальной трос（钢缆），волосяной матрос（鬃垫），травяной покров（на стадионе）（草皮）.

（3）带性能意义的词：прозрачное стекло, матовое покрытие（哑光面），жаропонижающее（болеутоляющее）средство（退烧、止痛药），ядовитый сок（毒汁）.

（4）带数量特征意义的词：единственный ребёнок（独子），двойная оборка（双褶边），тройной одеколон（三重古龙水），множественные ранения（多处受伤）.

（5）带地点特征意义的词（与存在类的形容词交叉）：школьный учитель, заводские рабочие, французские духи, китайский чай, пекинская опера.

由此可见，形容词语义类别可以按照述体和所指角色的全部特征，像动词语义类别创建的基础一样来创建，此时很大程度上显出语言的场特点，有很多交叉的地方。而且相同形容词的不同词汇语义变体可以进入不同的语义类别，比较：**Беличья шубка** к зиме густеет.（= мех белки，松鼠毛冬天会变密）和На ней – **беличья шубка**.（= шубка из меха белки，她穿着松鼠毛的皮大衣）。

第13章
副词的语义类别

§1 副词语义分类的新尝试

近年来，在俄语功能交际语法框架内对副词语义分类进行较深入研究的是Панков（2008b，2009），Всеволодова（2000: 67-69）也曾做过尝试性的分类。

Всеволодова（2016: 116）指出，副词分类的难点在于，它跟其他词类的词形在语篇中的功能相同，且与之共同服务于某个语义场，比如副词видимо，по-видимому与动词词形кажется和述体мне кажется功能相同，而副词конечно和естественно与动词词形разумеется功能相同，它们与其他词（如наверное，вероятно）共同构成心智述体（ментальные предикаты）。比较：Кислород **обычно** получают гидролизом воды.和Кислород получают **только** гидролизом воды. Он, **конечно**, придёт.和Он **обязательно** придёт. 其中语气词только，конечно跟副词обычно，обязательно的同功能性说明了语言的场结构特点以及在相同的功能语义场内可能使用不同层面语言手段和不同词类的情况。

跟动词和形容词的划分相同，副词也可划分出类似можно，нужно，необходимо，должно，нельзя等的变异词，它们不同于状态副词холодно，тепло，темно，светло和评价副词прекрасно，хорошо，плохо，ужасно等。评价副词既可以依附于动词，又可以独立作述体，比较：Он поёт хорошо – Мне хорошо – В лесу хорошо. 副词不只修饰动词或形容词，还可以修饰事物名词，此时它可占据以下位置：

（1）完全依附于名词，表示事物的特征，可以依附于名词的任何格：котлета / котлету / с котлетой **по-киевски**（基辅丸子），макароны **по-флотски**（海军空心粉），кофе **по-турецки**（土耳其咖啡），борщ **по-украински**（乌克兰红菜汤），утка **по-пекински**（北京烤鸭），чай **вприкуску**（咬着糖块喝的茶），гвоздь **кверху**，сосед **наверху**，окно **напротив**等。

（2）只依附于某个名词的格形式，不表示事物的特征，而表示事物的状态：шапка / в шапке **набекрень**（歪戴的帽子），пальто / в пальто **нараспашку**（敞着怀穿的大衣），шинель /в шинели **внакидку**（披着穿的军大衣），рубашка /в рубашке **наизнанку**（里朝外反着穿的衬衫）. 但不能跟其他格形式连用：*с шапкой набекрень, *для пальто нараспашку, *у рубашки наизнанку.

有些副词跟其他词类或词组同义，如跟形容词：Он скучен – Ему **скучно**. 跟动词：Он поспешил уйти – Он **поспешно** ушёл. В зале **шумят** – В зале шумно. 跟数词：первое – **во-первых**, два раза – **дважды**. 跟形名词组：на русском языке – **по-русски**等。

有一类副词可用作插入语，如：Он, **видимо**, изменил своё решение. Они, **конечно**, согласились. 它们就像推理述体一样，是作为第二命题使句子变得更加复杂。可以像动词一样把这类副词归入信源说明副词类。

跟形容词一样，副词的分类也取决于上下文中的搭配，如：Он **осторожно /тихо** открыл дверь.中的副词表示行为方式，而Он **осторожно**（不能用тихо）промолчал中的副词则表示原因，相当于из осторожности.

因此，同样可以把副词分为两类：1）建构或情态类副词（модальные наречия），它们使句子的语义结构变得复杂；2）实义或客观特征副词（диктальные наречия）。

§2　情态副词的分类

表示情态意义的副词分为以下两类：

（1）纯情态意义副词（наречия с собственно модальным значением）；

（2）情态评价副词（наречия модальной оценки）

2.1　纯情态意义副词

这组曾经被Виноградов称为状态范畴和情态词的副词，也分为两组：

（1）情态变异副词можно, нужно, надо, необходимо, нельзя, возможно等：Нам **надо** хорошо учиться. Мне **нужно** уходить. Ей **нельзя** много работать. В класс **можно** войти. Уже **невозможно** что-либо изменить.

（2）主观评述副词，包括：

1）心智述体видимо, по-видимому, конечно, наверное, очевидно, возможно 等：Лекция, **возможно**, придётся перенести. Фасон мебели, **видимо**, уже устарел.

2）说服力（персуазивность）的标志обязательно, наверняка, едва ли等：Завтра **обязательно** принесу эту книгу. Она **наверняка** согласится. Мы **едва ли** успеем на поезд.

2.2 情态评价副词

（1）价值判断副词хорошо，плохо，замечательно，прекрасно，ужасно，рационально，глупо，по-дурацки等：Мы должны **рационально** использовать компьютер. Он поступил **по-дурацки**.

这类副词中的一些副词具有多功能性，如：Здесь **хорошо**.和Мне **хорошо**.是对环境和主体状态的评价；Земля **хорошо** прогрелась.和Она танцует **хорошо**.表示过程的特征；另外一些副词只评价行为：Так поступать **нерационально**. Он **глупо** закричал. 该类副词极多，还可做更加具体的细分（见Арутюнова 1988）。

（2）特征的数量（度量和程度），包括以下副词：

1）带情态评价意义表示特征程度大小的副词абсолютно，безмерно，безумно，чудовищно，невыразимо，неслыханно，смертельно，необыкновенно，бесконечно，беспредельно，вовсе，совсем，нисколько не，отнюдь，далеко не，вовсе не等：Он **совсем** глупый. Это **вовсе не** означает, что он хуже двухзвёздочного отеля. Работа **далеко не** закончена.

2）带数量评价意义表示特征程度大小的副词（包括大、中、小程度）слегка，чуть，немного，едва；довольно，достаточно，вполне，полностью；очень，весьма，столь，крайне，вдвое，впятеро等：Рыбак **едва** выжил после нападения хищной рыбы. Я буду **предельно** краток. Он **вполне** самостоятельный человек. Он уже **достаточно** взрослый.

3）带更加具体程度意义的表示程度大小特征的相对评价副词，如：

● 表示两个大小特征之间差距的副词чуть，чуть-чуть，чуточку，еле-еле，много，немного，намного，куда（куда лучше），несопоставимо等：Больному уже **чуть /гораздо** лучше. Я **бесконечно** счастлива и благодарна Борису Всеволодовичу Громову. Благодаря вашему оборудованию я **намного** увеличил урожайность картофеля!

● 表示度量特征被突破的副词（не）слишком，излишне，чрезмерно，чересчур，чрезвычайно等：Он **слишком** любит петь. Самооценка у него **чересчур** завышена. По всей видимости, возможный интерес погасило её **чрезмерно** сложное математическое название. Польза некоторых продуктов **излишне** преувеличена.

（3）表示空间、时间、温度、物质等量化评价（метрические оценки）的副词 далеко, близко, вдали, вблизи, давно, долго, часто, редко, тяжело等：Он **тяжело** заболел. Надо держаться **вдали** от такого человека. 它们同时还是实义客观副词并与相应的场构成交叉域。

（4）表示行为评价的副词 трудно, легко, красиво, неуклюже等：В новом месте **трудно** работать молодым людям. Война началась как-то внезапно, **неуклюже** и непонятно откуда и зачем.

§3 表示客观特征的副词

3.1 表示方位的副词

（1）表示地点的副词 здесь, там, тут, везде, всюду, слева, справа, налево, направо, далеко, близко, внутри, вне, снаружи, вверху, внизу, впереди, посреди, вокруг, напротив, возле, вдали, вдалеке, вблизи等：Слева от библиотеки находится учебный корпус. Он осмотрел чемодан **внутри и снаружи**. **Вблизи** раздался крик. **Вдали** зеленеют травы. **Везде – спереди**, **справа и слева** – виднелись войска.

（2）表示运动方向的副词 внутрь, высь, вверх, вниз, вперёд, назад, направо, налево, вдаль, издали等：Он вошёл **внутрь**. Она смотрит **вдаль**. **Издали** докатился грохот грозы.

表示地点和运动方向的副词很多都是借助空间前置词构成的，比如由表示"从"的 с 和 из 构成的 слева, справа, сбоку, снизу, свысока, сверху, сдали, сзади, спереди, издали, издалека, изнутри等：Он идёт не по дороге, а **сбоку** по траве, чтобы не запылить сапог（大俄汉词典）。由表示"在、往"的 в 和 на 构成的处所和方向副词可形成对应关系，比较：внутри – внутрь, вверху – вверх, внизу – вниз, наверху – наверх等：Жир всплыл **наверх**. Эти идеи возникли и **наверху**, и **внизу**（大俄汉词典）。

表示方位的副词至今还没有被系统地描写过，但其中一些已被Яковлева（1994）和Панков（2009）做过细致的分析。

3.2 表示时间的副词

主要有 сейчас, теперь, сразу, тотчас, раньше, прежде, вчера, завтра, назавтра, послезавтра, рано, поздно, потом, затем, однажды, дважды, неоднократно, часто, давно, недавно, скоро, вскоре, сперва, сначала, долго 等：**Прежде** здесь был завод, а **теперь** появились новые дома. Я лёг спать и уснул, но **вскоре** меня разбудил топот и крики. После этой прогулки Андрей **дважды** пытался заговорить с Елей, но она избегала его даже в школе. (В. Закруткин)

3.3 表示原因的副词

（1）副词本身就带有原因意义，如 сгоряча, созла, спьяна, спьяну, спроста, сдуру, сглупа, сослепу 等：**Сдуру** проболтался.（因一时糊涂说漏了嘴。）Он **сглупа** ляпнул, а ты обиделся (СО).（他一时糊涂乱说，你却生气了。）**Сослепу** натолкнулся на стену.（由于看不清撞到了墙上。）

（2）副词在与动词连用时才获得原因意义，如 осторожно, благоразумно, тактично 等：**осторожно** промолчал, **благоразумно** согласился, **тактично** не стал спорить.

3.4 表示状态的副词

主要有 холодно, жарко, тепло, ветрено, пустынно, снежно, ярко, светло, темно, уютно, шумно, весело, приятно, грустно, радостно, смешно, больно, голодно, щекотно 等：В доме **тепло** и **уютно**. Мне **холодно** ногам. На душе **снежно и холодно** (Герцен). На душе **пустынно и неярко** (Солоухин).

3.5 表示行为方式的副词

主要有 быстро, точно, правильно, вразвалку（摇摆地走；四仰八叉地躺、坐），наотмашь（猛挥；把手向身旁伸出），дружески, прямиком, по-волчьи, по-медвежьи, по-бабьи, по-старому, по-новому, дыбом, столбом 等：Он ходит **вразвалку**, как утка. Она в одной руке несёт ведро воды, а другую, вероятно для равновесия, держит **наотмашь**（大俄汉词典）. Он **дружески** улыбнулся. С волками жить, **по-волчьи** выть（成语）.

除此之外，还有更加细微的分类，比如与人相关的副词：**бездеятельно** сидеть, **вопросительно** посмотреть, **гневно** воскликнуть；与人无关的副词：**рельефно** выделяться（凸显出来），**безоблачно** светлый 等。与人有关的副词还可按照述

体表现范围分为人的生理状态副词：больно，тяжело，душно等；心理状态副词：весело，довольно，приятно等；社会状态副词：одиноко，совместно等；关系副词：согласованно，дружно等；特征副词：сладко，горько，выпукло（突出地；清楚地）等。

  词的不同词汇语义变体可使同一个副词归入不同的语义类别中，如тихо和шумно既可表示状态（В комнате **шумно**. В лесу **тихо**.），又可表示行为方式（Он **тихо** пел. Он **шумно** выдохнул.）。类似的情况还有很多，比较：Во дворе **холодно**. В доме **тепло**（表示状态）. Он **холодно** посмотрел на неё. Они **тепло** встретили гостей（表示行为方式）.①

  总之，副词是表达语言的客观意义和主观涵义都非常重要的词类，需要将其与形容词的语义类别相关联并相比较，尤其是在评价意义方面。副词的语义类别和功能及其与汉语副词的对比是一个值得深入研究的课题。

---

① 更加详细的副词语义类别体系参见（Панков 2008b: 97-120; 2009）。

第14章
词的功能语义类别

§1 词的功能语义类别的概念

术语"词的类别"（класс слов）最早由Т.П. Ломтев（1972）提出，它有很多意义，有时与"词类"（часть речи）通用。在Всеволодова（2016: 119）的功能交际语法体系中，"词的类别"和"词的功能语义类别"（функционально-семантические классы слов）作同义词使用。

"词的功能语义类别"指的是：在词类内部的词的分类组合，它们分类的依据是词汇语义共性和在某个范畴（意义体系）中句法表现的同一性。相应的，在描写具体功能语义范畴时，如名词时间范畴、副词时间范畴、名词原因范畴、社会状态范畴等就划分出名词、动词和副词功能语义类别。在描写定语功能时，词的分类另有特点，比如与形容词具有同等功能的是形动词、数词和代词：в **прошлом** /**минувшем** /**этом** /**2021** году，以及非一致定语：в год **окочания школы**，в день **рождения**，все пять лет **учёбы**. 它们都被归入定语这一句法类别（即名词时间功能语义范畴）。

§2 词的功能语义类别组合的基础

在词类内部词的类别组合有两个基本特征：
（1）词汇语义的共性；（2）某个意义体系中的功能同一性。

2.1 词汇语义的共性
指同一类别的词称谓同一种现象，比如名词时间功能语义范畴分为两大类：
（1）词汇意义表示时间的名词：утро，год，старость，прошлое，минута；
（2）词汇意义不表示时间，但该词的某个形式表示时间: При Петре I等。
2.1.1 词汇意义表示时间的名词分以下几类：
（1）星期名称：понедельник，среда，пятница，воскресенье等；

（2）月份名称：январь, март, август, ноябрь等；

（3）昼夜组成部分的名称，可下分为：a）утро, день, вечер, ночь; б) полдень, полночь; в) рассвет, сумерки, закат, заход, восход（солнца）;

（4）四季名称：весна, лето, осень, зима;

（5）时间单位名称：секунда, минута, час, день, неделя, сутки, декада, месяц, квартал, год, век;

（6）确定的时间片段：пятилетка, столетие, десятидневка等；

（7）不确定的时间片段：время, пора, период, эпоха, эра, миг, мгновение, момент;

（8）其他分类：прошлое, настоящее, будущее等。

2.1.2 词汇意义不表示时间的名词分以下几类：

（1）表人名词：**При отце** всё было по-другому. **При Иване III** появилась на Руси почта.

（2）表进餐或食物的名词：**За обедом** все молчали. **За щами** Юра сказал, что…

（3）事件名词：Рукопись погибла **в пожаре**. **В войну** он был лётчиком.

（4）表社会组织活动名词：**На уроке** учитель объяснял текст = во время урока. **На экзамене** ей стало плохо = во время экзамена. **На собрании** говорили об изменении графика.

（5）表天气现象的名词：В самый **дождь** он ушёл. В такую **жару** трудно дышать. В **мороз** деревья в саду помёрзли.（Всеволодова 1975, 1983）

2.2 功能同一性

功能同一性表现在词汇句法范畴或功能语义场框架里句法表现的共性上，比如在描写名词时间范畴（客观时间定位）时有以下几种词形：

（1）表达同时性时星期名称用в+N_4：в среду, в четверг, в субботу;

（2）月份名称用в+N_6：в марте, в мае, в декабре;

（3）昼夜部分和季节名称用N_5：утром, вечером, ночью, весной, летом;

（4）节日名称用на+N_4：на праздники, на пасху, на Новый год, на Рождество.

2.3 词的功能语义类别的类型

词的功能语义类别可分为两种类型：

（1）封闭型，指该语言中的任何别的词也不能使词的类别扩大，比如一周有7天，一年有12个月；

（2）开放型，指词的列表无法穷尽，比如传统节日名称（五一节、三八节、谢肉节、圣诞节等），还有一些行政机关命定的节日（教师节、自由日、胜利日等）。

2.4 词的类别与词汇语义群的关系

词的类别可能与词汇语义群（лексико-семантическая группа）重合，也可能不重合。

（1）词的类别与词汇语义群不重合。地名不构成词汇语义群，但居民点的名称在名词方位功能语义范畴里构成一类词，它们跟普通名词（город, село, деревня）不同的是用词形под+N_5表示在附近：жить **под Москвой**，**под Мытищами**（= около Москвы, около Мытищ），但不能说*под городом, *под селом.（Всеволодова, Владимиркий 2009）

（2）进入词的类别的不是该词汇语义群的所有词，而只是在一定句法功能中表示该意义的某个词形，比如对人产生影响的词汇语义群有：воздействие, влияние, давление, нажим, напор, натиск（强迫），在表达名词原因功能语义范畴的原因因素时不是该群所有词在依附动词位都能构成词形под+N_5+N_2：**Под влиянием отца** он заинтересовался физикой. **Под воздействием теории** АЧ он занялся звучащей речью. **Под нажимом друзей** она взялась за эту работу. 但在表示"人的状态"功能语义范畴中的心智状态时只能用该类别里的воздействие, влияние, давление的词形под+N_5+N_2做谓语：Он находится **под сильным воздействием фильма**. Дети были **под влиянием учителя**. Правительство **под явным давлением аграрного лобби**（农业院外集团）. 不能说*Он под напором начальства. *Армия под натиском противника.（Махашева 1996）

2.5 同类功能语义类别词的不同句法表现

有时一些属于同一功能语义类别的词在句法中却表现为不同类的词形，比如表示时间单位及其组成部分的词（секунда, минута, час, день, сутки, неделя, декада, месяц, квартал, год, век）在名词时间功能语义范畴中表达未被行为完全占据的时间时，可用词形в течение+N_2，如医生的提问：Чем вы болели **в течение года**? 但当表达日历时间时则必须加限定词，而且不同的词需用不同的形式，如в+N_4: в эту секунду, в этот день, в наш век; в+N_6: в этом месяце, в 2021 году, в 19-ом веке; на+N_4: на следующий день, на будущий год等。（Всеволодова 1975）这是俄语词在句法中表现出的不同功能特点，也是中国学生学习的难点和经常犯错的地方，需要深入学习和掌握。

§3 汉语数量语义范畴中的量词与俄语的对应形式

目前，俄语功能语义类别词与其他语言的对比，尤其是与汉语的对比研究还很缺乏。由于俄汉语民族语言世界图景的差异，汉语数量功能语义范畴中的量词（счётное слово）在俄语中没有，它是汉语独有的词类。量词在跟不同类别的词及数词组成词组时有完全不同的表现。

汉语量词以前被看成实词，现在有语法学家将其归入虚词："量词也是虚词，可使名词个体化，标示计算单位"（范晓 1998b：72）。而俄语无论在实词还是虚词里都没有量词这一词类，只有一些类似汉语量词的名词，如表示成对的пара（"双"：[одна] пара носок— 一双袜子或"副"：[одна] пара очков— 一副眼镜）、成群的гульба（"群"：[одна] гульба детей— 一群孩子）、партия（"批"：[одна] партия товаров— 一批货物）、скопище（"伙"：[одно] скопище бандитов— 一伙强盗）、成套的гарнитур（"套"：[один] гарнитур мебели— 一套家具）和набор（"套"：[один] набор инструментов— 一套工具）、成打（12个）的дюжина（"打"：[одна] дюжина платков— 一打手帕）等。还有个别名词可以与汉语的量词对应，如：страница（"页"：[одна] страница книги— 一页书）、лист（"张"：[один] лист бумаги— 一张纸）、кусок（"块"：[один] кусок яблока— 一块苹果）、ломоть（"片"：[один] ломоть хлеба— 一片面包）以及表示同类物品中的一个的штука（"个"：пять штук яиц— 五个鸡蛋，"只"：десять штук кошек— 十只小母猫）。大多数情况下俄语的数词和可数名词结合时不使用量词，而汉语的数词和名词之间必须加量词，比如"给我一元钱"，不能说*"给我一钱"；"给我一把刀"，不能说*"给我一刀"（此处的刀变成动词砍的意思）。

汉语数词和名词结合时，不同的名词要用不同的名量词，俄语则没有，比较：одна книга— 一本书，два стола— 两张桌子，три стула— 三把椅子，четыре автобуса— 四辆公共汽车，одно семечко— 一粒种子，один самолёт— 一架飞机，одно одеяло— 一床被子，одна конфета— 一块（颗）糖，две птицы— 两只鸟，одна верёвка— 一根绳子，три карандаша— 三支铅笔，пять ламп— 五盏灯，одно окно— 一扇窗户，две реки— 两条河，одно дерево— 一棵树，одна жемчужина— 一颗珍珠，одна рубашка— 一件衬衫等。汉语量词的选择是约定俗成的，不能随意改变，比如不能说*"一块书"，*"两把桌子"，*"三只窗户"等，因此汉语量词是外国人学习汉语的难点之一，几乎没有规律可循，只能逐个记住。

汉语动量词在俄语中对应的情况比较复杂，主要有以下几种形式：

（1）经常用名词раз与汉语的"遍""次""下""回""顿"等对应，如：Я читала эту книгу уже **три раза**.（这本书我已经读了三遍。）Сегодня я её видела **два раза**.（今天我看见过她两次。）Посмотри ещё **раз**.（再看一下。）Она была у меня **два раза**.（她来过我家两回。）Он кушает только **два раза** в день.（他一天只吃两顿饭。）

（2）与汉语表示行为全过程的"场"字对应的俄语词各不相同，如：Труппа дала **десять представлений**.（剧团演出了十场。）По телевизору передавали **два футбольных матча**.（电视转播了两场足球赛。）Она плакала **навзрыд**.（她大哭了一场。）

（3）靠语法手段来对应，如："下"与表示短时行为的前缀по-对应：他拍了弟弟后背一下—Он **похлопал** брату по спине."阵"与表示突然发生且短时延续的前缀по-或раз-对应：下了一阵雨—**Полил** дождь. 响了一阵炮声—**Раздались** выстрелы из пушки. "趟"与表示往返动作的前缀с-对应：我去了一趟市场—Я **сходила** на рынок.

（4）与表示行为方式、工具、手段的名词对应：砍了一斧头 — рубнуть топором. 切了一刀 — разрезать ножом. 打了一拳 — стукнуть кулаком. 看了一眼 — бросить взгляд. 放了两枪 — сделать два выстрела.

综上可见，汉语量词在数量功能语义范畴中的句法功能非常独特，是外国人学习汉语的难点和经常犯错的地方。了解汉语量词在俄语中的各种对应形式，有助于两国学生对俄语和汉语的进一步学习和掌握。

第三篇 语言的内容实体及其语言单位

第15章
概念范畴及功能语义场

§1 概念（逻辑）范畴和观念[①]

Всеволодова（2016: 125）认为，任何一门科学都运用着一些被某种方式组织起来的概念集合，这些集合被称作范畴（категория）。语言学中就有很多范畴，比如俄语中的纯语言学范畴有格、词类、语法"性"（род）、动词体等范畴，其中有一些范畴反映操该语言者对客观现实的"印象"，如动物性/非动物性、数、地点、时间、原因等范畴。

语言反映语言外客观事实的特性构成了语言认知的语义空间，这一语义空间包含了很多人类在历史实践中所认知的各种概念范畴（понятийные категории）[②]，它们反映客观世界中事物和现象最一般的特性、特征、联系和关系。通常认为，范畴有物理层面，即本体层面（онтологический аспект）、哲学层面（即认知层面〈гносеологический аспект〉）和语言学层面（лингвистический аспект）。本体层面指客观事实现象本身的实质，比如物理学中的时间范畴指的是拓扑度量空间。认知层面反映的是人类智慧对世界的结构化，比如哲学家们把时间划分为两个层面：（1）事件的同时性/异时性；（2）持续性。语言学层面是所有语言手段对本体和认知层面的客观化呈现，比如语言中的时间范畴包括同时性/异时性、持续性和重复性，尽管时间本身是一维的、单向的、不重复的，但事件是重复的，如восход и заход солнца，изменения Луны，времена года等，

[①] Всеволодова（2016: 125）指出，涵义比意义多，意义比词多，词比形式和术语多，因此每个形式和每个术语都是多义的。术语观念（концепт）有四个意义：1）概念的基本分类（逻辑范畴）；2）与词相对应的某个一般概念（如общение一词的概念）；3）在Д.С. Лихачёв的观念中指对操某语言者有特殊涵义的词；4）在О.Н. Селивёрстова（2004）的观念中指词（实词和虚词）的语义结构，如前置词около（чего）和возле（чего）在表示近距离空间时是同义词，但却有一套不同的观念。

[②] 概念范畴跟语义范畴和语法范畴紧密相关，但层次有所不同，它们之间是非语言的和语言的民族观念的关系，是语言思想内容及其外部表达手段的关系。语法范畴通常指相互排斥和对立的语法意义，语义范畴是抽象的概念范畴在语言中的具体呈现，常由表层语法和深层语法手段表达，表层语法的主要手段是词类和语法范畴（词法和句法范畴），深层语法的最主要手段是语义变体、组合义素、派生句型和语境（包括词汇的和句法的语境）(Васильев 2009: 137)。

这些事件可以帮助人们理解时间范畴。因此，Всеволодова（2016: 125）认为，时间在语言中有多个范畴，如同时性、异时性（即时序）、重复性和持续性等范畴。

任何认知现象都必须用自然语言对其进行描写，范畴不可能在语言之外存在，认知和语言之间的这种紧密联系反映在语言本身的结构上。作为自然和社会发展客观现象的语言本身具有场结构，同时也反映着世界构成的场结构。基于认知建立在对立基础上，即把某现象与整体对立或归入某一类现象的范畴，语言就反映出在对立结构中形成的认知特性，也反映出必然建立在对立之上的语言学范畴本身。（Кубрякова 1997: 167）

概念范畴这个术语首先由丹麦语言学家Есперсен在其经典著作《语法哲学》①（1924）引入科学，之后由Мещанинов在《语言中的概念范畴》（1945）一文中引进俄语语言学，他指出概念范畴不只由语言手段来描写，还形成语言的语义空间和语法结构。Всеволодова（2000: 76）依据Мещанинов（1945: 11，15）的定义指出，概念范畴指那些在语言中、词汇群的语义中、词的形成和句子的构成中被表达出来的系统概念，其具体数量暂不确知，常见的有动物性/非动物性、人称/非人称、性、数、格、地点、时间、原因、数量、质量和状态等。

在Шмелёва（1994）最初建立的语义述体类型基础上，Всеволодова（2016: 137）经过一系列的语料分析创建了更普适的逻辑（概念）范畴及其表现范围，由原来的五个观念增加到七个。每个观念之间及其不同的表现范围之间没有严格的界限，如Волк - хищник.表达的是狼和猛兽类动物的关系（还可表达为Волк относится к классу хищников. Волки относятся к классу хищников.），而Маша - студентка.表达的是单个指称主体的分类特征，以上两个句子在结构和语义上都很接近。Я восхищаюсь этой книгой.表达的是主体对客体的态度，而其转换句Я в восхищении от этой книги.表达的则是主体的状态，但二者是同一聚合体的成员，是表达同一事实的语句。可见，行为、关系和特征包括各种不同的情景。概念范畴在具体的语言中表现为功能语义场。

§2 功能语义场——概念范畴的民族体现

2.1 场概念

场理论（теория поля）由德国学者特里尔（Трир，Trier）于1931年首次引进语言学的词汇学中，他把一种语言的词汇看成一个组合的系统，其中某些词可以在一个共同的概念支配下组成一个语义场，该场中每个词的意义取决于场内与之相邻词的意义。

---

① 英语版《语法哲学》出版于1924年，1958年俄语版问世。

其实，不只是词汇学，语言的其他层面以及语言作为一个整体都具有场结构特点，比如 Всеволодова（2010a）及其研究团队（Всеволодова и др. 2014, 2018）就证明了俄语前置单位的功能语法场、模型句功能语法场（Всеволодова 2000, 2016）、副词功能语法场（Панков 2009）、功能语用场和功能交际场（Всеволодова 2009a）的存在。Всеволодова（2016: 128）总结了场具有以下几个共同特征：

（1）场有场心和逐渐扩大的边缘区，所有功能语义场都是多中心的，而功能语法场是单中心的，这取决于场的类型；

（2）在场结构中有许多微型场，这个特点首先针对的是功能语义场；

（3）场与场之间有交叉，就是说，有些参项同时进入两个或多个场，比如形动词和由动词构成的形容词лежащий, растворимый 同时进入行为场和特征场；而类似 непобедимый, несгораемый 一样的形容词跟 нужный, желательный, необходимый 等形容词一样，还进入情态场；而类似 настенный, подземный, межпланетный 的形容词同时属于特征场和方位场。

Всеволодова（2009a）对场概念做了如下补充："场是一个带有中心的连续统构造，就像世界形成的普遍结构一样（比如万有引力场、电场等）。"场呈现出鲜明单一地从核心向边缘区依次变弱的结构特点，整个场结构依次为：（1）场心（ядро），（2）近心区（приядерная зона），（3）近边缘区（ближайшая периферийная），（4）远边缘区（отдалённая периферийная），（5）更远边缘区（более отдалённая периферийная）以及与其他语义场交叉的区域。

2.2 功能语义场概念

功能语义场（функционально-семантическое поле，简写为ФСП）是语言现象整体语法描写的新方法。俄语语法的构造复杂而多变，但却是一个统一的完整体系。对这个体系进行客观研究需要新的方法，其中最有效的方法就是功能语义场。

由于各民族对世界的主观感受不同，概念范畴在各语言中的表现也有不同程度的差异，所以功能语义场是概念范畴的民族体现，在各种语言中都有自己的功能语义场，如俄语的、汉语的、英语的、丹麦语的功能语义场等等。功能语义场这一描写方法是对语言结构整合研究的优选和普适方法。语法和词汇是表达某语言反映语言世界图景的各种典型意义体系的手段，只有语言的所有语法词汇手段集合起来才能显明存在于人类认知中的各种概念范畴的知识总和。语言中的所有知识总和及意义集合构成各种各样的概念范畴，被语言不同手段表达的意义集合构成该语言的功能语义场。

功能语义场概念是由Бондарко创立的，指"在一定的语义范畴基础上对某语言的语法单位和'建构'词汇单位以及各种联合（词汇—句法等）语言手段的划分，这些划分都建立在共同的语义功能基础上。"（ТФГ Т.1 1987: 11）功能语义场的组成成分是语义范畴以及与该语言具体形式表达手段相关的语言类别和单位（Бондарко 1984: 21-24）。

功能语法的一个重要任务是对功能语义场本身进行分类。以Бондарко为总主编的系列专著《功能语法理论》（ТФГ ТТ. 1-6，1987-1996）给出了较详细的分类，虽然经过不断的完善，但可能依然不是最终的分类。其实，功能语义场最初的分类是根据各种关系的表达手段（基本上是按词类）划分的，跟概念范畴观念并不对应，因为在那个年代俄语学里还没出现观念一词。但Бондарко分类中的很多具体建议对未来的研究依然有非常重要的意义。

§3　Бондарко对功能语义场的分类

Бондарко根据句子或语段语义结构的语法语义概念，以具有相对较高抽象性的语法语义为区分特征，把体系性联系的语言划分为四大功能语义场。功能语义场体系中的每个大类又包含若干子场，某个语义场在不同程度上都与某个语义类别有直接关系，并从属于该语义类别。

3.1　带行为或述谓场心的功能语义场（ФСП с акциональным или предикативным ядром），这是功能语义场的主要类型之一，它包括：

（1）体貌—时貌关系功能语义场（ФСП аспектуально-темпоральных отношений），包括：

1）体貌（аспектуальность）：читал – прочитал – прочитывал；

2）时貌（темпоральность）：читать – читаю – буду читать；

3）表示行为之间时间关系的时序（таксис）：встал и пошёл; сидит и пишет.

（2）情态—存在关系功能语义场（ФСП модально-бытийных отношений），包括：

1）情态场：читал бы（客观情态）；должен / может читать（句法内部情态）；

2）肯定/否定（утвердительность / негативность）：Весь день сидел – За день не присел ни разу.

3）陈述/疑问（повествовательность / вопросительность）：Я сяду на диван – Куда ты сядешь? – Пришёл ли он?

4）存在场（бытийность或称экзистенциальность）：Хлеб есть; Змей в лесу нет.

（3）行为—主体和行为—客体关系语义场（ФСП акционально-субъектных и акционально-объектных отношений），包括：

1）主动/被动关系（залоговость）：Завод строят – Завод строится.

2）及物/不及物关系（переходность/непереходность：Дети рисуют цветы – Дети бегают.

3）反身关系（рефлексивность）：мыться, одеваться, чувствовать себя.

4）相互关系（взаимность）：ссориться, помогать друг другу.

（4）与以上各成分有关的状态语义场（Поля состояния）：В комнате тепло. Он болен. Мне плохо. Мама в тревоге.

3.2 带事物或主—客体场心的功能语义场（**ФСП с предметным или субъектно-объектным ядром**），该类语义场主要体现的是主体语义与动词的关系，包括主体性（субъектность）、客体性（объектность）、语句的交际视角（коммуникативная перспектива высказывания）、确定性/不确定性（определённость/неопределённость）（详见ТФГ 1992；ТФГ 1996）。Всеволодова将其更准确地称为题元场（актантное поле），细化为以下几类：

（1）动物性/非动物性（одушевлённость/неодушевлённость）：купить **кота** – купить **дом**. 在动物性语义场里还可分出人类/动物微型场（микрополе антропонимов/зоонимов）：В роще **поют** – В роще **поют соловьи**.

（2）确定性/不确定性：**Парень** вошёл в автобус – В автобус вошёл **какой-то парень**. **Маша** звонит – **Кто-то** звонит.

（3）表达情景参项各种关系的语义场，如：

1）纯客体场：смотреть **телевизор**, писать **письмо**, читать **журнал**.

2）所叙内容场（делиберативность）：песня **о любви**, рассказ **о счастье**, статья **о спорте**.

3）其他题元场，包括：

 а）工具场（инструментальность）：писать **ручкой**, чистить **пылесосом**, поливать **из лейки**（用喷壶浇水）。

 б）与事（或称对象）场（адресатность）：сказка **для детей**, письмо **отцу**, подарок **сестре**.

3.3 带质量—数量场心的功能语义场（ФСП с квалитативно-квантитативным ядром），这类语义场的特点是都与"特征性"语义相关，同时，与动词和名词"性范畴"紧密相联系，包括：性质、特征、数量、领属等。这一语义场与第一、二、四类语义场都有所交叉。具体包括：

（1）事物的特征或数量：Улица - **широкая**. Мальчик - **симпатичный**. Домов - **два**. 这一组与第二类题元场相交叉。

（2）行为的特征或数量：бегать **медленно**, читать **бегло**, проходить **дважды**, **удвоить** усилия, **повторить** вопрос. 这一组与第一类述谓场相交叉。

（3）特征的特征或数量：**удивительно** красивый, **недостаточно** убедительно, **втрое** выше.

（4）比较特征：книга **толще** журнала, **самый** длинный проспект.

（5）领属特征：**моя** комната, **папин** костюм. 这一组也与第二类题元场相交叉。

（6）行为方式特征：петь **дискантом**（童高音唱法），вышивать **крестом**（十字绣法）. 这一组与疏状场相交叉。

3.4 带疏状场心的功能语义场（ФСП с обстоятельственным ядром），该类语义场主要与疏状语义对应，包括：

3.4.1 带共同制约意义的语义场系列（комплекс полей с общим значением обусловленности），包括：

（1）因果关系场（ФСП проичино-следственных отношений），其中有三个微型场：

1）原因和结果场：**Из-за дождя** опоздали. Шёл дождь, **поэтому** опоздали. Он заболел, **потому что** простудился.

2）逻辑推断场：Опоздали - наверное, дождь задержал. Румянец - признак здоровья.

3）逻辑关系被破坏的让步场：**Несмотря на дождь** все пришли вовремя.

（2）目的关系场（ФСП целевых отношений），包括两个微型场：

1）目的场：Он сходил **за хлебом**. Я кричал, **чтобы** все услышали.

2）指定事物场：деньги **на питание**, бутылка **под сок**, воза **для цветов**, хлеб **к обеду**.

（3）条件关系场（ФСП условия）：包括以下微型场：

1）条件场：**Если** похолодает, сиди дома. **В случае** дождя прогулка не состоится.

При наличии ошибок работу придётся переделать.

2）情景场：**В темноте** я плохо вижу. **На холоде** масло замерзает.

3.4.2 带定位意义的语义场系列（комплекс полей с ориентационным значением），包括：

（1）方位场（ФСП локативности），包括以下微型场：

1）客观空间定位场（即名词方位）：**На юге Китая** произошло наводнение. Он едет **в город. Из Шанхая** приехала моя подруга.

2）主观空间定位场（即副词方位及其他）：Мама **здесь.** Иди **сюда. Вдали** виднелась роща.

方位场与存在语义场相交叉，因为在存在情景中方位是必需的（如果有什么，则必然是在哪里），同时也与述谓场相交叉。

（2）时貌场（ФСП темпоральности），包括：

1）名词时间场（即客观时间定位）：**В апреле** поеду в Москву. **К утру** пошёл дождь. **Два дня** мы были в Шанхае.

2）副词时间场（即主观时间定位以及其他一些行为、事件和特征的时间）：**Скоро** будет осень. Он **часто** пишет письмо маме. **Завтра** папа уедет в Нанкин.

（3）比较场（поле сравнения），这个场实际上属于关系述体类，明显与题元场交叉：Время летит **стрелой**（= как стрела）. Он рычит **как тигр. Подробно взрослым**，дети работали на поле. 这一语义场还与第三类型语义场中的比较特征和行为方式特征场相交叉。

在以上四种分类中都有表示各种不同关系的词形的词类属性或句子成分特征作基础，比如第一类是动词，第二类是名词，第三类是形容词和数词，第四类是副词和与其同功能的名词格形式。

以上四种场类型之间没有严格的界限，所以时间场既进入以述谓性为核心的语义场，也进入以疏状为核心的语义场，方位场还服务于存在语义场，动词的态相场与主—客体关系场交叉，确定性/不确定性与质量—数量场紧密相联系，所有疏状场都与述体关系有联系（Бондарко 1983: 41-42; ТФГ Т.1. 1987: 28-32）。

尽管目前功能语法已划分出30多个功能语义场，但应该指出的是，语义场是一个不断完善、不断细化的开放性体系，在研究的过程中还会不断被细化。

§4　功能语义场的结构类型

4.1　Бондарко 的功能语义场结构说

到目前为止，在语言学界对功能语义场的结构还没有完全统一的认识。Бондарко（1983: 41-43）将功能语义场分为两种结构类型：多中心结构和单中心结构，在每个单中心功能语义场或构成多中心功能语义场的子场框架内，最重要的组成部分是以一定方式构成结构集合的某个层面的单位，这些集合要么是无层级的集合，要么是有等级的体系。前者是分类（классификация），后者是体系化（систематизация）①。虽然分类和体系化并不矛盾，但它们是科学研究的不同阶段。

多中心结构功能语义场的典型特点是：语义场可划分为几个部分，每一部分都有自己的场心和边缘成分。在俄语中，大部分功能语义场属于多中心的结构。

单中心结构又分为两类：

（1）以一个完整的语法核心为依据的语义场，如时貌语义场的核心是时间语法范畴；客观情态语义场的场心是动词的式范畴；比较语义场的场心是形容词和副词的比较级范畴。

（2）以属于语言体系不同层次（词法、句法、词汇—语法等）的一系列相互作用的语言手段为依据的语义场，如持续语义场、时间定位语义场等。这类结构按某些特征来看，其实更接近多中心语义场，只不过那些组成固定综合体的语言手段不是语义场的不同中心，而是同一中心相互作用的不同成分（杜桂枝 2000: 128）。

4.2　Всеволодова 对时间功能语义场结构和功能语义范畴的划分

Всеволодова（2000: 80-82）最初受Бондарко（ТФГ ТТ. 1-6 1987-1996）对功能语义场结构划分的影响，认为时间功能语义场结构是个单中心的圆形结构，包括：

（1）场心（ядро），指在语义层面与几个微型场相对立的功能语义范畴，如时间场的中心就是表现为过去－现在－将来微型场的动词时间语法范畴，这个场的句法中心就是动词的时间形式。

（2）场心周围的近边缘区，指句法层面与动词时间不符的语法时间：**Иду я вчера по улице**（历史现在时）；**Послезавтра уезжаю**（现在时表示将来时）。以上两种情况

---

①　分类和体系化的区别是：1）分类有严格的界限，而意义体系在语言的连续统中有过渡区域，这相应地反映了语言本身的场结构；2）分类会有成分集合划分不均的现象（在传统分类中经常如此），体系化使用的是逻辑分析的二分法，其结果是二元对立的树形图；3）分类通常是封闭的集合，意义体系可以在较低级别上继续划分并具体化。

中都必须有标记过去或者将来时刻的时间状语。此外，还可以通过上下文标记来判断：**Вышла** я из дома, **иду** по улице. 其中过去时是由前面的动词形式决定的。这些情况都进一步证明了状语和行为语义场的紧密联系。

（3）较远边缘区，指词汇层面，其中不仅包括词（лето，день，вчера，зимний，ночевать，продолжаться等），还包括名词短语（в тот день，всю осень，к семи часам，за год等）。

（4）最远边缘区，指上下文手段，如：Сам Григорий Данилович не нашёл в себе силы даже днём побывать в том здании, где он видел **залитое луной** треснувшее стекло в окне（Булгаков）. 其中词组залитое луной表示"夜晚"之意。

后来Всеволодова（2016: 130）通过对时间、空间、原因范畴的分析发现，功能语义场结构不只是单中心的放射圆形结构，还是由不同功能语义范畴构成的扇面形结构（见图15-1），这是因为在功能语义场中所有类型的语言单位都不是独立的而是根据其层级（词、词形、名词短语、句子等）构成自己的功能语义范畴，比如时貌功能语义场中划分出以下功能语义范畴：

（1）名词短语构成的名词时间范畴：зимой, в мае, к вечеру, годами, весь день, с утра до вечера, в будущем марте等。

（2）副词构成的副词时间范畴：давно, вскоре, потом, заранее, часто, неоднократно等。

（3）动词时间形式构成的动词时间范畴：пишу – писал – буду писать，动词时间的所有形式都有直意和转意用法，比较：Вчера я шёл домой; **Иду вчера** домой, и вижу...; **Завтра** я **иду** в музей; Он сказал, что **будет звонить**, но не позвонил.

（4）带时间意义的形容词构成的形容词时间范畴：отъезд **вечерним поездом**, **весений** лес, **мгновенное** исцеление, **десятилетняя** девочка, **межвоенный** период, **предвыборный** плакат等。

（5）时间关系说明词构成的简单句时间范畴：Рождество **выпало** на среду. Эти церкови **разновременны**. Иван – **ровесник** этих событий.

（6）带时间从句的复合句时间范畴：**Когда** стемнело, зажгли свет. Сиди здесь, **пока** я **не** приду. **Перед тем как** начать есть, надо помыть руки.

（7）表示时间运动（开始、继续等阶段特征）的句子构成的时间范畴：**Наступила** весна. **Кончились** занятия. Урок **продолжается**. **Прошло** много лет.

Всеволодова（2016: 131）用下图呈现出时间功能语义场的结构：

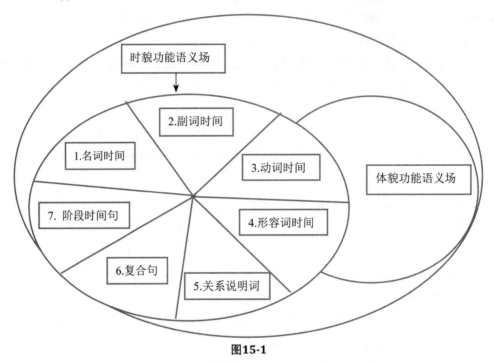

图15-1

从上图我们不难看出，时间功能语义场是一个由多范畴和多中心构成的时貌功能语义场与体貌功能语义场交叉的场结构。

§5　Всеволодова对功能语义场理论的重新考量

5.1　对Бондарко功能语义场理论的评价和修正

针对Бондарко理论中的功能语义范畴和功能语义场的特点，Всеволодова（2016: 129）作出了以下评价和修正：

（1）Бондарко对功能语义场的分类是不断完善的，六卷本《功能语法理论》的分类跟最初（Бондарко 1983）的分类已有所不同。他最初的分类基本上是按词类划分的，依据是主要表达手段与各种关系的对应，实际上跟概念范畴观念并不对应[①]，因为那个年代

[①] Всеволодова (2016: 128) 指出，限于认知程度的不同，人不可能对某个语言层面、语言单位和范畴的类型一下子做出准确的划分，比如 Виноградов 最初把状态和情态范畴看作句子成分就是如此。早已有学者 (Клобуков 1993; Кубрякова, Клобуков 1996) 指出过功能语义场的划分原则在符号及其内容层面（即语言外本体层面）上有不对应的情况。

的俄语学中还没有出现观念这个概念。但是Бондарко的分类中有很多对后续研究非常有益和重要的观点，为后续的功能语义场分类打下了理论基础。

（2）Бондарко把功能语义范畴和功能语义场两个概念当作同义词引入功能语法，现在看来并不准确，因为它们实际上是两个完全不同的概念。但这个不准确在当时是不可避免的，因为这两个完全不同的结构在语言中是一个二元统一的整体（ТФГ Т.1 1987: Введение）。况且范畴本身也有场结构，只是类型不同而已，范畴正是用自己的结构形成了场。

（3）场在表面上是一个有中心的圆或范围，其中心部分的意义最纯正有力，然后朝边缘区依次变弱。此时的功能语义场跟物理学的磁场、电场等类似。

（4）Бондарко指出，场可能有大小的不同，有些场包括几个不同的功能语义场，比如时间场就包括两个不同的功能语义场：时貌场（时间的表达手段）和体貌场（表达行为在时间中实现的手段），第一个是反映场，显示操具体语言者对时间本身的感受和认知；第二个是解释场，指出行为在时间中的典型民族特点。

（5）对时貌和数量两个功能语义场表达手段的分析证明，每个场的语义基础都由几个语义范畴构成，它们以不同的形式出现在构成该场的所有功能语义范畴里。比如时貌场里有以下范畴：

1）同时/异时（时序）范畴，即两个或更多事件、现象在时间里重合/不重合，及其在时间里的相互位置：同时、之前、之后、之间；

2）持续范畴，即表明行为在时间里的长度；

3）复现范畴，也是均分功能语义场（ФСП расделительности）的成素。

而数量功能语义场里有四个范畴：

1）人或物的数量（集合）：сколько, как много? один, двадцать, тысяча, вдвоём, вдесятером等；

2）人或物的大小/尺寸：насколько большой, длинный? один метр, три литра, два грамма, пять лет, сто ватт等；

3）次序：второй, девятый, во-первых, в-третьих, в-десятых等；

4）相互关系（两个或以上大小、参数、比例、幅度）：комната пять на семь метров（5×7米的房间），раствор крепостью один к трём（浓度为1:3的溶液），высота три-пять метров（高度为3-5米），энергия свыше десяти в двадцатой степени（10^{20}）（高于10^{20}单位的能量）。

（6）不同的功能语义场可能相互交叉，而且不只是在边缘区，也可能是在中心区，比如时貌场在名词时间范畴里跟体貌的交叉在场心就已经发生：Летом приехал /строил /

построил – Всё лето строил – За лето построил. 在近心区跟均分场交叉：В среду /В среды /По средам семинар. 在边缘区与空间场（**За ужином** мы говорили о мировой проблеме коронавируса.）和原因场（Рыба брала **по осени** редко и осторожно.）秋天鱼咬钩少且小心交叉。

（7）在功能语义场中所有层面的语言手段（构词成分、词汇、词形、词组、句子）都严格地按照功能语义范畴排列组合，每个范畴也都有自己的中心和边缘，因此，在功能语义场里没有无组织、无范畴的语言单位，在功能语义范畴里每个层面的语言手段都有组织地发挥作用。这一点可在时貌功能语义场划分出的各功能语义范畴得以证明（见图15-1）。

5.2 对功能语义场类型和结构的补充说明

通过对功能语义场和功能语义范畴的研究，Всеволодова（2016:132）认为，应该对《功能语法理论》（ТФГ ТТ. 1—6 1987—1996）给出的功能语义场的类型和结构做如下补充说明：

（1）鉴于功能语义场内部所有手段，无论是词素、词形、词组、词汇本身（如关系说明词），还是复合句等，都不是无序的集合，而是有自己中心的功能语义范畴，因此功能语义场是多中心的，其内部功能语义范畴有多少中心，场就有多少中心。

（2）只分出某一个手段作为场心是不合理的，因为语句中每个手段都是重要的，比如关于猛犸的句子 Мамонты **вымрут** только в IV-ом веке нашей эры. 中动词用的虽是将来时，讲的却是过去久远的年代，因主要信息是由时间名词短语表达的。

每个功能语义场都针对不同的概念范畴，但也有可能跟其他概念范畴的功能语义场交叉，比如数量功能语义场属于特征概念范畴，但其功能语义范畴却可能跟时间和空间功能语义场交叉：比较：За прошлую неделю позвонил **один раз**. 不能说*За прошлую неделю позвонил. Во всём зале сидит **три человека**. 不能说*Петя сидит во всём зале.

此外，时貌功能语义范畴还可跟以下功能语义场交叉：

（1）空间场：**При Иване** III итальянский архитектор Аристотель Фьораванти построил в Москве новый Кремль. **За ужином** мы говорили о коронавирусах КОВИД-19. 这两个句子中的句素 При Иване III 和 за ужином 表示主体出现在此时此地。比较：**Во время Ивана III**（不能说*При Иване III）жил во Флоренции архитектор Аристотель Фьораванти. **Во время ужина**（不能说* За ужином）пришёл почтальон. 比较英语 at tea – за чаем（喝茶时）.

（2）原因场：Я думала, мой муж толстеть начнёт **по урожайному году**（Николаева）. Рыба брала **по осени** редко и осторожно（Паустовский）.

（3）情景场：**В голубых сумерках** призывно светлели окна изб. Перекладины столов были основательно замызганы ещё **по последней осенней грязи**.

（4）属于数量场心的均分场：**По пятницам** нам показывают фильм. Мы отработали **по три часа**.

另外，对象功能语义场（ФСП адресованности）还包括目的范畴在内，比如句子 Маша дала **Пете** книгу. 中**Пете**是接收物质客体的对象本身，句子 Мама купила **для Пети /Пете** книгу. 中的**для Пети /Пете**是主体行为的受益者，而**Для воды** мама взяла жбан.中的**для воды**表示物体的适用性，这个形式传统上被看成目的结构。其实，词形 для Пети /Пете，для воды 都与目的从句的功能相同：Мама купила книгу, **чтобы подарить Пете**. Мама взяла жбан, **чтобы налить туда воду**. 因此，这也是不同功能语义场之间的交叉。还有很多其他的交叉，如时貌场与行为场中的体貌场交叉：Приду **в субботу** - буду приходить **по субботам**. Дом **строили** 2 года - Дом **построили** за 2 года.

5.3 功能语义场和词汇的关系

每个功能语义场都有属于自己并服务于该场的元词汇（металексика），即称谓构成该功能语义场内容层面的概念、关系、意义的词，是概括程度最高的一类词。元词汇在场的两个层面起作用：

（1）单词层面，即词的词汇语义变体层面，用来构成该语义场的常用词汇量（лексикон）；

（2）词的形式层面，通过具体功能语义范畴里词的功能语义类别进入功能语义场。

下面列举一些功能语义场的常用词汇：

（1）时间功能语义场的常用词汇有：

1）带时貌词汇意义的名词：время, пора, период, эпоха, эра, миг, мгновение, момент; прошлое, настоящее, будущее等；

2）时间关系说明动词：совпадать, приходиться（на что）, приурочить（预定在……时候）；длиться, продолжаться, тянуться等；

3）大部分时间副词，尽管其中有些同时也属于数量功能语义场，如часто, редко, дважды等。

（2）方位功能语义场的常用词汇有：

1）名词：пространство, место, территория, площадь, край, сторона, поверхность, центр, бок, направление, окраина等；此外还有同时进入数量功能语义场的表示大小的参数名词：протяжённость, высота, глубина, длина, широта等；

2）动词：находиться，помещаться，располагаться，занимать等。

（3）原因功能语义场的常用词汇有：

1）名词：причина，повод，следствие，результат等；

2）原因述体动词，包括：

- 支配原因名词的动词вызвать，обусловить，заставить，определить：В театр меня **заставило** прийти любопытство. Циклон **обусловил** выпадение осадков. Ливни **вызвали** наводнение.
- 支配结果名词的动词определяться，обусловливаться，объясняться，вызываться：Обильные осадки **объясняются** прохождением циклона.

其他功能语义场的常用词汇可依此类推。

值得注意的是，在构成功能语义类别时语言的词汇总量（лексика）要比言语中的常用词汇量（лексикон）多，比如一些不称谓时间的词形或词组（в дождь，за чашкой кофе，на экзамене）也进入时貌功能语义场；一些称谓状态的事物名词词形也进入状态功能语义场：Руки – **в маслах**. Скатерть – **в дырках**. Дом – **в трещинах**.

5.4 功能语义场理论的优势

功能语义场是一个包含内容及其表达手段的统一体，每一个语义场都包括一些语义范畴体系以及表达这些范畴体系的各种语言手段。功能语义场理论是语言现代描写的基本方法之一，除了语言现象之外，这一理论还可以运用到对任何一种客观世界现象的研究中。

功能语义场是非常适用于应用功能交际语言教学法语言模式的概念，理论上证实几十年前在对外俄语教学实践中采取的从语义出发提供语言材料的正确性，即在一课里给出表达相同语义的从词素到复合句等不同层面的所有手段。Всеволодова以教授外国人俄语为目的带领她的学生对时间、空间、原因、状态等范畴进行的研究都反映了功能语义场特点（详见Всеволодова，Потапова 1973；Всеволодова，Владимирский 1982；Всеволодова，Ященко 1988；Всеволодова，Го 1999；Лебедева 1992等）。Бондарко（ТФГ Т.1 1987: 38）认为："功能语法研究具有探索性特点，其对语法描写原则和原始概念所提供的系统描述是一种需要在以后的功能方向研究过程中不断确切和发展的理论。"Всеволодова（2009a，2016）依据这一观点对该理论进行了修正和补充，把功能语义场看作语言内容层面更加具体的单位，即每个语言中都有自己功能语义范畴的民族特性的体现。

鉴于功能语义场数量繁多，无法一一描述，下面只对较典型的数量功能语义场做具体介绍。

§6 数量功能语义场分析

6.1 数量功能语义场的分类

数量功能语义场由四个微型场组成：

（1）多数微型场（микрополе множества），即可数的离散物体、特征或现象的数量，包括下面两个片段：

1）无标记多数：В Пекине есть **парки**. **Экзамены** он сдал. **Стулья** сдвинуты.

2）广义多数，包括以下几个下位次场：

　　а）"单数"次场：В университете **одна библиотека**. **Стол** стоит у окна. Он взмахнул **рукой**.

　　б）确定多数次场：Школ в городе **четыре**. У нас было **три** лекции. Он сказал ему об этом **дважды**. Мама купала **десяток** яиц. Журналов на полке **восемь**.

　　в）不确定多数次场：Купили **несколько** книг. Пришло **много** гостей. Из-за **большого количества** ошибок в работе оценку снизили.

（2）次序微型场（микрополе порядка），指同类事物或现象的顺序排列关系：**первый** урок, **вторая** аудитория, **третья** дочь, **восьмой** этаж.

（3）参量值微型场（микрополе величины）或称可测量的非离散单位（недискретные единицы）数量微型场：Телебашня имеет в высоту **85 метров**. Напряжение в сети **более тысячи вольт**. Работы – на **две недели**.

（4）数量和参量关系微型场，包括：

1）比例微型场（микрополе пропорций），即数量特征的不同多数对比：В прошлом году у них отмечено **два развода** на каждые **пять новых браков**. **Заработок молодого специалиста** составляет 60% от **заработка ведущего инженера**. В среднем на **пятнадцать каменных метеоритов** приходится **один железный**.（石陨石跟铁陨石的平均比例是15比1。）

2）构成同一物体、现象或多数的数量特征：На тихий океан приходится **50% водной поверхности** Земли.（地球表面50%水域是太平洋。）Азот составляет **78% атмосферы** Земли.（地球大气的78%是氮气。）**Две трети студентов** в нашей группе регулярно занимаются спортом.

3）客体的大小和规模特征：Комната площадью **три на пять метров**（房间面积是3×5米）. Частица с энергией **десять в двадцатой степени**（能量为10^{20}单位的粒子）.

以上每个微型语义场里都包含静态意义（例句见上）和动态意义，如：Число книг **уменьшилось в три раза**.（书的数量减少了三分之二。）Добыча нефти **возросла в 3 раза**.（石油开采量增加了2倍。）① Цены за этот год **поднялись в среднем на 10%**.（今年的价格平均上浮了10%。）

Всеволодова（2016: 138）指出，俄语语法目前还没有分析过数量功能语义场中任何一个功能语义范畴，该领域有待深入研究。

6.2 数量功能语义场的表达手段

（1）整个数量功能语义场和每个微型场的主要表达手都是数词，首先是数量数词。集合数词（собирательные числительные）主要运用于集合微型场，序数词主要用于次序微型场，而分数（дробные）主要用于比例微型场。

（2）除数词外，还有一些带数量意义的名词，如：

1）数量名称пяток，десяток，дюжина，троица，сотня，пара，тройка等。

2）数字名称единица，двойка，тройка，пятёрка，десятка等，这些词可用来表示评分：единица ... пятёрка；表示卢布的面值：пятёрка，десятка，сотня，сотенная；在口语中表示公交车号码：ехать на восьмёрке; пересесть на семёрку. 还可表示男西装的号码：двойка，тройка；马匹的数量：тройка，четвёрка等。

每个语义场中都有自己特有的元词汇，如：

- ●多数微型场中的количество，число，цифра，множество，единица，штука，раз等。
- ●参量值微型场中有以下名词：
  - （а）参数名称величина，единица，размер，длина，ширина，мощность，высота，диаметр等。
  - （б）测量或度量单位градус，метр，сантиметр，миллиметр，грамм，килограмм，секунда，эрг，вольт，гектар等。
- ●次序微型场中的порядок，номер，очередь，очерёдность等。
- ●比例微型场中的целое, часть, доля, процент等。

数量可能是客观的：50 человек，сто метров，30%；也可能是主观的，指与标准比

---

① 关于倍数的翻译要特别注意，因为增加和减少的译法有所不同：当 во сколько раз 跟表示"增加"的动词连用时译为：增加到X倍，或增加了（X-1）倍，而跟表示"减少"的动词连用时译为：减少到1/X 或减少了 1-1/X，如：И стоит такое такси **в 10-20 раз дороже** чем у нас（这种出租车的价格比我们这里贵了9到19倍）. Если доля продаётся отдельно, то однушка **стоит примерно в 3-5 раз дешевле**（如果股份单独出售，那么一居室的价格便宜了约**2/3**至**4/5**）.

较而言：много народу，только сто метров，всего 30%。因此除了数量数词外，还可有以下表达手段：

- 不定量数词много，немного，мало，немало，столько，несколько等。
- 参数形容词большой，высокий，сильный，незначительный，малый，короткий，слабый等，这些形容词同时也进入特征和评价功能语义场。
- 转义动词захлестнуть（席卷），нахлынуть（涌来），стекаться（合流），затопить（挤满），забросать（抛掷）等，如：Город **захлестнула** волна преступлений. Нахлынули **воспоминания**. Лектора **забросали** вопросами.
- 转义名词вагон，мешок，гран（ни грана правды毫无真理），бочка，ложка，туча，куча，гора等，如：На полу лежит **куча** газет.
- 情态语气词всего，только，形容词целый等。

数量可能是准确的，也可能是大约的，后者的表达手段有：

- 副词приблизительно，примерно，почти等，如：Вес **примерно** килограмм.
- 前置词около，порядка等，如：Высота **порядка/около** двух метров.
- 数—名词组的成素顺序倒置：часа три，метров восемь. Ширина **метра два**.

每个微型语义场都有属于自己的两种句法结构：词组（非述谓结构）和句子（述谓结构），而且都有场心手段和边缘手段。下面分析多数微型场结构的表达手段：

（1）场心表达手段包括：

1）非述谓结构——词组：

（а）表示数字换算的词组（属于动态数量次场）：два плюс три，сорок на пять（разделить，умножать）等；

（б）表示多数规模的词组：

● 准确的表达：шесть книг，двести штук，тридцать одна школа等；

● 大约的表达：книг пять，несколько штук，порядка пяти ламп等；

● 与标准相比的表达（评价）：всего пять книг，целых сто штук，множество столов等.

2）述谓结构——句子：

（а）表示数字换算的句子：К двум прибавить три. Сорок умножать на пять. Сто восемь разделить на три.

（б）带"主体及其数量"类型意义的句子，包括：

— 不带语义关系标记词的句子：Книг у меня три. Уроков у нас четыре.

— 带语义关系标记词的句子，包括：

- ●只带名词标记词：**Число** студентов в группе – двадцать. **Количество** уроков в неделю – не больше восьми.
- ●同时带有名词和动词标记词：**Число** детей в группе **составляет** десять человек. **Количество** книг в библиотеке **достигает** двухстот сорока тысяч. **Количество** книг в библиотеке **исчисляется** сотнями тысяч / двумястами пятьюдесятью тысячами.

（в）带任何类型意义，但述位上有数—名词组的句子：В аудитории 25 студентов. Он прочитал десяток книг. Наводнения – в 7 районах края. 比较这些句子的同义转换数量模型句：**Студентов** в аудитории – 25. **Число** книг，которые он прочиатл，**составляет десяток**. **Число** районов края，где было наводнение – 7.

（2）边缘表达手段，包括：

1）带有某个大数意义的词汇手段，包括：

（а）表示5或10的倍数的数词：Я говорил тебе об этом 10 /15 /25 раз（不说14次，23次等）.

（б）用于转义表示数量极多的兼数词的名词 тысяча, миллион, миллиард: миллион дел，тысяча забот，миллиард книг.

（в）用于转义表示最高数量界限的军事名称：**армия** безработных，**рота** гостей，каша на целый **взвод**（够整个排喝的粥）.

（г）用于直意或转意的表示人和动物的集合"群、堆、伙"一类的名称свора，стая，табун，стадо，орава，отара等：свора собак，стая уток，банда убийц（一帮杀手）.

（д）词组或句子中表示"过多、大量"的表情名词：уйма дел，обилие товаров，прорва <俗，不赞> народу，пропасть книг，куча денег；Дел – **уйма**. Товаров – **обилие**. Народу – **прорва**. Денег у него – **куча**.

（е）述谓中带评价意义的成语：Гостей пришло – **всего ничего**. Таких мастеров у нас – **от Царьграда в четыре ряда**（这样的工匠我们这里多得是）.

2）带"主体及其数量"类型意义的模型句：Народу – **яблоку негде упасть**. Денег у них – **куры не клюют**. Стульев в зале – **не пройдёшь**. Книг на столе – **руку положить негде**. Товаров на ярмарке – **глаза разбегаются**.（此句含有客体繁多的意思，指令人眼花缭乱，即还可表示性质特征意义）

除了以上典型的句法手段外，多数微型场还有很多其他的边缘手段，值得继续深入研究。

§7 功能语义场理论对我国俄语教学的启示

多年的传统语法教学经验显示，"从形式到意义"的形式描写语法在基础教学阶段起着非常重要的作用，为学生准确掌握俄语打下了坚实的语言基础。形式语法经过半个多世纪发展而形成的严格体系能够使学生按照规范理解和使用语言，但这还只是Щерба所说的"消极语法"（即读者和听者的语法），是死记硬背、被动接受的语法，离"从意义到形式"的"积极语法"（即说者和写者的语法）还有很大距离。为了培养和提高学生自由表达思想的能力，应该引进和学习功能交际语法方面的知识，从而把功能语法与传统语法教学有机结合起来。高等学校俄语专业教学大纲（2012: 51-52）对功能语法教学部分提出了明确要求："功能语法旨在作为对词法和句法部分的补充以及对基础阶段所学内容的深化，从功能意念出发，归纳积极常用的表达方法，促使语法知识的掌握与活用。"大纲按照语义划分出事物的特征、程度与数量、可能与不可能、可以与不可以、愿望、祈使（请求、建议与劝告、命令与请求、禁止）、时间关系（动作发生的时刻和时段、动作延续的时间）、空间关系（动作发生的地点和方位、运动的往来方向）、因果关系、目的关系、条件关系（现实条件、非现实条件）和让步关系共十一个语义范畴。其实这些语义范畴在功能交际语法中被概括为功能语义场，因为功能语义场体系反映了人类思维的主要范畴。

在语法教学中，我们可以运用功能语义场概念，在教学大纲要求掌握的语义范畴中建立起相应的功能语义场，归纳出场心（典型表达手段）和边缘（非典型）表达手段，以便学生在传统语法体系基础上，了解积极语法"从意义到形式"的研究原则，能够把表达相同功能的不同层面的手段都聚集在一起，从而组织和选择所需要的语言材料，不断掌握表达各个语义范畴的词汇、词汇—语法、词法、句法和语篇等不同层面的各种语言手段，进而提高用俄语自由表达思想的能力和语言交际能力。比如在学习客体数量关系时，学生需要从场心手段开始到边缘手段依次掌握：

（1）数词的分类和变格；

（2）数名词组的构成和使用规律：один стол – сорок один стол, два стола – сто два стола, пять столов; двое, трое саней; трое ножниц и сорок три штуки（пары）ножниц, 不能说*сорок трое ножниц.

（3）数名词组变格时要顾及名词的动物性范畴，数词2、3、4与动物名词和非动物名词连用时四格变化不同，即动物名词是四格同二格：видеть два стола и двух студентов，但与个位数为2、3、4的合成数词连用时四格同一格：видеть двадцать три студента. 另外还要考虑到一些名词有两套变格体系，如"年"的复数是годы和лета（古旧形式），它们与数词连用时组成不同的词组：два года，пять лет，мода двадцатых годов; 又如"小时"的古旧双数形式。часá，比较：два/ три /четыре часá；但около чáса.

（4）带"主体及其数量"类型意义的特殊模型句：**Студентов** в группе - три. 带名词和动词关系标志词的模型句：**Число** студентов в группе **состалвяет** 10 человек.

（5）带评价特征参量名词的词组和句子的转换手段：высокая башня → Башня - высокая. → Башня - большой /незначительной высоты. → Башня - высотой в 40 метров. → Высота башни составляет 40 метров.

（6）整体和部分关系（数量和参量的对比微型场）的各种转换手段：Тело человека содержит 65% воды /на 65% состоит из воды ↔ На долю воды в теле человека приходится 65%（可形成逆向转换）。

此外，应该让学生进一步了解，在不同的语言中某个功能语义场成素在表达程度上有所不同，比如在表达确定性/不确定性功能语义场时，冠词语言中冠词是该范畴的语法核心，而俄语没有冠词这一专门词类，该功能在俄语中一方面由形容词、代词或词序来表达，另一方面由表达不同程度的已知/未知的不同词缀（-нибудь, -то, -либо, кое-）来完成。可见，相同的语义在不同的语言中可用不同层面、完全不对等的语言手段来表达，而且可以进入功能语义场结构的不同区域，因此英、俄和汉语在表达某个相同的功能语义场时手段和内部语义结构都完全不同，在学习俄语时必须考虑到汉语和俄语中相同的功能语义场在场结构上可能不一致的情况。学习功能语义场的目的不只是去描写某个语义表达手段的详细列表（当然这种描写在研究过程中很必要），而是要关注场结构，关注场结构成素的层级排列及成素之间的相互关系，因为任何一个场都是建立在其结构成素相互作用基础上的。正如Бондарко（1983: 45）所说："描写功能语义场首先要建立该场在语言系统中的结构"。通常在功能语义场的微型场或其他片段中表达语义的各种语言手段都是按一定方式组合起来，并呈现出一定的功能语义范畴或称意义体系。

第16章
功能语义范畴（意义体系）

§1 功能语义场框架下的语义体系化原则

功能语义场是语言意义空间结构化的方法之一，这里包含各个语言层面的表达手段，而且在功能语义场内部这些手段都在语义和形式（包括词类属性）基础上有序地排列着。

在语义场框架内起主要作用的是某个层面的单位，大体上有构词、词汇、词法、句法和语篇等层面的手段，最终词法和词汇在句法层面得以体现。每个层面的单位在某个语义场片段中都按照一定的方式形成集合。根据描写方式的不同，这些集合要么表现为分类（класификация），要么表现为集合成员之间关系的列表（матрица），要么表现为意义体系（система значений），即功能语义范畴。在分类中划分的组织原则是不提供语义划分的操作过程，意义对立或联合的特征经常呈现为同平面或不同平面的一个群。因此，同一集合可能有很多分类，比如俄语语法里的复合句就有四种分类，简单句的类型就更多。列表是把语义结构以表格的形式呈现出来，以便确定两个集合特征的相互作用。列表形式不仅在功能语义场中使用，在其他范畴里也使用。

Всеволодова（2016: 152）指出，在划分功能语义范畴，即意义体系时，运用的是对立成员的等级对立原则（поранговый принцип противопоставления членов оппозиции），目的是按等级评价每个特征。为了形成正确的意义体系，必须按照从抽象（最高级）到具体（较低级）的级别正确地评价特征。这种按等级划分的结果是每个意义不再像分类那样是不同平面语义特征（或称义素）的堆砌，而是多层面的排列。而且原则上所有的意义集合都可用功能语义范畴来呈现，这不过是时间和角度的问题，因为义素（сема）是区分特征的载体。

Всеволодова（2000: 101）把动词时间意义体系（система значений глагольных времен）用下面的对立树形图（дерево оппозиций）表示：

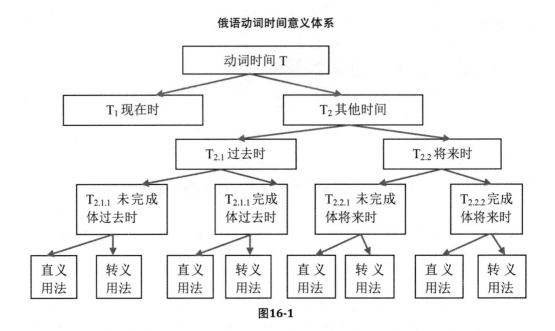

图16-1

Всеволодова（2016:155）认为，这个树形图表示的是跟上下文没联系的动词的词法形式，下一步对义素的划分就体现在句法层面，在句子或上下文框架内，她用下面的树形图呈现出对现在时T_1的划分：

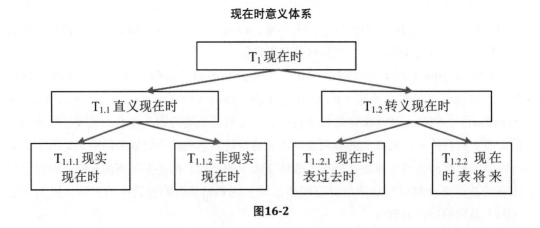

图16-2

虽然现在时T_1只有一个未完成体形式，但这个语义特征对于句中现在时形式的功能却极其重要。现在时是按照"使用特点"这一特征意义的对立呈现的：$T_{1.1}$是直义用法（прямое употребление），$T_{1.2}$是转义用法（переносное употребление）。

directive现在时$T_{1.1}$按照与具体事件的联系程度这一对立划分为：现实现在时（актуальное н.）$T_{1.1.1}$和非现实现在时（неактуальное н.）$T_{1.1.2}$。现实现在时$T_{1.1.1}$呈现为与行为针对说话时刻所占据时间的三个非对立意义：

- 过程现在时（процессное н.）：- Вы что тут **делаете**? - Помогаю Дуняше. （Горький）.
- 广义现在时（расширенное н.）：Давно он **любит** её? (А. Толстой)
- 恒定现在时（постоянное н.）：Земля **вращается** вокруг Солнца.

非现实现在时$T_{1.1.2}$表现为以下非对立意义：

- 抽象现在时（абстрактное н.）：Я тебе всегда **пишу** именно в это время （Осипов）.
- 循环现在时（циклическое н.）：Левый берег низкий, его... **заливает в** половодье（春汛时左岸会被淹没）（Панова）.
- 典型现在时（типическое н.）：Что **имеем** – не **храним**, потерявши – **плачем**（成语）.
- 主体（或一类主体）性质特征现在时（н. качественной характеристики субъекта/ класса субъекта）：У меня ребёнок **ходит**. Птицы **летают**.

转义现在时$T_{1.2}$是按照易位方向对立特征划分的：用于过去时和将来时的现在时。转义为过去时的现在时（переносное в прошлое）$T_{1.2.1}$有两个对立意义：

- 历史现在时（историческое н.）：...Валька за бугром из миномёта палил. Вдруг меня **зовут**. **Гляжу**, лицо у него разворочено (Солоухин) = вдруг меня позвали. Я посмотрел...（瓦尔卡在小山丘后面给迫击炮点火，突然叫我，我一看，他的脸被炸碎了。）
- 情感真实呈现现在时（н. эмоциональной актуализации），即意料之外的行为：Шёл я вчера по улице и вдруг **встречаю** своего старого друга = вдруг встретил...

转义为将来时的现在时（переносное в будущее）$T_{1.2.2}$只有一个意义——决定了的、不久即将进行的行为：Я будущей зимой **уезжаю** за границу (Тургенев) = уеду（完成体将来时）. 据Т.В. Булыгина (1982) 观察，这种用法只能针对那些可控行为动词，比如不能说*Завтра он выздоравливает. 但可以说Завтра он выздоровеет. （Всеволодова 2000: 102）

Всеволодова对这些意义的划分似乎很繁琐，但正是这些意义在义素层面决定了动词时间的具体形式与扩展成分的搭配,决定了语法结合机制①的形成。

§2 名词方位功能语义范畴(意义体系)——客观空间定位范畴

名词方位(именная локативность)功能语义范畴由带空间定位共同意义的名词方位短语构成。名词方位短语的所有集合在第一层级按照方位词和方位客体之间的相互位置关系分成两个对立集合:

(1)共空间意义集合(значение сопространствености),即方位客体(локализуемый объект)和方位词(локум)在某一时间点上重合:в лесу – в лес – из леса, через лес, по лесу.

(2)非共空间意义集合(значение несопространствености),即方位客体和方位词不重合:около леса, над лесом, в сторону леса, со стороны леса, мимо леса, вне леса(见图16-3)。

名词方位意义体系中的比例对立

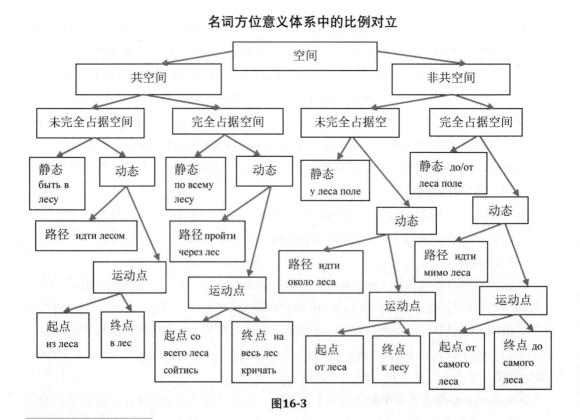

图16-3

---

① 关于语法结合机制详见本书第七篇。

第16章
功能语义范畴（意义体系）

Всеволодова（2000: 103）把上面所有对立分成两大类：

1. 比例对立（пропорциональные оппозиции），主要针对语法和词汇—语法范畴，也就是指用相同词的不同词形表示的范畴，如名词：в лесу - к лесу - по лесу等，适用于"对立树形图"的所有分枝；

2. 隔离对立（изолированные оппозиции），主要针对词汇体系，比如副词，只适用于一个分枝。

俄语这种对立分类源于其两种不同的空间，它们反映在以下对立中：

1. 在共空间意义框架内的下一级隔离对立特征是"在空间界限内客体方位的自由程度"，有以下两个空间意义：

1.1 在空间界限内的客体位置，如в городе, в лесу, на поляне, на берегу, на почте, на заводе等，即一般共空间意义。

1.2 客体方位的局部共空间意义有两种可能：

1.2.1 客体内部被充满或占满，即空间内部客体的位置：в шкафу, в стене, в песке, в горе, в школе等。

1.2.2 客体在空间的表面：на шкафу, на стене, на песке, на горе, на школе等。

此处需要注意的是，不是所有的前置词на都表示"在……上面"，可用公式"что находится не в..., а на..."来确定名词方位短语的意义，比如可以说：Лампа не в шкафу, а на шкафу. 但不能说：*Дом на поляне, а не в поляне. 语义被破坏了。*Остров не в море, а на море. 此处в море和на море是同义词，都表示在海的界限内。

共空间的下一个级别是按照"空间被客体占满或未占满"特征划分的比例对立，在共空间栏里包括整体共空间和局部共空间（1.2.1和1.2.2），其中有以下两种意义：

● 空间未被客体全部占满，包括：

1.1.1 整体共空间: На площади висит объявление.

1.2.1 局部共空间，又包括：

1.2.1.1 在客体内部：Эта папка лежит в столе.

1.2.1.2 在客体外部：Эта папка лежит на столе.

● 空间被客体全部占满：

1.1.2 整体共空间: По всей стене развешены афиши. На всей стене нет ни пятна.

1.2.1.1 局部共空间，又包括：

1.2.1.1.1 在客体内部：Во всем столе нет ни одного свободного ящика. По комнате разбросаны вещи.

1.2.1.1.2 在客体外部：По всему столу разложены книги. По полу разбросаны

книги.（见树形图16-4和16-5）

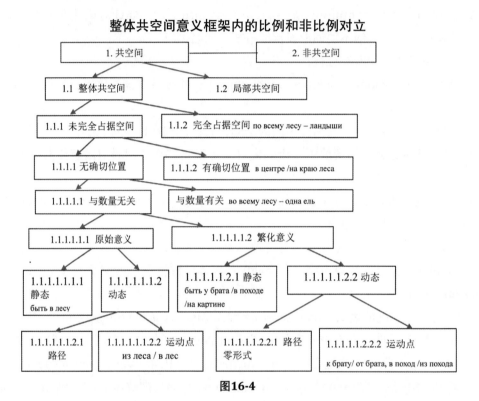

图16-4

2. 非共空间意义的隔离对立是以定位客体的空间数量来确定，也有两种可能：

2.1 跟一个整体空间有关：около дома, до дома, над домом, вне/ у дома, к дому, от дома等，包括两种情况：

2.1.1 以空间全部为坐标：вне /у дома, к дому, от дома等；

2.1.2 以空间的一个面为坐标：над/ под/ за/ перед домом, слева/ справа от дома等，或以一个计量单位为坐标：вдоль забора, перпендикулярно к берегу（与岸边垂直）等；

2.2 以两个或更多的空间为坐标：между домами, среди деревьев, от столба к столбу等。（详见Всеволодова, Владимирский 1982）

局部共空间意义框架内的比例和非比例对立

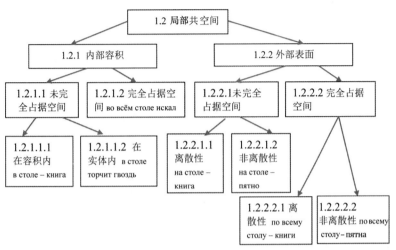

图16-5

在非共空间里，以一个客体全部为坐标的意义也分为两种对立（见树形图16-6）：

2.1.1.1 空间未被客体全部占满：У озера – лес.

2.1.1.2 空间被客体全部占满：До самого озера /от самого озера – лес.

再下面一个对立是客体和空间的关系特点，分为静态和动态关系：

1. 静态关系，即客体的位置：в Москве, на Украине, в доме, на столе, около города, за домом, под столом, на высоте трёх метров.

2. 动态关系，指空间关系在客体和空间之间的变化，包括路径和运动点：

● 路径：по полю/ полем проехать, через весь город/ мимо дома пройти, над городом пролететь, под городом проложить трассу.

● 运动点，包括起点和终点：

● 起点：из города, из-под стола, со стороны леса, от леса, с высоты трёх метров.

● 终点：в город, на стол, за /под дом, в сторону леса, в сторону от леса, к лесу, до леса, на высоту трех метров.（见树形图16-3，16-4）

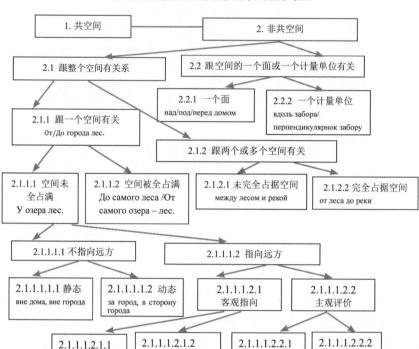

图16-6

需要指出，跟很多语言不同的是，俄语没有整体共空间的标志，俄语使用в+N_6和на+N_6一类的方位名词短语来表示这一意义体系，有时不同类别词使用不同的前置词：в саду, в парке — на огороде, на поляне; на Кавказе, на Памире, на Тибете — в Альпах, в Карпатах, в Татрах；有时甚至是同一类别词也使用不同的前置词：на Ямале, на Камчатке, на Пиренеях — в Крыму, в Скандинавии, в Индокитае；有时相同词位用в和на又是同义的：в（на）Полесье, в（на）Аляске, в（на）Индостане, в（на）Ютландии, остров в（на）море, в（на）Сицилии. 其他语言中"空间"意义的表达可能比俄语更加复杂，对外国学生来说俄语相对简单的体系似乎不应该构成困难，但是这个空间意义体系却是俄语特有的，表现在相应的词形当中，属于语法层面。其他语言中可能有其他对立，比如汉语用词汇手段来表达空间对立：在……里，在……外，在……上，在……下等。当表示"在物体表面"意义时汉语只用介词在……上：在路上，在桌上，在床上，有时前置词"在"省略也不影响理解。即使表示一个物体在另外物体里面时，比如一颗钉在墙里的钉子，也说"在墙上有颗钉子"，而不说*"在墙里有颗钉子"。

以下一些特殊现象值得特别注意：

1）в столе和на столе的对立是语法化了的（哪怕语义已足以表示"在界限内"，这种对立也是必需的），如Маша – в школе（玛莎在学校，可能不在教室里，而是在学校的院子里）通常使用带"内部"意义的词形，比较下面词形的对立：В школе тепло（学校建筑内很暖和）– На школе флаги（学校上空飘着旗子）。试与英语比较：Maria is **at** the school（Маша в школе =在上学）；It is warm **in** the school（в школе тепло）；There are flags **on** the school（на школе флаги）。

2）词形на столе, на школе与以下两种类型的客体发生关系：
● 离散客体，即有空间间隔的：на столе ваза, на доме флаги。
● 非离散客体，即没有空间间隔的：на столе кляксы（桌面上有印记）。На стене дома – детские рисунки（房子的墙面上画着儿童画）。

3）на столе类的词形对于离散物体来说有"支撑于表面"的意义，指出支撑客体的位置。至于支撑表面是平面的，还是垂直的，客体位置是在支撑表面的上面、下面还是侧面都不重要，比较：стол на полу（地板是平面的，桌子在其上）；лампа на потолке（天棚是平面的，灯在其下，还可说：под потолком лампа）；картина на стене（墙是垂直的，画在其侧面）。

4）в столе类的词形也不是单义的，它与三种类型的空间坐标连用：
● 在空间的整个容积内：книга в сумке, в дубле гнездо белки.
● 在物体、物质的实体内：в стуле гвоздь, в стене дыра, в воде рыба.
● 是物体的组成部分：в столе четыре ящика, в квартире три комнаты.

前两个意义与汉语没区别，都是"在……里"，而第三个意义需要用汉语特有的"有"字句来表达：桌子有四个抽屉；公寓有三个房间。

§3　名词和副词时间功能语义范畴（意义体系）

名词时间功能语义范畴（意义体系）是词汇语义群，在很多方面跟名词方位意义体系类似，由名词时间短语表达。第一个对立是"同时性——异时性"：в обед – до / после обеда. 还有其他一些比例对立（如时间被行为不完全或完全占据：в мае – весь май; до мая сдал – до самого мая ждал）在空间和时间概念范畴本身的整体特点上是相似的，这主要是因为人在认识时间的过程中运用了已为人知的空间特征（Всеволодова 2000：109）。但是在这个体系中也有独特的时间特征，比如表达三维空间时坐标名称的顺序无关紧要：Бологое где-то между Петербургом и Москвой /между Москвой и Петербургом. 而在表达时间的同时性时顺序不同意义就不同：Это случилось между вторником и пятницей.和Это случилось между пятницей и вторником（同上：110）。

关于名词时间范畴体系Всеволодова早在20世纪70年代就做过描述（详见Всеволодова, Потапова 1973; Всеволодова 1975，1983），后来不断补充和完善，最后在她的教材中得以全面呈现。下面我们就详细介绍该教材中的名词时间意义体系。

Всеволодова（2016：165）将时间体系（时序+持续性）分为直接时间（прямое время）和相对时间（относительное время），直接时间指的是同时时间（одновременность），相对时间指的是异时时间（разновременность）。

3.1 直接时间

带有"同时时间"意义的时间名词短语的义素由以下对立成分构成：

1.1 未被行为完全占据的时间，准确地说是没有行为占据时间多少的标志：В четверг приехал. В мае работал. Зимой написал статью.

1.2 被行为完全占据的时间，又被分为两个对立：

1.2.1 无完成或未完成标志时间；

1.2.2 有完成或未完成标志时间。

无完成或未完成标志的时间意义（1.2.1）又有两个下位分类：

1.2.1.1 无行为流动标志的时间：Верди писал «Аиду» 13 дней. Иван работал здесь неделю.

1.2.1.2 被逐渐发展行为占据的时间：С годами парк разрастался. Со временем её характер менялся.

有完成或未完成标志时间意义（1.2.2）也有两个下位分类：

1.2.2.1 行为完成时间：Прочитал за час. Решил задачу за двадцать минут.

1.2.2.2. 有未完成行为标志的时间：Решаю задачу уже второй час. Решал задачу уже три часа.

可见，所有1.2系列的意义都与体貌功能语义场紧密相关。

以上对立可呈现在树形图16-7中：

第 16 章
功能语义范畴（意义体系）

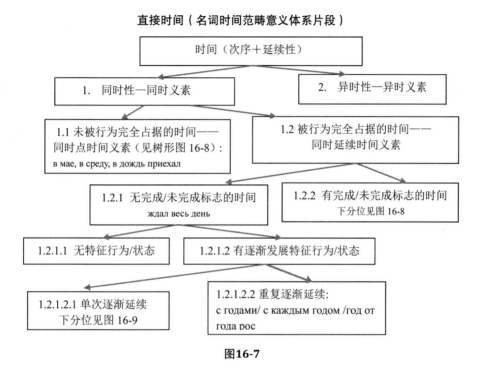

图16-7

图16-7中标出了名词短语的义素成分，即义素排列的有序性。正是这个有序性构成了意义体系中的对立级，比如在第一级对立中分离出的是同时性和异时性义素，在第二级中分离出的是在同时和异时义素之后的更具体的义素：1.1的点时间（локализация во времени или темпорализация）和1.2的延续时间（протяжённость）义素。也就是说，名词时间短语в мае, в среду, летом等具有点时间义素成分，而1.2系列中的所有名词时间短语都具有延续时间义素。而1.2.1无行为完成或未完成标志意义中按行为特点划分的对立是：1.2.1.1具有同时延续时间义素的无特征行为或状态：всю неделю, пять лет болел / работал / писал книгу. 1.2.1.2带渐次义素成分的有逐渐发展特征的行为/状态：с годами старел / возрастал / работал всё лучше.

可见，了解名词时间短语义素的构成能够帮助我们对带名词时间短语结构中的动词体的功能进行解释。

以上每个被分离出的意义都不简单，比如同时直接时间下分的1.1未被行为完全占据的时间又分为（见图16-8）：

1.1.1 无行为数量标志的时间：Он приезжал летом.
1.1.2 有行为数量标志的时间，这个时间意义与数量功能语义场交叉。

意义1.1.1又分离出一次时间和重复时间的对立：в четверг приехал – по средам приезжал. 这个意义也可包括期限（срок）素义：Он приезжал за лето /летом 1 раз （5，10 раз）. За час /в течение часа пришло 3 человека等。但在这种类型的结构中必须有行为数量标志，如1 раз，3 человека，много等，比较：За эти три года она **много путешествовала**. 但不能说*За эти три года она путешествовала. 此时行为数量标志可用罗列行为来表示：За эти три года она **и путешествовала**，**и училась**，**и книгу писала**. 行为数量标志也可以隐现：За всю свою жизнь я не встречал такого человека = **ни разу** не встречал / не встречал **ни одного** такого человека. 但不能说*За всю свою жизнь я встретил /встречал такого человека. 可以说За всю свою жизнь я встретил **впервые** /только **одного** такого человека.* 但不能说Он приезжал за лето. *За час пришли люди.

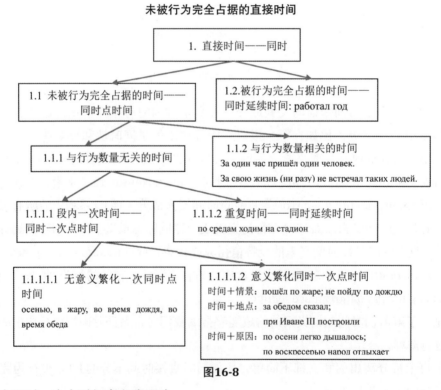

图16-8

其中同时一次点时间意义表现为：

1.1.1.1.1 意义未被繁化的时间：вечером，в мае，в среду等；

1.1.1.1.2 被以下功能语义场意义繁化的时间：

情景意义：Куда вы идёте **по такой жаре**?

地点意义：**За ужином** он мне сказал об этом.

原因意义：**По осени** дедушке легко дышалось.

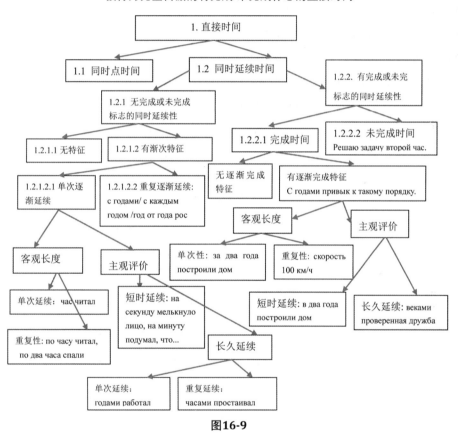

图16-9

3.2 相对时间

指异时意义时间名词短语的义素成分，主要有以下对应：行为时间与一个时刻异时（2.1）或与两个时刻异时（2.2）（见树形图16-10）

2.1 与一个时刻异时意义又分为以下义素对立：

2.1.1 在固定时刻前的"之前相对时间"义素：до обеда，перед ужином，к обеду，за час до обеда.

2.1.2 在固定时刻后的"之后相对时间"义素：после обеда，с обеда，через час после обеда.

2.2 与两个固定时刻异时的"行为在时刻之间"义素：между обедом и ужином，между тремя и пятью часами，с утра до вечера，с трёх до пяти часов。

上面的每个意义都有点时间和延续时间义素的对立：
- 之前点时间：пришёл до обеда / перед обедом.
- 之前延续时间：ждал до самого обеда.
- 之后点时间：ушёл после обеда.
- 之后延续时间：сижу с самого обеда.
- 间隔点时间：приду между двумя и пятью.
- 间隔延续时间：ждал с двух до пяти.

异时体系中的之前和之间相对时间

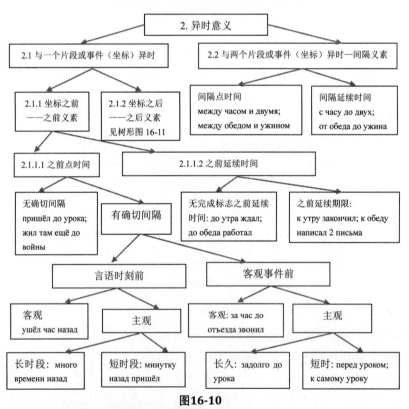

图16-10

之前点时间和之后点时间体现在以下意义当中：

（1）行为时刻在指定时刻之前或之后，不指出确切的间隔，如：
- Он приехал в этот город до войны.

● Он поселился в этом городе после войны.

（2）一定的时间间隔使行为时刻离开时间坐标，此时重要的是时间坐标的特点，这可能是：1）言语时刻，此时的客观时间坐标意义体系与主观时间坐标意义体系相交叉；2）客观事件。

间隔本身可体现为：

1）客观间隔：

① 言语时刻之前：приехал 2 дня назад；之后：приедет через 2 дня.

② 客观事件之前：звонил за 2 дня до зачёта；之后：звонил через 2 дня после зачёта.

2）主观间隔，包括对间隔的评价，表现为两方面：

●长时段间隔：

① 言语时刻之前：звонил много времени тому назад；之后：приедет через много времени/ много времени спустя.

② 客观事件之前：звонил задолго до зачёта；之后：умер через много лет после войны.

●短时段间隔：

① 言语时刻之前：пришёл минуту назад；之后：придёт с минуты на минуту.

② 客观事件之前：пришёл к самому обеду；之后：позвонил сразу после обеда.

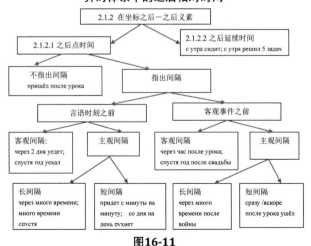

图16-11

这样的时间名词短语意义体系，首先表达的是与客观时间坐标和事件延续性相关的时间排列顺序，其次表达了体貌等其他特点。

关于副词时间范畴的对立详见Панков（2008b），他的研究成果表明，副词时间范畴也有不同的微型场，表示时间的副词有500个左右（Панков 2008b）。副词时间范畴跟名词时间范畴的不同在于，前者是词汇体系，后者是词汇—语法体系，但时间副词的功能是在句子中体现的，即在句法层面得以体现。

§4 意义体系的整体特点

（1）虽然功能语义范畴（意义体系）本身是按照比例对立和隔离对立构成的，但它具有场结构特点。其树形图的左枝（如名词方位意义体系中的共空间、名词时间意义体系中的直接时间等）形成比例对立和隔离对立的数量最多，形成这些对立的名词类别词和名词短语也最多，所以说，这些片段形成了体系的核心。依次往右，树形图的其他对立枝的意义数量及其表达手段都逐渐减少，比如"之前"相对时间的意义数量就比直接时间的意义少，但比"之后"相对时间的意义多，而"之间"相对时间意义中只有一个对立——行为不完全占据时间（пришёл между двумя и пятью часами）和行为完全占据时间（ждал с двух до пяти часов）。

对时间片段全部被占据的行为时刻意义（直接时间：За всё лето приехал 1 раз）或行为完成期限意义（За лето построил дом）的表达已经不在名词时间短语平面而在句子层面上了，比较：С тех пор приезжал дважды. С трёх часов решил две задачи. Между двумя и пятью часами был один телефонный звонок /было три телефонных звонка. С двух до пяти часов решил две задачи.

（2）功能语义范畴在相应的功能语义场框架内与其他功能语义范畴相交叉，比如名词时间意义体系中的客观时间坐标意义和主观时间坐标意义相交叉，其主要表达手段是副词。一方面是以言语时刻为坐标的意义：минуту назад ушёл; приедет через час. 另一方面，在同时重复点时间框架内，有标志但无规律意义的表达主要是靠副词化的名词词形：временами, по временам, порой, время от времени. 或者通过词汇表示的线段"过去—现在—将来"：в прошлом году — в этом году — на будущий год。

功能语义范畴的交叉还可能靠使用某个意义体系的手段与其他意义体系的结合，比如很多时间和原因前置词就是复合句连接手段的内部组成部分：перед уроком - перед тем, как начался урок…; после урока - после того, как кончился урок…; благодаря дождям – благодаря тому, что шли дожди...; из-за дождей – из-за того, что шли дожди. 但也有无法转换的例子：накануне экзамена, из вежливости。

（3）在具体的意义体系片段中会形成混合意义，也就是说这个意义同时属于不同的功能语义场。这种场的交叉可能是表层的，发生在较远边缘区，比如上文提到的繁化时间意义：на уроке, по дождю 等；或者是方位场与工具场交叉：смотреть на Луну через телескоп /с помощью телескопа（通过望远镜/借助望远镜）；перевозить нефть в цистернах /цистернами（在油罐车里/用油罐车）. 有时也可能是非常深层次的交叉，比如名词、副词、动词时间意义体系中时间场和体貌场的交叉。

§5 功能语义范畴（意义体系）在俄语教学中的作用

Всеволодова（2016: 152-178）建立的功能语义范畴（即意义体系）在俄语教学中的作用表现在以下几个方面：

（1）意义体系能够使各种语言手段表达的意义有序排列；

（2）意义体系可以标示出相关句素的义素构成，这些义素构成能够确定句素的组合关系，如可以说：Все эти годы спал хорошо. 但却不能说*С годами спал хорошо. 但可以说С годами спал всё хуже /С годами сон ухудшался. 这是因为动词ухудшаться和比较级всё хуже中都含有"形成"义素，它们可以校正词形с годами中的"渐次性"义素，相反在动词词组спал хорошо中没有这个义素，与с годами矛盾，所以不能说*С годами спал хорошо.①

（3）意义体系能够帮助我们有目的地与不同语言的类似意义体系进行对比，以便弄清外国俄语学习者母语认知中所没有的意义和语义，从而了解和分析俄语学习者的困难所在。比如俄语的名词时间意义体系的特点在于其与动词体貌范畴的紧密联系，既有表示行为数量和整个延续过程中时间片段的意义：За лето приехал один раз. У него второй отпуск за год. 比较错误说法*За лето приехал. 也有表示行为完成时间的意义，此时必须使用带有结果意义的完成体：Верди **написал** «Аиду» за 13 дней. Мы **построил** дом за одно лето. 而表示行为在一段时间内延续时不能使用完成体：Верди **писал** «Аиду» 13 дней. Мы **будем строить** дом одно лето. 这种意义在没有动词体语言的时间意义体系中缺失，需要用类似俄语不含"期限"义素的句子Построим дом в течение лета /в это лето来表达。这一点对中国学生来说也比较难掌握，尤其是未完成体过去时的用法，因

---

① 关于这一点详见后文词汇—语法配价和支配配价两节。

为俄语动词体的意义在汉语中只能使用词汇手段来表达，比较：威尔第写《阿依达》写了13天（未完成体过去时）——威尔第用13天写完了《阿依达》（完成体过去时）；我们用一个夏天盖好了房子（完成体过去时）——整个夏天我们都将盖房子（未完成体将来时）——夏天期间/这个夏天我们将盖好房子（完成体将来时）。

因此，在我国俄语课堂进行时间意义体系教学时，要格外提醒学生注意时间名词短语或时间副词与动词体的对应关系，比如当表示"用多少时间做完某事"时，需要用前置词за+动词完成体；当表示"在整个时间段内某事做了多少次"时，用за+完成体的同时还要加入表示行为意义体系的数量意义成分；当表示"某事做了多久"时，不能再使用за，而是必须使用未完成体。

（4）意义体系可以帮助我们弄清楚语言之间的差异不只存在于相同的名词意义体系中，比如方位范畴在俄语和汉语中就有很多不同，俄语只能说писать на доске，而不能说писать на доску. 而汉语却两种都可以说——"往（在）黑板上写字"。因此，应该在相应的功能语义场结构和语言世界图景中进行语言对比。

再比如，俄语的体貌范畴不仅与时间意义体系中的"期限"意义（решил задачу за час）有关，还与一次/多次对立有关：в среду придут /пришли – по средам будут приходить /приходят /приходили. 而副词时间意义体系中的"行为延续性"意义也有体的对立，如：

1）当表示对行为延续性的评价但不指出其已经完成时，只能使用未完成体：долго / недолго писал; подолгу писал，ежедневно приходил; регулярно опаздывает；

2）当表示对行为延续性的评价但指出其已经完成时，则使用完成体：быстро / медленно написал.

又如动词结构意义体系中的时序关系基本上也是由体表达的，比较"同时"意义用未完成体：сидел и слушал; шёл и разговаривал; 比较"先后"意义用完成体：встал и пошёл; вошёл и сел. 这对母语中没有动词体概念的中国学生来说掌握起来也有一定难度，我们应该提醒学生汉语只能靠词汇手段来区分它们：表示"同时"意义时用"……着……着"（坐着听着）或"（一）边……（一）边"（边走边聊），表示"先后"意义时用"……后……了"（站起后离开了；进来后坐下了）。

功能语义场和功能语义范畴（意义体系）都是纯粹的语言客体，是语义和意义的"总库"，说话者用它们来传达信息，它们在言语建构中并不全部体现，而是只体现其中某些成素。在言语建构中起作用的可能是具有某个独立意义的词形（如火车站标牌上的в Москву，из Москвы），也可能是反映构成句子内容层面的某个客观事实的述体结构，正是这个"内容"使我们能够直接观察到每个句子所要传达的信息。

第四篇 内容观念的言语体现层

第17章

类型情景

§1 类型情景的概念

任何句子内容都是某个语言外情景的投射。Всеволодова（2016: 184）认为："虽然每个语言外情景都是独一无二的（任何类似的情景都可能发生在其他时间、其他地点或跟其他具体参项一起），但它们在我们的语言认知中却是一些类型化的事件，因为类似的事件在人类历史中无数次地发生过，于是我们的语言认知把它们以某种公式固定下来，以一定组成成素的形式或者是这些成素的结构，即样板结构（структура образов）的形式固定下来。"正如Арутюнова（1976: 331）指出的那样："不对典型重复的状态和情景进行分类（……），就不可能用语言传达信息。"我们对情景类别的识别不是依据其呈现在我们眼前的各种句法表达，而是通过相同的角色及其之间相同的关系来实现的，比如下面的句子都表达同一个类别的情景——"某类物体存在于某地方"：

（1）Поначалу родным домом египетских цапель были Азия и Африка.

（2）Но уже в 1930 году этих птиц видели в Гвиане довольно много.

（3）В последующие годы птицы появились в Новом Свете.

（4）Лагуна не случайно стала пристанищем этих гусей.

（5）Соседние озёра принадлежали другим подвидам гусей.

（6）Оса была не единственным постояльцем нашей хижины.

（7）В солёных озёрах на побережье обитают фламинго.

以上句子最准确表达存在情景的是最后一句，属于存在句类别的形义对称结构，而其他句子都很容易转换成存在句，如：

（1）Поначалу египетские цапли обитали в Азии и Африке.

（2）Но уже 1930 году в Гвиане было много этих птиц.

（3）В последующие годы птицы были уже и в Новом Свете.

（4）В лагуне эти гуси поселились не случайно.

（5）В соседних озёрах жили другие подвиды гусей.

（6）В нашей хижине жила не только оса.

以上所有句中都反映着一个典型事件，即类型情景（типовая ситуация），其中包括以下角色：1）存在主事，即存在的事物；2）世界的某个地方，即方位；3）以上两者之间的关系，即存在或存有（由相应的一类动词和关系说明词表达）。每个句子的这些角色都有自己的"扮演者"，存在主体的"扮演者"依次是：1）египетские цапли；2）эти птицы；3）птицы；4）эти гуси；5）другие подвиды гусей；6）оса；7）фламинго. 方位的扮演者依次是：1）Азия и Африка；2）Гвиана；3）Новый Свет；4）лагуна；5）соседние озёра；6）наша хижина；7）солёные озёра на побережье. 述体角色的"扮演者"最为不同，最"开放"的述体是形义对称结构中的обитать（比较其他存在动词быть，жить，водиться），而该成素的名词形式要么指向方位（родина，пристанище），要么指向主事（постоялец）。而动词принадлежать 表达的是其他关系，对此我们从下面例句8—11中可一目了然。

从以上例句中不难看出，反映相同类型情景的句子结构可能完全不同，比如：Оля хорошо учится. Оля – хорошая ученица. Учёба у Оли идёт хорошо. С учёбой у Оли хорошо. 这几个句子表达的是相同的内容、相同的语义、相同的类型情景，但每个句子却有自己的"观念"（концепт），每个形式结构都有自己的类型意义（типовое значение）。然而，即使带有相同"观念"、形式上相同的句子，却可能有完全不同的样板结构，比较：

（8）Соседние озёра **принадлежали** другим подвидам гусей. = В соседних озёрах жили другие подвиды гусей.

（9）Эта статья **принадлежит** молодому учёному. = Эту статью написал молодой учёный.

（10）Роль крупных хищников в пресных водах **принадлежит** крокодилам. = В пресных водах самые крупные хищники – крокодилы.

（11）Синяя «Волга» **принадлежит** моему соседу. = Хозяин синей «Волги» – мой сосед. 只有最后这句（形义对称结构）中的样板结构及其句法结构完全重合。

Всеволодова（2016: 185）认为，角色是情景的类型特点的保障，就好比每个类型情景是"剧本"，而角色的扮演者（即参项的具体名称）展示出该情景的独特性，每个句子就好比按照剧本排演的"话剧"。必须指出的是，在类型情景中（如果不是"我—句子"），说话者还根本不存在，也不反映交际意图和主观评述涵义，在类型情景框架中还没有出现实义切分。

§2 类型情景与命题的关系

2.1 命题的概念及其与类型情景的主要区别

在描写句法中对情景结构,即句子所指内容的描写,使用的是命题(пропозиция)概念。命题的俄语术语来自拉丁语propositio,原来是哲学和逻辑学的术语,表示对事实或事件的断定。19世纪末20世纪初,命题这一术语在对语言进行逻辑分析的研究中获得了新的意义,开始表示语言学中的句子和语句,即某种意思完整的语言单位。"当时,语言学家们尝试把思维同发话者对其陈述的言语加以区分。于是,命题的概念就仅仅局限于句子、语句或言语行为中对客观事实陈述的那一部分,即以前的经院哲学家和后来的瑞士语言学家巴利所说的'事态'(диктум),分离于句子的模态(модус)部分。"(李勤 2006(1):1)

在语言学研究中,不同的俄罗斯语言学家对命题有不同的定义,比如:命题是"用句子来称谓客观事实的模型,是脱离所有伴随客观事实的主体意义和句子各种形式结构所赋予的那些特点的句子客观内容"。(СРЯ 1989: 686);命题是"句子的语义常体,是句子的所有情态和交际聚合体成员以及句子派生构造(及称名化)都共有的语义常体"。(ЛЭС 1990: 401)。从以上这些定义中不难看出,类型情景和命题仿佛是一回事,其实不然。

Арутюнова(1976: 36-47)把命题概念看成不区分所指(денотативное)和能指(сигнификативное)意义的句子语义层面,其中能指占据中心位置。但Всеволодова(2016: 186)认为,区分所指平面和能指平面是基本原则,因为所指平面(即内容平面)反映的是情景本身,是"客观事实"本身;而能指平面(即纯语义平面)是发话者对内容的解释平面,反映的是发话者给出的"观点"和"角度",是发话者对客观事实的解释。比如下面两类句子:

(1) Оля хорошо учится.(Маша прекрасно готовит. Вася отлично плавает.)

(2) Оля - хорошая ученица.(Маша - прекрасная поворixa. Вася - отличный пловец.)

实际上(1)和(2)是相同类型情景的不同解释,因为对于"奥莉雅是好学生"(玛莎是好厨师;瓦夏是游泳健将)的判断是建立在"她学习好"(做饭好;游得好)的基础上的。因此,Всеволодова和Дементьева(1977)认为类型情景和命题属于不同平面是合理的。也就是说，所指类型情景指反映某个语言外客观事实的内容常体，跟情态和实义切分等特点无关；而命题是对该内容的语义解释，比如把某个"事件"（Оля хорошо учится）解释为"分类"（Оля - хорошая ученица）。可见，同一个类型情景可能对应一系列命题，作为能指平面单位的命题不可能脱离一些主观评述涵义，这是二者的主要区别，正是基于此Всеволодова（2016: 186）区分类型情景和命题两个概念。

2.2 类型情景和命题的分类依据

目前还没有对类型情景的完整分类，但初步研究显示，类型情景参与功能语义场和某些意义体系的构成。在很多文献中曾对类型情景进行过大概分类，如描写因果词汇—句法范畴的Всеволодова和Ященко（1988），Лебедева（1992）等；描写行为和关系类型的Ван Янчжен（1991），Путинцева（1995），Чаплыгина（1994）等；描写特征关系的Савосина（1991），Вопросы（1989）等；进行其他分类的还有Володина（1989）和Бенуа（1995）。

而命题的分类依据不同，文献中主要有以下两种分类：

（1）事件命题，指反映某个事件、客观事实的命题，如：Идёт дождь. Вчера приехал Саша. Оля хорошо учится. Пожар!等。

（2）逻辑命题，指表达判断、评价或情景参项之间关系的独立命题。如：Книга очень интересная. Мальчик читает бегло. Книга - на столе. Петя - брат Коли. Оля - хорошая ученица. 这类命题都在独立的句子中形成。

其实这两种命题反映的都是存在于现实中的某种所指情景，只不过有时是行为，有时是特征或关系，因此在应用语言模式中这两种命题被看成是一种类型，被称为所指命题。还有另外一种命题类型，反映的是认知的运作，Всеволодова（2016: 187）认为，只有这类命题才是逻辑命题。

逻辑命题不会使句中出现新信息，只是使句子的句法结构变得复杂而已。可能有以下两种情况：

（1）被说话人确切的疏状关系，如Он заболел, **и поэтому** не пришёл /почему и не пришёл.中有两个所指命题：Он заболел. Он не пришёл. 被说话人确定的因果关系，即逻辑命题是由连接词**и поэтому**表达的。该类逻辑命题通常用连接词表达，属于显性手段，同时也可用隐性手段，即用建构手段，如前置词、关系说明词、类属词、描写说明词等表达，比较表示因果关系的两类句子：Шли сильные дожди, **и/ поэтому/ и потому/ почему** реки вышли из берегов.和Дожди **привели к** разливу рек /Дожди - **причина** разлива рек /**Следствием** дождей стал разлив рек.

（2）被说话人借助建构词揭示出来的进入所指命题的关系或行为，比如对空间和时间情景元的揭示：**В Таганроге** родился Чехов — Таганрог - **это город**，**где** родился Чехов；Мы вернулись **в два часа дня** — Мы вернулись，**когда** было два часа дня — Два часа дня - **это время**，**когда** мы вернулись. 以及对其他情景参项的揭示：**Чехов - это писатель**，который родился в Таганроге. 又如：Я купил учебник физики — **Книга**，которую я купил，- **это учебник физики**.

可见，逻辑命题通常是隐现的，但在完成特殊交际任务时可将其显现，经常用从句来显现。如果逻辑命题显现在独立的句子中，那么下一句就用人称或指示代词表示：Чехов - писатель. **Он** родился в Таганроге. Я купил книгу. **Это** учебник физики.

（3）说话人借助建构动词引入具体行为，比较：Я вчера весь день **разбирал** книги. — Я вчера весь день **занииался разбором** книг. （带描写述谓）和Я вчера весь день **занимался тем**，**что** разбирал книги. 这个复句中只有一个所指述体разбирать.

（4）借助类别词改变情景传达角度，比较：Блузка **синяя**. — Блузка **синего цвета**. — **Цвета** блузка **синего**. — **Цвет** блузки - **синий**. Маша **высокая**. — Маша **высокого роста**. — Роста Маша **высокого**. — **Рост** у Маши - **высокий**.

2.3 类型情景和命题的表达手段

类型情景总是由述谓结构（предикативная конструкция）表达；而命题不仅由述谓结构，还由称名结构（номинативная конструкция）表达。如Его **стук разбудил** меня. = Он стучал и разбудил меня. 以及带插入语的句子Работа，**по-моему**，хорошая = Я **думаю**，что работа хорошая.

因此，表达类型情景的句子可能含有一个或者多个命题，但却是单述体的（如果是简单句的话），而且构成句子的命题是所指的还是逻辑的并无所谓，比如：По совету мамы я осталась дома.含有三个命题，却只表达一个"缘由"类型情景。

2.4 类型情景和命题中的言语述体角色

"命题结构如果由述谓结构表达，那么这个结构是由承载客观事实本质的述体决定的，即事物的特征或事物之间的关系，述体指出客观事实的参项（即题元）的位置，确定参项的数量和作用。"（СРЯ 1989: 686）但实际上从本章§1节（8）到（10）例句中我们看到，同一个述体背后可能隐藏着完全不同的客观事实。而在类型情景中共同的样板结构是基础，且在确定情景时起主要作用的绝不只是述体的类型。比如句子（1）Я отдала книгу брату. （2）Мы остались дома. （3）Пётр поехал в Киев. 表达的是三个不同的命题，相应的也是三个不同的类型情景，而且它们也确实是由述体的类型决定的：（1）是转交情景（отдала）；（2）是存在情景（остались）；（3）是主体向方位边界移动情景（поехал）。然而，当这些句子引入原因名词短语时，它们就变成了同一个类型情景"主体由起因者的积极行为而激发的有意识行为"的不同体现句：（4）**По просьбе матери** я отдала книгу брату.（5）**По совету Маши** мы остались дома.（6）**По приглашению друзей** Пётр поехал в Киев. 也就是说，在这个新的类型情景中出现了新的参项，即起因者（мать, Маша, друзья）及其行为（просьба, совет, приглашение）。在这里谓语的具体类型已不重要，重要的是它们都称名有意识的行为（比如故意行为：忘记、弄混、犯错等），当然不可否认，句子的转换潜能是由谓语决定的，比如（4）句可转换为被动态：По просьбе матери **книга была отдана мной** брату. 而（5）和（6）就没有这种可能性。可见，类型情景比命题更具概括性。

2.5 类型情景和命题的言语体现特点

类型情景言语体现的具体特点跟该类型情景的内容并不相关，比如句子（1）Петя – брат Коли.（2）Коля – брат Пети.（3）Петя и Коля – братья.表达的是同一个类型情景，同一个所指事实，由相同的情景参项表达"两个人之间的关系"：相关者 Петя, Коля 和同一个述体，即关系语义词 брат，братья. 但在某些理论中这三句却是不同的命题，它们确实不能出现在同一个语境、同一个语篇中，它们在关系的方向上不同，（1）句的起点是 Петя，关系线由他通向 Коля；在（2）句中正相反，Коля 是起点，Петя 变成关系线的终点；在（3）句中 Петя 和 Коля 的关系是通过血亲判定的（Путинцева 1995）。此时命题已带有一定的主观性，因为关系的方向是由说话人选择的，虽然说的是客观情景，但却是说话人的观点。可见，命题由具体句子决定，而类型情景是体现在很多不同句子中的样板结构，这些句子的区别是类型情景角色的具体扮演者不同（Всеволодова 2016: 189）。

§3 类型情景与句子的关系

尽管类型情景是反映语言外情景的语言层面单位，每个类型情景都由一定数量的成素构成，但是类型情景已把人的思想引入言语，基于此，它已经是言语单位。在言语层面类型情景的每个成素都有自己的名称：一个词或一个术语词组，比如转交类型情景的"供体主事"（протагонист-донатор）、"领受者"（получатель）、"转交的物质客体"（донатив）、"转交行为"（действие передачи）等成素：Маша дала Пете сливу.

第17章
类型情景

Ректор будет вручать дипломы выпускникам. Посол вручил верительные грамоты президенту. Я послала сестре книгу. 在这个情景中供体主事成素是名词 Маша，ректор, посол, я，领受者成素是名词 Петя, выпускники, президент, сестра，转交的物质客体成素是名词 слива, дипломы, книга 和术语型词组 верительные грамоты，转交的行为成素是动词 дать, вручать, послать。在言语层面类型情景可由无数具体句子来体现，其中最准确和中性地体现类型情景的是形义对称结构，比如以上各句。（Всеволодова 2016: 189）

同样，在本章§1中列举的存在句中表达存在类型情景最纯粹的句子是（7）В солёных озёрах на побережье обитают фламинго. 但在具体的句子中除了类型情景参项外，还有其他一些虽不计入类型情景但对语句内容却非常重要的成素，比如句子（1）**Поначалу** родным домом египетских цапель были Азия и Африка.中的成素 поначалу 实际上是针对全文的，它是苍鹭后来向他地迁徙的信号；（2）Но уже **в 1930 году** этих птиц видели в Гвиане **довольно много**.中除了针对事件非常重要的时间定位成素 в 1930 году 外，处于述位的数量成素 довольно много 也承载着极其重要的信息；（3）Лагуна **не случайно** стала пристанищем этих гусей.中处于述位焦点的是原因成素 не случайно；而（6）Оса была **не единственным** постояльцем нашей хижины.中处于述位焦点的是被否定的单个数量成素 не единственным。为了确保这些句子的信息完整和不破坏整个语篇，以上任何一个成素都不能从句中移除。在上面表达转交情景的句中，对具体客观事实来说重要的可能是以下成素：（1）时间和空间成素：Декан вручит дипломы выпускникам **завтра в 10 часов в актовом зале**. （2）目的成素：Я послала книгу сестре **на память**. （3）数量成素：Мама дала Пете **десяток** слив.

这些没有进入类型情景样板结构的成素都进入了该语句的样板结构中，具体语句的样板结构不仅包括对类型情景重要的必有成素，还包括对该客观事实非常重要的自由成素，正是这些具体语句的样板结构构成了语句的所指结构，在语句中没有不重要的成素，每个成素都承载着应有的信息。当某个成素复制其他成素已完整而具体表达过的信息时，按规则它们应该被去掉，因为它们的出现会影响句子语体的准确性，如：（1）**В ночь 28 мая** казаки **ночным** налётом ворвались в станицу.（2）На ней потёртая **меховая** шуба рыжего **меха**（Берберова）.（1）中的 ночным 和（2）中的 меховая 和 меха 就重复了 В ночь 28 мая 和 шуба 的信息，应该去掉，比较：На ней потёртая **рыжая шуба**.

以具体词形出现在句子所指结构中的成素名称，跟语义（内容）相互关联，这些语义关系已经构成句子另外的语义结构（命题），语义结构可能与所指结构不一致。

综上所述，尽管类型情景也是对客观现实的反映，但它是从很多具体句子中提炼出来的，是对现实中无数相关事件的类型化处理。因此，类型情景的最大特点是具有概括性，凡是能够被概括的成素，都可能进入类型情景所构成情景的部分或全部。

§4 类型情景与功能语义范畴（意义体系）的关系

Всеволодова（2016: 190）指出，类型情景与功能语义范畴的对应关系多种多样，主要有以下几种情况：

（1）类型情景本身可以形成对立体系，这些意义体系出现在由动词和述体词表达的命题之间，原则上这个体系是述体意义体系，如行为的静态和动态的对立：Он **держит мяч**. — Он **бросил** мяч. 延续动态和瞬间动态的对立：Он **вёл мяч** в ворота. — Он **бросил мяч**. 行为和事件的对立：Он **разбил** стакан. — Стакан **упал и разбился**.

（2）类型情景在其具体体现中可容纳一个意义体系的不同意义，同一类行为，如涉及客体的生理行为，可能各不相同，比较：1）надеть блузку；2）сшить блузку；3）постирать блузку；4）порвать блузку. 与例1）中的客体移动不同的是，其他行为在具体体现中除了要求主事和客体外，还都要求其他情景参项，如对2）中的"创建客体"行为来说，必需的还有原始材料（布、绸子）、工具（针、缝纫机）、手段（线）；对3）中的"带不被改变客体"行为来说，必需的是手段1（水）和手段2（肥皂、洗衣粉），还有可能是地点类工具（脸盆、洗衣盆，但也可能是在河里或水龙头下）；对4）中的"破坏整个客体"行为来说，必需的是工具，可能是不动的工具，如порвать блузку **о гвоздь**. 可见，在每种情况下都有独自的类型情景，但所有这些类型情景都进入工具意义体系。在完整描写某个类型情景时，句中将出现多个参项——工具类意义的成员：**На швейной машинке тончайшими нитками** сшила блузку из батиста（细麻布）. Мастер **на станке специальной фрезой**（铣刀）из стали выточил сложную делать. 其中词形 на швейной машинке, на станке, тончайшими нитками, специальной фрезой, из батиста, из стали在工具功能语义范畴中表达相应的意义，比较该体系的其他意义：Оля стирает **в тёплой воде** блузку **туалетным мылом**. Мастер промывает детали **в растворе с помощью губки**. **Ручкой** он записал адрес **в блокнот**等。

（3）类型情景包含各种不同意义体系的成素，说话人可以把一个命题放入带其他命题的某些关系中，使之形成一个复杂的情景，如Оля сшила на машинке блузку.可以跟其他激发行为发生的事件产生关系，如сестра посоветовала, совет сестры等，比较上述带工具意义成素的句子可以加上另一个原因名词意义体系：**По совету сестры** Оля сшила блузку из батиста на машинке. **За отсутствием шёлка** Оля сшила блузку из батиста. **По своей безотказности** Оля сшила блузку из батиста на машинке. 除原因外，这些句子还可加上"目的"成素：По совету сестры Оля сшила **в подарок маме** блузку из шёлка. "时间"成素：По совету сестры Оля **за два вечера** сшила в подарок маме блузку из шёлка. 然而，能否引入某个成素不是绝对自由的，比如原因和目的成素只能与具有目的性的行为连用（不能说*В подарок маме Оля потеряла /забыла блузку），而时间成素за два вечера则要求表示完成的行为сшила，比较：Оля **два вечера шила** в подарок маме блузку из шёлка.

因此，最初的"主事试图创建客体的生理行为"类型情景在所处的不同联系中被复杂化。虽然在引入工具、手段、原始材料等成素时，由于受到行为本身固有特点的影响，这些成素可以隐现在情景中不被表达出来，但是时间、原因、目的成素却由于吸入了其他命题而能够把这个类型情景带入其他类别的类型情景中，因为表达其他命题的那些成素已进入另外一些针对某行为固定不变的意义体系中。

（4）类型情景可以是意义体系中的某一个意义的体现。虽然意义体系或功能语义范畴是在对立结构中相互对立义素的结构化集合，但是每个这样的结构也可体现在非对立的类型情景中。在动词时间意义体系中，有一些意义就体现在非对立集合中，如动词的现实现在时体现为：具体、扩展、恒常现在时，而非现实现在时体现为：抽象和典型现在时。在动词体貌和态描写层面，类型情景被Бондарко称为范畴情景。

1）原因名词短语意义体系中的一个片段"人的行为及其受某种原因制约的关系"是极其复杂的意义体系，其中第一个对立是按照"被结果成素表达的行为或关系的自觉程度"这一特征划分的。按照这个特征，所有因果结构可以下分为两个子集合：

① 自觉的行为或关系：**Из осторожности** он закрыл кран.

② 不自觉的行为或关系：**По халатности** он не завернул кран.

根据原因因素的特点意义①又下分为：

1.1 行为主体所固有的内因：**Из упрямства** он остался дома.

1.2 存在于施事之外的外因：**Из-за дождя** он осталлся дома.

外因可能是以下因素：

1.2.1 人或事物，具体表现为：

● 影响施事的客体：Директор наградил мастера **за хорошую работу**. Он купил книгу **из-за иллюстраций**.

● 作用于施事的人：Уехал он **по рекомендации друга**. Оля сшила блузку **по совету сестры**.

1.2.2 事件，表现为：
- 社会或宗教事件：Дома **по случаю поста** ничего не варили（Чехов）.
- 物理事件：Мешки **из-за холода** ещё не разобраны（Бородин）.

以上每个意义又体现在一些非对立的类型情景集合中，比如意义1.1可能体现在以下类型情景中：

① 施事的行为受情感状态、态度或性格特性制约：Женской прислуги он не держал **из страха**, чтобы о нём не подумали дурно（Чехов）. Я не высказал своего противоположного мнения **из вежливости**.

② 施事的行为由其客观特征决定：**По слабости здоровья** ... он почти не покидает города（Леонов）. Автор **в силу своего возраста** посещает два ближайших кинотеатра.

③ 施事的行为带有目的特点：**Из хвастовства** дивизию бросили в бессмысленные бои（А.Толстой）= чтобы похвастаться. Оля сшила блузку **в подарок** маме.

在带外因意义的类型情景（1.2）中还可分出替代类型情景，即由于没有或缺少情景成素中的一个事物而必须用另外的事物代替它：**За неимением** блокнота я записал его адрес на обложке журнала. 缺少的可以是情景的任何成素，如：

- 主事：В четвёртой подгруппе **из-за отказа Ямайки** борьбу на втором этапе продолжит сборная Боливии.
- 工具：Судья сидел на высоком насесте возле столба и **за неимением свистка** свистел в два пальца（Трифонов）.
- 地点：**За неимением мест** в гостинице мы жили на частной квартире.
- 材料：**За неимением шёлка** блузку сшили из батиста.

在以上语句中共同的语义是都指出了参加到情景中的"替代者"成素（обложка журнала、сборная Боливии、два пальца、частная квартира）。

因此，上面所分析的三个句子**По совету сестры** Оля сшила блузку из батиста - **За неимением шёлка** Оля сшила блузку из батиста - **По своей безотказности** Оля сшила сестре блузку из батиста分别属于原因名词短语意义体系中的不同情景，是行为的自觉性这一性质把它们结合在了一起。

2）时间名词短语意义体系中的一些意义也体现为不同的类型情景，没有被行为完全占据的单次直接时间就体现在以下四个类型情景中：

① 行为发生在某个时间片段内，但不指出行为占据片段的程度：**В мае** шёл дождь. Он приехал в Пекин **утром**.

② 行为发生在某个时间片段内，但其结果保持到后面的片段中：**С мая** задождило （= в мае задождило）. **С 1 января** закон вступил в силу（= 1-го января вступил в силу）.

③ 行为时刻存在于时间片段的发展阶段中（时间片段被具体化）：Он пришёл **в начале /в середине /к концу урока**. **С рассветом** мы вышли из села. Мы отдыхали **в разгар сезона**.

④ 行为时刻与所指出的整个时间片段是等概率（标志着通常还没有发生的行为的不确定性）：Он обещал позвонить **в течение дня**. Ответ нужно дать **в течение недели**.

3）方位名词短语意义体系中也有一些非对立的类型情景集合。如由方位名词短语из-за+N_2表示的在非共空间内的定位于空间后方的"起点－终点"意义就体现在空间运动类型情景和空间感受类型情景两个大类中。其中空间运动类型情景又表现为：

① 以前隐藏在不动方位后面的移动物体出现在观察者视野内：**Из-за дома** выехала машина.

② 由于方位的移动在观察者视野内出现不动的物体：**Из-за тучи** показалось солнце.

③ 物体由于观察者自身的移动而出现在观察者视野内：**Из-за леса** показалась деревня.

而感受空间类型情景表现为：

④ 观察者感受到来自方位物体方向的声音：Хозяин ответил **из-за двери**.

⑤ 观察者自己隐藏在方位后面以躲避方位前可能出现的观察者：**Из-за кустов** я хорошо видел шоссе.

综上，类型情景的样板结构允许出现某些相对于其他语义和意义、其他功能语义场很重要的成素变体。如По просьбе Ани я **дала** ей свои лекции.和По просьбе Ани я **поотдавала** ей все свои лекции.在原因功能语义场里表达的是同一个类型情景，但却是不同的范畴情景：单次行为（дала）和重复行为（поотдавала），这需要在体貌功能语义场的不同片段中进行研究。类型情景与语义空间其他结构的相互关系还有待于进一步深入研究。

第18章
所指角色

§1 所指角色的类型

作为类型情景参项的所指角色是通过参项之间的关系类型来确定的,包括关系标志本身——述体(предикат)。

到目前为止,对所指角色的分类和数量还没有定论。一些学者的分类比较简略,一些学者的分类极其详尽,比如Шмелёва(1994)和Всеволодова(2000,2016)。Всеволодова对所指角色的分类比较适合语言应用模式,下面我们就详细介绍这一分类。

按照Всеволодова(2016:197)的观点,所指角色大体上可以分为述体和类型情景必有参项(партиципанты)两大类:

1. 述体指使参项相互联系的行为、状态、关系、存在和特征(质量和数量)。
2. 参项可能是中心题元(актанты),也可能是疏状成分(сирконстанты),比如句子В лесу живёт медведь中的处所疏状成分в лесу就是存在述体的参项(Арутюнова 1976)。

● 中心题元指事件的参项,可能是人、动物、物体或自然力;
● 疏状成分指事件的各种状语和修饰成分。

题元这一概念和术语是由泰尼耶尔(Л.Теньер)引入语言学的。在文献中有两个意义:(1)情景参项,如主体、客体等;(2)句中由词组中心成素要求的展词位,如Он проработал здесь год中的год在所指结构中是状语成素,是疏状成分,同时也是依附于动词проработать的时间题元。对于第二个意义可使用术语аркументы(论元),论元包括题元和疏状成分,如果述体要求它们出现的话。我们在描写句子内容层面时术语题元只用于表示所指角色的名称。因此,题元指情景的"剧中人"(действующие лица),构成以下几类所指角色:(1)主体;(2)客体;(3)对象;(4)工具;(5)情景元。

Всеволодова(2016:197)认为,每个情景都是反映在语言中的客观事实的片段,在客观现实中人的意识首先分离出的是固定成分——物质客体(题元和某些疏状成分,如空间定位等）。情景在物质客体及其状态的相互参照中形成，有两个普遍参照系：时间和空间。述体决定了情景的特点，而情景的具体特点又决定了参项的具体特点，所以称名情景本身的述体角色是第一位的，它们很少没有题元，偶尔会没有疏状成分。

"主体"和"客体"是一对多义的术语，有时指形式平面的单位"主语"和"补语"，有时指语义平面的"语义主体"和"语义客体"，有时与形式平面的主语和补语重合。为了与语义层面的主体和客体相区分，Всеволодова（2016：198）把最深层原型所指层面的主体类角色称为主事（протагонист），而客体类角色称为受事（пациенс）。引进这些术语很有必要，有利于区分所指层面和语义层面。

§2　述体角色

所指述体的划分和体系化一直是语言学的一大难题，很多语言学家都对其作过各种尝试（如Апресян 1995，Булыгина 1982，Володина 1989，Селивёрстова 1982等）。Всеволодова依照Шмелёва（1994）和Клобуков（1986）对语义述体的划分观点，将"述体类型"和"述体表现范围"（сфера проявления предиката，简写为СПП）作为划分标准的两个常数。她同样认为述体这一术语包含所指和语义两个不同的层面，如下面的句子（1）Соседние озёра принадлежали уткам（来自В соседних озёрах обитали утки）；（2）Эта статья принадлежит моему другу（来自Эту статью написал мой друг）；（3）Эта машина принадлежит Петру. 只有例（3）的所指述体和语义述体完全一致，（1）和（2）的存在和行为所指意义是隐藏在领属"面具"下的。Всеволодова划分的是所指述体，述体的语义成分可能会不同，如болен和болеет属于同一所指述体——主体的生理状态，因为不能说*Он не болеет, а болен. 这说明它们表达的意义相同，但这并不意味着它们没有差别，其差别是语义概念的不同，болен表示的状态是不变化的，而болеет表示的状态是个过程（Селивёрстова 1982），这已是语义层面的差别。据Всеволодова观察，在许多其他语言里与带болен和болеет的俄语句型对应的是同一内容形式。在汉语里这两个词形也都对应的是"生病"之意。

Всеволодова把所指述体划分为五大类型：（1）存在述体[①]（экзистенциальный

[①] Всеволодова的存在述体概念与Арутюнова（1976，1983）的逻辑型存在述体不同，因为逻辑型述体是按思维步骤划分的，比如句子 На столе лежит книга; На столе - книга 属于存在逻辑述体，而 Книга - на столе 则属于特征逻辑述体。Всеволодова认为这两类句子属于同一个存在述体，因为它们表达的是同一所指情景。另外很多属于存在逻辑述体的句子在所指层面上却可能属于其他类型，如 У меня есть машина 属于关系述体，У неё голубые глаза 属于特征述体，而 У меня головные боли 则属于状态述体。

或 бытийный предикат），（2）行为述体（акциональный），（3）状态述体（статальный或стативный），（4）关系述体（реляционный），（5）特征述体（характеризующий）。

每一个类型的述体都可以细分，比如：

（1）存在述体具体分为：

1）空间存在述体：Оазис **лежит** во впадине. За лесом – озеро. Рыба в реке **водится**.

2）要求方位的时间存在述体：В среду **будет** спектакль в театре. Это государство **существовало** в V-IV вв. до н. э. в Азии.

（2）行动述体可分为以下类型：

1）行为：Он **разбил** стакан.

2）事件和过程：Стакан **упал** и **разбился**. **Горит** костёр.

行为又可细分为：

① 意志行为：Я **снял** комнату в Лесном у одинокой старухи.

② 非意志行为：Я **потерял** лошадь.

意志行为又可细分为：

● 创建行为：Рабочие **построили** дом. Учёный **создал** теорию.

● 使形式发生改变的行为：Он **перестроил**, **покрасил** дом.

● 破坏行为：Он **разрушил** дом.

此外，行为述体还可细分成更具体的类，如：

● 空间移动行为：Поезд **следует** в Орёл. Мяч **летит** в ворота.

● 对感官产生影响的行为：**Шумит** водопад. **Сверкают** молнии.

● 观察和监视行为：Аня с живейшим интересом **наблюдала** за происходящим. Он **прислушался** к разговору.

● 转交物质客体行为：Я **отдала** Оле книгу. Мама **оставила** мне стакан молока на столе.

● 智能行为：Мы **исследуем** коронавирус нового типа. Ньютон **открыл** закон всемирного тяготения.

● 信息传达行为：Иван **сообщил** нам /**проинформировал** нас о последних событиях.

●对物体和现象的称名：Греки **называли** Черное море «Понт Евксинский».

（3）状态述体细分为：

1）静态状态（其中可能有描述状态的缓慢过程）：Он **болен**. Я **в ярости**.

2）动态状态：Маятник **качается**. Земля **возвращается**.

3）主事对客体的感受：Я никогда не **видел** так много животных. Я хорошо **понимаю** эту теорему.

（4）关系述体细分为：

1）题元或现象之间的相互关系，具体表现为：

① 人或物在某体系中的关系：Домициля Луцилла была **женой** претора Анния Вера и **матерью** императора Марка Аврелия（Фёдорова）. 逻辑上属于不包含关系。

② 种和属的关系：Волк относится к классу **хищников**. 逻辑上属于包含关系。

③ 比较关系：Земля **больше** Луны. Саша **выше** Миши.

④ 整体和部分的关系，包括：

●生成关系（генератив），指人、物、现象是整体集合的成员之一：Отец Н.Греча – **из обрусевших немцев**.

●组成关系（партитив），构成整体的组成部分：Квартира – из трёх **комнат**. Её багаж состоял **из сумки и пакета**. 组成关系经常与数量标志连用：В Мае – **31 день**.

⑤ 逻辑关系：**Последствие** трахомы – слепота（沙眼的后果是失明）.

2）主事跟受事的关系，包括：

① 智能或情感关系：В школе я **увлекался** химией.

② 领有关系：У неё **есть** дача.

（5）特征述体表示以下特征：

1）性质特征：Отец Гоголя был **бережлив**, **запаслив**.

2）构成物体的原材料：Костюм – **из шерсти**. Булка **пшеничная**

3）数量特征，包括: а）客观数量：Нас у мамы осталось **четверо**. б）主观（评价）数量：Народу в зале было **много**.

4）有很多具体表现的分类特征：Дюма – **француз**. Амфора（双耳罐）– **сосуд** для хранения зерна или вина.

每一个所指述体都有六大表现范围：1）物理范围（физическая СПП），2）生理范围（физиологическая СПП），3）情感心理范围（эмоционально-психическая СПП），4）智能范围（интеллектуальная СПП），5）社会范围（социальная СПП），6）灵性范围（духовная СПП）。其中灵性范围是Всеволодова补充的，它主要来自《圣经》和祷告语。所指述体类型及其表现范围的关系可由下面的表格呈现：

	存在	行为、事件、过程	状态	关系	特征
物理	Там лес. Рыба в реке есть. У окна стоит стол.	Птица летит. Дети играют. Прогремел гром.	Олег спит. Дом в руинах. Я вижу звёзды.	Ваня – брат Ани. Аня выше Оли.	Аня высокая. Книг – сто. Анна – чешка. Стекло пропускает свет.
生理	Кровь содержит гемоглобин.	Листья изменяют окраску.	Я болен. Куст засох.	Роза – цветок. Человек на 70% состоит из воды.	Эта рожь урожайная.
情感心理	В лице был ужас. На душе был покой.	Она плачет. Мы волнуемся за неё.	Все рады. Я тоскую.	Я люблю розы. Я восхищаюсь её голосом.	Ты горд и самолюбив. Он холерик.
智能	Есть одна идея.	Он решает задачу. Я думаю об этом.	Я растерян. Я знаю это.	Я увлекаюсь физикой. Он автор пьесы.	Он гениален. Он глупый.
社会	В стране есть парламент. Такого закона нет.	Выбираем парламент. Суд вынес приговор.	Он на пенсии. Бандит под арестом. Экономика – на подъёме.	Конфликт ведёт к войне. Бюджет зависит от сбора налогов.	Оля – врач. Москва – столица. Театр у нас один.
灵性	В начале было Слово. И сказал Бог: Да будет свет. И стал свет.	Я крещу вас в воде в покаяние… Он будет крестить вас Духом Святым и огнём.	Блаженны нищие духом, ибо их есть царствие небесное… яко нищ есмь и окаянен.	Как Я возлюбил Вас, так и вы да и любите друг друга. Да будете сынами Отца вашего небесного.	(Теперь-то я узнала, что) ты человек Божий и что слово Господне в устах твоих истинно.

需要指出的是，述体之间及其表现范围之间没有严格的界线，有很多交叉的地方。比如相同的现象可有两种评价：Общество находится в состоянии брожения（骚动）（状态）. В обществе идут проиессы брожения（过程）. Он увлекается химией 中的述体 увлекается 属于智能范围，但同时也属于情感心理范围——"满意地学"。动词 содержать 和 содержаться 既可以是存在述体（某处有什么）：В семенах робинии（刺槐）содержится жирное масло. 也可以是关系述体（整体和部分）：В семенах робинии содержится **до 12%** жирного масла.

§3 主事类角色

主事是构成情景的唯一或首要情景参项，是情景的组织者，它与不同的述体连用时表现为不同的情景参项，如：

（1）与存在述体连用时是存在主事（экзисциенс），Арутюнова 和 Ширяев 称其为存在客体：В лесу водятся **волки**. 存在物可以是事物名词：На этой территории есть **золото**. 也可以是事件或特征名词：Время от времени бывают **землетрясения**. Экономические **законы** существуют объективно.

（2）与行为述体连用时可能是施事类生命主事，如：

1）施事（агенс, агент, агентив）：**Рабочие** строят дом.

2）共同完成行为的第二、第三施事或一组施事（коагенс, коагенсы）：**Матушка и сёстры** изредка выезжали в Полтаву…（Золотусский）. **Дети** бегали наперегонки.

3）发话者（адресант）：**Вы** обещали нам подарки.

4）给予者（донатор）：**Мама** сунула сыну в рот две таблетки аспирина.

5）派发者（отправитель）：Письмо – **от сестры**.

6）命名者（номинатор）：Электрическими конками **мы** называли первые трамваи.

与行为述体连用时也可能是非生命物体类主事，如：

1）情景创造物（функтив）：**Самолёт** приземлился. **Деревья** гнулись от ветра. Грохотал **водопад**.

2）造成情景改变、破坏或其他事物消亡的自然力（Мельчук 称其为 стихия，Шмелёва 称其为 сила）：**Течением** унесло лодку. **Землетрясения и пожары** сильно разрушили здание.

3）诱因主事（стимул-1），指事物或事件是导致其他参项存在或拥有某特征的事实：**Пёстрые вывески, нарядные витрины, кафе и ресторанчики** сделали эту улицу излюбленным местом горожан. **Турнир** по гимнастике привлёк сюда тысячи зрителей. 诱因位于主事的边缘，并跟其他客体角色和疏状成分交叉，在原始模型句中常与其他所指角色重合，如：**За пёстрые вывески, нарядные витрины, кафе и ресторанчики** горожане полюбили эту улицу（缘由疏状成分）. **На турнир** в спорткомплекс пришли тысячи зрителей（疏状成分中的目的因素）.

（3）与状态述体连用时是状态承载者（экспериенцер, экспериенсив）：**Старик** страдает астмой. **Мне** стало лучше. Тоска и скука **меня** одолевают（Кузьмин）. **Он** явно злился и не в духе（Кузьмин）. Голова **у Бакланова** кнужилась（Куваев）.

（4）与关系述体连用时表现为以下六种主事，前五种属于关系-1，最后一种属于关系-2（即领属和情感关系）：

1）相关者（релянты），指相互之间有关系的人、动物、物体、概念等：**Петя** – брат **Миши. Гурин и Сергушова** познакомились вскоре после отлёта Бакланова（Куваев）.

2）相较者（компараты），指相互比较的人、事物或现象：**Тётя** старше **племянницы** на 50 полных лет. **Содержание** фильма совпадает с **книгой**.

3）成员（элементив），指包含关系中多数集合的一个组成成员：**Волк** относится к хищникам. Его **отец** – из сибирских крестьян.

4）总括者（комплексив），指由部分组成的整体：**Квартира** состоит из 3 комнат. **В году** 365 дней.

5）原因（каузатив），指逻辑关系中生发的情景：**Проливные дожди** вызвали подъём воды в реках.

6）领有者（посессор），指领属关系中的拥有或所属主事：**У него** есть дача. **Фирма** владеет огромными материальными ресурсами. Ружья тогда **у меня** ещё не было（Пришвин）. В руках **Октавиана** находились огромные материальные ресурсы（Фёдорова）.

（5）与特征述体连用时是特征、性质、性能的持有者（дескриптив），可能是：

1）性质特征持有者：Это **пальто** новое. **Он** был среднего роста, худощав（Куприн）. **Робиния** размножается семенами и вегетативно（刺槐通过种子和无性繁殖）.

2）数量特征持有者：**Их** было в палатке двое（Катаев）. **Паутинок** этих, протянутых через просеку, великое множество（Пришвин）.

3）分类特征持有者：До войны **Бибенко** был донбасским шахтёром（Катаев）.

4）材料的持有者：**Кафтан** на нём – чёрного бархата（他穿着黑丝绒的长袍）.

5）性能的持有者：Эта **ткань** не пропускает влагу.

主事角色与句子形式结构没有一对一的联系，如句子Его фамилия есть в **ректорском** приказе中的最积极情景参项是ректор，所以他才是主事，在该情景中具体表现为施事，相当于Ректор приказал.

§4 受事类角色

受事是情景的第二参项，是主事行为涉及的题元并依赖于主事，它跟主事一样，在很多情况下都是按照有生命和无生命特征划分的。

（1）在与行为或情感关系述体连用时，生命受事（пациентив）表现为：

1）受主事影响的有生命情景参项：Мы поймали **журавля**. Он должен доставить **молодую женщину** к врачу.

2）状态主事的相关生命受事：Я не влюблен **в неё**. Пушкин уже с отроческих лет понимал и любил **классиков**（Б.Васильев）.

（2）无生命的受事表现为：

1）物体受事（объектив），指情景开始之前就存在并受到主事影响的物体：Он выдвинул **ящик**. Я купил **книгу**.

2）行为创造物（креатив），指在行为或情景实现后出现的事物或情景：Освободите лишнее **место**. В конце года мы организуем **конференцию**.

3）智能创造物（эврикатив），指主事经过智能创造活动后引入知识体系的事物或现象：Ньютон разработал **теорию** взаимодействия. Клумбу открыл **Америку**.

4）被消除物（элиминатив），指被破坏、遗弃、消灭的事物或情景：Он затушил **пожар**. Он хотел стереть это **село** с лица Земли.

5）感知客体物（перцептив），指状态承载者感觉器官感受到的事物、特征或事件：Мы видели **цветы** на окне. Он услышал **шуршанье** снега.

6）所言之物（делиберат, делибератив）：В письме он писал **о своей жизни**. Расскажу **случай**, какой был со мной в голодном году（Пришвин）.

7）给予物（донатив）：Мать отправила сыну **посылку**.

8）领属物（посессив）：Эта **машина** принадлежит Ивану. Компания владеет золотыми приисками（矿山）.

9）被命名物（номинант）：В математике движением называют **изменение положения тела в пространстве с течением времени**.

10）诱因受事（стимул-2），指引起主事产生某种态度或状态的事物、事件或称名，它们在情感关系情景中通常会不由自主地影响主事：С самого краешка острова он любовался **брызгами, переливающейся радугой**（Лонге）（他在岛的最边上欣赏闪烁着彩虹的浪花）. Бакланову нравилось **умение Гурина** любую минуту жизни облечь в яркую оболочку（Куваев）（巴克拉诺夫喜欢古林把生命中的每一刻都披上亮丽外衣的能力）.

诱因受事是带"主事所经历的被诱因受事的特性激发的某种情感"意义的多命题类型情景成素，简单句可以扩展为复合句：Он любовался **тем, как** в брызгах переливалась радуга. Бакланову нравилось, **как** любую минуту своей жизни Гурин умеет облечь в яркую оболочку.

§5 与事类角色

与事（адресат）是主事和受事之后的第三情景参项，它不受主事的直接影响。纯与事，即信息的领受者，与发话者和新创物相对应，如：**Перед фабричными рабочими** он говорил о трудолюбии и социальном согласии.

与事可以是情景的积极参项，即对话者：Он разговаривал **с нами** о поэзии. 也可以是消极参项，即听者：Он говорил **нам** о поэзии.

主要的与事有：

（1）物质客体的接收者（рецепиент, рецепиенс, Апресян称其为получатель），与给予者和给予物相对应：Сто тысяч долларов – **детям**. **Петя** получил от нас книгу.

（2）情景实现的受益者或未实现情景的受损者（бенефициенс, бенефициантив）：**Саше** предоставили слово（比较：Ему дали возможность выступить）. **Ивана** лишили премии. **Петрову** присвоили звание доцента.

（3）涉及对象（дестинатив-1），指某事物或行为针对某人或某物：Бабушка связала **внуку** шапочку = для внука. Мама купила **дочери** игрушку. Он подарил **отцу** часы. Я **к вам** пишу.

§6 工具类角色

工具（инструмент）从广义上说是帮助情景实现的活动要素，但主事的行为并不直接指向该要素。这组角色与疏状成分形成交叉，比如"方式"角色：подавить сопротивление **террором**（用恐怖方式镇压抵抗）.工具类角色主要有两种类型：

（1）使用时不被消耗的物体，即一般工具意义角色群；

（2）使用时被消耗的物体或物质，即一般手段意义角色群。

具体表现为以下角色：

1）工具-1，指协助情景实现的工具，有两种变体：

　① 移动工具，即身体活动时提供帮助的物体：Он нанёс удар **мечом** в затылок. Я еду на работу **на велосипеде**.

　② 静止工具：Он вытер ноги **о коврик**. Он поранился **о колючую проволоку** （他在铁丝网上碰伤了）.

2）连接有一定距离的情景参项的工具或在其间传递或运动的手段（медиатив-1）：ввести сыворотку **при помощи шприца**（用注射器注入血清）；вести собаку **на поводке**；повесить куртку **за петельку**（把外套挂到挂钩上）.

3）显示行为参数的控制器（контроллер）：определить направление **по компасу**；заплатить за электричество **по счётчику**（按表交电费）.

4）工具-2，是智能行为要素，指获得智能行为客体并确定其参数的工具：Десятичный логарифм числа X находится **путём умножения логарифма X на множитель M**.（数X的十进制对数需通过对数X乘以M得到）

5）工具-3，是智能创造行为要素，指施事确定智能行为客体参数所依据的规则、公式、原理、定律：определить величину X **по формуле /с помощью формулы**；вычислить X **по следующему правилу /с помощью следующего правила**.

6）手段（средство），指在实现情景时被消耗的物质：стирать бельё **в воде**. Можно ли поливать цветы **водой** с добавлением лимонной кислоты？Глаз вынул из кармана склянку, сунул в неё трубку и подул писателю в лицо **одеколоном**（Катаев）（格拉兹从口袋掏出个小瓶，放进一根小管后把古龙水喷到作家脸上）.

7）原材料（фабрикатив），指转变成新事物的原始材料或物质：Основа фигуры вырезалась **из дерева**. Автомобильные сидения сделаны **из выделанных шкур**.

按照顺序工具角色可以是第一位的：Он ходит **на костылях**. 第二位的：Я мою руки **мылом**，第三和第四位的：Мама кормит сына **кашей с ложкой**.

§7　情景元角色

情景元（ситуанты）是使情景变复杂或具体的参项，分为两类：
（1）使情景复杂化的角色；
（2）与部分和整体或整体和部分关系相关的角色。
每一类都包括几个与其他角色特点有关的角色。

7.1　使情景复杂化的角色

使情景复杂化的角色分为：（1）使基本情景复杂化的角色；（2）使中心题元或疏状成分复杂化的角色。

使基本情景复杂化的角色包括：

- 中介（посредник），指影响施事实现情景的人：**Через М.Ф. Андрееву** С.Т. Мамонтов передавал крупные суммы денег на организацию партийной печати（Всеволодова 2000: 147）. Я приобрёл эту марку **с помощью знакомого филателиста**（集邮者）.

- 起因者（каузатор），指创造情景并决定其他参项行为的人：Родители приехали сюда по просьбе **сына**. С разрешения **учителя** я сижу в школе. По ходатайству（申请）профессора **Шмелёва** его включили в состав экспедиции.

- 信源说明者（авторизатор），指从自己的观点或利益出发使述位上的人或物获得述谓评价的人：Главным святилищем（圣地）**для Гоголя** была в гимназии библиотека（Золотусский）. У **сильного** всегда бессильный виноват（Крылов）.

- 标准针对者（критерий），指根据人、事物或现象来确定它们与某些参数、用途或状况是否符合：Костюм **ребёнку** мал /хорош /велик. Погода явно холодная **для июня**. Три библиотеки – это мало **для нашего города**.

- 伴随物（комитатив-1），指伴随主事实现情景的物体：Я иду **с сумкой** в руке. Она сидит **с чашкой кофе**.

7.2　使中心题元或疏状成分复杂化的角色

（1）涉及事物或现象称名的情景元角色，包括：

- 伴随专名（ономасиатив，Золотова称其为номинатив），指专有名词、非生命事物或事件的名称：А сам барин **Вальгортов** приезжал в имение редко（Кузьмин）.（瓦尔戈尔托夫老爷本人很少来庄园）Мы плаваем в бассейне

«**Чайка**». На Японию обрушился тайфун «**Мэри**».
- 总称（наминант），指命名者对现实世界中的某一类事物或现象赋予的名称：**Деформацией**（变形）называется изменение телом своей формы.
- （2）涉及部分和整体或整体和部分之间关系的情景元角色，包括：
- 整体的一部分（партитив），指任何题元和某些疏状成分（时间、地点）的一个部分：Мать **из бараньего меха** сшила мне шапку（整体是受事）. Я взял **в руки** старинные монеты（整体是施事）. **На улицах** города появились афиши（整体是地点）. **В первые дни** мая похолодало（整体是时间）.
- 整体的组成部分（композитив），指物质主体、客体和特征主体的组成部分：Шуба была богатая: **на хорьковом меху**, с бобровым воротником（Кузьмин）（雪貂毛皮海狸毛领的毛皮大衣很奢华）. Самолёт **с пятью пассажирами** на борту приземлился на поле.
- 总括者，指由数量单位组成的整体（комплетив）：Он взял половину **яблока**. 50% **опрошенных** ответили «да».
- 脱离整体的部分（деструктив）：пуговица **от костюма**; листок **из тетрадки**.
- 功能上与部分相连的整体（дестинатив-2）：крыша **от чайника**; Не прозвякнет кольцо **у калитки**（Есенин）（栅栏门上的圆环不响了）.
- 可部分汲取的整体信息来源（сурсив）：Я начал диктовать отрывок **из «Фрегат „Паллады"»** о встрече со смерчем（Кузьмин）（我开始口述《帕拉达护卫舰》中遇上龙卷风的片段）.

§8 疏状成分

疏状成分包括以下类别：（1）空间疏状成分；（2）时间疏状成分；（3）情景疏状成分；（4）原因疏状成分；（5）表征疏状成分。每组疏状成分都是一套复杂的意义体系，有时甚至是两套，如名词和副词意义体系，而且每个具体词形都有不同的意义。

8.1 空间疏状成分

空间疏状成分可分为以下几种类型的角色：
- 方位（локатив），指能够确定物体或行为实现的地点，可在界限之内：Пушкин провёл **в Одессе** около года（Губер）. 也可在界限之外：**За домом** течёт ручей.
- 方向的起点（директив-старт）：**С юга** дул тёплый ветер. Они вышли **из**

комнаты.

- 方向的终点（директив-финиш）：Мы приехали **в Москву**. Ярослав не решился приближаться **к Киеву**（Филист）.
- 路径（транзитив, трасса）：Он шёл **узкой полевой тропинкой**. Он решил идти **через лес**.
- 空间数量特征（дименсив-1）：Горы тянутся **на сотни километров**. Машины пройдут по дорогам России почти **три тысячи километров**.
- 多个方位、起终点或路径（дистрибутив-1）：**По дорогам** двигались машины с людьми. После занятий все разошлись **по домам**. Они переходят **с куста на куст, с виноградника на виноградник**.
- 特征实现的范围（лимитатив）：**В авиации** он проработал не один десяток лет. У него есть работы **в области семиотики**. У меня нет таланта **в исскустве**.

8.2 时间疏状成分

时间疏状成分也有极其细致复杂的意义体系，最常见的有以下一些角色：

- 点时间（темпоратив），指未被行为完全占据的时间，既可以是事件与时间点同时：**Ночью** они добрались до города. Олимпиада-2008 состоялась **в августе 2008 года**. 也可以是异时：**Перед отъездом** он зашёл к нам. **После занятий** он пошёл в столовую.
- 段时间（дименсив-2），指被行为完全占据的时间：Я уже **несколько лет** изучаю русский язык. Всего **два месяца** он провёл в Москве.
- 事件后持续时间（дименсив-потенсив），指行为或状态在事件结束之后将持续的时间段：Он уехал в Шанхай **на две недели**. **На лето** мы выезжаем на дачу. Он заболел **надолго**.
- 段内时间（терминатив），指行为完成的期限或结束时间：**За два часа** он написал сочинение. **К осени** дом был готов.
- 复现或均分时间（дистрибутив-2）指行为重复发生的时间：Она надевала эти серьги только **по праздникам**. **Ежегодно** дети приезжают в деревню на лето.

8.3 情景疏状成分

情景疏状成分指主要行为发生或主体特征得以呈现的某些现实条件，其中可能融合两个或三个意义。

- 纯情景元（ситуатив-1），指环境状态：Мы долго шли **в тумане**. **Во мраке** тихо журчал ручей в овраге. Не стой **на ветру**.
- 情景元-2（ситуатив-2），指地点和时间的融合（时间的社会组织形式）：**За обедом** мы говорили о погоде. Всё это случилось **на уроке**. И **на суде и после него** ему всё время думалось об этом разговоре.
- 情景元-3（ситуатив-3），指时间和原因的融合：**По осени** ему легко дышалось. **По зимнему времени** народу на побережье мало.
- 情景元-4（ситуатив-4），指环境状态跟原因和时间的融合：**На морозе** побелела голова его（Огарёв）（严寒中他的头变成白色）. Куда путь держите? На станцию? Далеконько **по вьюге**（暴风雪中的路途有点远）（Немченко）.

8.4 因果疏状成分

因果疏状成分包括：（1）原因、（2）结果、（3）条件、（4）目的、（5）让步等疏状成分，其中每一组成素在句子中都构成自己的命题，并成为复合类型情景的要素。

- 原因（каузатив），指任何能够生成情景的原因要素：Дома **по случаю поста** ничего не варили（Чехов）. Капитан Бурлаков не справился с катером **из-за больной ноги**（Васильев）. Дашу **из жалости** временно прописала к себе Прасковья Ивановна（Николаева）.
- 逻辑依据（мотив），指思维认知行为结果和结论的逻辑依据：**По запаху** – это роза. **По выражению лица** Дерсу я понял, что он со мной не согласен（Арсеньев）. **Ввиду тумана** я подумал, что самолёты летать не будут.
- 后果（консеквентив-1）：**К беде** неопытность ведёт（Пушкин）. Расспросы довели её **до слёз**.
- 逻辑推论（консеквентив-2）：Вороны сильно каркают – **к дождю**. Нет вечером росы на траве – **на дождь**, солнце на чистом небе заходит – **на хорошую погоду**.
- 与某些信息相符的依据（конфирматив）：**По его словам**, дома никого не было. **По теории Ломоносова**, вес веществ до реакции равен весу веществ после реакции（根据罗蒙诺索夫的理论，物质的重量在反应前后相等）.
- 条件（кондитив）：Белый фосфор **на свету** краснеет（白磷遇光会变红）. **При нагревании** тела расширяются（物体受热会膨胀）.
- 物体或行为是空间移动的目的（финитив-1）：Саша пошёл **за молоком**. Он

побежал **на помощь**.

- 物体或行为是竞争、言语和社会行为的目的（финитив-2）：Профессор высказался **за эксперимент**. Мы все были **за тебя**.
- 用于另一事物、时间或手段的物体或行为（финитив-3）：Я купил шёлк **на блузку** и овощи **к обеде**. Я отложил деньги **на книги и на поездку**. Мне нужно 20 минут **на доклад**.
- 为完成主要行为和运动或停止某活动所发出的行为（финитив-4）：Он поехал в Москву **на учёбу**. Мы сделали перерыв **на обед**.

因果疏状成分体系还未被研究透彻，它跟一系列主事和诱因角色都有交叉，有待于对其细节进行更加深入的研究。

8.5　表征疏状成分

表征疏状成分包括描述行为、事件、过程的条件和流程或对该行为结果给出评价，主要有以下角色：

- 伴随状语（комитатив-2）：Дети сладко спали **под шум дождя**. Весь вечер мы просидели **при свете керосиновой лампы**（煤油灯）.
- 行为的性质特征或结果（медиатив-2）：Он шёл **размеренным шагом**. Он **довольно подробно** рассказал о своей поездке по Волге. Маргарита Юрьевна рекомендовала вас **с самой лучшей стороны**（Кузьмин）= очень хорошо.
- 行为的程度度量状语（дименсив-3）：Я **чрезвычайно** расстроилась. **Всеми силами** пыталась Октавия примирить мужа с братом（Фёдорова）.
- 行为或过程被消耗或充满的限度（интенсив-1）：Он истратил всё **до копейки**. Река пересохла **до дна**.
- 由强化的行为、状态或关系引起的状态（интенсив-2）：Он **до боли** жал мои руки. Он влюблён в неё **без памяти**（他爱她爱得神魂颠倒）.
- 方式方法（способ）：**Давлением** можно деформировать тело（压力能使物体变形）. **Методом рассуждений** он пришёл к выводу о существовании ещё одной элементарной частицы（他运用推论法得出还有一个基础粒子存在的结论）.

以上所指角色的分类是我们在Всеволодова（2000: 133-152，2016: 196-215）对所指角色系统划分基础上整理出来的，很多例句转引自该书。虽然这一分类体系显得过于细致繁杂，一些分类之间的界限不够明显，但了解每个所指角色对分析句子四个平面结构成素、透过表面形式看到实质内容、找到平面之间的差异都十分必要。这一分类体系对功能交际语法具有重大的理论意义和实用价值，尤其对不同语言之间所指角色的对比研究大有裨益，能够帮助我们更好地理解外语和母语对某个角色形式表达的不同以及隐藏在该面具下的真实内容，以避免外语学习中母语的负迁移。

第19章
类型情景和所指角色在俄语教学中的作用

§1 类型情景概念在俄语教学中的作用

类型情景实质上是语言共相，是言语体现的基础。在不同的语言中很多类型情景都大致相同，典型内容是学习表达手段所依赖的基础，因为这个典型内容已经存在于学习者的语言认知中。但初步研究显示，对相同类型情景的理解可能存在着民族认知差异，比如带方位、时间、原因等名词短语的空间、时间、原因等类型情景在俄语和汉语中都有很多不同的具体表现，如俄语中порог一词有非常明显的"分界线"之意：добавил（сказал，улыбался）уже **за порогом**. 而在现代汉语中"门槛"除了指门下面的一种装饰或起防风、防尘作用外，更多用于转义"诀窍、占便宜的本领"（门槛精）或"一件事的难点"（公务员的门槛高），比如汉语不说*"在门槛外面说笑"，而说"在门口"或"在门外"。可见，俄汉两个民族对"门槛"的认知不同，导致其功用不同，在语言中表示该空间类型情景时的具体体现也就不同。又如俄语的окно跟汉语的"窗户"的认知也不完全一致，导致该词参与的空间类型情景在俄汉语中的表达有很多不同：俄语可以说на окне（在窗台上: **На окне** стоит ваза. 不能理解为在窗户上），в окне /из окна（在屋里: Дед улыбался **в окне /из окна**.不能理解为在（从）窗户里，此时的观察者在外面）；汉语说"窗外"（观察者在屋里）时，俄语可说за окном（Птицы поют **за окном**.）或под окном（Цветы растут **под окном**.）。再比如俄语句子**В /Через** плотно занавешенные окна не проникал свет.和**Из** плотно занавешенных окон не проникал свет.中的方位前置词在汉语中的对应表达就不需刻意用方位介词，动词"透过、穿透"本身就包含了方位意义：光透不过挂着厚窗帘的窗户。所以中国学生在学习俄语时必须避免词词对应的理解和翻译，同时也要注意俄语语法的特殊性以及母语负迁移的影响。

总之，表现在具体句中类型情景的必要成素和补充成素在组成句子的所指结构时所形成的内容常体对任何句法转换都是一样的，这是语句构成的首要基础。因此，应该将类型情景概念引入我们的俄语教学并重视对它的学习和运用。在俄语教学中教师应该帮助学生弄清每个句子的类型情景及其构成成素，并找出其相应的形义对称结构，这对准确掌握俄语表达尤为重要。类型情景概念是学习俄语句法转换的坚实基础，因为每个具体变体都是这个内容常体的体现。基于此，Всеволодова（2016: 195）强调，作为语言共相的类型情景由固定的所指角色构成，这些角色都进入语言的语义空间，并形成一个相应的手段"库"，以便在语言中反映客观事实的多样性。所指角色概念本身说明了语言中角色语法的存在，这种语法允许我们以一定的方式构成语句的内容并使之结构化，由此看到句子内容是其结构的一个方面，使不总相符的句子的内容单位和形式结构单位对应起来，比如下列句子的相同所指角色就是用不同方式表达的：Иван выразительно читает — У Ивана выразительность в чтении — У Ивана выразительное чтение.

§2 所指角色在俄语教学中的作用

在俄语教学中首先要区分初始所指角色和伪角色（квазироли）及其在句子形式结构中的体现。比如句子Нашу заботу – старикам и детям. 中的词形старикам 和детям扮演的是伪与事角色，但在所指层面上它们却是受事，即施事的社会行为客体，词形забота是伪转交客体角色，而施事却"隐藏"在由词形нашу表示的领有者面具下。该句的所指内容是：Мы заботимся о стариках и детях.

在В нём ещё живёт надежда.中伪方位角色в нём的面具下隐藏的是存在主体，在伪存在述体角色中表达的却是情感心理状态：Он ещё надеется. 相反在Снегом занесло дорогу. Песком запорошило глаза.中自然力面具下隐藏的是存在情景的主体，而客体的面具下隐藏的却是方位：На дороге – снег. В глазах – песок. 在В городе начались обыски.中存在情景遮盖的是行为情景：В городе власти（полиция）начали обыскивать дома.

一定的所指角色构成了一定的类型情景和句子的所指结构，而且类型情景在参项不全的情况下也能被识别，如（1）За рекордом – в океан.（2）Две недели – по новым ценам.（3）29-го – на манежную площадь.（4）С конвейера – на склад.（5）Студентам – от президента.（6）Ребятам – о зверятах. 其中也包括多命题的类型情景，如По рублю – и в зоопарк（= каждый даст по рублю，и пойдём в зоопарк）. 在以上类型情景中透过已知词形的配价[①]就能够推断出零位动词的类别。比如（1）（3）（4）中是运动动词，（2）中是买卖动词，（5）中是转交动词，（6）中是言语动词。

---

① 关于配价详见本书第七篇配价机制一节。

所指角色跟表达手段并不紧密相关，比如状态述体①就可以由各种手段来表达，如形容词：Дети сыты и здоровы. 被动形动词：Дети ухожены, накормлены. 动词：Дети спят / болеют. 述谓副词：Мне холодно, неприятно. 又如名词арест, наблюдение, присмотр称名的是行为，但在под+N₅形式下表达的却是社会状态②：Он **под арестом**. Преступник был **под наблюдением** полиции. Дети у меня **под присмотром** бабушки.

所指角色与句子成分的位置也不总是严格对应，如Страна – **в разрухе**. Женщина – **в родах**. Он был **в затруднении**.中的状态是由谓语表达的，而在В стране – **разруха**. У неё – **роды**. У него были **затруднения**. В лесу – **тишина**.中同样的状态述体却由主语表达，而Он испытывал **затруднения**.中又由补语表达。又如行为的数量特征可以占据伪状态述体位置：Когда его похвалили, он был **на седьмом небе от радости**.中状态名词占据的是伪原因位置（от радости），比较：Он был очень **рад похвале**. (Лебедева 1992, Всеволодова 2000: 152)

所指角色在词组中也有所体现，比如在**рыбная** ловля, **медвежья** охота中的形容词称谓的是客体：ловить рыбу, охотиться на медведя. 在**лесные** тропы（林间小道），**речные** заводи（河里的回流）③中形容词称谓的是方位，在**ночной** город, **зимняя** улица中形容词称谓的是时间，在**швейная** фабрика, **читальный** зал中形容词称谓的是行为。相反，在птицы и звери **Африки**中方位词占据的是非一致定语位置（比较：птицы и звери в этом лесу, 不能说*птицы и звери этого леса, 因为鸟和兽不是属于这片林子的）；在фабрика **игрушек**, **мебельный** магазин中作非一致定语的词形игрушек和мебельный, 称谓的却是客体。

所指角色能够建构隐蔽的命题（称名化），只有把词组打开变成句子时才能展现出来，如**Отсутствие в России природных титановых руд** заставило учёных искать другие источники получения титана.中标黑的词组是由存在述体、方位和存在主体构成的：В России отсутствуют природные титановые руды（俄罗斯缺少天然钛矿）.

隐蔽的所指角色还存在于单词中，如рыболов（捕鱼者），сенокосилка（割草机）称谓的是行为及其客体；краснодеревщик（制造高级家具的木工）称谓的是制作客体的人，флейтист（长笛演奏者），скрипач（小提琴手），пианист（钢琴家）指的是按工具称谓人。（Всеволодова 2016: 216）

正如Всеволодова所说"所指角色的核心部分是语言共相"，这让我们在教学中不仅

---

① 关于状态述体模型句的详细描写可参见（Всеволодова, Го 1999）。
② 关于表示社会状态述体模型句详见（郭淑芬 2007b）。
③ заводь＜阴＞小河流，回流。"Речные заводи"是中国古典小说《水浒传》的俄语翻译。

要关注记忆和逻辑,还要会想象构成句子相应结构的"剧本的剧中人"。同样是语言共相的类型情景本身可以成为学习所指内容表达手段的基础,但是类型情景在语言中的具体体现却可能不同,比如同一个类型情景"特征主体确定特征及其标准之间的不相符性"在俄语中可体现为"特征主体不出现,而标准由一类相似的所指内容表达"的情景:**Для января** было очень тепло. **Для стола** это низковато. 或者体现为"特征主体是类别词"的情景:**Погода** для января очень тёплая.

  基于类型情景和所指角色理论自身的复杂性及其分类的无定论性,它们目前在我们的俄语教学中还没有得到应用,但是相信前景不可估量。

  虽然我们在教学过程中运用所指角色和类型情景方面的知识还需要极其严格的心理语言学和教学法方面的知识储备,但依然希望未来的俄语教学和教材能够引入这两方面的理论知识,以便我们更精准地理解和掌握俄语。

第五篇 功能交际语法的形式结构及单位

从上一篇我们看到，由Бондарко创建的功能语义场构成了语言的内容层面，后续研究表明，功能语义场是由功能语义范畴构成的，每个功能语义范畴都是一个由不同层面相应单位组成的词汇语法整体，从词的语法形式（如动词时间形式的直义和转义用法）到复合句，其中也包括词汇单位，比如时间功能语义场中的关系标志词：В этом месяце пятое число **пришлось** на воскресенье. Это церковь – **современница** Ивана Грозного. За зачётами **следуют** экзамены. 但语言单位的每个类型都是一定的集合，而这些同类单位的集合可能相互交叉，比如形式语法不同层面纯语法单位中的合成数词就同时进入两个集合：词类和词组。而数词один, два, три, четыре是按形容词变格；动词过去时跟现在时和将来时不同的是不跟人称形式一致（如я читаю, ты читаешь, они читают），而像形容词和形动词一样，跟"语法性"一致：журнал лежал, книга лежала, письмо лежало. 除了不变化的副词外，俄语还有动词的不变化形式：不定式和副动词；比较级不只形容词有，副词也有，如выше, дольше；跟名词在语法性和格上一致的不只是形容词，还有形动词（属于动词形式）、序数词和物主形容词，但这些词并没有脱离自己的词类。这一事实证明，即使在基础语法范畴中，不同语言层面、不同类别的交叉也是体系现象。而在内容表达层面，与Трир提出的词汇语义场、Бондарко提出的功能语义场和功能语义范畴并列的还有功能语法场以及形式语法层面的功能语法范畴。因此，应该划分出形式单位的基本类型。

　　Всеволодова（2016: 219）把功能交际语言教学法语言模式中的形式单位划分为以下几种：（1）包括名词短语在内的词的句法形式（即句素），（2）宽泛理解的词组，（3）语句，（4）语篇或体现在言语层面的话语（дискурс）。

第20章
词的句法形式——句素

§1 句法中词的形式及其句法聚合体

词是任何语言的基本常体单位。在无词形变化的语言（如汉语）中句子的语义是由词的意义、词序和虚词手段表达的，如：昨天我在书店买了一幅普希金的肖像画——Вчера в книжном магазине я купила **портрет Пушкина**. 汉语的"普希金的肖像画"是靠词序和助词"的"表示两个词之间的修饰关系，而俄语是用名词二格作非一致定语来表示：портрет **Пушкина**。那么俄语词的形式究竟有什么特点？Всеволодова（2016: 220-224）做出如下总结：

（1）俄语跟其他有词形变化的语言一样，词在进入句法结构时都有各种各样的句法形式（除一些无词形变化的词外），如大多数名词有包括一格在内的12个格形式，动词有时、体、态、式等形式。

（2）俄语句子的全部语义由在句中承载词的词汇意义的词形和该词形具有的一些补充涵义表达。前置词对名词来说是词形的组成部分，前置词作为亚词素，即使有独立意义（如без，внутри），也只是名词词形的一部分，这是因为最初的前置词没有独立的重音，要么其元音被弱化：на завод [нъзавóт]，要么名词的重音被移至其上：за город [зáгърът]，以上两种情况都构成一个语调整体。所以，格形式《для+род. п.》《к+дат. п.》不应该称作"带前置词для的二格""带前置词к的三格"，而应该称作"для加二格""к加三格"，用符号"для+N_2""к+N_3"表示。

（3）任何名词的词法聚合体一般只构成无前置词形式，而前置词形式（如词形в саду, по лесу, из дома, на улице, с книгой等）是这些词的句法聚合体成员，远非词法聚合体的所有成员都能在言语中使用，比如很难用不加前置词的三格词形окну造句。

（4）虽然理论上每个词（取决于数）都有6或12个格形式以及大量的前置格形式，即完全词法聚合体，但在言语的句法建构中远非整个聚合体都能有所体现，因为：

1）并不是每个类别名词的所有前置词格形式都可用，如在言语中极少用到词形при

среде，под мартом，на субботе等，带词形благодаря марта，по причине мая的语句也令人生疑。有些无前置词格形式（如маю，среде）在得体的言语中也很难用到，只有在生造的语句中才会遇到：Маю предшествует апрель（四月在五月之前）。

2）有时词的句法特征也很重要，如俄语中由未完成体动词构成现在主动形动词、由任何动词构成过去主动形动词时没有任何词法限制，但就形动词的功能来讲，其句法特征是一定要有题元，所以那些无人称动词（如темнеет，светает，холодает）就不能构成形动词。即使有些动词是人称动词，但其无人称形式也不能构成形动词，比较С утра порошил снежок. 和С утра порошило. 中只有前句的人称动词可构成形动词：порошащий/ пороший с утра снежок. 一些表示人不舒服生理状态的要求四格主体的动词（如Сына тошнит, знобит.）也不能构成形动词。类似无人称动词不能构成主动形动词的原因是题元为间接格形式，能否构成被动形动词取决于题元的主体类型。

因此，除了词法聚合体外，词还有句法聚合体，也就是参加句法建构的那些现实词形的集合。

（5）词形与其在句法建构中表达的内容之间有时不完全对应，主要有以下几种情况：

1）有的词形有不依赖于上下文的独立语义，也就是能自由地在语境和句子之外使用，比较各种标语：Для пассажиров с детьми и инвалидов——抱小孩和残疾人专座；От себя——推（写在门上）；До трёх килограмм——限重三公斤（写在纸袋上）；К поездам（火车方向）. Толкать（推）. Пересолил（契诃夫短篇小说的名字《过火了》）等。

2）有的词形虽然没有独立的结构语义，但有时又获得了某种意义，比如：

① 在句子结构中，книга一词的复数二格形式книг本身没有任何意义，但在句子Книг - сотня. 中就拥有了数量特征载体意义。这个词形是该类模型句要求的，该词或其他词的其他形式都不能进入这类模型句，比如不能说*Книгу/ Книгой - сотня.

② 在与其他词搭配时，книга各词形的出现一定是某词或某词相应形式的要求，即所谓非理据支配（немотивированное управление），如：читать книгу（客体）；интересоваться книгой, радоваться книге（原因受事）；лишиться книги（消失客体）等。

3）在从属于其他词形并依赖于该词形时，这个词形本身没有任何意义，只是指出该词形与其他词的语法依赖关系，如一致关系：**новую** книгу，**новым** книгам. 在跟不变化名词连用时正是一致关系显明其格和性：Построили новую ТЭЦ

（Теплоэлектроцентраль <阴> 热电站）。通过一致关系还可显明人或动物的性：высокий юноша，пришла молодая врач，показали огромного эму（<阳，动> 鸸鹋）。

（6）有独立语义的词形所拥有的某种意义只针对该词的所属类别，正是这一点显示出词汇和句法的紧密联系，如词形в+N₆表示"行为实现的地点"时，是空间和物体名称所特有的形式（в школе，в лесу），而不是情感状态名称所特有的（в ярости，в ужасе）。词形в+N₆表示"未被行为完全占据的直接时间"意义时，只适用于月份名称（в марте，в августе）和生命阶段名称（в детстве，в старости）等；而该意义还可用其他类别的词形表示，如в+N₄（во вторник，в среду）或N₅（летом，утром）。词形N₅是可拿在手里的物体或某些仪器名称时，表示工具意义：ручкой（писать），ножом（резать），камнем（ударить）；是物质名称时，表示手段意义：мылом（стирать），водой（мыть），маслом（мазать）等。

（7）词形跟词一样在句法中常具个性，包括词义相近的词形（восхищение，наслаждение，восторг等）或同义副词（скоро，близко）在句子中都有自己可能占据的不同位置，比如：

1）俄语中有很多表示状态的名词тревога，восторг，восхищение，возмущение，гордость，наслаждение，умиление，увлечение，интерес，отчаяние等，其中тревога，восторг，восхищение，отчаяние，умиление都可以自由地用于词形в+N₆作谓语：Она была **в восторге**. Дочь **в тревоге**. Мы были **в восхищении**. 但另外一些词形в гордости，в увлечении，в наслаждении等就不能用作谓语：*Она была в огорчении. *Мы в гордости за нашего героя. *Он в наслаждении от тишины. 比较这些词形用于其他位置的情况：**В своей гордости** он перешёл все границы.（骄傲中的他越过了所有界限。）**В её огорчении** было что-то фальшивое.（她的悲伤中有些虚伪的东西。）

2）副词скоро和близко在语篇的交际类型中跟系动词零形式、был和будет共同占据谓语位置（述位）或状语位置（主位、述位或中间位）时表现不同，在简单句和复合句中表现也不同，如副词близко在简单句中不可能跟系词将来时будет /будут共同出现在谓语位置上：*Экзамены будут близко. 但系词过去时был /были却可以：Экзамены были близко. 而在复合句中两种系词形式都可以：Он начинает /начал заниматься, когда экзамены **будут /были уже близко**, не раньше.

可见，词形的使用经常需要专门的条件，如很多表情动词的命令式通常使用否定形式：Не задирайся!（别嚣张！别嘚瑟！）Не возникай!（别烦人！）不说*Задирайся! *Возникай! 词形的这种特性需要借助句素理论来描述。

Всеволодова（2016: 224）认为，俄语句法中有三个与词的形式相关的概念：词的形式（словесная форма）、词形（словоформа）和词的句法形式（синтаксическая форма слова），即句素。前两个概念是由Ломтев（1958: 17）引入俄语学的。

词的形式指词的词法形式（морфологическая форма слова），包括与名词连用的前置词（如果有的话）、语气词或系词быть，不指出构成该形式的具体词汇。如句子На море лёгкий лёг туман.中词的形式是：на+N_6（六格）名词、形容词N_1（一格）、动词过去时单数、名词N_1。词的形式属于较高的抽象层，用得不多。

词形指语篇中具体词的具体形式，如На море лёгкий лёг туман.中有词形на море，лёгкий туман和лёг。Всеволодова用这个术语分析具体的句子，如分析上句时就可以说词形туман占据主语位置，词形на море占据状语位置（具体为方向）等。

词的句法形式（句素）是功能句法单位，即句法常体，是由Мухин（1964）引入语言学的，后来被Золотова（1973, 1982, 1988）所使用。Всеволодова（2000, 2016）也使用这个术语，但认为句素本身其实是参加言语建构的单位，不只是句前单位。

§2 句素的概念

Золотова（1988: 4）给句素下的定义是："句素就是词的句法形式，指俄语中最小的、不可再分的语义—句法单位，是拥有一定句法功能的较复杂句法结构的基本意义载体，同时也是这一句法结构的组成成分。"

Всеволодова（2016: 224）认为，句素与词的形式和词形的不同表现在以下几个方面：

（1）跟词的形式层面不同的是，句素层面不仅包括词法形式，还包括构成词法形式的词汇。

（2）跟词形层面不同的是，句素层面指的不是某个具体的词，而是一类词，如句中表示自然（море，поле，долина，гора等）或人造（город，село，деревня等）的空间客体名称на+N_4就可被称为句素：**На город** спустилась ночь. **На деревню** упали бомбы. **На лес** опустилась чёрная туча. **На село** обрушился ливень. 它们都表示"主体或客体在空间边缘上空移动"这一相同的类型情景（比较ехать в город，в деревню，в село，в лес等）。

（3）与以上二者不同的是，句素层面需顾及词形的语义和句法潜能，也就是它在句法结构中的功能特点。句素适用于所有实词，但Золотова和Всеволодова等研究者常以名词为例，主要是因为形成俄语句子特性的恰恰是名词。

句法聚合体就是一系列真实体现在言语结构中的词法形式，它可能与词法聚合体相等，也可能比它少。词的句法聚合体成员就是句素，词的句法聚合体由诸多因素决定，包括词的语义类别、词的具体词汇语义及其表达各种情景语句的能力。

词的任何词形都拥有进入句法结构、占据不同位置、完成不同功能的各种可能性，如三格表人名词不能作状语，但可占据补语位置，具有以下意义：

（1）主事，包括：状态主体（**Другу** плохо）；情态结构中的施事（**Матери** скоро уезжать）；年龄载体（**Брату** двадцать лет）；

（2）与事：сказать, писать **другу**.

（3）原因：Он был рад **другу**（= потому что пришёл друг）.

而五格表人名词常在被动结构中占据施事补语位置：Бумага разрезана **братом**. 但是表工具名称的五格名词则具有工具意义：Бумага разрезана **ножом**.

Всеволодова（2016：225）在对比了词形和句素的差异之后，给句素下的定义是："句素是词的词法形式，如果是名词，则包括可能有的前置词或语气词（比较：Мне не до смеха. До смеха ли мне？），或者是词的建构形式，如系词будь учеником, будьте настойчивее, был врачом, будет взрослым. 该词法形式不仅顾及构成该形式的某一类词的意义，而且顾及其在句法结构中占据某个位置的能力。"

§3　句素的类型及其功能

所有句素都有不同的分类，名词句素亦然。句素是按照所指角色在句素中显现的程度以及形式与意义之间的相互关系来区分的。

句素主要有以下三种类型：

（1）自由句素，指不依赖上下文并具有独立语义内容的句素，它们是一些所指角色的扮演者。

（2）制约句素，指只有在句子结构中才显示出内容和作用的句素。

（3）粘附句素，指孤立拿出来时不具备任何独立意义，只有在词组结构中或扩展某词时才显出自己意义的句素。

3.1　自由句素

自由句素不依赖上下文，有自己的所指内容，该所指内容受构成句素的词及其形式的词汇意义的影响，该意义在句子之外依然保留，如в городе, за рекой, около дома, в лес，из села等句素在没有上下文的情况下依然拥有空间范畴意义。而от любви，со страху，из уважения，из-за снега，по глупости等句素拥有的是原因范畴意义。句素в апреле，всю зиму，вечером，перед уроком，за чаем，после работы，к ужину，по субботам等拥有的是时间范畴意义。句素о молодёжи，про дедушку，по поводу конференции拥有的是表述对象范畴意义。句素ножом，мылом，при помощи словаря，на автобусе，поездом等拥有的是工具范畴意义。

三格名词句素другу，брату等跟动词дать，сказать，послать或信件名称连用时拥有独立的对象意义：Он написал **другу**. Письмо – **отцу**. 该意义还可出现在标题中：Нине. Друзьям. Сергею Павловичу Иванову. 又如其他题元角色：От студента. По Цельсию. С крестом и мячом. 疏状成分：«На смерть поэта»（Лермонтов）.«В Сибирь»（Пушкин）. К поездам дальнего следования（火车站用语）. На посадку（机场用语）. 写在商店购物袋上的副词类句素：Просто. Рядом. По-соседски等。

此外，一些自由句素还可扮演述谓修饰角色：«И только лучшего качества». «Необыкновенной красоты и силы». В линейку（线条的）. В клеточку（格子的）. 还有其他词类的自由句素：«Пересолил» «Учиться, учиться, учиться». Преодолевшие боль. 表示商店里的商品：Продано. Оплачено等。

自由名词句素其实是更复杂的结构，其功能是作名词短语（именная группа），可构成时间、方位、原因等功能语义范畴。

但需要注意的是，一些不完全语句中的单个词形或词组不是句素的自由用法，如：Воды-то! Народу! Хлеба и зрелищ! Вашу руку! 因为其他类型的句素也可占据此位置。

3.2 制约句素

制约句素经常出现在句子的语义结构中，常见的有以下两种情况：

1. 句素拥有主体或述体意义

俄语中主体和述体的表达方式多种多样，介绍两种最常见的情形：

（1）名词一格有各种各样的语义，但在与动词变位形式成对使用时（如Саша пишет. Вода закипела等），它们通常表示某情景的主事，即语义主体。相应的，形式主语和谓语永远是制约句素。

（2）而主体不只由一格名词表示，有时是词组，比如Брат Маши в этом году поступил в университет.中的主体是брат Маши，扩展брат的词形是Маши，指出这是玛莎的兄弟。而брат和поступил是制约句素。词组брат Маши在语义和形式上都是一个整体，如：Я написала мисьмо **брату Маши**. Мы вастретились **с братом Маши**. Я была **у брата Маши**. 同样的情景还可用另外的语句表达：**У Маши брат** поступил в университет. 其中词形у Маши保留了与брат的语义关系，占据的是补语位置，却拥有了语句主体的功能。词形у Маши跟брат的形式关系被破坏，如Я купил книгу **брату у Маши**. Мы встретились **с братом у Маши**. Скажи об этом **брату у Маши**. 这些语句中的у Маши可能被理解为其他语义，如"在玛莎那里"。因此，**У Маши** в этом году брат поступил в университет.中拥有主体功能的词形у Маши就成了主谓语之外的又一个制约句素，是第二个隐现情景的主事（相当于У Маши есть брат，который…），在述谓关系中它与整个主—谓语结构брат поступил в университет发生关系。

2. 句素拥有隐现情景的主事意义

在语句Брат Маши в этом году поступил в университет中，主体和主位都是брат，但Маши也可以用у+N₂形式，哪怕出现在中间位置：Брат **у Маши** в этом году поступил в университет. 跟第一种情形一样，主体和述体的位置是брат和поступил，而在第二种情形中词形у Маши跟词形брат没有形式上的联系，也不承担主体功能，但依然保留了隐现情景中的领有者角色：У Маши есть брат. 在第二种情形中词形у Маши受брат的语义联系而不是形式联系制约。比较类似的情形：Онегин – сосед **Лариных**. Онегин **Лариным** – сосед. 这两个语句中的展词位和制约位分别由同一个词的不同形式占据。

3.3 粘附句素

在粘附句素中所指角色只体现在扩展该句素的词组中，具体词形由被扩展词的词汇意义或词类属性决定，如：Он рад **брату**. Он доволен **братом**. Он гордится **братом**. Он боится **брата**. Он любит **брата**. Он волнуется за **брата**. 其中粘附句素的语义客体意义（在所指平面是原因客体）只有在与相应的形容词或动词连用时才能显现出来，正是这些形容词或动词的词汇意义决定了粘附句素的形式。这些句素哪怕词形不同，但意义却完全相同，如支配词是不同词类时需选择不同的词形：читать **книгу** – чтение **книги**; любить **отца** – любовь **к отцу**.

在类似的词组中，粘附句素可以是无前置词的格形式，如：

四格名词：писать **письмо**, уважать **учителя**, купить **капусту**.

二格名词：бояться **трудности**, пять **книг**, портфель **брата**.

三格名词：радоваться **урожаю**, удивляться **успехам коллег**, равен **трём**.

五格名词：гордиться **детьми**, увлекаться **музыкой**, любоваться **природой**.

也可以是带前置词的格形式：рассказать **о семье**, встретиться **с другом**, стремиться **к победе**, превращаться **в дьявола**, привыкнуть **к режиму**, отвыкнуть **от жары**，исходить **из дисциплины**等。有时也可能是名词一格形式：Он живёт в доме **номер три**. Они забрались на высоту **сто метров**.

有时形式相同的词形可能是不同的句素，比如词形по лесу在句子Целый день мы шли **по лесу**.中是自由句素，表示路径意义（相当于прошли через лес），其同义词形是лесом: Целый день мы шли **лесом**. 而在句子Я скучаю **по лесу**.中却是粘附句素，表示情感心理状态的原因客体，其同义词形是自由句素о лесе：Я скучаю **о лесе**.

不同类型的句素可表示相同的所指角色，比较：Мы прошли через рощу. 和Мы перешли рощу. 中的自由句素через рощу和粘附句素рощу表达的都是路径这一所指角色。前句中的路径意义由自由句素表达，可在句外独立使用；而后句中该意义只能依赖пересечь（穿过）一类动词才能表现出来。

句素概念不仅使词法和句法中的词形概念发生了原则性的改变，同时也为俄语与其他语言，尤其是像汉语这样的非屈折语的比较提供了可能性，虽然在非屈折语中几乎没有词的词法形式，但作为语言共相的句素在任何语言中都是存在的，而且句素的范畴本质基本上也都一样。因此，掌握句素概念及其内容可为不同类型语言之间的对比提供平台和条件。

§4　句素位概述

4.1　"位置"概念

"位置"（позиция）是俄语功能交际语法非常重要的概念，由Ломтев（1958）引入俄语学。Всеволодова（2016: 229）认为，术语"位置"目前有两个意义：

（1）位置-1，指词形（句素）在句子语义结构（或相应的形式结构）之内或之外的位置，主要有三种句素位：1）句外位，即自由位；2）依附于展词的位置；3）句子结构中的位置。句子结构中词形的位置根据与其发生语义关系的另一个词形的联系特点又分为：首要"述谓对"（примарная предикативная пара）中的词形位置、展词位和结构制约位。

（2）位置-2，指在句子形式结构中词形的句子成分级（членопредложенческий ранг），如主语、谓语的位置等。句子成分级的判定需要考虑其他一些标准，详见本书第28章句子成分的相关内容。

此处我们只分析位置-1的三种类型：1）句外位；2）展词位；3）句中结构位，包括：a）主—述体对内的位置；б）主—述体对外的位置。

4.2 句外位

即自由位，包括标题位，文前位，文后位，广告、标示牌及商标上的位置。此位置可由大部分带独立所指意义的句素占据：Для непищевых продуктов（包装袋上的文字标识：用于非食品）；К автовокзалу（广场上的标示牌）；В последний час（报纸版块）；Из старинных рецептов. От имени президента等。

带同样范畴意义的句素不都拥有句外位，如句素от+N₂表示"从某处离开"之意时可与空间和物体名称连用：отъехать от леса, отойти от крыльца; 也可与表人名词和代词连用：отошёл от мамы; отодвинулся от меня. 但在自由位上只能出现带非人意义的句素，如引自Золотова（1988: 73）的例句：От деревенских полей（Панферов）. От крылечка（Викулов）. От стен Кремля（Фоменко）. 而表人句素只能表示送出者：От переводчика «Освобождённого Иерусалима»（Раич）（《被解放的耶路撒冷》译者赠）. От жены и детей（挽联上的落款）.

表示"工具"类题元角色的句素可以是на автобусе, на поезде, на самолёте, 也可以是на рояле, на скрипке, на дудке, 但表示交通工具的句素可出现在句外自由位上，如标题：На лодке（Фет）. На велосипеде（Евдушенко）. 而表示乐器的句素只能出现在粘附位上，要么跟动词играть, исполнять, аккомпанировать连用：играть **на скрипке**, исполнять сонату **на рояле**；要么跟名词连用：игра **на рояле**, аккомпанемент **на трубе**；要么在动词隐现的句中：После работы Брались за ноты Сорок четыре Весёлых чижа（黄雀）: Чиж – на рояле, Чиж – на баяне, Чиж – на гитаре, Чиж – на трубе（Хармс）. 相当于省略了动词играет. 正是以上这些情况证明了语言的场结构特点。句素的功能还有待于对其进行更深入和全面的研究。

4.3 展词位

指词组中的位置，但这个词组不总是"句前"单位，相反在多数情况下词组都是出现在句中，而且在某种意义上依赖句子的结构。展词位的特点是，除了出现在该位置上的自由句素（如книга с картинками/без картинок, для детей, книга о животных），词所使用的形式取决于轴心词的要求，比如所有形容词在与名词的一致关系中都是展词位，除非形容词出现在谓语位上，比较：**красные** гвоздики（康乃馨）和Гвоздики **красные**. 所有的支配关系也都是展词位：читать **книгу** – чтение **книги**, бояться **волков** – страх **перед волками**. 数名词组中的名词是展词位：две **руки/книги**, пять **рук/книг**. 当数词是间接格时，名词与数词在格上保持一致：нет **двух/пяти книг**, подойти **к двум/к пяти книгам**.

展词位比较容易判断。首先，轴心词变化时从属词要么跟着一起变，主要指一致关系：**хорошая** книга - **с хорошей** книгой等；要么不变化，主要指支配和依附关系：ножка **стола** - ножке **стола** - ножку **стола**; читает **книгу** - читал **книгу** - читая **книгу**; желание **увидеть** - с желанием **увидеть**. 其次，去掉轴心词时从属词形无法形成正确的句法结构，比较：Он взял **жёлтую от времени** фотографию. - *Он взял **от времени** фотографию. 或者语义无法进展：Наша улица днём пустынна. - Наша улица днём.（比如照片上的注释。）

展词位也可出现在句外，即自由句素中，也就是出现在标签或标题类的词组或名词短语的自由位上，如出现在展词位上的从属于名词的形容词或名词：**Необыкновенной** красоты и силы. И только **лучшего** качества. Марш **энергетических вампиров**.

此外，展词位在句子结构中有双重身份，可能是受下列因素影响的制约位：

（1）受词组中轴心词的配价和语法规则的影响，包括：

1）受被扩展词所要求的形式影响的制约位，如читать **книгу**，любоваться **книгой**，говорить **о книге**，заплатить **за книгу**；характер **сестры** - характер **у сестры**（如К характеру **твоей сестры /у твоей сестры** нужно привыкруть.）；улицы **Москвы** - улицы **в Москве**.

2）受被扩展词的语义要求影响的制约位，指具体词形的内部因素要求自由句素必须出现，比较：Весь день он провёл **у реки /на реке /за рекой**. 不能说*Весь день он провёл. Он пробыл в лесу **весь день /до вечера /с трёх до пяти**. 不能说*Он пробыл в лесу. 或者*Он пробыл в лесу днём /к вечеру /за час.

（2）受情景参项（题元和疏状成分）的影响，即受句子所指结构总体构成影响的制约位，此时词和词的组合不是靠配价，而是靠语法结合，如在За день пришли только три пациента. 中的句素за день从属于数词три，比较：За день пришли трое. 是对的，但*За день пришли пациенты. 就是错的。再如В офисе все её жалели. 中的句素в офисе是从属于代词все的，因为代词不能与二格名词连用，所以只能选择方位格形式в офисе，在这一语义联系在不改变语义的情况下，不能把该句素移至句末：*Все её жалели в офисе. 但可以这样说Все её жалели вслух в офисе, но говорили совсем другое за его стенами.

以上这些句素在传统语法中被看成是全句限定语（детерминанты，Шведова的术语）或句子扩展成分（распространитель предложения，Золотова的术语），是与句子没有实质联系的成素，如句子**У калитки** всем весело. **У калитки** ему интересно. 中的

方位格就被称为全句限定语或句子扩展成分，但实际上方位格和副词之间还是有语义联系的，比较正确和错误的句子：У калитки – весело. У калитки – интересно. *У калитки всем. *У калитки ему. 根据语言的语义机制，任何语句成素都一定至少和某一个成素有语义联系，而且这一联系是靠词和词形实现的，也就是说，词形只有通过与其他词的联系才能进入句子。所以Всеволодова（2016: 233）认为，把全句限定语称为句素的展词位比较合理。

4.4 句中结构位，包括以下几种情形：

4.4.1 句子述谓基础（предикативная основа）内的制约位，经常跟主—述体关系的表达相关，无论说和被说的事情是否显现在形式表面，如**Птица сидит** на ветке. **Ему** завтра **уезжать. День** сегодня **тёплый. Работы много. Ему 30 лет. Гриб! Светает.** 与主—述体关系表达相关的位置在形式层面可能有两种情况：（1）两个述谓伙伴（предикат-партнёр）同时出现，（2）只出现一个述谓伙伴，另一个为零形式。

4.4.1.1 "主—述体对"内的位置（表现在句子成分层面的位置）

（1）形式上的主语和谓语，出现在主—述体对（субъектно-предикатная пара）中的主语和谓语永远是制约句素位[①]，如**Мама работает. Пожар охватил** весь дом. **Олег болен. Иванов** – детский **врач.** У сестры **испортился характер. Чтение** у Саши – **выразительное.** 然而，主语和谓语之间不总是纯粹的主—述体关系，如句1）**Хара³ктер** у сестры **испо¹ртился.** 中的述谓伴随关系是主语характер和谓语испортился，表达的是姐姐的性格问题。而句2）**У сестры³** испортился хара¹ктер. 中词形У сестры（特征载体）是主位（即被述谓化成素），其伴随的述谓化关系是由主—谓语对испортился характер构成的述位（即述谓化成素），其中句子成分之间的述谓化关系被削弱了（比较Сестра стала хуже по характеру/ характером）。句2）与句1）不同，表达的是关于姐姐的情况，这里反倒是补语成了语义主体和思维主体，但词形характер和испортился之间的初始形式主—谓语（不是述体）关系依然不变，因此它们依然是制约句素。

（2）形式上的次要成分，在语境伙伴中却是主体，可由以下次要成分表示：

1）带或不带前置词的各格补语，如**Отцу** сорок лет（参数特征的载体）. **У брата** ангина. **У кошки** котята（领有者）. **Книг** – три（数量特征载体）. **Отцу** уезжать（施

[①] 此处 Всеволодова 指出，在第一版教材（2000）里把был врачом 一类的结构看成展词位中的制约句素是错误的，她赞成 Клобуков（1986）的观点，认为表达情态、时间、人称和结构语义变异等纯句子范畴的手段是纯制约句素，如词的组合был/ будет врачом, будь внимателен, мне бы (чайку погорячее), начал ходить 等，这是与词组相交叉的领域。

事，比较Отец уедет). **Мне** холодно. **Ребёнка** знобит. **С мамой** обморок. **В нём** много упрямства = Он очень упрямый（状态主体）。以上这些不同格的主体在汉语或英语中大都用原始词作主语，如父亲40岁了（Father is 40 years old）；弟弟得了咽炎（Brother got pharyngitis）；猫有一群猫崽（The cat has some kittens）；书有三本（There are three books）；父亲要出远门（Father is going away）；我感到冷（I feel cold）；小孩在打寒颤（The child is shivering）；妈妈昏倒了（Mother fainted）；他非常固执（He is very stubborn）等。这对学过英语的零起点中国学生常常造成很大的困难，说俄语时经常会忘记变格，教师可以借助句素、语义主体等概念做特别的引导和讲解。

2）作为疏状成分的状语，在表示主体时总是自由句素，其述谓伙伴可以是各种不同词类，如**В лесу** тишина. **В лесу** тихо. **В лесу** стихло. **Здесь** сыро.

此时，在"主—述体对"中除了与主语在形式上保持一致的谓语外，述体还可由以下形式表达：

- 与补语主体连用的主语：У Оли **астма**. Ребёнку **месяц**. На улице **шум**. Птиц в стае - **сотня**.
- 不定式谓语：Ему скоро **уезжать**.
- 动词无人称形式：Ребёнку **знобит**. В степи **завьюжило**.
- 述谓副词：Здесь **сухо**. В комнате **душно**.
- 状语：Книга - **на столе**. Твои вещи - **там**.
- 特征副词：Шапка - **набекрень**. Дверь - **настежь**.
- 数词：Книг - **сто**. 此处数词是一格，如果有形容词定语时要用复数二格：Книг - целых **сто** = много. 这是数名词组的特点。
- 题元或疏状成分：Спор - **о боксе**. Шум - **из-за ветра**.

此时的述体永远是制约句素，因为是伴随主体的伙伴。

4.4.1.2 述谓伙伴为零形式的位置

（1）当主体没有用词形表达的述谓伙伴时，述体可由以下形式占据：

1）主—谓语对：У квадрата - **все углы прямые**. 比较Квадрат - это прямоугольник. У неё **веснушки высыпали**（= Она покрылась веснушками）. У него **пиджак расстегнулся**主观涵义相当于его пиджак.

2）由语调表达的隐现述体：表示数量特征的Снегу-то, снегу!（= много）；表示评价特征的Ну и дом!（根据语调判断是好或不好）；表示否定变异的Никого（= нет）；Ни капельки молока（= не осталось）.

（2）当主要命题述体没有用词形表达的述谓伙伴时，可选或必有的主体伙伴由述体句素的词类属性决定：

1）当述体是动词、形容词、副词或数词时，句子形式结构中的主体可任选：**Ждём** в субботу на Красной площади. **Светает**. Скорее бы **кончилось**（о собрании）. **Самая** у нас **способная**（о школьнице）. И без него – **плохо**. Снова **вдвоём**.

2）当述体是名词或静词词组时，有以下两种情况：

① 针对以下述体句素，主体不必出现：

a）评价述体: Герой! Молодец! Эх ты, растяпа（马大哈）!

б）分类述体，比如介绍时的指示用法，一般用手势指向主体: Мой брат. Наш ректор. Юрин учитель.

② 角色的述体特点只有在句子结构中才能确定，在句子之外句素本身没有意义：

Вся трудность – **в доставке медикаментов**（整个困难在于药物的运送）. Основная работа сейчас – **по организации конференции**.

4.4.2 句子述谓基础外的制约位置

4.4.2.1 词形是述谓基础的载体

（1）词形在首要"述谓对"外没有形式上的展词联系时，占据以下制约位：

1）伴随主—谓语对的主体，不依赖于主—谓语之间的述谓化关系是否弱化，比较：
У Оли сестра осенью пойдёт в школу. 和 Сестра **у Оли** осенью пойдёт в школу. **У меня** бок болит. Бок **у меня** болит. 带存在标志y或其对应形式的事物名词和特征名词也是如此，比较 **У квадрата /В квадрате** все углы прямые. Углы **у квадрата/ в квадрате** прямые. 汉语里这个位置是展词位，如奥丽雅的妹妹（= сестра Оли）；我的侧腰（= мой бок）；正方形的所有角（= углы квадрата）。

2）与主体名词在一个语段里的相关者： Онегин **Лариным** – сосед. Аня **с Олей** – подруги. 这些用间接格和一格表示的题元在所指结构中是同功能的，比较它们在"述谓对"内的位置: Онегин и **Ларины** – соседи. Аня и **Оля** – подруги. 以及在展词位上: Онегин – сосед **Лариных**. Аня – подруга **Оли**.

3）述体群中的成素，即цвет，объём 一类的类别词，虽不占据展词位，却具有语义联系：Саша **ростом** высокий. Комната **по форме** квадрат. Блузка **цветом** синяя. Он **по профессии** врач. Оля **характером** добрая.

后两种情况可以用实义切分的变化来解释，名词由原来的展词位（сосед Лариных）或纯述谓位置（высокого роста, синего цвета）变成了主位语段里的述位，使原来的词组分离开来。因此，主体句素的意义受主体出现在哪个结构模式以及述体伙伴是否出现的制约。

（2）词形（包括自由句素类的词形）只有在句子结构中才能展现出其具体意义，包括题元或疏状成分具体意义的分辨，比如表示空间的句素по+N₃通常表示路径，跟该类词的五格形式是同义句素：по берегу – берегом，по лесу – лесом，по степи – степью. 表示这个意义的句素可自由使用： По Уссурийскому краю. По нехоженой земле. (Золотова 1988) 跟这个句素同形异义的по+N₃却表示被事物或行为完全占据的方位，跟на+N₆或в+N₆是同义句素：по лесу – в лесу，по берегу – на берегу，по степи – в степи. 与六格不同的是，句素по+N₃能指出方位主体具有以下特点：

1）主体的多数性：По берегу（На берегу）– **сосны**. По лесу（В лесу）кое-где **ландыши**. По степи（В степи）то тут, то там **курганы**. 但不能说*По берегу – высокая сосна. *По лесу – единственный ландыш. *По степи – одинокий курган.

2）主体的延伸状态：По берегу – длинное строение. По лесу – просека. По степи – трубопровод. 但不能说*По берегу – дом. *По лесу – полянка. *По степи – курган.

带该意义的句素по+N₃只有在与表示多数存在主体或表示延伸物体的名词（просека，трубопровод）或带具体定语（длинный）的词连用时，才能揭示其意义，但句素不能自由使用，因为如果没有以上条件的支持，该句素则表示路径意义。类似По лесу – ландыши. В лесу – грибы и ягоды.的句子是带"方位和其上物体特点"类型意义的句子，方位变成存在主体，即思维活动的起点。

4.4.2.2 句素是第二命题的载体

第二命题的载体可能是其主体、述体或其他成分。

（1）第二命题的主体是信源说明主事或特征针对者，如：

1）形式结构的真正成员：У **сильного** всегда бессильный виноват（Крылов）= Сильный считает，что…; Он **для меня** всё равно что брат = Я отношусь к нему как к брату.

2）插入语：У моего брата（**детского врача**）много маленьких друзей.来自У моего брата（Мой брат – детский врач）много маленьких друзей.

3）代词词形мне/ у меня是发话人本身或带有主观情态意义的形式：Иди, но смотри **мне**, чтобы к семи вечера ты был дома. И чтобы ты **у меня** уроки сделали обязательно! = Я требую этого от тебя. 相当于汉语"你给我必须（一定）……"。

4）带主观情态意义的人称代词ты/вы和он/они的三格形式，表示"揭穿假预设"：Я **тебе** не девочка на побегушках（我可不是给你跑腿的小丫头）. Мы **ему** не школьники, чтобы нам задания задавать. или表示"拒绝已做出的提议"：Так мы **ему** поехали! = не поедем. Так он **тебе** согласился = не согласится. 这些带有主观评价意义的句子对外国学生来说较难理解，教师应该让学生体会到它们作为第二命题的深意。

（2）第二信源命题的述体，通常是插入语：Книга, **говорят**, интересная = Говорят, что книга интересная. **По-видимому**, все уже ушли: двери заперты и свет выключен = Так как двери заперты и свет выключен, я делаю вывод о том, что все ушли.

（3）述体或其他第二命题成素可能占据说明位置，通常为名词一格或间接格句素：В городе Пушкино (**Московская область**) начался кинофестиваль. У членов жюри (**эксперты высшего класса**) сомнений на этот счёт не было. Все модели (**рост не меньше 170 см**) хорошо смотрелись на подиуме. Все модели (**ростом не меньше 170 см**) хорошо смотрелись на подиуме（所有身高不低于1米7的模特在台上都好看）。以上这些占据说明位置的插入语、情态词或信源说明词都是其他独立命题的载体，可对上面的句子做如下具体展开：В городе Пушкино (**Город Пушкино находится в Московской области**) начался кинофестиваль. Все модели (**а все они имели рост не меньше 170 см**) хорошо смотрелись на подиуме. 可见这个位置是制约位。

§5 名词句素的位置潜能

Всеволодова（2016: 238）认为，每种类型的句素都有占据某个位置的句法潜能。

5.1 名词自由句素的句法潜能

名词自由句素具有最大的句法潜能，除句外位，它们还可占据以下位置：

（1）"述谓对"内的制约位，其中一些自由句素既可占据主位又可占据述位：В лесу - грибы ↔ Грибы в лесу. Письмо - отцу ↔ Отцу - письмо. Статья - о спорте ↔ О спорте - статья. 另一些自由句素更倾向占据述位，如果需要移至主位必须加句重音，并常附加对立表达：Костюм - **в полоску**. В поло́ску у меня костюм, а пальто гладкое. 而且，不同类别词的不同句素自由使用的程度不同，如表示人心理状态时可说：Он в **тревоге** (**в печали, в восторге**). 但不能说*Он в наслаждении (в удовлетворении, в увлечении). 尽管这些句素作隐现述体时可以自由使用：**В своём увлечении** спортом он забыл об учёбе. Будучи **в глубоком удовлетворении** от результатов поездки, он охотно согласился на встречу с журналистами.

（2）第二命题载体所在的结构制约说明位：В городе Пушкино（**в Московской области /Московскя область**）началась детская спартакиада（运动会）.

（3）展词从属位：Летом мы **жили в лесу**. **В письме отцу** я писал об этом. Мы ели **суп с фасолью** и **жаркое из баранины**. 名词自由句素在所有位置上都保留其词法形式，但在说明位上可将其变为一格形式。

5.2 制约句素的句法潜能

5.2.1 述谓基础内的位置，包括：

（1）"述谓对"内的位置，主要有：

1）形式主语和谓语：Идёт снег. Дом хороший. Оля замужем.

2）带系词的制约句素表达的静词谓语：Иван **был чемпионом**. Работа **была трудная**. **Будь внимателен** – меньше будешь болеть!

3）具有主体功能的次要成分：**Маше** холодно. **С водой** у нас проблема. **У Олега** температура.

（2）作为命题载体的结构制约位，包括：

1）"述谓对"以外的主要命题占据的结构制约位：Брат **у Оли** пошёл в школу. Эта задача **для Вани** трудная.

2）第二命题载体占据的结构制约位：В Иванове（**родной город моего коллеги**）прошла интересная конференция.

3）信源结构成分占据的结构制约位：И чтобы ты **у меня/ мне** в три часа уже был на месте.

5.2.2 依附位置（зависимая позиция），指在传达主—述体关系时改变形式的位置，这与自由句素有所不同，可能是以下位置：

（1）带实义系词的静词合成谓语的表语部分：Прекрасным **топливом** является газ. Прибор представляет собой **тонкую пластику**. Задача моей работы состоит **в анализе бесподлежащных предложений**.

（2）被动句中的施事类补语：Опыт **ими** поставлен. **Нами** создаются новые пособия. 或称名化短语中的施事类补语：Открытие **Менделеевым** периодического закона сыграло огромную роль. 比较 Открытие **Менделеева**/ Открытие **периодического закона** сыграло огромную роль.

（3）描写述谓中描写说明动词的补语：Он нанёс **удар** = ударил. Дед погрузился **в сон** = заснул. Я испытал **страх** = испугался. Оля отличается **скромностью** = скромная.

（4）感受主体，即信源说明者：**У неё** кричать - значит воспитывать（= Она считает, что...）. 或者评价的对象：**Для января** очень тепло（= Январь тёплая）.

5.3 粘附句素的句法潜能

5.3.1 粘附句素首先占据的是展词依附位：читать **книгу**, заниматься **спортом**, заведовать **кафедрой**, любовь **к сыну**.

Всеволодова（2016: 240）指出，交际机制有时会使依附位变为制约位，可能有以下几种情况：

（1）支配词由依附句素之前的位置移至述位焦点上，即句末，如 Онегин - **сосед Лариных**. Саша - **друг Яши**. 中的相关者，而其依附句素，即二格形式的第二相关者失去非一致定语展词位，与主体结合成一个语段，由二格变为三格，占据补语位：Онегин **Лариным** - сосед. Саша **Яше** - друг. 因为二格依附名词不能没有"主人"。比较相关者为复数的句子：Онегин и Ларины - соседи. Саша и Яша - друзья.

（2）粘附句素移至言语主位，变成不依赖主事有无的被迷位化成素：**Книгу** - распродали. **Его** не узнать（= Он неузнаваем）. **К нему** - не подойти（= Он очень занят）. **От него** не отвяжешься（= Он упрям）. **Его** мне не дождаться（= Он собирается медленно）. 类似的句子在汉语中跟俄语一样也用主题句表示，只是没有词形变化而已，比较 **Эту проблему** мне не решить.（这个问题我解决不了。）而在英语中对应的是一格主语，比较：**Мне** об этом сказали. - I was told about it.（我已被告知此事。）可见，作主位的粘附句素以思维主体的方式进入主—述体关系，这是粘附句素的交际制约用法，在交际机制的影响下粘附句素要么改变形式和形式联系，要么改变角色功能，比较下表中名词句素的类型和位置：

	句外位	句中结构位		展词位
		"述谓对"内	"述谓对"外	
自由句素	В лесу. О земле. Отцу.	В лесу тихо. Стихи - о земле. Отцу - письмо.	В Пушкино（**Московская область/ в Московской области**）проходит турнир.	Нашли **в лесу**/ В лесу нашли гриб. Это - стихи **о земле**. Я писал **ей о себе**.

续表

	句外位	句中结构位		展词位
		"述谓对"内	"述谓对"外	
制约句素	-	Куст зацвел. Олег - врач. Мне выходить. У неё грипп. Книг - сто. Он был врачом.	У неё сын болен. Для меня эта задача трудная. Я им - сосед. Работа нам предстоит большая.	Дом построен ими. Он нанёс удар. Открытие Америки Колумбом.
粘附句素	-	Маму не узнать. Книгу прочли.	-	читать книгу чтение книги лишиться воды

通过以上对句素类型和句素位的详细分析，Всеволодова（2016: 240）指出句素概念有以下重要作用：

1）句素概念能够分析那些影响词形在句中的意义和作用的因素；

2）句素概念对类型学描写极其重要，因为不管某种语言是否有词形变化范畴，句素功能决定了不同语言中都有在句中或句外占据各种位置的能力；

3）句素概念跟"支配"术语的解释有紧密联系，使对外俄语教学拥有了更直接的教学法出路。

在学习句素时必须顾及其词汇构成，如带时间意义的五格自由句素远不是任何词都能构成，只有表示昼夜和季节部分的名称（утром，летом）、带прошлый，жаркий，этот等一致定语的月份名称（прошлым мартом，дождливым сентябрём，этим августом）、带以上一致定语的星期名称（минувшей субботой，морозным воскресеньем，следующей средой）才可以。

名词自由句素经常不是单个词出现，要么是必须有扩展成分的复合结构，如：в этом году，в прошлые годы，из желания посмотреть等；要么是不允许有扩展成分的结构，如：раз в год等。Всеволодова（2016: 240）把这种名词句素的变异称为名词短语，详见下章。

鉴于名词句素是俄语最常见的句素，本章对其概念、类型、位置和功能做了比较详细的介绍。限于篇幅，在此恕不介绍其他非名词类（如动词、形容词、副词、数词等）句素，它们跟名词句素一样也都有三种类型并占据三种不同的位置。

第21章
名词短语

§1 名词短语的概念

名词短语（именная группа）这个概念是由Всеволодова（2000：183）在句素概念基础上提出来的，指具有独立范畴语义的名词句素的变异，即由前置词和名词格形式构成的自由名词句素。名词短语有以下几个特点：

（1）名词短语可能是无前置词的名词格形式，有自己的语义，如书名 «Огнём и мечом»（工具意义）；写给别人的信封或便签上的名字：Петрову Сергею Ивановичу（对象意义）。

（2）名词短语可能是带前置词的名词格形式，其中前置词可要求以下格形式：

1）一个格形式：к выходу, для детей и инвалидов（地铁座位上方的标语）；

2）两个词的不同格形式：«Лицом к событию»（广播节目）；

3）一个词的两个格形式：«Неделю за неделей»（诗歌名称）。

（3）名词短语可能由两个或两个以上名词词形组成，如：ходить **из комнаты в комнату**；бегать **от окна к окну**；жить **к югу от Пекина /в двух шагах от метро**；прийти **за час до урока /через пять минут после звонка**.

（4）构成名词短语时有能加入或不能加入一致定语的情况：Он приезжал два раза **в год**（不能加一致定语）；**В прошлом году** он приезжал два раза（必须加一致定语）；（**Этим /Прошлым**）**летом** он приезжал два раза（可加可不加）.

这些特点使自由名词句素形成一种特殊的构造，即名词短语，其中不包括没有独立范畴意义的一格名词句素。那些常用于标题的一格自由句素都是一格形式的语法化（грамматизация）[①]，等同于"关于"意义 o+N_6："Изменения в системе

[①] 语法化指借以使词汇项和结构进入某种语言环境以表示语法功能的演变，一旦这些词汇项和结构发生了语法化，它们会继续发展出新的语法功能。（https://baike.so.com/doc/1418398-1400361.html，访问时间2021年1月）

словосочетаний» =об изменениях...；又如在火车站和机场等地信息板上标示起点或终点的城市名称：Москва，Омск，Париж，Пекин等。

Всеволодова提出的这个术语与以往的名词短语概念不同，以往的名词短语包括：所有的名词、以名词为主导词的词组、代名词、数名词组（два рубля）、可自足使用的数词、选择性结构（один из них）等（Падучева，Успенский 1979）。

名词短语还可以表示更具体的意义，如方位、时间、原因、目的、工具、对象、特征等范畴意义，这些构成意义体系的具体意义使名词短语进入不同的功能语义场，于是，进入不同功能语义场的名词短语构成不同的缩略词，如：ИТГ - именная темпоральная группа（时间名词短语）、ИЛГ - именная локативная группа（方位名词短语）、ИПГ - именная причинная группа（原因名词短语）等。意义体系中的具体意义由不同类别的词构成的句素表示：**из вежливости /из сочувствия** согласиться（原因是主体的有意识行为）—— **по глупости /по наивности** согласиться（原因是主体的个性行为）；或者由同一个词的不同词形表示：быть **в лесу** - идти **в лес /лесом /из леса**；стоять **у дома /за домом /перед домом**.

除以上特点外，名词短语还有自己的物质构成和句法结构。

§2　名词短语的物质构成

名词短语的物质构成是表达某意义的某一类别名词的某个形式，可带某类一致定语或非一致定语，有以下几种情况：

（1）不同类别的名词可构成带相同具体语义的不同名词短语，如表示"普通共空间"具体意义时，表示陆地基本类型的名称用方位名词短语**на+N$_6$**：на материке，на континенте，на острове，на полуострове；而表示世界组成部分时用**в+N$_6$**：в Азии，в Европе，в Америке，в Африке（比较非洲大陆的说法：на африканском континете）。

在一类词内部选择具体词形时，经常有不一致的现象，如表示半岛名称的专有名词通常用方位名词短语**на+N$_6$**：на Таймыре（在泰梅尔），на Чукотке（在楚科奇），На Камчатке（在堪察加）；但有些特殊的半岛用**в+N$_6$**：в Крыму（在克里米亚），в Скандинавии（在斯堪的纳维亚）；而另外一些半岛却两者皆可：в Аляске /на Аляске（在阿拉斯加），в Индостане /на Индостане（在印度斯坦），в Ютландии /на Ютландии（在日德兰）。

（2）在选择名词短语时，名词的数起着非常重要的作用，如在表示普通共空间的山系名称时，有些用单数的方位名词短语**на+N₆**：на Урале，на Памире，на Алтае. 而有些却用复数的**в+N₆**：в Альпах（在阿尔卑斯山），в Андах（在安第斯山），в Гималаях（在喜马拉雅山）。时间名词短语也有类似的情况，比较：в прошлом году，в прошлом веке，в прошлом месяце — в прошлые годы，в прошлые века，в прошлые месяцы. 在表示被行为完全占据的时间时，带长度评价意义的N_5只能用时间单位名称或某一时间段名称的复数形式：неделями，годами；десятилетиями，столетиями（比较用N_4的情况：Так было много недель /много лет /много десятилетий）。再比如表示"在星期几"常用单数时间名词短语**в+N₄**：в понедельник，во вторник，в пятницу（比较в среды，в воскресенья），而表示"每逢星期几"则用复数名词短语**по+N₃**：по средам，по четвергам，而用单词праздник，выходной和词组рабочий，будний，субботний день构成时间名词短语时也用复数。

（3）某些情况下构成名词短语的不是某个类别的词，而是描写词组。描写词组指词组中的信息主导词占据从属于建构词（即起补充或描写作用的词）的位置。这样的词组能给出更准确的信息，如方位名词短语на почте在句子Часы на почте показывали два.中没有区分是"在邮局里"还是"在邮局外"，更准确的表示法应该是描写词组в помещении /на здании почты. 在其他情况下这种方位意义可以靠上下文来确定，如На школу，на дом можно подняться（по трубе，по пожарной лестнице），意指"可以爬到学校或房子的顶上（沿着烟囱或消防梯）"或спуститься（на парашюте，на вертолёте），意指"可以降到学校或房子顶上（乘降落伞或直升机）"；但却不能用动词выйти或выбежать：*выйти из слухового окна на школу，на дом. 此时必须使用描写词组：выйти из слухового окна на крышу школы（从天窗爬到学校的房顶上）。又比如в институт，в университет可用动词прийти，уйти，перейти，зайти，пойти：Я приду в институт часам к двум. 但跟动词выйти连用时则经常使用描写词组в здание института /университета. 比较原因名词短语：из симпатии（出于好感）也可说成描写词组形式из чувства симпатии，而"出于责任感"却只能用描写词组表示：из чувства долга.

§3 名词短语的结构

名词短语的结构不只由轴心词的词法形式决定，还取决于轴心词的扩展词（如定语和补语）位置的有无以及定语的类型。

（1）定语位置的有无取决于各种因素，如用名词短语**в+N₄**表示"完成行为的平均时间"意义时单位名称就不能加入定语：скорость 90 км. **в час**（每小时90公里的速度），30 оборотов **в секунду**（每秒30圈），因为表示概括意义的时间单位名称无法具体化，类似的单位名称还有джоуль, ватт, эрг等。在表达针对说话时刻的时间延续意义时也是如此，比较无定语和有定语的时间单位名称：Чем рабёнок болел **в течение года**?（指365天内）— Чем рабёнок болел **в течение этого года**?（指这个自然年）. В **течение месяца**（指30天内）после операции соблюдайте диету. В течение **этого месяца**（指某个具体月份）я соблюдаю диету.

（2）在有定语位置的名词短语结构中，定语可以是必有的，也可以是任意的。定语位置是否必需取决于特征名词的属性，属于特征名词的时间单位名称（如минута, секунда, час, день, неделя, месяц, год, век等）被具体化就必须加入定语：в эту минуту, в тот день, на следующей неделе, в прошлом месяце, в 2021 году, в XX веке. 在与情态动名词（如желание, стремление等）连用时必须有带自己扩展成分的动词不定式作定语：**При желании познакомиться** с этой проблемой возьмите работы Апресяна. **В своём стремлении быть** первым он не рассчитал свои силы. 但与表示时间意义的事件名词（如昼夜、四季、日子、星期、月份名称）连用时，定语可有可无：Он ушёл вечером /**зимним** вечером. Летом /**прошлым** летом мы жили в Харбине. В пятницу /В **эту** пятницу у меня будут практические занятия.

（3）定语本身的有无可能影响名词短语中名词词义类别词的使用，如没有定语的月份名称只能用时间名词短语**в+N₆**：в январе, в марте, в мае；一旦加入指示代词定语этот和тот、形容时间的定语прошлый, будущий, следующий或形容天气的定语холодный, жаркий, снежный时，则既可用名词短语**в+N₆**：в этом марте, в прошлом мае, в холодном декабре, 也可用**в+N₄**：в этот май, в будущий сентябрь, в жаркий август，而且最常用的是名词短语**N₅**：Этим маем /прошлым апрелем /дождливым июнем 2021 года он снова приехал. 带定语的星期名称除用**в+N₄**（в эту субботу, в прошлый четверг）外，也可用**N₅**：этой субботой, прошлым четвергом.

（4）相同的名词语义类别词与不同的形容词语义类别词连用时，可构成带相同具体意义的不同名词短语，如год一词与表示编年序号的序数词连用时，用时间名词短语**в+N₆**：в 1999 году, в 32 году до нашей эры；而与类似военный, критический等具体化形容词连用时，则用**в+N₄**：Это было **в очень трудный для меня год**. **В тот урожайный год** персики были особенно дёшевы. 当有以上两类形容词时，两类时间名词短语同义且可互换，比较 Это было в трудный для меня 2020 год /в трудном для меня 2020 году. В тот урожайный 2018 год /в том урожайном 2018 году груши были особенно дешёвы.

（5）定语的类型（一致或非一致）会影响名词短语的选择，如上面说过的四格时间一致或非一致定语。如果名词短语中的轴心词是动名词时，它要求的补语也进入名词短语结构：**Из любви к музыке** он оставил морскую службу. **Из-за вашего неожиданного отказа от поездки** пришлось перенести дату отъезда.

（6）名词短语本身可能相当于整个句子的称名化，如上句中的原因名词短语 **из-за твоего неожиданного отказа от поездки** 相当于句子 Ты отказался ехать. 又如 **При длительном пребывании в холодной воде** наступит спазм сосудов（血管痉挛）. 中带条件意义的名词短语包括了信息和结构上都必需的方位名词短语，这个结构相当于条件从句 Если долго находиться в холодной воде.

综上可见，名词短语是个结构复杂的词汇—句法构造，值得深入研究。

§4 把句素和名词短语引入我国俄语教学的意义

句素和名词短语概念不仅对掌握俄语非常重要，而且对"格"这一词法范畴和"支配"句法概念的理解都具有理论意义，因为正是名词经常作为句子结构的基础使俄语的句子独具特色。然而，目前这两个重要概念还没有引入我国俄语语法课堂，我们基本还是按照传统语法把前置词和名词作为不同的词类分别讲授，没有把前置词和名词作为一个整体来学习，更谈不上将它们作为意义体系和功能语义场来学习。

名词句素和名词短语作为意义体系的表达手段，令中国学生难以理解的原因主要表现在以下几个方面：

（1）俄语名词的词形变化和前置词所要求的各种格形式是俄语初学者最大的难点之一，由于俄语名词有太多的词形变化，导致初学者常把每个词的不同词形（друг – друга – друзья 等）都当作独立的词来记忆，不仅增加了记忆负担，还会出现张冠李戴、类推失灵的现象。如何让学生快速准确掌握俄语的词形变化依然是个迫切需要研究和亟待解决的难题，这恐怕不只是俄语本身的问题，还有母语干扰和各种心理方面因素的影响。

（2）俄语表达各种关系的词形和词序与缺少词形变化的语言有着完全不同的功能，俄语的词形完成的是首要功能，而词序是次要功能；相反，汉语中句子成分和词序是第一位的。所以，俄语句子与缺少词形变化语言的句子经常没有形式上的对等句，比较同一句话在俄、英和汉语中的不同说法：Книгу мы вчера купили интересную. — The book we bought yesterday is interesting. — 我们昨天买的那本书很有趣。或者说成汉语口语中较常见的主题句：书，我们昨天买的那本，很有趣。相当于俄语的定语从句：Та книга, которую мы вчера купили, очень интересная. 从中可见三种语言词序和句型的不同。正是俄语名词格形式的不同造成说无词形变化语言的人对相同的句子无法理解，几乎在所有类型的句素中都会造成理解困难。

（3）与俄语形式结构相同的主—谓—宾类汉语句在俄语中因使用不同的动词，名词需要用不同的格形式，这也是说汉语的俄语初学者比较难理解和掌握的地方，此时的母语干扰最多，常常导致学生在说俄语时动词不变位或名词不变格。如Я люблю книгу或Мне нравится книга.我国的俄语初学者可能下意识地说成*Я любить книга或*Я нравиться книга；Он восхищается пейзажем说成*Он восхищать пейзаж. Она боится экзамена说成*Она боять（ся）экзамен. 这是因为俄语的粘附句素依赖的是支配关系，不同类别的动词可能要求几个不同的格形式，这可以用配价（валентность）来解释，配价是俄语重要的语言机制之一，是必须让学生理解和掌握的理论，但这同样是在心理学和教学法上都没得到很好研究和解决的问题。

（4）即使对操俄语的学生来说，制约句素，特别是由制约句素构成的模型句，也是比较难掌握的，它们对中国学生的难度就更可想而知。因为汉语句子中的主语和主体，谓语和述体大多数情况下是一致的，而俄语句子中的主体却与主语经常不一致，它可以是各种不同的格形式，如：**Мальчику** - пять лет. **Девочке** плохо. **Сестры** не было дома. **Больного** тошнит. **С мамой** обморок. **У меня** ангина. **Ветром** сорвало крышу. 而主语又可能是述体：У неё **астма**. С ней **истерика**. Ребёнку - **год**. С хлебом в этом году **трудности**. 这就是俄语形式结构与语义结构经常不一致的地方，也是中国学生较难理解和掌握的地方。

（5）一些俄语名词短语在其他语言中常用换喻手法与之对应，如гостить у друга的英语说法是at home of my friend，汉语也是说"在朋友家做客"（= в доме друга）

（6）俄语大多数位于句首的制约句素在汉语中对应的是主语，比较**У неё** грипп（她得了流感）；**У нас** завтра театр（我们明天去看剧）；**У меня** болит голова（我头疼）；**У неё** серые глаза（她有双灰色的眼睛）；Книг - сто（书有一百本）；甚至自由句素有时也是如此：**На дороге** - листья（路面洒满落叶）；**На крыше** - снег（房顶落满雪）。这常导致中国学生不会正确运用俄语的各种句素。俄语的粘附句素在汉语中常与依附位对应，如俄语修饰行为或特征的二格非一致定语（如чтение **студента**, болезнь матери, красота девушки, синева неба等）在汉语中可以对应成带"的"或"之"字的前置定语：大学生之阅读，母亲的病，姑娘的美，天之蓝。但这种对应很不自然且不总能成立，比如当俄语的非一致定语是客体（чтение книг，решение задачи）时则只能对应成动宾结构：读书，解题；而粘附句素полка стихов，целый шкаф одежды在汉语中需用量词结构对应：一书架诗集，一整柜衣服。以上差别常跟某句素的真实意义在一种语言中显现而在另一种语言中却隐现有关，也可能还有其他因素的影响。

（7）在不同类型的语言中意义体系的表达手段各不相同，有各自不同的结构，如俄语方位名词短语的结构是"前置词+名词格形式"，在汉语中经常对应的是"介词+名词+方位词"结构，比较в лесу — 在森林里，на столе — 在桌子上。汉语的方位短语常常不带介词，俄语中却绝对不能没有前置词，比较：床前 — перед кроватью，村东头儿 — на востоке от села，长江以南 — на юге от реки Янцзы，大桥底下 — под мостом，柜子里 — в шкафу等；而跟国家和城市类的专有名词连用时汉语又没有方位词，如：在中国、在上海等，这种短语在汉语中称作介词短语。

应该指出的是，俄语的名词短语和汉语的名词短语是两个完全不同的概念，汉语的短语就是词的组合，包括名词短语（幸福生活）、方位短语（墙上）、数量短语（两次）、指数短语（这几本）、动词短语（看报纸）、动名词短语（家庭访问）、形容词短语（极其重要）、介词短语（在北京）。其中名词短语指名词和直接修饰它的名词、形容词或动词构成的词组，如"名+名"：体育事业；"形+名"：普遍真理；"动+名"：学习方法等（吕叔湘 2000：11-13）。

（8）俄语名词短语不仅有不同的具体意义（如в мае – весь май – за май），还经常形成强大的同义变体系列，但由于构成名词短语的结构和词汇的制约，组成同义系列的可能是形式完全不同的名词短语：в эту минуту – на этой неделе – в этом месяце – в следующем году – в субботу – в апреле – ночью – весной – поутру – с детства – до школы – перед обедом – после экзамена – за чаем等等。

以上这些难点在教授俄语时我们都应该顾及，运用与母语对比的方法易于学生理解，而进行俄汉语句素的对比研究更是意义深远。可从意义到形式（在意义体系框架内），也可从形式到功能和意义的角度进行对比研究。Всеволодова（2000：188-190）认为，无论以何种方式进行对比研究，句素的概念都是至关重要的，这主要基于以下原因：

（1）不管什么类型的语言，也不管语言中有无"格"范畴，句素作为一种语言现象，句素的三种类型在任何语言中都存在，比如汉语中也有类似俄语的自由句素：在森林里，6月30日等。制约句素：房子是我父亲的，哥哥没在家等。粘附句素可能是依赖动词的：害怕考试，逃避见面；依赖数词的：五本书，十个人；依赖名词的：俄语教科书，饥饿感等。

（2）句素概念有助于对不同类型语言中的名词用法进行有序和系统的对比，如俄语的粘附句素（二格名词修饰的行为：болезнь матери；二格特征载体：красота девушки）在汉语中对应的是"主体+的+行为（特征或状态）：母亲的病，女孩的美。

（3）将语言材料按照句素类型有序地排列起来，不仅能为不同类型语言之间进行系统对比找到切入点，而且这种对比的结果还能为那些说无"格"语言的人开出引进俄语格体系的理想课程，如俄语的二格名词最好放在名词作非一致定语的词组中学习，如книга студента，дом отца，дочь сестры等。

（4）这种有序的对比有助于解释学生受母语干扰而造成的错误，如俄语有些专有名词作同位语不用二格对中国学生比较好理解：город Орёл, река Волга, озеро Байкал, Остров Новая Земля, улица Арбат, площадь Красные ворота等，但有些就要用二格：如горы Урала, улица Чехова, площадь Пушкина等，这很容易使学生混乱，需要引起教师的注意。

（5）任何位置上的句素，包括粘附句素，都是某个所指角色的扮演者，如词组 «Гамлет» Шекспира，роман Толстого的类型情景是"施事及其创作"，相当于Шекстпир написал «Гомлета». Этот роман написал /сочинил Толстой. 又如存在情景可以有几种不同的词组：сумчатые Австралии（澳大利亚的有袋动物）= В Австралии обитают сумчатые. Звери и птицы Германии = В Германии есть звери и птицы. 但是也有另外的词组：австралийские кенгуру，гуси в Германии. 而женщина нашего дома就相当于женщина из нашего дома.

关于格理论与名词句素、名词短语的关系，Всеволодова（2016：260-263）指出：

（1）格本身不可能固定在某一个意义上，比如俄语的主体可由各种格形式表示：

1）N_1（名词一格）：**Олег** читает книгу. **Газета** лежит на столе.

2）N_2（名词二格）：**Олега** нет дома. **Книг** было пять.

3）для+N_2: **Для Олега** ничего не стоит писать сочинение.

4）у+N_2: **У Олега** завтра будет экзамен.

5）N_3: **Олегу** плохо. **Этой книге** – сто лет.

6）по+N_3: На съезде было **по одному делегату** от каждого города.

7）N_4: **Олега** тошнит. **Олю** знобит.

8）по+N_4: На съезде выступило **по два делегата** от каждого города.

9）N_5: **Ветром** сорвало крышу. **Снегом** занесло дорогу.

10）в+N_6: **В Олеге** – метр девяносто пять росту（奥列格身高1米95）.

几乎所有的间接格都可出现在交际制约位上：**Эту книгу** - не купить. **К нему** - не подступишься. **От него** - не отвяжешься. **С ним** не поговорить.

（2）相同的格形式可能表示不同的意义，如自由句素N₁在各种句法位上可能表达以下不同意义：

1）称名一格，如人名、地名、机构名称等，可出现在自由位上：Знакомьтесь: **Маша**, **Саша**. **«Огонёк»**（杂志名）."述谓对"内：Её имя - **Маша**. Название журнала **«Юность»**. 展词位上：Девочка по имени **Маша**. Журнал называется **«Юность»**.

2）证同一格，可出现在自由位上，如商店招牌和指示牌：**Аптека. Чистка одежды. Место для курения**. 或书名和标题：**«Русская грамматика». Автореферат**. "述谓对"内：Это **дядя** с бородой. Это **дом** с трубой. 展词位上：Магазин **«Молоко»**. Понятие **«семантическое поле»**.

3）领属一格，可出现在自由位上，如书皮上的作者名和书名：**А.С. Пушкин «Цыганы»**（= «Цыганы» А.С. Пушкина）；"述谓对"内：«Цыганы» - это **Пушкин**.

4）标题或课题一格，相当于о+N₆的用法，如出现在自由位上：（А.С. Пушкин）**«Цыганы»**（= о Цыганах）；制约位上：**Приставка за** - тема доклада. Объект исследования - **творчество Чехова**. 粘附位上：Сказка **«Золушка»**（= о Золушке）. В статье **«Влияние коронавируса на туризм»** автор рассматривает...（= в статье о влиянии...）

5）修饰一格，可出现在自由位上，如号码标识：40-42（服装标牌上的号码），102 р（价签）；"述谓对"内：Наш дом - **15**. Размер туфель - **двадцать четыре**. Температура - плюс **пять**. 与类别词连用：У дома **номер десять** киоск. На ней берет - **мышиный цвет**（她戴着鼠灰色的贝雷帽）. 与参量名词连用的数名词组：ехать **со скоростью сто километров в час**; ток **напряжением двести двадцать вольт**（电压为220伏的电流）.

6）状语一格，包括空间、时间等，如出现在自由位上的图画、照片的题词：**Москва. 2019 г. Осенний день. Сокольники**（Шишкин的油画名称）. 出现在制约位上时有以下情况：а）主"述谓对"内：**Июль** - это грозы. **Тайга** - это комары. **Экзамен завтра** - 10.00. б）独立说明语：В этом здании（**дом 6**）теперь школа. Приходите в магазин, **Мояковка, дом один**（广告）；也可出现在粘附位上：На двери - табличка **«Ремонт»**. Летим самолётом **Москва-Киев**.

此外，还有一些一格制约句素可在"述谓对"内称谓主体：**Петя** спит. **Ель** высокая.

述体：**Сыну месяц**. С мамой **обморок**. У неё **чёрные глаза**. 或客体：У него есть **машина**. Ей нужна **справка**. 而其他名词格和前置词构成的名词句素所拥有的意义和功能更是数不胜数。

（3）对某个格或前置格形式在言语中的体现产生影响的其他因素有：

1）某个词的句法聚合体成员中不是所有格形式都能在言语中使用，如стол，дом，шкаф可作年龄主体：**Этому столу**（**дому，шкафу**）уже 200 лет. 但 окно却不能，只能用一格：**Это окно** – восемнадцатого века. **Это окно** было прорублено в 18-ом веке. 因为在окно的句法聚合体中没有能够占据特征主体位置的三格形式。如果город，деревня，село等词的终点意义由в+N_4形式表示：въехать в город, в деревню, в село, 那么стадион, площадка, поле等词则需用на+N_4形式，因为在该类词的句法聚合体中此意义就固定用这个形式表达。而该类词的в+N_4形式具有"在不应该的地方撞入其空间内部"之义：Машина не смогла затормозить и, проломив ограду, **въехала / врезалась в стадион**（汽车没刹住车，冲破围栏，撞入体育馆）。

2）影响某格形式选择的因素还有词汇因素、数的形式及其他一些状语等，在本章已做了基本描述。关于其他影响因素将在有关"支配"的章节里阐述。

可见，名词自由句素构成名词短语其实是语言共相，尽管在不同语言中它们的形式可能不同；制约句素构成模型句的机制还需要在不同语言中进行对比才能找到；粘附句素形成的词组是斯拉夫语言中实义切分的主要机制之一，属于述谓化范畴。

总而言之，无论从实践还是理论的角度，把这两个概念引入我国俄语教学并进行系统学习非常必要。同时将俄语表示不同功能语义场的名词短语与汉语的名词短语进行对比也是非常值得研究的课题，势必能为俄汉对比语言学的发展带来裨益。

第22章
词组及其类型

§1 词组的传统观念

俄语传统上对词组概念有广义和狭义两种理解，广义的理解是把述谓单位也纳入词组（如Ф.Ф. Фортунатов，А.М. Пешковский的观点）。在科学院语法、百科全书、教科书中广泛运用的是以Виноградов理论为基础的狭义理解。针对这两种理解，Всеволодова（2016: 264-265）总结出传统词组的以下几个基本观点：

（1）词组是作为统一整体进入句子的"句前单位"。《80年语法》（РГ-80 Т II: 80）指出："词组在语言中不依赖于句子而存在，实词的词汇语法特性决定了词组的构成，跟所有句法单位一样，词组以自己的词汇填充形式呈现在句子和语篇中或者以称名单位出现在句外（如名称、题目、标语等）"，也就是说，语言中有一系列类型、结构和模型决定着句子中能否形成具体的词组。

（2）词组是称名单位，是"扩展的词"，即词和词组概念相交叉。

（3）词组成素不进入述谓关系，如句子Мальчик быстро бежит.中的быстро бежит是词组，而Бежит мальчик быстро.中就没有词组，有的是词的组合。

（4）词组是两个实词在语法关系基础上构成的，如支配关系：чтение книги；一致关系：тёмная ночь；依附关系：хочу пить, яйцо всмятку. 这正是词组的传统分类。词组结构的基础词序是被支配词在支配词后；修饰词在被修饰词前；依附词根据具体情况可能在语法主导词之前或之后。基础词序一旦发生变化，词组就会被破坏，如句子Он вёл праздную жизнь.中的вёл праздную жизнь是复合三成素词组；而在Он вёл жизнь праздную.中上面的结构已不是词组；在Жизнь он вёл праздную.中根本就没有词组。

（5）语法主导词也就是语义主导词。

（6）词组有与语法主导词的词法聚合体重合的聚合体，主导词有在句中占据相应位置的能力。语法依赖词的形式不发生变化，除非是一致关系，比较：дом /к дому /к дому **брата**; хочу /хотел /будем хотеть **есть**; **быстро** идёт /шёл /идём; яйцо /яйцом /с яйцом **всмятку**; новая /эта книга – новую /эту книгу等。也就是说任何一个依附词组

的模式类型都是"词+词形"结构，词就是语法主导成分，词形就是语法依赖成分（不定式和副词等）。

词组的狭义理解把以下情况排除在外：1）组合结构，如скромненько, но со вкусом; уедем или остаёмся; пойду и скажу; 以及常见的短语：сходил купил, пойду открою дверь, взял и отказался；2）语法主导词是语义虚化的建构词的结构，如вести работу, проводить исследование, синего цвета, процесс анализа等，这类结构被机械地归入成语。后来Виноградов的学生В.А. Белошапкова（1989）把并列结构归入了词组。

此外，传统语法不把由几个词构成的、在语言中系统运用的合成数词（如двадцать пять, триста сорок шестой）归入词组，尽管在《80年语法》中分数（如две целых, три четвёртых）被移出数词，因为这不是一个词，而是特殊的词组，而且其间还可加入连接词и: две целых и пять шестых，这类词组属于主从词组和并列词组的统一体（如две тысячи триста пятьдесят два），所以，词组有单一结构，也有混合结构。此外，还有各种类型的数词跟名词构成的数名词组（如три дома, пятнадцать дней, сто тридцать семь рублей等），跟动词构成的数动词组（如трижды/ три раза повторял, пришли вдвоём /впятером等），这类词组在任何语言中都是成体系的。

词组的广义理解把词组扩大至整个句子结构，认为整个句子就是词组。尽管存在词组向句子逐渐过渡的现象，但在俄语学的现阶段句子和词组原则上还是不同的单位，这对理解语言的功能非常重要，比如无主语的不定人称句（Книгу читают）和泛指人称句（Такую машину не купишь）实质上是人称句（Они читают книгу; Такую машину ты не сможешь купить）的切分变异句。所以，此种言语体现不是词组。

对词组定义的分歧可以解释为那时还没有出现述谓化范畴（категория предикации），虽然马泰休斯在20世纪40年代就提出了实义切分理论，但在1976年才被И.И. Ковтунова（1976）引入俄语学；也没有意识到语调的作用，俄语的语调结构是1969年由Е.А. Брызгунова（1969）创立的。

俄语教学实践和语言的现代范式表明，必须扩大形成词组范畴的单位库，因为基于对词组狭义理解的结构类型已失去说服力；应该依据词组传统观点代表人物的理论，把词组的宽泛和狭义两种理解结合起来；把词组当作纯粹的句子单位，而不是句前单位；应该在词组范畴内揭示某些语法（该词的广义理解）现象；应该把Виноградов提出的纯词组看成词组聚合体的基础成员。以下是对Всеволодова（2016: 267-294）词组研究成果的介绍。

§2　词组在功能交际语法中的分类

在功能交际语法框架内，Всеволодова（2016: 267）扩大了词组的种类，追随 Белошапкова 的观点，把并列结构归入词组，同时又把以下类型归入传统的主从词组范畴中：

（1）描写词组，指轴心词的语义被弱化，而语义主导词变成词形的词组，如 девушка **высокого роста** = высокая девушка; вести **разговоры** = разговаривать 等，这类词在功能交际语法里被称为建构词，而与建构词的组合被称为描写词组。在传统描写语法中被 Белошапкова 称为描写述谓的该类词组（如 дать совет，оказать помощь，совершить поездку）是当作成语被记忆的①，其实该类词组是语言共相，在每个语言中都能找到专门的相同表达，比如汉语中的"提出建议""给予帮助""完成旅行"等。进入描写词组的还有下面的组合 говорить громким голосом ← говорить громко；идти быстрым шагом ← идти быстро；вынуть неловким движением ← вынуть неловко 等。描写词组跟词组和句素都有交叉。

（2）数词词组，包括并列和主从的数词词组。合成数词指由两个或多个简单（один-десять，сорок，сто）和复合（одиннадцать-двадцать，тридцать，пятьдесят-девяносто，двести-девятьсот）数词组成的数词：двадцать пять，сто тринадцать，пятьсот шестьдесят восемь. 这里还包括名词类的数词 тысяча，миллион，миллиард 等：тысяча триста семьдесят девять，миллион четыреста тысяч восемьсот сорок два. 尽管不同的数词有不同的变格和一致关系体系，但数的合成名称是一个不可分割的整体，不能把任何一个成素丢掉，这使它们就像一个词一样，所以还是应该把它们归入数词词类。这一点也再次证明了语言的场特点，很多完全不同的集合都能相互交叉。

（3）数名词组，指数词跟表示客体数量或参量名词的组合，如：один стол，две книги，трое ребят，сорок четыре года，пятьсот семьдесят восемь рублей 等，该类词组属于主从词组。数名词组主要有以下一些特点：

1）俄语的数名词组跟大多数其他语言不同，在词组中数词是名词的数量限定成分，不像汉语那样数词后必须使用量词②：两扇窗户、三把椅子、四台电脑等，即使俄语中的数量1不需要出现时，汉语也必须有数词和量词，比较：стакан воды—"一杯水"、тарелка супа—"一盘汤"等。

---

① 见 В.М. Дерибас（1983）的动名固定搭配词典。
② 关于汉语量词在俄语中的对应形式详见本书第14章§3。

2）在俄语名词范畴中，除了单数和复数外，还有历史悠久的双数范畴，其痕迹表现在一些以辅音结尾的成对物体名称的复数形式中，如：глазá, бокá, рогá, берегá等；还有一些以辅音结尾的名词二格有两个重音，如до этого чáса —два（три, четыре）часá; сбиться с шáга（走错了脚步）—два（три, четыре）шагá，重音在词尾上的二格就是双数的留痕。

3）在一格和四格数名词组中（不包括跟одни连用的词组），主导词是数词，名词用二格，如一格词组：стоят два бльших стола /три новые вазы; лежит /лежат пять новых книг /журналов; пришло /пришли семь /семеро мальчиков. 四格词组中需要区分动物和非动物名词，即数词2，3，4的四格要同二格：вижу два больших стола; купил три новые вазы; вижу пять красивых роз; родила **двух/двоих сыновей**; родила пять **пятерых сыновей**. 动物名词在11以上的合成数词中与非动物名词没有区别：пригласил двенадцать дрезей. 在此类词组中，除了跟集合数词和动物名词连用的词组，数词是不能去掉的，比如不能说*вижу больших стола /красивых роз.

4）在其他间接格中主导词是名词，数词与其在格上保持一致，比较：нет столов - нет двух /пяти столов; разъехать по городам - по пяти /по двадцати двум городам; пришёл с друзьми - с двумя /с пятью друзьями; говорил о книгах - о двух /о пяти книгах.

5）在其他一些类别数词中可能有主从和并列词组的组合，如在分数或小数中就经常用到并列连接词：две целых и три десятых（2.3），这其实是две целых（整数部分）和три десятых（分数部分）两部分的并列组合。

可见，数名词组是一类特殊的词组，其中主导词和词形可能变换位置，可能形成并列和主从联系。该类词组的存在使词组范畴变得复杂，还需要进一步深入研究。

Всеволодова（2016: 271）认为，理论上形容词和副词比较级和最高级的复合表达形式也应该属于词组：более высокий, самый высокий, больше всего /всех, труднее всего等。尽管传统语法把它们看成词形，但它们的构成机制其实是词组。把它们看成词形一方面体现了语言的节约原则，另一方面体现了创立同义表达手段的愿望，比较：Петя выше Оли和Петя более высокий, чем Оля.

总之，把词组的广义和狭义两个角度结合起来有其合理性，一方面，Виноградов划分的词组类型是主从词组的基本单位，该类词组被破坏的大部分情况反映了词组的特性，尽管有些语法联系确实被破坏，但语义联系依然存在，而且任何被破坏的情况都是该类词组基本单位聚合体中的一个；另一方面，将描写词组、合成数词和数名词组补充进词组范畴也是合理的。（Всеволодова 2016: 271）

§3 描写词组的类型体系

3.1 描写词组的结构

在研究词组体系时需要解决以下两方面的问题：一是词组中建构词的主要特点和功能，二是句法位置，是词组还是主谓对（即句子）。

起建构功能的实词在构成描写词组时形成两个特殊的词汇句法分类：（1）逻辑述谓（логический предикат）；（2）词形的繁化形式（осложнитель словоформы）。

逻辑述体指说明被说话者确定的两个事件或事物之间命题的关系建构词（релятор），如：Дожди **привели** к наводнению. Дожди - **причина** наводнения.（比较：Дожди у нас - всегда наводнение.）Его приезд **совпал** с моим отпуском / **предшествовал** моему отпуску / **последовал** за моим отпуском. Эта церковь - **ровесница** Ивана Грозного. Эта постройка **современна** Собору Парижской Богоматери等。这些逻辑述谓可构成带关系词的表示条件关系的词组：**причина** аварии，**последствия** урагана，**зависеть от** погоды，**влиять на** урожай；时间关系词组：**современник** Пушкина，**потомок** Толстого；**предшествовать** кризису，**совпасть с** отпуском等。关系词可构成两类词组：（1）关系词称名关系本身，例子见上；（2）关系词是具有描写功能的比喻：Высокий забор пригасил интерес ребят к стройке. = Стройку обнесли высоким забором, поэтому ребята стали меньше интересоваться строительством. 跟关系词对立的是词形的繁化形式，分为两类：（1）展开实词的词形，称为描写说明词（экспликатор）；（2）词形的表征词（характеризатор）。

3.2 带说明词的描写述谓类型

描写词组有两种功能类型：（1）带依附句法位的结构；（2）带自由句法位的结构。

3.2.1 带依附句法位结构的描写词组，指由两个词构成的描写性词组（дескрипция），被称为描写述谓（описательный предикат），又分为两类：

（1）谓语类词组，即词组中一个是语义主导词，占据句法依附位置，另一个是句法主导词，即完成建构功能的建构词，有时该词在很大程度上没有语义，如：**вести** работу = работать；**оказать** помощь = помочь；**дать** сообщение = сообщить；**совершить** побег = убежать；произвести **взрыв** = взорвать；кинуть **взгляд** = посмотреть等。

（2）行为方式状语类词组：говорить **громким голосом** = громко；идти **быстрым шагом** = быстро.

从单个的实词和与之对应的描写述谓的意义关系上看，总体上描写述谓分为两大类型：

（1）语义跟派生词相等的词组，指在所指平面上单个实词和描写述谓语义完全相同，也就是在描写述谓中不增加任何新的意义，比较：Он **рисует** = Он **занимается рисованием**. Лингвисты **исследуют** универсалии языка = Лингвисты **ведут исследования** универсалий языка. Она **красивая** = Она **отличается красотой**.

（2）带有描写功能的词组，指描写述谓的意义本身由于所完成行为的某些特征而变得复杂，它们比第一类描写述谓更加生动形象，所以它们常用于文学作品或口语中，如：засмеяться → **залиться /разразиться смехом**; посмотреть, взглянуть → **бросить /остановить /метнуть взгляд /взор, окинуть взглядом /взором**; заснуть → **прогрузиться в сон**等。

从描写述谓组成成分在形式上所占据的位置看，又可分为以下两种：

（1）描写述谓-1，是非述谓型词组，指其中语义主导词通常占据补语或定语位置；

（2）描写述谓-2，是述谓型词组，指带词形的主谓对，其中语义主导词通常占据主语位置。

描写述谓-1又分为以下两个亚类：

1）描写述谓-1а，指语义主导动名词和形名词占据依附于动词建构词的补语位置：принимать участие, заниматься чтением, отличаться красотой, подвергнуть нагреванию。例如：Оля **отличается скромностью**. Земля **совершает вращение** вокруг Солнца. Этот человек **чужд лести**（这人不擅长阿谀奉承）等。构成该类描写述谓的意义在于将述谓特征词由交际级不太高的谓语位提升至更高的补语位上（Вопросы 1989）。

2）描写述谓-1б，指名词谓语，即用名词вещь, дело, штука, процесс, факт等展开形容词或副词的形名词组，这些主导名词的地位接近于类属词。有两种转换类型：

　　a）无人称句转换成静词合成谓语句：Прогуляться на катере **приятно** → Прогуляться на катере - **вещь приятная**. Посещать акваторий **занимательно** → Посещать акваторий - **штука занимательная**. Составлять вопросник **трудно** → Составлять вопросник - **дело трудное**. Обновлять гардероб **нелегко** → Обновлять гардероб - **процесс нелёгкий**.

　　б）动词主语句转换成双主格句：**Прогулка** на катере - **вещь приятная**. **Посещение** акватория - **штука занимательная**. **Составление** вопросника - **дело трудное**. **Обновление** гардероба - **процесс нелёгкий**.

描写述谓-2也分为两个亚类：

1）描写述谓-2a 是带动词谓语的词组，如：Они **работают** хорошо → **Работа** у них **идёт** хорошо. Клетка **разрушается** → **Происходит разрушение** клетки. В зале **шумят** → В зале **стоит шум**. Дети **интересуются** книгами → У детей **проявляется интерес** к книгам. 有时候描写述谓-2a 实质上是描写述谓-1a 的逆向转换：Олю **отличает скромность**. **Вращение** Земли **совершается** вокруг Солнца.

2）带形容词谓语的词组：Нине **присуща /свойственна скромность.** Нам **чужда лесть.** Сильный **нажим характерен** для людей общительных и целеустремлёных. Правовые **взгляды** Филофея **типичны** для русских мыслителей XV-XVI вв.

此类句子可以构成如下转换句：Нине **присуща /свойственна скромность** → Нину **отличает /характеризует скромность** → Для Нины **характерна скромность**.

正是描写述谓-2 在句子成分层面上是主语和谓语的关系，可进一步断定描写述谓-1 大多是谓语和补语的关系，尽管有时该类描写述谓词组作为整体结构占据着谓语或定语的位置。也就是说，在所指层面上描写述谓是述体，而在形式层面上可能是各种类型的句法形式。

俄语中大部分描写述谓都有与之对应的单个实词，但是也存在着一些仿照类似描写述谓结构形成的词组，它们没有相应的单个实词，如：испытывать **шок**（比较 испытывать **тревогу** ← тревожиться）；получить **удар**（比较 нанести **удар** ← ударить）；опровергнуть **сообщение**（比较 сделать **сообщение** ← сообщить）。在描写述谓中还可能出现类别词，它们有时可有可无，如：испытывать ужас → испытывать **чувство** ужаса，идёт рассеяние частиц → идёт **процесс** рассеяния частиц. 但有时却是必需的，如：испытывать **чувство** долга.

在语义上描写述谓相当于一个词，实际上是一个实词的语义展开，主要有以下几种基本构成方式：

（1）语体中性动词变成动词+动名词的书面语词组：посоветовать → дать **совет**，извиниться → принести **извинения**，спросить → задать **вопрос**；украсть → совершить **кражу**；ударить → нанести **удар** 等；

（2）与动词相当的带有状态意义的事件名词变成动词+名词的词组：（быть）**в ужасе /ужасаться** → испытывать **ужас**；（быть）**в горе /горевать** → переживать **горе** 等；

（3）带状态意义的述谓副词变成动词+名词的词组，如：Мне **больно** → Я испытываю **боль**；Ему **трудно** → Он испытывает **трудности**. 或带状态意义的特征副词变成动词+名词的词组：В сарматское время наиболее **густо** и **полнокровно** люди живут в киевско-русском регионе зарубинецкой культуры（在萨尔马特时代人们最密集和充实地生活在扎鲁比涅茨克文化的基辅-俄罗斯地区）[①]→ В сарматское время наибольшая **густота** населения и **полнокровность** жизни **наблюдается** всё в том же киевско-русском регионе зарубинецкой культуры（Рыбаков）.

（4）形容词可变成以下两种结构：

1）动词建构词（отличаться, характеризоваться, испытывать）+形容词变来的名词，如：（быть）**красивым** → отличаться **красотой**,（быть）**сложным** → характеризоваться **сложностью**,（быть）**голодным** → испытывать **голод**等；

2）形容词建构词（**присущ, свойствен, характерен, типичен**）+形容词变来的名词，如：Маша **скромная** → Маше **присуща скромность**. Народная музыка **мелодичная** → Для народной музыки **характерна мелодичность**等。

3.2.2 带自由句法位结构的描写词组，指带有修饰行为状语的词组：говорить **громким голосом**，идти **быстрым шагом**等。该类词组中的词形在语义上复制动词谓语：говорить – голос, идти – шаг. 它们可以被看成是修饰动词的副词的词汇展开，比较：идти **быстрым шагом** ← быстро; говорить **тихим голосом** ← тихо; спрятать записку **незаметным движением** ← незаметно. 此类词组在汉语中的对应形式就是副词+动词词组：快步走。低声说。难以觉察的动作。所以，它们不难理解。按照这种结构可把句子 Мальчик **бегло** читает. 转换成 Мальчик читает **беглым чтением**. 这里的词形在复制动词意义时保留了其具体意义，也就是说，该类描写词组可以还原为副词。目前该类描写词组还没有成为研究对象，值得深入探索。

3.3 带表征词的描写词组

带表征词的描写述谓也分为两类：（1）带类别词的描写词组；（2）带类属词的描写词组。

3.3.1 带类别词的描写词组也有两种类型的结构：

（1）表达现象、状态或过程范畴特点的描写词组：гнев – **чувство** гнева, умиление – **чувство** умиления, обморок – **состояние** обморока, нагревание воды – процесс нагревания воды. Система никогда не находится **в состоянии нагревания и охлаждения** одновременно.

（2）表达特征范畴特点的描写词组，可表示以下不同的特征，如：

[①] 扎鲁比涅茨克文化是早期铁器时代（公元前三世纪/前二世纪至公元二世纪）的考古文化，常见于第聂伯河的上游和中游地区。

1）性质特征，借助名词цвет，фарма，рост等构成：синий шарф – шарф **синего цвета**；круглый торт – торт **круглой формы**；высокий парень – парень **высокого роста**；сложное предложение – предложение **сложной структуры**；хороший продукт – продукт **хорошего качества** 等。如：Мягкоть кремовая, очень сочная, **сладкого вкуса**, со средним ароматом. 该类特征描写词组跟描写述谓一样有构成句子的能力，比较：Лента – **синего цвета**. Цвета лента – **синего**. Цвет ленты – **синий**.

2）数量特征，构成两种特征对立：
① 称名特征本身，借助参量名词объём, высота, ширина, плотность 等① 构成：Газ сжат от **объёма** восемь литров до объёма шесть литров② = Газ сжат от восьми литров до шести литров. Широкоформатная распечатка до **ширины** 1067 мм = распечатка до 1067 мм.
② 借助量词штука, человек构成的描写词组：Собралось **человек 15 студентов** из всех трёх институтов. Высадка **нескольких штук роз**.

3.3.2 带类属词描写词组的特点

带类属词的形名词组中的成素习惯使用倒词序：Иван – **парень** умный. Сестра – **девка** обыкновенная. Аня – **девочка** самостоятельная. Москва – **город** большой. 且后置的形容词保持中性语调。如果把形容词前移，必伴随语调的变化，同时也必伴随对该语调变化的解释并会说明原因：У него с судьбой нормально: мать работает, отец **нормальный мужик**, пьёт по субботам. Москва – **большой город**, и вы можете попасть в пробку.

有时类别词和类属词比关系说明词难区分，Всеволодова（2016: 277）指出，可以通过两个方法进行区分：（1）每类词在一定句法位置上的表现；（2）每类词的语段切分情况。

（1）在述谓名词位置上时，描写词组中类别词和类属词可以消失，比较：Аня – **девушка** красивая ↔ Аня **красивая**. Москва – **город** большой ↔ Москва **большая**. Гнев – **чувство опасное** ↔ Гнев опасен. Платье **белого цвета** ↔ Платье **белое**.

带普通名词和专有名词的类别词基本保留建构词的地位：Его охватило **чувство гнева**

---

① 此类名词在很多情况下有前置词的功能，关于参量名词向前置词演变的趋势详见（郭淑芬 2017 (4)）。

② 一个有趣的现象是，跟参量名词连用的数词虽然是展位位却用一格名词，Всеволодова (2016: 277)认为这个事实并不表示俄语格范畴开始流失，而是证明在功能交际语法中一格有比传统语法更广泛的功能。

= Его охватил гнев. Мне нравится **синий цвет** = Мне нравится синее. 带专有名词或物主代词的范畴类别词在构成主谓对时，改变了情景的传递角度：**Чувство Ивана** – гнев. ← Иван гневается /в гневе/ испытывает чувство гнева. 特征类别词通常传达的是隐藏的命题：**Цвет Маши /Её цвет** – синий. ← Маше (Ей) идёт синее. /Маша любит синее.

（2）在证同名词位置上时，有以下几种情况：

1）类属词根据词形词类属性的不同有两种体现类型：

① 与形容词词形搭配时，类属词已不再是建构词，而是还原为实词构成的一般词组，这已不是描写词组：Он был с **красивой девушкой**. Я живу в **большом городе. Большой город** – это не дачный посёлок. 此时的形容词词形可以拿掉：Он был с девушкой. Я живу в городе. Город – это не дачный посёлок.

② 与名词词形搭配时，根据词的语调不同可有两种相同结构，两种情况中都有类属词的位置，而且可以从句中消失：

а）语调在类属词上，此时出现主谓对：**Го³род** Москва – большой. ↔ Москва – **большая**. **Де³вушка** Аня – красивая. ↔ Аня – **красивая**. **На³ука** физика – интересная. ↔ Физика – **интересная**.

б）语调在词形上构成新的词组город Москва, девушка Аня, 这一变体的特点是常构成带专有名词的词组：Город **Москва³** – большой, но есть и больше. ↔ Москва – большая, но есть и больше. Девушка **А³ня** – красивая, а Вера очень мила. ↔ Аня – красивая. 重要的是两类描写词组传递情景的角度完全相同，比较：Москва – **город большой. Город Москва** – большой. 当专有名词是同位语时，类属词依然保留自己的位置：Всё связанное **с наукой физикой**. Обложка **для книги-учебника**. Недавно я познакомился **с девушкой Аней**.

Е.В. Куликова（2011）证实，类别词和类属词有完全不同的表现，它们是不同类别的建构词。目前还没有一部建构词语法，因此需要对这一结构体系进行深入研究。在横向组合关系中只有类属词能构成与专有名词的组合，即使在证同位置上类属词也依然是建构词：на озере Байкал = на Байкале; с кошкой Муркой = с Муркой. 比如在即兴言语中可直接去掉类属词：Он живёт на Вернадского 40.

类属词和专有名词组成的描写词组有以下特点：

（1）专有名词有初始和次生之分。属于初始专有名词的有人名：девочка **Нина**, 动物名：собака **Мухтар**, 地理名称：республика **Корея**, гора **Арарат**, площать **Пушкина**, 天体名称：созвездие **Лебедя**, планета **Марс**, 独有的客体名称：статуя

Колосса（巨人雕像）；次生专有名词指那些放在书名号中的名称，如出版物名称：газета **«Правда»**，文学作品名称：роман **«Война и мир»**，各机构名称：магазин **«Наташа»**，фирма **«Лукойл»**。下类组合也应归入次生专有名词：Завод имени Лихочёва, дом-музей Чайковского 等。专有名词除直接与类属词连用外（如мальчик Коля, собака Шарик, больница Боткина），还可通过支配一格名词的前置词по имени, по фамилии, по кличке, с названием, под названием 连用：собака **по кличке Шарик**, мужчина **по фамилии Иванов**, гора **с названием Казбек**, журнал **под названием «Огонёк»**，但前置词имени要求二格: больница **имени Боткина**.

（2）专有名词在词形位置上的格形式会有不同，可用一格: планета Уран, актёр Петров; 也可用二格：гора Урала, гора Тяньшаня, туманность Андромеды（仙女座星云）。此时山脉名称可出现同义表达：горы **Альпы** /горы **Альп,** горы **Анды** /горы **Анд**. 如：Гроза в горах Карпат. 有些专有名词可变成形容词：**Уральские** горы, **Альпийские** горы. 很难解释为什么有的词组专有名词是一格：**созвездие Рак**, **созвездие** Стрелец, 有的是二格：созвездие **Лебедя**, 想必应该是约定俗成。

（3）专有名词在词的句法聚合体中的表现不同，当主导词变格时，称谓人和动物的初始专有名词跟主导词的格保持一致，比较：с девушкой **Олей**, о девушке **Оле**, для девушки **Оли**; у кошки **Мурки**, за кошку **Мурку**. 当有前置词时专有名词保留一格形式：с кошкой **по кличке Мурка**. 而地理名称表现各异：за **горой Араратом** /за **горой Арарат**. 如：Он отправился прямо на север к горам Гималаям. Горы Анды или Кордильеры сравнительно молодые горы（安第斯山和科迪勒拉山是比较年轻的山脉）。

在完成交际任务时，描写词组将其他句子成分（如作谓语的动词、形容词或副词）移至主语或补语位上时，无形中提高了这些句子成分的交际级，也就是将它们移至了句子的句法和信息中心，而且还改变了情景参项之间的述谓关系。

§ 4 多结构词组

4.1 多结构词组的类型

Всеволодова（2016: 281）认为，多结构词组有两类：

（1）由多个简单数词组成的称谓一个数词单位的合成数词，如сто сорок семь, десять в двадцатой степени（10^{20}）等；

（2）数名词组，指称谓数量（如два дома, сто шагов）和参量（如表示面积的два

на три метра）数词与名词的组合，有时指数词本身，包括分数和小数，其中数词后的名词常省略，但形容词целый和序数词不可少：одна треть, семь сотых（процента）; две целых（единицы）и три седьмых（части）. 最初две тысячи, пять миллионов, три сотни一类的组合也被称作数名词组，因为其中有表示数的名词。

多结构词组是一个不可分割的完整语义整体，因为每个组合体都表示一个具体的单位。众所周知，数词是由多个范畴类别词构成的词类，仅基础范畴类别词的数量数词内就有合成数词，如从21到无穷，序数词也是如此：двадцать первый, сто шестьдесят третий等。序数词只有最后一个词是保持一致关系的词形：тысяча сто двадцать первый – тысяча сто двадцатый – тысяча сотый – тысячный. 几乎各种类型的组合数词都是合成数词，如表示大小、多少（面积、容积）等，也包括表示比例的数词：Бетон для столбов приготавливается в пропорции **1:2:3**（读作один к двум и к трём）: 1 часть цемента, 2 – песка и 3 – щебёнки мелкой фракции. 还包括表示测量范围的数词：Мельница – это барабан цилиндрической формы с диаметром **два-три метра** и длиной **три-пять метров**, внутренняя сторона которого выложена волнистыми бронированными плитами. 此类数词常以数名词组的形式出现，属于表示纯数的合成数词。可见，不管合成数词属于数词里的哪一类，都是用来表示数量和参量的词组，可能是并列的（двадцать один），也可能是主从的（две тысячи）和合成的（две тысячи триста сорок пять; пять целых и семь десятых）词组。

4.2 数名词组的特点

数名词组有两个特点：（1）跟其他类型词组相比，在一定条件下其成素会转变功能；（2）有一些是在句子层面很难解释的结构：стоит новый дом – стоят новые домá – **стоит /стоят**（**стояло /стояли**）два /три /четыре **новые /новых дóма**, 但只能说стоит /стоят пять /сто новых домов. 其中名词是单数二格，动词可以是单数或者复数，而修饰名词的形容词在词组本身是一格的情况下，既可是复数一格，也可是复数二格。在名词是中性和阴性时也是如此：Между окон **три новые зеркала** – Сразу **три новых зеркала** появилось в комнате. **Две большие руки** держали её, как тряпичную куклу. **Две больших руки** сомкнулись у неё на талии и оторвали от земли. 合成数词也是如此：**стоит /стоят**（**стояло /стояли**）сорок два **новые /новых дóма**.

Всеволодова（2016: 270）指出，传统语法规定数词跟阳性和中性名词连用时，中间的形容词用复数二格，跟阴性名词连用时形容词用复数一格，这并不准确。其实跟一格数词два-четыре连用的形容词针对所有性的名词都可有两种形式：Утром две ладони, две

больших руки мыли окна в доме наперегонки. Стоят два **новые до́ма** в болгарском стиле. «Два **новые письма** Хомякова к Пальмеру». 但当这些数词是四格时，针对阳性和中性名词形容词基本上还是用复数二格：Он купил два **новых мобильника** /два **новых крепления** рессор（弹簧支架）. 但阴性名词又是两种形式都可以：Он купил две **новых книг/ новые книги.**（以上例子都来自网络）尽管网络上现在两种形式都可以，但为了不引起混乱，我们还是建议初学者按照传统语法的规则掌握。

当表示钟点时，два，три，четыре 是跟час的双数一格或四格连用：два /три /четыре **часа́**. 在час的变格体系中这个重音是没有的。例如：Мы провели там три незабываемых **часа́**. 一致定语也可以放在数词前面：Все эти долгие двадцать четыре **часа́** не сомкнули глаз. 但час表示课时意义时却用单数二格形式：два учебных **ча́са**. 在合成数词中最后一个词是один时，它跟名词在语法性和数上完全一致：стоял сорок один стол，поднялась двадцать одна детская рука，пришло тридцать одно новое письмо，стояли сто одни сани（只有复数的名词）。

我们知道，俄语主从词组由语法主导词和依赖该词的词形构成。在实词词组和描写词组里词和词形的关系不会因语法主导词的变化而发生变化，比如在支配词+词形的词组中不管支配词如何变化，后者的格形式都不会发生变化：любовь к музыке/ о любви к музыке/ с любовью к музыке. 而在带一格或四格два及以上的数名词组中语法主导词是数词，名词跟2-4连用时是单数二格，跟5及以上的数词连用时是复数二格，所以数词不能从句中去掉，比较：стояли **дома́** - стояло **два новых до́ма**，不能说*стояло новых до́ма. 在间接格时主导词的功能转移至名词，数词变成与名词保持一致的词形：нет домов - нет двух новых домов; подошли к домам - подошли к двум новым домам. 可见，在数名词组中数词和名词的句法功能发生了改变，即在直接格时主导词是数词，在间接格时主导词多数情况下变成了名词。有时一些数词类别的功能有自己的规则，如复合数词从двести到девятьсот中的成素сто在间接格时依然被当作名词，因此会出现其后名词为五格和二格两种几乎相同的用法，比较：На входе придётся расстаться с **двумястами рублями** - Я пошёл в магазин **с двумястами рублей**. ...располагается одноимённый посёлок **с тремястами жителями**, магазином, столовой - Илимский острог（设防居民点），небольшое поселение, меньше чем **с тремястами жителей**. 这说明数词在很多变格情况下都保留着主导词的功能。这个独立词类的形成经历了漫长的过程。

4.3 数名词组的用法特点

Всеволодова（2016: 284）指出，关于数名词组还有很多需要思考和明确的地方，比如：（1）依附于名词的一格数名词组：на доске длиной два метра；（2）带只有复数名词的数名词组变格体系的形成：стояло/ купили трое саней – приехали на трёх санях；（3）数名词组在一些前置结构中的用法。这些方面都与支配范畴直接相关。

数名词组在一些前置结构中的用法有两种情况：

（1）在有确切前置词（предлог-конкретизатор）时格形式的选择；

（2）数词格形式对具体前置词的具体意义和数词本身的格潜能的依赖性。

第一种情况的特点是，数名词组范畴有准确数量和近似数量的对立，这一对立在俄语中可用词序来表达，如：Конкурс – **двадцать пять человек** на одно место – В ординаторскую（主治医师室）набилось **человек двадцать пять**. 此外还有其他手段，如表示约数的标记确切前置词порядка, около, сверх, свыше, 比较级больше, не больше, меньше, не меньше等，常用于以下两种结构：

1）确切词作为基础前置词进入数名词组的构成：**Порядка семи тысяч полицейских** будут охранять порядок в Астане в дни проведения Саммита ОБСЕ（欧安组织峰会）. 在年轻人的言语中词形порядка已不再是前置词，而是起副词作用，因此数名词组不变格：Я заплатил **порядка две тысячи рублей**. Нашли немного денег, **порядка 3 миллиона рублей**. 该词形有从前置词向副词过渡的趋势。

2）确切词表现为词组中的词形，出现在参量名词后的依附名词位上，此时合成数词即使出现在要求二格的确切前置词后也保持一格，比较：длиной **более двух метров**; на глубине **порядка шестисот метров** 和частица с энергией **свыше десять в двадцатой**（«Наука и жизнь»）; рубеж площадью около **пять на пять метров**; рейка（标尺）длиной **не более одна десятая метра**; цена **порядка двести- триста рублей**.

以ноль（0）开头的小数有两种类型：

1）所有数量数词都用一格：частица величиной **не более ноль целых пять десятых нанометра**; пляж шириной **около ноль целых восемь десятых километра**. 其间可能出现连接词и: металический лист толщиной **порядка ноль целых и семь десятых миллиметра**. 而其他小数时数词都变格：Труба выдерживает гидравлическое давление（水压）**менее трёх целых двадцати четырёх сотых** и **более двух целых восьмидесяти семи сотых** мегапаскаля（兆帕）.

2）除ноль是一格，其他小数位的数词为二格：Порядка **ноль целых**

двадцати пяти сотых при этом составляет толщина сфокусированного луча. Растворимость кислорода составляет **около ноль целых двух десятых процента**.

第二种情况是，确切词进入由其他原始或派生的基础前置词支配的数名词组，即构成以下合成单位：в около，в порядка，к около，к порядка，с около，с порядка等。此时每个前置词都可成为支配成分：

1）确切词支配数名词组：Наше оборудование успешно используется **в около 70 стран**（比较в семидесяти странах）. ...получить доступ **к около 400 планет** различных форм и жизненных условий. Только за февраль и март мы обратились **с порядка сорока заявлений** о понуждении опекунов предоставить отчёты в органы.

2）原始前置词支配数名词组：К тому времени он успел сняться **в порядка двадцати картинах**. Арнольд написал музыку **к порядка сорока сериалам и фильмам**. Регулярно общаюсь **с около сотней людей**.

3）基础前置词支配名词，确切词支配数词：Во Владивостоке произошло столкновение маршрутного автобуса **с около десяти автомобилями**. Это проблема стоит **перед около тридцати регионами**.

数名词组有自己典型的变格特点可由前置词по来证明。多义前置词по有20多种意义，至今权威词典和语法书都没有全面准确的呈现。по主要有两个均分意义：整体均分和具体均分。

（1）整体均分首先用于表示空间和时间片段的多数，既可用名称的复数形式，也可用指出数量的数名词组表示，这个数量与主体行为或客体多数的均分有关，通常用复数三格：люди разошлись **по домам**（= в свои домá），почтальон носит письма **по домам**（= в разные домá）；расставить книги **по полкам**（= на полки）；ходить **по магазинам**，**по ресторанам**（= в магазины，в рестораны）；распределить дежурства **по дням и ночам**；дать точнные данные **по месяцам и неделям**. 数名词组中的所有数词都用三格：Разослали письма **по одной тысяче двумстам сорока одному адресу**. Делегаты разъехались **по двадцати пяти странам**.

（2）具体均分意义指的是在多数中平均分配客体，如果名词没有数量标志或带数词один时，用单数三格: Маше и Саше дали **по яблоку**. Нам выдали **по проездному билету**. Ребята взяли **по одной книжке /по одному апельсину**. 该类句子中常使用代词все，каждый，некоторые或广义领受者和对象类的数名词组：В каждую комнату /В три комнаты /Во все комнаты поставили **по большой вазе с цветами**.

数名词组中的по可有三种格形式：

（1）跟один /одна /одно连用时只用三格: Приблизительно **по одному миллиону долларов** за бензоколонку. Нам с Красниковым **по двадцати одному**, а они на целых два года моложе.

（2）跟数词два，три，четыре，сорок，девяносто，сто，двести，триста，четыреста连用时只用四格：дали **по два /три /четыре яблока**；в каждом отряде **по сорок /девяносто /сто человек**；некоторые платят за билет **по двести /триста /четыреста рублей**.

（3）跟数词пять-девятнадцать，以-дцать和-десят结尾的"十"的名称，пятьсот至девятьсот用四或二格：Каждый платил **по пять /пяти рублей**. Работали по очереди **по четырнадцать /четырнадцати дней**. Каждому выплатили **по шестьсот пятьдесят /шестисот пятидесяти рублей**. 但合成数词的末位数是один时也是两种形式：по шестьсот пятьдесят одному/ шестисот пятидесяти одному рублю. 而末位数是2-4的规则是用四格：**по шестьсот пятьдесят два/ три/ четыре рубля**. 此类数名词组用法的复杂之处在于作为一个词法—句法整体中不同类型的数词按自己的规则变格：Каждый получил **по одной тысяче**（三格）**двести сорок**（四格）**одному рублю**（三格）**/двести сорок два/ три/ четыре**（四格）**рубля**（单二格）**/двести сорок пять**（四格）**рублей**（复二格）. 这也是中国学生学习的难点。在此类数名词组中除了один以外数词不能去掉，因为最后一个数词决定了名词的形式，比较：Каждый получил **по одному рублю** – Каждый получил **по рублю**. Каждый получил **по два рубля** –不能说*Каждый получил **по рубля**. Каждый получил **по сто двадцать пять рублей** –不能说*Каждый получил **по рублей**.

可见，在表示均分的数名词组中主导词是数词，名词词形是由最后一个数词决定的，属于依附词形。

§5 词组的体系和聚合体

Всеволодова（2016: 290）指出，虽然俄语词组体系暂时还不够完备，但其片段已经证明这个体系的真实性。对词组的综合看法使得俄语中几乎所有可能的组合都联结起来，并在一定程度上揭示出词组的组合机制。俄语词组的对立体系如下：第一个对立是单结构和多结构词组，单结构按句法联系分为主从词组（词+词形）和并列词组（词+词）的对立；主从词组按语法主导词的功能分为实词词组和描写词组。传统上主从词组按照主导词的词类属性划分为：（1）名词词组：брат Оли, важная проблема, желание петь;（2）动词词组：читать книгу, много работать;（3）形容词词组：трудный для решения, тяжело больной;（4）副词词组：всегда трудно, очень важно等。如何将这些词组归入统一的体系还需要深入探究。

接下来每个类别可能划分出结构类似的下位集合，比如按联系类型实词词组可分为支配、一致和依附词组，描写词组下分为带说明词和表征词的词组，这种分类证明词组范畴的语法特点是结构化了的范畴体系。我们根据Всеволодова（2016: 271-272）对词组类型的划分，把词组类型呈现在下面树形图中：

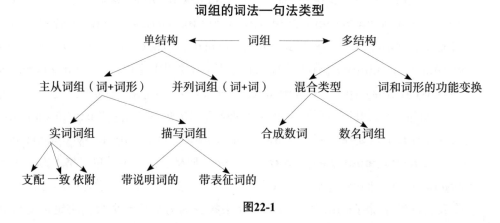

图22-1

以上每类词组都有自己的聚合体，一个或几个。下面我们看一下主从词组的聚合体。通常认为主从词组聚合体指的就是词的聚合体，但Всеволодова（2016: 290）补充道，词组有三种聚合体：聚合体-1—词形聚合体，聚合体-2—词的聚合体，聚合体-3—交际聚合体。

（1）聚合体-1指保留词组语义的词形同义变体：идти вприпрыжку – идти припрыгивая, синий платок – платок синего цвета, Олин брат – брат Оли. 又如俄语中可自由转换的词组变体：Москва весной – весенняя Москва – весна в Москве – московская весна, 汉语只能说一致词组"春天的莫斯科"和"莫斯科的春天"，不能说状语词组*"莫斯科在春天"和"春天在莫斯科"。

（2）聚合体-2指词的句法聚合体，即保留在词组成素之间的语义和语法联系。在传统语法中只有一种词和词组的聚合体完全一致的类型：читал /читаю /буду читать /

читающий книгу; чтение /чтения /к чтению /после чтения книги. 此外，Всеволодова（2016: 291）又分出以下两类：

1）有全部句素聚合体的词组：Брат Оли / Олин брат пошёл в школу.中的брат可构成词组的聚合体-2: Я говорил с братом Оли; Я купил книгу для брата Оли; Мы подошли к брату Оли等。

（3）有不完全句素聚合体的词组，如果认为词组брат Оли/Олин брат有完全聚合体，那么词组брат у Оли属于不完全聚合体，因为词形Оли /Олин是定语，而у Оли是补语。其实句子Брат у Оли пошёл в школу. = Брат Оли/Олин брат пошёл в школу. 在所指平面绝对是同义句，单词Оля 和брат在词组брат у Оли中的语义联系依然保留，但这种联系只有在брат的某些位置上才有意义，如：

1）主语位置：Брат у Оли пошёл в школу.

2）某些直接补语：Брата у Оли / Олиного брата призвали в армию. 和相当于所指主体的间接补语：С братом у Оли / С братом Оли / С Олиным братом — несчастье. Брату у Оли / Олиному брату / брату Оли уже 20 лет.

在其他很多情况下这种语义关系被破坏：Я купила книгу для брата у Оли（相当于我在奥莉娅那里给弟弟买了书。）Я говорила с братом у Оли.（相当于在奥莉娅那里我跟自己的弟弟谈话。）Мы подошли к брату у Оли（相当于在奥莉娅那里我们走近弟弟）. 类似брат Оли这样的词组在一定条件下所拥有的特性是，二格依附名词可转换为у方位词+二格，可使成素之间的关系发生变异，这常跟实义切分范畴有关，比较：В его руках / У него в руках кипа тетрадей. За моей спиной /за спиной у меня что-то громыхнуло. 不是每个у-方位词都是词组中的词形，但在所有情况下у Оли 都可以从非一致定语变成补语并出现在主位焦点上，此时由说奥莉娅弟弟的语句变成说奥莉娅的语句：У Оли брат пошёл в школу. У Оли с братом несчастье. У Оли брата призвали в армию. У Оли брату уже 20 лет. В его руках У него в руках кипа тетрадей. 关于брат у Оли类的词组结构在什么条件下保留或失去语义联系，在俄语语法中还没有被系统描写。

如果说类似яйца всмятку（溏心煮蛋），прогулка пешком, переправа вплавь（浮动的渡口）这样的名词+副词的词组具有完全聚合体-2: **Переправа вплавь** может совершаться в обмундировании и снаряжении. Всадники, не умеющие плавать к **переправе вплавь** не допускаются. Быстрое течение, холодная вода и выступающие камни исключают **переправу вплавь**. Фотка с **переправой вплавь**. 而类似шапка набекрень（歪戴的帽子），дверь настежь（敞开的门），пальто нараспашку（敞着怀的大衣）这样的词组则是不完全聚合体，如可说Он идёт в шапке набекрень. 却不能

说：*Он идёт с шапкой набекрень в руке; *Он купил пальто нараспашку; *Он подошёл к двери настежь. 可见，聚合体-1和聚合体-2在功能上相互关联。

（3）聚合体-3指交际聚合体。语料显示，词组中词和词形在体现时，似乎词序可以任意改变，但其实是取决于交际任务。俄语中句子成分是正向还是倒装不是固定的，而是在具体情况下由实义切分决定，比如：1）Издательство «Мир» выпустило интересную книгу. 和2）Интересную книгу выпустило издателство «Мир». 在定语是中性语调时会出现在不同的语篇中。第2）句中位于主位的带一致定语的补语интересную книгу本来应该在支配动词后面，如果要恢复词组的习惯词序必须使用加强语调来突出动词：**Вы⁶пустило** интересную книгу // издательство «Ми¹ᶜр». 这一机制在语法中也还没有被描写过。不同类型的词组可能在主位和述位上有不同的功能，目前还无法给出词组在言语中的全部可能体现，Всеволодова（2016: 293）提供了如下一些主要体现：

1）在一个语段里基础成员用习惯词序：Я сейчас //читаю книгу. Я покажу тебе //дом отца. Это была //интересная книга. Время //быстро бежит. Здесь было // много стульев. На первое – суп с мясом.

2）在保留或改变词形的情况下把词组成素划入不同语段：（Я сейчас）чита³ю // кгигу. Этот дом³ – отца. Письмо³ – брату. Он мне³ – брат.

3）词序倒置：Я книгу чита¹ᶜю. Это моего отца до¹ᶜм. Время бежит бы¹ᶜстро. Рядом с ним стояла де¹ᶜвушка красивая.

4）将词形移至主位，而句子的其他所有部分都划入述位，比较：Олин брат пошёл в школу → Брат Оли пошёл в школу → Брат у Оли пошёл в школу → У О³ли - брат пошёл в шко¹лу. 最后一句中以"词"为首的主谓对都在述位上，读作一个音位。从该例句中我们看到，所有词形中只有一个у Оли能够独立进入主位，也就是说，词形的聚合体跟词组的交际聚合体是相互关联的。

5）词组成素在习惯和倒装的词序里被隔开：Я **новую** читаю **книгу**. Я **книгу** читаю **новую**. **Девушка** рядом с ним **красивая** стояла. Время **бежит**, на удивление, **быстро**.

6）述谓化关系中词组的成素有三种情况：

① 构成不典型的模型句：**Книгу** я купил **интересную**. **Мне** об этом мама уже **сказала**. **Крышу** ветер **сорвал**/ **Крышу** ветром **сорвало**. **Книг** на столе лежит **пять** /**Книга** на столе лежит **одна**.

② 词从句素聚合体中消失并失去词变能力，导致词组变成句子：Мне об этом **сказали**. Крышу **сорвало**. **Книг** на столе – пять / одна. 此时出现了词组和

句子的交叉，按照这个模型句可构成带其他简单或合成数词的句子：**Книг** на столе – /две /три /четыре /двадцать одна /двадцать две /двадцать три /двадцать четыре. 但反过来却不成立：*На столе – одна книг. *На столе – двадцать две книг.

③ 将三成素词组的两个词形放入述谓化关系中，比较：Я купил книгу в подарок. → **Книгу** я //купил в подарок. → **Книгу – в подарок**. Летайте самолётом в Крым и на Кавказ → **Самолётом – в Крым и на Кавказ**. В книге рассказывают **детям о зверятах**. → **Детям – о зверятах**. 类似的还有保留主语去掉动词的句子：**Хасбулатов – о демократии**.

综上可见，词组向句子过渡的机制是说话人解决交际任务的语言手段。

§6 词组在俄语教学实践中的意义

词组是语言重要的形式单位，词只有跟词或词形经过各种组合后才能进入句子。词组中的词是靠词汇、词汇—语法和语法义素组合的。所有语言都有词组，而且都能构成各种句素和句素变体（即名词短语），如：в прошлом году中不能把в прошлом去掉，尽管在另一个名词短语два раза в году中不需要定语，这是因为词形в году本身还不是词组，需要跟数名词组два раза一起构成词组。不同语言中的词组有不同的特性，俄语中的词组可以通过改变语调来改变词序，就像句子根据实义切分改变词序和语调一样。因为实义切分或称述谓化范畴是俄语语句的主要范畴，这跟词序是语法化（即句子成分是主要语法范畴）的语言完全不同。通常在述谓化关系中词组的成素可以是正词序也可以是倒词序：Книгу он написал интересную. Пошли мы после уроков из школы прямо в музей. В музей после уроков пошли мы прямо из школы. 这种词序在语句中发生各种变化的词组对中国学生来说是难点，他们经常不理解类似词序的变化，也很难用正确的语调说出类似的句子，尤其对初学者教师必须反复强调和纠正错误的词序和语调。此外，有些类型的词组有时可以直接变成模型句：Книгу читают. Саша мне не помощник. 这也会造成一定的困惑，因为有很多俄语模型句是汉语没有或听起来很别扭的句子，如"书被读着"，"萨沙对我来说不是帮手"。另外，俄语有一类把词展开的典型词组，即描写述谓，在很多语言中也都有，但使用的词汇可能跟俄语完全不同或者就没有相同的表达，如совершать прогулку，оказать влияние，заниматься чтением，汉语就不能说*完成散步、给予影响、从事阅读。

描写述谓有着非常鲜明的功能语体特征，在不同的语体中表现各不相同。比如在口语体中可以说：На «Москвич» **наехал** грузовик. Фирма **сотрудничает** с другими фирмами. 但在公文事务语体中就必须使用带描写述谓的句子：Грузовик **совершил наезд** на легковую машину **марки** «Москвич». Фирма **осуществляет сотрудничество** с рядом других фирм.

在科技语体中描写述谓能够展现词所隐含的语义联系，可以凸显所描写情景参项的关系，同时使注意焦点移至原始句中处于交际者注意力边缘的关系上，比较：ремонтировать → **производить ремонт**, открывать счета → **осуществлять открытие** счетов等。例如：В присутствии кислорода металл **окисляется**. → В присутствии кислорода **происходит окисление / происходит процесс окисления** метала. За сутки в земную атмосферу проникают **десятки тысяч метеоритов**. → **Количество** метеоритов, проникающих за сутки в земную атмосферу, **составляет** десятки тысяч. 正是占据了主语和谓语位置的类别词количество和建构词составляет使注意中心不再是事件本身，而是移至其数量参数上，从而使事件退至不带逻辑重音并位于交际边缘的位置上。

在政论和公文事务语体中描写述谓和名词描写词组能够提高所述内容的重要性，致使描写不带感情色彩，从而更加客观，如：предложить → внести предложение /выйти с предложением; проверить → произвести проверку; заявить → сделать заявление等。因此，在官方言语中经常使用描写词组，如用люди китайской национальности代替китайцы，用средства общественного транспорта代替общественный транспорт，用процесс интеграции代替интеграция等。很多学术研究都已证明，在1974—1990年苏联从停滞到危机这段时期，描写述谓在官方语体（政策法规和官方发言）中起着非常特殊的作用。描写述谓把作谓语的动词或形容词的内容成分挪至补语或主语位上，提高了它们在人的感受中的地位。这种文本的内容越空洞，其中失去本身语义的建构说明词就越多。[①]

在文学语体中描写述谓的功能是生动形象的表达，如：Я испугалась. → Во мне **шевельнулся страх**. → Меня **охватил страх**. Дед заснул. → Он **погрузился в сон**. → Деда **сморил / одолел сон**.

虽然形象性是文学语言和口语的特点，但其中也会遇到类似принимать участие, дать совет, сделать операцию等描写述谓形式。然而，描写述谓不是在任何情况都可以使用，它们有语体禁忌，比如不能说*Мой сын вернулся домой и **сделал заявление**,

---

① 关于描写述谓的语体功能详见（Лариохина 1989，郭淑芬 2007a）。

что больше в школу не пойдёт. *Он хлопнул себя по щеке и **совершила убийство комара**（Всеволодова 2000: 448）.

可见，描写述谓能够在完成交际任务时非常好地解决同义转换问题，而且有时某些描写述谓比相应的单个实词更具优先权，比如在上面所列举的各种正式语体或在具体的上下文中可能只使用描写述谓形式：Маятник **совершал крутильные колебания**. 但不能说* крутильно колебаться. 又如常见描写述谓сделать **два шага**，很少说дважды шагнуть: Я включил фонарик и **сделал** ещё **несколько шагов** вперёд（Мулдашев）.

此外，当某个动词没有对应的体形式时，可用描写述谓来填补，如：Он **бездействовал**（未完成体，相当于ничего не делал）. → Он **проявил бездействие**（相当于完成体ничего не сделал）. арестовать（完成体，相当于взять под арест）→ **держать под арестом**（相当于未完成体，表示过程）；又如победить没有单数第一人称形式，只能用描写述谓одержу победу来表示。（Всеволодова 2000：444）

但要注意的是，俄语中有些具体词在构成描写述谓时有限制和禁忌，比如有些情感动词有相应的描写述谓形式：восхищаться → испытывать восхищение，而有些就没有，如пленяться，любоваться等（详见王仰正1996）。

通过对描写述谓基本类型的构成、作用、意义及其语体功能的介绍，我们不难发现这种语言现象在语言学中的地位非常重要，是非常值得深入探究的课题。同时更不能忽视它们在对外俄语教学中的地位，因为外国学生学习用俄语表达思想不能只会说简单的形义对称句。如果想使自己的表达不仅准确丰富，而且符合语体要求，就必须学会使用描写述谓。学习描写述谓的构成和用法非常必要且大有裨益。

然而遗憾的是，目前在我国的俄语教学中还没有把描写述谓作为一个系统的语法项目来学习，学生对这种语法现象的理解基本是零散的、孤立的、作为独立的词组来记忆的。由于他们没有将其与原始词联系起来，自然不会作相应的同义转换，自然也就不会在不同的语体中选择使用描写述谓词组，以至于在用俄语撰写的毕业论文或学位论文中经常出现语体不符的修辞错误。

可见，描写词组的构成和使用需要专门学习，它们的使用不仅受各种功能语体的影响，还受实义切分机制的影响，情景呈现的角度（即语句的主位和述位），不是由作者的个人意愿决定的，而是由实现交际的语篇或话语决定的。

综上所述，词组不只与句素层面，还与句子层面和词类范畴直接相关，比如合成数词就是混合了主从和并列结构的词组。为了让学生明白词组在言语中是如何表现的，教师必须首先能确定构成词组的词的义素类型、词组本身的类型以及各类词组的句法潜力。

第23章
句子和语句的基本特点

§1 功能交际语法对句子的理解

1.1 句子的概念

句子（предложение）是体现语言的基本言语功能单位。我们用语篇说话，而语篇是由句子构成的，其实这不是句子，而是表述（высказывание）。句子是多因素单位，世界所有语言中的类型情景原则上都是一样的，所以句子的内容层面多数情况下在所有语言中也是一样的。Виноградов和Золотова都认为句子是单平面的词串，传统俄语学关注的也只是句子的形式结构及构成句子的句子成分，没有顾及句子的内容。而在功能交际语法中句子的基础是表达某一类型情景的句子内容。对外俄语教学的目的是教会外国学生准确地选择表达一定内容的交际手段。

Всеволодова（2016: 296）认为，对外俄语教学实践证明，相同的类型情景在不同语言中可用不同的形式结构表达，传达不同的语言世界图景。比如外国学生在初学俄语阶段就必须学习表示方位的前置格形式（где?）：Я живу **в общежитии**. Я занимаюсь **в библиотеке**. Я гуляю **в парке**. 此时所有语言的句子结构都很相近。但在学习句子Я учусь (работаю) в университете. 时，外国学生会产生困惑，因为在很多语言中与俄语带动词учиться, работать, служить где的句子对应的是Я есть кто这样的模型句：Я студент университета. Я преподаватель института русского языка. 再如俄语表达"主体及其外貌特征"类型意义的模型句时使用类似У Маши голубые глаза这样的句子，在很多其他语言中都用Маша имеет голубые глаза这样的句型，汉语亦然：玛莎有一双蓝眼睛（必须加量词）或者玛莎的眼睛是蓝色的。而且相同的内容在不同的语篇中需要使用不同的言语体现，即改变句子成分和词类属性的不同形式结构，下文会列举大量例句来对此说明。因此，在学习的初级阶段就应该教会学生正确理解具体语篇中带相同内容的模型句，并在不同语篇中作出不同选择。学习句子内容层面和形式结构的相互关系，相同内容在不同句子类型中的全部体现，即句子的句法聚合体，是非常重要的。也就是说，句子的各个平面及其相互关系和句子的句法聚合体是功能交际语法的重要组成部分。

1.2 句子和语句的区别

传统语法主要研究作为抽象样板的句子，而功能交际语法研究的是语句（предложение-высказывание）。语句是在一定语境中带有作者观点的抽象样板的具体言语体现（речевые реализации），与抽象样板的区别在于语句具有述谓化关系。语句是交际单位，而不只是结构单位。因此，在分析句子成素时，需要依靠句子的内容层面、顾及作者所有交际意图，比如地质学家根据湖周围的岩石是红色的，可做出湖里有水银的逻辑推断，这一事件在不同语篇中可有不同陈述。在描述性言语中，需要使用在谓语位上明确指出逻辑推断或复合句主句中的主语位上有信源说明者的句型，如主从复合句：Так как цвет скал был красный, я догадался / думаю / подумал, что в озере есть ртуть. 并列复合句：Цвет скал был красный, и я догадался, что в озере есть ртуть. 或者简单句：По красному цвету скал я догадался（不能用подумал或думаю），что в озере есть ртуть. 在交际性言语中，当直接观察和讨论的是参项已知的客观事实时，需要选择逻辑推断转移至边缘而信源说明省略的句型：Судя по（красному）цвету скал в озере есть ртуть. 或者述谓化关系用原因特征与推断之间的关系表示：（Красный）Цвет скал свидетельствует о наличии в озере ртути. 此时的信源说明意义保留在动词свидетельствовать中。

Всеволодова（2000: 195）认为，句子的基础是句子的内容常体，是语言意识所反映的类型化事件，即类型情景及由所指角色表达的自由参项。所以，句子历来都是一个封闭的结构模式，其中所有成素之间都有不同层级的语义联系。句子本身是个体系，形式上可构成不同的结构，这取决于组成该结构的词形特点和作者的交际意图，该结构不能因加入"全句限定语"（детерминант）而自由扩展，也不能因去掉"次要成分"（второстепенные члены）而缩小。句中出现的所有词都是表示情景参项的词或某些建构成分（如描写说明词：**дать** совет；类别词：**процесс** окисления），或某些表达主观涵义的成分。句中的任何词在转换时实际上都可变成其他句子成分，经常要变成其他词类，但却始终是那个代表情景参项的词，比如在下列句中：Он разбил окно **камнем** – Удар **камня** разбил окно – **Камень** разбил окно. камень一词都是表示工具的名词。

一旦加入或去除某个成素都可能改变所指结构情景参项的构成并使该句变成完全不同的句子，如Анна читает. Каждый день Анна читает. Анна читает бегло.表达的是不同的情景，不能将它们看成是同一个句子的形式变体。只有句子Анна читает бегло – У Анны беглое чтение – Чтению Анны присуща беглость表达的才是相同的语言外情景，是原始句Анна читает бегло.这一聚合体的不同成员。

1.3 语句的基本范畴

句子拥有很多范畴，但对功能交际语法来说最重要的是以下范畴：

（1）述谓性（предикативность）范畴，其主要功能是将作为述谓结构的句子与表示称名功能的词组和词形分开，后两个不是述谓结构。述谓性还没有使句子变成语句，因为还没有语调。

（2）述谓化（предицирование 或 предикация）范畴，其功能是将句子的交际层面与称名层面和纯结构层面区别开来。

（3）句子成分（члены предложения）范畴，其功能是突出句子中词形的交际级。

句子的这些范畴都是起建构作用的，与句子的命题内容没有紧密联系。比较：На сни³мке он сиди¹т（照片上显示的是他坐着的形象）– Он сиди³т на сни¹мке（他坐在照片上）。词序和语调的不同决定了语句涵义的不同。

1.3.1 述谓性范畴

述谓性范畴由Виноградов提出，是现实化范畴（актуализационная категория），它将句子的命题内容与客观实际在情态、时间和人称三个方面联系起来。人称范畴首先与命题内容的主体繁化相关，但在某些情况下人称还决定时间（如现在时）的不同意义；而情态和时间范畴是纯建构范畴。

情态坐标（координата модальности）用来确定所表达的客观事实是现实的还是非现实的，即现实情态或非现实情态：Я пишу – Я бы писала.

时间坐标确定的首先是针对说话时刻而言的现实事件：Я пишу / писала / буду писать. 俄语中的非现实情态与时间不对应：Я вчера/ сейчас/ завтра написала бы. 情态和时间这两个坐标是每个句子都必有的，它们绝对独立于句子的命题内容，也不对其产生任何影响。述谓性可由词法、词汇、上下文和语调来表达。

述谓性范畴的词法表达手段是作为词类之一的动词的变位形式或其零位形式，不是作为句子成分的谓语，而是作为词类的动词。在表达这个范畴的命题内容时动词的作用是相同的，它可以是：

（1）所指结构的纯述体成素：Я **пишу**.

（2）系词：Он болен（零系词）/ Он **был** болен.

（3）描写述谓中的描写说明词，在很多情况下是语义虚化动词：Я **даю**/ **дала** / **дам** / **дала бы** совет.

（4）动词词形бывало或бывает，在插入语位置上用来确定过去或现在的重复时间：Он, **бывало /бывает,** придёт /приходит к нам, сядет /садится и сидит до вечера. 需要指出的是它们没有假定式，在这些形式的构成中命题动词的形式要么是完成体将来时，要么是现在时，但不表示事件的陈述时间，事件的陈述时间由词形бывало或бывает表达。

当情态或时间坐标由词汇、上下文和语调表达时，动词的时间形式不再是唯一的形式，比如在语篇中非现实情态如果由词汇表达（Я мечтаю...），那么"幻想"的内容可由任何动词时间形式表示：Я часто мечтаю: вот я приехала /приезжаю /приеду в Москву, пошла / иду / пойду в Кремль. 时间坐标可受上下文的影响，比如：

（1）句内影响：Иду я вчера по улице...（现在时表示过去时）；Скоро я уезжаю（现在时表示将来时）；

（2）前文影响：На той неделе пришла я вечером домой, **сижу, пью** чай. 在表示重复行为时动词时间的选择往往更自由，比较过去时：**Прошлым летом** я **жил** в деревне. **Вставал /встаю /встану** часов в 7, **шёл /иду /схожу** на речку, **купался /купаюсь / искупаюсь** и **возвращался /возвращаюсь /вернусь** домой к завтраку. 将来时：Я ясно представляю как это будет: вот я **подошёл /подхожу /подойду** к дому, **позвонил /звоню /позвоню** в дверь. 现在时：Работа у нас организована хорошо: мы **пришли /приходим /придём** на участок, а там уже всё готово. 当动词不再是表达述谓性的唯一形式时，它体现的潜能便得以扩大。

1.3.2 述谓化范畴

述谓化范畴是Лекант（1974）提出的与述谓性相对却不相合的独立范畴，在形式上述谓化范畴与实义切分范畴一致，并且由语调手段来表达：主位焦点是被述谓化成素（предицируемый компонент），述位焦点是述谓化（предицирующий）成素。主—述位组合的改变将造成述谓关系方向的改变，如：**Ма³ша** работает **врачо¹м** — **Рабо⁶тает** Маша **врачо¹м**（在这个述谓化关系中被提升的不再是完成称名功能的词组成素，而是在结构上升到另一个层面的述谓词组）。这一现象在讲述制约句素中的述谓伙伴时有所提及。可见，述谓化范畴跟情景参项和句子成分都没有固定的联系。А.А. Шахматов和А.М. Пешковский在讲到"句子之所以成为句子是靠语调形成的"时，指的正是句子的这个方面。①

1.3.3 句子成分范畴

俄语句子成分范畴的功能与依靠语法词序表达语义关系的语言（如汉语、韩语等）不

---

① 关于述谓化范畴后文还将详细讲述。

同。俄语的语义关系是由一致和支配来表达的。句子成分范畴与命题内容只在形义对称结构层面上有联系，因为在这个层面上原型内容是由原型结构表达的。然而，由句子成分构成的结构本身也可以将自己的位置提供给其他的所指结构，比较：В озере есть утки / В ней есть очарованье ← Она очаровательна. 句子转换（трансформация）不仅会导致选择另外的模型句，还会导致情景参项的句子成分位置发生变化。每个句子成分在句子的交际视角中都有自己的级别。

与句子成分范畴相关的除了构成语句的词汇（体现为各种句素）、形式结构、具体的词序以外，还跟语调紧密相关。Янко（1999）认为，即使书面语也隐含着语调，语调由实义切分决定，由一定的语调结构（интонационная конструкция，缩写为ИК）表达。Брызгунова（1969，1980）创立了由七个调型组成的俄语语调结构体系。

Всеволодова（2000: 198）举例证明，句子的内容层面可由完全不同的简单句或复合句的形式结构表达，如：Барсук питается в основном корешками растений. → Основную пущу барсука составляют корешки растений. → Основное, чем питается барсук, – это корешки растений. → У барсука основная часть пищи приходится на корешки растений. → Пища барсука состоит в основной своей части из корешков растений. → Основная пища барсука – это корешки растений.

此外，相同的形式结构可能有不同的言语体现，相同的类型情景（如表示转交的句子Сын дал Ане грушу）在日常生活情景中可有一系列变体，比如正常词序用调型-1传达的可能是"饭后发生的情景"，回答Что сделал сын?的问题：Сын дал Ане гру¹шу. 调型-2传达的是"儿子给的究竟是什么"：Сын дал Ане гру²шу（是梨而不是桃子）. 当强调"给"这一事实时，可说：Сын Ане грушу（уже）да¹л. 当传达"梨来自哪里"时，可说：Гру³шу Ане дал сы¹н. 或者是加强语气的说法：Да⁶л Ане грушу сы¹н. 当强调"梨究竟给了谁"时，可说：Гру³шу сын дал А¹не. 这些都是所谓的隐性问题。

从形式结构角度来看，以上这些句子都是同一个句子的变体，这个句子是一个带简单动词谓语的简单人称句（双部句），其句子成分是：主语—сын、谓语—дал、直接补语—грушу、间接补语—Ане，句子的结构模式为：N_1V_f（N_1表示一格名词，V_f表示动词变位形式）。但从功能交际语法的角度来看，所有这些言语体现都是不同的语句，它们不只体现为不同的词序，还体现为不同的语调，提到主位上的词形不仅可以是被突出强调的主语，还可以是谓语，比较：Сы³н // дал Ане гру¹шу；Да⁶л сын Ане //гру²шу. 此外，还可能有表示相同内容的其他形式结构：（1）От сына Аня получила грушу.（2）Сыном Ане была дана груша.（3）От сына Аней была получена груша. 第（1）句中主语是领受者，第（2）和（3）句中主语是客体，所有这些句子都是带有相同内容的语句，属于同一个聚合体，其中有原型句及其言语体现。

可见，所有形式上的变化都可能导致词序和语调的变化，或者句子成分位置（经常也是词类）及其形式结构的变化，这些表层的变化实际上体现着语句的复杂性和多层次性。

§2 形义对称结构及形义非对称结构

形义对称结构（изосемическая конструкция）指由形义对称词（изосемическое слово）构成的句子，而由形义非对称词构成的句子则称作形义非对称结构或形义错位结构。形义对称词和形义非对称词的划分是Золотова（1982：122-123）根据俄语实词是否与客观事实相符的情况来确定的，形义对称词是与客观事实完全相符的实词，如名词表示事物，动词表示行为或过程，形容词表示事物的特征，数词表示事物的数量，副词表示行为的特征等。反之，与客观事实不相符的实词就是形义非对称词，如名词表示行为（ходьба）、特征（быстрота）、状态（теплота），动词表示特征（Волосы вьются.）、状态（Он болеет.）、关系（Маша дружит с Олей.）等。比如В России живёт много национальностей.是形义对称结构，因为Россия和национальность表示的是作为地理名称的事物，много表示的是数量，动词жить表示的是地理名称与地域的关系；而Россия многонациональна.就是形义非对称结构，因为形容词表示的是事物+数量。形义对称结构对称地反映客观事实，也就是构成该结构的词与指称客观现实的名称或范畴相符合。

形义对称结构本身又分为两种类型：同构结构（изоморфная конструкция）和非同构结构。同构结构指其中不仅词是形义对称的，而且词形位置与它们的所指角色也是相符的，比如Этот компьютер принадлежит Маше.是同构结构，而Это озеро принадлежит лебедям.虽是形义对称结构，但却不是同构结构，因为尽管所有词都是形义对称词，但词形的位置与所指角色却不相符，比较该句的同构结构：В этом озере живут лебеди.（Всеволодова 2000：199）

非同构结构也有两种情况：

（1）一个或几个词形占据的位置与其类型情景或所指结构中的角色不相符，如Россию населяет много национальностей.的所指结构虽然没变，但其中的地点成素占据的是补语位置（比较形义对称结构中的В России）。句子То, чем в основном питается барсук - это корешки растений.中所指结构的客体变成了谓语。比较句子У Анны корь.

Пете 6 лет. **Маме** скоро уезжать.中的主体不是主语而是补语，这些句子虽是形义对称结构，但不是同构结构。这类句子由于其非同构性会使中国学生掌握起来有一定难度，因为汉语的主体通常就是主语。形义对称结构中的非同构特点经常由动词的语法配价决定，比如动词населять要求что，而жить要求где。

（2）句子中词的数量与所指结构成素的数量不一致，有以下两种不一致的情形：

1）在基础词的词类特征不变化的情况下，出现表达语义关系的词，比较：Платье синее → Платье синего **цвета**. Дядя – инженер → Дядя **по профессии** инженер.

2）有些所指结构成素是零形式，如В России – много национальностей. Из Пекина – поездом. Золотую медаль – чемпиону. За билетами – в кассу. 这些句中词的数量比所指结构角色的数量少。

错合结构句Россия – это много национальностей.中方位是主语，主体及其特征是谓语，而存在述体是零形式。所有的形义非对称结构都是非同构结构，如Мать занимается **шитьём** платья. Основная часть **питания** барсука – корешки растений. Традиция **выпуска** монет к Новому году существовала в Китае на протяжении многих столетий. ← Монеты к Новому году в Китае выпускали много столетий.

结构的非对称性经常受到述体类型的制约，比如表示情感状态的动词常因引起该状态的原因而产生变体，当原因是整个情景时，句子是形义对称结构：Мы удивились, **что он пришёл**. Ребёнок пугался, **когда собака лаяла**. 但这些动词还可支配三格或二格的原因名词：Мы удивились его **приходу**. Ребёнок пугался **лая** собаки. 这两句中的动名词就是形义非对称成素。

§3 语句的四个平面及其结构

在形式语法中句子有三个平面：语义层（семантический уровень）、句法层和交际层（即实义切分），相应体现在语义、句法和交际结构中。[①]功能交际语法将句子划分为四个，而不只是三个平面（Ломтев 1979，Кибрик 1979）。

Всеволодова（2000: 199-201）把句子的语义层划分成两个独立的层次，即表达语言外事实的所指层（денотативный уровень）和已有作者立场在内的语义层本身，即能指层（сигнификативный уровень）。于是，句子由原来的三个平面变成四个平面。

1. 第一个平面是所指平面，指与语言外情景相关的句子的内容常体，由所指结构表

---

① 参见Данеш Фр.（1964）的句子多平面理论（концепция многоуровневости предложения）。

达，其构成是情景参项，即所指角色。这是语言层面的现象，所有成素都由形义对称词表达，形成形义对称结构。该层面还没有跟言语行为发生联系，构成的是关于该语境的所有可能表述的内容常体。该层面是类型情景的具体体现。

2. 第二个平面是交际平面，它不只是对重要信息的切分，还包括其他一系列交际任务。对重要信息的切分构成句子的交际结构，其主要成素是主位和述位，它们是话语和语篇对说话者的客观制约，构成述谓化范畴。该平面紧跟着所指平面，是因为它对后面的语义平面和形式（句法）平面产生直接影响。交际平面对俄语来说比语法化（即固定）词序的语言中句子成分的词序更加重要，比如下列句子**Юра** бегло читает. – У Юры **беглость** чтения. – У Юры беглое **чтение**.表达的是相同的信息，是同一个主—述位对，但主语却可位于句首、句中或句末。这种把句子成分按主位和述位功能划分的方法被称为实义切分，其表达手段是线性语调结构，即"词序和语调的相互影响"（Падучева 1985: 112）。

3. 第三个平面是语义平面，反映的是言语行为中说话者的交际意图，属于人的思维层面，在该言语层面作者会通过提升或排挤一些角色来表达自己对情景的评价，并选择某个视角来反映情景。语义平面由语义结构（简写为CC）表达，它有三个界面，每个界面都与其他平面及其相应的结构相互关联。

3.1 第一个界面是由情景参项构成的所指结构的言语表达平面，用CC1与所指结构对应，具体体现为：（1）В России **живёт** много национальностей.（2）Россия многонациональна.（3）**Число** национальностей в России большое. 其中（2）和（3）句是非同构结构句，缺失了成素**живёт**，（3）句里出现了类别词**число**。

3.2 第二个界面是由主位和述位构成的述谓化平面，用CC2与交际结构对应，思维主体（即主位）是位于实义切分框架里的位于被述谓化成素位置上的词形：**Национа$^{3/6}$льностей** в России// живёт мно^{1}го. **Пита^{6}ется** барсук //в основном корешками расте^{1}ний. 其中的思维主体与原始句的词形不同。在句子**Кни^{6}гу** я купил интере^{1}сную. 中词形книгу是思维主体。

3.3 第三个界面是由类型意义构成的形式平面，用CC3与形式结构对应，句子的类型意义由语义主体（不总是主位）、语义述体、客体和时间、空间、原因等成素及其之间的关系构成。

语义主体是原始模型句类型意义中述体特征的载体，比如带类型意义"主体及其行为"的句子Миша читает книгу.和Книгу читает Миша.中的语义主体（也是所指主体）是Миша一词。在В России **живёт** много национальностей.中语义主体（不是思维主体）是词形национальностей。在Россия многонациональна. 中语义主体是Россия一词（比较Маша красивая.）。语义客体只能是所指结构的独立成分，描写述谓中的名词不是语义客体，尽管它们占据着补语位置。语义客体可以是任何动物受事：Врач лечит ребёнка. 客体受事：Я читаю книгу. 被发现物：Колумб открыл Америку. 语义客体还可能是那些离开与之连用的动词就无法表达其所指意义的其他角色，比较：**В России** живёт много национальностей. 和 **Россию** населяет много национальностей. 后句中的所指处所Россию离开动词населять就不能表达处所意义。句子 Мы прошли **через лес.** 和 Мы пересекли **лес.** 中的所指路径在形式和语义上都处于从属位上。语义客体在类似 Отцом строится дом. 和 Книга прочитана（Машей）. 的被动句中依然保留，其模型句的类型意义是"客体及主体行为结果存在的状态"，它们与 Лист прикреплён /прикрепляется к ветке черенком（叶子是靠叶柄固定在树枝上）. 一类句子的不同在于后句中的主语是主体，其类型意义是"主体及其状态"，其中черенок是工具。在状语位置上还可能出现所指存在主事：**В нём** живёт надежда. ← **Он** надеется. 特征主事：**В нём** 2 м. росту. ← **Он** имеет рост 2 м. 特征主事还可能占据语义时间（即时间状语）位置：**При Иване III** была создана первая русская почта. ← Когда московским князем был **Иван III**...

构成句子类型意义的成素除了语义主体外，还可以是其他成素，如 Книгу распродали. В дом не входили. Об этом много писали. 一类句子的类型意义是"情景参项及指向不定人称主体的行为"。这些句子的句首都有语义主体的存在，可以通过与其他语言的对比来显明，比较：Мне об этом сказали. 在英语中使用被动短语表达：I am told about it. = *Я сказан об этом.（俄语中没有这种说法）

语义平面的这个界面是命题，是由以上分析的成素构成的句子纯语义结构，与所指结构不同的是，这些成素被Шмелёва称为伪角色（квазироли），它们跟句子的形式结构和句子成分对应，比如 В России живёт много национальностей 的类型意义是"处所及存在其中事物的特点"，而 Национальностей в России живёт много 的类型意义是"主体及其数量"，其中所指结构的存在主体变成特征主体伪角色，也就是语义主体，就像在 Россия многонациональна 中处所变成了特征主体一样。

Всеволодова（2016: 305）强调指出，思维主体和语义主体不总能重合，如句子 Столицей России является Москва. 中的思维主体（即主位）是语义述体，即作合成谓语中表语的词形 столицей. 思维述体（即述位）也不总是谓语，它是形成模型句类型意义的核心，但在形式结构中可能是主语，比较：（1）**Мама** в обмороке. 和（2）С мамой **обморок.**（3）У брата **ангина.**（2）和（3）句的类型意义是"主体及其状态"，其中的语义述体就是形式主语。

4. 第四个平面是句法平面，是物质化平面，由形式结构来体现，形式结构由句子成分构成。模型句体现的是说话人的策略，是实现交际任务的最佳方法。模型句由所有类型的句素构成，在句素的结构功能中得以体现。模型句是相互制约的句素在最低限度上的可能组合，"构成带有一定类型意义的交际单位"（Золотова 1973: 124）。

鉴于句子的多平面性，很难对其进行从内容（所指结构）到具体体现（线性语调结构）的直线描写，于是Всеволодова（2000，2016）采取的研究顺序是：线性语调结构、形式结构的体系化、语义的建构，之后发现"包装"在各种模型句下的内容是如何从内部形成的，之后再回到形式结构——句子成分体系。

本书也遵循这样的研究顺序，详见后文。

第24章
句子的线性语调结构

§1 句子线性语调结构的概念

句子的线性语调结构（линейно-интонационная структура）是Падучева（1985：108）提出的概念，指交际结构，即实义切分的表达层面，是连续的声调群，由词序和句子的韵律来实现。在建构语句时，说话人从不同句子成分表示的某个信息开始，在交际行为中这个信息是出发点，是已知信息叫做主位（тема）；语句的第二部分，即包含对主位的报道或跟主位有关联的这个部分叫做述位（рема）。比如说话人的始发点是包含诗人普希金名字的信息，不管这些句中的句子成分有多么不同，它们在交际层面都是由普希金这个名词来表示主位：Пушкин // – великий русский поэт. Пушкина //знают во всём мире. У Пушкина // были друзья-лицеисты. Пушкину // принадлежат и поэтические произведения, и проза, и сказки.

Всеволодова（2000：202）认为，语句跟抽象模型句的区别就在于其是线性的，即语句的词序是按照时间和空间排列并具有一定的语调，和语句成素的句子成分位置没有对应关系，比如（1）Грушу дал Анне сы¹н.从补语开始，（2）Дал Ане грушу сы¹н.从谓语开始，（1）和（2）表达的是"把梨给安娜的是谁"；（3）**Гру²шу** дал Анне сын.则表达的是"儿子给安娜的究竟是什么"。（1）和（2）及（1）和（3）的区别都与实义切分有关。构成实义切分的语调手段是由Брызгунова（1969）创立的七个调型。因此，线性语调结构包含了构成句子成素的词序以及包含句重音类型的语调，换句话说，"句子线性语调结构就是联合在一起相互作用的词序和语调"。（Падучева 1985：112）

§2 俄语词序的特点

俄语中有两个词序概念，词的顺序（порядок слов）指句子成分的顺序，词序（словопорядок）指句中具体词形的顺序。

Всеволодова（2016: 306）指出，词的顺序（句子成分的顺序）有两个特征：（1）句子成分在线性链条中的相互位置；（2）在这个链条中句子成分位置的相对固定性。

2.1 句子成分的相互位置关系

在句子框架内传统语法的句法切分（即结构切分）是按词的句法形式把句子切分为主要成分（主语、谓语）和次要成分（补语、定语、状语），而对一个句子（甚至一种语言）来说最重要的首先是主语和谓语的相互位置。主语在谓语前的词序称为正词序，谓语在主语前的词序称为倒词序。俄语中正词序的模型句是成体系的：Отец работает. Маша красивая. 此外还有两类倒词序的模型句：

（1）表示阶段、发生和拥有类成体系的模型句: Наступила зима. Идёт снег. У меня есть машина. У него началась ангина.

（2）言语体现句: Старуху убил Раскольников. Столицей России является Москва. 词组中的词序也很重要，但那已是一些更加具体的区别，详见下文。

2.2 句子成分的顺序和词形的顺序

按照句子成分的顺序，世界上的语言分为:

（1）词序被语法化的，即词序固定的语言，如属于非屈折语的汉语、日语、韩语、波斯语等，或属于屈折语的突厥语；

（2）词序"自由"的，没有严格固定词序的语言，如斯拉夫语。

许多人都认为俄语词序是绝对自由的，似乎无论词序如何放置句子的基本意义都不会改变，因为词与词之间的语法关系是靠词形变化和句法联系判断的。比如：（1）Я люблю тебя. （2）Я тебя люблю. （3）Тебя люблю я. （4）Тебя[2] я люблю.都表示不同语境中的"我爱你"，但汉语若改变了词序通常句子的意义就会随之发生改变，有可能句子是完全错误的，如：我爱你。你爱我。*你我爱。*爱你我。可见词序在屈折语和孤立语中的作用完全不同。然而Всеволодова（2000: 202；2016: 306）认为，词序（句子成分的顺序）是言语建构的重要因素，因此不可能是绝对自由的，在斯拉夫语言中词序是功能性的，与实义切分和语调紧密相关。

俄语词序是用来表达言语交际目的的手段，比如上面四个俄语句子都是用来回答不同问题的：（1）回答的是"我爱的是你"；（2）回答的是"我对你是爱的"；（3）回答的是"爱你的是我"；（4）在Тебя上加句重音时回答的是"你才是我爱的"。

俄语词序运行着一套完整的规则，所以不能说它是绝对自由的，它与固定词序的区别是，俄语词序同时具备几个功能：形式语法的、交际句法的和修辞的功能。这种词序的多功能性也说明影响词序的因素多种多样，如决定句子实义切分的说话人的交际意图、言语的修辞色彩、句法单位（词组或句子）的特点、句法联系的特点、词的词法属性，有时甚至是词的词汇语义。这一切都决定俄语词的置放规则必定复杂，比词序固定语言的规则复杂得多，因为固定词序里起决定作用的只有一个因素：作为句子成分的词的作用。

  词组中的词序也很重要，比如На улице я видела **сына учителя**（**учителя сына**）.中因补语词组顺序的不同，句子的语义就发生了变化：看见了"老师的儿子"还是"儿子的老师"，这已经是一些非常具体的区别。词组不管是进入主位还是述位，只要在同一个语段内的词组里，词序是正常的还是倒装的不再由实义切分的特点决定，而是由词法联系的类型决定，比如依附联系词组中特征副词的通常在动词前是正常词序：очень устал，бегло читает，весьма дорого，уже сказал，едва слышен. 但修饰名词时就是倒装词序：в пальто нараспашку，в шапку набекрень，в рубашке наизнанку.

  应该说，俄语句子的词序不正常往往才是自然和习惯的，因为俄语句子词序的正常与否跟实义切分紧密相关。因此，习惯的词序既可以是正常的也可以是倒装的，这一点对操汉语的学生不易接受，是在交际中常出现词序错误的原因，教师必须在学生学习俄语之初就反复强调俄语词序的功能性特点。

§3 实义切分和语调的基本概念

3.1 实义切分概念

  实义切分理论是由布拉格学派的代表人物捷克语言学家马泰修斯提出的，指"对句子涵义的切分，把句子切分为初始部分，即已知信息，对初始部分的陈述部分，即新知信息（如：Яблок – уйма）"。（ЭРЯ 1997: 21）通常把已知信息叫做主位，把新知叫做述位。述谓化范畴的主要成素是主位和述位，它们是实义切分的主要（但不是唯一）组成部分。Всеволодова（2016: 307）认为，事实可能相反，述位可能是已知，而主位可能是新知，如：Ну, хорошо, ты не сможешь приехать, а твой бра[3]т //мог бы прие[1]хать. 主位和述位的主要关系是"我们在说什么"和"关于这件事我们在说什么"。述位不是新知，而是我们想要说的事情，哪怕这件事是受话人已经知道的。这一点可以解释为什么述位能够移至带强化重音的句首：Да, **на столе**[2] твои книги, я уже два раза тебе об этом сказала. 主位在语句中可以缺席，这使整个表述成为述位性的。如果这样的述位句由主语和动词谓语构成，那正常的句子成分顺序应该是倒装的：Звонит телефон. Пришёл почтальон. Осторожно! Едет машина. 而在口语中却常把述位移至句首，为的是强烈突出述位：Сними трубку. **Телефон** звонит! Бери сумку. **Автобус** идёт. Открой дверь. **Почтальон** пришёл. 只有把述位跟主位相结合才能在受话人那里形成新知，正是这一点才使句子成为交际单位，因此不存在不能实义切分或在实义切分之外的句子。如果某个语句不能实义切分，那么它就不是句子，而是言语构造，不能称为句子的句法单位。这类言语构造也是交际单位，但不具备句子的地位，它们是说话人对交谈对象话语的言语反应，比如感叹词Увы! Батюшки!反应话轮Да. Нет. Спасибо. Вот ещё! Ничего подобного! Ну и ну! Как бы не так!等，它们在说话人那里不构成新信息，也不具备述谓性这一句子的语法语义。

3.2 语调概念及其结构类型

语调指"句子声调、音色、音强等韵律特点的组合，与词汇—语法手段和词序一起表达一系列独有的特征，如目的特征（问题、确认、祈使的类型）、交际特征（述位类型、已知或新知等）；同时还指出整个语句内部各部分之间的位置（完结或未完结的信号）"。（ЭРЯ 1997: 157）

俄语语调的构成和特点是由Брызгунова（1969, 1980: 96-122）确立的。俄语有七个语调结构，从调型1（ИК-1）到调型7（ИК-7）。这七个调型是按照落在某个词形重读音节上不同的声调运动来区分各自的功能，带主要声调运动的音节叫语调中心（интонационный центр）。七个调型的主要特征如下：

ИК-1[①]表示语调完结，故称完结语调（интонация точки），主要用于陈述句，语调中心落在表示新内容的词上，通常在句末：Он идёт на стадио^{1}н.

ИК-2表示强调，常用于特指疑问句中，也用于呼语、问候、告别、命令等场合：Когда^2 вы ходили в музей? Ми^{2}ша, осторо^{2}жно!

ИК-3表示没有疑问词的疑问，语调中心可随着提问内容的改变而移动：Он спи^{3}т? О^{3}н спит? 或者表示反问：Что он сейчас де^{3}лает?表示未完结语调：Он спи^{3}т и видит со^{1}н.

ИК-4表示带对别连接词"А"的对比疑问：А он спи^{4}т? А Макси^{4}м? 也用于独白语中的未完结语调：Он спи^{4}т и видит со^{1}н.

ИК-5表示评价，故又称为评价语调，用于感叹句中，有两个语调中心，在表示程度的代词上用升调，在表示特征或程度的词上持续，然后在句末下降：Как кре^{5}пко он

[①] 针对Брызгунова 的ИК-1, Всеволодова（2016: 307）补充了一个ИК-1с，指比落在词的最后一个音节上的调型1音调更低的调型1，哪怕是没有元音的平滑辅音，如：Длина – один ме^{1c}тр↓. 如果句中有两个调型1，则只有在第二个调型1后才有更低的音调：Пришёл вра^{1}ч: у ребёнка поднялась температу^{1c}ра↓. Бухарин（1986）称这种调型1为语义调型1(смысловая ИК-1).

спи⁵т! Какая хоро⁵шая пого⁵да!

ИК-6表示感叹及评价，常用于对日常生活的现象和事物进行评价的感叹句，语调中心在被评价的词上平缓上升至句末：Какая комната све⁶тлая! Как он спи⁶т! 也可跟调型3和4一样用于未完结语调，但调型6富于感情色彩，多用于表情朗读：Издалеко до⁶лго Течёт река Во⁶лга.

ИК-7表示带感情色彩的否定，即句中所表述的特征、状态或行为要么根本不存在，要么不可能实现，语调中心急剧上升，在达到一定高度后突然停止：Како⁷й это сон! Каки⁷е стихи! Где⁷ ему учиться!

其中调型1、3、4常用于表达内容的陈述部分，在陈述句中调型3和4总是与调型1结合表示语段（синтагма）的未完结性。调型2、5、6、7的功能常用来表达主观评述涵义。（Брызгунова 1980；Бухарин 1986）

因此，语调是实义切分的形式特征。进行实义切分的手段就是线性语调结构，亦即词序和语调的结合体。语调的功能不是实义切分，但实义切分却离不开语调。

3.3　句重音、述位焦点和主位焦点

句重音（фразовое ударение）指带语调中心的词，带未完结句重音的语段就是主位，带完结句重音的语段就是述位。如果句中有两个句重音（带两个语段的切分句），那么述位就是包括带主要句重音词的词群。带主要句重音的词就是述位焦点（фокус ремы）。述位焦点可由读成一个音位（интонема）的一些词形构成，如：（Елена не выдержала и выплакала, но тихо-тихо, женщина она была сильная）, **недаром дочь Анны Владимировны** (Булгаков). 在没有特别句重音的陈述句中述位落在最后一个词的重音节上，如：Я купил кни¹гу. На улице тепло¹. Мы скоро поедем на экску¹рсию. 句重音落在哪个词上会受语境影响，如 Среди ни³х //были и пожилые **же¹нщины**. 句重音落在了"女人"上，是因为这里的"他们"指的是"各种人"，如果"他们"只指"女人"，那句重音就应该落在"中年的"这一词上：Среди ни³х //были и **пожилы¹е** женщина. (Падучева 1985: 112)

主位不进入述位并包括带次要句重音词的词群，带次要句重音的词是主位焦点。跟述位焦点不同，主位焦点有时不带语调（单语段不可切分句），但不表示没有主位，比如问句 Он спит? 中主位 он 就不带句重音。没有主位的情况可能是：（1）在不完全句中：— Где он？— До¹ма. （2）在全部内容都是新信息的句中：За эти полчаса произошло многое: кончился до¹ждь, ушла Ри¹та, успели поссориться близнецы¹ (Сергеев). 主位焦点和述位焦点就是调型的语调中心。

此外，还有无声调的主位和述位（атонические темы и ремы），指被重读的主位和述位的组成部分：Собра³ние **вчера** //бы¹ло = вчерашнее собрание. Всеволодова（2016: 308）语句中比主要部分读得快且弱的词叫插入位（парентеза），通常指插入的词或词组（词组其实是另外句子的成素），如：У Ма³ши, **моей подруги**, завтра день рожде¹ния. = У Ма³ши, а Маша – моя подруга, завтра день рожде¹ния.

§4 语调、词序与实义切分的相互关系

4.1 主位和述位上的语调

语调跟主位和述位的位置关系取决于句子类型，在陈述句中主位上的句重音是上升的调型3、4或6，述位上的句重音是下降的调型1。在正常构造的句子中述位在句末，主位和述位之间有停顿，即语段切分（用符号//表示），如：У на³с //весна¹. 也可以没有语段切分：У на³с весна¹. 在带调型5和6的句子中述位在主位前，述位带升调句重音，而主位上是降调句重音，没有停顿（//），比较：Кака⁵я кни⁵га! 和 Кни³га - интере¹сная. 一个句子中可以有好几个主位或述位，比较：И о³н, и она⁶ //врачи¹. Ли³вни //и в Ки³еве, и в Су¹мах（苏梅市）. 词受交际角色制约，也就是说在线性语调结构中某个词能否占据某个位置受到交际角色的制约。

4.2 词序——实义切分的主要手段

词序的变化直接体现出词或短语在句中交际作用的变化。一般的切分顺序是：主位在前，述位在后。同样的切分可能有不同的词序。如：Пошла в школу //дочка. Дочка //пошла в школу. 同时，相同的词序也可做不同的实义切分，如：Дочка //пошла в школу. Дочка пошла //в школу. 此时，实义切分不是靠词序表达，而是靠语调表达的。主位如果是单独的语段，就用升调来突出。语调之间声调有转折、有停顿。句子的语调中心，即句重音，落在述位上。如果述位由一个以上的词构成，语调中心就集中在组成述位的词组的最后一个要素上，句末用降调。如：Студенты четвёртого курса // уехали на пра¹ктику. На практику уехали // студенты четвёртого ку¹рса. 如果改变了句子的词序，就等于改变了句子主位和述位的关系，句子的交际任务也就随之发生根本性的变化。一般情况下，因交际任务不同而形成实际切分不同的句子被称为原句的交际变体。大多数交际变体的产生都是通过词序变动和语调共同完成的。一个句子的口语色彩愈浓，语调的辨义功能就愈强，词序的辨义功能就显得愈弱。

如果句子成素的顺序是"主位—述位"的话，被称为客观词序，而顺序为"述位—主

位"或"述位-1—主位—述位-2"的就是主观词序。但在完成系列交际任务时述位会位于主位前：**Краси¹ᶜвая** это была девушка.

4.3 述位和主位的重读区分

重读区分（акцентное выделение）指为突出主位或述位的语义来用不同的力量发音，这与切分是中性的还是强化的这两个级别有关，比如：

4.3.1 述位的重读

（1）中性的述位大多用调型1读，有以下两种体现：

1）述位焦点在绝对句末：Москва – город **большо¹й**. Я после нашего разговора сразу купил эту **кни¹гу**.

2）述位后有必要扩展成分，即无声调长述位：Я после нашего разговора //сразу **купи¹л** эту книгу Льва Толстого.

（2）述位的重读受以下两类刺激因素影响，由句法或语调手段体现：

1）主观因素，即说话者的交际意图，有以下句法表现：

① 语调为中性的切割（парцелляция①）：Я //**купи¹л** эту книгу. **Сра¹зу**. Он уже **уе¹хал**. **Вчера¹**.

② 成素切分成独立的句子，条件是除了切分成素没有新的信息：После нашего разговора я купил эту кни¹гу. Я сделал это сра¹зу. Он уже уе¹хал. Это случилось вчера¹. 读时语调是中性的，切分依据是句子的独立性。但也可重读需要的成素，以显明该成素对说话人的重要性：Я после нашего разговора // купил эту книгу **сра¹ᶜзу** же. Он уехал ещё **вчера¹ᶜ**. 述位在句末重读总受到情景的制约：Москва – город **большо¹ᶜй**，и тебе поначалу будет трудно. 此处述位的重读是为了证明后面的解释。

2）客观因素，包括：

① 词形由于形式方面的原因（如语气词）无法放在绝对句末，必须重读，如：В нашей хижине //жила не **то¹ᶜлько** оса. Я был **о¹ᶜчень** занят. 比较：В нашей хижине жила оса. И **то¹лько**. Я был занят. И **о¹чень**.

② 在句子结构中述位无法重读，比较：Нина гордится своими длинными **нога¹ми**. – **Ни¹ᶜна** гордится своими длинными ногами. – Нина **горди¹ᶜтся** своими длинными ногами. 不能说*Нина гордится своими **дли¹ᶜнными** ногами. 但可以切割成两句：Нина гордится своими **нога¹ми**. **Длинными и**

---

① 切割指为达到交际意图把连贯语篇切割为带独立标点符号和语调的句子。

стро¹йными.

③ 证实语句真实性的答句：– Он приехал вчера³? – Вчера¹. – Ты сра³зу купил эту книгу. – Сра¹зу.

Всеволодова（2016: 310）强调指出，作为实义切分机制，分割运用的方法体系还不完全明了，有待进一步研究。

4.3.2 主位的重读区分

（1）中性的主位通常在句首，主位是直接位于语段切分之前的词形：В этом году в Москве³ //мя¹гкая зима.（不可切分主位）

（2）主位的重读受以下因素影响：

1）主观因素，作者把主位焦点从一些词形中分离出来：В э⁶том году в Москве //мя¹сгкая зима（В прошлом году было иначе）. В этом году в Москве⁶ //мя¹сгкая зима（Москвичи могут не бояться мороза）.

2）客观因素，包括：

① 主题化①，语句要求把不是主位焦点的在正常位置上的词形移至主位，比如把动词谓语移至主位：Да⁶л брат Пете //гру¹шу. Получа⁶ют кислород //методом гидро¹лиза воды. Чита⁶ет он только детекти¹вы.

② 作者重回前面提到的主位，但它又独立于上下文的新提示，此时经常使用名词二格短语，其中N₂是在主位焦点上或者是主位后有语气词же或а вот: Мы были и в Ки³еве, и в Орле¹. В Орле всё было нормально. **Что же касаестя Ки⁶ева**, то здесь /**В Ки⁶еве же** /**А вот в Ки⁶еве** были накладки（差错）.

4.3.3 主位或述位都可发生重读区分

（1）强语调区分（эмфатическое выделение），即逻辑区分，用调型2，表示对比时使用：Мама дала Пете **сли²ву**（а не грушу）. 暗含"给的是李子，而不是梨"之意；Мы **бы²ли** в Киеве.（Разве это вам неизвестно?）暗含"你们难道不知道吗？"之意；**Тебе²** я об этом //говорил.（Ты должен знать.）暗含"你应该知道"之意。

（2）语义区分（смысловое выделение），通常是结构制约对的区分，比如Елена не выдержала и выплакала, но тихо-тихо, женщина она была сильная, недаром **до¹счь** Анны Владимировны. 该句中述位上区分的词形说明为什么Елена是个坚强的女人。在句子Москва – город **большо¹сй**, и тебе поначалу будет трудно. 中述位上区分的

---

① 主题化(топикализация)对于句子的交际视角非常重要，经常要求同义变换句。但俄语动词一般不习惯位于绝对句首，比较：Новую книгу //выпустило издательство «Мир». 和 **Вы⁶пустило** новую книгу //издательство «Мир». 第二句中动词需要更加用力重读。

词形说明为什么你在那里会很困难。比较：**Кни⁶гу** я купил **инте¹ресную**. 其中主位的区分受到词形主题化的制约，在中性词序里这种位置不常见。

俄语中有一些句子是由语调形成的特殊引子型（интродуктивный тип）存在模型句，其主位焦点是谓语：**Е³сть** в Москве одна старинная у¹лица. **Жи³/⁶л** давным-давно один ца¹рь. 这也是一种语境类型。（Арутюнова 1976: 221）

综上可见，线性语调结构和形式结构的成素之间没有紧密的联系，实义切分的客观词序（主位—述位）不一定是形式上的直接词序（主—谓—补）。有一类句子即使在正常的中性词序下主语却在述位上：У меня **ангина**. Сыну исполнился **год**. Нужна **няня**. Взошло **солнце**.

语句的建构是依靠述位所含有的信息，述位上的成素可以是任何句子成分和任何词类，可以不进入最低述谓限度和最低称名限度，成为句子的非结构成素（СРЯ 1989: 702），但却是语句必需的成素，去掉后不可能不改变句子内容。

§5 实义切分与不同层面句子要素之间的相互关系

主位和述位是构成模型句"述谓对"的成素，即构成述谓化范畴的成素。主位是思维主体，А.А. Шахматов称其为"心理主语"，而述位即是谓项（предикандум，Кацнельсон的术语），Шахматов称其为"心理谓语"。

思维主体是主位重音之所在（通常用升调：调型3、4、6，有时可任选），是被述谓化成素；而谓项（述谓化成素）是述位和带有主要句重音的词。

俄语句子中各种内容或句子成分级不同的成素都可成为主位或述位。

5.1 内容方面的思维主体

（1）人、动物、事物：**Оля** – ученица. **Кошка** симпатичная. **Книги** он писал разные.

（2）事件、现象、活动：**Собрания** не будет. **Землетрясение** продолжается. **Конференцию** перенесли.

（3）行为、过程、状态：**Читает** мальчик очень выразительно. **Получение** кислорода осуществляется методом гидролиза воды. **Болеть** очень неприятно.

（4）地点和时间：**В лесу** тихо. **Утром** было холодно. **Лес** – это грибы и ягоды. **Зима** – это лыжи.

（5）事物或行为的特征（广义的）：**Красота** девушки меня удивила. **Способным** он был. **Новая** у него только шапка. Самое **трудное** - написать доклад. **Быстро** - значит плохо.

（6）各种关系：Твой **долг** - помочь ему. Нашей **целью** является исследование функции текста. **Причину** его неудачи можно объяснить плохой подготовкой. Наша **задача** - составить учебник.

（7）主观评述涵义: **Основное** в питании барсука - корешки растений（= Барсук питается **в основном** корешками растений）. **Единственный**, кто ему помог, - это Ваня（= Ему помог **только** Ваня）.

5.2 句子成分方面的思维主体

（1）主语：**Мать** шьёт. **Саша** болен. **Олег** - друг Пети. **Нина** красивая. **Анна** у сестры.

（2）直接或间接补语：**Мне** завтра уезжать. **С мамой** обморок. **Меня** тошнит. **Книг** - сотня. **Книгу** я купила интересную. Нашу **заботу** - детям. **Сыну** - подарок. **Самолётом** - в отпуск. **С тобой** - хоть на край света.

（3）谓语：**Бегает** он быстро. **Новая** у неё - куртка. **Трудно** сейчас всем.

（4）存在句和环境状态句中的状语：**В лесу** // есть змеи. 此句中存在物змеи进入述位成分，是述谓化成素，其类型意义是"地点及存在物的特征"，又如：**В комнате** // душно. **Из России** - с любовью. **В воскресенье** - на рыбалку.

（5）插入语或词组：**По-мо³ему**, работа хорошая. **Быва³ет**, долждь идёт два-три дня. **По его слова³м**, завтра у него важная встреча.

（6）复合句中主句的述谓部分：Он **сказа³л**, что придёт. **Быва³ет**, что зеваю（打哈欠）. Ты давно **зна³л**, что так будет.

同时, 谓项可以是纯谓语形式：Отец **работает**. Ира **больна**. Петя - **друг** Саши. Аня **красивая**. 也可以是主语：У меня **ангина**. На улице **шум**. Книг осталась **тысяча**.

句子成分跟思维主体和谓项没有绝对的对应关系，比如在双主格句（биноминативное предложение）中思维主体可能是合成谓语中的表语：**Другом** Саши был Петя. **Столицей** России является Москва.

思维主体是补语的句子也是成体系的：Эту **книгу** выпустило издательство "Мир". **Газету** закрыли. **Мне** об этом сказали. **С ним** ещё не говорили. **За врачом** послали.

5.3 形义非对称结构中的主体和述体

在形义非对称结构中语义主体和述体可能是完全不同的所指结构成素，比较：（1）**Ты** должен помочь ему.（1a）Твой **долг** – помочь ему.（其中主位是情态成素名词）（2）**Он** строил дом 3 года.（2a）**Строительство** его дома продолжалось 3 года.（其中主位是行为名词，而述位则是关系说明词+持续时间，施事名词在修饰成分的位置上）还有其他一些情况，下面主要分析主体和述体位置跟句子成分和所指层面句子成素之间的关系。

5.3.1 主体伙伴的位置

在"述谓对"中主体伙伴（субъект-партнёр）的位置可由以下名词占据：

（1）主语或无主句中补语位上的主事或被动句中的受事名词，它们构成具有直接伴随述谓化关系词形的首要"述谓对"：**Лес** шумит. **Роза** – цветок. **Задача** решена. **Ребёнку** год. **У мамы** ангина. **Брату** уезжать. **Детям** было трудно.

（2）存在句、环境状态句、整体及其部分关系句中的疏状成分，是自由句素或制约句素：**На дворе** трова, **на трове** дрова. **На улице** мороз. **В доме** 5 комнат.

（3）状态、领属和特征的载体（是主事角色），这通常是主语和谓语位由述体特征载体占据的句子：**У меня** болит голова. **Ему** привалило счастье（他鸿运当头）. **Сестру** трясёт лихорадка（妹妹在发疟子）. **У Ивана** есть дача. **У Маши** вьются волосы.

（4）非主体类题元、疏状成分和完成交际任务时的语义关系标志词，这可能是首要述谓化：Эту **книгу** не достать. **Москвы** не узнать. **Книгу** распродали. **Из-за денег** – неприятности. 也可能是二次述谓化（保留原始句中的主—谓语结构）：**Работу** они провели огромную. **Катером** своим Саша гордится. 这类常见的俄语句子是外国学生比较难理解和掌握的句子，需要教师特别关注。

（5）形义非对称结构（即原始句的实义切分句和句法转换句）中所指结构和语义结构的各种成素：

1）所指结构的各种成素：**Кататься** – весело. **Для неё** кричать – значит воспитывать. Основная **трудность** – в подготовке доклада.

2）语义结构的各种成素（关系说明词和描写说明词）：**Цвет** плода – жёлтый. **Грядки**（**Размеры** грядок）– 3 на 1,5 м. **Характер** у Миши весёлый.

（6）第二命题成素，主要有：

1）信源说明者：**У си³льного** всегда бессильный виноват（Крылов）.

2）特征针对者：**Для ребё³нка** этот ранец（背囊）тяжё¹лый.（比较：**Ребё³нку** тяжело¹ носить такой ранец.) Для ма³рта погода тё¹плая. (比较：Ма³рт тё¹плый.) 此处的特征针对着词形的选择是由结构决定的，其实кричать, тяжёлый, тёплый并不要求词形для+N₂，就像виноват不要求词形для+N₂一样。落在第二命题主体名称上的语调中心不是必需的，如：Этот ра³нец для ребёнка тяжё¹лый.

5.3.2 述体伙伴的位置

语义述体有初始和次要之分，第一述体（不多的次要述体）的位置由其述位特点决定。初始述体的位置可能由以下词形占据：

（1）一个词形，形式谓语或主语：Отец чита¹ет. Мама больна¹. Волк - хи¹щник. Дерево высо¹кое. Ему уезжа¹ть. Рубашка в кле¹тку. Сыну ску¹чно. С Ирой исте¹рика. У мамы анги¹на. Ребёнку ме¹сяц. Курить вре¹дно.

（2）各种词组：

1）带初始述体和可能扩展成分的词组：Мальчик читает кни¹гу /громко чита¹ет. Бабушка больна хронической анги¹ной. Волк - опасный хи¹щник. Ему скоро уезжа¹ть.

2）带关系语义词和关系说明词的词组：Саша - друг Ко¹ли. Дожди - причина наводне¹ния. Дожди привели к наводне¹нию.

3）带各种描写述谓的词组：

а）在从属位上的轴心词：Археологи ведут раскопку курга¹на = раскапывают курган. Оля необыкновенной красоты¹. Ира отличается скро¹мностью.

б）谓语—主语型的描写述谓：В саду стоит тишина¹ = тихо. Таню отличает скро¹мность. Старушку сморил со¹н = старушка заснула. Произошёл взрыв бом¹бы = Взорвалась бомба. 此时主语和谓语的述谓化关系常常被弱化。

（3）被弱化的述谓化关系中的谓语—主语结构：У меня³ болит голова¹. Мне³ пришла в голову неожиданная мы¹сль. У неё³ родился сы¹н. Больно³го трясёт лихора¹дка.

次要述体通常构成多述体或多命题的句子。在繁化的句子中次要述体可由以下形式构成：

1）副动词短语：Читая воспомина³ния, многое узнаё¹шь. Он вышел, хлопнув две¹рью.

2）形动词短语：Уран（铀）-235³, содержащийся в мировом запасе ядерных боеголовок, может служить потенциальным источником эне¹ргии, стоящей

порядка 30 млрд. долларов. 这里两处形动词短语的交际地位都是插入成分。

3）总括定语和同位语：Иван, **страстный рыболов**, все дни проводит на озере. Я познакомлю вас с Колей - **нашим новым лаборантом**. У Нины, **строптивой и вздорной**（执拗和暴躁的）, подруг не было.

在简单句中次要述体可由以下词形构成：

（1）并列述体，即跟动词或名词（代词）同时变化的成素，可能是：

1）形动词或形容词：Он сидит в концертном зале **счастливый и потрясённый**. Лена вернулась из Москвы **повзрослевшей и похорошевшей**. Я вспомнил его **молодого /молодым**.

2）名词：Через 5 лет он вернулся на родину **врачом**. Она приехала к нам уже дипломированным **специалистом**.

（2）使命题繁化的表人状态的成素：**В гневе** он бывал страшен. **В отчаянии** она решилась на отъезд.

（3）保留原始模型句中主—谓语结构的述位焦点上的任何成素，随主位（话题）焦点一同变化，是交际制约位：**Пье³су** он написал замеча¹тельную. **Кни³гу** он купил интере¹сную. **Биле³ты** водитель продаёт только **на остано¹вках**.

此外，Всеволодова（2000: 209）指出，如果述位上出现两个联合的并列关系词形，在突出信息更重要的成素时，升调可与降调相邻：Он сдал // и фи³зику, и хи¹мию. Она поступит //или в те³хникум, или в учи¹лище. Она //не только пе³ла, но и танцева¹ла. 关于这一现象目前描写得较少，需要专门研究。可以推测，此处句重音的主要功能是突出对句子语义来说信息更重要的词形。

§6　句子成分的词序与实义切分的相互关系

通过分析句子框架内的正词序（主语—谓语：Зоя читает.）和倒词序（谓语—主语：Идёт дождь.），Всеволодова（2016: 314-315）指出，虽然俄语中有很多无主句，它们的词序常常是主体—谓语这样的词序：Маше было холодно. Ребёнка знобит. Ветром сорвало крышу. 但依然不应该拒绝正词序和倒词序概念，因为绝大部分言语体现还是主—谓语结构的句子，而且这个概念为我们与其他语言的对比提供了基础。

通过分析词组框架内的词序，Всеволодова（同上）指出，词组既可进入主位也可能进入述位，但只能在一个语段之内，词组的正词序或倒词序由以下句法联系决定：

第 24 章
句子的线性语调结构

（1）支配联系中被支配词形在后的是正词序，在先的是倒词序，在述位语段中句重音的重音切分在其中的一个成素上：несёт книгу → **книгу** несёт /книгу **несёт**；

（2）一致联系中的修饰词在先的是正词序，在后的是倒词序：интересная книга → книга интересная. 但倒词序在带类属词和类别词的描写结构中是成体系的：Маша - девушка краси¹вая. Физика - наука интере¹сная. Гнев - чувство опа¹сное. Невесомость - состояние непривы¹чное. 该类词组在句中行使述谓化功能。

（3）依附联系中的依附词有三种类型的词序：

1）依附于动词的特征副词可在前也可在后：бегло читает → читает бегло, 但带该类词组的句子的交际特点不同，比较：Он быстро бежит（回答Что он делает?）. Он бежит быстро（回答Как он бежит?）. 依附穿戴名词时副词只能在后：в пальто нараспашку, в шапке набекрень, в рубашке наизнанку. 不能说*с пальто /у пальто нараспашку。

2）不定式在后的是正词序：хочу спать, надоело ждать, 在先的是倒词序：спать хочу, ждать надоело.

3）程度度量副词（或数名词组）和语气词在先的是正词序：очень устал, весьма дорого, едва слышен, уже сказал, всего один раз. 在后的是倒词序：**устал** очень / устал **очень**, **дорого** весьма, **сказал** уже, один **раз** всего.

可见，在句子中正词序远不是自然和惯常的，因为俄语句子词序是否自然与实义切分紧密相关，词序与实义切分的相互关系依据以下基本原则：

（1）句子中自然的词序既可以是正词序，也可以是倒词序，主要取决于语境；

（2）倒词序（谓语—主语）在零主位且事件是不可切分的完整事实条件下是惯常词序：Идёт дождь. Взошло солнце. Настала зима. 此时所有正词序都受到交际任务的制约，并伴随着语调的改变。

Всеволодова（2016: 316）指出，词序跟形式结构的关系不是单一的，有时相同词的不同词形在相同的词序下，句子的形式结构可能完全不同：Мама в обмороке.和С мамой / У мамы обморок. 有时相同词形在不同的词序下，形式结构可能不变化：Сын дал Ане грушу.和Грушу Ане дал сын. 也可能变化：В Орле хорошая погода（比较：В лесу волки. 是存在模型句）. Погода в Орле - хорошая（比较：Маша красивая. 是特征模型句）. На столе пять книг（存在模型句）. Книг на столе - пять（数量模型句）. 可见，形式结构和线性语调结构之间有很大差别。

第25章
句子的聚合体系统

§1 句子聚合体系统产生的基础

句子的聚合体（парадигма предложения）概念是由俄罗斯语言学家根据索绪尔的组合关系和聚合关系的论述于20世纪60年代末提出来的（吴贻翼1987）。在形式句法框架里句子聚合体相当于由Шведова提出的句子正规体现（регулярные реализации）概念（见《70年语法》和《80年语法》），指同一句子的不同情态和时间意义的形式系统，全部聚合体有八种结构，包括三个现实形式：现在（Он работает.）、过去（Он работал.）、将来（Он будет работать.）和五个非现实形式：假定式（Работал бы он.）、条件式（Если бы он работал лучше, [другие брал бы с него пример]）、愿望式（Только бы он работал! Вот бы он работал! Хоть бы он работал!）、应该式（Он работай, [а вы будете сидеть сложа руки?]）、祈使式（Пусть он работает!）。后来Белошапкова提出了句法派生（синтаксические деривации）的观点，指结构模式的正规体现是模式的一连串派生句所构成的派生聚合体，如：Гости приехали. — Гостям бы приехать. — Гостей приехало!等。但Всеволодова（2000）认为，Золотова（1982）提出的句子句法场（синтаксическое поле предложения）概念更适合功能交际语法的句法聚合体，因为它为句子在语义而不是形式基础上的聚合提供了可能。在功能交际语法中，最初句子的交际聚合体指"一系列在句法结构上相同但在述谓化关系（即词序和语调）体现层面上有区别的句子"（Всеволодова, Дементьева 1997: 58），即实义切分聚合体。后来Всеволодова（2000: 203-224; 474）发现，实际上每个句子都存在两类聚合体：句法聚合体和交际聚合体，而交际聚合体中除了实义切分聚合体外还包括解释（即转换）聚合体。

在长期对外俄语教学实践中Всеволодова发现，外国学生经常会遇到相同内容在不同语境中需要用不同模型句表达的情况，如果学生不知道这实际上是同一个原始模型句的各种变异或转换，而把遇到的每个句子都当做原始句来理解，无形中就增加了很多记忆负担。为了说明这一点，Всеволодова（2000: 212-214）列举了表达"施事以某种方式作用于初始物质后获得新物质"这一类型情景的各种不同变异句：

（1）Техники получают（мы получаем, лаборант получает）кислород гидролизом / методом гидролиза воды. 此句中还可加入来自说话者的补充成素только, главным образом, в первую очередь, обычно等。该句是带主—述位客观词序和主—谓语正词序的理想模型句样板，回答的潜在问题是：Как получают кислород техники?这是跟汉语词序一致的句型，也是中国学生最容易理解和使用的句型，但是在俄语惯用语中类似句型却很少见，因为在俄语科学语体（上句正属于该语体）中根本不存在"谁做了什么"这样的问题，更重要的问题是"什么在做着或正被做着"，所以主体（也是主语）名词在句中经常缺席，在必要时取而代之的是状语，即限定范围«в технике»，于是该句就变成这样：

（2）**В технике** кислород **получают** гидролизом /методом гидролиза воды. 其中占据首位的是代替了施事的状语，主语根本没有，而谓语则只能用复数第三人称形式。

当语篇讲到"氧气如何获取"时，思维主体，即主位，就变成了氧气一词，根据线性语调结构的实义切分，上句就应该变成这样：

（3）**Кислород**（в технике）получают гидролизом /методом гидролиза воды. 其词序变成补—谓—状，而且只有这样的词序才能出现在"氧气及其获取方式"的述谓伴随关系中。在该语篇中可以适当地往句中加入情态涵义：

（4）Кислород **можно** получать гидролизом /методом гидролиза воды. 该句义中增加了情态成素并且改变了谓语形式，即语义动词变成了不定式。

如果之前语篇提到过"含有氧气的水"，那主位就应该换成"水"，但由于句中воды是二格依附形式，不可能占据句首位置，于是只能使用自由句素из воды：

（5）**Из воды** кислород получают гидролизом /методом гидролиза. 该句的潜在问题是：Как получают кислород из воды? 而述谓伴随关系是原始物质вода和获取方式гидролиз。

当语篇讲到"氧气用什么方式能够得到"时，语句的起点就应该是动词получают：

（6）**Получа⁶ют** кислород //гидро¹лизом /методом гидролиза воды¹. 该句是口语，需用调型6来凸显主位焦点，因为谓语在实义切分中占据的不是自己的位置，这种口语句可能出现在课堂上或科普语篇中。然而教材或学术论文不允许用这样的语调，为了回到正常的语调，就必须把谓语位变成补语位或主语位，而这需要借助描写述谓来完成：

（7）**Получение** кислорода **осуществляют** гидро¹лизом /методом гидролиза воды¹.

（8）**Получение** кислорода **осуществляется** гидро[1]лизом /методом гидролиза воды[1]. 该句虽然恢复了正常词序，但主语位占据的是行为名词，谓语位占据的是动词描写说明词。从句法类型来看该句首先是被动句式，其中的述谓化关系发生在结果名词получение和方式名词гидролиз之间。这些名词成素也可以放入其他模型句的述谓化关系中，于是结果名词获得了目的伪角色：

（9）**Для получения** кислорода используют /применяют метод гидролиза воды. 该句中的描写述谓跟行为方式发生了关系。

当原始句中出现成素только, обычно时，会迫使说话者选择双主格句：

（10）**Единственный**（основной, обычный）метод получения кислорода – гидролиз воды.（比较：Маша – врач.）该句在零系词情况下主语位被类别词метод占据，而谓语位被方式名词гидролиз占据，在这二者之间形成了述谓化关系。然而实际上在这种句中哪个是主语哪个是谓语有时较难判定。当有系词являться出现时谓语就变成了被述谓化成素，即主位：

（11）**Основным медотом** получения кислорода в технике является гидролиз воды.

而当有系词состоять出现时谓语又变成了述谓化成素，即述位：

（12）Основной медот получения кислорода состоит **в гидролизе воды**.

跟以上事件命题相比，（10）至（12）句是逻辑命题，这是说话者对情景传达方式改变的结果。

如果语篇讲的是各种科技方法，包括水解，那有可能变成下面的双主格句：

（13）Гидролиз воды –（основной）метод получения кислорода. 该句跟（10）句比，主位和述位变换了位置，被称为主位—述位变换（тема-рематическая мена）。

也可能体现为复合句，比如（10）句中的事件命题可能被隐藏在定语从句中：

（14）Основной метод, которым в техиике получают кислород, – это гидролиз воды.

而对于某些表达因果关系的情景也可能相反，凝聚几个命题，比较下面原因从句和带原因名词短语的单句：

（15）Так как у меня был урок, я не смог пойти в театр.

（16）Из-за урока я не смог пойти в театр.

此外，转换句也可能发生在复合句内部，比如因果情景：

（17）Аня ушла, потому что ей надоело ждать. 在完成某些交际任务时可能体现

为时间从句：

（18）Когда Ане надоело ждать, она ушла. 或者变成把注意力集中在施事的行为上的定语从句：

（19）Аня, которой надоело ждать, ушла.

综上可见，对于相同的事件说话者可根据一些客观因素选择形式结构不同的模型句并在主、谓、状、补位置上使用不同的情景参项名称。如果我们不关注句子的内容常体，就会把每个变体句都看成属于不同形式类别的独立模型句，即便对它们进行分类也无法对某个模型句的选择作出合理的解释，只能机械地去死记硬背所有句子，这远不是每个学习者都能胜任的负担。而其实上面所列举的句子并不是杂乱无章不成体系的，因此有必要对这些具有相同内容的变体句进行归类，使其成为一个系统。

§2 句子聚合体的构成

从上面我们对具有相同内容的句子在不同语境中的体现进行的推导可以发现，所有的变体句可归入以下三种类型：

（1）模型句内的变异，跟一些成素的改变和引进有关，如（2）跟（1）句的区别是改变了"人称"成素；（4）和（3）句的不同是出现了情态成素。类似的变异句集合起来就形成了句子的句法场或句法聚合体。

（2）句中词形顺序和调型的改变，如（2）（3）和（6）句，（10）和（13）句之间是词序的差别，而（3）和（6）之间还有语调的差别；（2）和（5）句也是词序不同，但这个词序的改变导致其中一个成素的词形必须发生改变。类似的实义切分变异句构成句子的实义切分聚合体。

（3）句式变换，即模型句部分或全部的变化，变换不是无序的，可归纳为以下几类：

1）在保持基础模型句不变的情况下改变一些情景参项名称的形式，如（2）（3）跟（1）句相比施事名称的形式发生了改变。影响词形变化的因素是不同体裁的要求，如（5）句按照实义切分的要求改变了原始物质的词形，这跟词序的变化有关。出现系词的变体句也属于此类，系词使依附词形发生了变化，如（11）（12）跟（10）句相比。

2）使用描写述谓，比较（7）（8）跟（6）句的不同。

3）逆向转换，即关系方向发生变化，如（7）（8）和（11）（12）句之间的不同。

4）选择表达其他关系的其他模型句，比较语义是"主体及其行为"的（1）至（6）句和语义为"主体及其分类特征"的双主格句以及系词句（10）至（13）句。

5）把单命题简单句展开为复合句，如（15）句，或者凝聚多命题复合句为简单句，如（16）句，这种手段改变的是情景传达的角度：要么逐个呈现每个情节，要么把每个情节结合为一体。

6）复合句内部的转换，如（17）至（19）句。

根据以上分类，我们可以把句子的聚合体系统用如下层级结构来显示：

1. 句法聚合体（即句法场）

1.1 语法变异句（грамматические модификации），指句子在人称、情态和时间上的变化，如：В России **живу** я. В России **живут** разные **люди**. В России **жили** многие **национальности.**

1.2 结构—语义（структурно-семантические м.）或语义—语法（семантико-грамматические м.）变异，包括以下5种变异：

1.2.1 阶段变异（фазисные м.）：В России **продолжает** жить много национальностей。

1.2.2 情态变异（модальные м.）：В России **должно и может** жить много национальностей。

1.2.3 信源说明变异（авторизационные м.）：В России, **оказалось**, живёт много национальностей。

1.2.4 否定变异（отрицательные м.）：В России живёт **не** одна национальность.

1.2.5 疑问变异（вопросительные м.）：Где мне жить?

1.3 表情交际变异（экспрессивно-коммуникативные м.）：Как мать шьёт!

1.4 带形义非对称成素的单述体同义变体（монопредикативные синонимические варианты с неизосемическими компонентами）：Мать – за шитьём/ занята шитьём.

1.5 模型句的多命题繁复（полипропозитивные осложнения）：Мать работает портнихой.

2. 交际聚合体，包括两个下位分类：

2.1 实义切分聚合体（актуализационная п.），即线性语调结构的各种变体。

2.2 解释（或转换）聚合体（интерпретационная или трансформационная п.），又包括三个下位句式变换类型：

2.2.1 引入描写述谓（введение описательных предикатов）

2.2.2 逆向转换（конвертирование）

2.2.3 同义句法变换（синтаксические перефразировки）

此外，这一系统还可呈现为场的样式，系统的场心是解释聚合体，这与Кибрик的语义大于形式的观点一致。转换的交际功能是对"包装"在其他类聚合体下的某个内容常体的呈现，这叫句法隐喻（синтаксическая метафора）。聚合体的原始模型句是形义对称结构或者是带有一定类型意义的最接近形义对称结构的模型句，其所指结构、语义结构和形式结构都是同构的。具有实义切分和句法聚合体的不仅是原始模型句，每个转换句，也就是每个解释聚合体的成员（即转换句的同义变体系列）都有。在每个聚合体中同义变体系列针对具体句子的生成能力各有不同，这取决于各种因素。每类聚合体都有一套自己的典型体现，比如解释聚合体类的典型体现是描述述谓、逆向转换和纯转换（即带其他类型意义的模型句），而每个模型句的原始形式又有不同的典型体现，它们依据的是聚合体原始成员的形式结构。俄语的实义切分聚合体和句法聚合体都有一整套标准的专门体现。

§3　句子的句法场

在功能交际语法里，句子的句法聚合体是建立在Золотова（1973：196；1982：99）提出的句子句法场基础上的，其主要成员是句子的语法变异和结构—语义变异。句法场的场心句指在变异中句子意义保持不变的常体，或称基础成员，是带现在时间意义和现实情态的句子：Тишина. Книга интересная. В лесу есть грибы. 人称范畴的场心句被Золотова称为"我句子"：Я работаю. Всеволодова（2016: 320）认为，场心句不一定是形义对称句，比如形义非对称句Россия многонациональна. 跟形义对称句В России живёт много национальностей. 一样有完整的聚合体，也就是说，功能交际语法把任何还没发生变异的句子都看成场心句，不管句子是不是形义对称句。

句法场就是把原始结构周围的语法变异和结构语义变异以及远边缘区的同义变体句联合起来的系统，下面详细介绍句法场的构成。

3.1　语法变异

语法变异是句法场中场心句后的第二成员，跟述谓性范畴密切相关，包括发生如下变化的句子：

（1）按时间轴变化，包括现在时、过去时间和将来时：Я ем /ел /буду есть.
（2）按情态性[①]变化：Я ем /ел бы.

---

① 这里的情态性指的是句法外客观情态（внешнесинтаксическая объективная модальность）。

（3）按人称变化的句子：Я ем /Ты ешь/ Он ест /Они едят.

Всеволодова（2016: 323）强调指出，除常规的六个人称外，进入人称范畴的还有：

（1）不定意义标志词кто-нибудь，кто-то，кое-кто; спят，стучат；

（2）区分限定代词каждый，любой，всякий；

（3）总括限定代词все，比较：Кто-то спит. Каждый спит. Все спят.

人称范畴不只是述谓性可有可无的成素，它还是主观评述和信源说明构成的基础。情态性作为语法变异的要素表达的是语句与现实之间的现实/非现实关系的对立，即从语句内容与现实相关/不相关的角度做出的主—客观评价（Золотова 1973: 142），比较：Мать шьёт – Мать бы шила（= не шьёт）. Оля скромная – Будь Оля скромная，она бы так не сказала（= Оля нескромная и она так сказала）.

俄语语法情态分为句法外和句法内情态（внутрисинтаксическая модальность），而句法外情态又分为以下两种：

（1）客观情态，描述语句内容与现实的关系，由动词的式、词汇、语境和语调手段表达：Я ушла / Я ушла бы.

（2）主观情态，描述说话者对语句内容的态度，即主观评述或信源说明（指作者对所报道信息真实性的相信程度），用词汇或语调手段表达：Мать, **наверное**, шьёт. Оля, **конечно**, скромная. Так он и пришё⁶л. Жди⁶.（用调型6表示作者确信"他肯定不会来，你就等吧"）。

句法内情态揭示主体及述体特征之间的关系，主要由词汇—语法手段表达：Мать **хочет /должна /может** шить. Мне **нужно** петь. 有时也使用句法手段：Ему петь.

客观情态每个句子都有，而其他两种情态可任选，比较：Мать шьёт – Мать хочет /**хотела бы /возможно, захочет/ возможно, хотела бы** пошить. 如Оля, **наверное, должна быть / должна была бы быть** скромной. 中三种情态都有。主观情态和句法内情态不参与述谓性范畴的构成，但传统上被列入非现实情态的命令式可分离出должен和может的涵义，比较: Уходи! = Ты должен /может уйти. 也就是说命令式可被解释为句法内情态。

情态范畴意义体系可由下图呈现：

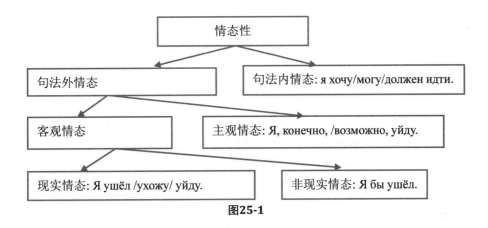

图25-1

3.2 结构—语义或语义—语法变异

属于近边缘区，是聚合体继场心句和语法变异后的第三成员。

3.2.1 阶段变异 指由述体表达的主体特征处于自身发展的某个阶段，如开始、继续、结束等，主要表达手段是阶段动词начать, стать, приняться, продолжать, кончать, прекращать, перестать, становиться, оставаться, возникать, появляться, изчезать等，出现在以下动词句中：

（1）带代词或事物名词主语+基础动词不定式（V_{inf}）：Мать **начала** шить. Гости **продолжали** петь. Она **перестала** глядеть на улицу. Он **принялся** резать хлеб.

（2）带事件或特征名词主语+基础V_{inf}：Логика экономики **начинает** срабатывать.

（3）带начать/ начинать, кончить/ кончать, продолжить/ продолжать, прекратить/ прекращать（不是перестать/ переставать）+行为动名词补语：Сейчас мы **заканчиваем проектирование** Центра.

（4）带становиться, делаться, оставаться, переставать быть+形容词或名词五格：Маша **остаётся** скромной. Вид покойницы **становился** бледнее. Река **перестала быть** судоходной. Город **сделался** невидимым. Фабрика по мытью шерсти **станет** швейной.

（5）带начинаться, возникать, оставаться, проходить, кончаться, появляться, исчезать的存在或隐现句：Сессия **начинается** 30 мая. Аппарат **изчез** мгновенно. Из тёмной массы в центре **появился** тонкий, яркий луч. Около часа у нас был звон в ушах, но потом всё **прошло** бесследно. Так **возникла** безотчётная вера в технический прогресс （Л.Гумилёв）.

（6）一些带动词行为方式的句子（способы глагольного действия）：Полушампанское **запенилось**. **Почернело** синее море. Когда машинистка **допечатывала** последние страницы этого интервью, позвонил Фёдоров (Отт).

（7）带动物名词主语的主格不定式结构（номинативно-инфинитивная конструкция）：А царица – **хохотать** и плечами **пожимать**（Пушкин）. Я подошёл к псу, а он – **лаять**.

3.2.2 情态变异 指用词汇—语法手段表达主体对述体的情感态度，如愿望、应该、可能、需要、必须等句法内情态，常见的表达手段有：

（1）情态动词 хотеть, хотеться, желать, стремиться, жаждать, мочь/смочь, уметь/суметь, удаться, приходиться, следовать 等：Мать **хочет** шить. Маша **может** быть скромной.

（2）使役动词 заставлять, вынуждать, принуждать, помогать, способствовать, мешать, препятствовать, разрешать, запрещать 等：Он **заставил** нас остаться. Ты **вынудишь** меня к соре с тобой. Я выйду, если вы дадите слово, что не будете мне **препятствовать** покинуть ваш дом.

（3）动名词组 дать возможность, делать возможным/невозможным/необходимым 等：Удвоение уровня цен **даёт нам возможность** количественно измерить инфляцию.

（4）形容词和形动词 желателен, должен, возможен, обязателен, способен, готов (к чему), опасен, воспрещён, запрещён, обречен 等：Грипп **опасен** осложнениями. Вход **запрещён** = входить нельзя. Явка **обязательна** = Все должны прийти. Мы все **обречены** на ожидание = должны ждать.

（5）情态副词 можно, нельзя, надо, нужно, невозможно, желательно 等：Ему **нужно** отдохнуть. Нам обязательно **надо** завтра уехать.

（6）以下句法结构：

1) 存在句结构 есть возможность/нужда/необходимость +V_{inf}, нет возможности/нужды/необходимости + V_{inf}: **Есть возможность** заработать = можно заработать. **Нет необходимости** ехать в Киев = не нужно ехать. 或 есть нужда/необходимость +в+N_6, нет нужды/необходимости +в+N_6: В этом **нет необходимости**. В такой поездке **нет нужды**.

2) 带主体为N_3和述体为未完成体V_{inf}但无情态副词的无人称句，可细分为以下几类：

- 肯定句：**Мне** завтра **уезжать** = Я завтра должен уезать. **Вам** сейчас **выходить**. **Асе** в среду **сдавать** экзамен.
- 带或不带疑问词的疑问句：Где мне сесть? = Где я могу сесть? Куда ставить книги? Мне уйти? = Я должен уйти? Тебе ответить?
- 否定句：Мне некуда пойти сегодня = Нет места, куда я мог бы пойти. Брату не с кем посоветоваться об этом. Некому сходить в магазин.
- 表情句：А при влаге и тепле как не появиться грибам!

最后两种结构可以结合在一起变成带各种格形式的主题化粘附句素的表情否定句，述体可以是V_{inf}或"你"人称将来时否定形式：Сестру ему **не спасти**. С ним **не поговоришь**. Москвы **не узнать /не узнаешь**. Этой девушке уже **не помочь** = Никто не может помочь.

（7）带动词现在时或将来时的人称句，包括带或不带否定的句子：

1）不带否定：Она прекрасно шьёт = умеет шить. Он решит любую задачу = может решить. Саша легко туда залезет = сумеет залезть.

2）带否定：Я не переплыву реку = не сумею переплыть. Она не поступит в академию = не сможет поступить. Я не танцую вальс = не умею. Маша не водит машину = не умеет.

3.2.3 信源说明变异 经常体现在包括语篇在内的比较宽泛的信源说明范畴里，经常把被信源说明和主观评述繁化的句子结合在一起。

在主观评述范畴内补充涵义的主体，即信源说明者，只能是说话者。在信源说明范畴内信源说明者既可以是说话者，也可以是其他人称。进入信源说明范畴的不是所有的主观评述，只是那些表达说服力（персуазивность）的范畴，即主观情态。说服力可由信源说明和主观评述这两个范畴的手段表达，但每个范畴又有独立的内容。信源说明变异是主—述体两个层面、两类模型句的相互作用，比较下面两类模型句：

（1）指出主体及其特征，即所报道事实，也就是纯粹的陈说内容：Книга интересная. Я приехал только вчера. Она кричит на своих детей. 在这类句子中没有信源说明。

（2）指出对所报道事实的感受、评价或注释：**По-моему**, книга интересная. **Как ты знаешь**, я только приехал. **Он видел**, как я приехал. **Для неё** кричать – зничит воспитывать. 在上句中信源说明者是"她"，来自说话者的主观评述成素的涵义是没有被显性表达的"我，说话人，不同意她的观点"，这一主观评述成素不进入句子句法场的信源说明变异区域。

信源说明范畴分以下两个类型：

（1）主观信源说明，指感受、评价、报道信息的是说话人：**По-моему**, книга интересная.

（2）客观信源说明，指感受、评价、报道信息的是其他人称：**Говорят**, эта книга интересная. **Для брата** эта книга интересная.

信源说明者可能是有定的主体：За углом – школа → За углом **увидите** школу. 也可能是无定的主体：Задача трудная → Задачу **считают** трудной.

信源说明变异的主要表达手段有：

（1）带信源说明意义的动词，包括：

    1）感受类动词：слышать, видеть, считать, находить（кого, что каким）, вспомнить, замечать, примечать, называть, ощущать, наблюдать, чувствовать：Он **не слышал** звонка в дверь. ...люди **ощущают**, что жизнь для них становится непереносимой. Японцы **называли** лох многоцветковый（沙枣）– гуми.

    2）感觉类动词：доноситься, слышаться, казаться, звучать, сверкать, представиться, грохотать, встречаться, наблюдаться：Вдали **грохотал** водопад. Эти птицы ещё **встречаются** в степи. При входе в столицу **ей представилось**, будто тень бабушки мелькала перед нею （Погорельский）.

（2）动词类系词 считаться, казаться, показаться（кем, чем, каким）, оказаться, называться：Надя **считалась** самой красивой на курсе. Клевер（三叶草）**называется** у нас кашкой. Жизнь **кажется** ему бессмысленной. Иной **оказалась** судьба юго-западных княжеств（Л. Гумилёв）.

（3）短尾形容词 виден, слышен, известен, заметен, ясен：Наш дом **виден** издалека. Такие случаи **известны**.

（4）引入说明部分的述谓结构：**Известно**, что дети растут впереди своих лет （Розанов）. **Уверен**, что редкий случай не одиночен （Розанов）. Из изложенного **ясно**, что... понятия «Запад» и «Восток» ...неверны （Л. Гумилёв）. **Может показаться**, что эта проблема не нужна для понимания мыслей изучаемого автора （Л. Гумилёв）.

（5）主观情态标志——插入语，包括：

    1）信源说明动词 казаться：**Кажется**, кто-то стучит. Она, **казалось**, забыла обо всём. 比较可能的变换句：**Мне кажется**, **что** кто-то стучит. **Казалось**, **что** она забыла обо всём.

2）主观评述手段——副词наверно, верно, вероятно, по-видимому, конечно, обязательно, наверное, наверняка, несомненно, возможно以及词组 может быть：Мать, **верно**, шьёт. **По-видимому**, человечество переживает сейчас какой-то переломный момент истории. Наш учитель, **может быть**, заболел.

（6）制约句素для+N_2, у+N_2, N_3：Поэт – **для русского восприятия** – прежде всего мученик. **У сильного** всегда бессильный виноват（Крылов）. **Ребёнку** эта пища вредна.

（7）插入语和插入句по-моему, по-вашему, по-местному, точнее, короче, другими словами, как сказал…, как говорят…：Он, **по-твоему**, рад? Любви цветок, **как говорят поэты**, Раскрылся даже в стужу зимних дней（М. Джалиль）.

（8）把说话者的评价似乎"强加"给听者或读者的评价形容词和行为方式副词，比较：На ней было зелёное платье. – На ней было **прекрасное** платье. Хороша и брусника（越橘）… – Брусника **великолепна**, в соках, джемах, но совсем **отменная**（极好的）мочёная（腌渍过的）.

（9）各种主观评述语气词как бы, словно, точно, будто, будто бы, якобы, вряд ли：Она ответила **как бы** нехотя. Я свободен, **словно** птица в небесах. В ответе она **вряд ли** почувствовала сострадание к себе за бессонную ночь.

3.2.4 否定变异和疑问变异

否定变异既可以是全部否定：Мать **не** шьёт. Маша **не** скромная. В городе **не было** общественной библиотеки. Нужно было найти в природе такое, чего я ещё **не видел**, и может быть, никто ещё в своей жизни с этим **не встречался**（Пришвин）. 也可以是部分否定：Мы идём к монахам **не за молитвами**. Это научная экспедиция（Кузьмин）. 主要手段是否定语气词、副词和人称代词，有时可能是隐性表达，如含有否定意义的动词或词组：…**отмолчались**, кто по лени, кто по скромности（Абрамов）. В газете утверждалось, что благодаря этому суеверию люди **смотрят сложа руки**, как тонет человек（Мезенцев）. 对于存在句来说否定变异经常会改变模型句的类型：Дом есть – Дома нет. 否定变异经常和情态变异错合在一起：Нам негде было поесть. Ей не с кем поиграть.

疑问变异是Золотова的句法场体系中没有的，Всеволодова补充它的原因是某些疑问变异句有其原始句型，比较：Где мне сеть? - Я сажусь. 这些变异句为场心句增添了相同称名的补充意义，疑问变异句的表达手段多种多样，但又相对固定。重点强调以下两种错合手段：

（1）与否定变异错合，带有家庭亲属意义的双主格句可转换成带表示现在时意义的将来时系词的变异句：Вы Павлу Петровучу **не жена будете**? = Вы, может быть, жена Павла Петровича?

（2）与情态变异错合，经常是隐性表达，如带疑问词的模型句：Где мне сесть? С кем я могу поговорить? 与带语气词ли或разве的情态变异错合时，否定变异可能被隐藏起来：До сна **ли** мне? Можно **ли** избавиться от ненужной вещи, не рискуя обидеть дарителя? **Разве** этого мало?

语法变异和结构—语义变异句可能同时出现，比如句子Мне негде сеть.就是情态和否定变异的联合体，比较：У меня нет места, где я могу сесть.

3.3 表情交际变异句是使命题本身变复杂，且增加了表情色彩的变异句：Как мать шьёт! Ох и шьёт же мать! Разве Маша скромная? Неужели мать не шьёт?

3.4 带形义非对称成素的单述体同义变体句，如：Мать - за шитьём /занята шитьём. Машу отличает скромность. Маша отличается скоромностью. Маша - сама скромность. Шить! Шейте! Будь скромной! 该变体属于较远边缘区，该区域里出现的结构可能与场心句对应，也可能与语法变异和结构—语义变异对应，比如句法内情态变异 Я должен уйти. 可呈现为形义对称非同构结构Мне пора /нужно уходить.或者形义非对称结构Мой уход обязателен. Возникла необходимость моего ухода. 这里的语法变异和结构—语义变异的同义转换以及它们的联合体常常交织在一起，如：Матери завтра весь день шить. 是情态—时间变异；На этой машинке не пошьёшь. 是否定—情态变异+人称，是由以下句子推导出来的：Я шью на этой машинке → Я не шью на этой машинке → Никто не шьёт на этой машинке → Никто не может шить на этой машинке → На этой машинке нельзя шить → На этой машинке не пошьёшь. 作为形义对称结构的转换句，非同构结构和形义非对称结构本身就构成自己的句法场：Мне нужно уходить /будет нужно /было бы нужно уходить. Мой уход был / будет /был бы обязателен. Мой уход может оказаться /стал обязателен. Мой уход, кажется, обязателен / не обязателен.

3.5 模型句的多命题繁复属于最远边缘区，包括：

（1）单主体繁复：Мать работает портнихой. Оля вернулась весёлой.

（2）多主体繁复：Все советуют матери работать портнихой. Машу считают скромной. 通常多主体繁复句同时又是信源说明变异句。

从以上分类中我们看到，句法场中很多变异句间常相互交叉，有时没有明确的界限。

§4 句子的句法聚合体与语言教学实践

句子的句法聚合体（或句法场）概念在俄语作为母语或外语的教学实践中都有极大的作用，主要表现在以下几个方面：

（1）句子的句法聚合体使形式构造和划分类别完全不同的句子能够描写相同的客观事实，并且相互之间形成体系或与场心句之间按距离远近排列成场结构。

（2）句子的句法聚合体能够使放入系统基础的不是形式特征，而是由形式手段表达的语义的等级排列，因此可以按语义数量多少使原始句繁化的不同句子根据离场心句的远近排列成一个系统，也就是使放入句子系统中心的是基本内容常体，而不是空洞的形式。

（3）句子的句法聚合体能够帮助教师找出那些纯语法的、结构—语义（或语义—语法）的、使命题本身繁化的表情语义的分类和级别，以便使句子形成从基础语义场心句一直排列到同义转换句的系统。

（4）句子的句法聚合体能够使教师看到隐藏在语义和形式改变背后的场心句本身，以便向学生指出各种原始句型被系列意义繁化的所有可能性，进而把对中国学生来说不规范的模型句引入俄语教学并让学生能够轻松掌握和使用各种变异句。比如类似Мне уезжать. 的模型句应该看成是句子Я уезжаю的派生句，试比较：Я уезжаю → Я должен уезжать → Мне нужно уезжать → Мне уезжать，其中伴随形式N_3+V_{inf}获得了"应该"之意。在这种背景下就不难理解类似Куда пойти учиться? 的模型句了，但类似句子在我们的教科书中经常是直接作为言语范例给出的，很多学生可能对此类句子的意义并不理解，教师应该从指出其在句法聚合体中的位置及其与场心句的关系开始解释其派生过程，如：Я учусь → Я пойду учиться（＝начну учиться，这是俄语阶段变异句典型的表达方式，试比较：Я бы в лётчики пошёл ＝ стал бы лётчиком）→ Куда я могу пойти учиться? → Куда мне пойти учиться? → Куда пойти учиться?（该句中主体隐现，即主体为零形式）。

（5）句子的句法聚合体帮助我们看到具体句子有不同的变异句群，远不是每个句子都有全部的变异句系列，比如句子Он врач.有全部变异句：Он был／будет／стал／был бы／хочет быть／считается врачом. Быть／не быть ему врачом等。而具有同样模型的句子Долголетие - это физкультура. Барселона - это Олимпиада-92. 则一个变异句也没有，比如不能说*Долголетие было физкультурой. *Барселона стала Олимпиадой-92.

这个问题在句法层面还无法解决，只有在弄明白所指结构和语义结构，也就是句子内容本身和模型句类型意义之间的关系时才能得以解决。

（6）句子的句法聚合体还能展示句素位置使用的规律，比如我们已经知道的副词 близко 与 скоро 的不同之处是，близко 不能出现在情态变异、否定变异和疑问变异句中，比较：Сессия **близко** – Сессия **должна быть** скоро（不能说*Сессия должна быть близко）– Сессия ещё **не скоро**（不能说*Сессия ещё не близко）– **Скоро ли** сессия?（不能说*Близко ли сессия?）

可见，句子句法聚合体顾及的是形式结构在一定形式界限内的常规变化，至于其中一些形式结构相同而表现不同的句子则需要通过句子的意义构成来解释，首先要依据那些从形式结构中提取出来的最普遍的语义来解释。

第26章
句子的语义建构

句子的语义建构（смысловая устроенность）复杂而多面，目前语言学对其研究得还不够透彻，已知的研究角度有命题和语义结构（СРЯ 1989: §59-61）。句子的语义建构不是在每种情况下都与众不同，而是有一些语义结构化的类型，比如类型情景。然而类型情景也无法穷尽句子语义组织的全部复杂性。

句子的语义建构除了所指结构，即句子的客观内容外，还有另外两个决定因素：（1）句子的逻辑类型；（2）用来"包装"句子内容的形式模型的意义，即内容的传达方式。

§1 句子的逻辑类型

1.1 句子逻辑类型的概念及分类

Арутюнова（1976）对句子逻辑类型的划分是一种最宽泛的分类，她按照主位到述位的思维走向和由思维联系起来的范畴把句子分为四大逻辑类型：

（1）存在句（бытийные / экзистенциальные предложения），存在关系联合的是观念（对物质的认识）和事物、概念和物质。Арутюнова（1976: 18）指出，存在句"确定的是世界或其某个片段上被赋予了一定特征的客体（一类客体）的存在与否"，如：Есть розы. Русалок нет. Дракон существует. В лесу змеи. На окне цветы. За лесом река. 此处的思维走向是从概念到物质（即客体）。

（2）称名句（предложения именования /номинации），称名关系联合的是客体（事物、概念）及其名称：Её зовут Маша. Знакомьтесь, это Паша. Маленький голубой цветок, растущий по берегам ручьёв, - незабудка（勿忘草）. 此处的思维走向是从客体（被定义的）到其名称。

（3）证同句（предложения тождества /идентификации），Арутюнова（1976: 284）指出，证同关系指向一个客体，同时"通过性质、特征、事实等方面的比较确定与该客体本身相同的东西"，此时思维走向有以下几种：

1）从客体的一个名称到其另一个名称：Город Калинин – это и есть Тверь. Дефорж – это Дубровский.

2）从客体的一个身份到其另一个身份：Стратосфера（平流层）– это верхние слои атмосферы. Пушкин – это и есть Александр Сергеевич.

3）从事物的特征到该特征的载体：Автор оперы "Алеко" – Рахманинов. Приехал вчера Иван Иванович. Старуху убил Раскольников. Город, где родился Чехов, – Таганрог.

（4）特征句（предложения характеризации /признака），特征关系联合的是主体及突显在其上的特征。思维走向跟存在句和证同句相反，是从主体到其特征：Погода сегодня хорошая. Таня весь день рисует. Пушкин – автор поэмы «Цыганы». Книга – в шкафу.

1.2　逻辑类型句的句法结构

每个逻辑类型句都有一套自己的句法结构，下面列举一些比较典型的结构。

1.2.1 存在句的句法结构

（1）无方位词的结构，如：

1）$S_1+V_{ex f}$（存在动词在述位焦点上）：Книги е¹сть. Газеты завтра бу¹дут. НЛО（飞碟）существу¹ют. 试比较把述位移至句首的句子：Е²сть такая книга!

2）否定变异句 S_2+**нет** /не $V_{ex\ 3s/n}$（存在动词的无人称形式）：Русалок не¹т / не существу¹ет. Звонка не¹ было. Урока не бу¹дет. 或者是：Русалки не существу¹ют. Собрание не состоя¹лось.

（2）有方位词的结构，如：

1）$N_{косв}$①$/Adv_{loc}+V_{ex f}$（存在或方位动词）$+S_1$：В нашем городе есть метро¹. За лесом у озера находится монасты¹рь. В солёных озёрах на побережье обитают флами¹нго. 此处动词和客体名词同时在实义切分焦点上，读成一个音位。

2）在无实义切分的位置上存在动词表现为零形式，模型句的形式标志是 $N_{косв}/Adv_{loc}+$ $0+S_1$：В лесу грибы¹. В центре города теа¹тр. За лесом о¹зеро. У дома са¹д.

3）在带有实义存在动词的句子中方位词可在述位上：Озеро находится за ле¹сом. Змеи есть и в э¹том лесу. Поначалу египетские цапли обитали в Азии и А¹фрике.

---

① 符号 $N_{косв}$ 表示带或不带前置词的名词间接格。关于模型句形式标志的其他符号所表示的意义详见本章§4。

1.2.2 称名句的句法结构

对于称名句来说，除了系词句（如Знакомьтесь, это Маша. Эта улица – Арбат. Эта церковь – Спас на крови等），最典型的是带动词звать，называть，называться的句子，该类句中有动物性和非动物性范畴之分，针对有生命的存在通常使用动词звать / зовут /звали，模型句是S_4（主体名词）+зовут+$N_{1/5}$：Меня зовут На́дя /На́дей. Нашего соседа звали Иван Петро́вич. Эту кошку зовут Му́рка. 也有只用五格名称的模型句：Итак, она звалась Татья́ной（Пушкин）. 针对非生命物体和抽象概念通常使用动词называться和词组носить название，主体名词由S_4变成S_1：Село называется Звя́гино. Бассейн носит название "Ча́йка". 当思维方向发生从名称到主体（即从词到词的意义）的变化时，会出现等同或特征关系："Чайка" – это бассе́йн у Крымского моста. Звягино – сосе́днее село.

1.2.3 证同句的句法结构

对于证同句来说，典型的句型是述位上有作主语的具体能指主体，通常是专有名词：К нам приехал Иван Ива́нович. Ребят встретил их старый учи́тель. Автор поэмы «Цыганы» – Пу́шкин. Старуху убил Раско́льников. Родина Чехова – Таганро́г. 其中包括带能指主体的存在句：На столе – моя книга. В доме – наши дети.

1.2.4 特征句的句法结构

特征句有着不同的句法构造，可能是以下类型的句子：

（1）动词句：Мать шьёт. Её охватил страх. Розы цветут.

（2）系词句，包括由以下词形表达的谓语：

1）形容词或形动词：Задача трудная. Саша умный и усидчивый. Стадион открыт всю неделю.

2）名词（及与形容词搭配的名词）：Мой брат – инженер. Коля высокого роста. Все книги с картинками. Дети сейчас в школе. Трудность – в отсутствии времени.

3）副词、依附词组或成语：Шапка на нём набекрень. Мы втроём. Иван – себе на уме. Встреча – завтра, здесь.

需要指出的是，句子В доме де́ти. В доме находятся /есть де́ти. Дети находятся в до́ме.是带实义存在动词或其零形式的存在句。而在回答问题А где дети?时，Дети в до́ме.却是系词型的特征句（比较В доме есть дети. 但却不能说*Дети есть в доме.）。再比较带存在动词的情景出现在下面对话中的句子：– Вы хотите поговорить с детьми? – У нас здесь детей нет. **Дети есть в том доме**. Идите туда.

§2 句子的逻辑类型及其语言教学实践

Всеволодова（2000:228）指出，虽然俄语句子的逻辑类型并不适合在外语课堂中学习，但了解这些类型及其特有句法结构对外语教学非常有意义，主要体现在以下两方面：

（1）某个类型的形式结构表达的内容在其他语言中可能用不同的句法结构表示，因此这样的结构在外语课堂上就需要特别加以注意；

（2）俄语句法结构可能有一些特有的特征，与其他语言的句法构造格格不入，当学习此类句子时需要教师给予相应的解释。

例如用俄语存在模型句可以表示人的个性、外表、生理和情感状态、对其他人的态度、发生在人生活中的事件等，最常使用的方位词（Шведова称其为主体限定语，亦即主事）是类似у меня的у-方位词（Арутюнова的术语），这几乎是俄语中万能的"人称形式"表达手段：У меня пропала собака. У неё родился сын. У него с собой сто рублей. У сестры завтра концерт. У нас дочь учится в школе.等。下面我们列举几种用存在模型句表达的不同关系：

（1）领有关系（主体及其所属客体）：У него есть машина и дача. 比较：Ему принадлежат машина и дача. 在很多语言中此处使用动词иметь和在主语位上的领有者，如汉语：他有汽车和别墅。英语：**He has** a car and house. 因此Арутюнова称俄语为"存在语言"（be-language），而英语为"有语言"（have-language）。此类句子正是中国学生特别容易出错的地方，因为常受汉语"有"字句的影响，学生不习惯使用带у-方位词的存在模型句，而是经常不分语体和场合地使用"主语+谓语иметь+补语"这种汉语式的句型：*Он имеет брата и сестру.

（2）某物"在身上"（手里、包里、口袋里）有：У неё зонтик в руках（= Она держит зонтик в руке）. У меня в сумке книги. На руке у Иры браслет（= Ира была в браслете）.

（3）服饰、首饰特征：На ней светлое платье（= Она в светлом платье）. У него на ногах были кеды（= Он был обут в кеды）. 此类句子已经游离出存在句系列，因为零位系词不能替换成存在动词есть，如不能说*На ней есть светлое платье. *На нём есть пальто. 只有在问"有没有"时方可用纯存在句：На нём е^{3}сть пальто или нет?

（4）人的物理特性和外貌特征，表达这种关系可能用纯存在句：У него есть шрам. У неё на носу были веснушки. 和零位系词句：У неё голубые глаза. У сестры хороший характер（Арутюнова，Ширяев 1983）. 此处应该提醒学生注意，表示特征的存在模型

句中不能加存在动词есть，同样不能受汉语"有"字句的影响，如"她有一双蓝眼睛"。

还需指出的是，在俄语中y-方位词还可建构以下类型的句子：1）У тебя пиджак расстегнулся. 2）У меня сын в этому году в школу пошёл. 3）У сестры муж заболел. 4）У кастрюли крыша потерялась. 5）У квадрата все углы прямые.

在很多语言中这类俄语模型句都是用带物主代词或有定语的句子与之对应，比如以上句子的汉语说法是：1）你的夹克扣子开了。2）我儿子今年上学了。3）姐姐的丈夫病了。4）焖锅的盖子丢了。5）正方形的所有角都是直角。其实俄语也可以这样说：Твой пиджак расстегнулся. Мой сын в этому году начал обучение в школе. Муж сестры заболел. 然而，这两类内容相同但形式结构不同的句子在交际意图上有不同，第一类句子中的思维主体是由y+N_2表示的人或物，第二类句子中的思维主体是由N_1表示的人或物。这两类句子存在于不同的上下文中，试比较下面的对话：

1）- Как дела **у Ани**? - **У Ани** муж болен.

2）- А **муж Ани** не может вам помочь? - **Муж Ани** болен.

3）- Вылей суп **в кастрюлю**. - Нельзя. **У кастрюли** крыша потерялась.

4）- Накрой банку **крышей от кастрюли**. - **Крыша кастрюли** потерялась.

另外，在俄语的纯存在句（包括领有关系句）和证同句中典型的结构是主语位于句子的最后，在述位上，这在词序语法化的语言中是不可能的，如英语存在句的主语即使在述位上（句重音落在其上，用调型2），其位置也必须在状语前，比较：На столе - книга. — There is a boo²k on the table. 句子Ребят встретил **их старый учитель.** 的汉语翻译应该是：迎接同学们的是他们年长的老师。不能用汉语习惯的词序：*他们年长的老师迎接了同学们。如此一翻译，这句话的意思就与俄语的原句不同了。俄语中的这类语句是成体系的：Науку спасёт **рынок**（拯救科学的是市场）；Целью визита являются **переговоры**（出访的目的是谈判）等。这类句子体现了交际机制的作用。由于这类句子的词序与汉语相反，导致中国学生经常不习惯说这类地道的俄语句子，翻译时也常常忘记俄语词序，致使语篇连贯性遭到破坏。这些都需要在俄语教学中特别提醒学生注意。

综上可见，了解俄语句子的逻辑类型对中国学生掌握俄语特有模型句大有裨益，能够使学生在表达类似语义时，避免母语的干扰和负迁移，以便用地道的俄语表达思想。

§3 模型句的概念及其体系构成

模型句这一概念最早由Золотова（1973: 25）提出，指"相互制约的句法形式最低限度的完整结合，这些句法形式结构是具有一定类型意义的交际单位"。类型意义指"句子的结构语义要素按照述谓关系组合的语义结果"。后来Всеволодова（2000:234）对这两个概念作了补充和修正，按照五大所指述体（行为、存在、状态、特征和关系）及其表现范围的分类原则，同时考虑词汇在模型句中的作用，建立起一套不同以往的更完整、更细致、更清晰的简单句模型系统，把模型句定义为"伴有述谓化关系的句素结构，该结构拥有可任选的意义成素和一定的类型意义"。这一简单模型句体系的建构原则与1970年和1980年两部科学院语法的句子结构模式（структурная схема предложения）的不同之处在于，它首先考虑的是句子的意义，其次才是表达意义的形式，它深入句子的内容并顾及句子意义和模型意义之间的相互联系，故这种模型句的实质是指被一定词汇程序化了的某些意义的原始表现手段。Всеволодова（2000: 230）认为，每个句子都有自己的形式结构且不是孤立的，而是与某个样板，即模型句相契合；每个模型句都伴随着一定的类型意义且被一定的形式包裹着，在同一形式的包裹下可能表达的是完全不同的内容，比如带"地点及处于其中的物体特征"类型意义的模型句В печке теплится огонь. 可能构成表示主体状态的语句В душе теплится надежда = Я надеюсь.

为了抽象于词汇构成，句子必须形式化，于是我们把句子的结构模式称为模型句的形式标志（формализованная запись），体现的是述体的最低限度以及形式结构和内容含义的统一，使用相应的符号来表示主体（субъект）、述体（предикат）、客体（объект）等语义要素，如S及其各格形式（$S_{1…6}$）表示主体，N及其各格形式（$N_{1…6}$）表示含有各种语义的名词等。①

俄语简单模型句体系指表示各种所指述体的全部句型手段及其言语体现，包括基础模型句、其常见的语法变异、结构—语义变异、同义句转换等，亦即句子的聚合体。

§4 模型句的分析方法及形式标志

在对外俄语教学实践中产生的功能交际语法的特点是，句子结构的分析是通过描写语言外事实的内容常体（即类型情景）来进行的。句子的内容常体由各种带有具体类型意义的语句表达，正是句子的内容常体构成了由所指结构表达的句子所指层面，所指结构由情景参项（即所指角色）构成。也就是说，相同的内容在不同的语境中经常可以用不同的模型句表达，而不同的语言外客观事实又可由相同的模型句表示，不同的情景参项名称可占据不同的句子成分位置。模型句中不仅包括结构的必要成素，也包括结构中有意义的所有

---

① 具体形式标志符号体系见本章下一节。

任选成素。

我们赞同Всеволодова（2000，2016）对模型句的分析方法，在分析句子结构时，不再把句子看成抽象的结构模式，而是全面考虑所指内容、能指意义、交际目的和形式结构的模型句的具体言语体现。

在分析模型句的过程中，我们运用Золотова提出的模型句和类型意义以及Шведова提出的形式标志等思想来描写模型句及其变异句，同时将语句看成是一种结构交际单位（структурно-коммуникативная единица），它不仅具有称名功能（номинативная функция），还具有交际功能（Арутюнова 1976; Кибрик 1979: 313），也就是说，我们在依据以上概念的同时，还顾及每个模型成素的词汇填充情况。我们之所以非常注重模型句组成成素的词汇填充情况，是因为模型句是从词汇填充中抽象出来的，在实际运用中必须再把抽象的形式标志还原为具体的词汇。不存在完全独立于模型成素意义、脱离词汇填充的模型句（Золотова 1982: 86）。在下文的分析中，我们会看到模型句中词汇填充的重要性。

此外，语调在模型句的分析中也起着非常重要的作用，语调的不同会引起模型句的形式标志和类型意义的变化，在很多模型句中我们都借助语调来区分语句的交际功能，一般主位焦点用升调，述位焦点用降调。

句子有自己的形式结构，这不是偶然的，而是按照模型句建构的，且模型句不是空泛的形式，它有自己的类型意义。模型句的类型意义属于语义层面，不是所指层面，它更加抽象化，却又是建立在原始所指结构基础上的。如果模型句中所有位置上都是原始词，那么它所拥有的类型意义是"显露在表面"的。原始结构的类型意义同时也是由建构（不是填充）它的词汇所决定的。句子的形式化是为了抽象于构成句子的具体词汇。

在选择形式标志时，Всеволодова（2000: 233）依靠的是科学院语法中Шведова的经验。我们在分析模型句的形式结构时也采取符号式标志，具体的符号系统如下：

N_1 – 一格名词　　　　N_2 – 二格名词
N_3 – 三格名词　　　　N_4 – 四格名词
N_5 – 五格名词　　　　N_6 – 六格名词
$N_{косв}$ – 除一格名词以外的任何带或不带前置词的其他格形式
V_f – 动词变位形式（финитный глагол）　　V_{inf} – 动词不定式（инфинитив）
$V_{3s/n}$ – 动词无人称形式（безличная форма），即"它"形式（оно-форма）
V_{3pl} – 动词不定人称形式（неопределённо-личная форма），即"他们"形式（они-форма）

V_{2s} – 动词的"你"人称形式（ты-форма）

$V_{-ся}$ – 反身动词（возвратный глагол）

S – 带相关格形式的语义主体，如：S_1, S_2, S_3, S_4, S_5, S_6

Adj – 形容词（прилагательное）　　Adv – 副词（наречие）

Pr – 代词（местоимение）　　Rel – 关系（отношение）

Ex – 存在（бытийность）　　Atr – 特征（характеризация）

Act – 行为（акциональность）　　St – 状态（состояние）

Rlt – 关系说明词（релятор）

Aff – 情感关系（эмоциональное отношение）

Expl – 描写说明词（экспликатор）　　Clas – 类别词（классификатор）

Cop – 系词（связка）　　Quant – 数量（количество）

0 – 零形式（нулевая форма）　　loc – 地点（место）

temp – 时间（время）　　comp – 比较，比较级（сравнение）

mod – 情态变异词（модальный модификатор）（如V_{mod} – хотеть等动词）

fas – 阶段变异词（фазисный）（如V_{fas} – начать等动词）

aut – 信源说明变异词（авторизационный）（如V_{aut} – оказаться等动词）

模型句注重零形式的作用，因为零形式的存在与否在很多形式中都有所体现，比如：

（1）在句子的形式结构和句子成分层面都有所体现，如存在句В лесу есть змеи. 和 На столе – книга. 中，不管存在动词V_{ex}是否出现，模块Adv/$N_{косв}$都是状语（Арутюнова 1976），而在语义层面则是思维主体，即主位。这种存在述体模块的形式标志是$V_{ex\,f}/0$。

（2）在述体形式中有所体现，如句子Землю разворошили. 和Землю разворошило（взрывом）. 中主体的指称特性（人或自然力）将影响行为动词V_{act}的形式，因此第一句的主体模块应记作0（S_1），即一格主体不出现，而第二句的主体应记作0/S_5，即主体不出现或主体为五格形式。

按照相同形式标志填充的模型句的述体类型可能不同，如模型句$S_1\ V_f\ N_{косв}$可解释为：

（1）主体及其所处地点：Магазин находится за углом.（存在述体）

（2）主体及其行为：Я читаю книгу.（行为述体）

（3）主体及其状态：Отец болеет ангиной.（状态述体）

（4）主体及其与客体的关系：Мы любовались луной. 或者处于某种关系中的主体及其对象的关系：Петя дружит с Олей.（关系述体）

（5）主体及其特征：Волосы вьются колечками.（特征述体）

因此在具体的句子中述体需做详细而具体的标记，如上述句子的形式标志应该是：

（1）Магазин находится за углом — $S_1\ V_{ex\ f}/Cop\ Adv/N_{косв\ (loc)}$，其中$V_{ex}$是存在动词，当它不出现时，可出现系词，包括零位系词，而模块$Adv/N_{косв\ (loc)}$表示由副词或名词间接格形式充当的地点状语，比较：Магазин – там /за углом.

（2）Я читаю книгу — $S_1\ V_{act\ f}\ (Adv/N_{косв})$，其中$V_{act}$是行为动词，而模块（$Adv/N_{косв}$）是可选成素，因为模型有可能带方向状语：Я еду **в Орёл**. 或者带地点状语：Я обедаю **в столовой**. 或者此模块不出现：Я работаю. 根据句子内容该成素可能是主要参项（补语）：читаю **книгу**；也可能是次要参项（状语）：работаю **на заводе**.

（3）Отец болеет ангиной — $S_1\ V_{st\ f}\ (N_{косв})$，其中$V_{st}$是类似болеть的状态动词，而模块（$N_{косв}$）是表示不舒服感觉的名词，括号表示其可选性，比较：Отец болеет.

（4）Мы любовались луной — $S_1\ V_{aff\ f}\ N_{косв}$，其中$V_{aff}$是情感关系动词（verbum affectivum），而模块$N_{косв}$是关系述体必需的成素。类似дружить和граничить的关系动词在形式标志中用V_{rel}表示，以区别表示因果关系的动词V_{rlt}，如Дожди **привели** к наводнению.

（5）Волосы вьются колечками — $S_1\ V_{atr\ f}\ (Adv/N_{косв})$，其中$V_{atr}$是特征动词，而可选模块（$Adv/N_{косв}$）表示由副词或名词格形式表达的特征，如вьются колечками/слегка вьются.

由此可见，模型句的形式标志中可能会多于两个成素。在述谓化关系中作为述谓性（情态、时间、人称）代表的V_f即使出现在形式标志中，它也可能由非实义动词成素充当，如动词是因果关系标志词（Дожди **привели** к наводнению.）或描写述谓说明词（Больной **находится** под наркозом. /Больной – под наркозом.）等。

§5　模型句理论与我国俄语教学实践

众所周知，外语学习不能仅停留在掌握有关语言普遍规律的消极知识层面上。如果俄语学习者不重视语言的内容、意义和功能等方面的因素，便无法实现语言最重要的交际功能，甚至会影响俄语表达水平及俄汉或汉俄翻译的准确性。因此，我们必须积极掌握在交际中建构言语的规则和规律，也就是说，首先需要找到语言在内容上的共性，然后再掌握表达这些内容的各种不同的语言手段，从而完成语言的交际任务，以达到正确表达和准确翻译的目的。

然而，在当今我国的俄语教材和教学中更多注重的还是传统的形式语法，以教会学生记忆抽象的语言规律、分析已有的现成句子或语篇的形式结构为主要学习目的，忽略了教会学生在具体的言语环境中和口笔译时正确选择或生成适当的句子和语篇的能力。故此，我们必须转变传统的教学观念，把模型句理论（详见郭淑芬2002a，2017(2)）引入我国俄语教学，这将对培养和提高学生的交际和翻译能力都起到至关重要的作用。

在传统俄语教学中通常采用从形式到意义的方法学习语法，比如名词的每个格形式都表示什么意义，动词的未完成体和完成体都有什么意义等等，每个知识点都是分散的不成体系的。而功能交际语法提倡的从意义到形式的方法是成年人学习外语的快捷方式，也就是不再以每个孤立词的各种形式为记忆单位，而是把它们放在表示某种意义的句子里来学习，同时又不把每个句子都看成孤立的与其他句子没有任何联系的言语样板，而是在基础模型句之上逐渐掌握句子聚合体的全部集合，孤立地掌握每个单词和句子会加大学生的记忆负担，导致学习效率低下，而且这种短时记忆很不利于教学过程的强化，往往在学新课时几乎已忘记旧课学过的互不相干的单词和句型。如果能够在学习之初就教会学生通过构词（各种词缀变化）、词汇（同义词、反义词等）和词类变换来滚雪球式地扩大单词和句子的联系，势必会达到事半功倍的学习效果。模型句理论对句子的考察是从功能交际角度出发的，研究的是带有作者观点在内的具体的语句，即抽象样板的具体言语体现，是交际单位，而不只是结构单位，可直接运用于交际中。我们相信，基于模型句之上的俄语学习，更能成功地实现交际任务，达到真正用俄语表达思想、流畅地进行翻译的目的。因此，我们倡议把模型句理论及其类型意义场概念引进我国俄语教学，以其作为重要的切入点来改变传统俄语教学中只把句子作为"言语样板"来孤立学习和分别记忆的状况。比如按照抽象样板$N_1V_fN_{косв}$构成的两个句子：（1）Я изучаю химию.（2）Химия изучает вещества и их превращение. 在传统教学中是作为内容和形式都互不相干的两个不同句子来学习的，无形中就造成了机械记忆的弊端。我们相信，引进模型句理论能够改变这一不利现状，因为它至少可以解决两个语言教学法任务：

（1）使模型句和一定的客观内容（对于形义对称结构来说）相互联系，让学生在交流和翻译时能把俄语模型句与母语的对应形式关联起来并相互区分；

（2）为同义系列转换句的学习、掌握和灵活使用打下良好的基础。

如果教师在教学过程中能够适时地向学生交代并引导完成这两项任务，那么学生在学习之初就应该意识到，不能只以单词、词组和孤立的句子为记忆单位，而必须以模型句为学习单位，在基础模型句之上通过适当的词汇填充、形式结构变换、补充描写述谓、词类转变等方法掌握同义转换机制，从而储存表达相同"类型意义"的模型句系列。这不仅能减轻学生的记忆负担，激发学习兴趣，使学生产生自主学习的能动性和成就感，使自己的俄语表达变得纯正地道、丰富多彩，而且还有利于我国学生理解和掌握汉语中没有的俄语

第 26 章
句子的语义建构

特有模型句,从而找到俄语独有模型句的使用特点以及运用同一模型句表达不同内容时的语言机制,让学生感受到与母语不同的俄语特质及其各种交际意图,使俄语学习不再枯燥乏味、费时费力,相反变得兴趣盎然、事半功倍。

可见,将模型句理论引入我国俄语教学是极其必要的,那么应该遵循什么样的原则呢?

通过对一些模型句的分析,我们发现对模型句的学习应该遵循由浅入深的层级性原则,因为模型句不仅有形义对称和形义非对称结构,还有同构和非同构结构,其中同构结构句是类型意义的场心句,是语言共相,在任何语言中都能找到与之结构基本对应的句子,因其与母语区别不大,较易于理解和掌握,最适合俄语初学者习得。比如类型意义为"主体及其性质特征"的场心句Оля красивая. Саша высокий.等就非常适合零起点的学生掌握。但仅仅掌握类似的句子远远不够,还需要进一步掌握按照这个模型句构成的同义转换非同构结构句:Бег у Оли – лёгкий.(比较同构结构句Оля бегает легко.)以及带各种描写述谓的近心句:Оля необыкновенной красоты. Саша высокого роста. Бег Оли отличается лёгкостью.等。之后学生才有可能理解和掌握其他所指内容更深刻难懂的边缘句,比如形式简单而内容复杂的非同构双主格句:Оля – это сама красота. Бег Оли – это сама лёгкость. Пекин – это Олимпиада-2008. Пушкин – это «Борис Годунов» и «Евгений Онегин». Долголетие – это физкультура. Кубинские девушки – это темпераментные танцы.等等。类似的双主格句在汉语中没有形式完全对应的句子,需要透过简单的形式看到其深刻的内容,如Оля – это сама красота. = Оля очень красивая. Пекин – это Олимпиада-2008. = В 2008 году в Пекине состоялась Олимпиада. Долголетие – это физкультура. = Физкультура помогает человеку жить долго. Пушкин – это «Борис Годунов» и «Евгений Онегин». = Пушкин написал произведения «Борис Годунов» и «Евгений Онегин». Кубинские девушки – это темпераментные танцы. = На Кубе девушки танцуют темпераментно. 可见,类似句子绝不能只按名词主—谓结构译成汉语的"是字句",必须透过表面"意会"后再"意译"为"锻炼能使人长寿"。唯如此说汉语的人才能明白其涵义,否则有可能会出现极其蹩脚的"外语化的母语"译文"*长寿是锻炼",这是学习外语最忌讳的现象。对于此类句子必须透过表面的简单"包装"看到其深层的实质内容。故此,处于远边缘区的形式简单但内容复杂的双主格句较适合在高年级学习(郭淑芬 2011b)。

此外,在学习过程中,有时不只形义对称性很重要,模型句的同构性也非常重要。通常在初级阶段学习方位格时首先引入的是动词方位模型句$S_1V_{act\,f}\,Adv/N_{косв}$,如

Ира занимается дома. Я обедаю в столовой. 同时引入的还有类似的句子 Я учусь в университете. Дима работает на заводе. 但后两句的内容表示的是人的社会状态，而表示这个意义的形义对称结构通常是双主格句。在很多语言中，当表示人的社会状态时都用双主格句与俄语的动词方位模型句对应，如英语：I am a student at Moscow University（逐字译成俄语是：*Я студент в Московском университете）。汉语亦然：—他是干什么的？—他是大学生（工人、教师等）。正是受母语或英语的影响，很多中国的俄语初学者喜欢使用形义对称的双主格句，而在俄语认知中"谁是谁"这样的句子更多是用来表示人所进入的社会组织，而不是人的个性评定，这点正好体现了俄语的语言世界图景及其民族性。这个社会组织常用机关、单位或部门的名称表示，如俄语通常问 Где он работает? Где она учится? 而不是 Кто он сейчас? 回答时常用带动词 работать, служить, учиться, преподавать 和方位词的模型句：Я учусь в университете. Она работает на фабрике. 而且此类模型句通常只用来表示社会组织的普通成员，比较：Он долгие годы преподавал в Московском университете. Он долгие годы был профессором Московского университета. Н.Рубинштейн был ректором Московской консерватории. 却不能说 *Он работал ректором в консерватории. 而双主格句只有在强调主体的行为与其社会地位符合与否时才使用，比较：Как ты себя ведёшь? Ведь ты студент университета. Лена победила на Олимпиаде по математике. И не удивительно: она ученица математической школы. 因此，俄语教师应该注意安排学生先学习方位模型句，然后再回到双主格句，而不是相反。同时掌握用名词二格非一致定语表示机构名称，而不是像英语等语言那样用名词六格形式作定语（如 *Моя дочь – ученица в пятом классе.），这是中国学生经常犯的错误，必须引以为戒。

  总之，学习俄语模型句需要遵守循序渐进的层级性原则，这符合人们由近及远、由易到难的一般思维方式，也符合成年人学习外语的习惯，有足够的心理认同，不会产生排斥反应，接受起来相对容易。

第27章
句子内容层面的构成

§1 句子的所指平面及其结构要素

所指平面反映的是语言外客观事实，是由某些构成所指结构（下文用ДС表示）的参项组成的类型情景。类型情景由述体及其参项构成。参项可能是题元，也可能是疏状成分。述体是连接题元和疏状成分的行为、状态、关系、存在和特征（质量和数量）。题元是事件的必有参项，包括：（1）主事，（2）受事，（3）与事，（4）工具，（5）情景元角色。疏状成分是可选角色，主要指状语成分。

Всеволодова（2000，2016）使用"所指结构"这一术语，为的是与语句的内容协调一致，因为乔姆斯基的原型结构指的是语法正确的句子，如他那句完全没有意义的句子：Бесцветные зелёные идеи яростно спят. Всеволодова（2016: 402）指出，反映在句子中的事件应包含该类型情景所必需的所有成素，不管它们是否被称名出来，如句子Его дом похож на музей.呈现的是客体之间比较的类型情景，但却没有说出其必要成素，比较的基础"画"，而该名称的位置在形义对称结构中是有的：Из-за множества картин его дом похож на музей. / В его доме, как в музее, много картин. 类型情景可能包含事件或逻辑几个命题，如下面三个句子：（1）Дождь намочил улицу.（2）Прошёл дождь, и улица стала мокрой.（3）От дождя улица была мокрой. 虽然它们都只有一个所指结构，但却有两个事件命题：（1）дождь，（2）улица мокрая和一个逻辑命题，即作者通过事件之间的因果关系进行思维的结果，该命题可通过连接词（如и，так как，потому）、原因名词短语от дождя、述体намочил或关系标记词表示：Прошедший дождь **сделал** улицу мокрой. 所有成素дождь, улица, мокрый / намочить都进入"由自然事件引起的客体物理状态"这一类型情景，其中逻辑命题对一个事件的评价是原因，对另一个事件的评价是结果，由此来确定事件之间的关系。

需要注意的是，句子在体现类型情景时，表达的经常不只是某一类事件（От дождя улицы становятся мокрыми.），而是某个具体的事件：Прошедший утром лёгкий дождь едва лишь намочил улицу. 其中包括不进入类型情景构成但参与具体事件的补充成素：утром（时间），лёгкий（雨的特征），едва（特征的程度），虽然它们不是类型情景的成素，但却进入该句的所指结构，因为正是这些语义形成了语句的客观内容：Утром был дождь. Дождь был несильный. Улица стала мокрой，но немного.

比如下面四个句子：（1）Оля хорошо учится.（2）Оля - хорошая ученица.（3）С учёбой у Оли хорошо.（4）Учёба у Оли идёт хорошо.表达的是同一个类型情景，拥有同一个所指结构且由以下角色组成：施事Оля，施事的智能行为учится，行为的主观评价хорошо，而它们之间的区别在于信息传递的途径不同，即语义层本身的差别。

所指结构的原型表达手段是形义对称结构，句子（1）和（2）就是类型情景的形义对称结构。所指结构成素就像话剧的剧中人和舞台场景。原型语句Маша читает бегло.和В России живёт много национальностей.就如同按照剧本（事实结构）排演的话剧，没有任何发自说话者的主观意愿，还没有与言语行为发生联系，也就是还没出现交际预期。

为了方便分析所指结构，我们把一些主要所指角色的俄语名称缩写、全称及汉语翻译对照如下：

俄语名称缩写及其全称	汉语翻译	俄语名称及其缩写全称	汉语翻译
А – агенс	施事	Пцс – пациенс	受事
Экз – экзисциенс	存在主事	Обт – объект	事物客体
Экс – экспериенцер	状态主事	Днв – донатив	给予物
Дес – дискриптив	特征主事	Дмнс – дименсив-2	行为延续时间
Рел – релянт	相关者	Кмпл – комплексив	总括者
Днр – донатор	给予者	Лок – место	地点，方位
Пол – получатель	领受者	Темп – время	时间
Элм – элиминатив	被消耗物	Квалф – квалификатив	评定
Парт – партитив	组成者	Квант – количество	数量
Дств – действие	行为	Квалт – качество	质量
Нал – наличие	存在	Стнт – ситуант	情景元
Ст – состояние	状态	Кауз – причина	原因，缘由
Отн – отношение	关系	Биф – бенефициенс	受益者（或受损者）
Атр – характеризация	特征	Псер – посессор	领有者

续表

五大述体的俄语名称缩写及其全称	汉语翻译
Э-пр – экзистенциальный предикат	存在述体
А-пр – акциональный предикат	行为述体
С-пр – статальный прдеикат	状态述体
Р-пр – реляционный предикат	关系述体
Атр-пр – характеризационный предикат	特征述体

下面利用上表的符号来举例说明所指结构的构成：

例（1）Барсук питается корешками растений. 其所指角色是：施事— барсук，行为述体— питаться，被消耗物— растения，组成者— корешки。在展示所指结构的词汇组成和所指角色时，我们把该句的后两个角色合并在一起，对比如下：

词汇组成 **Барсук питаться корешки растений**
ДС А А-пр Элм

例（2）В России живёт много национальностей. 其所指角色是：方位— Россия，存在述体— жить，数量— много，存在主事— национальности，对比如下：

词汇组成 **Россия жить много национальности**
ДС Лок Э-пр Квант Экз

例（3）Отец принёс матери щуку килограммов в пять. 其所指角色是：给予者— отец，行为述体— принести，领受者— мать，给予物— щука，数量— пять килограммов，对比如下：

词汇组成 **Отец принести мать щука пять килограммов**
ДС Днр А-пр Пол Днв Кван

该句里有两个命题：1）事件命题：Отец принёс матери щуку. 2）逻辑命题：Шука - пятикилограммовая. /В щуке – 5 килограммов.

例（4）У сестры весь день болела голова. 其所指角色是：存在主事— сестра，生理状态述体— болеть，方位— голова，行为延续时间— весь день，对比如下：

词汇组成 **Сестра весь день болеть голова**
ДС Экс Дмнс С-пр Лок

例（5）В китайской кухне много блюд. 其所指角色是：方位— Китай，总括者— кухня，关系述体—关系标记词состоять或 включать的零形式，组成者— блюда，数量— очень много，对比如下：

词汇组成	**Китай**	**кухня**	（**состоять-0**）	**очень много**	**блюда**
ДС	Лок	Кмпл	Р-пр	Квант	Парт

例（6）Хирург поблагодарил ассистентов за участие в операции. 其所指角色是：施事— хирург，行为述体— поблагодарить，受益者— ассистенты，缘由在此处是受益者的行为участвовать в операции，对比如下：

词汇组成	**Хирург**	**поблагодарить**	**ассистены**	**участие в операции**
ДС	А	А-пр	Бнф	Кауз

此句中的缘由可以展现为独立命题：Ассистенты оперировали. 其所指角色是：共同施事— ассистенты，行为述体— оперировать。

通过以上例句分析我们发现，所指结构中有时可能有几个不同的命题，有时又有隐现的角色。我们必须学会透过句子的形式表面看到隐藏在其背后的客观事实。

§2 句子的交际平面

交际平面反映的是情景发话者的认知平面，该平面受到情景的制约，由交际结构（即实义切分）表达。思维的对象是主位，亦即被述谓化成素（предицируемый компонент），思维对象的特征是述位，亦即述谓化成素（предицирующий к.），也就是指"包括带主要句重音词在内的词群"（Падучева 1985: 112）。我们正是按照主位和述位的划分来确定交际结构的述谓框架，比如句子Маша читает бегло.可有以下几种实义切分形式：

（1）主位是施事名词，述位是述体及其特征，可有以下言语体现：Маша // читает бегло. У Маши // беглое чтение. Маша // отличается беглым чтением. Маше // свойственна беглость в чтении. Маша //- само беглое чтение等。

（2）主位是行为名称，述位是特征，而施事名词在切分符号前，可有以下语句：Читает Маша // бегло. Чтение у Маши // беглое. Машиному чтению // свойственна беглость. Чтение Маши / Машино чтение // отличается беглостью. Чтение Маши //- это сама беглость.

第 27 章
句子内容层面的构成

（3）主位是特征，述位是施事或施事与行为的组合，如：Бегло читает // Маша. Беглость чтения //- у Маши. Беглостью отличается // Машино чтение. Беглостью в чтении // отличается Маша.

正是这个建构语句的平面决定着语句成素的基本词序，也就是说，整个交际意图是由句子的线性语调结构表达的。交际平面之所以紧跟所指平面之后，是因为这个平面对位于其后的语义平面和形式平面的结构都有直接影响。交际平面就好比导演意图与话剧主角的关系，但不总是与剧本主角的关系。

§3 句子的语义平面及与其他平面的关系

语义平面是连接句子其他各平面的核心，反映的是说话人对句子内容常体带有一定观点的呈现，由语义结构（缩写为CC）表达。语义结构的特性决定了语义平面与所指平面、交际平面和形式平面之间存在着紧密的联系，每个界面都由自身特有的成素构成，因此语义结构中包含了所指结构的语言表达（вербализованное представление）、交际结构述谓伙伴的选择（выбор предикат-партнёров）、形式平面的情景传递途径（ракурс падачи ситуации）以及句子的主观评述（предложенческий модус），从而形成了四个相互关联的界面（下面用CC1，CC2，CC3，CC4表示），其中每个界面都与其他结构相联。如果说话人针对所指结构是剧本的作者，那么针对语义结构他就是话剧的导演。语义结构是比所指结构更复杂的多界面构造。下面我们详细分析这四个界面的具体表现。

3.1 情景参项的语言表达

CC1是语义结构的第一个界面，与所指平面连接，是所指结构的语言表达。正是在这个界面能用词语来确定情景参项、语义关系的标志或说话者引入的主观评述涵义，它们在CC1中由一定的词汇来体现，比如关于俄罗斯人口的句子可以省略述体жить：В России много национальностей. Россия многонациональна. 等。但句中可加入类别词количество：В России（живёт）большое **количество** национальностей。在关于Маша阅读的句子中虽然省略了客体名词，但可加入характеризуется, свойствен, отличается一类的描写说明词来表示行为的特征，如Чтению Маши **свойственна** беглость. Чтение Маши **отличается** беглостью. 再比较下列句子所指结构的不同言语体现：

（1）В Китайской кухне много блюд.

（2）**Количество** блюд китайской кухни огромно.

（3）Китайская кухня **отличается** богатым ассортиментом блюд.

可见，与所指结构不同的是，语义结构中不只包含角色，还有语义关系标志词，语句中词的数量可能与所指结构情景参项的数量不相等，引起这些变化的原因是：1）要么隐藏关系标志，具有相同涵义的成素可以用零形式表示；2）要么显现语义关系，在语义结构中加入关系说明词或类别词，如：

（4）Китайская кухня **включает** очень много блюд /огромное **количесво** блюд.

（5）Китайская кухня **состоит** из очень многих блюд.

（6）В китайскую кухню **входит** очень много блюд.

对比下面几个句子的CC1和所指结构角色之间的关系：

（1）В России много национальностей.

词汇组成	Россия	（жить）	много	национальности
ДС	方位	存在述体	数量	存在主事
CC1	方位	0	数量	存在主事

（2）Золотую медаль – дебютанту.

词汇组成	（Некто）	（вручить）	золотая медаль	дебютант
ДС	施事	行为述体	给予物	领受者
CC1	0	0	给予物	领受者

该句中的四个所指角色只剩下了两个，施事和行为述体都被省略掉，下句亦然：

（3）Самолётом – на Кавказ.

词汇组成	（Некто）	（летать）	самолёт	Кавказ
ДС	施事	行为述体	工具	方向终点
CC1	0	0	工具	方向终点

（4）Аэлита Дорониной – это мастерство.（多罗尼娜演的艾丽塔就是造诣高）

词汇组成	Доронина	（сыграть）	Аэлита	мастерство /мастерски
ДС	施事	行为述体	创作客体	特征
CC1	施事	0	创作客体	特征

在形式结构中能否恢复省略掉的成素，取决于很多因素，比如前三句可以恢复，但第四句就无法恢复，只能意会或重述。

在CC1框架里可以出现说话人引入语句的主观涵义，这既可能是作者的信源说明补充：В России, **как известно**, много национальностей. Маша, **по-моему**, читает бегло. 也可能是作者的主观评述补充: **Именно** Маша читает бегло. **Не только** в России живёт много национальностей. 引入句子结构的信源说明意义使所指结构变得复杂，因为它们在句子结构内部创立了补充事件命题。主观评述涵义可能使用专门的词语，比如"有其他的可食之物，但它们比较少"这一涵义在关于獾的句中可用限定成分 в основном 表示: Барсук питается **в основном** корешками растений. 涵义"确认前面说过话的真实性"在关于中国饮食的句中可用 действительно 一词: Количество блюд китайской кухни **действительно** огромно. 对比这两个句子在ДС和CC1中出现的关系说明词、描写说明词、类别词和主观评述词的相关性:

（1）Барсук питается **в основном** корешками растений.

词汇组成	Барсук	питаться			корешки растений
ДС	施事	行为述体			被消耗物
CC1	施事	行为述体	основное	主观评述	被消耗物

（2）Количество блюд китайской кухни **действительно** огромно.

词汇组成	Кухня	Китай	много	блюда	
ДС	总括者	方位	数量	组成者	
CC1	总括者	方位	数量	组成者	
	количество 类别词		действительно 主观评述		

3.2 述谓伙伴的选择

CC2是语义结构的第二个界面，与交际平面连接，与实义切分相关联，是述谓伙伴的选择，即叙述的主题及主题的展开，也就是主位和述位①，主位是叙述的出发点，即说话者想要说的话题，是被述谓化成素，述位是围绕主位所作的陈述，是主要的交际内容，是述谓化成素。

词形的句子成分位置不影响词形能否进入"述谓对"，每个述谓伙伴的角色可以是

---

① Всеволодова (2016: 408) 指出，主位和述位就是说话者把内容推进到相应的被述谓化和述谓化成素的位置上，它们的表达手段取决于语言的特点，在一些词序是语法化的语言中表示述位的词经常有词法标志（某些词缀，比如韩语中的 ka 或 i)，尽管该词本身既可以在句首，也可以在句中。在另外一些语言中述位可以主题化，即移至句首并使用其原始形式，而其原来的位置由代词替代，如 Отец, я купил вчера ему шапку. 相当于 Я купил вчера шапку (именно) отцу. 在第三类语言中改变实义切分时需要改变句法结构，比较俄语句子 Книга - на столе 的英语是：The book is on the table；而 На столе книга 是：There is a book on the table.

独立的词形、词组或形式上完整的句子，如Зрителей в зале - яблоку негде упасть.中的述谓化成素是成语яблоку негде упасть，没有语段切分，句重音落在яблоку上，要一口气说完，比较：Зрителей в зале очень много. 句子 **Барсу³к //** питается в основном корешками расте¹ний.中的被述谓化成素是主事барсук，其述谓伙伴是由一系列角色（行为+主观评述+被消耗物）构成的动词词组。

在线性语调结构中语调非常重要，主位通常用升调（调3、调4、调6），述位由主要句重音（独白语中用调1，对话中用调3）来读，语调跟语段①（用符号//表示语段切分）有密切关系，比较下面两句的CC1和CC2中词汇组成的对应类型，主位焦点用黑体标出：

例（1）Барсук питается в основном корешками растений.

（1а）**Барсук** // питаться основное корешки растений

（1б）Барсук **питаться** основное // корешки растений

（1в）**Основное** питаться барсук // корешки растений

（1г）Основное **питаться** барсук // корешки растений

（1д）**Основная часть** питаться барсук // составлять корешки растений

例（2）В России живёт много национальностей.

（2а）**Россия**（//）жить много национальности

（2б）**Жить** Россия //много национальности

（2в）**Национальности** Россия（//）жить много

（2г）**Россия** 0 //много национальности

（2д）**Национальности** Россия //0 много

（2е）**Россия** 0 //страна много национальности

（2ж）**Россия** 0（//）отличаться много национальности

由于交际目的不同，同一个句子可以切分为不同数量的语段，分别用不同的调型来说。与CC1形式结构相同的CC2可能因词序的改变而使语句的语义发生改变，比较**Я купил** //интересную книгу.（我买了一本有趣的书。）- **Книгу** я купил // **интересную**.（书，我买了一本，很有趣。）

述谓伙伴的选择还不能确定纯语义结构，特别是形式结构，因为相同的所指角色通

---

① 语段指在语调上不可分割的有意义的言语片段（相当于完整语句或语句的一部分），将言语分割为语段的做法叫做语段切分（《80年语法》）。

过述谓伙伴功能可以呈现出不同的身份和形态，而且有时某种原因可导致已有的述谓化关系不能进入某些陈说类型，比如在口语陈述中主位是行为名称的句子很正常：Чита³ет Маша //бе¹гло. 但在书面语中就不适宜，因为这种句子要求强烈的重音切分。为了避免这种"不适宜"就要选择将主位中的谓语转换成主语的句型，这种句型的主位不要求强烈的重音切分，如Чтение Татьяны Петровой отличается беглостью. 这种操作将与语义结构的第三个界面发生关系。所指结构的具体体现由情景的传递途径来完成，也就是通过对模型句类型意义的选择和所指角色的重新分配来完成。

3.3 情景的传递途径

3.3.1 语义结构的第三个界面CC3是对内容传递途径的选择，是"包装"语句内容的模型句的类型意义，经常把所指结构中的角色成分按照所选模型句的类型意义重新分配，与形式结构（即第四个平面）直接相联。类型意义限制了形式结构的选择，比如相同的类型意义可以有同构和不同构的模型句：Он высокий /Он высокого роста/ У него высокий рост. 类型意义的选择就是句子纯语义结构的选择，只有在CC3才可以提及由主—述体对构成的纯语义结构。为了与所指结构相区别，纯语义结构应该称为命题。如语句（1）Оля хорошо учится. 和（2）Оля - зорошая ученица. 的所指结构相同，区别就在于命题不同。例（1）原始句是事件命题，例（2）却是逻辑命题。这个类型情景的所指结构是由行为述体、施事和行为的性质特征构成。但在例（2）中我们从表面看到的却是一个由特征主事及其性质特征构成的情景，比较：Оля относится к числу хороших учеников. 其实所指结构显示，这不过是同一剧本的另一出戏，也就是其中的性质特征不过是个假象，没必要让这些假象使事实变复杂。所以在语义结构里使用主体和述体这两个述语更合适，正是主—述体关系构成了模型句的类型意义（Золотова 1982：98-99）。

类型意义在形式结构中也有所体现，一定的形式结构决定着一定的类型意义。正如Золотова（1982）指出的那样，由名词一格形式和动词陈述式构成的模型句（如Маша читает. Отец копает грядки. Подъехала машина. 等）都拥有"主体及其行为"的类型意义。由一格名词和形容词构成的模型句，根据形容词的词汇意义可拥有以下类型意义：

（1）"主体及其性质特征"：Маша умная. Дерево высокое.

（2）"主体及其状态"：Нина больна. Отец был зол.

（3）"主体及其与他人或物的关系"：Галя дружна с Олей.

疏状成分的出现能够影响模型句的类型意义，如Маша читает **бегло**. 中行为特征的出现使其类型意义变成"主体及其行为的特征"，又如：Девушки на Кубе танцуют удивительно **темпераментно**. Петя решает задачи **быстро**. 等。

如果语义结构和所指结构相同，那么内容常体和模型句的类型意义就是同构的。在带中性词序的原始模型句和词序有变但形式结构不变的语句中就是如此。对比如下①：

（1）CC2（АЧ）Барсук // питаться основное корешки ратений
    CC1   施事   行为   主观评述   被消耗物
    CC3 S_1 $V_{act\,f}$ （Adv/$N_{косв}$）
    ТЗ "主体及其行为"，更确切的说法是："主体及其行为指向的客体"
    ЛИС   Барсу³к // питается в основном корешками расте¹ний.

在中性词序情况下，CC3和CC2的成素通常是对应的，当词序发生改变时，CC2和CC3的成素不对应，如：

（2）CC2（АЧ）Питаться барсук // основное корешки растений
    CC3 $S_1 V_{act\,f} N_{косв}$
    ТЗ "主体及其行为"
    ЛИС Пита³ется барсук // в основном корешками расте¹ний.

然而，语义结构可能与所指结构不同，如Оля — хорошая ученица.是由带类型意义"主体及其行为的特征"的模型句变成了带类型意义"主体及其性质—分类特征"的句法变体。于是，关于Маша阅读的剧本可变成主体及其特征的故事，主角不再是Маша，而是其行为：Машино чтение беглое. 此外，还可用存在情景表示完全不同的内容，如人的智能状态，比较：Я надеюсь. 和Во мне живёт надежда. 或者物体的参数特征，比较：Рыба весит пять килограммов. Бассейн имеет в глубину неполных три метра. 和В этой рыбе пять килограммов весу. В бассейне нет и трёх метров глубины. 可见，语义结构实际上是话剧体裁，经常与剧本体裁（即所指结构）不相符。

3.3.2 样板结构（структура образов）是Всеволодова（2016: 410）在语义平面的第三个界面里提出的一个新概念，指用功能角色术语对模型句类型意义进行解释，把它称为CC4，这实际上是个"面具"，是伪角色（квазироли），CC4的角色和CC1中的角色在形义对称结构中通常是吻合的。但当模型句改变类型意义时，所指结构成素在CC4中可能出现伪角色，比如存在句В России много национальностей.变成带类型意义"主体及其性质特征"时（Россия многонациональна.），方位成素变成"特征主体"伪角色，联合

---

① 对比中的符号所代表的含义是：АЧ – 实义切分，CC1...3 – 语义结构的第一至第三个界面，ТЗ – 类型意义，ЛИС – 线性语调结构; 类型意义的形式标志 $S_{1...6}$ – 1至六格主体，$V_{act\,f}$ – 行为动词的变位形式，$V_{ex\,f}$ – 存在动词的变位形式，$V_{ex\,f\text{-}0}$ – 存在动词的零形式，$N_{1...6}$ – 名词的六个格形式，$N_{косв}$ – 名词间接格形式，Adv – 副词，Adj – 形容词，Cop – 系词。

主体（数量+存在主事）变成"特征"伪角色，对比如下：

CC2 (АЧ)　Россия　　　0 // много национальности.
CC1　　Россия многонациональна.
　　　　方位　　　存在述体　　　存在主事
CC3　　S_1　　　Cop　　　Adj_f
ТЗ　　"主体及其性质特征"
CC4　　伪特征主体（S_1）　　伪特征（Adj）
ЛИС　　Росси³я многоциона¹льна.

当以上所指结构在CC1中出现类属词страна时，可体现为模型句S_1 Cop Adj $N_{1/косв}$，类型意义变成"主体及其数量—评定特征"：Россия - страна многонациональная. 其中所指结构中的联合主体变成了страна的修饰成分；也可能变成带类型意义为"主体及其评定特征"的模型句S_1 Cop $N_{1/косв}$：Россия - это много национальностей. 其中много可获得伪角色"评定本身"：Россия - это **множество** национальностей.

此外，俄语中的主位和主语，述位和谓语不一定有对应关系，如主位上可能出现一组谓语，述位上也可能出现扮演伪主体的一组主语：Основную ча³сть питания барсука составляют корешки расте¹ний. 当说话人想把主位变成主语时，可把关系说明词составлять换成состоять из /включать в себя：Основная часть питания барсука состоит из корешков растений. 当把描写说明词отличаться换成отличать时，在主位上的伪主体角色由主语变成补语，比较：Россия отличается многонациональностью.和Россию отличает многонациональность.

为了避免主题化，需要改变形式结构和类型意义。通常主题使用调6形成更加强烈的语调色彩，如：Пита́ется барсук // в основном корешками расте¹ний. Живё⁶т в России // мно¹го национальностей. 但这不是任何时候都适宜，把主题动词名词化后可避免费力的声调，比较这两句带动词主题原始句的转换句（其样板结构在语义平面发生了变化）、类型意义和形式结构：

（1）词汇组成 Питаться барсук // основное корешки растений

CC-1（转换句）Питание барсука - это в основном корешки растений.
ДС　　　　行为述体　　施事　　　　主观评述　　　被消耗物
CC-3　　　　S_1　　　　　　　Cop　　　　　　　　N_1
ТЗ　　　　"主体及其分类特征"

CC-4　　　　伪特征主体（S_1）领有者（N_2）主观评述 分类（N^1）

ЛИС　　　　Питание барсу³ка – это в основном корешки расте¹ний.

（2）词汇组成 Жить Россия // много национальности

CC-1（转换句）Население России многонационально.

ДС　　　　　存在述体　　　方位　　　　存在主事

CC-3　　　　S_1　　　　　Cop　　　　 Adj_f

CC-4　　　　伪特征主体（S_1）领有者（N_2）伪特征（Adj）

ЛИС　　　　Население Росси³и многонациона¹льно.

此时如果CC-1（转换句）中出现动词描写说明词时，模型句可变为：Население России характеризуется многонациональностью.

（3）词汇组成 Число национальности Россия // 0 много.

CC-1（转换句）Число национальностей в России велико.

ДС　　　　　类别词　　　　存在主事　　　方位 存在述体（数量）

CC-3　　　　S_1　　　　　Cop　　　　 Adj_f

ТЗ　　　　　"主体及其数量特征"

CC-4　　　　伪特征主体（S_1+存在主事N_2）方位（в+N_6）伪特征（Adj）

ЛИС　Число национальностей в Росси³и велико¹.

（4）词汇组成 Основное питаться барсук //корешки растений.

CC-1（转换句）Основное в питании барсука – это корешки растений.

ДС　　　　　主观评述 行为述体 施事　　　　　　　被消耗物

CC-3　　　　S_1　　　　　　　　　　Cop　　　　 N_1

ТЗ　　　　　"主体及其分类特征"

CC-4　　　　伪特征主体（S_1）总括者（в+N_6）领有者（N_2）分类（N_1）

ЛИС　　　　Основное в питании барсу³ка – это корешки расте¹ний.

可见，句子语义平面的四个界面与其他三个平面相互交织，互为解释，又各自独立。

§4　所指角色和语义结构中伪角色的对应关系

目前对所指角色和语义结构中的伪角色的对应关系还缺乏足够的研究，Всеволодова（2000: 298；2016: 412）列举了以下几种情形：

（1）伪角色与所指角色形式上吻合，比如模型句Основное в питании барсука – это корешки растений. Россия многонациональна. Щука весила 5 кг.中的特征主体在形式和语法实质上跟以下句中的特征主体没有区别：Отец – учитель. Маша красивая. Башня достигает в высоту 80 метров.

（2）伪角色更具概括特征，扮演"特征"伪角色的一致定语消除了数量和质量之间的差别：пятикилограммовая щука, многонациональная Россия, российское население，包括所属形容词（**барсучье** питание）、非一致定语（питание **барсука**，население **России**，вес **щуки**）也是伪特征。

但在非同构结构和形义非对称结构中较难描述作主语的主体角色，当受事名称变成主语时，应该将其称为伪主体，比较：Мы поймали в сети **щуку** ↔ Нам попалась в сети **щука**. **Меня** пригласили на бал ↔ **Я** получил билет на бал. 而当述体或特征角色变成语义主体时亦然：Сначала **ангиной** заболела мама, а потом Петя ↔ Сначала **ангина** началась у мамы, а потом перекинулась на Петю. **Мелодичным** её голосом я восхищался ↔ **Мелодичность** голоса меня восхищала. 该句的类型意义是"现象、因素及其对人的影响"。

（3）一些特有的伪角色，如发送者、给予者和起因角色在言语体现中对应成消极主体伪角色"发送者、给予物（特质、信息、知识、习惯等）的拥有者"：1）**Отец** принёс матери щуку ↔ **От отца** мать получила щуку. 2）**Он** рассказал мне о книге ↔ **От него** я знаю о книге. 3）**Владимир** приказывает Борису готовиться в поход ↔ **От Владимира** Борис получает приказ готовиться в поход. 4）Мы передаём опыт детям ↔ **От нас** опыт передаётся детям.

此外，存在主事和特征主事经常体现为光线、温度、气味、声音的来源这一伪角色：5）**Липы** пахнут душистым мёдом ↔ **От лип** душистым мёдом тянет（Фет）. 6）**Железная печка** излучает тепло ↔ **От железной печки** идёт лёгкое тепло（Куприн）. 在消极行为情景中施事会获得消极行为间接主体伪角色：7）**Волки** совсем не дают житья овцам ↔ Овечкам **от волков** совсем житья не стало（Крылов）. 8）**Противник** ударил его в плечо ↔ **От противника** он получил удар в плечо.

有些行为或状态述体角色在带有潜能特点的情态变异中获得了"潜力"（потенсив，Золотова 1988: 136）伪角色：9）Он неспособен **дружить** ↔ Он к **дружбе** не способен. 10）Она ловко **выполняет** любую **работу** ↔ Она ко всякой **работе** ловка. 在带描写说明词的逆向转换中行为名称会变成命题客体伪角色：11）Его **ударили** ↔ Он получил **удар**. 12）Им **приказывает** Владимир выступить в поход ↔ От Владимира они получают **приказ** выступить в поход.

下面举例展示所指结构和CC4中角色的对比情况：

От отца мать получила пятикилограммовую щуку.

| ДС | 给予者 | 领受者 | 行为 | 数量 | 给予物 |
| CC4 | 发送者 | 伪主体 | 行为 | 伪特征 | 给予物 |

Отцовская щука для матери весила килограммов пять.

ДС　给予者　　给予物　　领受者　　　数量（特征）
CC3　$S_1 Cop / V_{atr\,f}$ Qant
T3　"主体及其数量特征"
CC4　伪拥有者　伪特征主体　给予对象　描写说明词　数量（伪特征述体）

句中出现的主观评述成素（Барсук питается **в основном** корешками растений.）会占据各种不同参项的位置，比如伪主体：**основное** в питании барсука，伪特征：**основное** питание барсука；**основную** часть питания барсука等。再对比下面转换句：

Основным барсучьим питанием являются корешки растений.

ДС　　　施事　　　　行为述体　　　　　被消耗物
CC3　S_1 Cop $N_{1/5}$
T3　"主体及其分类特征"
CC4　主观评述　伪拥有者　　伪分类　　系词　　伪主体

Российское население характеризуется многонациональностью.

ДС　　　方位　　　存在述体　　　　　　　数量+存在主事
CC3　　　S_1 Cop N_5（特征述体）
T3　"主体及其性质特征"
CC4　　伪特征　伪特征主体　描写说明词　　伪性质特征

通过以上几个界面的对比我们发现，俄语中所指结构和语义结构在角色上不对应是常态，尤其是在转换句的CC4中更是经常出现各种伪角色，因此，我们在分析句子内容时必须透过形式看到其本质，不被表象迷惑。此外，将语句看成一个多平面的整体能够建立起具有极大说服力的句子语言模型，能够形成解决各种交际任务的句子转换规则。

以上我们探讨的句子内容层面的形成还只是以陈说（диктум）为材料，没有涉及交织在句子陈说内容中的被信源说明和主观评述涵义繁化了的语句内容。虽然有时这些补充涵义并没有词语上的表达，但操该语言者都能明白，而且每次赋予的语句自己的特性，都带着民族烙印，远不是外国人能够理解的，需要专门讲解、学习和领会。比如有的语句用语调表达语义：Нужна⁷ мне твоя книга! 用调7表达的意思是"我才不需要你的书呢"。当作者把一些补充涵义引入语句时，即使它们的表达是隐性的，也会使客观事实的报道变得复杂。下面我们简要介绍这些补充涵义——信源说明和主观评述。

§5 信源说明及其表达手段

信源说明虽与主观评述"同源"相关，经常交叉相互影响，但却属于两个独立的范畴，产生的土壤是述谓性范畴（句子句法聚合体中的语法变异），即说话者把报道的陈说跟事实按照"人称""时间""情态"，甚至"地点"这些坐标对应起来，其中最重要的是"人称"坐标，主要包括"我/我们"句、"你/你们"句、"他/他们"句。人称范畴把语句分成两个事件：被报道的客观事实和言语行为本身（对事实的报道）。

信源说明被包含在所报道的事实里，进入语句的陈说，构成语句内容的一部分，就像类型情景体现在所指平面一样，至少由两个成素构成：信源说明主体和信源说明行为，信源说明主体跟报道事实的主体相对应。信源说明不仅是类型情景的一个类别，还是功能语义范畴（或该范畴的一个片段），并相应地体现在被说话者传达的信息所针对的人称对立中：（1）针对说话者自己，（2）针对其他人称。在这个基础上信源说明分为以下两种：

（1）主观（我/我们）信源说明，此时说话者和信源说明主体吻合：**Не думаю**, чтоб нападки Блока на акмеистов были справедливы（我不认为，勃洛克对阿克梅派的攻击是公正的）.

（2）客观（你/你们、他/他们）信源说明，此时说话者和信源说明主体是不同人称：Разрыв с прозой как с жанром означает **для Блока**, видимо, и разрыв со здравым смыслом. 有时你/你们信源说明不进入句子的陈说：Я, **сам понимаешь**, туда не пойду. **Знаете**, у нас работа.

Всеволодова（2000: 302）把信源说明行为的表达手段按具体的类型情景分为：

（1）向类型情景引入新的称名和解释时常使用动词называть, называться,

значить等：В тяжёлые минуты «декохта», что на морском и портовом жаргоне **обозначает** полное безденежье, к Саше обращались за мелкими суммами и за небольшим кредитом у буфета（Куприн）（在艰难的"草药汁"时期，这在海上和港口行话中指完全没钱，人们就在小吃店旁跟萨沙借点小钱或贷点小款。）.

（2）在"指出信息来源"类型情景中信源说明的标志是动词 сообщать, напечатать, передавать等：Как **сообщает** журнал «Химия и жизнь», в настоящее время известно около 6 миллионов химических соединений（Петропавловский）.

（3）在"指出引入的已知信息"类型情景中信源说明的标志是 знать, напомнить, известно, не секрет, не тайна等：**Известно**, что алкоголь в организме подвергается окислению, главным образом, в печени. **Не секрет**, что друзья не растут в огороде（歌词）= все знают.

（4）在与物体存在相关的类型情景中信源说明的表达手段是 видеть, виден, встречаться, найти等：А возле чёрных пней можно было **найти** переспелую и очень сладкую землянику（草莓）（Пришвин）= ещё была земляника.

（5）在"标注信息来源"的类型情景中，除了信息载体（即信源说明主体）外，还有信息的出处：Однако, как пишет В.А. Никонов в «**Кратком топонимическом словаре**»... попытки языковедов прояснить это слово, оказались неудачными. 又如：Достаточно взглянуть **на городскую киноафишу**, и будет всё ясно.

在类似的类型情景所指结构中可能出现可选角色，如表示信源说明行为的数量或性质特征的词 грубо, проще, коротко, короче, другими словами, или иначе：**Грубо говоря**, когезия（内聚力）- это взаимное притяжение молекул…（分子）（Марков）. 每个成素在形式结构中可表现为不同手段的集合：ты думаешь, что… /по-моему /для тебя /с твоей точки зрения等。

在具体语句中信息来源可能是一系列角色：

（1）引入称名情景：Этот звук издают дельфины（海豚），или **как их называют рыбаки**, морские свиньи（Куприн）.

（2）信源说明主体：**У сильного** всегда бессильный виноват = Сильный считает …

（3）称名者和被称名物：Этот звук издают дельфины, или, **по-рыбацки, морские свиньи**.

（4）信源说明行为：Диапазон государственной деятельности Клавдия **оказался** широким（Фёдорова）. 此处可恢复信源说明者，如：Современники Клавдия убедились...; Исследователи установили, что...

（5）只指出信息来源：С детства Ярослав, **согласно древнерусским источникам**, был физически неразвитым ребёнком (Филист). 比较带信源说明主体和信源说明行为的句子：**Как отмечают летописцы** в древнерусских источниках...

（6）只指出被称名物：Конечный эффект энуклеации (**ударение ядра**) (摘除术) – гибель клетки = Так биологи называют...

带信源说明的句子总是多命题的，比如Картины Айвазовского вы **увидите** во многих музеях мира. 中的第一个命题是：Картины Айвазовского **есть** во многих музеях мира. 第二个命题是：Вы можете их **увидеть**.

在复合句中信源说明经常构成主从属复合句的主句部分或无连接词复合句的一部分：**Исследователи признают в своей статье**, что (:) остаётся ответить ещё на множество вопросов. 也可以让位给被报道事实成为插入句：**Как признают исследователи в своей статье**, остаётся ответить ещё на множество вопросов. 或者是插入词组（或词）：**По признанию самих исследователей**, остаётся ответить ещё на множество вопросов. **Согласно журналу «Бизнес-неделя»**, типичный американский управляющий работает, ни на что не отвлекаясь, всего около шести минут. **По словам швейцарских животноводов**, если корову подоить до рассвета, выпитое молоко производит снотворное действие.

此外，信源说明情景可以是独立的句子：**Вывод, к которому пришли собравшиеся, безрадостен**: кинопрокат сегодня не в состоянии решить проблемы максимального контакта фильма со зрителем. 比较：...пришли к безрадостному выводу, что...

下面我们在句子结构中对比信源说明涵义。进入语句陈说的信源说明成素以所指角色的形式进入所指结构：Сильный уверен (считает, думает), что слабый всегда виноват. 其所指角色形态如下：

    Сильный   думает, что слабый всегда   виноват.
    ДС   施事-1   状态述体   施事-2   时间   状态述体

在同样的所指结构中可能是信源说明主体需要被解释出来：У сильного всегда бессильный виноват. 对比该句的所指结构和语义结构的角色：

	У сильного	всегда	бессильный	виноват.
ДС	施事-1（零位状态述体）	时间	施事-2	状态述体
CC4	信源说明主体	时间	特征主体	社会状态述体

也可能是信源说明行为需要被解释出来：Ясно, что в школе он не был. 其中状态述体ясно来自я делаю вывод或мы можем сделать вывод, что... 对比：

	Ясно, что	в школе	он	не	был.
ДС	（零位施事）状态述体	方位	存在主事	не	存在述体
CC4	信源说明行为（状态述体）	方位	存在主事	не	存在述体

也可能是两个成素变成一个名词短语，其中信源说明主体变成领有者伪角色（его、её或N_2），信源说明行为变成信息依据伪角色，比较：по его словам = он говорит, что... 对比：

	По его	словам,	он	был	в школе.
ДС	施事	行为述体	存在主事	存在述体	方位
CC4	信源说明主体	信息依据	存在主事	存在述体	方位

或者分开，信源说明行为是间接表达的，如：Для неё кричать - значит воспитывать. 其所指结构可做如下解释：Она считает /думает /уверена, что...+包括两个事件命题的多命题情景：а) Она кричит（на X-а）——条件（生理行为述体2）；б) Она воспитывает（X-а）——推理结论（社会行为述体3）；还有一个可用连接词 если..., то 表示的逻辑命题或者由不进入所指结构但引出推理结论的语义系词значит表示，而在上面两个命题中受事都是零形式，对比：

	Для неё	кричать	- значит	воспитывать.
ДС	施事（0位状态述体1）	（0施事）行为述体2（0受事）	（0施事）行为	述体3（0受事）
CC4	信源说明主体	行为述体2	逻辑命题	行为述体3

可见，推理结论关系标记词значит跟信源说明情景有体系性联系。此外也有可能出现信息来源角色，如：Из городской киноафиши ясно, что...等。我们看到在语义结构中，当该类型情景被压缩或称名化时，信源说明涵义获得了跟所指角色语义相近的确定角色。

无论是主观还是客观信源说明都可以引入主观评述涵义，详见下节。

§6　主观评述及其表达手段

主观评述范畴进入由较宽泛的情态范畴构成的功能语义场，而且二者常常不被区分。主观评述范畴不是信息的典型内容，而是信息的伴随者。Всеволодова（2000: 305）区分纯情态范畴（客观情态和句法内情态）及主观评述范畴。主观评述范畴指所有发自说话者主观意思的表达，分为两类：

（1）语篇的主观评述，指所有用于其语句意义表达的辅助手段，它们是信源说明、句法内情态和评价，所表达的就是它们所称名的，主要由以下述体呈现：думать, знать, возможно, казаться, верно, ложь, хотеть, трудно сказать, скверно等。语篇主观评述实质上是语言共相，在其他语言中都有显性的表达，当然可能与俄语的表达不同。此外，任何一个述体都可能成为语句的陈说，比如句子Мне нужно поехать в Минск.所要描写的情景正好是述体нужно所描述的。

（2）句子的主观评述总是出自说话者，经常不用词语表达，有时不由述体表达，有时其涵义与句子的陈说相反，比如用调7说出来的句子**Нужна⁷ мне твоя помощь!** = твоя помощь мне совсем не нужна.（我才不需要你的帮助呢。）这些包裹语句主要内容的涵义就是主观评述（модус），是语句陈说（диктум）这一主旋律的"伴音"。

6.1　句子的主观评述范畴

由于句子主观评述的自然属性和意义，它具有范畴特征，主要有以下四类范畴：

（1）元范畴①（метакатегория）"保障对交际条件和语句的理解"并形成"语句主观评述排列的第一步"（Шмелёва 1988: 30, 33）。元范畴在内容层面包括说话行为本身的信息、言语行为动机的信息、说话者的交际意图信息、语句的目的和体裁等，比如：Я приказываю вам /Я прошу вас /Я советую вам закончить работу к среде.

元涵义（метасмыслы）的表达手段多种多样，成体系的手段之一是被主观评述元涵义刺激的信源说明结构，如对"不说已知真理""不重复"言语行为规则的破坏，这些信源说明结构形成自己独有的情景，试比较主观信源说明：Я вынужден повторить, что…和客观信源说明：Вы уже знаете из вышесказанного, что…；其他表达手段还有词形的语法标志（如命令体裁中的不定式，请求体裁中的假定式）以及虚词кстати, к слову, так сказать等。此外，人称坐标也参与表达元涵义，如表示"参与共同体"或"虚构的组合"格式：Как **мы** себя чувствуем? 表示说话者富于表现力的自我表达：Положи

---

① 元范畴指用来给其他范畴分类的专门范畴(cyclowiki.org)。

книгу на стол, **кому говорят**?（把书放桌上，跟谁说呢！？）

（2）现实化范畴（актуализационные категории）表达命题内容信息与现实的关系，是述谓性范畴成素，与元范畴不同，该范畴（除了方位坐标）在俄语中是直接表达的。方位坐标用来确定事件发生在"这里"或"那里"，也就是交际发生在空间之内或其界限之外：здесь - сюда - отсюда, там - туда - оттуда。如果环境对说话者是近的（这里），对交际的非参项通常是"那里"，那么对交际的对象"这里"和"那里"可依据交流的具体条件而改变。跟时间坐标一样，方位坐标可针对整个语篇，也可只针对某个片段。另外，俄语中有一些时间和空间意义结合在一起的状语，它们不只在时间上也在空间上把情景主体或事件与其他情景元联系起来，如：при Иване, за обедом等。

（3）评定范畴（квалификативные категория），以作者的角度从若干方面对报道的内容进行评定，可能是对整体信息本身的评定，也可能是对所报道情景中个别成素的评定。Шмелёва（1988）把说服力（персуазивность）和评价列入该范畴（详见下文）。而Всеволодова（2000: 307-308）在此又补充了以下四种主观评述：

1）否定主观评述，首先由语调（调2和调7）来表达：Так он и да$^{2/7}$ст книгу, жди^7! = Он тебе книгу ни за что не даст.（他无论如何都不会把书给你的。）通常外国学生较难领会这层意思，有可能从字面上理解后作出如下反应：那我就等着吧。这一点需要引起中国学生的注意，相关对比值得进一步研究。

2）同意或不同意主观评述，经常用套话表达，比如对话 – Как, однако, погода испортилась! – **И не говорите**!表达的是"同意"之意："我完全同意你说的。"不明白其内涵的外国人可能理解为"别说了！"也可能会作出如下不恰当的反应：А почему я не должен говорить об этом? 导致交际失败。而表达"不同意"时应该说：Не скажите!

3）确认主观评述，用действительно, и правда等表达：Он **и правда** болен, у него высокая температура.

4）让步主观评述：Он, **правда**, болен, но обещал прочитать статью.

（4）社会范畴，反映的是说话者和受话者之间的关系，比较：Здравствуйте!和Приветик! Предъявите билет.和Нет ли лишнего билетика? Ирина Ивановна!和Ирина! Я могу попросить вас говорить немножко медленнее?和Не тарабарь!（<俗>别乱扯）等。表达社会关系的手段在不同语言中都是成体系的，汉语亦然。

6.2 说服力范畴及其表达手段

说服力表达的是作者对报道信息可靠性的看法，通常对信息可靠性的肯定原则上无须显性表达，如：Игроки были всегда. 对肯定的显性表达出现在辩论和争论情景中或必须引起听者注意和强调自己观点时：Переход к рынку, **безусловно**, необходим и неизбежен. **Не сомневаемся**, что проблемы экологии природы касаются абсолютно всех. 对报道可靠性的确定或不确定都应该表达出来：С другой стороны, выявившаяся картина **вряд ли** благоприятна для самих малых городов（Флоринская）. Тогда мне **казалось**, что тот эпизод был одним из кульминационных моментов（高潮）передачи（Отт）.

说服力主要有以下表达手段：

（1）插入语：вероятно, кажется, наверно, видимо, по-видимому, безусловно, несомненно, действительно, похоже, возможно, может быть 等：Вступление человечества в новое тысячелетие оказалось сопряжённым с осознанием того, что международный, глобальный терроризм, **по-видимому**, будет представлять собой постоянную угрозу XXI в.（Спирин）.

（2）信源说明结构，包括主观和客观两种：

1）主观信源说明，表达作者的评价：Через неделю, **вероятно**, уедем. Я **не допускаю мысли**, что он проникся ко мне презрением и неприязнью（Рубин）. 在这种情况下主观信源说明范畴和主观评述相互交叉。说服力成素是信源说明还是主观评述对语句来说很重要，而且受到句子成分位置的影响，比较信源说明结构：**Очеви¹дно**, что он сказал правду. 主观评述层面：Он сказал **очевидную** правду. 需要强调的是，очевидно 和 очевидно, что 对信息真实性的确定程度不同，后者表达说话者对报道真实性的完全信服。此外二者的交际作用也不同，前者起插入作用：**Очевидно**, искусственные преграды не должны сооружать обе стороны（Студенников）. 后者起述位作用：**Очеви¹дно**, что всех слов в базовом словаре не напасёшься（Карпов）.

2）客观信源说明结构包括以下手段：

① 带有普遍意义的否定变异，此时包括信源说明主体：**Никто не сомневается**, что Чарский «Египетских ночей» – сам Пушкин. **Никто и в мыслях не держит**, что вы похожи на праведника（遵守教规的人）（Куваев）.

② 表达作者对信源说明主体观点所持态度的动词词汇意义：Он **знал**, что он прав. 该句的作者和信源说明主体对真实性的评价判断一致。Он **думал**, что он прав. 该句中думал表示作者不同意信源说明主体的观点。Он **уверял** меня, что был там. 该句中уверял的意思接近якобы（好像）的意思。

③ 一些隐性表达作者不同意某观点（即所表达的主观评述涵义本身）的套话 бытует, широко распространено мнение, многие думают 等：

Многие ещё твердо верят, что нас окружают могущественные сверхъестественные силы, управляющие нашей судьбой = автор в это не верит. 表示作者不相信这一观点。也就是说，此句中既有信源说明结构"有很多人相信该观点"，也有主观评述"我不赞同此观点"。

④ якобы，будто一类的词：В десятилетнем возрасте он стал **якобы** князем ростовским, а в тридцать два возглавил Новгород...（Филист）. якобы一词同时有双重标记，既可能是有其他来源的初始信息，也可能是说话者对其可靠性不负责任的信息。有时说服力标志反映的不是作者的观点，而是情景主体的感受：Она в отчаянии: холодеют голова, ноги, руки, и **кажется**, что несчастнее её нет человека во всём свете（Чехов）. 其中кажется是客观信源说明成分。

关于说服力的意义体系及其相应表达手段的完整列表还有待于进一步研究和完善。

6.3 评价范畴及其表达手段

据初步研究，内容层面的评价范畴多种多样，最主要有以下两种评价类型：

（1）价值评价（аксиологическая оценка），传达的首先是说话者对报道事实在整体上或针对情景的某个成素上所持的正面或负面的态度。需要指出的是，评价本身出现在话语中还不足以说明其主观评述特点，如果评价是显性的，那它就会成为报道说话者对事实所持态度的内容，如Он **плохо** выполнил работу. Какая **красивая** девушка! 中没必要看到主观评述，因为事件的评价和主体的评价都是语句内容的组成部分，它们由词汇表达；然而另一些由语调表达评价的句子则另当别论，如Разве это работа! 隐含着"我不喜欢"之意，用调5说 Какая девушка! 则显然带有作者的正面评价，虽然评价的具体细节（外貌、气质性格等）并未表达出来。

通常认为，价值评价不仅属于作者，还属于报道事实的主体，实则不然，因为评价的事实可能是显而易见的，但对评价的报道却是进入语句陈说的：Вокруг него собралась кучка солдат, обрадовавшихся **смешному** приключению и минутному роздыху（工间休息）в **надоевшем** ученье（Куприн）=对士兵来说是可笑的、厌倦了的。此类情况下作者评价可能与主体评价吻合，但评价的主观评述本身却缺失，因为主观评述是由说话者发出的，此时可将其与言语行为相比较，比如对"某人许诺要来"的报道并不是许诺本身。当作者评价跟主体评价不吻合时则是另一回事，此时主观评述所描述的是语句主体，而不是被评价情景成素：Потом они с женой садились на диване и слушали упражнения Митрофанова, часа два кряду **умиляясь душераздирающими**

（极悲伤的）звуками，какие Митрофанов извлекал из своего инструмента（Мартьянов）. 其中状态主体对动人声音的评价由动词умиляться表达，而作者的评价是在душераздирающий一词中，主观评述则在间接评价Митрофанов的演奏上。由动词умиляться表达的情景主体态度本身不是主观评述。

价值评价的表达手段首先是词汇手段，如副词хорошо, плохо, безнравственно, непрофессионально及形容词милый, интересный, глупый, этичный等。但这还不是主观评述，而是构成逻辑判断的语句陈说。评价的主观评述表达手段是语调，正如Брызгунова指出的那样，调5表达正面评价: **Кака⁵я** школа!（Светлые классы! Кабинеты!）（多好的学校呀！明亮的教室和办公室！）调7表达否定评价: **Кака⁷я** школа?! Развалюха в трёх окнах（什么学校呀？！三个窗户都散架了。）.

（2）特征评价也种类繁多，主要有以下几种:

1）数量评价（много/мало）: В книге **всего/целых** сто страниц.

2）时间评价（поздно/рано, давно/недавно）: **Только** в XII в. были созданы Смоленская, Туровская, Полоцкая, Рязанская, Галицкая кафедры（Филист）. **Ещё** в XII в. были созданы… рано和давно的意义可定位从之前参照点到事件时刻之间的某段时间，可被评价为"短的": Он начал писать стихи **уже** в 5 лет. Мы приехали 20-го, а **уже** 21-го она заболела. 也可被评价为"长的": Она **ещё** 21-го заболела, а только сегодня врача позвали. Он стал писать стихи **ещё** в 5 лет, а сейчас ему 11.

3）把类型情景成素评价为主要的: Он читал **главным образом** исторические романы. Больше всего любили мы летать над руслом реки（河道）, **прежде всего** потому, что (…) река служила нам постоянным ориентиром（Кузьмин）.

4）把类型情景成素评价为唯一的: Он читал **только** исторические романы. Больше всего любили мы летать над руслом реки, **лишь** потому, …

5）把事件及其成素评价为所有成素之一: Он читал **ещё и** исторические романы. Любили мы летать **также и** над руслом реки.

6）把事件、态度或情景成素评价为与其他可能性对立的: В нынешних, сложившихся на сей день, условиях, считаю, что **именно** сдельная оплата труда（计件工资）- есть оптимальный выход из сложившейся（ruscorpora.ru）.

7）把情景或其成素评价为对最低要求的满足: Ты читай **хотя бы** исторические романы. Постарайся сдать **хоть** три зачёта.

除以上专门手段外，还有一些固定在句法结构中的手段，比如连接词手段:

1）连接词благо（既然）把被说话者评价的原因因素作为补充原因联合起来，这本身已经是对该因素主体正面评价的主观评述：Сам мастер первые в своей жизни буквы вывел на песке. **Благо** песчаное море начиналось у порога кибитки（帐篷门口）. 此处的主要原因可能是没有纸张。

2）连接词а指出相互独立事件之间的不吻合：Мне нужно, чтобы моя супруга могла и у кассы посидеть, и с покупателем заняться. **А** у Олечки ещё ветер в голове（轻浮）. 相当于Олечка对发话者来说不是合适的未婚妻。

3）连接词но的标志是相互依赖、相互联系的事件之间不吻合：Моя супруга должна и у кассы посидеть и с покупателем заняться, **но** у Олечки ветер в голове. 相当于妻子对丈夫的经营漠不关心。

4）让步连接词有跟но类似的主观评述涵义：**Хотя** она должна бы у кассы сидеть, она гулять пошла.

6.4　主观评述涵义与语义结构的对应关系

主观评述涵义不进入所指结构，但参与语义结构的构成，比如在关于獾的句子里в основном就带有主观评述"该成分是主要的但不是唯一的"涵义，比较带其他主观评述手段的句子：Барсук питается **главным образом /прежде всего** корешками растений. 该类主观评述进入CC4. 在形义对称结构中主观评述代表其本身的涵义，试对比所指结构和命题结构的成素：

а）　Барсук питается в основном корешками растений.
ДС　　施事　　行为述体　　　　　　　被消耗物
CC4　施事　　行为述体　　主观评述　　被消耗物

当用别的方式解释时主观评述可能获得不同的伪角色，比如特征伪角色，而其所修饰的特征主体成为行为成素所戴的面具，对比：

б）　Основное　　　питание　　　барсука – это корешки растений.
ДС　　　　　　　　行为述体　　　施事　　　　　被消耗物
CC4　伪特征（主观评述）伪特征主体　领有者　　评定成分

主观评述还可能获得特征主体伪角色或者评定成分伪角色，只有在最终构成形式结构时，这些伪角色才凸显出来，而所指结构中的行为成素在CC4中扮演的是总括者伪角色，对比：

в)		Основное	в питании	барсука - это корешки растений.	
	ДС		行为述体	施事	被消耗物
	CC4	伪特征主体（主观评述）总括者		领有者	评定成分
г)		Основным в питании	барсука являются корешки растений.		
	ДС		行为述体	施事	被消耗物
	CC4	伪评定成分	总括者	领有者	伪特征主体

尽管这些伪角色对主观评述涵义的传达有些"粗暴"，对主观评述涵义的解释与相应的所指结构不匹配，但是这些角色对所指结构的解释依然非常重要，比如在上面б)、в)中主观评述和其他成分之间可以出现关系标记词предмет或часть：Основной **предмет** / Основная **часть** питания барсука состоит из… /Основную **часть** питания барсука составляют… 当把主观评述凸显为独立的逻辑命题时，它就失去了主观评述地位，变成陈说的一部分：д) **Основное**, чем питается барсук - это корешки растений. е) Основной продукт, которым питается барсук - это корешки растений.

也许对主观评述最正确的表达应该出现在句子的情态框架（модальная рамка предложения，А.Вежбицкая的术语）内，如В книге **всего** сто страниц.中的陈说（即客观信息）是В книге сто страниц. 而其情态框架是："我认为，你觉得这很少。"又如В твоей книге сто страниц. Это мало. 中没有主观评述，而相应的语句В книге **целых** сто страниц.的情态框架是"我认为，你觉得这很多"。再如对Он читал **только** исторические романы.中的主观评述可以阐释为："我肯定，他别的什么也没读过。"

Всеьолодоьа (2016: 429)认为，主观评述涵义表达的是整个命题，但这已经是第三次序的命题，在主观评述平面上无法以角色形态呈现。对俄语特有的主观评述涵义及其表达手段的揭示和阐述还有待进一步深入，创建一部"主观评述语法"应该是未来一项迫在眉睫的任务。

对于依赖实义切分的主观评述还需要专门研究。主观评述成分无疑经常与切分焦点相吻合：Его **действи**[1c]**тельно** видели в эту ночь на улице. Это было и[2]**менно** так. 同时有很多语句中的主观评述是隐现的，如Каждый школьник знает, что Америку открыл Колумб. 中隐藏着新信息：Что Америку открыл Колумб, знает каждый школьник. 该句借助语调和情景可把主观评述解释为"你不知道这事是可耻的"或"此事不值一提"。显然，即使这些主观评述在语句的整个内容里存在着，在CC4中也暂时还无法用形式记录下来。因此，语义结构除了与所指角色对应的角色，还包括关系说明词及以各种方式表达的主观评述，它们都积极地参与到句子的形式结构中。语义结构是说话者从特定的视角对客观事实的报道，其全部观点都体现在句子的形式结构之中。

§7　句子的内容层面及其语言教学实践

对语句来说客观内容最重要，语义层面和所有主观评述涵义也都很重要，因为保障交际成功的必要条件是：

（1）在接受方面（读和听时）准确地领受和解码所接收到的信息，包括主观评述涵义在内。

（2）在生成方面（说和写时）不仅要把各种客观事实准确地反映在语句中，而且还要能按照条件，依据语境、口头或笔头预期发展的情节及其他因素来选择传达信息的途径，同时在掌握的相应语言水平上表达出主观评述涵义。

关于句子内容层面的解释跟许多问题相关，除了语言机制外（详见第七篇），主要表现在以下几个方面：

（1）通过对比研究，Всеволодова（2000：316）发现，所指角色（不是伪角色）的基本构成跟类型情景的主要类别一样，是语言共相，这为呈现建构语句起点的各种客观事实参项的相应角色形态提供了可能，为确定所有参项的名称并根据需要调整相应语句的建构提供了条件。比如汉语中没有反身动词和格范畴，与俄语句子Он восхищается красивой девушкой.对应的汉语句子是"他赞赏美丽的姑娘"（俄语逐词对应为Он восхищать красивый девушка），二者虽然形式上有差异，但情景参项却是吻合的。然而俄语还有更多的情景参项变体，如俄语带全部参项的多命题句Он восхищается прекрасными стихами Пушкина.在汉语中对应的是"他赞赏普希金的优美诗歌"（俄语逐词对应为Он восхищать Пушкин（дэ）прекрасный стихи），其中"的"是汉语定语位置的标志。该句俄语可以简化为 Он восхищается **Пушкиным**. 其中的прекрасные стихи已存在于操俄语者的预设中，是不言自明的，而汉语则不能如此省略，必须对应成"他赞赏普希金的诗歌"（Он восхищать Пушкин（дэ）стихи），否则中国学生可能把此句错误地理解为"他赞赏普希金"。还有一些类似的俄语句子：Он читает **Чехова**, слушает **Чайковского**. 中国学生可能会不明白"怎么能读人、听人呢？"，其实应该理解为"他读契诃夫的小说，听柴可夫斯基的音乐"。因此，俄语教师必须能够复原情景中的所有参项并指出第二命题中施事和关系客体的位置：Пушкин писал прекрасные стихи. 也就是说，在汉语中必须把俄语预设中的直接客体指出来，中国学生才能明白。

（2）在建构语句时由说话者确定主位和述位，也就是确定思维的主体（被述谓化成素）及其被赋予的特征（述谓化成素），为达到这个目的俄语通常需要在不改变具体词形的情况下改变词序，此处要注意的是，主语不总是主位，也可能成为述位焦点并位于句子的绝对末尾，这在其他词序固定的语言中是不可能的。关于俄语词序在句中的功能教师在学生学习俄语之初就应该交代清楚。经验显示，在不同语句中功用不同的句子所报道的信息也不同，如В Москве прошёл съезд славистов（在莫斯科召开了斯拉夫学家代表大会），其中的新信息是代表大会；而Съезд славистов прошёл в Москве（斯拉夫学家代表大会的召开地是在莫斯科），其中的新信息是莫斯科。可见两句所传达的信息完全不同，如果不专门解释很多外国学生可能无法理解，特别是中国学生受母语词序的影响，在说俄语时经常会犯词序错误，所以俄语教师必须反复跟学生强调俄语词序的功能性质，在回答问题时新信息通常在词尾，除非有语调加强时才可能出现在句首。

鉴于"述谓对"中可能出现所指结构的不同成素名称（见关于獾和俄罗斯的句子），同样的情景可能由"述谓对"的不同成素构成，有趣的是有些掌握俄语专业的外国人（甚至是教师）在准确感受思维主体和述位的情况下也依然会按照自己母语的语法规则理解句子，如Книгу я вчера купил интересную（书，我昨天买了一本，很有趣）. 会被理解为：Книга, которую я купил вчера, интересная（我昨天买的那本书很有趣）. 教师应该指出语句是依据哪些出现在主位和述位上的类型情景成素来改变焦点的。当俄语改变线性语调结构时，其他语言（包括汉语）很可能需要选择其他句型来与之对应，而且俄语改变词序后的句子信息也可能无法被全部领会。这些俄语句子内容方面的特点都应该引起俄语教师的重视并能跟学生及时讲解清楚。

（3）在俄语言语生成过程中需要选择传达类型情景的模式，而该模型句的类型意义可能和原始模型句的类型意义不吻合，很多类似的俄语转换句在汉语中没有，如句子Но гордостью ионических мастеров был Артемисион - святилище богини Артемиды（Нейхардт）（但阿尔杰米西翁，即阿尔杰米达女神庙是伊奥尼亚的工匠们的骄傲）. 俄语初学者可能看不懂，也造不出这样的句子来，所以教师应该帮助学生确定情景参项，找到它们的形义对称词，也就是看到伪角色背后的所指角色，并还原出原始句：Но особенно гордились мастера в Ионии Артемисионом - святилищем богини Артемиды（但在伊奥尼亚工匠们特别以阿尔杰米西翁，即阿尔杰米达女神庙为傲）. 又如俄语按照所属情景建构的带存在所指结构的句子Соседние озёра **принадлежали** другим подвидам гусей. 在汉语里也没有对应句型，同样需要教师向学生做出正确的解读：В соседних озёрах **жили** другие подвиды гусей.

（4）俄语句子的主观评述涵义至今还没有引入我国俄语教学，而经验显示，主观评述涵义常常无法被俄语学习者正确理解，如句子Многие считают, что инвестиции в космические исследования следует сократить（很多人认为应该削减对宇宙研究的投资）. 可能只理解为陈说，而感受不到主观评述涵义"我（作者）不同意此观点"；又如某外国学生在假期结束后问俄语老师：Как ваши дела? 老师回答：Нельзя сказать, чтобы плохо.学生可能理解为"教师被禁止说自己过得不好",而不是主观评述涵义"我无法用现有的语言手段准确反映所指情景";再如上文提到的外国学生对И не говорите!的反应。这些都是学生对俄语句子内容包含的主观评述涵义不理解而造成的困惑,因此在教学中应该特别引起教师的注意。

（5）在教学过程中教师最重要的任务是要意识到学生在输出言语时想说什么,在输入内容时明白了什么。在输出言语时学生应该依据想表达的整体语义,依据主要信息（述位）,依据与句子形式结构相关的其他因素,选择在该条件下能最佳表达所有必要语义的具体模型句,而在输入内容时应该能够从每句中准确汲取作者所植入的全部信息,包括主观评述涵义。

当然,不可能把语句内容层面的全部生成过程都搬进俄语实践课堂,但教师必须了解语句构造的复杂性,应该拥有语句内容层面形成的全部知识储备,从类型情景到句子语义结构的四个界面,再到信源说明和主观评述等各方面的知识。为了更好地理解句子转换的实质,还需要了解在句子成分平面形成的句子形式结构,因为不同的所指结构和相同所指结构的不同转换形式都可能"包装"进相同的模型句中,比如按照带类型意义"主体及其性质特征"的模型句S_1 Cop Adj_f可以建构下面两个由行为特征句转换来的特征句：Оля читает убедительно бегло ↔ Чтение у Оли убедительно беглое ↔ Беглость чтения у Оли убедительная. 然而,在每句的主语和谓语位置上占据的却是情景的不同参项,我们有必要弄清楚个中缘由,具体内容详见下一章。

第28章
句子的形式结构及句子成分

句子的形式结构由句子成分构成,是体现类型意义的保证,因此是展示语义结构和交际结构的手段。句子成分不只是词形相互结合的成素,还是有交际意义位置的等级系统。(Вопросы 1989: 23)这些位置一方面保障句子形式结构本身和句子的建构(每个句子成分的位置都被某个词类的某个形式占据着),另一方面又是说话者划分所指结构每个组成成素交际级的保证。

§1 功能交际语法中句子成分的新观念

Всеволодова(2000: 319)指出,句子成分是个非常重要的概念,但跟传统的研究角度相比,该概念的内容在功能语义范畴中发生了实质性改变。关于句子成分曾有过以下一些观点:

(1)笼统地给出句子成分:主语=主体和主位,谓语=述体和述位(Бабайцева 1988);

(2)句子成分等同于语义角色,引进等级主语(一格)及其相似物的概念,如生格:**Книг** сотня. **У мамы** ангина. 予格: **Ему** выходить. **Мне** не спится.(Попова 1984)也就是说报道的成分和情景成分在指称上相对应(Кибрик 1992);

(3)句子成分被认为是两个平面的体系,不允许在线性平面上单一地把次要成分等量齐观(Сиротинина 1974);

(4)句子成分被句子的结构模式替代(《70年语法》和《80年语法》);

(5)句子成分跟句子的最低限度述谓和最低限度称名相对应,这一等级化体系包括:
- 构成最低限度述谓的主要句子成分:述谓性载体成素(谓语或单部句的主要成分)和主要非述谓成分(要么是名词成素,即主语,要么是动词不定式成素);
- 进入最低限度称名的次要结构成分,即按主要成分的要求进入句子成分;
- 非结构次要句子成分(СРЯ 1989: 702)。

尽管以上观点都有各自合理之处，但似乎都无力解释功能交际语法中句子各种结构成素与句子成分之间的对应关系，比如形式结构中的句子成分只有在形义对称结构中才与语义结构和所指结构的成素同构，当词序正常时主语经常是主位，谓语组合是述位，如：В 1803 году Кипре³нский // блестяще око¹нчил академию（Паустовский）. 比较下面例句的所指结构（ДС）、交际结构（КС）和形式结构（ФС）：

    Мы // поставили на ночь к реке ставные сети（Пришвин）.
ДС 施事 行为述体 时间 方向终点 特征 客体
КС 主位//   述位
ФС 主语 谓语   时间状语 地点状语 定语 补语

然而，有很多句子是不同构的，比如主语可能是所指结构和语义结构的述体：У нас с братом, когда созревали одуванчики, была с ними постоянная **забава**（= забавлялись）（Пришвин）. У меня в руках довольно **силы**. В волосах есть **золото и медь**（= руки сильные; волосы золотистые）（Есенин）. 主语—主事可能是述位：Сотрясая стены, мебель и пол, грохотал **пулемё¹т**（Никулин）. Но вот в духоте вздулись **ту¹чи**, багровой трещиной рассеялось **не¹бо**....（Замятин）. 再比较：

    В России// живёт много национальностей.
ДС 方位   存在述体 数量 存在主事
КС 主位//   述位
ФС 地点状语 谓语   主语

俄语中的系列同义转换句进一步证明，句子成分与所指结构的角色之间没有单一固定的对应关系，比较下面形义对称结构（1）句及其他转换句（2）—（5）句：

  （1）Девушки на Кубе танцуют удивительно темпераментно. 该原始句中主语、谓语和主事、行为述体是对应的；

  （2）У кубинских девушек удивительно темпераментные танцы. 该句中原谓语变成主语，原主语变成补语，原行为方式状语变成定语；

  （3）У кубинских девушек танцы удивительно темпераментны. 该句中原行为方式状语变成谓语；

  （4）Кубинские девушки в танцах проявляют удивительный темперамент. 该句中原行为方式状语变成补语；

（5）Кубенским девушкам свойствен в танцах удивительный темперамент. 该句中原行为方式状语变成了主语，谓语变成了间接补语。

对比结果使我们看到一个事实，参与述谓化关系的不只是形式主语和谓语。伴随述谓化关系的也不只是主语和谓语，还可能是1）补语和谓语：Мне выходить. 2）状语和主语：На столе – цветы. 3）两个补语：Поставкам селу – чёткость и дисциплину. 4）两个状语：В командировку и отпуск – самолётом.

可见，单一判断句子成分有时实属不易，这大概由以下原因引起：

（1）词形占据的不是其该有的位置，比如状语施行的是定语的功能：Леса **в Мещере** разбойничьи, глухие = мещерские. Бабайцева（1988: 86）称其为混合句子成分。

（2）句中引入了补充成素，如：

- 1）变异成分：Чемодан наконец поддался. Я **хотел удержать** его за ремень, но рука **отказалась** работать（Булгаков）. 其中纯谓语位上是情态和否定变异成分，而实义动词却是动词不定式形式。Есть у степного орла и другая добыча, и стервятником（食兽尸的鸟）он **может становиться** при случае. 其中动词不定式是阶段变异成分，而纯谓语却是情态变异成分，比较：Он может захотеть начать работать. 其中每个动词不定式的句子成分地位都很难单一判定，于是在传统语法中不得不将其归入复杂谓语类型（Лекант 1976）。

- 2）语义关系标记词：Платье синее /синего цвета. 如果синего是词形цвета的定语，那词形цвета的句子成分地位该如何判定？比如不能说*Платье на ней – цвета. 又如句子Платье **цветом** синее. Отец **по профессии** учитель. 中词形синее和учитель无疑是谓语，那词形 цветом和по профессии在传统体系中又该如何判定呢？它们其实是表示语义关系的补语。

- 3）简单句常把不同情景的成素结合在一起，如命题标志和伴随以下关系的述体：
  - ●目的关系：Он вышел покурить. Он пошёл открыть дверь. Они остановились отдохнуть. 比较：Он вышел, **чтобы** не помешать. Он пошёл, **чтобы** не остаться одному. 以上例句中只有一句可以系统地转换为带纯目状语的句子：остановились **на отдых**.
  - ●疏状关系：Молодой – значит неопытный. = **Если** специалист молодой, то у него нет опыта. У неё кричать – это воспитывать.

= Она думает, что **если** она кричит, то она воспитывает. Курить – здоровью вредить. = **Если** человек курит, он вредит своему здоровью. Долголетие – это физкультура. = **Если** хочешь /**Чтобы** долго жить, нужно заниматься физкультурой. 类似的双主格句凝聚了条件（或目的）关系。下面无人称句中凝聚的都是时间关系：Детям весело кататься с горки. = **Когда** дети катаются, им весело. Мне трудно решать эту задачу. = **Когда** я решаю эту задачу, я испытываю трудность.

- 说明关系：Поехать за город – его идея. = Он предложил, чтобы мы поехали. Моя мечта – чтобы ты стал врачом. 该句中的述位是整个述谓短语。

4) 在独立的句子成分位置上引入第二命题述体，如 Мой брат, **учитель географии**, опытный путешественник. = Мой брат – учитель географии. Он опытный путешественник. Моего брата, **учителя географии**, очень любят все ребята. = Моего брата – он учитель географии – очень любят все ребята. 对类似句子成分的判定似乎还不太难，但对下面句子中的主语和谓语的判断就比较难：Молодой – значит неопытный. = Раз молодой, значит неопытный. 因为每个称名都是谓语位置，比如 Долголетие – это физкультура. 不能说成 *Долголетие является физкультурой. 就是很好的证明。

因此，句子成分的确定首先是在单命题形义对称结构中，也就是原始句中比较容易，而在结构语义变异句中就变得相对复杂。在句子中常常是状语可系统地引进与主要命题相关的命题：**Из-за дождя** дети не пошли гулять. В этом году он уехал в Киев **на учёбу**. **При прогревании** все тела расширяются. 然而，俄语句子成分和所指角色的同构性只存在于极少的句子中，在常见的形义对称但非同构句中这种对应关系也常遭到破坏，就像主语和主位、谓语和述位，即主要句子成分的主—述位固定关系遭到破坏一样，如：Меня восхищает эта книга. У сестры голубые глаза. С ней обморок. 其中主体名词是补语，而占据主语位置的是客体名称книга、特征名称голубые глаза和状态名称обморок。

此外，Всеволодова（2000: 321）还指出，句子成分范畴就像其他语言范畴一样，有场特点，其场心由中心的标准成素构成，而且每个句子成分的确定都应该遵循以下三个形式特征：（1）词形在句子中的位置；（2）词的范畴类别（即词类）；（3）在该位置上的词的词法形式。

关于"位置"概念我们在"句素位概述"一节已讲过,此处只强调位置-2与位置-1的不同,位置-2指的是在句子形式结构中词形的句子成分级,如主语和谓语的位置等,对这个级的判定需要顾及以下三个形式上的联系:

(1)词形伴随着语调表达的述谓联系: Река течёт. У него грипп. Мне не спится.

(2)词形在形式上依赖别的词: **Характер Анны** испортился. Я **читаю книгу** брату. Они **громко разговаривали**.

(3)词形在形式上不依赖别的词,也不跟任何其他词发生述谓伴随关系,且该词形的使用是语义联系要求的: Онегин **Лариным** – сосед. Он **по профессии** врач. Повар **из меня** плохой.

关于位置-2详见下文§3词形在句子中的位置。

§2 句子的述谓基础:述谓性和述谓化

跟Лекант(1975,1983)一样,Всеволодова(2000: 322)也区分述谓性和述谓化两个概念。述谓性范畴(包括情态、时间和人称)是句子的语法意义,其表达手段是动词的陈述式(谓语、变异词、系词、时间标志等)或者它们明显空缺,也可能是词汇、上下文和语调。除了述谓性范畴外,句子中一定有作为交际单位的"述谓化关系,其形式表达手段是语调"(Шмелёв 1976: 41-42,79)。"句子是含有述谓语段的语句"(Реформатский 1996:332)。句子就其称名功能本身(如画作的名称)只有述谓性,不具备述谓化,比如Некрасов的诗歌名称«Поздняя осень»和Саврасов的画作名称«Грачи прилетели»只具有句子的称名功能,而同样的词组在诗歌По^{1}здняя осень. Грачи^3 улете^{1}ли.中则是一个述谓语段,有三个调位,具备了述谓化特征,因为正是语调使词形或词组拥有了句子特点。可见,述谓性和述谓化这两个术语是"相互关联、相互交织,但又属于句子不同层面的不同现象"。(Лекант 1983: 7)

述谓性为现实化(актуализация)服务,即把语言变成言语,而述谓化是"对某特征和某事物之间是否存在联系做出主观的、自我意志的确认"(Сусов 1973: 9)。述谓化包括被述谓化成素和述谓化成素,相当于实义切分中的主位和述位。Всеволодова(2000: 323;2016: 236)把述谓化关系划分为以下三种类型:

(1)广义的思维和言语的内容、语句主体之间的述谓化关系,由可选的语段切分成主位和述位: Де^{3}нь сегодня //чуде^{1}сный. Сего^{3}дня // чудесный де^{1}нь! 该类述谓化关系中的述谓化成素不可能与某个词形发生固定联系，在述谓化区分中主位和述位与主体和述体以及句子的主要成分（主语和谓语）通常不吻合，尽管有时是相互对应的。虽然主语和谓语在表达述谓化关系上确实有特权，而且在"述谓对"中主语通常是被述谓化成素，谓语是述谓化成分：Ребёнок не спит. Девочка весела. Мы уйдём. 但是占据主位的可能是各种句子成分，如：1）谓语：**Моей любимой книгой** в молодости был роман Л. Толстого «Анна Каренина». 2）补语：**Ребёнку** не спится. **Девочке** весело. **Нам** уйти? 3）状语：**В лесу** тишина. **На столе** стояли цветы.

主位切分的力量可以极小，甚至在语段切分中不出现：Маша идёт в теа[1]тр. 尤其是在由名词或动词构成的单义成素（零主位）句中：Идёт до[1]ждь. Дует ве[1]тер. Приехал Иван Ива[1]нович. 以上句中的调3/6虽然不是必有的，但有出现的可能性：Ма[3]ша // идёт в теа[1]тр. Идё[6]т // самый настоящий до[1]ждь. Ду[3]ет //пронизывающий ве[1]тер. Прие[3]хал // сам Иван Ива[1]нович. （甚至在回答问题«Что случилось?»时也是如此。）

（2）事物、事件与现实的述谓化关系：**Зима**[1]. **Гри**[1]**б! Мороз и со**[1]**лнце!** 当该类述谓化关系出现在交际话轮中时，说话者直接观察该现象，且句中的句法时间要么跟言语时刻（我—这里—现在）吻合：Смотри, гриб! Однако, холодно. Темнеет. 要么跟语篇时刻吻合。此类句中通常只有一个句素或带有主要句重音的非述体词组：Тишина[1]. Зимний ле[1]с. 一般无法进行语段切分：Но[1]чь. У[1]лица. Фона[1]рь. Апте[1]ка. Света[1]ет. Моро[1]зно. 句中呈现的成素要么是述体本身：Холодно. Смеркается. Тишина. Светает. Морозно. 要么是情景主体：Смотри, **гриб. Фонарь. Аптека.** 要么是方位或时间成素：Зимний лес. Улица. 比如：**Зима**. Крестьянин торжествуя…（Пушкин）. 如此一来，像Пошли. Идём! 这样的命令式也应该属于该类述谓化关系，因为这里同样不可能有显现的补充成素，即已有词形的述谓伙伴，所有以上句中已有词形的述谓伙伴都是零形式，这类不可能进行语调切分的句子被称为单部句：Мороз! Едем. 定义这类句子其实不是因为主语的有无，而是述谓伙伴根本就不可能出现。

（3）"述谓对"是从句中挑选出可以变成语句语义轴心的句素构成的述谓化关系（交际平面的主位和述位），在无动词句中述谓伴随关系表现为互不相关的句素：Старикам – нашу заботу. В директорское кресло – по контракту. 该类句中的语义关系可以通过第三个成素直接变成"正常"的句子：Чемпиону вручили золотую медаль. 该句中"чемпиону"和"медаль"之间的语义关系是通过"вручить"实现的，而在句子Чемпиону – золотую медаль.中这些词形通过述谓化关系直接发生联系，比较类似句子：За билетами – в море. Поездами – без опасности. 该类句子在俄语中不失为非常积极的述谓化机制。

句子的述谓基础由句素串或一个带述谓语段的句素构成,该基础中句素的位置形式上取决于句素能否带次要句重音(升调)或带主要句重音。主要句重音(即述位)可以没有次要句重音(即主位):Темно¹. Ти¹хо. Пу¹сто. 而主位句重音只能在有述位时才能出现:В ко³мнате // темно¹, ти¹хо и пу¹сто.

§3　词形在句子中的位置

3.1　述谓基础中的首要和次要位置

首要位置就是被述谓化和述谓化成分的位置,是不依赖于词法表现的主要和次要句重音的载体,如句子 Наша у³лица днём **пусты¹нна**.和 На нашей у³лице днём **пусты¹нно**.中的被述谓化成分(即主位)是 наша улица 和 на нашей улице, 而述谓化成分(即述位)是 пустынна 和 пустынно, 这两个句子都是双部句。但有时述位成分是通过展词联系引入的,比较:Татьяна – в лес, медведь – за ней(Пушкин)。Татья³на //побежала в ле¹с, медве³дь //погнался за не¹й. 因为述位是句法关联的词群,且其中一个是带主要句重音的述位焦点,进入述体的词变成在扩展词位上的述位本身,而动词变成无声调述位。

次要述谓化是实义切分的结果,指句中的形式主语和谓语的位置都保留,但句重音却落在其他词上,即述谓关系中出现与中性词序不同的词序,比较:Она вчера купила интересную книгу.讲的是某人介绍某事实,而 Кни³гу она вчера купила интере¹сную.表达的则是书的特征,而买书的事实对说话者已不重要。又如:Рабо³ту он проделал боьлшу¹ю. Жда³ть его я не бу¹ду. 同样,句子 У сестры испортился характер.中主谓语之间的述谓关系已淡化,而补语у сестры 和主谓统一体之间的述谓关系则变得重要起来。

3.2　展词位

展词位是由与语义联系相关词形的词类属性决定的其语义关系由以下因素决定:

(1)词的配价特点及其语境伙伴的体现,属于展词位-1:читать **книгу**, заниматься **спортом**, читать о **море**.

(2)出现在所指结构框架中的联系:читать **сыну**, читать **громко**, читать **в читальном зале**, читать **по утрам**,属于展词位-2。

(3)名词展词位:чтение **книг**; комната **отца**; поездка **за город**; в шапке **набекрень**; **новая** книга.

（4）动词展词位：поехать **в город**; **громко** петь; **дважды** выступить; читать **в библиотеке**; купить **книгу**.

（5）形容词展词位：серый **по обочинам**（路两边）снег; на пустой **в этот час** улице.

（6）副词展词位：**удивительно** точно заметил; чётко **в течение десяти секунд** фиксирует штангу（杠铃）.

（7）数词或数名词组展词位，如句子За час пришли 4 человек.中的状语，比较：**За час** пришло четверо. 没有数词或数名词组这句话就不成立，比如不能说*За час пришли люди. 这样的展词联系是成体系的。

（8）比较级展词位，这是扩展形容词、副词和数词位的变体：С каждым годом ходить ему стало **всё труднее**. С годами он читал **всё более серьезные** книги. С каждым годом **всё больше** людей приезжают в Пекин. 而不带比较级的句子就不成立，不能说*С каждым годом ему становится трудно ходить. *С каждым годом ему трудно ходить. *С каждым годом много людей приезжают в Пекин.

3.3 结构制约位

结构制约位的出现是中性词序或"述谓对"构成发生改变的结果，即原有的句法依赖关系被破坏，词与词之间的联系依靠的是语义关系，比较：Онегин - **сосед Лариных**（展词位）. Онегин **Лариным** сосед（制约位）. Характер **сестры**（展词位）испортился. Характер **у сестры**（制约位）испортился. 可见，词与词之间不具备形式上的句法展词联系不等于不具备语义联系，如：сосед Лариных/Лариным.和Характер сестры/у сестры. 制约位主要出现在以下两种情形中：

（1）句中引入形式上不是谓语的类别词，比较：Он врач.和Он **по профессии** врач. Шар зелёный.和Шар **цветом** зелёный.

（2）初始句法关系发生改变：Она плохой повар.和Повар **из неё** плохой. 或 Повар из неё получился плохой. 其中из неё在无动词变体句中是句法独立词形，而在动词句中则是动词получиться的句法依赖词形（比较：Из куска масса получилось отличное жаркое.）. 但这个被转换的主体是"述谓对"成素。又如：Мой сын в школу пошёл. 和Сын **у меня** в школу пошёл. 其中占据名词展词位的拥有者名称мой失去了跟сын的形式联系，但保留了语义联系，于是成为制约位。此外，信源说明者的位置实际上都是制约位，如：**У сильного** всегда бессильный виноват. Кричать **для неё** - значит воспитывать. 前句中信源说明者与виноват发生语义联系（比较Сильный всегда обвиняет бессильного），后句中信源说明者与动词кричать发生语义联系：Она кричит.

值得注意的是，语义结构和形式结构不一定相符，如句子У сестры плохой характер.的所指结构和语义结构的主体сестра在补语位上（у сестры），而述体本身却在主语位上。而句子Повар из неё（получился）плохой.中的主体在补语位上（из неё），而述体成素占据的却是形式主语和谓语的位置，比较：Она плохой повар.

Всеволодова（2016: 440）认为，"全句限定语"其实占据的要么是展词位，要么是制约位。通常这是话题词形，如句子В лесу ромашки（洋甘菊） были мельче и реже.中词形в лесу传统上被看成是全句限定语，即在整体上跟全部述谓基础有关，与述体既没有语义联系也没有语法联系。而事实上词形в лесу占据着扩展名词ромашки的位置，跟一致定语лесные的功能相同，比较：Ромашки в лесу /лесные ромашки были мельче и реже（чем полевые）. 虽然词形в лесу 被主题化了，但依然保留着与ромашки的语义联系，即ромашки的特点。比较: В лесу ребёнок был задумчив, а на поляне сразу повеселел. 该句表示的是主体在时间里的状态和地点伴随关系，而词形в лесу占据的是扩展词形задумчив的展词位。时间名词短语с каждым годом和за час在句子С каждым годом ходить ему становилось всё труднее.和За час пришли 4 человека.中通常被看成是全句限定语，但其实它们占据着词形труднее和четыре的展词位。

综上可见，确定句中词形位置的特点需要一定的条件。每个句子成分都具有由以上几个特征组合在一起的独有特征。

§4　句子成分的重新划分及其新定义

4.1　句子成分的重新划分

俄语功能交际语法也把所有句子成分划分为主要和次要，但主要句子成分指"经典"的句子成分，包括主语、谓语、定语、状语、补语和系词。把状语又划分为：

（1）逻辑状语（логическое обстоятельство，Белошапкова称之为情景状语），包括地点、时间、原因、目的、条件和情景状语（**В сумерках** тепло светились окна домов. **В ночи** ярко вспыхивали зарницы（闪电）.）；

（2）特征状语（характеризующее обстоятельство），包括行为方式和度量程度状语。

次要句子成分指的是由建构词占据的词形位置，称为变异词（модификаторы），包括阶段变异词、信源说明变异词、情态动词、情态副词；描写说明词（работать - вести работу）和表征词（如в синем платье - в платье синего цвета）。

除以上两类句子成分，还有一种共同述体（即带有双向展词联系的动—名成分）也应该予以关注，如：Он **вернулся** в село **врачом**. Дети **сидели бледными**; Ему **выступать первому**. 显然这个成分是另一个命题的"代表"，比较：Он вернулся в село. Он был（к этому времени）врачом. Дети сидели. Дети были бледными. Он выступит. Он（должен быть /будет）первый.

Всеволодова（2016: 441）指出，每个句子成分应根据三个形式特征来确定：（1）在句中词形的位置；（2）能够占据该位置的词类；（3）该位置上词的词法形式。

可见，句子成分只是一个由句素占据的位置。

4.2 对句子成分的重新解读

根据以上三个特征，Всеволодова（2016: 441-449）将所有句子成分做了如下注释：

4.2.1 主语——是单部句和双部句述谓基础中由一格名词性的词占据的位置：①名词或名词替代物，即代词、名词化的形容词（рабочий, столовая），②非名词化的形容词（Красное красит），③名词化形动词（трудящиеся），④非名词化形动词（Присутствующие замолчали），⑤数名词组（пять книг），如：**Вечер**. Идёт **снег**. **Грачи** прилетели. 与主语保持一致的是变位动词（谓语、系词、时间标志：**Была** весна；变异词、描写说明词）和"述谓对"成素，如：**Было** утро. Небо **меркло**（天空渐暗）. **Мерцали** звёзды（闪烁着繁星）. 应该指出的是，称名句（如Ночь. Тишина!）中的名词在形式层面是主语，而在语义层面则是述体。

在此基础上Всеволодова（2000: 328）特别强调以下几点：

（1）名词化的一格还可以是带"接近数量"意义的词组形式：Пришло **свыше ста человек**. Уезжает **до десятка семей**. **Около двадцати домов** сгорели. 或带均分意义的词组形式：Выступит **по одному человеку** от группы.

（2）有些主谓语之间的述谓关系可能被削弱，如：У сестры³ //испортился хара¹ктер. У ма³мы //начался гри¹пп.

（3）数名词组作主语，有动词谓语时，进入二次述谓化关系：В России живёт **много национальностей**（主语）. Национальностей в России живёт **много**（主语被分开）；没有动词谓语时，二格词形的位置发生改变，变成补语：**Национальностей** в России много.

（4）下列句中的动词不定式不是主语：**Курить** вредно. **Кататься** весело. 类似的观

点可参见（Потебня 1958: 342; Брицын 1990:103）。

（5）一些动词变位形式跟主语的一致原则被破坏的情况：

1）пора一词跟动词不定式连用时系动词使用中性形式：Пора **было** уходить. 这种情况只适用于插入成分且只针对系词，试比较不能用中性形式的情况：Пришла пора / Наступила пора уезжать.

2）在较难确定主谓语位置的名词二项式中，常遇到第二个称名跟第一个称名的语法属性不同，此时系词跟第二个称名保持一致：

① Его кабинет была большая комната. ② Второй медведь была медведица. ③ Свадьба Наташи было последнее радостное событие в семье Ростовых（Л. Толстой）.

这里遭到破坏的是扩展系词的名词没有变成五格的规则，改正之后句子就正常了：Его кабинетом была большая комната. Вторым медведем была медведица. 此时述位明显是主语。五格称名也可以变成主语，但需要改变系词的一致关系：Его кабинет **был** большой комнатой.或Его кабинет представлял собой большую комнату. Второй медведь **был** медведицей. 而在③句中两个规则都遭到了破坏，语法上正确的句子应该是：Свадьба Наташи была последним радостным событием в семье Ростовых. 出现所谓"不正确"的一致关系也许是受到了作者思路的影响，这已经与语篇平面发生关系。

4.2.2 谓语——是以下位置：

（1）在句子述谓基础中由下列词形占据的位置：

1）语义动词的变位形式，在单部句中：**Стучат. Темнеет. Морозит**. 或双部句中：Дети **играют** в футбол во дворе. Целыми днями я **лежу и читаю**.

2）动词不定式，一般是直义用法：Наша задача – **изучать** русский язык. Их долг – **защищать** Родину. 有时可能是转义用法，有以下几种情况：

① 跟主语连用：И царица **хохотать**，И плечами **пожимать**，И **подмигивать** глазами И **прищёлкивать** перстами, ...（女王突然哈哈大笑，耸肩，眨眼，打响指）（Пушкин）.

② 跟三格补语（即所指和语义主体）连用：Мне **выходить**. Вам **не видать** таких сражений（Лермонтов）.

③ 跟疑问或否定代词连用：Где **искать** работу в Москве? **Отдохнуть** некогда.

3）动词命令式形式，一般是直接语法意义：**Расскажи** нам о Москве. Ты прохладой меня не **мучай** И не **спрашивай**, сколько мне лет...（Есенин）. 有时也可能是转义

用法：Да, Душа моя, Тургенев писал, а я вот теперь за него кашу **расхлёбывай** (Чехов). 意为我却要替他收拾乱摊子。А поди-ка **найди** такой муравейник (Пришвин). 意为找不到。

4）形容词、形动词或一格代词：Он **груб**. Учёба **закончена**. Эти газеты - **ваши**.

5）副词，在无主句中：Мне **плохо**. С водой было **трудно**. 和有主语的句中：Маша **замужем**. Лес **близко**. Шапка на нём **набекрень**, пальто **нараспашку**.

6）名词，可以是系词为零形式时的一格：Отец - **учитель**. 较少时跟方位格连用为五格形式：Он в школе **сторожем**. 还可能是带以下意义的自由名词句素：地点（Река **в лесу**; Посылка - **в Дубровку**）；时间（Занятия - **в пятницу**）；原因（Бледность **от усталости**）；对象（Письмо - **сестре**）；内容（Рассказы - **о животных**）；特征（Рубашка - **в клеточке**; Саша - **высокого роста**）。

Всеволодова（2000: 330）指出，实义切分不影响句法结构及句素的句子成分级的观点跟语言事实相悖，因为Арутюнова（1976: 212）证实，方位格在主位位置上的句子（如В саду гости. На столе книга.）是三元存在句，由存在物体（主语）、实义存在动词（在消极位置上是零形式）和方位格（地点或时间状语）组成。而方位格在述位位置上的句子Гости - в саду. Лампа - на столе. 则是二元逻辑特征述体句，由特征主体（主语）、谓语（状语句素）和系词组成。

（2）由以下词形占据的展词位置：

1）与系动词或变异标志词连用的一格或其他带或不带前置词的间接格名词（其替代物）或形容词，构成静词合成谓语：Брат был **учителем /учитель**. Осенью листья были **жёлтые /жёлтыми**. **Главой** государства США является президент. Трудность заключается **в сдаче зачёта**. Расходы составили **приличную сумму**. Задача сводилась **к решению уравнения**（题是解方程）. Саша считается у нас **талантом / талантливым**. День оказался **жарким**.

2）动词不定式，与变异动词构成合成谓语：Мне хочется **верить**. Он любит **читать**. Я начал **вставать** до солнца. 与变异形容词或形动词连用：Она должна **отдыхать**. Все обязаны **сдать** книги до 1 июля.

需指出的是，有些要求动词不定式的实义动词带有补充涵义，其中一些接近情态变异词：Тогда я **задумал посмотреть**, каким способом этот «изобретатель» решает трудную задачу = захотел посмотреть（Пришвин）. 另外一些完成的是状语功能，即进入更高的句子成分级：Я **поспешил уйти** из этого дома = быстро /поспешно ушёл.

4.2.3 补语——是由以下名词及其替代物的间接格占据的位置：

（1）扩展位置，包括：

1）扩展动词：Она пишет **статью**. Саша занимается **спортом**. Мать угостила **меня чаем** с молоком. Я отвлёкся **от карты**.

2）扩展名词：Найти решение **такой проблемы** нелегко = решить проблему. Надо окончить рассказ **об озере**. Знакомство **с этими стариками** началось во время грозы.

3）扩展形容词：Это тяжелая **для ученика** работа. Это было сложное **по структуре** предложение.

（2）在"述谓对"中的位置，包括：

1）状态句的主位：**Сестре** - два года. **С Машей** обморок. **У мамы** ангина.

2）存在句中的主位或述位：**Занятий** нет у нас в среду. В этом городке нет **храма**.

3）无动词句中的主—述位两个位置：Премию - отличнику. Ребятам - о зверятах. Студентам - от президента. Детям - нашу заботу. Из Москвы - с восхищением.

4）主体为零形式的句中：**Иванова** - чтим и помним. **Газету** - распродали. Сниму **комнату**. Куплю **книгу**.

5）谓语为情态副词和动词零形式的句中：**Без билетов** - нельзя. **На удочку** - пока можно.

（3）"述谓对"外的结构制约位：**У меня** завтра начинаются экзамены. Росы полюбил **у берёзки** стан（露水被白桦树干所喜爱）. 比较 стан берёзки 中，二格名词是定语。Всеволодова（2000: 332）认为，可以断定单命题句中的结构制约位只能由补语占据。

4.2.4 逻辑状语——是地点、时间、原因、条件、目的、情景状语，它们的位置是:

（1）扩展位置，包括：

1）扩展动词: Настроение испортилось **из-за погоды**. Они сидели **у стола** в ожидании чая.

2）扩展名词: Шум **в коридоре** громкий. Ваня - учитель ботаники и зоологии **в большом лесном селе，за сто километров от родного озера**（Паустовский）.

3）扩展形容词: Она видела красные **на деревьях** листья. Он заметил тёмный **на обочинах** снег. Пыль, розовая **от блеска молний**, неслась по земле（Паустовский）.

此处要注意的是，不是所有习以为常的状语意义都是纯状语，比如以下两种表示行为或态度受到奖赏的原因名词短语就是补语：Его похвалили **за покупки**. Я уважаю его **за смелость**. 它们不能由副词替换。

（2）在"述谓对"中的位置，包括：

1）动词为零形式的存在句中主位上的方位或时间格形成：**В озере** нет рыбы. **В пустыне** мало воды. **В среду** – урок. **Во вторник** не будет собрания.

2）带述谓副词、морозит一类无人称动词和表示环境状态的主语（实则语义述体）的状态句中的方位或时间格形式：**На улице** морозно /морозит /мороз. **Вчера** был дождь.

3）无动词句中的主—述位两个位置：**На полюс** – **пешком**. **Самолётом** – **в Крым**. **Из России** – **с любовью**. **Поездом** – **на курорт Сочи**.

4）主语为零形式的句中的主位：**В дом** – не входили. **Здесь** – не живут.

有些句中的方位、时间和原因名词短语可替换为副词作状语：Мы живём **в деревне / там**. Он уехал **в марте /позавчера**. Она **из радости /радостно** засмеялась.

4.2.5 特征状语——是行为方式和度量程度状语，它们的位置是：

（1）扩展位置，大部分由副词占据，包括：

1）扩展动词：Она **отлично** танцует. Он **медленно** читает.

2）扩展形容词：Он был человек **почти** нищий. Её танцы **удивительно** темпераментны.

3）扩展名词：Дети устроили бег **наперегонки**（互相追逐地）. Он ходил в шапке **набекрень** и в плаще **нараспашку**.

4）扩展副词：Он писал **вполне** правильно. Снимать птиц было **довольно** просто. И нам **по-человечески** было жалко его（Пришвин）.

有时副词位置可由以下词类替换：

1）带或不带前置词的名词间接格：**До ужаса** он ревнив. **До смерти** она больна. Он согласился **без слов**. **Каким способом** можно решать эту трудную задачу?

2）数词：Весь свой век он жил **один**, без жены, без детей. Всю жизнь она жила **одна**, без мужа, без детей. 比较：Они жили **вдвоём**.

3）副动词：Весь день он читал **лёжа**. Всю ночь старик дремал у костра **стоя**, как лошадь（Паустовский）.

（2）在带动词变位形式或不定式的"述谓对"中的述位（只能是行为方式状语）：Кататься нам было **весело**. Читать – **интересно**. Сидеть без дела – **скучно**. Работали **дружно**.

此处的动词占据的是谓语位，而副词是状语位。该类句子也可以被解释为复合句两部分谓语的伴随述谓关系：Когда мы катались, нам было весело. 假如类似句中述位上出现的是情态副词，那么进入述谓关系的是情态变异词和谓语，比较：Смеяться – **можно**. 和Смеяться вы **можете**. Курить – **нельзя**. 和Курить вы не должны.

4.2.6 定语——是由以下词形占据的扩展名词的位置：

（1）形容词及其替代物：Она **в красном** костюме. Мне нравится **твой** дом. Он подошёл к **струящейся** воде（Пришвин）.

（2）名词句素：взор **с поволокой**（含情脉脉的眼神）；пальто **офицерского покроя**（军官样式的大衣）. Он выпил чай **с молоком**. Он был в пальто **с поясом**. Около улицы стоит здание **в пять этажей**. Ссоры **по пустякам** надоели всем.

4.2.7 系词——是在被述谓化成素（即主位）和述谓化成素（即述位）之间的位置，且后者不能是变位动词。主要系动词是быть, 它在非切分位置上是零形式：Брат – инженер. 但在切分焦点上则必须出现：Обсуждение диссертации **не есть** защита. Квадрат **есть** прямоугольный ромб（正方形是直角的菱形）.

对于双主格句的同义转换句来说，运用突出切分关系的系词是成体系的，主要有являться, представлять собой, составлять, служить, сводиться（к чему），与这些系词连用时，制约句素处于展词位，且经常改变词法形式，比较：Единицы языка – это **элементы** системы языка, имеющие разные функции и значения. 和Единицы языка **представляют собой элементы** системы языка... 这些系词的主要功能是比零位系词句更大程度地突出述位，同时拥有自己的词汇意义，比较：Нефть **служит сырьём** для фармацевтической промышленности.（石油是用于医药工业的材料）和Нефть **является**（не служит!）**прекрасным сырьём** для фармацевтической промышленности.（石油对医药工业来说是一种好材料。）Нефть **представляет собой густую тёмную маслянистую жидкость** со специфическим запахом.（石油是一种带特殊气味的浓黑油质液体。）

系词заключаться（в чём）, состоять（в чём）, крыться（в чём）, сводиться（к чему）的主要功能是为双主格句同义转换句中的主语和谓语划界，因为在单纯的双主格句中不总能单向地确定主语和谓语的位置，如句子В машиноведении технический прогресс – это в значительной степени умение рационально применять законы механики.中的词形прогресс的位置既可被看成谓语：В машиноведении **техническим прогрессом** является умение рационально применять законы механики, 也可被看成

主语：В машиноведении **технический прогресс** заключается в умении рационально применять законы механики. 模型句целью является ... 或цель заключается в ...的选择取决于说话者的交际意图。

除了以上标准句子成分，Всеволодова（2000: 334）还把变异词、描写说明词和类别词也纳入了句子成分体系。跟关系说明词一样，变异词与标准句子成分不同，构成的是结构的次生成素群，占据的是取代或排挤其"合法主人"的位置，这经常是动词句或一些无动词句中的纯谓语位，试比较：Я думал об этом → Я **перестал** думать об этом. Дед больше не ел яблоко → Дед больше не **стал** есть яблоко. 在无动词句中变异词其实是谓语位上的主要动词要素，如：У мамы - ангина → У мамы **началась /оказалась** ангина. 在双主格句的同义转换句中变异词占据的是系词位，且每个变异词都有一定的意义，如：Машина, например, **считается** символом богатой семьи.

动词建构说明词通常占据的也是纯谓语位，同时为其开辟补语位：Аспиранты работают над темой... → Аспиранты ведут **работу** над темой...; 或者主语位: Старуха заснула → Старуху сморил **сон**. Маша скромная → Машу отличает **скромность**. 形容词描写说明词总是占据纯谓语位：Маше **свойственна** скромность. Музыке **присуща** мелодичность. 名词描写说明词也是谓语成分之一：Блузка синяя → блузка синего **цвета**. 再比较有和没有描写说明词的句子: Небо необычайно **синее** → Небо необычайной **синевы**. 而名词描写说明词可成为主语或谓语：**Цвет** платья → синий. Основным **цветом** ткани является синий. 此外，类别词常有自己特殊的位置：Он **по профессии** врач. Подарили мне небольшую собачку редкостной **породы** спаниэль, **величиной** с два больших кота... （Пришвин）．相当于...собачку-спаниэля с два больших кота...（跟两只大猫一样大的西班牙猎犬。）

§5 句子所指、语义和形式平面结构成素的对比

在论述了俄语句子四个平面和句子成分体系的特点等全部内容之后，Всеволодова（2016: 449-451）把一些形义对称结构和非对称结构在所指、语义和形式平面上的结构成素进行了对比，以便更清晰地展现各平面结构成素的对应关系和句子成分的功能。为了简洁明了和节省篇幅，我们采用表格的形式总结如下：

例1а）Барсук // питается в основном корешками растений.是形义对称结构：

第28章
句子的形式结构及句子成分

1а	Барсук	питается	в основном	корешками	растений.
ДС	施事	行为述体	–	被消耗物	
СС2	主位 //	述位			
СС3	S_1	$V_{act\,f}$		N_5	
СС4	施事	行为述体	主观评述	被消耗物	
ФС	主语	谓语	插入成分	补语	非一致定语

例2а) В России // живёт много национальностей. 是形义对称结构：

2а	В России	живёт	много	национальностей.
ДС	方位	存在述体	数量	存在主事
СС2	主位 //	述位		
СС3	Adv / $N_{косв}$	$V_{ex\,f}$	N_1	
СС4	方位	存在述体	数量	存在主事
ФС	状语	谓语	主语	

以上两句变成转换句后，所指结构和句子成分的数量和性质都不吻合了，但语义结构СС3、СС4和形式结构中的成素却是接近的，因为正是形式结构是说话者交际意图的表达手段，试比较：

例1б) Основное питание барсука – это корешки растений. 是形义非对称结构：

1б	Основное	питание	барсука	– это	корешки	растений.
ДС	行为述体		施事		被消耗物	
СС3	S_1			(Cop)	$N_{1/5}$	
СС4	修饰	特征主体	领有者		特征的分类	
ФС	一致定语	主语或谓语	非一致定语	谓语或主语	非一致定语	

此处需要指出的是，在系词为零形式的双主格句中N_1的地位不总能被确定，试比较：**Основным питанием** барсука являются корешки растений（谓语）– **Основное питание** состоит из корешков растений（主语）.

例2б) Население России // многонационально. 是形义非对称结构：

2б	Население		России	многонационально.
ДС	存在主事		方位	存在主事的数量
СС3	S_1		（Cop）	Adj
СС4	特征主体		领有者	数量特征
ФС	主语		非一致定语　零位系词	谓语

例3а）У Андрея – прекрасная библиотека.是形义对称结构：

3а	У Андрея	–	прекрасная	библиотека.
ДС	领有者	零位存在述体	性质特征	客体
СС3	у+S_2	$V_{ex\,f}$-0	Adj	N_1
СС4	领有者	性质特征		客体
ФС	补语	一致定语		主语

例3б）Библиотека у Андрея – прекрасная.是形义对称结构：

3б	Библиотека	у Андрея	–	прекрасная.
ДС	客体	领有者	性质特征	
СС3	S_1		（Cop-0）	Adj
СС4	特征主体	领有者	性质特征	
ФС	主语	补语	谓语	

例4а）Хирург выразил ассистентам благодарность за участие в операции.是形义非对称结构：

4а	Хирург	выразил	ассистентам	благодарность	за участие в операции.
ДС	给予者	–	与事	行为述体	缘由
СС3	S_1	$V_{act\,f}$	N_3	N_4	$N_{косв}$
СС4	给予者	描写说明词	与事	行为述体	缘由
ФС	主语	谓语	间接补语	直接补语	间接补语

例4б）Ассистентам – благодарность от хирурга за участие в операции.是形义非对称结构：

4a	Ассистентам	–	благодарность	от хирурга	за участие в операции.
ДС	与事		行为述体	给予者	缘由
ССЗ	N_3	$V_{ex}\text{-}0$	N_1	от+N_2	за+N_4
СС4	与事		客体	发送者	缘由
ФС	间接补语		主语	间接补语	间接补语

通过以上对比我们看到，句子的形式结构首先是说话人要达到一定交际目的的手段和工具，句子成分的功能比传统上认为的要复杂得多。显然，句子成分的建构功能是指建立句子的外部形式，即句子的框架，以确定词形之间的关系，然而，这不是唯一的功能，且跟其他所有语法现象一样，首先是伴随功能（сопутствующая функция）。句子成分的全部功能还没有被彻底研究清楚，目前已知的功能首先是与语言的交际机制发生关系。

第六篇 语篇

第29章
功能交际语法视域下的语篇

§1 语篇的归属、概念及特征

1.1 两类语篇的区别

在西方和俄罗斯语言学中都有两个表示语篇的词，一个是discourse（дискурс[①]），一个是text（текст）。第一个使用discourse（话语）这一术语的是美国结构主义学家哈里斯（Z. Harris），在他1952年发表的《话语分析》（"Discourse Analysis"）一文中这个术语与"语篇"（text）换用。（钱敏汝 2001：12）很多英语学者没有严格区分discourse和text，如胡壮麟（1994: 3）对语篇的看法是：语篇是广义的，既包括话语（discourse），也包括语篇（text）。可以用"语篇"统称"篇章"和"话语"，在使用场合有特指的情况下才分说"话语"或"篇章"。黄国文（2006: 3）认为，在（应用）语言学界把text看作"成品"，把discourse看作"过程"。我们跟大部分俄语学者一样认为二者不同：дискурс指语篇及影响语篇生成或接受的语言外因素的交际统一体（包括言语、短句、手势，甚至交际参项的个人观点等），而текст指由一连串表达相同主题和思想的句子组成的句群。为了区分二者，我们把前者译为"话语"，后者译为"语篇"。текст在汉语中有很多译法，如"语篇""篇章""话语""文本"等，但越来越多的学者倾向使用"语篇"这一说法。

дискурс和текст是相互依存的，任何一个"话语"都是"语篇"，但不是每个"语篇"都是"话语"，比如放在书架上的书在没到达读者手中时它是"语篇"。著名荷兰语言学家范戴克（Van Dijk 1977: 56）曾提出："语篇是一个抽象的理论结构体，而话语是它们的具体体现。"Н.Н. Зяблова（2012）认为，二者的主要区别有以下几点：

（1）"话语"具有语用性，而"语篇"是纯粹的语言学范畴；

（2）"话语"是过程范畴，而"语篇"是结果范畴（是静态的）；

[①] дискурс 还有另外一个首先用于修辞学的定义，指服务于某一人类活动领域的已有文本或生成文本的全部集合，比如医学文本、技术文本。类似于我们理解的功能语体。（Всеволодова 2000: 337-338）

（3）"语篇"是抽象的结构，而"话语"是抽象结构的具体化。

王辛夷（2014: 5）认为，话语和语篇有以下三个方面的差异：

（1）话语是口头的，而语篇是书面的。这样的区分源于对言语和语言的研究，其基础是话语分析（анализ дискурса или дискурс-анализ）和语篇语言学（лингвистика текста）。

（2）话语和语篇的区分还体现在情境范畴，话语离不开情境，而语篇是在情境范畴之外。所以，对话语的解读实际上是语用学和应用语言学研究，要进行研究的是交际的文化、社会、心理状态。

（3）如果从功能角度研究话语，那么话语和语篇的区别则体现在以下范畴：实用性—结构性；过程—产品；动态—静态；现实性—虚拟性，相应形成作为产品的结构语篇和作为过程的功能语篇。

总之，"话语"是多角度、多层次、多因素的现象，是语言的也是言语的，又是心理的、认知的和社会的现象。

1.2　语篇的归属和概念

功能语言学公认，自己的主要研究对象是语篇，而不是脱离语境而存在的抽象句子。语篇之于句素和句子的区别是，按照现代语言学标准，语篇不是"语言单位"，而是"言语构造"。功能语法打破了传统的纯语法和句本位的研究，指出语法研究不能与语篇或话语分析截然分开。然而，远不是所有语言学家都认为语篇是句法学的研究对象，而是把它归入语言学的特殊部分——语篇语言学，例证可见吴贻翼等著的《俄语语篇语言学》（2003）和史铁强、安利著的《语篇语言学概论》（2012）。

我们认同Всеволодова（2000；2016）的观点，把语篇纳入功能交际语法的研究范围，因为语言为交际而存在，交际是在语篇中实现的，即在各种形式、篇幅和用途的语篇（包括书面的、口头的、即兴的和有准备的语篇）中；还有一个原因是语言教学实践要求教师必须关注语篇。匈牙利著名的俄语学家Ференц Папп曾指出，外语教学实践是在句子层面进行的，但实际操作却应该在语篇层面实现，比如一个匈牙利人用俄语写一本书，其中每两个相邻的句子都是完全正确的俄语，但整本书却被评价为不是用俄语写的。正如Всеволодова（2000: 337）所言："我们是用语篇，而不是句子在说话。"关于这一点钱敏汝（2001: 11）也有相同的论述：语法上完整正确的句子未必能够独立使用和明确传递信息。如说话人只说"他捡起了它"这个句子，听话人很难知道"谁捡起了什么"，只能大概明白有人捡起了某物。只有通过前言后语的补充，才能对一件事有完整的了解："李明把手表掉落在地上。他捡起了它，小心地看看，才又戴在手上。"由此可见，句本位的语言学确实存在着明显的局限性，不能脱离上下文语境和交际场景来孤立地研究句子。

语篇的概念在语言学中至今还没有一个公认的完整定义，但所有学者都认为，语篇是拥有复杂结构和内容的语言产物。著名学者王福祥（1994: 49）最早把текст译为"连贯性话语"，所下定义是："连贯性话语是超句言语单位，既指书面的言语材料，也指口头的言语材料，是由各种言语单位：句子、句组、句群、片段组成的结构意义统一体。"吴贻翼（2008: 183）给语篇下的定义更加细致全面："语篇是长短不一、结构和语义完整的话段或文段。它是长于句子的语言单位，由多少不等的句子组成，既可能是超句统一体，也可能是片段、节、章、全文。"胡壮麟（1994）从系统功能语法的角度给出的定义是："语篇指任何不完全受句子语法约束的在一定语境下表示完整语义的自然语言，它是协同词汇学、句法学、音系学和语义学（包括语用学）的语言学分支，目的是通过语言这个媒介实现具体的交际任务或完成一定行为。"

俄罗斯学者И.Р. Гальперин（1981: 18）对语篇的定义比较客观，涵盖了语篇的内部和外部结构，提出了构成语篇的标准："语篇是言语创造过程的产品，它具有完整性，体现为文字材料，并根据文字材料的类型进行过加工，该语言产品包括名称（标题）及一系列独立的单位（超句子统一体），后者用各种词汇—语法、逻辑、修辞等联系手段结合为一个整体，该语言产品有明确的意向和语用目的。"也就是说，语篇是一种表现为形成和表达内容的言语（语义）的相对完整统一的口头或笔头作品。Шмелёва（1998）认为，语篇是一个复杂而又多因素的整体，текст一词跟текстиль（纺织品）有相同的词根，说明语篇就像纺织品一样内容复杂而交错。

Всеволодова（2000: 338）认为，语篇这个术语跟两个不同层面的言语构造相关，一个是超句统一体（сверхфразовое единство），另一个是包括一个或一系列超句统一体的结构整体。"超句统一体指按线性次序排列的简单句或复合句由统一内容联系在一起的语义整体。"（Золотова 1982）内容的统一决定了超句统一体里的句子都拥有一定的共性，因此拥有了语篇属性。

1.3 语篇的基本特征

Всеволодова（2000: 343）认为，语篇作为结构整体有以下特征：

（1）语义整体性，即衔接（когерентность），由关联性（связанность）、完整性（целостность）和可分性（членимость）决定。

1）语篇关联性的保证是语篇的内容层面，主要包括以下几个方面：

① 基本主题的统一，通常放在标题里；

② 信息从一部分向另一部分传递，以便信息一步步发展；

③ 有表达关联性的专门手段，除了语篇主位—述位结构机制外，还有专门的元语篇手段，比如信源说明手段。

2）语篇的完整性是心理语言学的范畴，体现在语篇不同层面和不同角度的手段跟语篇内容紧密的相互作用中，这一特征正是关联性的功能。

3）语篇的可分性是语篇结构化的结果和条件，语篇可划分为：
① 起功能作用的部分：章、节，而在章、节内部和"小体裁"语篇中又分为前言、描写、论述、结论、摘要等；
② 基本语义单位。

文学语篇中的语义单位首先是在美学而不是形式基础上划分出来的片段，而在科学和公文类的语篇中，基本语义单位是段落，不仅是格式上（另起一行）划分出来的段落，还是口语中用稍长停顿分开的段落。语篇的可分性跟交际意义紧密相关。

（2）交际意义（在科学语篇中是认知意义），由以下因素决定：

1）语篇所传达信息的新义和合理性程度；

2）对科学语篇来说，语篇内某个语义单位的规模（即信息的密度），是通过内容传达的方式和语篇各部分之间的逻辑联系实现的。

通常语篇引入信息和论据的方法是归纳（即从特殊到一般的方法）和演绎（即推导），二者的差别是解决问题的思路不同。归纳法的论证公式是：例证→例证的解释→结论，解决问题的思路是概括；演绎法把归纳法得到的结论放在开始，论证公式是：理论原理→例证→新的更深刻的结论。科学语篇更倾向使用演绎法，因为可以使用提前概括法，也就是提前让读者知道所预期的信息的总体规模并做好接受它的心理准备；也可使研究范畴化，即研究的呈现方式不是被观察事实的列表，而是所分析现象的结构成素。对材料的此种呈现方法可做二次、三次的抽象概括，以便提高语篇的交际意义和信息容量，也就是说，正确使用语篇的语言学特征能对语篇的认知价值产生影响，同时也能准确架构语篇，使读者更容易接受。

当我们读到或听到几个相互连接的句子时，通常能够判断接触的是整个语篇还是超句统一体，这也进一步证实了作为完整结构的语篇具有一定的特征。语篇的基本特征是言语的衔接性和内容的完整性。除了这些一般特征，每个语体的语篇都有自己的特性。В.В. Красных（1998）认为，语篇（书面或口语）总是反映着操该语言的人和（或）言语社群成员的心理特点，需要在学习跨国际交流时考虑到这一特点，以免交际失败。

§2 语篇的类型

1.1 语篇从外部和内部划分的类型

Всеволодова（2008a）把语篇范畴分为外部范畴和内部范畴：前者指从外部形成语篇，确定语篇的类型、基本特点和词汇、语法手段的使用特点；后者指在语篇内部使语篇相连接、连贯，即形成一个完整的语篇，以保障信息的传达和延续。Н.И. Формановская（1998）将言语的模式（режимы речи）分为言语（或交际）模式和叙事模式。分析表明，在交际言语体式中使用的不只是对话，还有独白，比如叙述过去的故事及私人信件等笔语语篇。

按照语篇本身的特点可分出不同的外部语篇类型，如：

（1）按照体现形式，语篇可能是书面的和口头的，也可能是有准备的或即兴的；

（2）按照说话人的数量，语篇可能是独白语、两人对话和多人对话，其实在每种语言和言语构造中这三者之间没有严格的界限；

（3）按照功能语体属性（使用范围），语篇可能是文学、政论、科学、公文或日常语篇。

自古以来语篇从内部就被分为三种语义类型：叙述（повествование）、描写（описание）和议论（рассуждение）。叙述指"对前后发生或相互制约的事件或现象的描绘"（Солганик 1997）。描写指对那些由名词或名词词组表示的物质客体、人、地方、事件等的特征、性能和空间定位的有序排列。议论指对一些逻辑联系和关系的一连串论断。

Всеволодова（2000: 339）认为，叙述、描写和议论都有一系列不同的形式特征。叙述的主要特征表现为时序上的动词体时系统（видовременная система）。描写中首先体现的是名词的词汇联系，动词基本上使用的都是未完成体。支撑议论的是动词的情态评价特征。叙述、议论跟描写的不同体现在言语的主观性上，诸如情态性、插入语和评价；描写和议论的特点是时间的常态性；议论与叙述、描写的不同是一定有指示手段（дейктические средства）。此外，三者之间还有主位—述位结构的差别，也就是说，实义切分不只是句子的范畴，也是语篇的范畴。

此外，Всеволодова（2000）还提出了言语模式、索引、原始语篇、再生语篇、我语篇和他语篇等概念。

1.2 交际类型句的划分及其交叉语篇类型

Золотова（1982）注意到语篇中反映客观现实的不同方法，称之为言语交际类型句（регистры речи），具体指一种感知和反映客观现实的语言模型，是用一定语言手段来表达说话人的观点及其交际任务，并通过特定的语篇片段得以实现，与说话人的交际需要和交际可能性相对应。有以下五种言语交际类型句：

（1）描述（或再现）句（изобразительный или репродуктивный регистр），指用语言手段再现、复制被说话人和受话人的感官直接感受的、处于同一确定时间段和地点的事件，主要出现在文学语篇和被经历或看见过的故事中，其中的事件是"按照客观事实发生的实际情况"描述的；

（2）信息句（информационный），其交际功能在于传达说话人已知的信息，主要用于特写、公报、通讯报道和历史教科书中，是保存和呈现知识的方法，属于信息句的还有经常重复的事件（叙述对象的习惯、特性等），与确定的具体时间和空间没有任何关系；

（3）抽象句（генеративный），指对生活经验、世界普遍规律、人类知识体系等共性的信息加以概括和总结的语言模型，是保存和呈现人类普遍真理的方法，常以谚语、箴言等形式出现，完全不受时间的限制；

（4）意愿句（волюнтивный），用于表达说话人的意愿（请求、命令、指示），促使受话人实施某一行为；

（5）反应句（реактивный），指对交谈对象语句的有意识或无意识的反应。①

描述句与信息句、抽象句对立的主要特征是时间定位的不同，就是看有没有述体特征的具体时间定位，如文学语篇中的被经历或看见过的故事里，事实仿佛就展开在受话人的眼前，是对事件的叙述，属于再现语篇；而在公报、文章、通讯报道中事实是静止的，与当时的感受分离，不再是对事件的叙述，而是对已被确定和记录下来的事实的报道，属于信息语篇；对事实进行思考的报道则是抽象语篇。

Всеволодова（2000:340）把语篇的语义类型和前三类言语交际类型句进行对比后，发现了语篇类型的相互交叉现象，如下表所示：

交叉语篇类型

语义类型	反映事实的手段（言语交际类型句）		
	描述（再现）句	信息句	抽象句
1. 叙述	描述（再现）—叙述句	信息—叙述句	评价—品鉴句
2. 描写	描述（再现）—描写句	信息—描写句	评价—品鉴句
3. 议论	—	信息—逻辑句	概括—逻辑句

---

① 关于以上五种言语交际类型句的描述参见（Всеволодова 2000: 339; 鲍红 1998: 32; 王铭玉、于鑫 2009: 145-147）。

Всеволодова（2016：473）对上面的表格进行了如下例句分析：

（1）描述—叙述型语篇可以举А.И. Куприн 的短篇小说"Куст сирени"，Л.Н. Толстой的短篇小说 "Прыжок"，М.Горький 的叙述老人回忆自己婚礼的短篇小说 "Сказки об Италии"等。对该类语篇重要的是语篇和人称的相互关系分为我语篇和他语篇，在这两种不同语篇中一些语言单位的功能不同，我语篇既可以出现在交际模式中，也可以出现在叙述模式中，如带回指代词тот, этот的词组та /эта минута, тот /этот час 在我语篇和他语篇中就有不同的功能，如：

1）在他语篇中代词этот与之前的语篇片段对应，即回指（анафора）：Ваня подошёл к Биденко. Они некоторое время молчали, не зная, что нужно делать. **В эту минуту** в памяти мальчика промелькнула вся его жизнь (Катаев). 而代词тот对应的是后续语篇，即后指（катафора）：В кармане убитого капитана Енакиева нашли записку. ... она была аккуратная, чёткая, без единой помарки. А между тем, **в ту страшную последнюю минуту**, **когда** он её писал, вокруг него почти никого уже не осталось. (Катаев).

2）在我语篇中这两个代词都用于回指并可以互换，比较：Я обратился к нему, но он, наверное, **в ту/ в эту минуту** думал о чём-то своём. Должно быть, взгляд у меня **в эту минуту** был озадаченный... (Полевой) = в ту минуту. 这条规则同样适用于副词здесь和там，比如只有在我语篇中才能使用模型句Придёшь домой усталый, а **здесь** тебя ещё работа ждёт. 而在相应的他语篇中就要使用描写模型句Вы приходите домой усталый, а дома вас ещё ждёт работа.

（2）信息—叙述型语篇常用于描写历史事实的教科书、自传和纪念文学作品，也可能出现在诗歌中：Онегин, добрый мой приятель, родился на берегах Невы... (Пушкин).

（3）描述—描写型语篇常出现在文学作品中，如托尔斯泰在《战争与和平》中对橡树的描写；果戈理在《死魂灵》中对乞乞科夫（Чичиков）第一次见到的普柳什金（Плюшкин）的描写；屠格涅夫在《猎人笔记》中对大自然的描写。

（4）信息—描写型语篇是教科书以及其他专业出版物的典型语篇，但在文学作品中也并不少见：А была ты и звонкой и быстрой. Как шаги твои были легки! (Маршак).

（5）信息—逻辑型语篇系统地体现在学术著作中：Лексическое значение слова есть результат отражения определённого фрагмента действительности, закреплённый в слове как в знаке. 也可能出现在文学作品中：Есть в близости людей заветная черта. Её не перейти влюблённости и страсти... (Ахматова).

（6）评价—品鉴型语篇，如：1）Внимание, уделяемое в указательных работах категории залога, не случайно: во всём морфологическом механизме тагальского языка（他加禄语）это едва ли не важнейший, центральный её узел. 2）Активность творческой мысли Ломоносова очевидна, ибо каждый параграф несёт новую информацию как в содержании идей, так и в стиле выражения.

（7）概括—逻辑型语篇，如：1）Из сказанного следует, что способ обозначения объекта небезразличен не только для смысла предложения, но и для его истинностного значения. 2）Нам не дано предугадать, как слово наше отзовётся, И нам сочувствие даётся, как нам даётся благодать（Тютчев）.

Всеволодова（2016: 474）指出，在结构完整的语篇中不同的超句统一体可以共存，描写可能替换为叙述或议论。

§3 语篇与实义切分的相互关系

由于语言交际层面的结构、功能及表达手段都比已知的要复杂得多，所以对构成语篇的语句最佳功能得以实现的语言机制还不完全明了，但有一点是明确的，这一层面的主要单位是广义上的语篇，即独白、两人对话或多人对话、口语或笔语。目前可以完全肯定的是，语篇是范畴结构，语篇的特点直接且系统地影响具体词法和句法形式的选择，语法范畴和语篇范畴相互影响。交际层面的主要表达手段是实义切分，这一范畴既是语篇范畴，也是语法范畴，这是斯拉夫语的特点。对纯语法现象（如动词现在时形式的使用）的分析不能不考虑语篇范畴，如在叙述言语模式和某些电视或广播信息节目中不可能在有过去时词汇时使用现在时形式，比较：Вчера президент **принял** руководителей основных религиозных конфессий（宗教团体）. 不能说*Вчера президент **принимает**... 但在交际言语模式中这种用法却是有规律的：Видел вчера «новости»? Принимает вчера президент руководителей конфессий и говорит им... 此处词序和语调是该语句成立不可或缺的语法成分，同时也要求相应的结构和语篇。

Всеволодова（2000: 342）指出，语篇的主位—述位结构有两个标志：

（1）构成语篇的句子的述位焦点，即优控述位（рематическая доминанта，常简写为Р-доминанта）上的词的句子成分属性；

（2）主位—述位链的转换方式。

Золотова（1982: 300）认为，在描写语篇中优控述位的特点取决于所描写的客体。

在描写共存事物的描写语篇中优控述位是事物名词，在描写人物、事物、现象的描写语篇中是表示性质和特征的名称，即名词、形容词和特征副词。在叙述语篇中优控述位通常是动词，即行为优控述位。在这些不同语篇中主位—述位结构不同，主位—述位链的转换方式也不同。

　　Всеволодова（2000: 342）指出，在描写共存事物的语篇中主位—述位链的转换方式可能有以下几种：

　　（1）依次展开式，即第一句的述位成为第二句的主位，以此类推，呈现如下模式：$T_1\text{-}P_1 — T_2(P_1)\text{-}P_2 — T_3(P_2)\text{-}P_3\ldots$。如: Все приглашённые（$T_1$）находились в большом институтском зале（$P_{1а}$）и прилегавших к нему комнатах（$P_{1б}$）. Весь этот огромный зал（T_2）был снизу доверху обставлен оранжерейными тропическими растениями（$P_{2а}$）и изукрашен венками и гирляндами из живых цветов（$P_{2б}$）. То там, то здесь выделялись искусно сделанные из таких же цветов（T_3）вензеля（以姓名头一个字母组成的花字）（$P_{3а}$）императрицы и целые слова и фразы（$P_{3б}$）. Эти фразы（T_4）должны были выражать чувство благодарности и любви（$P_{4а}$）воспитательниц и их августейшей благодетельнице（女恩人），а также правила добродетели（美德）（$P_{4б}$），какими они должны руководствоваться в жизни.（Вс. Соловьёв）.

　　（2）平行并列式，即主—述位链呈现的主位都是新信息，而它们的述位则有以下两种形式：

1）述位从总主位（гипертема）中引出，其模式为：ГТ — $T_1\text{-}P_1 — T_2\text{-}P_2 — T_3\text{-}P_3$。如：**Солотча**（索洛恰）**– извилистая, неглубокая река**（ГТ）. В её бочагах（河底深坑）（T_1）стоят под берегами стаи язей（圆腹鲦）（P_1）. Вода в Солотче（T_2）красного цвета（P_2）. Такую воду（T_3）крестьяне зовут «суровой»（P_3）. На всём протяжении реки（T_4）к ней только в одном месте подходит неведомо откуда（不知从哪儿）ведущая дорога（P_4），и при ней（T_5）стоит одинокий постоялый двор（大车店）（P_5）（Паустовский）.

2）述位从总主位和总述位中引出，其模式为：ГТ-ГР — $T_1\text{-}P_1 — T_2\text{-}P_2 — T_3\text{-}P_3$。如：Обширный кабинет（ГТ）был убран со всевозможной роскошью（ГР）: около стен（T_1）стояли шкафы с книгами（P_1），…; над мраморным камином（大理石壁炉）（T_2）было широкое зеркало（P_2）; пол（T_3）был обит зелёным сукном（包着绿呢绒）（$P_{3а}$）и устлан коврами（$P_{3б}$）（Пушкин）.

描写人或事物的语篇中的主位—述位链的转换方式如下:

(1) 带总主位的主—述位结构, 如: Князю Верейскому (ГТ) было около пятидесяти лет (ГР$_1$), но он казался гораздо старее (ГР$_2$). Излишества (无节制) всякого рода (Т$_1$) изнурили его здоровье (Р$_{1а}$) и положили на нём свою печать (Р$_{1б}$). Несмотря на то, что наружность его (Т$_2$) была приятна, замечательна (Р$_2$), а привычка быть всегда в обществе (Т$_3$) придавала ему некоторую любезность (殷勤), особенно с женщинами (Р$_3$) (Пушкин).

(2) 带贯通主位 (сквозная тема) 的主—述位结构, 其模式为: Т$_1$-Р$_1$ — Т$_1$-Р$_2$ — Т$_1$-Р$_3$, 如: Красный фосфор (磷) (Т$_1$) получается в виде порошка красно-бурого цвета (Р$_1$). Как все вещества с атомной кристаллической решёткой, он (Т$_1$) нелетуч (不挥发) и не растворим (不溶解) ни в каких растворителях (Р$_2$). Красный фосфор (Т$_1$) не ядовит (Р$_3$). (Ходанов).

带行为述位的语篇有以下特点:

(1) 在同一个主体的情况下有一个贯通主位, 如: С наступлением ночи лисица (Т$_1$) вышла из овражка (小沟) (Р$_1$). Выждала, вслушиваясь, (Р$_2$) и потрусила к железнодорожной насыпи (路基) (Р$_3$), бесшумно перебегала то на одну, то на другую дорогу путей (Р$_4$). Здесь она (Т$_1$) выискивала объедки (残羹剩饭) (Р$_5$) (Айтматов).

(2) 带一个总主位链, 这个总主位可能是几个情景, 如: Мальчик залез на верхушку мачты (桅杆) (ГТ). Вдруг кто-то (Т$_1$) в народе ахнул от страха (Р$_1$). Мальчик (Т$_2$) от этого крика опомнился (Р$_{2а}$), глянул вниз (Р$_{2б}$) и зашатался (摇晃起来) (Р$_{2в}$). В это время капитан корабля, отец мальчика (Т$_3$) вышел из каюты (Р$_3$) (Л. Толстой).

语篇的主位—述位结构同时还是构成结构完整语篇的机制之一。

第30章
科学语体中的语篇

§1 书面科学语篇的基本分类

Всеволодова（2000: 344-345）把科学语篇按照对象目的、呈现形式、体裁三个方面粗略地进行了划分。

（1）按照对象和目的可分为：

1）针对未来专业人士的教学语篇，其目的是向迫切需要掌握实际知识的人提供该科学领域公认的、构成其专业基础的知识体系；其首要任务是形成适当的科学思维类型和进行研究的科学方法。这是典型的信息语篇，其中包含叙述、描写、逻辑几个组成部分。

2）针对非专业人士的科普语篇，其目的是报道少为人知或不为人知的事实；其首要任务是提高读者的一般能力和文化水平，满足读者天生的好奇心。这也是信息语篇，其中还包含评价—品鉴这一组成部分。

3）针对专业人士的学术语篇，其目的是向科学常态引入新的科学事实或颠覆已有的观点或思想；其首要任务跟教科书的目的相反，是打破已有的旧观念。如果该类语篇针对的是纯粹的学术同仁（如学术杂志上的语言学家的论文），那它属于包含评价—品鉴和概括逻辑组成部分的抽象语篇；如果针对的是混合领域的同仁（如针对教师的杂志《中学俄语》中语言学家的论文），那它通常是信息语篇。信息语篇和抽象语篇在信源说明类型及其他一些特点上有原则上的不同。

（2）按照呈现形式语篇分为口头和书面两种。

1）口头语篇（如属于教学语篇的讲座和学术语篇的报告）是受众能直接感受的语篇。作者使用的方法通常是：① 用语调来突出重要的信息，必要时还可用语调来引起听众的情感共鸣；② 用非语言交际手段的手势和肢体语言；③ 直观手段。也可能是反向的提问和回答的方式。尽管如此，准确领受口语语篇有一定困难，听明白外语独白语要比阅读困难得多，毕竟外国学生在母语中所形成的"凝聚信息"的能力发挥不了作用，无法从获得的信息中得到完整的图景。一旦某个观点没听明白就可能丢掉作者的论证逻辑，同时又无法回到那段没听明白的语篇片段。人听信息时领受的容量相对较小，对材料的选择要求更多，不可有太多的细节。口头语篇的特点决定了练习听力的必要性。

2）书面语篇针对的是无声的可长久感知的信息，而且没有反向联系，常使用形式化的语言手段突出主要信息，最大限度地显明论述的逻辑和步骤，严格遵守语篇建构的规则，主要优点是可以多次反复阅读整个语篇或其片段。可将主要信息划分为句子末尾（述位）和段落的开始。

与文学语篇不同的是，在科学语篇中读者对主要"情节"和叙述的主要层次都熟知，因此只有产生共鸣才能使读者对科学语篇真正感兴趣。

（3）学生接触的科学语篇类型有：1）由其他作者创作的成品语篇；2）学生自己创作（生成）的语篇。

教学语篇分为：1）描写—叙述语篇；2）议论语篇（逻辑—信息言语句）；3）说明语篇（意愿言语句）。学术语篇主要是论文和专著。

§2　成品科学语篇的结构类型

每种语篇都是在科学实践过程中形成自己的典型结构，该结构在保障对必要和充足的信息进行选择和优先排序时，能够客观地呈现信息，使读者了解语篇内容。Всеволодова（2000:346）把科学语篇划分为以下三种基本结构类型：

（1）描写体裁类语篇（纯教学语篇），其典型结构是：1）引入主题；2）描写（对物质、成分、类型等的描写）；3）定义；4）论证；5）结论。

（2）议论语篇（信息—逻辑型言语句），其典型结构是：1）做出假设的引言，即某些已知的观点；2）对已知观点的不足及其与客观事实是否相符进行论证；3）从论证中得出结论；4）形成带有后续结论的新观点；5）总结。

（3）学术论文，其典型结构是：1）标题；2）引言，包括论题的依据、研究目的和任务的确立；3）实验部分，包括实验的方法、描写汇总；4）讨论实验结果；5）结论。

当然，针对人文学科（如语言学、文学、经济学、历史学等）的学术论文，3）和4）点会有所不同。

绪论（引言）反映的是科学语篇的整体特点（包括年级论文、毕业论文、学位论文和人文学科的文章）。如果语篇的标题已经明确了论题，那么引言里就应该指出要讨论的现象所处的领域，并确立科学范式，即作者的科学立场。在毕业论文和学位论文中引言是语篇独立且极其重要的组成部分。在学术文章中引言主要由以下几个部分组成：

（1）引起学术兴趣问题的依据，应指出包括所描写对象在内的所有问题的共同范围；
（2）对该问题感兴趣的具体依据，提出具体的研究对象；
（3）对前人研究成果的简要陈述（包括问题的理论基础、对已知观点的参考等，比较议论语篇的1）和2）点；
（4）明确具体研究目的，提出后文将要实施的计划，以便读者更容易接受信息。

§3 生成科学语篇的类型

在学习过程中学生肯定要创建二手语篇（如写提纲、摘要等），但其终极目标是创作带有某些文献综述成分（二手语篇）的独立（一手）语篇（如毕业论文、学位论文等）。文献综述指"对内容和语言结构做出一定程度的加工，复制阅读过的语篇信息"（Бахтина и др. 1988: 3）。Всеволодова（2000: 347）按照不同的目的把文献综述分为：

（1）信息型文献综述（提纲型综述），指对文献资料的内容部分做出简短的客观陈述。依据原文数量的多少文献综述又可分为：

1）专著型文献综述，指根据一部文献资料做出的综述；

2）概述型文献综述，指根据两篇或以上文献资料做出的综述。

在教学过程中专业方面的完整信息型文献综述并不常见，但在学习语言的过程中却被广泛使用。在毕业论文和学位论文答辩上的发言实际上是自己论文的提纲型综述。

（2）说明型文献综述（摘要型综述），指"对自己研究成果的简短评述"（Бахтина и др. 1988: 23）。在引言或答辩过程的发言及报告中有说明型文献综述的成分。对文献资料的内容架构进行加工的作用是：

1）突出文献综述作者感兴趣的事实（有时可能只是某一个事实）；

2）揭示和评价文献资料作者的立场；

3）对所介绍材料的逻辑做出必要的改变，即根据作者设定的目标放置语篇的信息。

对文献资料语言结构的加工首先是对信息的压缩，在编写文献综述、提纲或提要时，必须从语篇中找出信息的不同类型并对其进行归类，以便之后对信息进行合理安排。

§4 科学语篇组成部分的功能特点

Всеволодова（2000: 347）认为，语篇的组成部分是词、词组和句子，它们可划分成两个相互交叉但功能不同的部分：

（1）实际语篇，即传达给读者的全部信息。

（2）元语篇（метатекст），即作者为了读者更轻松地接受和更全面地掌握语篇所使用的专门语言手段。

4.1 实际语篇的特点

实际语篇由两个功能部分组成：内容部分和举例部分。内容部分是按所传达的内容及其重要程度这两个层面来评价。

（1）在内容层面有三种类型的信息：

1）事实信息，指有关事实、现象、过程和事件方面的信息，此类信息在文献综述语篇中应该首先被区分出来并保留在任何类型的文献综述语篇中。

2）逻辑—理论信息，指对事实信息获取的方法、从事实中得出的结论、对事实的阐明、对信息来源的参考（信源说明成分）等方面的报道。为了压缩语篇，在信息型文献综述中这部分可以省略，但在说明型文献综述中陈述实际结果时类似下面一些结构却是必须有的：Как показали наши наблюдения; Эксперимент показал, что…; Анализ материала позволил сделать вывод, что…等，因为表明说话者的作者身份、避免见解的过度绝对化是科学语体规范的一部分。

3）评价信息，指作者对报道内容态度的表达（即主观评述层面）。在信息型文献综述中正面评价通常省略，但如果信息是错误的或不是普遍认同的观点则需要保留。比较：**Ошибочно** думать, что насекомые совершенно лишены способности к регулированию температуры тела; (**верно** лишь, что) процессы регуляции температуры тела у них по сравнению с высшими животными очень несовершенны（引自 Бахтина и др. 1988: 8）。其中括号中的评价信息可以省略。（Вопросы 1989: 158-169）在说明型文献综述中该类信息能够确定作者的科学范式。

在同一个句子中可能三种类型的信息同时存在：2) В результате многолетних исследований 3) была теоретически обоснована и практически подтверждена 1) возможность увеличения осадков искусственным путём（Бахтина и др. 1988: 7）。

（2）在语篇内容传达的交际意义层面信息可分为以下三种：

1）基本信息，即由句子的述谓基础表达的信息。

2）复制类信息，即对其他语言手段也说过的信息的表达，比较：Коэффициент（系数）полезного действия тепловых электростанций, **т.е. отношение полученной электрической энергии к теплу, образовавшемуся при сжигании топлива**, растёт при повышении начальной температуры пара（Бахтина и др. 1988: 10）。

在引入复制类信息时通常使用专门的元语篇手段（Вопросы 1989: 139），该类信息对专业人士来说不是必要的，在压缩语篇时可以省略。

3）补充信息，即把基础信息变成更具体、更确切的信息：Вся совокупность химических реакций, протекающих в организмах, **включая усвоение веществ, поступающих извне**（ассимиляция 吸收）, **и их расщепление（диссимиляция 分解代谢）вплоть до образования конечных продуктов, подлежащих выделению**, составляет сущность и содержание обмена вещества – главного постоянного признака всего живого（Бахтина и др. 1988: 14）。其中带扩展成分的最低限度述谓是信息的载体，而黑体部分是补充信息。

基础信息也可能是逻辑理论和评价信息，如：2）В результате многолетних исследований 3）была теоретически обоснована и практически подтверждена 1）возможность увеличения осадков искусственным путём. 其中逻辑理论信息 2）和评价信息 3）进入语句的陈说，而评价信息还构成语句的述体。比较语句的另一种变体，其中所有部分都由元语篇构成：Можно（как показали многолетние исследования, позволившие теоретически обосновать и практически подтвердить это явление）увеличивать количество осадков искусственным путём. 对不同语句变体的选择取决于文献综述作者的交际意图。

4.2　元语篇手段的特点

元语篇手段是表达语篇主观评述的手段。不同语言学家（如Золотова и др. 1998, Арутюнова 1988, Н.К. Рябцева 1993等）对元语篇主观评述有各自不同的类型划分（如感知层面、认知层面、情感层面、意愿层面等），但在外国学生学习理解和生成俄语科学语篇时，重要的是以下几点：（1）引入例子和证据；（2）引入称名和说明；（3）引入受众已知的信息；（4）对参考资料的引用；（5）标明逻辑联系等。

Всеволодова（2000: 351）根据元语篇手段的基本功能把所有元语篇手段分为以下两大类：

（1）对信源说明或主观评述方面进行评鉴的手段，包含以下信息：

1）价值（评价）信息：Последние два типа выражения значений посессивности

（领属）встречаются как в Н-языках, так и в Е-языках и потому **не представляют специального типологического интереса** = не интересны.

2）情态性信息：Однако сама структура этих предложений **не исключает** именно **утверждения** о наличии у X-а объекта У = можно видеть утверждение о...

3）说服力信息及其主观评述特点：**Хотя**, конечно, для геминации（语音学中辅音的加倍拖长）, здесь нет фонетического препятствия, **можно понять**, какая здесь возникла морфологическая трудность.

（2）表达元语篇涵义的手段，包括：

1）纯逻辑理论信息，即遵守言语行为规范，表明作者的身份；

2）在语篇中形成逻辑联系的手段，如：信息组成部分的传达顺序；信息部分之间的相互关系；因果等逻辑联系。

4.3　纯逻辑理论信息

（1）鉴于引入说明、称名化和举例等涵义都由信源说明手段表达，由一套所指角色构成，故其结构是三成素的：1）被说明、被称名、被示例成素或信息成素；2）说明、称名、示例成素或信息来源；3）对成素2）的引入发出信号并同时做出标记的语言手段。正是在第3）成素中有信源说明，可能出现信源说明者名称。对称名化的引入是说明情景的逆向转换：Механика Ньютона рассматривает случай движения **тела, состоящего из громадного количества атомов и молекул, называемого макроскопическим**（宏观的）**телом** ↔ Механика Ньютона рассматривает случай движения **макроскопического тела, то есть, тела, состоящего из громадного количества атомов и молекул.**（Вопросы 1989: 126）

Всеволодова（2000: 352）认为，每个情景通常都有多个语义变体，说明情景可能有以下语义变体：

1）解释说明，通常是对外语词或术语的解释，如：Чем выше степень **рафинации**（提纯）сахара, **то есть, чем он белее**, тем, считалось до недавнего времени, он лучше. 或对概念的解释：Длина тела **относительна, иначе говоря, зависит от того, в какой системе отсчёта она измеряется**.

2）翻译说明：Исследователь Гмелин ещё 80 лет назад назвал этих рыб **лептоцефалами**（短头鳗）, **то есть, плоскоголовками**（鳊鲋）（Акимушкин）. Билби относится **к бандикутам**（南亚大鼠）, **иначе – сумчатым барсукам**（袋獾）.

3）比拟说明：Каждое **коллагеновое волокно** в роговице（角膜中的胶原纤

维）– это **как бы верёвка**, скрученная в основном из нитей аминокислот（氨基酸）пролина（脯氨酸），оксиамина（羟基胺）и глицерина（甘油）.

引入说明、称名等方式的标记范围很宽，可能是语言手段，包括独立的句子、复合句的一部分、插入句、插入语；也可能是图示手段，如括号、脚注或尾注。

举例的作用是为了使呈现的内容更加直观，同时为作者的观点提供佐证，常见的举例标记是以下句法手段：к примеру, например, взять хотя бы…, приведём такой пример…等，标记可能是客观述谓单位：**Автор** на примере… **показывает**, что…，也可能是主观述谓单位：**Докажем** это следующей операцией（Вопросы 1989: 126）。

"标注信息来源"类型情景含有必要和任选的所指角色：**Некоторые учёные считают**, что к акселерации（儿童超常发育）привело увеличение потребления молочных продуктов и сахара. **Пушкин назвал Ломоносова** «первым университетом». **Имеются факты**, что Земля изменяла ход вращения под влиянием магнитных бурь.（Всеволодова 2000: 352）

（2）遵守言语行为规范的手段，如引进已知信息的手段可表达以下一些涵义：

1）提醒作者意识到对"别说众所周知的道理"这一言语交流规范的破坏：Общеизвестно, что…

2）描写所引入信息的已知程度：Каждый школьник знает, что…; Специалистам известно, что…

3）使引入的信息针对听者：Вы знаете, что…; 针对更广泛的社群：Многие читали, что…; 或针对说话者：Не открою секрет, если скажу…; Напомним вам, что…

4）确定作者和受众之间合乎礼仪的关系：Позволю себе напомнить вам, что…

5）提醒新信息的引入：Однако мало кому известно, что…

引入作者已知的信息也是由所指角色构成的类型情景，如：**Нам с вами хорошо известно**, что низкочастотные звуки распространяются от породившего их источника равномерно во все стороны. **Прежде всего напомним**, что наша Галактика（银河系），а также галактики в созвездии Андромеды（仙女流星群）и Треугольника（三角星座）образуют устойчивую местную группу галактик（Вопросы 1989: 168）.

（3）表示作者身份的手段跟认知的主观评述相关，如带义素 видеть, мыслить, наблюдать, называть 等动词的"我们"形式能够使受众对说话者所论证的观点产生信任感：Если **мы расцениваем** порядок слов как средство улучшения понимания, то… **Представим себе**, что иностранный учащийся усвоил…等。

4.4 语篇中形成逻辑联系的手段

（1）呈现信息次序的手段是：1）传达信息成素推进的次序；2）呈现信息成素的演进阶段。

1）传达信息成素推进次序的手段是：词的形式和符号形式。

① 次序的词形标记是副词或顺序数词**во-первых**，**во-вторых**等：**Первое** предложение этой группы коммуникативно сильное, **второе** – коммуникативно слабое.

② 次序的符号标记是自然数字（罗马或阿拉伯数字），字母表中的字母或线标（连字符、破折号）等。

2）传达信息成素呈现阶段的手段有：

① 论述的开始部分使用的词语有**сначала**，**в первую очередь**，**прежде всего**等：**Начать с того**, что в истории языкознания имели место различные подходы к изучению природы предложения.

② 用于概括和总结的词语有**таким образом**，**итак**，**следовательно**，**из всего следует вывод**，**что**…等：Как видно из приведённых примеров, проблемы связанности текста тесно соприкасаются с проблемами лингвострановедения.

（2）形成信息之间相互关系的手段是表达等同、并列、对比、对立、因果等关系的手段。

1）表达等同（同指、相似）关系的标记手段有：

① 代词**он**，**этот**，**такой**等：На процесс познания в пределах определённой системы координат нужно наложить ограничения. Вне **таких** ограничений процесс познания приобретает характер дурного теоретизирования.

② 形容词**данный**，**настоящий**等：Наличие разных структурных типов номинации заставляет задуматься над вопросом о причинах их появления и существования в языке. Решая **данную** проблему, совершенно необходимо изучать их содержательную сторону.

③ 类似**равно как и**，**то же самое**等词语：Случайность, **как и** **типичность**, – понятия для иностранца неприемлемые.

④ 副词**здесь**：Под повествованием понимается сообщение о развивающихся действиях и состояниях. **Здесь** наблюдается смена временного плана...

2）表达并列关系的手段比较复杂，因为语篇是由一些板块构成的，它们可能是同一等级的，也可能是不同等级的，标记手段有所不同，比如：

① 在同一等级的信息板块中后续的语句由前句发展而来，标记手段有：

- **такой же，также，тоже，точно так же，в свою очередь**等：Именно это положение было учтено Ф.И. Буслаевым при выделении двух типов сказуемого... А.А. Потебня **также** подчёркивал указанную особенность составного сказуемого... **Такое же** заключение сделал А.А. Шахматов... **В свою очередь** А.П. Пешковский писал，...等。

- **далее，ещё один**：«Стиль Печорина как бы непосредственно и просто выражает...», – писал В.В. Виноградов. **И далее**: «Отсюда вытекают его отличительные свойства...». **Ещё одно** описание, «картинность» которого подчёркивается самим автором...等。

② 在不同等级的板块中并列的信息有以下标记手段：

- 补充信息的标记是**при том，при этом，кроме того**等：В последние годы предприняты попытки изучения правил построения текста с помощью понятия «пресуппозиция»（预设）. Пресуппозиционная основа... **Кроме того**, применение к анализу понятия пресуппозиции – ещё одно подтверждение несамостоятельности предложения.

- 比先前更加重要信息的标记是**более того，мало того**：В рассказе Максима Максимовича описания такого рода единичны. **Мало того**, они не столь пространны（连篇累牍）.

- 虽不重要但值得引入的信息的标记是**кстати，между прочим，впрочем**：В этом случае можно считать, что указанным минимумом служит постоянный контекст. **Впрочем**, в известных пределах, варьирование（变异）слов допустимо. Специалистам-нефилологам достаточно лишь практических умений в этой области. **Кстати**, выработка последних может стать одной из целей даже самого начального этапа обучения.

3）将信息部分进行对比的标记手段是：

① 词语**с одной стороны，с другой стороны; один – другой**等：В следующих разделах с разной степенью освещённости – **в одних** по необходимости бегло, **в других** – анализируя материал, попытаемся это показать.

② 带义素**похожи**，**различны**的形容词：Ответ на дизъюнктивный（区分的）вопрос естественно начать с компаратива（比较级）лучше. **Аналогичным образом** поступим и с компаративом хуже.

4）使信息部分产生对立的标记手段是：

① **однако，наоборот，напротив，различный**等：Лингвист, не специализирующийся в области изучения порядка слов, скажет, что порядок слов в русском языке... **Напротив**, лингвист, занимающийся исследованием порядка слов в русском языке скажет, что...

② **в то же время，вместе с тем**等：Некоторые считают, что актуальное членение к области синтаксиса не относится. **Вместе с тем**, последние наблюдения показывают, что без учёта актуального членения нельзя объяснить многих явлений, связанных с предложением.

5）联系前后信息的标记手段是**как говорилось，как говорилось (как было показано，как указывалось，как упомянуто，как отмечалось) выше，согласно сказанному выше，как будет показано ниже**等：Как говорилось выше, каждый из видов имеет по несколько значений.

6）表达因果关系的手段极其丰富，主要列举如下几个：

① 复合句，是表达因果关系的形义对称手段，可能有三种不同的复合句：

- 带破折号或冒号的无连接词复合句：Начался шторм – суда не вышли в море /задержались в порту. Суда не вышли в море /задержались в порту: начался шторм.
- 并列复合句：Начался шторм, **и** суда не вышли в море.
- 主从复合句，常见的连接词有так как; потому что; поскольку; ибо; из-за того, что; благодаря тому, что; ввиду того, что; оттого, что等：**Так как** начался шторм, суда не вышли в море. Суда не вышли в море, **потому что** начался шторм. Начался шторм, **и поэтому** суда не вышли в море. Начался шторм, **так что** суда не вышли в море. **Из-за того, что** начался шторм, суда не вышли в море.

可见，通过选择不同的连接词能使原因部分既出现在主位上也可出现在述位上，但结果总是在原因之后，比如不能说*Суда не вышли в море, и начался шторм.

② 简单句，主要有三种类型：

　　a）显性展开结果，而原因则凝结在以下两种句子成分中：

- 作状语的原因名词短语，常见的原因前置词有из-за, от, из（чего）；благодаря（чему）；за（что）；под воздействием, в результате, в силу, за счёт, по причине, ввиду, вследствие（чего）等：**Из-за шторма** суда не вышли в море. Она страдала **от этих слов**. Я была счастлива **благодаря моей любви**（Цветаева）. **Под воздействием возросшего давления** вода в трубах поднялась. **В результате войны** в стране была разруха. **В силу некоторого ослабления доллара США** многие люди стали отдавать предпочтение евро, как валюте, в которой можно хранить свои сбережения. Специалисты утверждают, что мужчины склонны закурить **по причине усталости, скуки**.

- 动词要求的补语，比较常见的是表示人情感状态的动词：Я **обрадовался** его приходу. Я **удивился** строгой красоте зданий. Ребенок **испугался** лая собаки. Мать **тревожится** о здоровье сына. Мы **восхищались** работой мастеров. 其中名词格形式可以通过句式转换展现为原因因素：Я восхищался **картинами** Левитана → Я был в восхищении **от картин** Левитана. Мать тревожится **о здоровье** сына → Мать в тревоге **по причине слабого здоровья** сына. 也可通过说明从句和原因从句表现原因因素：Нина гордится **своими длинными ногами** → Нина гордится **тем, что ноги у неё длинные** → Нина гордится своими ногами, **потому что они у неё длинные**.

　　б）原因凝结在称名化名词中并占据主语位置，而结果则是动名词组，此时没有表达因果关系的专门手段，其功能由使役动词来完成，相当于使役句：**Шторм задержал** суда в порту. **Возросшее давление поднимает** воду по трубам. 比较：Я пришла в театр **из любопытства** → В театр меня **привело любопытство**.

　　в）原因凝结在称名化名词中并占据主语位置，而结果则由带原因述体（即关系标记词）的各种句法结构表达，常见的关系标记词有заставить, позволить, помешать（что делать）；вести, привести（к чему）；

привести（в какое состояние）; ввести, вводить, ввергнуть, повергнуть（кого в какое состояние）, влечь, повлечь, причинять, приносить, пробуждать, доставлять（что）, вызвать, обусловить, породить, произвести, исторгнуть（что）, сделать（что /кого каким）; придать（что кому /чему）; превратить（что во что, кого в кого）; вынудить, побудить（кого к чему и кого что делать）; способствовать, помочь（чему, что делать）;（под）толкнуть（кого на что, что делать）; препятствовать, мешать（чему, кому что делать）等，主要有以下几种句法结构：

● 动词不定式结构：Шторм **заставил** суда **задержаться** в порту. Шторм **не позволил** судам **выйти** в море. Присутствие детей **мешало** мне **заниматься**. Только отсутствие водимых средств **препятствует** нам **докончить** проектирование новой модели. Такие качества как усердие и послушливость **способствовали** до некоторой степени ему **продвигаться** по службе. Болезнь печени **вынуждает** меня каждое лето **жить** за границей（Чехов）. **Взяться** за перо меня **побуждает** долг русского человека перед памятью Пушкина（В. Васильев）.

● 带或不带前置词的称名化结构：Шторм **вызвал задержку** выхода судов. Рост давления **приводит к подъёму** воды в трубах. Занятия спортом **помогают сохранению физической и внутренней формы**. Выступления гимнастов **привели** многочисленных зрителей **в восторг**. Каждая поездка в деревню **приносит** мне **радость**. Прекрасный внешний вид **придаёт** вам **уверенность** в себе. Разлив（春汛）**препятствовал нашему продвижению**. Малороссийская лень **мешала усилению** торговой деятельности. Эмоция в науке **порождает ошибки**（Л. Гумилев）. ...ложь **повлечёт** за собой новые **жертвы**（Билль-Белоцерковский）.

● 形容词或名词格形式：Занятия спортом **сделали его фигуру подтянутой**. Пассионарность（激情）**делает яростными** даже **не очень храбрых людей**. Неудачи **толкнули его на дурные поступки**. Приезд следователя **произвёл суматоху**. Зной **превратил** цветущие зелёные деревья **в оголённые стволы**（光秃秃的树干）. Обстоятельства **побудили** государственное учреждение **к контрактам и сотрудничеству**. Фантастическая причёска **превратила золушку в принцессу**.

③ 还有一些表达因果关系的边缘手段，主要有以下几种形式：
- 形容词：Она не пришла, **гордая**（= из гордости）.
- 带形动词的词组：**волнующая** встреча（= встреча волнует）.
- 副词：Он **благоразумно** промолчал（= из благоразумия）.
- 无人称句中的动词不定式：Мне стыдно это **сказать**. **Кататься** было весело.
- 说明从句：Я рад, **что ты здесь**.
- 具有元功能的原因连接词ведь和же，通常在祈使句和疑问句中使用：Надень пальто! **Ведь** на улице холодно! /Холодно **же** на улице! Почему ты без пальто? **Ведь** на улице холодно!
- 因果关系的隐喻化：Равнодушие – **путь** к невежеству（无知）и себялюбию. Невежество – **опора** суеверия（迷信）. Зависть – вот **корень** зла. И опыт – **сын** ошибок трудных（Пушкин）. Невежество – **мать** высокомерия（高傲）, а учёность（学问）**рождает** скромность. А удача – **награда** за смелость. Легкомыслие **стоило** ему карьеры.等等。

目前对俄语因果关系表达手段的描写还不够全面，有待于进一步深入研究。而俄汉因果关系表达手段的对比研究也需要进一步探索[①]。

§5 语篇理论与语言教学实践

语篇与语言教学实践有着密不可分的联系，因为语篇既是学习的手段，也是学习的目的。Всеволодова（2000: 355）指出，如果不考虑语篇具有情感作用，同时又是丰富精神世界和文化学信息的来源，仅在实际的语言和教学实践层面看，语篇主要有以下作用：

（1）掌握语篇结构方面的知识能帮助学生在句子和语篇意义基础上阅读原文的专业文献。

（2）言语交际类型句概念能帮助学生正确地准备需要在课堂上呈现的语篇。在学习

---

① 在俄汉因果关系表达手段对比方面，笔者指导的硕士研究生计冬姣（2011）做过初步尝试。

的初始阶段描述—叙述型语篇比描述—描写型语篇容易掌握。因此，为了让学生最大限度地接受语篇，应该先回避描写类语篇，之后再逐渐向其过渡。

（3）语篇类型的选择对教学实践很重要。在教材中一般选取的都是信息类语篇，比如对语音体系民族历史的陈述等。针对研究生和进修生的基本语篇应该是学术型的，比如科普语篇，或能使材料更具有吸引力而并不是使学生和教师都难以接受的太专业的语篇。

（4）对于信息—描写型和信息—叙述型语篇来说比较典型的结构是形义对称同构结构，如：Великий русский писатель Лев Николаевич Толстой родился в 1828 году в Ясной поляне，около города Тулы. 而抽象语篇经常使用的是形义非对称和非同构结构，相对要更难理解。

（5）科学语篇的体裁是靠信源说明和语篇情态特点来区分的，这一点对语篇的学习和掌握非常重要，比如教学语篇中除напомним一类的表达外，基本没有其他主观信源说明：**Напомним**，что звук – это колебательное движение частиц любой упругой （弹性的）среды. 客观信源说明是像доказано，установлено，известно，что...一类的表达或者对该领域绝对权威的引用，经常无须指明出处：Последовательность индексов ...11231... называют «формой Потебни»（**по имени учёного А.А. Потебни**，открывшего закон ударности – безударности в такте）（СРЯ: 66）. 在科普语篇中除了使用无确指人员的信源说明外（如**Учёные** открыли новую кристаллическую форму углерода – карбин（碳的第三种同素异形体）），也可以使用有确指人员但不指明出处的信源说明：Учёные Московского государственного университета **Е.А. Воробьёва и Г.М. Хлебникова** получили основание утверждать, что... 在学术语篇中除了使用客观（通常是指明出处的）信源说明外，规律使用的是"我或我们信源说明"：**На наш взгляд**，практически все художественные средства и способы выражения в романе «Чевенгур» имеют бинарную（双重的），двухполюсную（两极的）структуру. 类似 **Взять, к примеру**，Северную Атлантику，которая... 这样的元语篇是科普语篇的典型手段，学术语篇不常使用。（Всеволодова 2000: 356）

（6）在学习生成二手语篇时，必须考虑原始语篇的体裁。提纲和提要可以在教学语篇中学习，信息综述应该在科普语篇中学习，而跟实际原始语篇相同的综述应该在学术语篇中学习，因为在学术语篇中"他信源说明"很容易转换成"我或我们信源说明"。

（7）据一些数据显示，自然科技语篇和人文学科语篇有本质区别，就像描写语篇和逻辑语篇在意义表达的程度上有区别一样。通常在自然科技语篇中所有语义成分都被称名，如：Вследствие высокой химической активности кислород легко соединяется со многими химическими элементами. 其中有三个命题：

1）Кислород химически очень активен.

2）Следствием этого является... 或что является причиной того, что...

3）Он легко соединяется со многими химическими элементами. 针对谓语легко соединяется（结果成素）有两个由语言手段呈现的其他命题вследствие和высокая химическая активность.

而在人文学科的语言中很多语义都是隐现的，如时间名词短语в ходе/ в процессе + N_2在描写语篇中体现的基本义素是"同时性"和"谓语行为及事件的情景联系"：Применяются методы окраски стекла термическим путём（热处理的方式）**в процессе варки** или выработки изделий. **В ходе следствия**（审讯）подсудимый（被告）неоднократно менял свои показания.（比较：时间名词短语во время +N_2中就没有情景联系义素，如能说Во время урока он стоял в коридоре. 却不能说*В ходе урока он стоял в коридоре.）在带逻辑成素的语篇中名词短语в процессе +N_2使述体凸显的要么是"不可避免""必定"的情态义素：**В процессе производства** люди **вступают** в определённые общественные отношения = неизбежно вступают. 要么是"必须""应该""重要"的情态义素：**В процессе познания** человек **расчленяет** объект на отдельные качества, стороны = необходимо расчленять. 要么是"可能"的含义：**В процессе познания** субъект, по словам Беркли, никогда **не выходит** за пределы своего опыта = не может выйти. 这些语义在句子转换时都有所体现，如：

1）Участие людей в производстве **приводит к установлению** определённых общественных отношений между ними.

2）В целях познания объекта субъект **должен расчленять** его на отдельные качества, стороны.

3）Ограниченность ощущений субъекта и его опыта **не позволяет** ему, познавая действительность, **выйти** за их пределы.

此外，还有很多其他的语义隐现手段。Всеволодова（2000: 356）强调，语篇是交际的所有形式的实质，必须教会学生掌握各种不同的语篇。

关于俄语语篇理论和语篇分析的相关知识在我国俄语教学中的应用情况，虽然有些学者（史铁强，安利 2015；李锡奎，史铁强2012；李锡奎 2016等）有所涉猎，但研究和应用得还不够深入和全面。我们的俄语精读、语法、阅读、写作和文学作品赏析等课程都非常需要更加具体详实的语篇知识及其相应的教学措施和手段。

第七篇 语言机制

众所周知，俄语是一种形态变化极其丰富的语言，而且语法上的各种要求比其他语言都繁杂得多，在各种语法范畴的常规里经常有特例，无论是名词变格、动词变位，还是形容词变单一式比较级和最高级、动词变主动和被动形动词等，都有重音变化和元音或辅音交替等特殊现象。此外，词的语义协调规律（закон семантического согласования）、词的配价机制（механизм валентности）、言语的体现规律（закон речевых реализаций）以及补充配置条件（условия дополнительной дистрибуции）等就更加复杂。这一切都令初学俄语的中国学生感到困惑和不解：俄语语法为什么要绕来绕去的那么繁琐？然而，每个民族的语言都有其历史文化和习俗背景造成的异质性和独特的语言机制，这正是一个民族不同于其他民族，一种语言不同于其他语言的原因所在，也正是不同语言和民族的异质性才使我们的世界如此丰富而多元。

那么，何谓语言机制？它指"为实现语言交际而形成典型手段的实质因素之间的相互协调作用，亦即最有效控制言语建构的语言所固有的规律和规则"。（Всеволодова 2000: 358）这是一个非常复杂的机制，但就其最主要的方面可以将语言机制分为：

（1）校正机制（коррекционные механизмы），即控制言语的语义和语法正确性的机制；

（2）交际机制（коммуникативные механизмы），即保证交际任务得以最佳实现的机制。

Всеволодова（2016: 493）认为，控制话语和篇章的语义正确性的是语义机制；控制言语语法正确性的是形式机制。

可见，校正机制包括语义机制和形式机制。根据Кибрик（1992: 21）语义先于形式的主张，语义机制强于形式机制，比如*Мы завтра нет ехать Киев. 这一完全不符合语法的错句，从一些不懂俄语语法的中国小商贩那里常常可以听到，俄罗斯人基本能明白说的什么意思，这样的句子在外国人与俄罗斯人的交往中能够达到交际目的。

第31章
语义机制

语义机制建立在语义协调规律基础上，具体表现为配价机制和语法结合机制。

言语建构中语义协调思想由法国语言学家泰尼耶尔（Теньер 1988）提出，之后被德国语言学家Э.Косериу（2009）引申为词汇共生（лексическая солидарность）理论。Гак（1972）将其引入俄语学，并将其发展成语义协调规律（Золотова称其为语义共生）。在Ю.Д. Апресян（1995）的著作中这一理论有极好的体现。语义协调规律是语言的根本规律，它与只看重句子的语法正确性而不考虑其意义的结构语言学完全不同，比如乔姆斯基认为Бесцветные зелёные идеи яростно спят. 是可接受的句子，因其语法是正确的。Всеволодова（2000: 358）认为，句子的基础是其内容常体。因此，我们认为，即使语法正确，但不能正确表达意义的句子在任何语言中都没有价值，达不到交际目的；而意义正确语法有错误的言语却可能达到交际目的，只是人们在这种交际中会比较吃力，交际效果不佳。然而，人们交际的关键是正确地表达意义，而不只是要求语法正确。

§1 语义协调律

语义协调律指在任何语句中拥有相同意义的义素至少要重复两次，如句子Мы приехали вчера. 中"复数主体"义素在мы和动词过去时形式中重复两次；"过去时"义素在动词形式和вчера中重复两次。语义协调律包括三种情况：

（1）语义协调指两个或更多的成分中有共同的义素（a），Гак用公式将其表示为：M1（a）+M2（a），如：**Самолёт летел** на юг. **Машина ехала** к вокзалу. 其中每对标黑的词都有共同义素，如самолёт是在空中运动的交通工具，лететь是在空中运动（MAC T 2: 238）；машина是交通工具，ехать是借助某移动工具在陆地或水中运动（MAC T 1: 637）。

（2）语义兼容（семантическая совместимость）指两个义素结合在一起，其中一个义素意义较宽泛（a），一个义素较具体（a+），如：Самолёт（M1, a+）направлялся /

следовал（M2，а）на юг. Машина（M1，а+）направлялась（M2，а）к вокзалу. Собака（M1，а+）направлялась（M2，а）к дому. 这些句子不同于上一组句子的地方是：动词направляться 和следовать是无明显标志的运动方式，它包含了动词лететь，ехать和бежать。其公式为：M1（а+）+ M2（а）或相反M1（а）+ M2（а+）。

但在这些句子中也有语义协调关系，即"方向"义素：направляться на юг/ к вокзалу/ к дому. 这个义素是三个运动方向义素之一。如Самолёт летел к югу中лететь 和к югу之间已经不是语义协调关系而是兼容关系了，因为俄语的无前缀运动动词不仅能与终点方向成素组合，还可与路径成素组合，比较：Самолёт летел **над лесом**; Машина ехала **по переулку**; Собака бежала **по двору**. 也可以与起点方向组合：Самолёт летел **с юга**; Машина ехала **из центра**; Собака бежала **со стороны деревни**. 然而，路径和起点两个成素不能与动词направляться连用，如不能说*Самолёт направлялся над лесом /с юга; *Машина направлялась по переулку; *Собака направлялась по двору.

正是语义协调律可以解释许多言语错误的原因，如俄语的方位和方向与不同动词连用时，所接的格形式不同：жить，находиться，располагаться **в Орле /на юге /за лесом**; 而направляться，лететь，идти **в Орёл /на юг /за лес**. 由于汉语缺乏形态变化，方位和方向的表示方法通过词汇手段完成，如住在北京、到北京去等。因此俄语前置词的运用是中国学生学习的难点和经常犯错误的地方。另外，汉语动词"去""来"都不表明步行还是乘坐交通工具，这也会导致中国学生经常说出语法虽正确，但不合逻辑的句子：*Он пошёл в Москву. *Я пришёл из Пекина. 大城市之间通常无法走着去或来。

（3）语义分歧（семантическое рассогласование）是回答"为什么不对"的工具，它使我们理解何为"正确"机制。分歧的原因有以下两种：

1）缺乏与义素（а）相对应的成素，即M1（а）+M2（0），如：*с годами он читал книги. 其中с годами带有"逐渐"义素，而在文中没有重复这一义素的词，试比较带补充义素的句子：С годами он читал **всё больше** книг /**всё более серьёзные** книги /книги **о всё более серьёзных** проблемах. 又如：*Самолёт направляется с юга.和Самолёт направляется с юга на север. 前一句缺乏"目的地"义素。这种情况的结果就是句子语义遭到了破坏。

2）语义矛盾的义素结合在一起，即M1（а）+M2（а-），如：*Всё лето он приехал. 其中всё лето拥有"持续性"义素，而动词приехать是运动的一次性行为，因此这种表达是错误的。表示时间的всё лето这一词组，经常与отдыхать，читать等表示状态或行为持续的未完成体动词连用。这种情况导致两种结果，要么是句子语义遭到破坏：*Всё лето он написал статью. 或者两个义素不协调的词组合*зелёные идеи（前一个物质，后一个抽象）；要么需对词形做重新理解，比较：（1）**Перед школой** он остановился.（2）**Перед школой** он заболел ангиной.（1）句中的школа是由物体名词构成的方位，其语义与表示空间移动的动词остановиться协调；（2）句中的школа没有了方位和物体意义，却拥有"状态"义素，使该词形被理解为перед занятиями в школе, перед началом учебного года，也就是赋予了物体名词以命题语义。又如голубая мечта（遥不可及的梦想）、чёрные мысли（忧郁的思想）等词组中，形容词都发生了转义。

　　这种用法在文字游戏中会起到意想不到的幽默和喜剧效果，如：Был **рассеян** я **частично**，А **частично истреблён**（Твардовский）. 这里истребить（消灭、根除）和частично（部分地）就是语义成素矛盾的两个词：истребить含有"彻底"的意义，与частично的语义"局部"不相符。рассеян与частично之间也是同样的情况。这种语义相反的词与词之间的搭配形成反差，可造成喜剧效果。

　　以上这些情形显示了语义协调规律的实质，它们具体体现在配价机制和语法结合机制里。

§2　配价机制

2.1　配价的概念及类型

　　配价（валентность）概念最早由德国心理学家和语言学家布勒（К.Бюлер）引入语言学，该思想得到法国语言学家Л.Теньер的发展，之后在语言学界引起广泛讨论。俄罗斯的很多语言学家（И.М. Богуславский，Ю.Д. Апресян，Ю.С. Долгов等）发展并扩充了该理论。所谓"价"（valency）是借用化学中的术语，也译为"组配数限"，主要考察某一成分有多少同现成分，亦即某一成分必须有多少个强制性搭配成分。换句话说就是指词（不只是通常认为的动词，还可能是其他实词）为自己"语境伙伴"的组成补足"空位"的数目（即参项数目）的特性。

　　配价常与搭配混为一谈，但Всеволодова（2000: 361）认为，二者并不等同，搭配比配价宽泛，因为搭配还包括语法结合。鉴于文献中对术语"语义配价""句法配价""积极配价""消极配价""必有配价""任选评价"有不同的解释，有必要弄清楚配价的具体类型。根据掌控语义协调的义素载体及其与词的词汇意义或词类属性的对应程度，可以把配价分为词汇配价、词汇—语法配价和语法配价。

　　（1）词汇配价指词作为词汇语义变体（Мельчук称之为词位），亦即词典单位的特性。如动词гостить的意义是"在某人处作客一段时间"（МАС Т 1：455），它是四价动词，要求四个参项：1）存在主体（做客的人）；2）做客地点；3）做客时间（多久/何时）；4）主人，即邀请者：Две недели /летом дети гостили в деревне у бабушки. 俄语中表示作客地点时常用借代形式у кого，汉语却要用"在……家作客"，因此，中国学生可能会犯这样的错误：*Две недели я гостил **в доме** бабушки（应为у бабушки）.

义素有自己的物质载体，词汇配价的载体可能是：

1）根词素或相关词干，如动词длиться，продолжать（ся），тянуться，остаться，задержать（ся），сохранять（ся），хранить（ся）在其词义解释中都突出了"时间延续性"义素。длиться指"在某段时间内发生并持续"（МАС Т 1：547）；задержаться指"在某处比预期停留更久"：Я задержусь здесь ещё на неделю.

2）构词要素：前缀、后缀等，如动词работать，сидеть在其词汇构成中没有"时间延续性"义素，但其动词行为方式的构词形式проработать，просидеть，поработать，посидеть，отработать，отсидеть，переработать，пересидеть中则有，如проработать指"在某处工作一段时间"；просидеть指"坐一段时间"（МАС Т 3：692）；поработать指"工作一会儿"；переработать指"工作得比应该的更久"；отработать指"做满若干时间"（МАС Т 2：965）。这类动词的词汇配价是前缀。простоять和длиться一类的动词都是时间配价动词。又如带"指小"义素的后缀名词столик，деревце，юбочка等不能跟带"比标准大得多"义素的词干或后缀的形容词огромный，высоченное，длиннющая连用，否则会引起语义分歧，因为前者的义素构成是"物体+比标准小"，后者的义素构成是"物体+比标准大"。

此外，不只动词有配价，名词、形容词、副词也有，如人工制品就必须有原始材料：дом из кирпича，шерстяное платье，бумажный змей. 物件必须有其用途：стол для работы /обеденный /письменный /кухонный /для медикаментов；полотенце ручное /для ног /банное /детское等。表示"部分"名称的配价是其整体：ножка стола，ручка двери，кусок хлеба /мяса /ткани. 形容词спелый，зрелый修饰的必定是果实名称：спелое зерно，зрелые яблоки；而красный，синий修饰的必定是有颜色的名词：красный флаг，синее небо. 因此词组зелёные идеи，жёлтая причина是没有意义的，但词组голубая мечта，чёрные мысли则是转义和隐喻用法。副词громко限定的是表示"声音"行为的动词говорить，плакать，храпеть，топать，хлопать，читать等，但不能是думать，зависеть，смотреть，обусловить，выбрать，сидеть等；副词впустую修饰的是人的蓄意行为работать，стараться，съездить等。

Всеволодова（2016：501）还指出，由某词配价决定的所有成分叫做该词的题元，如动词гостить的"时间段"和"方位"成素是该动词的时间和空间题元；词组бояться темноты, удивляться поступкам кого-л.中的二格和三格名词是动词的原因题元。

总之，词汇配价是语言共相，所有语言中一般词的词汇配价基本相同，差异取决于配价范畴的其他特点，如词汇—语法配价和语法配价。

（2）词汇—语法配价指词形为某语义的语境伙伴留出位置的特性。如动词的过去时为副词вчера, давно或词形в старину留出位置；而将来时为副词завтра, скоро或词形в будущем留出位置。跟纯语法配价不同，词汇—语法配价跟词的词汇意义密切相关，如动词приходить和сидеть都是未完成体，решить（задачу）和увидеть都是完成体，但它们的语法义素却因词汇意义的不同而有所不同：приходить的体义素是"重复性"，而сидеть的是"过程（或状态）"；решить的体义素是"完结性"，而увидеть的是"一次性"。这些不同决定了它们不同的搭配，比较：Три часа он сидел. 但不能说*Три часа он приходил; За час он решил задачу. 也不能说*За час он увидел.

词汇—语法配价可能与词汇配价不相符，如неделя一词在词义解释中没有指出任何对搭配来说重要的义素，但该词的具体词形却有明显的词汇—语法配价，如用下面四个名词短语1）На этой неделе…, 2）Неделю /Всю неделю…, 3）За（эту）неделю…, 4）С каждой неделей…开头的句子都有自己不同的语义述体：

1）На этой неделе **состоится семинар**（一次性行为）；На той неделе он **был в Питере**（过程）；

2）Неделю он **отдыхал**（过程或状态）；Всю неделю он **ходил** в библиотеку（重复性事件）；

3）За неделю он **написал** статью（行为或过程的完结）；За неделю он **дважды ходил** в театр（行为的数量）；

4）С каждой неделей отец чувствует себя **всё хуже**（过程的质量变化动态）；С каждой неделей приходит **всё больше** писем（过程的数量变化动态）。

此外，一些词的词法形式也有词汇—语法配价，如任何一个动词的变位形式不管词汇意义如何，都依据时间形式为其带有相同意义的疏状成分留出位置，相反，有过去、现在和将来词汇意义的词也要求相应的动词时间形式，比较：ел давно, придёт скоро, в старину жили, весь этот год работает, за будущее лето построим. 当然，在俄语的具体语境中会有现在时表示过去时（历史现在时）或将来时的语义分歧现象：**Иду** я **вчера** по улице...; **Завтра я еду** в Москву. 当出现时间坐标和动词形式不吻合的情况时，通常词汇要强于语法，这是俄语动词时间的特殊用法。另外бывает和бывало都可解释为带"重复性"标记意义的冠词形式：Он бывает зайдёт к нам...; Дети бывало уйдут на речку...等。

有时词汇—语法配价的载体可能是某类词汇的词形，经常是自由句素，如方位、时间、原因等名词短语：Без единого выстрела. С маркой или паспортом. 也可能出现在句子里为确定的述体留出位置的粘附句素：Вашу руку! С праздником! Шайбу! 与自由句素不同的是，粘附句素和制约句素的意义只有在句中才能显露：Народу! С Новым годом!

有时可根据词典的解释来确定词汇—语法配价，如带有"可移动工具"意义的名词五格句素的释义是"施事用手拿着并在行为过程中移动使其直接接触客体，或者没有客体时与其他情景参项（其他类型的工具或地点）发生直接联系"：резать **ножом**, шить **иглой**, разбить **мячом** стекло等。还有很多其他情况是通过建构意义体系，即义素的形态来确定词汇—语法配价，如各种不同意义的时间名词短语（в мае, на неделе; весь май, неделю; за май, за неделю; с годами）在具体使用中要与不同的动词体—时形式搭配：Конкурс будет длиться /продлится неделю. Я задержусь /задерживаюсь здесь ещё неделю. Он сохранил /сохранял эти письма до конца своих дней. Он написал статью за две недели.

（3）语法配价表现在语法中，比如词组的一致关系：новую книгу, в старом доме中名词格形式要求形容词与之保持一致；又如动词的直接支配关系中属于同一类别的动词，即使在相同的词汇配价下，要求的却是不同的名词格形式：сообщить о чём кому - проинформировать о чём кого（与事义素）；восхищаться чем - огорчаться чему - бояться чего（原因义素）。

2.2 配价的层次

Всеволодова（2000: 370）认为，词汇和词汇—语法配价有三个层面：逻辑层面、语义层面、句法层面。

（1）配价的逻辑层面（逻辑配价）具有语言共相特点，因为它是由现实世界的行为、事件、现象和事物的特点决定的。比如"读""跑""缝"等行为对说任何语言的人来说都一样；人造物在任何地方都是为不同目的、用不同材料制造而成。逻辑层面常用来定义词汇配价和词汇—语法配价，如用于词的解释、意义体系的建立、义素成分划分等。

（2）配价的语义层面（语义配价）是形成词或句素意义的所有义素的集合，表明词（或句素）要求带一定语义特征的语境伙伴并排除另外一些带其他语义特征的语境伙伴。在语义层面所有的语境伙伴都是必需的，因为它们的集合决定词（句素）的意义，如动词

проговорить和поговорить在释义时都显示出"延续性"义素（说一会儿），在语义层面这个语境伙伴的位置对这两个动词同等重要，去除该词的语境伙伴成员中的某个成素就会引起其词汇意义的改变。以动词арендовать为例来进一步说明：«арендовать» - брать во владение предмет（здание, землю）на определённое время и за определённую плату（"租"——花一定费用拥有物件、房屋、土地若干时间），在这个语境中可用动词взять替换арендовать：Я взял у него машину на две недели за 500 долларов. 如果从这些成员中去掉"价格（钱）"成素或用零形式表示，则变为"借"情景：Я взял у него машину на две недели = одолжил машину. 如果去掉"时间"成素，保留"价格"成素，则变为"买卖"情景：Я взял у него машину за 500 долларов = купил машину. 如果这两个成素都去掉就变成"剥夺"情景：Я взял（= отобрал）у него машину. 在俄语中"领有者同意或不同意"义素与动词взять连用时没有体现（比较"我取走了他的车"），在Я отобрал у него машину.中 "领有者不同意义"义素由动词表达。在汉语中"强力夺走"行为也是由动词表达的：我抢走了他的车。

（3）配价的句法层面（句法配价）决定了：1）题元开放位置的必要填充或任选填充；2）题元的组成数量；3）题元的句法—词法特点。

1）如果在语义层面时间段题元对动词проговорить和поговорить都是必需的，那么在句法层面它对проговорить是必需的，而对поговорить则是任选的，比较：Мы проговорили **два часа /весь вечер**. Мы поговорили（0）и разошлись. 对动词гостить来说方位格是句法层面必要成素，比较：А где Иван? - *Он гостит. 正确的回答应该是：Он гостит **у сестры в Крыму**. 而时间段题元则是句法任选的，如果交际任务要求表达，就需用词语表现出来：Иван вот уже **две недели** гостит у сестры в Крыму.

2）有时句法配价不允许某一个题元用词语表现出来，如动词украсть和ограбить都有对象（у кого украли, кого ограбили）和客体（что взяли）两个题元，这两个动词的区别依靠的是其他特征：隐蔽还是公开，是否使用暴力。在句法层面只有动词украсть有这两个参项: Карл украл у Клары кораллы（卡尔在克拉拉那里偷了珊瑚）. 动词ограбить在句法层面没有客体名称的位置，即使有可能抢了很多而且是当众抢劫：Крал ограбил Клару（卡尔抢劫了克拉拉）.

动词завидовать的义素构成中有"相关者"和"羡慕的原因"两个义素，但在句法层面只有一个位置——用三格表示的补语，当原因用述谓单位表达时，三格补语可能是相关者：Я завидую Ире: у неё хорошее здоровье. 也可能是原因，此时关系对象名称移至定语位置上：Я завидую здоровью Иры.

3）语义层面只是提供题元的性能，而其表达形式则在句法层面得以确定，如人造物的功用可由名词短语表示：шкаф для одежды，бутылка под молоко. 或由形容词表示：платяной шкаф，молочная бутылка. 情感状态或情感关系动词的原因客体或命题可由名词的不同格形式表示，如五格：Он восторгается **этой музыкой**. 三格：Мы удивлялись его **приходу**. 二格：Я боюсь **темноты**. 如果述体由名词句素表示，则原因题元变成纯原因形式：Он испытывает восторг /в восторге **от этой музыки**. Мы испытали удивление /были в сильном удивлении **от его прихода**. 动词обитать，селиться，жить 要求由纯方位格表示的方位成素，而经常支配国家类名词的动词населять则要求四格名词，比较：жить **в России** – населять **Россию**（Всеволодова 2000: 371）。

可见，配价机制是用来解释句中被已有的词或句素的义素要求某成素出现的原因，如 Мы проговорили /поговорили 2 часа.中时间段成素的出现是相应的前缀义素про和по要求的，而 Мы говорили 2 часа.中动词говорить没有相应的时间段词汇义素，它与时间段成素连用跟语法规则有关（动词未完成体具有行为持续意义），这属于语法结合机制。

§3 语法结合机制

语法结合指词形不受其配价制约的结合机制，如句子Мама читает сыну сказку о жар-птице 中的动词читать的语境伙伴是施事（мама）、客体（人造物книгу或体裁сказку）、内容（о жар-птице），但对象кому/ для кого不是动词的配价，故词形сыну即是在语法结合基础上引入的。语法结合机制还被称为句法配价（Апресян的术语）或任选配价（Кацнельсон的术语）。

（1）语法协调结合（присоединение-согласование）机制。这一机制可用带共事（комитатив-коагенс）结构和人员之间行为的动词结合为例来说明。俄语中表示人员之间行为的动词（如знакомиться, состязаться, соперничать, враждовать, драться, ссориться, дружить等）要求共事名词是成体系的，共事名词常为N_1和N_1，动词用复数形式：**Саша и Оля** познакомились；**Нина и Катя** дружат; 或者为N_1和с+N_5，此时有两种表现形式：

1）N_1和с+N_5两个名词可位于动词前或动词后：

① 用N_1+с+N_5形式表示一个整体时，动词用复数，共事名词位于动词前后皆可：**Саша с Олей** познакомились в кино; Дружат **Нина с Катей** с детства;

② 用语调突出N_1时，动词用单数，共事名词位于动词前后皆可：**Саша** с Олей

познакомился в кино; Дружит **Нина** с Катей с детства.

2）两个名词分开，动词位于其间时，动词只与N_1保持一致：**Саша** познакомился **с Олей** в кино; **С Катей** дружит **Нина** с детства.

但当动词表示相对于个体行为（Саша сидит в зале. Нина читает.）的共同行为（Саша и Оля сидят в зале. Нина и Катя читают.）时，共事名词不能分开，而且动词永远用复数：**Саша с Олей** сидят в зале. **Нина с Катей** читают. 正是"多数"语法义素要求N_1和$c+N_5$必须在一起，如不能说*Саша сидит в зале с Олей; *Нина читает с Катей. 只有在动词有其他词汇——语法配价时才可以：Она второй год сидит дома с ребёнком = не работает. Нина читает сейчас с Катей = занимается с Катей чтением. 或者Нина читает с Катей = у Нины нет своей книги，они вместе читают Катину книгу. 这个问题是中国学生经常搞不清楚和容易犯错误的地方，教师应给予特别注意和讲解。

（2）语法兼容结合（присоединение-совместимость）机制。这个机制可用带空间和时间的短语来说明。任何行为和事件都发生在一定的时间和空间里，每个表示行为、过程或状态的义素，除表示空间移动外，都不应与方位短语表示的方位义素相矛盾：Я читал книгу **в саду/ под деревом**. Дети играли **во дворе /за домом**. Мама стряпала **на кухне /у плиты**. 如果将方位短语改为方向短语或路径短语时，则会出现矛盾和错误：*Я читал книгу в сад/ под дерево. *Дети играли во двор /за дом /лесом. *Мама стряпала на кухню/ к плите. 这种语义分歧说明在动词和方位短语之间需要语法兼容。

移动动词有与方位义素对立的强义素，如果这个义素不补足，跟方位短语的结合就会出现分歧：*В школе я сразу пошёл. *Во дворе он юркнул. *Дома мы заглянули. 如果方向义素补足了，即使有方位短语，句子的语义也是完整的，因为任何事件都是有方位的：В школе я сразу пошёл **в свой класс**. Во дворе он юркнул **в ближайший подъезд**. Дома мы сначала заглянули **на кухню**. 可见，在方位短语和移动动词的结合中亦显示着语义协调律的作用。

与点时间短语结合也是建立在语义兼容基础上，该时间弱义素使事件位于时间轴上，且跟行为的流动特点无关，故任何要求时间配价的动词，不管什么体，都可与表示时间的副词或名词词组结合：Летом /давно приехал /отдыхал /написал книгу. 一旦点时间变为段时间，就不能与完成体动词приехать和написать结合了，如不能说: *Всё лето приехал. *Всё лето написал книгу. 而段内时间也不能与动词 приехать和отдыхать结合: *За лето приехал. *За лето отдыхал. 这是因为段时间和段内时间是强义素，要求协调结合，段时间要求"过程""开始"或"重复"体义素，而段内时间要求"过程结果"或"数量"义素：За лето приехал один раз. 如果时间配价动词要求强词汇配价，则需将其补足，比较：*Летом он прожил в деревне 和 Летом он неделю прожил в деревне. 但 Летом он пожил в деревне. 却是正确的，因为弱过程义素和点时间结合不需要补足手段。时间短语跟动词的结合也是中国学生学习的难点，比如学生经常会犯这样的错误：*За два часа я читал роман. *Всё лето он написал книгу. 这类错误产生的原因一方面是学生没有掌握俄语动词体跟时间短语结合的机制，另一方面是受到母语"用两小时读小说""一夏天写完一本书"的负迁移，这些也需要引起教师的特别关注。

§4　蕴涵机制

蕴涵（импликация）指两个词在个别情况下的协调，即词汇搭配受限的规则，而且在不同的语言中这些情况不吻合，如俄语中同样的棕色，跟不同词连用使用不同的形容词，用 гнедой 修饰马，карий 修饰眼睛，каштановый 修饰头发，коричневый 修饰其他东西（西装、壁纸、身躯等）；而汉语里棕色可以修饰任何东西：棕色的马（眼睛、头发、西装、壁纸、身躯等）。俄语里 каша, суп, кофе, варенье, пиво, сталь, чугун 都用 варить（煮），但 растворимый кофе 用 делать（做）；завтрак, обед, ужин, чай 用 готовить（准备）；汉语里的粥和汤除了煮外，还可以熬，速溶咖啡是冲，果酱只能熬，不能煮，啤酒、钢、铁不能煮，啤酒是酿，而钢、铁是炼，汉语的早、中、晚饭是做，而茶不能做，是泡。俄语的 котлеты（丸子）是 жарить（煎），汉语是炸，俄语的блины（薄饼）是 печь（烤），汉语是烙。俄语的 картофель（土豆）和 пироги（馅饼）既可煎也可烤，шашлык（烤肉串）则用 жарить；汉语的土豆是煎、炒、炸、煮、炖、蒸都可以，而馅饼通常是烙不是烤，因为以前中国家庭的厨房里几乎没有烤箱。

众所周知，中国饮食文化世界闻名，不同的食材要用不同的烹饪方式和火候，相应的动词有煎、炒、溜、炸、煸；熬、烩、焖、烧、扒；蒸、煮、汆、涮、煨；卤、酱、熏、烤、焓、腌、拌、拔丝等等，其中很多词在俄语中没有对应的词。

俄语中洗手、脖子和身体用 мыть，洗脸用 умывать，洗眼睛和伤口用 промывать，刷牙用 чистить，用刷子刷鞋和衣服说 чистить，用水洗鞋说 мыть，在水里洗衣服说 стирать，用刷子洗时说 мыть руки со щёткой，而不说 чистить；用刀子去皮时说 чистить ножом картофель（汉语则说刮皮）。而汉语没分这么细，用水的基本都是洗，但洗眼睛和伤口用冲，用刷子洗的都是刷。此外，衣服还可以干洗，俄语用 химчистка。

可见，蕴涵机制问题需要在对比中仔细研究，在一种语言中很难看出其特点。关于这个问题的汉俄对比研究还有待进一步深入挖掘。

第32章
形式机制

  Всеволодова（2000：378）把形式机制划分为：表层语法（открытая，явная грамматика）和深层（скрытая）语法机制。表层语法和深层语法术语是由美国语言学家沃尔夫（Б.Уорфф，B.Whorf）提出。深层语法到目前为止还没有引起语法学家们的足够重视，即使在针对说母语者的教材中也较少涉及，言语中出现的错误常常被看成是修辞学错误（Розенталь 1974），其实修辞学中所描写的现象就属于深层语法。

  深层语法现象首先与在一定条件下某些词形或模型句是否能使用有关，如动词未完成体现在时形式是表层语法的事实，而这个形式对那些表示不受控制的行为和过程的动词不能表示将来时则是深层语法的事实：*Он через недельку выздоравливает. *Завтра идёт дождь. 又如模型句Гёте – великий немецкий поэт.应该是语言共相，而按照该模型建构的Июль – это грозы. Тайга летом – это комары.一类句子就不是所有语言中都有的句型。是否能按照这个模型建构具体的语句由深层语法规则决定。

  表层语法现象首先是词形变化范畴和构词范畴，而在句法层面则是词的形式联系（即语法配价）和模型句的建构规则。表层语法是形式语言学的补充，也是深层语法的基础。这里讲的不是外国学生必须了解和学习母语语法的学生必须知道的定义和分类，比如对那些还不知道"人称代词"和"指示代词"等语法术语的俄语初学者来说，应该知道在下面情境中选择он还是это的规则：1）Познакомься с моим братом. **Он** фотограф.2）Видишь мужчину с фотоаппаратом. **Это** фотограф.（Падучева 1985: 167）在不知道"变格"和"变位"等语法术语时，应该正确掌握名词变格和动词变位等表层语法现象。词法中的深层语法现象是个特殊的课题（Клобуков 1986），需要专门学习和掌握。

  下面重点介绍支配（управление）概念，这是表层语法中保证言语正确的句法机制之一。

第 32 章
形式机制

§1 支配范畴

支配概念传统上被认为是句法联系的形式之一，跟一致（согласование）和依附（примыкание）联系一同归入从属联系（подчинительные связи），与之对立的是并列联系（сочинительные связи）。具有词形变化范畴的词的从属联系指主导词要求依赖词形的制约关系。一致联系指依赖词形与主导词具有相同的特征。支配指主导词要求使用依赖词的某个格形式，传统上认为，除了名词一格外的所有名词间接格的使用都属于支配联系。

语言显示，除了一些格形式外（如及物动词要求四格词形：пить чай；害怕类动词要求二格：бояться шума；惊讶和高兴类动词要求三格：удивиться приходу друга，радоваться весне等），还有很多主导词要求的不是词形，而是依赖主导词的句素：Мы находимся в городе /за городом /к югу от города /вне города. Машина едет в город /к городу /в сторону города /за город /из города /из-за горы /с юга. 于是就引出一个问题：所有间接格都是支配吗？因此就产生了对支配术语作宽泛还是狭义理解的争论。

《70年语法》和《80年语法》对支配这一术语持狭义理解，认为只有那些真正受主导词支配的词形才是支配，所以въехать в деревню是支配（前置词в似乎与动词前缀в相呼应），而въехать на стадион则不是（前缀в与前置词на不呼应）。而实际上这里的词形是由名词短语的内部因素，也就是该词进入哪个功能语义类别决定的，如：въехать в город, в аул, в село；但是въехать на стадион, на ринг, на корт. 而不是首先适应于粘附句素的前缀与前置词的呼应形式：влюбиться в девушку, вчитаться в слова, вслушиваться в мелодию, вжиться в образ等。比较：уехать /заехать в село /на стадион; поехать на Украину /в Западную Украину等，前缀和前置词就不呼应。

Всеволодова（2000: 379）认为，应该对支配作宽泛理解，原则是不应让语言现象拘泥于术语的词源解释，而是重新认识概念本身所涉及的范围。

"支配"跟"一致"一样是纯粹的形式联系，不是所有的句法联系都只是并列和从属联系（比较Онегин Лариным сосед.），在题目中以各种词形出现的自由名词句素不依赖于任何词。因此，支配不只是从属联系，应该扩大支配的范围，不仅包括间接格名词，也包括一格名词，虽然在俄语中一格名词和词的词典形式相同，但这绝不是普遍规律，在有些语言中一格有自己的标志，如阿流多语（алюторский язык）中的-n和亚美尼亚语（армянский язык）中的-e。

所以需要为支配概念找到一个新的适合大多数情况的定义，于是，Всеволодова

（2000: 379）给支配下了这样的定义：支配指句法建构涉及的所有名词形式的手段，它与作为词类的名词的范畴特点必须一致，也就是与它参加句法建构的能力必须一致，只不过是以某种格形式出现而已。支配的类型基本与名词句素的类型严格对应，主要有理据、制约和非理据支配三种。

1.1 理据支配

理据支配（мотивированное управление）针对的是自由句素，这种支配根据句素的含义而来，但不总能指出句素的具体词形，如句子Мы сейчас（находимся）... 可引出地点含义в музее /у меня，也可引出状态含义 на отдыхе /в отпуске。具体的含义总是受到语篇的影响并引出基本同义的词形。

Всеволодова（2000: 380）指出，在教授外国学生学习俄语某个语义及其表达手段时，教师不仅应该了解名词短语的范畴意义（如时间、地点、原因等），而且还要知道名词短语的具体理据支配，比如必须区分以下词组的意义：（1）на столе книга; на стене плакат.（2）на столе /на стене рисунок（нарисован）.（3）на рисунке кошка. 在例（1）中词形на столе和на стене的意义是"方位的绝对表面+可分离的东西"；例（2）中这两个词形的意义是"方位的绝对表面+不可分离的东西"；例（3）中的词形на рисунке意义变复杂了，表示"东西的形象"（画了一只猫，图画上的形象是一只猫），因此，应该考虑到俄语体系中意义的范围可能和其他语言相符合，这三个词组跟汉语基本相符，都是存在句"在……上……"，只是它们不同的意义需要用不同的存在动词表示，如：（1）桌上有书；墙上挂着标牌。（2）桌上/墙上画着画。（3）画上画着一只猫。

因此，教师在提供材料时需要对引入的意义进行解释并说出表达该意义的名词短语及其规律使用的句法结构名称。

1.2 制约支配

制约支配（обусловленное управление）指句素的形式受模型句的特点制约，用来说明制约句素。Всеволодова（2000: 381）以既可作主体又可作述体的二格句素构成的模型句系列为例分析了制约支配的描写原则。

模型句1：Книг нет. Брата дома не оказалось.

形式标志：S_2 нет /не $V_{ex\,3s/n}$ /не $V_{act\text{-}ся\,3s/n}$

类型意义：确认主体缺席这一事实。

1）这个模型句是存在句的否定变异：Книги в шкафу есть → Книг в шкафу нет. 按照这个模型句可构成主体是人的领有句：У меня есть книги → У меня нет книг. 述体

第 32 章
形式机制

нет /не было /не будет永远是切分的焦点，即使在存在动词为零形式的原始句中也是如此：Дома бра¹т → Дома брата не¹т. На столе книга → На столе не¹т книги. 这个模型句还与方位述体模型句相关，其对应形式是Книга не на столе. 比较：Книга – на столе → Книги на столе нет.（Арутюнова 1976: 214）

2）不管主体或名词二格是单数还是复数，述体的过去时和将来时都用单数，而过去时用中性：Ошибок в работе **не было**. Экзамена у них **не будет**.

3）二格名词可能是所指客体：У Иры есть **книга** → У Иры нет **книги**. У неё есть **дети** → У неё нет **детей**.

4）除了述体нет /не было /не будет外，还可能是动词существовать的否定变异形式，比较: Зомби существует – Русалок **не существует**. Такого музея никогда **не существовало**.

5）在有动词существовать时，模型句中主体可为一格，以隐性形式表达阶段意义"不再存在"：Этот дом больше не существует – его снесли в прошлом месяце. Проблема воды здесь не существует с тех пор, как провели водопровод.

6）但是有否定代词никакой, никакие时，主体仍为二格：Никаких проблем больше не существует – всё в порядке.

7）在区分模型句Я там не был 和Меня там не было时有一定困难。Я там не был的含义是Я туда не ходил /не ездил，即我没（坐车或走路）去过那里，没有主动发出这个行为，又如：Я сегодня только приехал, ещё дома не был. Вчера она не была в клубе. Он никогда не был в Киеве. Меня там не было的含义是Я отсутствовал в данном месте в данное время. 即我在某时某地缺席：Меня не было дома, когда он приходил. В мае этого года отца не было в Москве – он уезжал в Тулу.

8）但是在提问时这两个模型句同义：Почему вы не были на лекции?（= не пришли на лекцию?）和Почему вас не было на лекции?（= отсутствовали на лекции?）回答：Я не была /Меня не было на лекции, потому что (я) болела.

9）当引入加强语气词и这个主观评述繁化成素时，语义发生变化：У меня нет **и** десяти долларов（= есть меньше десяти, но и десять мало）. 即我连10美元都没有。В группе не было **и** двадцати человек（= двадцать – это не много, но было меньше）. 即班里连20人都不到。

10）当有方位动词находиться, стоять, сидеть, лежать, висеть, расти时，其否定变异中常用名词一格：Здесь даже трава не растёт. 但有否定代词никакой时，常用

名词二格: Никаких книг на столе не лежит. На вешалке не висит никакой курточки.

11）带方位词和y-方位词的情态否定变异句: На столе не должно /не может быть / лежать（никаких）книг. У него не могло /не должно было быть с собой портфеля.

12）在否定变异句中主体名词可能是一格: На столе не могут /не должны лежать книги. У него не мог быть с собой портфель. 尤其是述位在情态变异词上时: Книги на столе лежать **не должны**²。

13）在主体为人的模型句中有нужен, нужно时, 用三格主体代替y+S₂: **У меня** нет книги → **Мне**（не）нужна книга（= У меня нет нужды /есть нужда в книге）.

14）当нужен, нужна, нужно, нужны被否定时, 模型句中的名词既可以是一格, 也可以是二格: Мне **не нужна тетрадь**, я не буду записывать. Нам **не нужна палатка**: мы будем ночевать в деревне. Ему **не нужны деньги**: он ничего не будет покупать. 带二格名词的模型句突出的是"所必需的数量已经有了": Мне **не нужно денег**: у меня есть. **Хлеба не нужно**, я уже купила. **Книг больше не нужно**. Нам хватит. 也有可能两者同义: Спасибо, **тетрадь мне не нужна**: у меня есть блокнот. **Хлеба мне не нужно**. Я его не ем.

15）在带动词встретиться, ожидаться, предвидеться, наблюдаться, оказаться的信源否定变异句中主体名词用二格: В тексте встретились незнакомые слова → В тексте незнакомых **слов не встретилось**. Завтра ожидается дождь → Завтра **дождя не ожидается**. Побочных **явлений** при применении лекарства **не наблюдалось**. 此时动词必须在述位上。

16）在带动词стать, остаться的否定阶段变异句中主体名词用二格: **Не стало** прекрасного **человека**（= умер）. У меня совсем **не стало** свободного **времени**（раньше было）. У нас **не осталось денег**（= истратили）. Завтра у нас **не останется** даже **хлеба**（= всё съедим）.

模型句2: Саша высокого роста.

形式标志: **S₁ Cop_f Adj N₂**

类型意义: 主体及其特征。这个模型句是Дом высокий. Доклад очень важный.一类模型句的交际变种, 有以下几种带二格述体的模型句变体:

（1）在形义对称结构Брат высокий. Платье голубое.一类模型句中二格述体是以下形式:

1）元词вес, величина, масса, размер, продолжительность, протяжённость, рост，форма，цвет，модель，фасон，образец，качество，характер，нрав，душа等，具体特征由形容词表达：Стол **круглый** → **круглой формы**. Кот небольшой → **небольшого размера**.

2）元词主题化，谓语被分割开：Ро³ста Олег высо¹кого. Цве³та её платье голубо¹го. 如果是这种词序时，所属关系通常用物主代词的格形式（如на ней，у неё）来表示：Цвет на ней голубой.

3）运用逆向转换法把关系标志词移至主语位置：Олег высокого роста → У Олега высокий рост → **Рост** у Олега высокий. Книга небольшого формата → У Книги небольшой формат → **Формат**（у）книги небольшой.

4）当形容词不能单义地表明特征时，倾向使用带元词的模型句：Плод был странный（цвет? Форма?）→ Плод был **странного цвета/странной формы**. Его эполеты（肩章）были **неимоверной величины**（Лермонтов）.

5）在述体中可能出现类属词：Олег - **человек** высокого роста. Новая пшеница - **сорт** отличного качества. Эти слоны - **животные** не очень больших размеров.

6）经常与类属词连用的是元词характер，нрав，душа：Олег добрый → Олег - человек добрый → Олег - человек доброй **души**. Оля тихая → Оля - девушка тихая → Оля - девушка тихого **нрава**. 当没有类属词时，元词可以主题化：**Нрава** Оля тихого. **Характера** он был более молчаливого, чем разговорчивого（Золотова 1988: 32）.

7）在有过去时或将来时系词时，类属词要变成五格：Он **был человеком** доброй души. Она **была девушкой** тихого нрава.

（2）在形义对称结构Аня красивая.一类模型句中二格述体是用形容词变来的同根名词（красота）。原始模型句中的述体词组能够变成形容词+形名词二格述体的条件是，其中一个成素必须是带有度量和程度意义的以下词形：

1）副词：Аня **необычайно** красива/**необычайно** красивая девушка → Аня - девушка **необычайной красоты**. Стол **очень** чистый → Стол **высокой чистоты**. Склон **неимоверно** крутой → Склон **неимоверной крутизны**.

2）形容词单一式最高级：Олег - **добрейший** человек → Олег - человек **большой доброты**. Экология - **важнейшая** проблема → Экология - проблема **огромной важности**.

（3）类型意义是"主体及其年龄特征"形义对称结构Ему сорок лет.里二格述体出现在以下双主格句中：

1）有词形лет时：Наде двадцать лет → Надя - **девушка двадцати лет**. Наш знакомый был **мужчиной лет пятидесяти**.

2）元词возраст与молодой, пожилой, малолетний, школьный, подростковый 等一类形容词连用，偶尔与表示年龄的复数名词лета（средние, преклонные, младенческие）连用：Сын у него - **дошкольного возраста**. Родители у неё – люди **преклонного возраста**. Но герой наш был уже **средних лет**（Гоголь）.

（4）在带有类型意义"主体及其情感—心理特征"一类模型句中（如У него доброе сердце.），述体（形式主语）位置上经常是 сердце, душа, воля, ум, характер, нрав, убеждения, привычки, здоровье一类词，可将其中的特征主语转换成二格述体：У него доброе сердце → Он человек **доброго сердца**. У Олега критический ум → Олег -（мужчина）**критического ума**. У Маши суровый характер → Маша у нас **сурового характера**. У них строгие нравы → Они（люди）**строгих нравов**. 其中名词二格也可主题化：**Хара́ктера** Маша **суро́вого**. **Се́рдца** он **до́брого**. **Здоровья** волчиха была **слабого**. 来自Волчиха была **слабого здоровья**（Чехов）= У волчихи было слабое здоровье /Волчиха была слаба здоровьем.

（5）带特征状语或逻辑状语的原始动词句可把动词变来的动名词转换成二格述体，而将两种状语变成形容词：

1）特征状语：Музыка звучит **мощно** → Музыка - **мощного звучания**. Это лекарство действует **избирательно** → Это лекарство - **избирательного действия**. Поезд №2 следует **далеко** → Поезд №2 **дальнего следования**.

2）逻辑状语：Она воспитывалась **в труде** → Она **трудового воспитания**. Он закалился **на Урале** → Он **уральской закалки**.

（6）当二格述体称名是制作材料时，可与名词短语из+N₂互换，其中形容词必不可少：Шкаф - из красного дерева ↔ Шкаф - красного дерева. Ваза - из мейсенского фарфора ↔ Ваза - мейсенского фарфора（迈森陶瓷的花瓶）. Дом - из красного кирпича ↔ Дом - красного кирпича.

（7）当名词短语из+N₂表示整体的一个成分时，可跟二格名词互换：Я **из той же артели**（劳动组合）↔ Я **той же артели**, что семь мастеров（Вознесенский）.

该模型句的结构语义变异句保留相同的结构，如：

1）否定变异句：Олег -（человек）**не высокого роста**.

2）情态变异句：Ваза **должна быть синего цвета**. Маршрут **может быть небольшой протяжённости**. 类属词需要变成五格：Рецензент（审阅者）должен быть **человеком** критического ума.

3）阶段变异句：Платье **стало синего цвета**. Он **остаётся человеком** большой принципиальности и доброго сердца.

4）信源说明变异句：Собака **оказалась сторожевой породы**. Николай **считается человеком** большой эрудиции.

1.3 非理据支配

非理据支配（немотивированное управление）由粘附句素构成，只有在与支配词连用时才能显示出意义，如二格主事（приезд сестры）或者二格特征载体（нежность сестры）。

对于非理据支配来说，主要对象是能够支配某个格形式的一类词，如带有"领导"共同意义的动词语义群руководить, командовать, управлять, заведовать, править, распоряжаться支配五格名词（但возглавлять支配四格名词）。动词的语义通过它们的搭配特点表现出来。比如以下动词的搭配：

- командовать与军事机构名称连用：войсками, ротой, фронтом; 与战斗行为名称连用：боем, штурмом, атакой, парадом.
- заведовать与机关和部门名称连用：столовой, библиотекой, магазином, кафедрой, лабораторией, отделом, 但университетом, факультетом与руководить连用。
- распоряжаться主要与财产有关的词连用：деньгами, имуществом, продуктами, 也与временем, （чьей）жизнью连用。
- управлять与行政单位名称连用：страной, департаментом; 与交通工具名称连用：машиной, самолётом.

在很多情况下名词的特征也很重要。一般认为带-ся动词不支配四格名称，但动词слушаться, бояться, стесняться却可以与表人名词的四格连用：Слушайся **бабушку и дедушку**, - сказала мама. Он **свою жену** боится. Девочка **чужую тётю** стесняется. 与表动物名词连用时四格和二格皆可：Ребёнок испугался **ворону /вороны**. **Собаку / Собаки** я боюсь. 所有的非动物名词与这些动词连用时都是二格形式：Конь слушается **руки всадника**. Я боюсь **его взгляда**. Она страшилась **экзаменов**. Он слушается **советов врача**. 阳性单数动物名词和所有复数动物名词的四格与二格一致：Он боялся **отца**, **волка**, **собак**. Он слушался **старшего брата и сестёр**. 按道理这也是四格，因为阳性动物名词的四格与二格相同。

§2 深层语法的形式机制——补充配置条件

2.1 补充配置条件的各种因素

在运用形式机制时，不仅要顾及表层语法，即词的变化、词与词之间的联系规则、句型的构成等，更要顾及深层语法，即某词形或句型在某特定条件下能否使用，也就是说必须考虑补充配置条件，如按照双主格句Чехов - великий русский писатель构成语句Июль - это грозы. Тайга летом - это комары. 时出现的"禁忌"和"破坏"就是深层语法规则。深层语法的形式机制就是各种补充配置条件。

补充配置条件表现在词汇、词法、句法各个层面，如动词стонать, висеть没有现在时第一人称形式，动词победить, очутиться没有将来时第一人称形式，这就迫使我们在必要时要么选择描写述谓形式：издаю стоны, одержу победу; 要么选择其他动词окажусь, повис 来表达相应的意思。又如名词мечта的复数二格不是*мечт，而需要用мечтаний代替等。再如大部分未完成体及物动词都能借助后缀-ся构成被动态：Рабочие строят школу → Рабочими строится школа; Археологи ведут раскопки → Археологами ведутся раскопки. 但情感关系动词любить, уважать, ненавидеть, обожать等的被动态只能用现在被动形动词形式：Нами ты была **любима** и для милого хранима（Пушкин）. Мальчик был **обожаем** отцом и Екатериной（Всеволодова 2000: 387）. 在俄语教学实践中经常会遇到许多类似的违反常规的"破坏"现象，因此俄语语法才常令学习者感到困难重重。俄语教师应该把这些特殊的语言现象讲解清楚。

下面我们就根据Всеволодова（2000: 388-395）所描述的一些句法现象来分析各语法层面出现补充配置条件的各种因素。

2.2 补充配置条件的语义和形式因素

句法层面通常解决的问题是模型句的建构、形式和手段的选择，这些都受到各种因素的影响，包括修辞、习惯（如在口语中不使用连接词ибо和主动形动词，在科学语体中表示原因时前置词от的使用受限等）、交际和语义等方面的因素。

属于深层语法的语义因素主要针对的是内容层面的描写。对意义体系的提炼可使表达手段按顺序呈现，并将这些手段的使用与内容密切联系起来，这不仅涉及名词短语，还有连接手段，比如当条件复合句表达的语义是控制情景特征意义的对立面，若条件依赖于某人的意志、是可控的，那么从句可依靠下面任何一个连接手段与主句连接：（1）если;（2）в случае, если;（3）при условии, если;（4）при условии, что，例如：

（1）Мы пойдём в зоопарк, **если /в случае, если /при условии, если /при** условии, что ты быстро ешь /с нами пойдёт папа.

（2）Самолёт произведёт посадку на запасной аэродром, **если /в случае, если / при условии, если /при условии,** что там будет готова посадочная полоса / начальник аэропорта отдаст соответствующее распоряжение.

如果条件是不可预知的，则只能使用если和в случае, если：

（3）Мы пойдём в парк, **если /в случае, если** не будет дождя /у Юры не будет температуры. 但不能说*Мы пойдём в парк, **при условии, что у** Юры не будет температуры.

（4）Самолёт совершит посадку на запасной аэродром, **если /в случае, если** кончится горючее（燃料）/основной аэродром будет закрыт из-за плохой погоды. 但不能说*Самолёт совершит посадку на запасной аэродром, **при условии, что** кончится горючее（Шувалова 1990: 67）.

语义因素可影响形式的选择，比如名词词形通常都可代词化：Я поговорила с Ирой / с ней. Он рассказал о брате /о нём/ об этом. 地点和原因名词短语也可代词化：Мы вошли в дом, но в нём /там никого не было. Неожиданно начался ливень, и из-за него /из-за этого мы задержались. 但时间、状态和区分名词短语则不能代词化：Завтра среда, а в среду /по средам（不能说*в неё /*по ним）у нас семинар. Его посадили под арест и держали под арестом（不能说*под ним）два дня. Разошлись по домам（不能说*по ним）.

然而，手段的选择更经常受到客观形式因素的影响，这些补充配置条件与表层语法一起构成功能交际语法的框架，教师对这些规则应该有充分的了解，善于确定补充配置条件的因素，在选择替换手段时，应充分考虑被替换对象的语义等值，也就是要解决这些对象之间的同义表达（或变体），否则将破坏语句的内容层面。

补充配置条件的因素本身总是客观的，即使它们与情态相关，也只显现在表面。交际意图和情态能够间接地影响手段的选择，比如语境情景能够决定实义切分和复合句的顺序，包括原因和结果成素的先后位置：Пошёл до^{3}ждь - я остался до^{1}ма. Я остался до^{1}ма: пошёл до^{1}ждь. 原因部分在先时，只能选择连接词так как, 不能使用потому что: **Так как** пошёл дождь, мы остались дома. 或者使用连接词и: Пошёл дождь, **и** мы остались дома. 原因部分在后时，可选择так как或потому что: Я остался дома, **так как /потому что** пошёл дождь. 但不能使用и: *Я остался дома, и пошёл дождь. 当出现表达主观评述意义"被说出的原因是唯一的"语气词только或лишь时，只能选择连接词被切分的形式，只有потому что可以，так как不行：**Только потому，что** пошёл дождь，мы остались дома。

主观评述是主观因素，但其表达手段только却是客观因素，甚至比说话者的主观意图还要强烈，也就是说，在语句的内容表达上所指信息比作者的主观意愿更加重要，在形成语句时，针对主观因素而言客观因素是第一位的。又如对下面两个模型句的选择是由说话者使用所指结构的不同成分占据主语位置的意愿决定的：Гемоглобин（血红蛋白）содержит железо. В гемоглобине содержится железо. 但在另一种实义切分（客体因素）情况下，则只有一种选择：Железо содержится, например, в гемоглобине. 因为名词железо和гемоглобин的一格和四格形式相同，如果改变模型句的词序，语义就会遭到破坏，比如句子*Железо содержит гемоглобин（= В железе содержится гемоглобин）是不合逻辑的。

补充配置条件在限制自由选择的可能时，不仅"禁止"，也"允许"形式的相互转换，也就是说，语言单位有可互换性和不可互换性。

2.3 同义手段和变体手段

在交际语篇中假如不能使用某种手段（手段1），那我们就选择另一种（手段2），手段2要满足以下条件：（1）不改变手段1所表达的语义；（2）不消除手段1表达的任何一个语义；（3）不增加比手段1多的新语义。也就是说，手段2在意义上与手段1相等，当然不排除能指上的差别，如болеет /болен; у дома /возле дома，这一点决定了它们的同义性。有观点认为，语言中没有绝对的同义手段，因为这与语言的节约原则相矛盾。但语言是一个信息交际系统，应该拥有坚固的巨大储备，才能保障同义手段的供应。

Всеволодова（2000: 390）使用以下操作方法来确定同义手段：

（1）如果回答问题B时，可以使用两种或更多的形式（用模型句O表示），而且这些手段传达的信息是相等的，那么手段O就应该视作在所指上是同义的，比较：

В. Чем ты увлекаешься?   В. Долго ли длился шторм?
О-1: Я увлекаюсь музыкой. О-1: Двое суток.
О-2: Меня увлекает музыка. О-2: В течение двух суток.
О-3: Моё увлечение – музыка.

В. Где ты живёшь?   В. Где он родился?
О-1: Около вокзала.   О-1: Он родился на Урале.
О-2: Рядом с вокзалом. О-2: Его родина – Урал.

（2）如果两个词汇意义相等的句素（或模型句）按照公式"не X，а Y"或"X，а не Y"构成句子时，其结构失去意义，也就是对立是无意义的，那么它们在所指上就是同义手段，比较：1）*Мама не в кухне，а на кухне. 2）*Он пришёл не в дождь，а во время дождя. 3）*Не я увлекаюсь музыкой，а меня увлекает музыка.

（3）如果两个词汇意义相等的句素（或模型句）可以对立，证明它们不同义，也就是说每个句素或模型句都有自己独立的意义，比较：Лампа не в шкафу，а на шкафу. Город Нефтяные Камни расположен в море，а не на море（= около，на берегу моря）.

（4）有些情况是只能体现一种形式（或模型句），比如可以说Самолёт летал **сто два дня /в течение ста двух дней**. 但只能说Он летал **в течение ста двух суток**. 可以说Он жил **в Полесье /на Полесье**. 但只能说Он жил **в России**（没有*на России的说法）。可以说Он жил **на Урале**（没有*в Урале的说法）. 但只能说жил **в Альпах**（没有*на Альпах的说法）。这些情况属于变体手段，指形式标志不同且不可相互替换的语义同义手段，是一种补充配置条件。

由于客观原因导致必须用一种形式代替另外一种，同时不改变信息内容，就说明语言中存在着形式不同但语义相等的表达手段。事实的确如此，假如时间名词短语в течение+N_2在任何一个意义上都不与时间名词短语N_4相等的话，就无法使用в течение ста двух суток来表达飞行的长度了。

Всеволодова（2000: 390）指出，补充配置条件在俄语学中还没有成为专门的研究对象，也没有对它们的分类，目前的分类不是最终方案也并不完全，还需要不断收集实际语料和进一步分析并做出语言学考量。她在补充配置条件中划分出以下因素：（1）词汇因素；（2）形式因素，包括：1）对句法层面产生影响的词法因素；2）句法因素本身。鉴于这些不同的因素还不成体系，我们依据形式划分出以下层面：（1）句素（名词短语）和词组；（2）简单句；（3）复合句；（4）语用因素。

§3　补充配置条件的词汇因素

词汇因素可能在以下三个层面起作用：（1）句素层面；（2）词组层面；（3）模型句层面。

3.1　句素层面的补充配置条件

句素（名词短语）层面的补充配置条件因素主要有以下两个：（1）名词短语的轴心词（стержневое слово）的特点；（2）轴心句素的扩展词（слово-распространитель）。

句素形式的选择取决于以下条件：

（1）轴心词属于某一词群，包括：

1）属于同一词类的词群，如表示时间的名词不同格形式：в среду, в мае, весной等；

2）属于同一词类但不同组别的词群，如表示地点的不同名词短语：в России – на Украине等；

3）属于不同词类的词群，如与名词短语около+N_2同义的у+N_2不能与代词连用，可以说 Пёс лежит **около /возле меня /рядом со мной**. 但不能说*Пёс лежит **у меня**. 只能说 Пёс лежит **у моих ног**. 跟名词连用时二者功能相同，比较：Метро – **у /около нашего дома**. Метро – **около /возле нас**. 但不能说*Метро – **у нас**.

（2）扩展轴心词的一类词，包括：

1）表示昼夜各部分的名称及其他时间名词与表示天气或季节语义的定语连用时可用 **в+N_4** 或 **N_5** 形式：в летний день — летним днём; в ясное утро — ясным утром; в майское воскресенье — майским воскресеньем等是成体系的；与顺序数词первый连用时只能用 **в+N_4**，而跟其他顺序数词连用时则可用 **в/на+N_4**：в первый вечер — во второй /на второй вечер; в третье /на третье воскресенье. 名词время跟定语наше, это, мирное, трудное, военное, старое, новое, ближайшее, давнее连用时用 **в+N_4** 形式：в наше время, в ближайшее время，但跟скорое连用时则要用 **в+N_6** 形式：в скором времени.

2）год一词在与数词连用表示日历年时，常用 **в+N_6** 形式：в 1964 году, в 2019 году. 但与形容词военный, критический, голодный等连用时则用 **в+N_4** 形式：в послевоенный/ урожайный год. 而当数词和形容词都有时则两种形式皆可：в голодный 1946 год/ в голодном 1946 году; в трудный для неё 1963 год /в трудном для неё 1963 году.

3）表示行为拥有多数客体意义一类动词（如накупить, нажарить, наварить, насобирать, напечь, нарубить, насажать等）与可数物体名词连用时，用复数二格（与集合意义名词如картошка, хворост连用时用单数二格）：накопил **денег**, напекла **пирогов,** накупил **хлеба**；与表示度量的物体和特征名词连用时用单数四格：накопил **тысячу** рублей; накопал **мешок** картошки.

3.2　词组层面的补充配置条件

词组层面的补充配置条件是：（1）可否构成词组；（2）词组中第二成素形式的选择。

3.2.1　词组构成的补充配置条件

（1）能否构成词组取决于很多不同的因素，比如对二格依附名词词组（如улицы

Москвы，красота девушки，автор книги，книга автора等）的分类有很多，但大多是建立在比较主观的基础上，没有统一的归类。"所指角色"概念为意义的划分找到了客观基础，同时也建立了一些标准，即跟二格名词组成词组的条件。其实这些词组都是在必要时通过各种转换而来，即使在普通文献语言中也倾向把复句中的内容客体转换成带二格名词词组的单句，比较：На семинаре говорилось **о том**，**что параллельные сходятся**. На семинаре говорилось **о сходимости параллельных**. 可见，该类词组与能确定词组参项所指角色的命题之间有对应性：特征主事（параллельные）及其由动词表达的性能（сходятся/сходимости）。理论上此处应该有两类角色的组合：

1）性能N_1+性能载体N_2：сходимость параллельных，растворимость порошка，сопротивляемость организма，несминаемость（防皱）ткани, прозрачность стекла，эластичность（弹性）ткани.

2）性能载体N_1+性能N_2，但上面的词组似乎无法构成这样的词组：?параллельные сходимости, ?порошок растворимости. 只有在性能是由形容词称名时（如стекло прозрачно, ткань эластична）才可能构成第一种类型的词组：прозрачность стекла, эластичность ткани. 构成第二类词组的关键是二格名词的语义类别因素，而且这些特征名词不能独立使用（个别情况除外），即必须有一致定语：стекло **необыкновенной прозрачности**，ткань **повышенной эластичности**.

（2）虽然述位角色和特征角色在内容上完全一样，区别只是占据的位置不同，但是词形或词组能否占据这个位置却取决于一系列因素，比如：

1）能否构成词组的因素之一是名词的参照程度。如果在句子的述位上可自由地出现相同的词组，不管所修饰的是哪种不同类型的名词（如Эта **девушка** - необыкновенно красивая /необыкновенной красоты. **Маша** - высокая /высокого роста. **Она** высокая /высокого роста.），二格名词在词组中都只能跟指示程度低的名词连用，不能跟指示词连用。类似的词组很容易修饰类属词девушка（有时候需要有相关语境：В комнату вошла эта девушка необыкновенной красоты，о которой говорил Пётр.），却不能跟专有名词和代词连用：*Вошла Маша высокого роста. *Она необыкновенной красоты вошла в комнату.

2）存在情景的参项是复数时，构成带二格名词词组的形态是"存在主事N_1+方位N_2"，如：птицы Африки. 这里两个成素的名词特点很重要，存在主事应该是类属词：звери，птицы，животные等，而方位是足够大的区域名词，其中任何一个条件被破坏都不能构成词组，如звери /птицы /растения Африки是正确的词组. 而*зебры /гуси /

баобабы（猴面包树）Африки 却是错误的，此时只能用带一致定语的词组：африканские зебры /гуси /баобабы. 只有在出现总括限定词 все 时二格词组才能成立：**все** гуси /**все** баобабы Африки. 又如下面一些带较大区域单位名称的二格词组可以说：птицы /деревья **Африки** /**России** /**Курской области**. 却不能说*птицы /деревья **нашего леса** /**этой рощи** /**моего сада**. 此时句中只能使用方位格：Птицы **в нашем лесу** / **в этой роще** /**в моём саду** хорошо поют. Деревья **в нашем лесу** / **в этой роще** /**в моём саду** - как на подбор. 当用作标题（如用于展览会）时，二格词组又是可以的：Деревья **нашего леса**. 当表示人或动物在具体方位或一类处所存在时，大多数情况需要引入述体名词жилец, обитатель, житель, постоялец, 此时二格名词跟其复数连用是成体系的：жильцы нашего дома, постояльцы соседней квартиры, обитатели соседней рощи；跟其单数或数名词组连用时方位则需要使用起点句素：жилец /два жильца **из нашего дома**, постоялец /три постояльца **из соседней квартиры**, 要么则需要使用唯一或均分限定词：**каждый** жилец нашего дома, **единственный** постоялец соседней квартиры, **один** из обитателей соседней рощи. 与мужчина, старик 等类属词连用时规则基本相同，比较：женщины этого города - любая женщина этого города；但只能说：единственная（одна）женщина /две женщины из этого города /в этом городе, которые…（Всеволодова 2000: 393）。

以上我们仅列举了一些带二格名词词组建构的补充配置条件，就已经发现各种因素的复杂性，还看到词组中依赖成素形式所呈现的变体性，即出现了如何选择依赖成素形式的问题。

3.2.2 词组中第二成素形式选择的补充配置条件

当词组中的第二成素是粘附句素和自由句素时，依赖成素形式的选择有以下两种情况：

（1）对粘附句素的选择取决于支配成素（经常是动词和名词）的词汇（词的类别），比如前面提到的"领导"类动词词汇语义群，除了возглавлять都要求五格名词；又如情感状态和情感关系类动词根据具体所属类别支配不同的格形式：

1）情感关系类动词любить, ненавидеть要求四格名词：любить маму, уважать учителя, ценить мнение, ненавидеть врага.

2）害怕类动词要求二格名词：бояться темноты, испугаться крика.

3）惊讶类动词要求三格名词：удивиться вопросу, дивиться красоте.

4）情感评价状态或关系动词要求五格名词：восхищаться природой, любоваться

пейзажем，наслаждаться тишиной.（Крючкова 1979）

（2）对自由句素的选择取决于以下条件：1）被扩展词的范畴类别；2）上下文邻近词的词汇语义变体。

1）被扩展词的词类属性影响词形的选择，如表人名词很容易与方位二格名词结合：Студенты **института** жалели его. Жители **деревни** не поверили его рассказу. 但跟代词连用时，无法使用二格名词，需要变成方位格：Мы /Все **в институте** жалели его. Некоторые /они **в деревне** не поверили его рассказу. 该方位格显然不是全句限定语，而是词组的成员，因为它不能放在句末，比较：*Все жалели его в институте. *Они не поверили ему в деревне. 但当方位格出现在依附动词位置上且有对立表达时则可以：Все жалели его вслух **в институте**，а смеялись за глаза после работы. Они не поверили ему **в деревне**，но убедились в его правоте позднее，когда ничего уже нельзя было изменить.

2）上下文邻近词无论与句素是依附联系还是述谓联系，其影响并不重要，而且在很多情况下能够削弱非同义句素的意义差别。如在大部分情况下方位短语на крыше – над крышей，на доме – над домом等是非同义的：Птицы на крыше（= сидит）/над крышей（= летает）. Вертолёт на палубе（= стоит）/над палубой（= завис）. 但当邻近词是称名垂直长度的物体时（如труба，флюгер，флаг等），这些方位名词短语同义且可互换：На доме /над домом – флюгер. На крышах /над крышами – высокие трубы. 也就是说，此处是补充配置条件决定方位名词短语拥有了自由变体的可能性，而在其他上下文中它们不是同义表达。

可见，影响词组构成的因素很复杂。目前我们对词组功能的研究还很欠缺，还没有对词组类型划分的条件和规则进行具体的功能分析，这是一个值得深入研究的课题。

3.3 模型句层面的补充配置条件

模型句层面的词汇作用首先表现在模型句转换时，词的特点决定能否转换和转换的特点，主要决定因素有：（1）词的具体词汇语义变体；（2）有无词典中的邻近词；（3）该词是否有派生词。

（1）具体的动词词汇语义变体能够决定态式转换（逆向转换）的特点，同一动词的体形式可以借助两种形式构成转换：1）未完成体的带-ся动词形式；2）完成体的被动形动词短尾形式。如未完成体动词покрывать，озарять，окружать，освещать等有以下两种词汇语义变体：

1）动态：Землю медленно **покрывает** снег. Лучи восходящего солнца постепенно **озаряют** лес. Враги начали с трёх сторон **окружать** город.

2）静态：Снег прочно на всю зиму **покрывает** землю. Его лицо **озаряла** широкая улыбка. Долину **окружают** горы. Прожектор **освещает** здание высотой 5 м.

其相应的转换结构有以下两种形式：

1）**Земля покрывается /покрылась** снегом. Лучами восходящего солнца **озаряется /озарился** лес. Город с трёх сторон **окружается** врагами. При включении иллюминации **освещаются /осветятся** вечерние улицы.

2）Снегом плотно **покрыта** земля. Его лицо было **озарено** улыбкой. Долина **окружена** горами. Прожекторами стадион **освещён** достаточно хорошо.

此处完成体被动形动词短尾与未完成体带-ся动词形成对应。

（2）词典中邻近词的有无

1）有些带-ся直接反身动词（如мыться，готовиться，радоваться：Ребёнок **моется** в тазу. Мы **готовимся** к сессии. Дети **радовались** поездке.）"禁止"使用带受事的被动形式，比较：Мать моет ребёнка. Гидрологов готовит наш институт. Дети старались радовать мать. 但不能说*Матерью моется ребёнок. *Гидрологи готовятся в нашем институте. *Детьми радовалась мать.

2）有些带-ся动词没有相应的及物动词（如词典中有гордиться，但没有*гордить）导致表达时只能选择描写述谓形式：вызывать гордость。

（3）有些词没有相应的其他词类的派生词，使转换的可能受限，如动词пленяться不能派生出相应的名词，就不能构成带描写述谓的转换结构，试比较：радоваться → испытывать радость; восхищаться → чувствовать восхищение等。

§4 补充配置条件的词法因素

Всеволодова（2000: 395-396）认为，作为补充配置条件的词法因素包括：词的数形式、性范畴、动物性和非动物性等因素。

4.1 作为补充配置条件的数形式

（1）地名的数形式是固定的，比如俄语中一些山脉的名称只有单数形式：Памир，Тянь-Шань, Алтай等；而另一些则只有复数形式：Анды，Альпы，Родопы，Пиренеи等。相应的前一种地名构成方位短语时用**на** + N_6：На Урале，на Кавказе；后一种则用**в** +

N_6: в Карпатах, в Гималаях. 跟类属词连用时前一组地名用二格形式：горы Урала, горы Кавказа, горы Памира等，后一组则不行，不能说*горы Альп或*горы Альпы, 只能将山脉的名称变为形容词：Альпийские горы。

（2）名词数形式可构成某一类词的词法特点，比如Pluralia或Singularia tantum（只有复数或只有单数的名词）与数词搭配时有自己的特点：Pluralia tantum сани, очки等只能与集合数词двое, трое, четверо连用，不能与два, три, четыре连用：двое очков, трое саней, четверо ножниц. 它们若与два, три, четыре连用时，必须加入语义关系描写词：две **штуки** саней, три **пары** очков. 但сутки只能说двое суток，因为该词没有相应的类属词。只有复数的名词跟数词5-20可自由连用：пять ворот, десять ножниц, двадцать брюк, восемь суток. 但难题出在它们与那些没有集合数词形式的合成数词（如22、33、44等）只能用描写形式：Есть пятьдесят четыре **пары** очков. На старте стоит тридцать три **упряжки** нарт（33套雪橇）или Стоят нарты **в качестве** тридцати трёх.

（3）数形式进入词的词法聚合体，如год - годы, неделя - недели, 不同的数形式可构成具有相同语义的不同句素，如时间单位день, сутки, неделя, месяц等在与类似прошлый的定语连用时，表现为不同的时间名词短语：в прошлом месяце/ году /веке - на прошлой /на будущей неделе - на будущий год /в будущем месяце. 而用复数形式时，以上句素都用**в+N_4**: в прошлые годы /сутки, в прошедшие недели, в следующие века.

（4）数的表达形式非常重要，比如表示多数时，可用词组много лет, много /несколько десятилетий; много верст, несколько километров; 也可用名词复数形式годы, десятилетия; версты, километры. 在表示"时间延续"时数名词组很容易用四格形式：**Много лет /Несколько десятилетий** жили там люди. 而复数名词四格不可独立使用，必须两个词位同时使用才行：**Годы, десятилетия** работали там люди. 跟时间名词短语в течение /на протяжении+N_2连用时，两种数形式皆可：**В течение многих лет /В течение нескольких десятилетий /На протяжении десятилетий** жили там люди. 当表示"空间延续"并与动词простираться, тянуться等连用时，它们的共同配价是空间名词短语на+N_4: **На много верст/ На километры** тянется здесь непроходимая чаща. 但只有复数名词N_5既可表示时间，也可表示空间：**Годами /Десятилетиями** жили там люди. **Вёрстами /Километрами** тянется непроходимая чаща. **Километрами** шли, не встречая живой души. 名词单数或数名词组与表示均

分意义的前置词по连用时组成句素по+N₃（只在主语、直接补语或时间状语位置上使用）：Выступило **по** (**одному**) **делегату** от каждого курса. Дали **по блокноту / по одному блокноту**. Дежурить **по часу / по одной неделе**. 跟два，три，четыре，двадцать два，сто четыре以及不定量数词несколько构成句素по+N₄：Выступило **по два делегата**. Дали **по два / по сто три блокнота / по несколько блокнотов**. 跟пять及以上数词连用时可构成以上两种句素：Выступило **по пяти / по пять делегатов**. Раздали **по десяти / по десять блокнотов**. 但更常用的是по+N₄，复数本身无法构成该类句素。

（5）还有一些异干形式（супплетивные формы），如год – годы / лета. 用不同的格形式时只能选择其中一种形式：**В пять лет / К пяти годам** он свободно читал. Им дали **по десять лет / За десятью годами** тюрьмы последовала ссылка.

4.2 作为补充配置条件的语法性范畴和动物性范畴

Всеволодова（2000：396）用以下两个例子证明这些范畴对搭配的影响。

（1）一些反射动词（如слушаться，бояться，стесняться，стыдиться）要求四格直接补语时，只有在阴性名词时能够识别：Она слушается бабушку. Он боится собаку. 但阳性单数动物名词和所有复数动物名词的四格与二格相同，无法区分：Он боялся **отца，волка，собак**. Он слушался **старшего брата и сестёр**.

（2）动物性和非动物性范畴有时会影响谓语位上的形容词形式的选择，比如在与动物名词或人称代词连用时，表示状态或人的主观特征的形容词既可用长尾也可用短尾形式：Он голоден / голодный. Волк хитёр / хитрый. Сергей сегодня зол / злой. Она умна / умная. 但在与人体组成部分（лицо，руки）、器官（сердце，глаза）、表相（голос，взгляд）等名称连用时，则只能用长尾形式：Глаза **умные**. Лицо у него **хитрое**. Взгляд **голодный**. Усмешка на её лице **злая**. Голос отца **добрый**.

§5 补充配置条件的句法因素

补充配置条件的句法因素表现在三个层面：（1）名词短语、句素和词组中；（2）简单句中；（3）复合句中。

5.1 作为补充配置条件的名词短语、句素和词组

在这个层面起作用的因素是句素的结构特性，包括名词短语中定语位置的有无及其可

否替换、否定的有无、句素的位置及其搭配特点。

（1）定语位置的有无及其可替换性

1）关于带月份名称的时间名词短语中定语的作用详见本书第21章，如没有定语的в мае，в марте和в течение /на протяжении+N_2；带定语的в+N_6：в том мае，в морозном феврале；和в+N_4：в прошлый май，в дождливый сентябрь；以及最常见的N_5：этим январём，жарким июлем.

2）在带星期名称的в+N_4时间名词短语中定语可任选，还可用N_5：в прошлое воскресенье /прошлым воскресеньем; в минувшую субботу /минувшей субботой; в следующий понедельник /следующим понедельником. сумерки在有定语时也可用N_5，比较：В сумерки /В сумерках вернулись. **Бледными сумерками** Софья Андреевна ведёт нас в парк（Гиппиус）.

3）地名Русь和Украина没有定语时可构成方位句素на+N_6：на Руси，на Украине；但带定语时Русь只能用в+N_6：в древней /Киевской Руси，而Украина则二者皆可：в Западной /Восточной Украине; На Западной/Восточной Украине.

4）在表示客观施事特有的有意识行为的原因名词短语по+N_3中，没有定语的位置：Он отсутствует **по болезни /по состоянию здоровья**；Он не работает **по возрасту**. 有定语时要使用из-за+N_2 或по причине+N_2：Он отсутствует **из-за тяжелой болезни /из-за плохого состояния здоровья**. Автор письма **по причине преклонного возраста** посещает только ближайший кинотеатр.

（2）作为补充配置条件的否定

在带目的意义的动词不定式肯定句中V_{inf}既可以是依赖句素：Он вышел **покурить**. Он уехал **отдохнуть**. Он зашёл в подъезд **переждать** грозу. 也可以是自由句素，常用于带连接词чтобы的目的从句中：Он вышел，**чтобы покурить**. Он уехал，**чтобы отдохнуть**. Он зашёл в подъезд，**чтобы переждать** грозу. 当出现否定时，则只能是带连接词的句素：Он вышел，чтобы **не дымить**，Он уехал, чтобы **тебя не видеть**. Он зашёл в подъезд，чтобы **не промокнуть**.

（3）作为补充配置条件的句素位

句素的位置成为补充配置条件取决于两个因素：1）在句子中位置的普遍特点（展词位/在"述谓对"中的位置/"述谓对"之外的位置）；2）展词位的具体特点（动词展词位、名词展词位等）。

1）作为补充配置条件的位置的普遍特点

在名词原因意义体系中原因名词短语из+N_2称名的是人有意识行为的主观原因：Он

промолчал **из гордости**. Он остался **из упрямства**. Он согласился **из вежливости**. 该原因名词短语的主要位置是动词展词位，在名词展词位上时经常是一致定语：**гордое молчание**, **вежливое** согласие. 但在"述谓对"中原因名词短语的位置上可以是相同词构成的от+N_2：Он, конечно, остался. Это – **от упрямства /из упрямства**. Он и здесь не пожаловалась. А всё – **от гордости /из гордости**. Ведь ваше согласие – только **от вежливости /из вежливости**.

2）展词位的具体特点

我们已经知道，跟情感状态或关系动词连用的是粘附句素，其格形式取决于动词的类别，比如害怕类动词要求非动物名词用N_2：бояться наказания. 动物名词要求N_4：бояться Ваню；高兴和惊讶类动词要求N_3：радоваться удаче；情感关系类动词要求N_4：любить, уважать родителей；情感评价关系类动词要求N_5：восхищаться красотой пейзажа.

而在名词展词位上有以下几种情况：

① 跟любить, ненавидеть一类动词连用的N_4在变成动名词时，连用的不是N_2（比较читать книгу – чтение книги, решать задачу – решение задачи），而是к+N_3：любовь **к сыну**, уважение **к отцу**, презрение **к страху**. 此处共同起作用是词汇和句法两个因素。

② 在名词展词位上的是由动词展词位上的N_3（радоваться удаче, удивиться неожиданному приезду）变成的原因名词短语от+N_2：радость **от удачи**, удивление **от неожиданного приезда**.

③ 跟害怕类动词（бояться зла）和情感评价状态（或关系）类动词（увлекаться пением）的动名词连用的情况比较复杂。如果动名词本身在主语位上，名词展词位保留N_2或N_5：**Боязнь наказания** заставила его промолчать. 或者是实义动词要求的补语位N_5：Он писал о своём **восхищении картинами** голландцев. 但在谓语或描写述谓中的补语位时，动名词要求перед+N_5：Он был **в страхе** /испытывал **страх перед злом**；或者от+N_2：Я **в восхищении** /Я испытываю **восхищение от картин**.

5.2 简单句层面作为补充配置条件的句法因素

Всеволодова（2000：398）指出，在简单句框架内句法因素能决定对模型句的选择、是否具有转换的可能性、对模型句中某个自由或制约句素的选择。最重要的首先是模型句是否灵活，该因素首先与实义切分相关。能否做转换的影响因素是：（1）形式结构中某些成素的搭配特点；（2）某词是否具有句法聚合体中的相应成员。对选择句素产生影响的还有句子所指结构中某些成素的句子成分位置。在简单句层面起作用的补充配置条件有很多，我们重点介绍以下几种情况：

5.2.1 形式结构中某些成素的搭配特点

带восхищаться一类情感动词的句子可构成带描写述谓испытывать，чувствовать，ощущать的句子：Он интересуется физикой /испытывает интерес к физике; Она наслаждалась тишиной /испытывала наслаждение от тишины. 但动词любоваться则不能构成类似转换，以上描写述谓不能与любование搭配，它只能与заниматься搭配，然而заниматься любованием带有"说话者对主体行为的否定评价"，如果原始句中无此意味，则不能替换，如Мы долго любовались прекрасным пейзажем.就不能替换。

5.2.2 词的句法聚合体中某个成员的有无

词的句法聚合体常具个性化，如派生词восхищение，восторг，умиление，возмущение可构成在"述谓对"中表示情感状态的自由句素в+N_6，故动词句可转换成名词述体句：Он восхищается игрой Марадоны → Он **в восхищении** от игры Марадоны; Я восторгался картинами → Я был **в восторге** от картин; Мамы умиляются рисунками детей → Мамы **в умилении** от рисунков детей. 但名词наслаждение，увлечение，интерес，гордость，любование，очарование就不能构成в+N_6形式，如：Я увлекаюсь химией. Мы гордимся школой. 不能说*Я в увлечении от химии; *Мы в гордости от школы. 但当它们表示其他功能时则是正确的，如：**В своём увлечении химией** он забросил все другие предметы. **В своей непомерной гордости** он забыл друзей.

5.2.3 所指结构中某些成素的句子成分位置

在名词原因意义体系中有一种"作为主体之前行为结果的有意识行为"的类型情景，其中一些构成原因名词短语的词（如усилия，старания，труды，заботы）具有主体行为被说话者做出正面评价之义，这些词可以表现为三种名词短语形式：в результате+N_2（в результате усилий），благодаря+N_3（благодаря усилиям）和N_5（усилиями）。在有共同主事和类似общие的定语且主体名词在主语位上时，三种名词短语都可用：**В результате совместных усилий /Благодаря совместным усилиям /Совместными усилиями** студенты и аспиранты организовали при факультете школу юного химика. 而其他主体名词在主语位上时只有两种名词短语可用：**В результате долгих усилий /Благодаря долгим стараниям** Саша организовал школу юного химика. 不能说*Долгими стараниями Саша организовал школу. N_5只有在主语是客体名词时才可用：

Усилиями Саши на факультете появилась **школа** юного химика. **Заботами** девушек-связисток в землянке стояла украшенная **ёлка**（在通讯员姑娘们的操持下土窑里才有了装饰好的圣诞树）。

5.2.4 确定位置的成素所具有的特点

正是补充配置条件能够解释副词скоро和близко在类似Экзамен уже скоро /близко的句子中是如何选择的，这取决于系词的特点，如скоро跟系词будет，будут和情态变异词должен /может быть, должен /мог быть连用；Экзамен **будет /должен быть / должен был быть скоро**. 而близко跟系词的过去时形式连用：Экзамен **был** уже **близко**.（Всеволодова 2000: 399）

5.3 复句层面作为补充配置条件的句法因素

复句层面的补充配置条件主要与连接词手段有关，影响连接词手段选择的补充配置条件主要有：（1）复合句组成部分的排列次序；（2）复合句中连接词部分是否有加确词、扩展词和变异词；（3）连接词部分是否有主观评述成素；（4）被连接部分的形式（结构）特点。Всеволодова（2000: 399）举例分析了这些情况。

5.3.1 复合句组成部分的排列次序由实义切分决定

很多复合句的从句部分都有比较灵活的结构，述位可以是从句：Он ушёл, когда пробило два часа. 也可以是主句：Когда пробило два часа, он ушёл. 但主句和从句的顺序是影响连接词选择的因素，比如原因从句连接词так как放在主位和述位里都可以，但потому что和ибо却不能出现在主位里。在条件连接词если; в случае, если; при условии, если; при условии, что中只有前两个可以出现在主位上，而此时述位必须是结果：**Если /В случае, если** мы будем здесь, мы придём. 不能说*При условии, что мы будем здесь, мы придём. 当述位是条件时，所有连接词都可自由出现在句子的嵌入位上：Мы придём, если /в случае, если /при условии, если /при условии, что будем здесь.（Шувалова 1990: 68）

5.3.2 扩展词、加确词和变异词在复合句构成中的作用

（1）连接词手段中扩展词的有无

1）带"先前行为"意义的从句可使用的连接词有прежде чем; перед тем, как; до того, как: Я пришёл домой **прежде, чем /перед тем, как /до того, как** вернулась Аня. 其中прежде, чем不能带任何扩展词，而加确词непосредственно只能与перед тем, как连用：Я пришёл домой **непосредственно перед тем, как** вернулась Аня. 加确成分**за+N**$_4$（за час, за минуту）只能与до того, как连用：Я пришёл домой буквально **за минуту до того**, как пришла Аня.（Шувалова 1990：49-50）与时间名词短语连用也同样遵循此规律：Я пришёл прежде Ани/ непосредственно перед приходом Ани /за секунду до прихода Ани.

2）否定语气词не在复合句的句首或句中把原因连接词分开的只能是потому что, 不能是так как, поскольку或ибо：Мы не пошли гулять **не потому**, **что** пошёл дождь. 不能说 *Мы не пошли гулять, не так как /не поскольку /не ибо пошёл дождь.

（2）从句连接词部分扩展词的有无

在表示"几个情景同时存在"的复合句中使用的连接词有и, а, а также, а（и）кроме того, а（и）ещё, 并列连接词и和对别连接词а在与кроме того, к тому же, ещё连用时是同义的：Я забыл чемодан, опоздал на поезд, **а /и ещё** мне негде было переночевать. 当没有以上语气词时，连接词а只能跟表示"与整个复合句描写的不一样的另外的时间或空间坐标"的时间或地点状语连用，没有状语或状语在相同坐标里时就只能使用и: Я забыл чемодан, опоздал на поезд, **а /и на автостанции** не смог достать билет на автобус. Всё время звонит телефон **и** стучит（不能*а стучит）машинка → Всё время звонит телефон **и тут же** в комнате（不能*а тут же в комнате）стучит машинка → Без конца звонит телефон, **и /а на соседнем столике** стучит машинка. Зазвонил телефон, **и** заговорило（不能*а заговорило）радио → Зазвонил телефон, **и одновременно**（不能*а одновременно）заговорило радио → Зазвонил телефон, **и /а вскоре** заговорило радио.

5.3.3 作为补充配置条件的主观评述手段

作为补充配置条件的主观评述手段有：（1）句子所指结构成素；（2）连接词手段本身。

（1）句子结构中主观评述手段的出现迫使在相同语义时选择不同的连接词，如：

1）并列连接词и：Все меня хвалили. **И** Саша предложил выдвинуть мою работу на конкурс. Мы в Сумах были 2 дня. **И** в Киеве задержались с понедельника по среду. 当主观评述成素только, лишь出现时迫使连接词и变成но：Все меня хвалили, **но только** Саша предложил выдвинуть мою работу на конкурс. Мы в Сумах были 2 дня, **но только** в Киеве задержались с понедельника по среду.

2）对别连接词а, но：Все меня хвалили, **а** Саша ругал. Мы в Сумах были 2 дня, **а** в Киеве задержались почти неделю. 或者Мы в Сумах и Львове были по 2 дня, **а /но** в Киеве задерживаться не стали. 当主观评述成素только, лишь出现时迫使连接词а /но变成и：Все меня хвалили, **и только** Саша ругал. Мы везде были по 2 дня, **и только** в Киеве задерживаться не стали.

（2）主观评述成素可能对连接词或连接词手段加以限制或扩展成同义系列，如：

1）主观评述成素能限制连接词的选择，如基本同义的让步连接词хотя和несмотря на то, что在没有扩展词时，二者可互换：**Хотя /несмотря на то, что** шёл дождь, мы пошли гулять. 一旦出现语气词даже，则只能选несмотря на то, что：**Даже несмотря на то, что** шёл дождь, мы пошли гулять. 不能说*Даже хотя шёл дождь...（Шувалова 1990: 44）. 又如同义原因连接词потому что, так как, ибо出现扩展词уже, хотя бы时，只能选потому что：Мы не пошли гулять **уже потому /хотя бы потому, что** начался дождь. 不能说*Мы не пошли гулять уже так /хотя бы так, как начался дождь. 当出现可信性手段возможно /наверное /конечно时也是一样：Они не пошли гулять **возможно /наверное /конечно потому, что** начался дождь. 不能说*Мы не пошли гулять, возможно /наверное /конечно, так как /ибо начался дождь.（Шувалова 1990: 76-77）

2）主观评述成素能解除条件连接词使用的禁忌，比如不能与表示不受控制情景从句连用的条件连接词при условии, если和при условии, что在出现主观评述成素только，且将要发生的情景具有不受任何意志力控制的特点时则可用：Вася пойдёт гулять **только при условии, что** не будет дождя. Вася пойдёт гулять **только при условии, если** у него не поднимется температура.

5.3.4 复合句组成部分的形式特点

这个因素出现的情况比较复杂，只列举以下两种情况：

（1）从句形式结构的特点能限制连接词的选择，比如：

1）если和когда在表示"有规律重复的条件关系"时是同义的：**Если /Когда** студент регулярно выполняет задания, ему ставят зачёт автоматически. **Если /Когда** выполняешь регулярно задания, ставят зачёт автоматически. 但如果从句是不定式短语时，则只能使用если：**Если** регулярно **выполнять** задания, зачёт ставят автоматически. 不能说*Когда регулярно выполнять задания, зачёт ставят автоматически.

2）重复连接词и..., и...; ни..., ни... 能通过主观评述"强调指出所反映情景的共存"使"共存情景"的基本语义复杂化。连接词и..., и...普遍可用：Работы было много: **и** стирали, **и** убирались, **и** обед готовили. 而ни..., ни...只用于否定：Работы было много: и поэтому (**и**) **ни** постирали, (**и**) **ни** убрались, (**и**) **ни** обед не приготовили.

连接词 ни..., ни... 不能用于以下情况：

- 即使情景中没有用语言表达的主体也不可用：Ошиблись с прогнозом. **И не похолодало**, **и дождя** не было. 不能说*Ни не похолодало, ни дождя не было. 但可说：**Ни дождя** не было, **ни температура** не поднималась.
- 即使复合句的一个部分中的否定不是由动词表示也不可用：**И** небо не голубое, **и** солнышко не светит, **и** птички не поют. 不能说*Ни небо не голубое, ни солнышко не светит.
- 即使一个情景中的成素没有一致定语也不可用，比较：**Ни** газету не посмотрел, **ни** радио не послушал, **ни** книгу не почитал. **И свежую** газету не посмотрел, и радио не послушал, **и новую** книгу не почитал. 不能说*Ни свежую газету не посмотрел, ни радио не послушал, ни новую книгу не почитал.（Шувалова 1990: 34-35）

（2）复合句组成部分的形式特点由连接词是否必须重复决定，比如在两个用相同的句法结构表示两个发生情景时，条件关系连接词既可使用一次：Мы пойдём в зоопарк, **если** ты за 5 минут оденешься **и потом** быстро позавтракаешь /**если** через 5 минут ты будешь одет **и потом** будет быстро съеден завтрак. 也可使用两次：Мы пойдём в зоопарк, **если** ты за 5 минут оденешься **и если потом** быстро позавтракаешь /**если** через 5 минут ты будешь одет **и если потом** будет быстро съеден завтрак. 如果复合句的句法结构不同，比如一个主动结构和一个被动结构，那么连接词就必须重复：Мы пойдём в зоопарк, **если** ты за 5 минут оденешься **и если потом** будет быстро съеден завтрак.（Шувалова 1990: 68）

以上我们比较详细地列举了补充配置条件的词汇、词法和句法因素，语用因素将在交际机制中阐述。

综上可见，俄语中有一些极细微的差别和选择搭配限制，尤其是各种补充配置条件几乎无所不在，无所不包。教师只有掌握了俄语的各种限制和禁忌规则，才能有理有据地解释学生的错误，更重要的是要事先就能防范某些错误的发生，这是学习外语的一个重要突破口，也是比较难掌握的语言技能，要求教师必须有更加敏锐的外语语感和扎实的语言知识。总之，掌握各种补充配置条件恰恰是俄语教师和学生都应该不断努力的方向。

第33章

交际机制

语言的主要功能是传达信息，即进行交际。语言的交际机制通过对原始句子的转换可以优化作者的交际意图。句子的线性语调结构和句法转换的集合构成同义变体系列，或称句子的交际聚合体，由两类变换句式构成：

（1）跟实义切分变化有关的变换句式，即实义切分聚合体；

（2）与模型句及其成素的句子成分位置变化有关的变换句式，即解释（或转换）聚合体。

与此相应的，交际机制也分为这两类：

（1）实义切分机制，其主要手段是能够改变句子线性语调结构并与词序相互作用的语调；

（2）解释机制，其主要手段是句法转换，即句子形式结构的改变。

§1 句子的交际聚合体概述

句子的交际聚合体指反映共同情景的句子集合，其中每个句子都用来解决一定的交际任务。（Всеволодова, Дементьева 1997: 58）交际聚合体包括实义切分聚合体和解释（转换）聚合体，其中实义切分聚合体是句子的线性语调的组合和转换形成的系列同义变体的集合，跟述谓化范畴紧密相关，运用句子的语调形成机制，其主要手段是能够改变句子线性语调结构并与词序相互作用的语调。

每个实义切分变异都完成具体的交际任务，具体词序的选择在大多数情况下（除了述位被移至句首位置）是由上下文情景和对话语篇的交际预期决定的。述位的移动通常是表情变异的特点，也就是带有主观特征并隐性表达某些主观评述涵义（不同意、否定等）。

实义切分聚合体在词形的句子成分位置不发生变化的情况下，首先是模型句内部发生一系列变化，但也有些情况是词序变化引起了形式结构或模型句类型意义的变化，这一现象最初被Арутюнова（1976）发现，比较：В Крыму - жаркое лето → Лето в Крыму жаркое. На столе - 3 книги → Книг на столе - 3. В лесу медведь → Медведь в лесу. 可见，模型句的言语体现对词序和语调有一定的要求，在很多情况下句子具体的主—述位结构与句子的类型意义和形式结构都有密切的联系，如В Москве - хорошая погода. 是状态述体句，而Погода в Москве - хорошая. 则是特征述体句。拥有相同所指结构的句子在不同的实义切分下，有时会拥有不同的类型意义。一些模型句通常会体现出两种或三种交际变体，这种特性经常反映在表示特征的模型句中。

在实义切分聚合体中句子的大多数词形都有变换顺序的极大可能，但是绝对自由的词序变化是不可能的，每种变异都有自己的限制和禁忌，比如对述位的非表情移动（неэмфатический вынос ремы）可发生在述位带有数量或质量评价时：Иван прыгает высоко → Высоко¹ прыгает Иван! 而Мама готовит обед.中的述位移动只能发生在回答问题Что мама готовит?时，- Обе¹д мама готовит. 又如一些语气词不能出现在绝对句末，要在其上有突出的重音来强调：В нашей хижине жила **не только** оса. 不是所有名词格形式在所有模型句中都能移至话题位置，在带有性质评价模型句中N_4可移至话题位：Кни³гу я купил интере¹сную. 而在类似内容的句中с+N_5则不能移至话题位：Я познакомился с интересным человеком.

对于俄语句子来说，主—述位型的客观实义切分词序比句子的正词序要重要得多，倒装词序在证同句、存在句及其他俄语句子中是成体系的：Интересную книгу написал Иванов. Страну спасет рынок. В лесу живёт медведь.

解释（转换）聚合体是由所指结构和带有一定类型意义的原始模型句的形式结构决定的一系列同义变体的典型成员，其主要手段是句法转换，即句子形式结构的改变，比如：

（1）带物理行为动词名称（如果是及物动词）和受事名词的句子可以转换成带描写述谓的句子：Отец **красит** забор → Отец **занимается покраской** забора. Археологи **раскапывают** курган → Археологи **ведут раскопку** кургана. Аня **убирает** офис → Аня **производит уборку** офиса.

（2）有直接补语及其相应动词的句子可以构成逆向转换：Отец **покрасил** забор → Отцом **покрашен** забор. Археологи **раскапывают** курган → Археологами **раскапывается** курган. 带描写述谓的转换句也可构成逆向转换：Археологи **ведут раскопку** кургана → Археологами **ведётся раскопка** кургана. Аня **производит уборку** офиса → Аней **производится уборка** офиса.

（3）表示智能创造活动的句子除了动词句外，还可构成以下双主格句：

1）带关系标记词：Шекспир написал «Гамлета» и «Короля Лира» → Шекспир -

автор «Гамлета» и «Короля Лира». Моцарт написал «Волшебную флейту» → Моцарт - **автор** «Волшебной флейты». Королёв создал ряд космических аппаратов → Королёв - **создатель** ряда космических аппаратов. Попов изобрёл радио → Попов - **изобретатель** радио.

2）不带关系标记词：Шекспир - это «Гамлет» и «Король Лир». Моцарт - это «Волшебная флейта». Королёв - это целый ряд космических аппаратов. Попов - это радио.

然而，带物理行为动词名称的句子无法构成类似的模型句：*Отец - это забор. *Мать - это обед. 但这个"禁忌"可以通过添加受事的评价特征来打破：Отец - это **мастерски покрашенные** заборы = прекрасно красит заборы. Мать - это всегда **вовремя приготовленный вкусный** обед. 但该类句子的交际预期已发生了变化。

3）带相同动词和表示价值评判的副词，但无受事的句子可自由转换成双主格句：Маша хорошо учится → Маша - хорошая ученица. Он плохо работает → Он плохой работник. Оля готовит неважно → Оля - неважная стряпуха. Иван прекрасно прыгает → Иван - прекрасный прыгун.

4）带性质评价副词的模型句无法构成上面的转换，但可自由转换成下面的模型句：

① 带"主体及其不可分割的特征"类型意义的模型句：Оля бегло читает → У Оли беглое чтение. Иван прыгает высоко и красиво → У Ивана высокий и красивый прыжок.

② 不带关系标记词的双主格句：Оля - это беглое чтение. Иван - это высокие и красивые прыжки. Иван - это высота и красота прыжков.

句子的每个具体转换都由一系列因素决定，其中大部分因素目前并不详知，确知的有以下几个：

（1）句中词形的数量。数量越多转换的可能性越大，比如：

1）带副词бегло，красиво，мелодично以及程度度量状语очень，весьма的句子可构成语义主体角色是特征名词的转换句：Оля читает убедительно **бегло** → **Беглость** чтения у Оли удивительная. Иван бежит очень **быстро** → **Скорость** бега у Ивана высокая.

2）带概括方位短语的句子可转换为带方位名词占据语义主体的双主格句：Девушки **на Кубе** танцуют удивительно темпераментно → **Куба** - это удивительно темпераментные танцы девушек /удивительно темпераментные в танцах девушки. Женщины **в нашем селе** поют очень задушевно → **Наше село** - это очень задушевное пение /задушевные песни женщин.

（2）构词形式的存在与否及其在该模型句中使用的可能性。如动词увлекаться 的构词形式形成的各种转换句有：Я **увлекаюсь** чтением → Меня **увлекает** чтение → Я сильно **увлечён** чтением → Моим **увлечением** было чтение → Чтение **увлекательно** и полезно等。又如上面关于Королёв和Попов的句子可以转换成带行为名词作谓语的双主格句：Королёв - это **создание** целого ряда космических аппаратов. Попов - это **изобретение** радио. 但不是所有句子都能做类似转换，如*Шекспир - это **сочинение** /**написание** «Гамлета». 就不正常，但当类似词组移至主位上并有持续时间状语出现时句子又是正常的：**Написание «Пиковой дамы»** заняло у Чайковского **сорок дней**. 当把句子В России много национальностей.中的много换成несколько десятков时，就不能做 Россия многонациональна.或Число национальностей в России велико.这样的转换，但带有关系标记词和类别词的转换却是可以的：**Число / количество** национальностей в России **достигает нескольких десятков / составляет несколько десятков**.

（3）句中词形的具体词序决定着转换的构成，位于主位焦点上的词形起着非常特殊的作用。在很多情况下不能随便把某个词形放在句子首位，就像语法中二格依附名词不能放在句首一样：*Пушкина я восхищаюсь стихами. 或者在教科书及学术论文体裁中不能强烈地突出话题：Получа⁶ют кислород методом гидролиза воды. 因此必须选择带该词其他形式的其他模型句：**Пушкин** восхищает меня своими стихами. **Получение** кислорода осуществляется методом гидролиза воды.

§2　实义切分机制及其聚合体

2.1　实义切分变异的主要类型

跟形式结构一样，线性语调结构（实义切分）也会发生一系列变化。交际聚合体的基础、同义变体系列的原始成员是带中性正常词序（主—谓—补）或倒装词序（补—谓—主）的模型句。即使是原始模型句也可根据组成具体语句词形的数量和特性产生变异，表现在其实义切分和形式结构成素的各种不同的相互对应中，即词序和语调在相互作用下形成各种变异，它们能够改变句子的线性语调结构。

实义切分变异的实质是句中词形的主位化（тематизация，即移至主位）和述位化（рематизация，即移至述位），同时使用或者只使用语调（语义或加强表现力）强调突出主位或述位。虽然实义切分变异数量庞大（Янко 1999），但Всеволодова（2000: 403）认为，主要有以下两种类型：

（1）在原始句的整个成素名称中移动词形并改变语调走势：1）Дебюта³нту вручили //золотую меда¹ль → 2）Золотую меда³ль вручили //дебюта¹нту → 3）Вручи⁶ли золотую медаль //дебюта¹нту → 4）Меда³ль дебютанту вручили //золоту¹ю.

（2）把在交际关系中对受话者来说最重要的词形提取出来并放在句重音是升调或降调的位置上，以此作为述谓语段的标记：Золотую меда³ль - дебютан¹ту. Дебюта³нту - золотую меда¹ль. 这类模型句通常是带零主体或零述体的句子，这种现象被称为引入切分焦点。

在正常的客观词序下主位和不可切分的述位之间用语段切分（用符号//表示），此时的述位是包括带主要句重音的词群，而主位是带次要句重音和升调的词群，调号标在句重音上，如：В Росси³и //живёт много национа¹льностей.

2.2 实义切分本身的五种变异

实义切分变异构成的同义变体系列包括五种线性语调结构的变化。

2.2.1 带中性词序句子的实义切分变异

（1）带中性词序时实义切分成素的词序是客观的主位—述位词序，且形式结构是正词序：主—谓—补，首先的词序是主语—谓语，当有其他词形出现时就扩大了主—谓词序实义切分的可能性，有可能将述位焦点移至句中。有时句子不可切分，即单语段；有时可带语段切分，即双语段。

1）单语段句子，此类句中不用语调突出主位焦点，而述位焦点在绝对句末：Нина гордится своими длинными нога¹ми. Они наслаждались этой прекрасной жи¹знью（Макаренко）. 述位焦点还可在动词上，此时没有语义凸显（长）：Нина горди¹тся своими длинными ногами. Они наслажда¹лись этой прекрасной жизнью. 这些属于语调同义句。不能把述位放在起原因作用的定语上：*Нина гордится своими дли¹нными ногами. Они наслаждались этой прекра¹сной жизнью. 当述位移至主语位上时会引起实义切分成素变成主观词序，且经常需要用加强语调（调型2）：Ни²на гордится своими длинными ногами（= а не Анна）. Они² наслаждались этой прекрасной жизнью（= а не мы）. 调1保留在对问题Кто гордится своими ногами?

Кто наслаждался жизнью? 的回答时：Своими ногами гордится Ни¹на. Жизнью наслаждались они¹.

2）双语段句子，可能有以下几种情况：

① 主位焦点是主语，述位焦点是不可切分的谓—补组合（是一个语段）：Она³ //гордилась своей маши¹нкой. Они³ //наслаждались этой прекрасной жи¹знью. Я, наверняка³, //упивался вашими перево¹дами（Симонов）. 实义切分和形式结构的对应关系可用以下公式呈现：主位/主语//述位/谓语—（定语）—补语（下面形式标志都作类似 "主//谓—（定）—补" 这样的简写），在主位和述位上都有可能出现非切分成素：Пре³жде Нехлюдов //（…）любовался сами¹м собой（Л. Толстой）.其形式标志是：状—主//谓—补，也可以是：主//状—谓—补：Нехлю³дов //прежде（…）любовался сами¹м собой.

② 主位焦点是状语（地点、时间、特征状语），述位焦点是主—谓—补组合：В ювелирном ряду³ //мы любовались работой золотых дел ма¹стера. Не ме³ньше //мы гордились своими роди¹телями. 其形式标志是：状//主—谓—补。

③ 主位焦点是主—谓—补组合，述位焦点是状语：Мы любовались работой золотых дел ма³стера //в ювели¹рном ряду и прекрасными вы³шивками //в золотошве¹йном. Мы гордились своими роди³телями //не ме¹ньше. 其形式标志是：主—谓—补//状。

（2）当实义切分成素是正词序和主观词序时，有以下几种情况：

1）主位是主语，述位是状—谓—补组合，且在述位焦点上的是移至谓语前的带加强重音的状语，有两种情况：

① 没有其他补充成素的句子：Горцев не умел скрывать свои чувства. О³н //откры²то упивался своим горем, своей тоской（Солнцев）. 其形式标志是：主//状—谓—补。

② 带主观评述切分成素的句子：Что у тебя за сын работает? Что ты его в жизнь не выпускаешь? Он у тебя³ //только из окна² на купола любуется （Тарасенкова）. 其形式标志是：主//主观评述—状—谓—补。

2）主位是主语，述位是其他所有成素，在述位焦点上的是очень, слишком一类的强化词，它们不适合位于句末和谓语前且带有加强语调的句重音：Должно быть, это было красивое зрелище, но я³с //промокал от росы⁶ //и не о¹сʼчень им любовался（Паустовский）.

Я думала тогда, что моя фронтовая биография закончена, и, честно говоря, в такой моме³нт //не сли¹ᶜшком этим огорчилась (Дронина). 其形式标志是：主//强化词—补—谓。

在疑问句中实义切分成素的主观词序是成体系的，述位常在以下句子中被移至句首：

1）带疑问词的疑问句中述位—主位的词序是本性所固有的：**Чем** ты возмущаешься? **Кем** она так восхищалась?

2）在有间接问题的复合句中必须更换以下成素：

① 把述位换成由疑问词表达的补语：Главное, никак нельзя было понять, **чем** ему теперь было передо мной гордиться? (Вересаев) Хотела бы я узнать, **кем** это он так восхищался?

② 把述位换成动词，且没有疑问词：Я не мог понять, восторгается она моими родителями или в чём-то их **упрекает** (Алексин). Он интересовался, **огорчился** ли ты его отказом.

这两种情况中的述位有条件地更换位置还需要相应的补充配置条件，详见下文。

2.2.2 主位—述位置换

主位—述位置换就是根据上下文的要求把主语放到句末的述位上，此时主位上可以是：

（1）补语：Горьковскими **расска³зами** и горьковской **биогра⁶фией** // увлекались и ста¹рые и малыши¹ (Макаренко). 其形式标志是：主位/补语//述位/谓—主；

（2）补语和动词：Моим личным мнением имеет право **интересова³ться** // только нача¹льник (Алексеев). 其形式标志除同上外，还可是：主位/补语—谓语//述位/（主观评述词）主语。

主位—述位置换不总是自由的，限制这种置换的因素可能是语义和形式两种：

（1）语义因素，在形式上改变词序而语法上保留原型时，语句的整个语义可能发生改变，比如在下类句子中这种改变很常见：

1）一些存在句和方位述体句中：На фотографии – бабочка = Фото изображает бабочку（照片拍的是蝴蝶）. → Бабочка на фотографии = сидит（蝴蝶落在照片上）.

2）带均分或合并意义的句中：Каждый водитель соблюдает некоторые правила = у каждого свои（每个司机都有自己的规则）. → Некоторые правила соблюдает каждый водитель = у всех одни определённые правила（所有司机都遵守一些同样的规则）. На трёх матчах побывало 10 тысяч человек = в сумме（看了三场比赛的总人数是

一万）. → 10 тысяч человек побывало на трёх матчах = посетили все три матча（一万人看了所有三场比赛）.

3）带证同意义的双主格句中：Мой брат – учитель = Профессия моего брата – учитель（我哥哥的职业是教师）. → Учитель – мой брат = Этот учитель – мой родственник（这位教师是我亲戚）.

（2）形式因素，跟句子结构有关，有两种类型的结构：灵活类和不灵活类。结构灵活的句子允许改变信息中心，也就是保留客观主位—述位，但改变句子成分的次序。

1）结构灵活的句子可以是正词序（主—谓—补）和倒词序（补—谓—主）的原始模型句，比较下列句子：

① 带正词序和主位—述位客观词序的句子：Наши сосе³ди // заинтересовались этой соба¹кой. → 变成倒词序（补—谓—主）但依然是主位—述位客观词序的句子：Этой соба³кой // заинтересовались наши сосе¹ди.

② 主位—述位客观词序下的倒词序原始句：Сосе³дей // заинтересовала эта соба¹ка. 变成正词序 → Эта соба³ка заинтересовала сосе¹дей.

结构灵活的句子主要有以下类型：

а）不带补语的动词句：Взошло солнце → Солнце взошло. Подошёл автобус → Автобус подошёл. Отец вернулся с работы → Вернулся с работы отец.

б）带补语的动词句：Завод //делает покупки → Покупки //делает завод. Казаки // будут взимать налоги → Налоги будут взимать //казаки. Право женщин // надёжно охраняет племенное собрание → Племенное собрание //надёжно охраняет право женщин.

в）带系词和关系说明词的双主格句，主位通常是N_5：Ещё недавно **хозя³евами** этой старой мельницы //были мальчи¹шки. **Стра³стью** Козлова были **географические** ка¹рты. Единственным **увлече³нием** Гоголя //был теа¹тр. Нашей **це³лью** //сейчас является ана¹лиз причин неудачи. 这类句子很容易恢复成主—谓正词序：Географические ка³рты были стра¹стью Козлова.

г）很多存在句和方位述体句：На столе стоят цветы → Цветы стоят на столе. Под крылом – вся планета → Вся планета под крылом.

д）很多状态模型句：У Оли – корь → Корь у Оли. У Ани болит голова → Голова болит у Ани. С водой здесь плохо → Здесь плохо с водой. Только чемпион – без поражений → Без поражений – только чемпион.

е）很多带零动词和名词间接格的句子：Самолётом – в отпуск → В отпуск – самолётом. Нашу заботу – детям → Детям – нашу заботу.

2）结构不灵活的句子不允许主位—述位置换，固定性可能是形式上的，也可能是随机的。

① 形式上结构固定的是带"主体及其分类特征"类型意义的名词二项式模型句（不带关系说明词）：Волк – хищник. Вода – сложное вещество. Томск – город в Сибири. 不能反着说*Хищник – волк. *Сложное вещество – вода. *Город в Сибири – Томск.

② 随机性结构固定的句子指其中不同的句子成分是同形异质的 N_1 和 N_4：Гемоглобин содержит железо. Старик порождает ложь. Мать любит дочь. 通常不能反着说*Железо содержит гемоглобин. *Ложь порождает старик. 而 Дочь любит мать. 可说，但意思变成了"女儿爱母亲"。这里起作用的是语用因素，即尽量不要使句子产生歧义。

2.2.3 述位移至句首位置

述位移至句首位置与主位—述位置换的不同在于，述位移至句首并没有变成主位，还是述位，这是一种辩论手段，极度切分的述位常使句子富有表现力。述位前移形式上伴随的是重读升调重音和语段切分的消失。（Падучева 1985: 119）前移述位要用主要句重音来读，这可能是为加强语气，也可能不是加强语气，只是语义上有所不同。

（1）加强语气的前移述位用调7读能使句子富有表现力，比较：Книга – **на столе**^{2}（а не в шкафу）. → Да, **на столе**^{7} книга, вот же она! 此时词形 **на столе** 依然保留谓语句法位。此类语句中常有前文已提到的类似成分。

（2）在前移述位不是加强语气的句中，如果由几个词构成一个音位，则需要用突出语调来读，这种语义上被移动的述位常在以下句型中遇到：

1）很多句法成语，包括用隐性手段表达否定意义的表情语句，其中否定通过以下几种形式表达：

① 通过肯定表示否定，即形式上对事实的肯定（用调2或调7读）表达的是强烈的否定，此处用动词的过去时还是将来时无关紧要：**Дал**$^{2/7}$ /**Даст**$^{2/7}$ он тебе книгу, **жди**$^{2/7}$! (= Он книгу, конечно, не даст.) **Приехал**$^{2/7}$ /**Приедет**$^{2/7}$ он, как же! (= Ни за что он не приедет /Конечно, он не приехал.) 外国学生可能会把该类句子理解为肯定意义。

② 通过否定表示肯定，即在回答话轮中否定现实事件的同时肯定非现实事件（用调2读）: – Почему ты такой мокрый? Под дождь попал? – Нет! В комнате под ду²ш встал!（= Конечно，я попал под дождь.）

③ 带疑问代词的问句（用调7读）：Како⁷й сон? У меня работы по горло!（= не могу лечь спать）Кого⁷ ты спрашиваешь? Он же не в курсе дел!（= не надо его спрашивать: он не знает）Куда⁷ вы собрались? Музей на ремонте（Брызгунова 1980）.（= бесполезно идти в музей: он закрыт.）

很多句法成语中常带有类似的前移述位：**Я** ли её не любила! = Её **любила** я，а она так поступила! **Куда /Где** ему успеть! = не успеет.（Гр-80 Т II: 217）

2）述位是数量或质量评价的句子，包括以下几种句型：

① 形容词评价句：– Как тебе понравился Суздаль? – **Краси²вый** город! – Что скажешь о его новой работе? – **Хоро²ший** фильм! 这种模型句具有体系性，但也不排除正词序的句子：Город краси¹вый! Фильм хоро¹ший!

② 任何一个带有表示多、好、大等意义的代词как，сколько，какой的模型句，主要有以下两种句型：

● 感叹句：**Ка²к** он поёт! **Ско²лько** он сделал! **Како²й** это мастер! 此类句子原则上也可用调5来读：**Ка⁵к** он поёт! **Ско⁵лько** он сделал! **Како⁵й** он мастер! 比较：Он прекрасно поёт! Он много сделал! Это замечательный мастер!

● 复合句的说明从句部分：Все знают，**ка²к** он поёт!（= прекрасно）. Ты не представляешь，**ско²лько** он сделал!（= очень много）. 当实义切分的述位在从句动词上，只回答直接问题时，没有评价意义，比较：Все знают，//как он **поё¹т**! Мне **изве³стно**，//сколько он сделал, не так уж и **мно¹го**. 或者述位在主句动词上时，也没有评价意义：Все **зна¹ют**，как он поёт! Мне **изве¹стно**，сколько он сделал.

③ 从别的形式结构中移出评价述位的句子，属于辩论手段，必须有突出语调并对前移述位进行补充切分，比较：На маленьком участке собрано более сотни сортов роз. 和 Более сотни сортов **ро²з** собрано на маленьком участке! 或者加强语气的句子：Более **со²тни**, а не пять, как вы сказали, сортов роз собрано на маленьком участке.

3）有数量或质量评价（也可能是主观评述）出现时，前移词形的句子成分级无关紧要，如上句中的主语розы，或者补语：Байкал может вмести³ть всю воду Балтийского **мо¹ря** → Всю воду Балтийского **мо²/⁷ря** может вместить Байкал. Самые любимые **кни²/⁷ги** отдала Оля Наташе. 状语：Он не носит пальто³ даже в самые сильные моро¹зы → В самые сильные моро²ᐟ⁷зы он не носит пальто. В самых отдалённых места²ᐟ⁷х вы услышите песни Высоцкого（=主观评述：Песни Высоцкого очень популярны）.

4）当有两个述位时，可前移带评价意义的那个述位：Мы обсуди³ли //самый трудный вопро¹с - вопрос об отношениях в кла¹ссе → Самый трудный вопро¹ᶜᐟ²с мы обсудили - вопрос об отношениях в кла¹ссе. 而没有评价意义的述位вопрос об отношениях в классе不带加强语气时不能前移。

在述位移至句首时会发生主—谓变谓—主或者相反的逆向转换，但这不是主位—述位置换，比如上面关于贝加尔湖那句。又如：Юра работал тогда на самом ответственном уча¹стке → На самом отве¹ᶜᐟ²тственном участке работал тогда Юра. На собрании выступило больше 10 челове¹к → Больше 10 челове²ᐟ⁷к выступило на собрании.

述位虽移至句首但并不改变句子的形式结构，如Книга - на столе¹. 和На столе²ᐟ⁷ книга.属于同一句法类型的方位述体句，与存在句На столе³ - кни¹га.不同。

2.2.4 语段内句重音的置换

在述位或主位语段中移动句重音是出于不同的目的，并伴有不同的语言现象随之发生。

（1）述位焦点词形的变换，即述位化

在正词序时谓—补组合述位读成一个音位，此时基本不可能突出述位焦点。如果把语调中心用调2移至谓语或补语上时就会造成加强语气的效果，即逻辑切分，通常只有在对立时才会出现：Он //восхища²ется стихами Пушкина, а не ругает их. Он //восхищается стиха²ми Пушкина, а к прозе равнодушен. Он //восхищается стихами Пу²шкина, а не Блока.

补语或谓语述位化时，带支配成分的谓—补词组会发生补—谓的逆向转换，这会导致词组分开读，且述位焦点中心发生移动，但并无语气加强，主要有两种情况：

1）述位焦点是谓语，主位和述位中都可有补语成素，此时补语可留在述位语段，切分标志是"主//补—谓"：И только Валенти³н //по-прежнему мною не восторга¹лся. А я так хотел этого（Алексин）. Ромашов не был женат, и никто не помнил, чтобы о³н //кем-нибудь увлёкся（Словин）. 也可移至主位语段，形式标志是"主—补//谓"：Там были автографы Пушкина и Лермонтова. Оте³ц ими //очень горди¹лся（Фридкин）. 在没有客体的情态变异句中述位也可有同样的语段切分，比较：Де³ти //ждать не мо¹гут. Де³ти ждать //не мо¹гут.

2）述位焦点是不能出现在绝对句末的补语，需用突出语调重读，切分标志是

"主//补—谓"：У нас любят // нача$^{1c/2}$льством огорчаться（Гранин）. Вы // Пи$^{1c/2}$саревым, конечно, увлекаетесь?（Вересаев）

（2）主位焦点词形的变换

述位焦点发生变化时常发生语段切分符号（//）右移，迫使补语被挤入主位语段，句子的词序变成"主—补//谓"，此时主位中每个词形都可出现个性化切分，如：

1）主位焦点是需重读的主语：**Ка^{3}тя** им // **увлекла^{1}сь** одно время, а потом и **сама^3** его **позабы^{1}ла**（Чайковская）. В последнее время Ляля приходила к ним не совсем бескорыстно: у них бывал Генрих. **Она^3** им // **восхища^{1}лась**...（Чайковская）. Падучева（1985: 120）认为，这样的焦点定位是为了吸引听话者从一个主体转向另一个主体（Генрих是对比主位）。

2）主位焦点是补语：Ты своими **детьми^3**//можешь только **горди^{1}ться**. Никогда Коля **отцо^{3}м** // не **интересова^{1}лся**, не задавал никаких вопросов（Котовидинова）.

此处进行实义切分的不是主体（主语）—述体（谓语）对，而是客体（补语）和述体（谓语）对。

2.2.5 二次述谓化和主题化

述谓化的形式表达手段是把情景划分成被述谓化成素和述谓化成素的语调。主要有以下两类述谓化：

（1）初始述谓化（Лекант称之为主要述谓化），即主体名词及其述体特征的直接伴随关系，不依赖其形式表达手段，如：Девочка весёлая. Девочке весело. Мы утром уезжаем. Нам утром уезжать. У мамы грипп. С ней истерика. 也可以是相反的词序：Грипп – у мамы. Ехать завтра нам. Весёлая у нас мама.

（2）二次述谓化，指伴随述谓化的词形在原始模型句中没有述谓伴随关系，但形式上却保留了最初的联系，比较：1）Девочка //прекрасно танцует.中初始述谓化伴随关系是主语девочка和谓语群прекрасно танцует，其类型意义是"主体及其所发出行为的特征"；2）**Танцу^{6}ет** девочка //**прекра^{1}сно**.中二次切分的是танцует和прекрасно，被述位化成素需用强升调来读。

二次述谓化关系可能发生在一个句法形式的两个词形之间，如在动词未完成体将来时的两个词形之间或否定和动词之间：**Жи^{6}ть** вы //**бу^{1}дете**, **ходи^{6}ть** // - **не^{1}т**! ← Вы будете жить, но не будете ходить. 还可能是动词与变异词之间：**Спа^{6}ть** я // не **хочу^1**.

主题化的基本条件是两个有联系的词形在广义上的"被限定"和"限定"关系，其中一个被放在句首（主位焦点），另一个被放在句末（述位焦点），它们之间的其他所有成素都插在其间。这种操作的实质是引起述谓伴随成素的变换。

移至主位焦点上用调6重读的词形叫做"主题"（топик），它能自动引起述位的重读，且常在述位附近改变语段切分。有时主题会被移出形式结构之外，变成N_1放在整个句子之前，被称为一格主位，无须重读。受句子形式结构的影响，主题分为两种类型：

（1）词形不发生改变的主题化，在述位可切分时，能发生主题化的是谓语和补语，包括：

1）主题是动词谓语，述位上可以是补语，这是在没有其他补充成素时最常见的情况，切分标志是"谓—主//补"：Я безумец. Увлё^{6}кся я // несбыточной мечто^{1}й（А.Толстой）. 述位上也可以是状语或强化标志词，具体为：

① 特征状语：Поё$^{4/6}$т она // замеча^{1}тельно. Возмуща$^{4/6}$лись этим все // совершенно откры^{1}то.

② 时间状语：Прие$^{4/6}$дет отец // за^{1}втра. Бы$^{4/6}$ли мы там // ле^{1}том.

③ 地点状语：Живё$^{4/6}$т он // в селе^{1}. Рабо$^{4/6}$тал он тогда // на заво^{1}де.

此时主语和补语都可进入主位语段，切分标志是"谓—主—补//状"：Интересова$^{4/6}$лся он судьбой Алехина // и во время его учё^{1}бы.

2）主题是形容词谓语时，可出现在以下模型句中：

① 模型句S_1 Cop Adj$_f$，述位上的述体伙伴可能是状语：Непоня$^{4/6}$тным многое стало //лишь тепе^{1}рь. ← Многое стало непонятным лишь теперь. 也可能是系词和变异词：Краси$^{4/6}$вой она //никогда не была^{1}. О$^{4/6}$чень точным наш прогноз // быть не мо^{1}жет.

② 带у方位标志词的模型句（如У него новый мяч. У неё красивые глаза.）中修饰主语的定语被主题化后确定了"被述谓化的特征及其载体"的关系：Но$^{4/6}$вый у него // мя^{1}ч. Краси$^{4/6}$вые у неё //глаза^{1}. 但此处形式上的定语转移到了谓语位上：Мяч у него - новый. Глаза у неё - красивые.

③ 带程度度量状语的模型句：Тала$^{4/7}$нтлив он удиви^{1}тельно. ← Он удивительно талантлив. Хороша$^{4/7}$ она необыкнове^{1}нно!

3）主题是一格或五格述体时，有以下几种情况：

① 在模型句S_1 Cop N_5的否定变异句中主题是作谓语的N_5，述位上的述体伙伴可能是系动词：Специали$^{4/6}$стом в этом вопросе он // никогда не^{1} был. Руководи$^{4/6}$телем группы он // сейчас уже не явля^{1}ется. 或变异标志动词：Несомненно шагом наза$^{4/6}$д это постановление не назовё^{1}шь（信源说明动词）. Но и шагом впере$^{4/6}$д его назвать нельзя^{1}（情态变异词）. Триу$^{4/6}$мфом его речь не ста^{1}ла. Врачо$^{4/6}$м я не сде^{1}лался.（阶段动词）

② 主题是名词谓语，述位上的是系词和一致定语，比较：Я // плохой повар. 和 **По⁴/⁶вар** я // **плохо¹й**. **Врачо⁴/⁶м** он // был **отли¹чным**. **Жена⁴/⁶**, мне кажется, я // **обыкнове¹нная**. 如果把主语（я, он）变成补语（из меня, из него）时，无动词结构带有否定评价，且位置变成"主—补—谓"：**По⁴/⁶вар** из меня **плохо¹й**. 有动词时评价特点变得不重要：Повар из меня получился плохой. Врач из него получился отличный.

4）主题是主语群的成素，即数名词组中的二格名词，比较：В России живёт // много национальностей → **Национа⁴/⁶льностей** в России живёт // **мно¹го**. **Кни⁴/⁶г** на столе лежит // **пя¹ть**. 当没有动词时则零位系词用破折号表示，句子成分位置变成"补—谓"：Национальностей в России – много. Книг на столе – пять.

5）主题是补语，述位可能是：

① 动词，而主语在补语后位于主位语段中，切分标志是"补—主//谓"：**Ка⁴/⁶тером** своим Севка // **горди¹лся** и называл его не иначе как кораблём（Фёдоров）. Своими **сыновья⁴/⁶ми** он //не **интересу¹ется**. Они его раздражают（Копина）. 主语也可能在谓语前，主—谓共同位于述位语段中，切分标志是"补//主—谓"：**Ка⁴/⁶тером** своим // Севка **горди¹лся**. Своими **сыновья⁴/⁶ми** // он не **интересу¹ется**. **Ви⁴/⁶лками** и столовыми **ло⁴/⁶жками** // китайцы **не по¹льзуются**.

② 修饰补语的定语，常见于称名宾格（四格）（номинативно-аккузативное）句或称名生格（二格）（номинативно-генитивное）句中，切分标志是"补—谓//定"：Он провёл огромную работу. → **Рабо⁴/⁶ту** он провёл // **огро¹мную**. Он купил интересную книгу. → **Кни⁴/⁶гу** он купил // **интере¹сную**. **Помо⁴/⁶щника** он лишился // **замеча¹тельного**.

6）主题是状语，述位是动词，主语和补语表现自由，切分标志可以是状—主//补—谓：**В де⁴/⁶тстве** он // музыкой не **увлека¹лся**. 状—补//主—谓：**В де⁴/⁶тстве** музыкой // он не **увлека¹лся**. 甚至是状—主—补//谓：**В де⁴/⁶тстве** он музыкой // не **увлека¹лся**.

（2）主题变成N_1，有两个下位分类：

1）句子形式结构框架内的主题化，有两种变体：

① 保留谓语结构的主题化，只发生在疑问句和肯定句的名词上，如：

a）疑问句中被主题化的词从主语、补语或状语提出来移至句子的绝对句首，用调2或调1来读，而被提走词形的位置由带相应代词、代副词或名词短语的述谓结构代替，用调3或调4来读，比较：Как развивается школа? → **Школа**: как **она** развивается? Каким быть здравоохранению? → **Здравоохранение**: каким **ему** быть? **Наши архивы**: что мы будем **с ними** делать? **Рынок**: придём ли мы **к нему**? Где мы будем жить в Киеве? → **Киев**: где мы будем **там** жить? Что ты будешь делать в мае? → **Май**: что ты будешь **в это время** делать?

б）肯定句中的词形变成N₁被移至句首，带有不可替代位置的述谓结构占据述位，可以用调1、2或4来读，比较：Проблемы **в авиации** остаются → **Авиация**: проблемы остаются. Напряжённость **в Персидском заливе** сохраняется → **Персидский залив**: напряжённость сохраняется. Переговоры **между Ираком и Кувейтом** перенесены → **Ирак-Кувейт**: переговоры перенесены.

② 形式结构发生变化的主题化。如果被主题化词形不能移至句首，包括作特征状语的副词或形容词定语，则需要进行转换，如句子Кубинские девушки танцуют удивительно темпераментно.中的темпераментно不能作主题，即使它有限定词удивительно，不能说*Темпераментно танцуют кубинские девушки удивительно. 但主语是名词темперамент或темпераментность就可以：**Темперамент** кубинских девушек в танцах удивителен. **Темпераментность** танцев кубинских девушек удивительна. 又如Перед нами расстилался（展现出）необыкновенно красивый пейзаж. 不能说*Красивый перед нами расстилался пейзаж необыкновенно. 但可以说：**Красота** расстилавшегося перед нами пейзажа была необыкновенна.

有时主题可能是动词的陈述式：**Получают** кислород гидролизом воды. 由于需要强烈的重读，这种句子不适合某些语篇，必须把动词转换成可以放在主语位上的动名词：**Получение** кислорода осуществляется гидролизом воды. 这样的转换使形式结构变成正词序且消除了语调突出的必要。可见，形式结构本身就能确立述谓化关系和改变情景传达方式，同时去除主题化。原始句及其转换句都受到补充配置条件的制约，其制约因素是，若不改变句子的形式结构就无法实现所指角色的主题化。

2）移至句子形式结构以外的一格主位，指句中的词被提出变成N₁移至句前，但处于述谓化关系之外，在基础句中却保留其实义切分。N₁表示原始句的主位，而它在原始句中的位置被回指形式替代。N_1用调1或调2来读。N_1可表示某个所指的指代：**Москва**. Я не ча^{1}сто бывал **в этом городе**. **Розы**. Он любит **их** рисова^{1}ть. N_1也可指这个词本身：**Москва**. Как много **в этом звуке** для сердца русского сли^{1}лось（Пушкин）. **Розы**. Его волнует даже **это сло^{1}во**. 被提出的名词性主题还可能是在原始句（如 **В 1917 году**^{3} Ленин возвращается **в Росси^{1}ю**.）中位于主位的时间状语，变成用调1读但无句号的主题：**1917 го^{1}д** - Ленин возвращается **в Росси^{1}ю**. 或被移至述位并带句号：**1917 год**. Ленин возвращается в Россию.

Всеволодова（2016：573）指出，具体还有哪些句子语义结构的成素可以被移至句首语法学还不完全明了，针对实义切分还有哪些补充配置条件也无定论，仍需进一步探究。

2.3 实义切分焦点的引入

Всеволодова（2000：417）把实义切分焦点的引入（наведение фокуса актуализации）称为形式结构中一些名称的置换，比如：

（1）行为名称被零形式置换：Президент - о выборе. Татьяна - в лес, медведь - за ней（Пушкин）.

（2）主体名称被零形式置换并改变"述谓对"的构成，动词变成另一成素：Газету - закрыли, ректора - уволили（比较 Босс закрыл газету и уволил ректора）. В одиночку - не справиться ← Мне не справиться в одиночку. В комнату - не входить. С пенсиями - по-прежнему неясно!

（3）为表达述谓化关系，主体和行为名称都被原始模型句中直接相关的词形置换：С именем Сахарова - на Эльбрус（以萨哈罗夫之名登上厄尔布鲁士峰）← Альпинисты поднялись на Эльбрус с именем Сахарова. От слов - к делу? ← Он переходит от слов к делу? О гостайне - всерьёз ← Говорим о государственной тайне всерьёз.

此处的主体是有所指的人称，不管它在形式结构中是主语还是补语（在无主句中），零动词通常是某一类动词，如转交类：дать, вручить, послать；空间移动类：идти, ехать, лететь；言语类：говорить, сказать, писать等。

2.3.1 零主体句的切分焦点引入

当主体是零位时，述谓化关系移至动词谓语和动词扩展成分或变异词上，关系方向两可：

（1）谓语—扩展成分/变异词关系，其中动词（包括形动词）是带升调重音的主位，是被述谓化成素，而扩展成分/变异词是述位，是述谓化成素，具体表现如下：

1）谓语是人称动词，在我/我们句和你/你们句中人称信息保留在动词的现在时和将来时形式中：**Сниму** // комнату. **Куплю** // доллары. 比较 Я сниму комнату. Я куплю доллары. 实际上在广告语中不可能出现主语 я，而是用第三人称形式：Студент снимает комнату. Коммерсант купит доллары.

2）扩展成分是补语，在语义层面补语可能是客体（跟实义动词连用时），类型意义是"行为及其客体"：Ищем // **президента**. Отвечаем // **на вопросы**. 也可能是行为名称（与建构说明动词连用时）Ведём // строительные и монтажные **работы**. Производим **ремонт и наладку** телевизоров.

这种述谓化关系经常出现在情态变异句中，如：

① 在带命令式的你/你们句中：Купите книгу. Не мешайте крестьянам. Не обижайте летучих мышей.

② 在我们句中：Выпьем за дружбу. Пойдём в театр.

③ 谓语是不定式的句中：Защищать одиноких. Не потерять время! Не поддаваться унынию!

④ 带чтобы的句中：Чтобы к понедельнику прочитали «Фауста»（Гранин）.

3）扩展成分是状语，这种带"行为及其特征"类型意义的模型句常出现在以下几种情况中：

① 零主语，动词是不带补语的变位形式，扩展成分是特征状语：Вздохнули с облегчением. Работает удивительно. Живут хуже, чем работают.

② 零补语，动词是无人称句中的不定式，扩展成分是作述位的特征状语：Кататься – весело. Курить – вредно. Работать здесь – тяжело.

很多副词可自由地跟动词变位形式连用：Шутят весело. Жили тяжело. Поёт плохо. 但副词 вредно, полезно, стыдно 通常与动词不定式连用：Лгать – стыдно. 或者用于表示主体情感状态的模型句 S_3 Cop Adv_{pread} 中：Мне стыдно.

③ 有补语，动词是变位形式或不定式，扩展成分是地点或时间状语：Строить дорогу // с двух сторон. Куплю дачу // в ближнем Подмосковье（广告）. Окажу помощь // на даче（广告）.

（2）扩展成分/变异词—谓语关系，在实义切分中扩展成分/变异词是被述谓化成素，谓语是述谓化成素。这种带动词述位的述谓化关系最常见，也最复杂，具体表现如下：

1）扩展成分是补语，谓语可能是以下形式：

① 陈述式，包括我/我们句和你/你们句，类型意义是"客体及其未被称名人称

之间的关系"：Загранице // поможем. Без бананов // проживём，а без картошки... Политику партии – поддерживаем!

此处常见的是不定人称和泛指人称变异句：Кредиты дали. С кредитами не спешат. Иванова в космонавты // не взяли.

② 形动词：Ответом // не удовлетворены. На всех // рассчитано не было.

③ 反身动词：Шагалу // посвящается（献给沙加尔）.

此时，状语有可能成为述位焦点：Генера^{3}ла // поменяли на **полице^{1}йских**. Пу^{3}тина за рубежом // встречают **хорошо**^{1}. Кни^{3}гу // распродали за **два дня**^{1}.

这种述谓关系还可能出现在以下变异句中，如：

① 情态变异句，包括两种：变异词：Волю покойного **надо** выполнить. Урожай **можно** собрать. 动词不定式：Балкон **закрыть**. Редактора **сменить**. Всех **наказать.**

② 否定变异句：Большими ценами сыт **не будешь**. Решение **не отменили**.

③ 情态否定变异句：Без студентов – **не обойтись**. Шахтёров **не поставить** на колени. Дороги деньгами **не залатаешь**. Россию умом **не понять**. Диктатуры（专制）**бояться нечего**.

④ 信源说明变异句：Забастовку **решено прекратить**. Рассказы о гербах（徽章）**принято начинать** с описания щита（盾牌）.

以上这些句子都是表人、物和事件名称占据补语位置并位于主位上的句子。通过与其他语言对比，Всеволодова（2000: 419）发现，这种模型句在很多语言中用主谓句或被动句与之对应，汉语几乎也是如此，比较：**Мне** об этом сказали. 英语：I was told about it. 我被告知违反了规定。**Эту задачу** не решить. 这个问题解决不了。**Книги** распродали. 书卖完了。

2）扩展成分是状语：Пока рано. **Дня^{3}ми** – распахнё^{1}м（近日我们将敞开展览会的大门）. **Против тече^{3}ния** – не уплывё^{1}шь.

2.3.2 零动词句的切分焦点引入

这种类型的句子很常见，使用的主要范围是口号、标题和广告，在语篇中也能遇到。根据原始模型句的复杂程度可构成极其不同的语句，大部分情况是构成既无动词也无主体名词的语句，也就是说情景由疏状成分和非主体题元呈现。主要有以下三种情况：

（1）述谓伴随关系是原始模型句中的词形，是形式结构中的状语和补语：О Москве – осенью ← Вопрос о Москве парламент решит осенью. С таможни – в музейные залы

← Изъятые на таможне произведения искусства направлены в музеи. Поездами – без опасности ← Хотим ездить без опасности попасть в аварию. Дедушек и бабушек – к внукам и внучкам ← Надо дедушек и бабушек отправить к внукам и внучкам.

（2）由带其他类型意义的句子（其补语位置由原始模型句的谓语名词占据）转换而来的成素词形呈现的述谓化关系：Коллективу – бесплатную подписку ← （1）Дирекция **подпишет** коллектив фирмы на газеты за деньги фирмы → （2）**Коллективу** администрация обеспечит **бесплатную подписку**. Нашу заботу – старикам и детям ← （1）Мы должны заботиться о стариках и детях → （2）Отдадим **нашу заботу старикам и детям**!

（3）由原始复合句组成部分的成素词形呈现的述谓化关系，这个复合句被按照一定模型句转换成简单句：От дружбы в спорте – к миру на Земле ← Если будем дружить в спорте, обеспечим мир на Земле → **От дружбы** в спорте придём **к миру на Земле**. От слов – к делу ← Мы кончили говорить и начали работать → **От слов** пришли **к делу**.

如果零位主体的句中动词、形动词和形容词都单义地称名情景，那么听话者就会按照称名该情景的成素来恢复该情景。常见的类型情景有以下几种：

1）带"主体在空间移动"普遍意义的类型情景，常由运动动词идти，ходить，ехать等和空间移动动词направляться，мчаться，послать，отправить等构成，相应句中就有运动的方向：起点、终点和路径，于是在结构灵活的零位动词模型句中述谓化可由以下成素伴随：

① 起点—终点，根据不同的词选择不同的前置词，模型句为из/с/от+N_2 0 в/на+N_4（к+N_3）：С выставки – в музей ← Картины с выставки привезли в музей. Из Парижа – на чистые пруды. Из Пекина – в Москву. С конвейера – на склад（从传送带到仓库）. От родителей – к бабушке.

② 终点—终点，二者可能是加确关系，模型句为в/на+N_4 0 в/на+N_4或к+N_3：В Лужники – на Большую спортивную арену ← Люди отправились в Лужники на Большую спортивную арену. В Россию – к друзьям. 也可能是目的关系：В Прагу – на совещание ← Делегация поехала в Прагу для участия в совещании. В Барселону – на Олимпиаду. На работу – за рубеж.

③ 终点—路径：В Эстонию – через таможню ← Теперь при поездке в Эстонию нужно проходить таможенный досмотр. В Вашингтон – через Америку. В Мурманск – через границу.

④ 起点—路径，模型句为из/с/от+N_2 0 N_5/по+N_3/через+N_4：Из Эфиопии - казачьим шляхом（从埃塞俄比亚经哥萨克人之路而来）← Экспедиция проехала из Эфиопии путём, каким раньше ездили казаки. От леса - по тропинке ← От леса пойдёшь по тропинке.

⑤ 起点—终点—路径，常见的结构是路径//起点—终点或者相反：По Амуру - из Хабаровска в Китай. От Углича до Твери - берегом Волги.

2）带"主体向受事转交东西或传达信息"普遍意义的类型情景，其必要成素是：给予主体或发送者；对象或领受者；转交的客体（物体或信息）；转交行为。引入实义切分焦点的语句可包括以下名词：

① 给予主体—对象，可出现在模型句S_1 0 N_3或от+N_2 0 N_3中：Родители - детям. От всех живых - павшим.

② 给予主体—所述内容，模型句S_1 0 o+N_6：Академик Арбатов - о судьбе партократов（党阀）. Иванов - об экологии.

③ 对象—转交客体，模型句N_3 0 N_4或N_3 0 по+N_3（表均分意义）：Младшим - сладости, старшим - пряности（小的给甜食，老的给香料）. Рыбкам - озерце, птичкам - лето. Вам - исполненное, Мне - обещанное...（Цветаева）. Всем желающим - правительственную связь. Каждому - по слону. Всем сёстрам - по серьгам（<谚语>不偏不倚，平均分配）.

模型句N_3 0 N_4很能产，可用于许多原始模型句的转换，如上文列举的：Нашу заботу - детям и старикам. Коллективу - бесплатную подписку. 又如：Улицам, дворам - чистоту и порядок ← Мы должны навести чистоту и порядок на улицах и во дворах.

④ 对象—所述内容：Ребятам - о зверятах（书名）. Родителям - о детях.

⑤ 对象—各种自由成素：Кинематографистам - на бедность（电影制片人面临困境）. Бизнесменам - на подмогу（为商人提供帮助）. Дипломатам - за трояк（以三卢布卖给外交官）. В блокнот - предпринимателю（企业家需要登记在册）.

⑥ 信息内容—行为名词、状态名词、特征（时间）状语或变异词，词序可相反：О России - с любовью. С тревогой - о Москве. О претендентах - откровенно. Коротко - обо всём. Вот про самовар - можно. И вновь - о «Трёх цифрах». Летом - о зиме（в мэрии обсуждают подготовку к зиме）.

⑦ 买卖或交换情景中的两个事物名词，模型句为N_4 0 за+N_4，两个词可互换形

式：За спички – трёшку? ↔ Спички – за трёшку. Тонну пшеницы – за 12 тысяч рублей. ↔ За тонну пшеницы – 12 тысяч рублей.

3）带"主客体关系"普遍意义的类型情景，与上两类情景交叉，但不能用它们做解释。带零位动词结构中的客体名词由以下形式表示：

① 原始材料制成的物品：Элиту – на колбасу ← Элитный скот забивают и перерабатывают на колбасу.

② 称名社会状态的阶段变异句素：Тренера – в отставку ← Тренера команды отправили в отставку. Всех сотрудников от 60 – на пенсию.

③ 行为的目的：Президента – к ответу! ← Нужно призвать президента к ответу.

④ 有资质者：Генерала Макашова – главой государства! ← Изберём Макашова главой государства! Путина – в президенты!

此外，还有一些外国学生不易理解和不会使用的语句，如以下模型句：

① от+N_2 0 к+N_3，其中零动词常是动词перейти，прийти，идти的转义用法：От взаимопонимания – к взаимодействию ← Раньше мы только понимали друг друга, а теперь взаимодействуем. От вражды – к сотрудничеству. От конкуренции цен – к конкуренции интеллекта.

② от+N_2 0 до+N_2，与上类语句意义相同：От дел мирских – до дел небесных. От теплицы – до поля. От Пушкина – до Герцена.

③ из+$N_{复2}$ 0 в+$N_{复1}$，该模型句专门表达"人的社会圈子发生变化"，其原始模型句是"Кто был кем（из+$N_{复2}$）и стал /станет кем（в+$N_{复1}$）"：Из командиров – в рядовые ← Тот, кто был командиром, стал рядовым членом организации. Из трибунов – в президенты. 其中名词短语из+$N_{复2}$也可以是单数：Из безработного – в миллионеры. 针对一个人的名词短语в+$N_{复1}$（в солдаты，в дипломаты等）可以根据模型句Он – в солдатах. Она – в Няньках.转换成带动词пойти，поступить的阶段变异句：Я бы **в лётчики пошёл**, пусть меня научат（Маяковский）← Я бы стал лётчиком. 有类似搭配的使役动词如下：посвятить（в рыцари），произвести（в офицеры），постричь（в монахи），взять，забрать，разжаловать（в солдаты），принять（в пионеры，в скауты）等。名词短语в+$N_{复1}$还可跟起点、行为依据名称等发生述谓化伴随关系：В дипломаты – по конкурсу ← Чтобы стать дипломатом, нужно пройти конкурс.

在以上伴随关系中词汇的作用非常大，如词形на удочку, на крючок不只单独地表示工具，还可等同于零位动词ловить：Вот на удочку - можно.

上下文可拓宽述谓化伴随关系的可能性，自由、制约甚至是粘附句素都可成为直接的述谓化伴随关系成素：Будильник - на пять（Цветаева）← поставить будильник на пять. 但适用于伴随关系的句素范围究竟有多大目前还不确定，如句子Татьяна Доронина сыграла Аэлиту с большим мастерством.就不能用词形Аэлиту和с большим мастерством发生述谓化伴随关系，比较其名词二项式转换句：Аэлита Дорониной - это мастерство. 这种不可伴随性依然与补充配置条件有关。

2.3.3 并列关系中句素的伴随关系

Всеволодова（2000: 426）对这种伴随关系首次进行了研究——以前还没有对该问题的专门研究。这种伴随关系常见于口语<俗语>和报刊语言中，进入伴随关系的可能是状语、补语、谓语，其标记是并列连接词：И де³тям - и пенсионе¹рам. 对别连接词：Краси³во, но не практи¹чно <口语>. 区分连接词：Или врачо³м - или арти¹стом. Такой выбор стоял передо мной с детства. 下面列举一些从简单句中提取的伴随关系成素，通常是跟同一个动词连用的同类的词或词形，比如：

（1）特征状语—特征状语：Редко - но метко <俗语>← говорит редко, но правильно. Скромненько, и / но/ а со вкусом ← одет скромно, и /но со вкусом. И дёшево, и сердито <俗语>← что-л. не потребовало больших затрат, но получилось хорошо.

（2）行为方式—行为方式：Не уменьем, так гонором（傲气）. Не мытьём, так катаньем <俗语>（想方设法）. Не делом, так горлом（= криком <口语>）. Не песнями, так запахом（о духах «Алла», 简讯的标题）. ← 标题下面的一句话：Аллочка（Пугачева）никогда и никому не позволяет забывать о себе - если не стихами и песнями, так запахом.

（3）工具、所述内容、情景元、地点、时间等：Не только **пером**, но и **мечом** ← Писатель сражается не только пером, но и оружием. **Против** КПСС, но **за** «Известия» ← Председатель президента в Конституционном суде выступает против КПСС, но за газету «Известия». **С** визой или **без** визы? В Барселоне и вокруг. Сейчас или никогда <口语>. И **о** спорте, и **о** музыке.

带连接词的伴随关系可能发生在述体成素之间、述体和其他成素之间：Дорогое, но удовольствие. Молодой, а не расторопный（机灵）. Дебютант, а с золотой медалью.

伴随成素之一也可能是主观评述成分：О роскоши – и не **только**. 伴随关系也可能发生在复合句组成部分中的成素之间：По рублю – и в парк культуры ← Собрали с каждого по рублю и пошли в парк. Лыжи – и к богу!（Цветаева）← Бери лыжи и уходи. Четыре кнопочки – и над кроватью ←比较语篇中的句子：Кстати, эту табличку тринадцати самых высокооплачиваемых спортсменов мира не грех и нашим звездам пришпилить（钉上）кнопочками над кроватью.（Всеволодова 2000: 426）

在以上列举的所有情况中主位和述位之间都有语段切分，由典型的语调构成。进入伴随关系的是原始句的片段，以便将其与所叙述的客观事实等同起来。这里列举的远不是所有的模型句，但它们都是实义切分机制作用下的结果。

以上无动词切分句对中国学生来说是非常难理解的句型，必须补足被省略掉的成分才能理解语句的含义。这种语句跟主语和谓语对应的双主格句（Россия – это много национальностей. Барселона – это Олимпиада-92）虽然在主位和述位上的成素不同，但都是形式简单而涵义复杂的语句，需要揭开其隐含在形式背后的深层语义。这种俄语固有的典型语句在汉语中没有，如果直译出来会完全不知所云，所以类似的语句是中国学生学习和掌握的难点，需要专门学习。

§3 句子的实义切分机制与语言教学实践

通过对俄语实义切分机制及其聚合体的介绍，我们发现实义切分机制跟述谓化范畴有密切联系，该机制由句子的语调构成。俄语的词序（准确地说是句子成分）不是绝对自由的，而是功能性的，正词序（主—谓—补: Я читаю книгу.）和倒词序（补—谓—主: У меня есть книга. С мамой случился обморок. У неё началась ангина.）都是有规律的，在某些语篇中倒装句是完全正常的：Страну спасет экономика. Интересную книгу написал П.А. Иванов. Моей задачей является анализ акцента. 每一个切分变异都有具体的交际任务，在大多数情况下词序的选择由语篇的交际意图决定，比如由相同句子成分构成但词序不同的语句Мальчика укусила собака.和Собака укусила мальчика.完成的交际任务不同，其线性语调结构也不同：前一句说的是男孩怎么了，回答的问题是：Что случилось с мальчиком? 后一句说的是狗怎么了，回答的问题是：Что случилось с собакой? 可见，解决交际任务的手段就是实义切分。对于这一点很多初学俄语的中国学生较难体会："正词序和倒词序的信息中心究竟有何不同？俄语句子的词序是由什么决定的？"因此，我们认为，在学生学习俄语之初，就应该把实义切分概念引入俄语教学，让学生理解在具体的上下文情景中俄语的倒词序才是成体系的，要向学生反复强调俄语词序的重要性，尤其是在回答问题的时候。中国学生容易受母语词序的影响，在任何情况下都习惯使用正词序，像Мальчика укусила собака.这样的倒词序会觉得很别扭，不好理解，因为这句话跟汉语的被动句对应："男孩被狗咬了"，而不是"狗咬了男孩"。通常"狗咬了男孩"这样的正词序更符合中国人的说话习惯，所以在回答Что случалось с мальчиком?这样的问题时常常会犯词序错误，回答成Собака укусила мальчика. 这一点应该引起我国俄语教师的高度重视。

为了让学生更好地掌握俄语词序，教师可给学生出以下练习题目：

（1）运用词序把句子"来自中国的大学生在我们班学习"按照不同要求构成不同语句：

1）关于中国大学生的语句：студенты из Китая是主位（即已知信息），наша группа是述位（即新信息）：Студенты из Китая учатся в нашей группе.

2）关于我们班的语句：наша группа是主位，студенты из Китая是述位：В нашей группе учатся студенты из Китая.

（2）运用语气词和句重音将主观评述涵义引入上述语句中并对其完成的不同交际任务予以解释，比如：

1）**Только** студенты из Кита́я /Студенты **только** из Кита́я учатся в нашей группе.（意为：如果你想找只有中国人的班级，我们班正好是这样的班级。）

2）Студенты из Китая учатся **только** в на́шей группе.（意为：中国学生只在我们班，如果你需要中文翻译，正好可以找我们班。）

3）**Только** в на́шей группе учатся студенты из Китая.（意为：其他班级没有中国学生，如果你对中国学生感兴趣，可以找我们班。述位被前移）

4）В нашей группе учатся то́лько студенты из Китая.（意为：我们班没有别国的学生，如果你想找阿拉伯人，去别的班吧。）

因此，教师应该根据教学目的、学生的层次和水平来决定练习的种类和数量，特别需要强调在实义切分变异时句子中的词形数量越多变换的可能性越大，但词序是不可能绝对自由的，必需根据交际任务来调整。

当学生掌握了句子词序的用法之后，就应该开始学习逻辑重音的知识和用法，要让学生明白俄语句子在用语调突出述位时通常都带有表情色彩，也就是常常暗含着某些隐性的主观评述涵义，如评价、不同意、否定等。当述位中有数量或质量评价时可以突出述位，如下面的切分变异：Иван прыгает высоко → **Высоко́** прыгает Иван! 而对于没有评价词的句子述位的凸显只能在回答问题时方可出现，比较：Мама готовит обед. Что мама готовит? → **Обе⁶д** мама готовит.

语气词 только，уже，даже，именно 等都是主观评述涵义的载体，同时是语调中心的标记。下面是关于居里夫人的一段语篇：«Мария Кюри умерла от лучевой болезни. После её смерти в сарае нашли маленькую записную книжку. Её листы, пожелтевшие от сырости, были покрыты пятнами щелочей（强碱）и кислоты. **Только** совсем **неда⁶вно** учёные догадались положить книжечку рядом со счётчиком радиоактивных излучений...» 其中语气词 только 和带句重音的 недавно 凸显出语义 "而这事很早之前就应该做了"，如果语气词 только 不出现就不可能显出这一主观评述涵义。假如教师不引导学生注意这个语气词的语调构成，通常学生感受不到这种语义。另外要强调的是，有一些语气词无法出现在句子的绝对末尾，因为要有突出的句重音落在它们上面：В нашей хижине жила **не то⁶лько** оса.

教师还应该指出，每个具体的实义切分变异都有自己的限制和禁忌，不是所有模型句中的所有格形式都能主题化，比如在带性质评价的模型句中四格名词可以主题化：**Кни⁴/⁶гу** я купил интере¹сную. 而整体内容与之类似的句子 Я познакомился с интересным человеком 就不行。事实上，词形的交际作用是不同的。目前对切分变异的全部补充配置条件还不甚明了，需要进一步深入研究。

教学实践表明，对外国学生来说，在生成言语时应该积极掌握和使用与线性语调结构有关的实义切分机制（即语调和词序），而那些由独立于句子主要成分之外的句素形成述谓化伴随关系的机制则消极掌握即可，尤其是在领会口号、广告和标语等语篇时，因为像 На полюс – дуэтом ← Лыжники идут на полюс вдвоём. Прямиком – на площадь Революции ← Демонстранты пойдут прямо на пл. Революции. 这样的语句是很多外国学生仅从字面上无法理解的，在很多语言中没有类似语义被压缩的句子结构。所以，建议只在阅读各类语篇的教学中学习使用此类实义切分机制，学习句子的语段切分。正是语篇在很大程度上决定了说话者的交际意图，只有在语篇层面实义切分机制与语义机制才有同等重要的作用。

§4 句子的解释机制及其聚合体

Всеволодова（2000：429）认为，句子的解释机制能够引起各种不同的句法改变，主要分为以下三种类型的句法改变：

（1）变异（модификации，Белошапкова 称其为派生 деривации），包括语法变

异、结构语义变异等，其实质是句子组织中发生一定意义增生的体系性改变和某些形式上的改变。变异构成句子的句法聚合体（详见本书第25章），不属于解释机制；

（2）信息的压缩或展开（свёртывание /развёртывание информации），主要指几个简单句或一个复合句变成一个简单句，和简单句变成复合句。当几个简单句或一个复合句变成一个简单句时可采用以下手段：

1）称名化，是压缩从句部分的主要手段，即把动词或形容词成素名词化并在名词基础上把句子变换成词组，可使复杂的多命题情景压缩成简单情景，如：**После того, как умер Гедимин**, Великим князем литовским стал его сын Ольгерд → **После смерти Гедимина** Великим князем литовским стал его сын Ольгерд（Всеволодова 2000: 429）。在把时间、条件、原因和目的从句称名化时，主句形式结构的述谓基础通常不发生变化：Если тело нагревают, **оно расширяется** → При нагревании **тело расширяется**. Чтобы поступить в университет, **абитуриент должен сдать экзамены** → Для поступления в университет **абитуриент должен сдать экзамены**. В старости **он всё больше страдал** от того, что был одинок → В старости **он всё больше страдал** от одиночества. 显然，这种信息的压缩只能发生在有相应派生词的情况下，有时无法实现此种转换。有时产生命题压缩的不是述体，而是某一个题元，即情景的部分特征，比如有可能是原因特征载体，这常导致语句信息不够明了，如：Отец был в школе, интересовался сыном. 此处父亲对儿子的什么感兴趣不明了：是成绩？是行为？还是他今天没去上学？这种情况常出现在带情感关系或状态动词的句子中，是外国学生较难理解的句子，因为其中事物名词代替了命题名词，不是所有语言都有这样的特性。在对原因、条件和目的关系进行称名化时常使用表达逻辑命题的动词关系说明词вызывать, возбудить, привести к, привести в（如привести в восторг）, влечь за собой, обусловить, предопределить, требовать等：Чтобы преобразовать финансирование этих сфер, нужно перестроить структуру доходов населения → Эти преобразования **потребуют** проведения перестройки структуры доходов населения. 存在这种形式上是简单句但语义上是带被称名化命题的复合句，是俄语科学和公文语体的特点，也是我国俄语学习者较难掌握的知识点，需要在教师的帮助下专门对压缩的信息进行解码。

2）形动词关系，就是把从句中的谓语变成形动词短语，此时短语中述体的交际级别降低了，它们在句子的交际预期中的地位比动词变位形式更不独立，只是保留了述谓性的限定特征，有学者称其为半述谓性（Камынина 1983），如：Он подошёл к сыну, который сладко **спал** в своей кроватке, и поцеловал его → Он подошёл к сладко **спящему** в своей кроватке сыну и поцеловал его.

3）副动词关系，跟形动词关系很接近且常受到形动词在补充配置条件上的制约：**Подойдя** к **спавшему** в кроватке сыну, он поцеловал его.

4）不定式关系：Он подошёл к сладко спящему в своей кроватке сыну, чтобы **поцеловать** его.

简单的情景也可被划分成几个命题，如：Барсук питается в основном корешками растений. → **Основное**, чем питается барсук, - **это корешки растений**.

信息展开的交际意义在于扩充所要表达的客观事实，对语义关系的揭示不是靠词汇手段而是句法手段，为了使隐藏的逻辑命题得以显现，其在表达逻辑命题和事件命题结合在一起的信源说明时非常多见：Он **считается** хорошим специалистом → **Считается**, что он хороший специалист. Этот город **известен** как древняя столица страны → Об этом городе **известно**, **что** в древности он был столицей страны. 在扩充内容时经常需要把修饰词放到述位上，这就要求把特征载体和特征本身都变成单独的述谓结构，并把原始述谓结构移至从句部分：В Таганроге родился Чехов → Таганрог - это **город**, **в котором** родился Чехов. Книгу я вчера купил интересную → **Книга**, **которую** я вчера купил, интересная. 类似的构成多见于带描写述谓的句子：Он покупает старые книги → Он **занимается покупкой** старых книг → Он **занимается тем**, **что** покупает старые книги. 其中两个动词称名的是一个行为，第一个занимается称名的是一个事实上不存在的假情景，第二个покупает是具体的行为名称，如此一来情景似乎就分解成了两个。再如：Оля очень скромная → Оля **отличается** большой скромностью → Оля **отличается тем**, **что** она очень скромная. 这种句子虽然展示的是一个简单的情景，但却扩充了特征。

信息展开还经常与句中词序的改变相关，比如类似Иван бежит **удивительно легко и красиво**.的句子中的удивительно或其派生词不能被提至简单句的主位焦点上：*Удиви³тельно //легко и красиво бежит Ива¹н. 但在引入补充逻辑命题后就可以：Это **удиви³тельно**, //**как** легко и красиво бежит Ива¹н. 该句在实义切分上跟原始简单句的功能相同。Всеволодова (2000: 444) 强调指出，信息的压缩和展开在形式上与所指结构的各种对应关系至今还没有得到足够的专门研究。

（3）信息展开也可以使用在简单句中起作用的机制，即形成同义句式变换（синонимические перефразировки），其目的是"以优化的方式表达已有的内容以及各种改变焦点的突显和对比"（Падучева 1985: 111）。就目前的观察，主要有以下三种句式变换类型：

1）引入描写述谓形式，即动名词组，这种操作的目的是显明语义关系，使述体特征名词从谓语位移至补语位上：Я сильно **проголодался** → Я **почувствовал** сильный **голод**. Мы **рады** встрече с вами → Мы **испытываем радость** от встречи с вами. Земля **обращается** вокруг Солнца за 365 дней → Земля **совершает оборот** вокруг Солнца за 365 дней. 有时会出现类别词：Я **ощутил чувство** сильного **голода**. 也可将之移至主语位上：**Оборот** Земли вокруг Солнца **совершается** за 365 дней. 又如：Ткани листа **разлагаются** → **Происходит /Идёт разложение** тканей листа → **Идёт процесс разложения** тканей листа.

2）逆向转换，即句法组织方向的改变，也就是把原始模型句中依附于动词、述谓副词或系词的主语移至补语或状语位置上：**Мы** рады встрече с вами → Нас радует **встреча** с вами. **Москва** является столицей России → В Москве находится **столица** России. В моей душе **тоска** → Моя **душа** в тоске.

3）句法转换（синтаксические трансформации），其意义在于说话者对类型情景传达的整体方式发生改变，同时提供对客观事实的主观解释，目的是完成特定的交际任务。实质上句法转换就是句法同义现象。俄罗斯语言学家对句法同义现象的研究始于20世纪上半叶，其前身是句法并行现象（синтаксический параллелизм）。首次将"同义"这一术语引入语法领域的是А.М. Пешковский，他称其为语法同义现象或句法同义现象，并使之成为一个专门的研究对象。（关慧颖 2007）在俄罗斯研究语言转换的有Апресян、Гак、Степанов、Мельчук等很多语言学家。莫斯科语义学派对"同义转换"的理解是："句子命题意义或句子的语义常项前后相同、句中只有形态句法形式变化而没有词汇构成变化的一种句子转换。"（张家骅等 2007: 144-189）例子详见本章§8同义转换一节。因而语言转换有狭义和广义之分。狭义的转换指保留常体意义的转换，其词汇组成相同，但允许转换词汇成分之间直接的句法联系，持这一观点的是Апресян。如：Снег занес дорогу - Снегом занесена дорога - Снегом занесло дорогу. Он перевёл книгу - Он сделал перевод книги - Им переведена книга - Им сделан перевод книги.（彭玉海 2007: 294）

通过对解释（转换）机制及其转换聚合体的介绍，我们看到，形式结构框架内，对客观事实的解释能够引起所指结构和语义结构成素的句子成分位置发生变化，不同位置的选择取决于该位置在句子成分体系中的交际作用。

§5 句子成分及语句的交际预期

俄语句子成分有两个特点：（1）与句子所指结构没有紧密的联系；（2）发生述谓化关系的不只是主语和谓语，也可能是保留自己句子成分地位的其他句子成分，比如定语可以升至谓语位。据此Всеволодова（2016: 586）指出斯拉夫语句子成分体系与其他语言不同的两个功能是：（1）确定语句交际预期按交际等级构成的形态功能，俄语的每个句子成分位置都有自己的级，这可以不同程度地激活所指结构的每个成素；（2）确定语句句法结构的形式建构基础的功能。

由于每个句子成分的位置都可由某个词类的某个词形占据，而且每个位置都起着绝对或相对的作用，句子的形式结构就成为说话者表达交际意图的手段。句子成分体系中的每个成分都有不同的交际级。

5.1 主语是交际级最高的成分

俄语中跟主语保持一致的通常是形式结构的述谓伙伴，于是整个形式结构都定位在主语上。主语是句子的句法中心，所指结构或语义结构中几乎任何成素和表示语义关系的词都可占据主语位置。俄语中主语位置由述体特征占据的句子是成体系的，比较：У Оли **температура** – У Оли **поднялась температура**. С Ирой **истерика** – С Ирой **случилась истерика**. Дочке **неделя** – Дочке **исполнилась неделя**. Книг – **тысяча** – Книг **скопилась /осталась тысяча**.

主语位置可由以下名词占据：

（1）述体特征名词，包括：

1）由谓语位上升至主语位的行为或状态名词（当类型情景组成中没有主事或主体因交际上不需要而被省略时）：На улице **душно** → На улице（стоит）**духота**. Во дворе **чисто** – Во дворе **чистота**. На душе **тоскливо** → На душе **тоска**. В классе **шумят** → В классе **шум**. В доме **суетятся** → В доме **суета**.

2）有主体名词时的行为名词，此时经常有形式的改变：Мы весь день убирались → У нас весь день была **уборка**. Они ремонтируют квартиру → У них идёт **ремонт** квартиры.

3）变异词，包括情态变异词：Мы **должны** ему помочь → Наш **долг** – ему помочь. Мы **стремимся** сохранить музей → Наша **цель** – в сохранении музея. 阶段变异词：Аптека **начинает** работать в 9 часов утра → **Начало** работы аптеки – в 9 часов утра. Дети **кончают** заниматься 25 мая → **Окончание** занятий у детей – 25 мая. 此时句法内

变异词的主语位可由系动词来突显，比如当说话者想保留陈说的主要部分作为独立命题时应选择带相应指示代词的复合句结构：Моё **желание сводится к тому**, чтобы поехать на юг. Наша **задача заключается в том**, чтобы сохранить музей. Наш **долг состоит в том**, чтобы помочь ему. 而当说话者想更简洁地表达客观信息时就需要称名化，在可能的情况下把核心动词变成动名词并根据系动词的要求放至в+N_6或к+N_3的展词位置上：Наш **долг состоит /заключается в** немедленной **помощи** этому человеку. Наша задача **сводится к сохранению** музея. 如果核心动词无法变成动名词（如动词**увидеть**），就需要用其他词来代替：Моё желание **сводится к знакомству** с оригиналом этой картины / **к получению** возможности увидеть оригинал.

（2）客体名词，通常由原来的补语位上升而来，这不只发生在被动句中，比较：Студенты решают **задачу** → Студентами решается **задача**. 俄语中带客体名词主语的句子是成体系的，比较：У меня есть **книга**. – Я имею **книгу**. Нам нужна **машина** – Мы **нуждаемся в машине**. 前句的句法中心是客体名词，后句是主体名词。在转换时主语位置还可由零动词模型句中的补语占据，比较：Золотую медаль – дебютанту Олимпиады → **Золотая медаль** – дебютанту Олимпиады. **Проездные** – учащимся. **Обеды** – школьникам. **Доплата** – пенсионерам.

（3）工具、与事、情景元名词：Он приехал **на машине** → Его привезла **машина**. Дровосек срубил **топором** берёзу → **Топор** дровосека срубил берёзу. **Ему** прислали телеграмму → **Он** получил телеграмму. Потоки **воды** заливали улицы города → **Вода** потоками заливала улицы города. **С химией** у неё порядок → **Химия** у неё в порядке.

（4）疏状成分名词：Медики добились больших успехов **в нейрохирургии**（神经外科）→ Больших успехов добилась **нейрохирургия**. **Из-за дождя** мы задержались → **Дождь** нас задержал. **В Москве** торгуют по паспортам → **Москва** торгует по паспортам. **Этим летом** Скрябин сблизился с Пастернаком → **Это лето** сблизило Скрябина с художником Леонидом Пастернаком（Земскова）.

（5）定语：Ивана отличает **лёгкий и красивый** бег → Ивана отличает **лёгкость и красота** бега. У Оли необыкновенно **беглое** чтение → У Оли – необыкновенная **беглость** в чтении. Всех поразил исключительно **одарённый** молодой музыкант → Всех поразила исключительная **одарённость** молодого музыканта（Егорова）.

（6）主语群中的数量标志词，可以放入述谓化关系的是数量和数量特征的载体：В спектакле **много необычного** → Да и в спектакле **многое** необычно（Блок）. У нас

трое больных → **Трое** у нас больны.

（7）主观评述词、描写说明词和类别词：Он привёз **в основном** книги → **Основное** из привезённого им – книги. Иван **отличается** тем, что бежит легко и красиво → **Отличительная черта** Ивана – в лёгкости и красоте бега. За сутки в земную атмосферу проникают **десятки тысяч метеоритов**（陨石）→ **Количество** метеоритов, проникающих за сутки в земную атмосферу, составляет десятки тысяч.

5.2　次于主语交际级的是名词性谓语

名词性谓语指由名词或双主格句中的述位表示的谓语。双主格句是语言共相，其述位常表达主体的评定（或分类）特征：Мой брат – учитель. Маша – врач. Волк – хищник. 此时述位没有任何补充的伴随意义，也不会在有变异词作述谓伙伴时把行为名词移至这个位置上而产生特别的伴随意义：Моё желание – **поездка** на юг. Наша цель – **сохранение** музея. Наш долг – **помощь** этим людям.

（1）当把其他类型的谓语转换成名词性谓语时就自动提高了述谓化特征的程度，比较：Маша умная. 和 Маша – **умница** = очень умная. Вера красивая. 和 Вера – **красавица** = очень красивая. Он знает технику. 和 Он **знаток** техники = прекрасно знает.

（2）除以上带固有特征的表人名词外，述位上还可能是更大程度提高评价的特征本身或行为名词：Маша – это глубокий ум. Вера – сама красота. Саша – это прекрасное знание техники. Молодой спортсмен – это лёгкий и красивый бег. Оля – это беглое чтение.

类似的双主格句能够提高语句的表现力：Театр – это вечный **поиск** главной темы（Гончаров）← В театре вечно ищут главную тему. 这样的特征述位经常被用于广告语中：Часы «Полёт» – это **точность, надёжность, элегантность**（雅致）← Часы «Полёт» идут точно, надёжны в использовании, элегантны.

（3）当主语是关系客体名词时，名词性谓语是情感关系名词，此类句子也用来表达对关系客体的评价，同时保留被提高的特征程度：Больше всего я **забочусь** о детях → Моей главной **заботой** являются дети. Мы все **тревожились** о здоровье Саши → Нашей постоянной **тревогой** было здоровье Саши.

（4）客体名词（被创造物）由补语位上升至名词性谓语位时，其交际级升高，显示的是该事物相对于主体特征的重要性，比较：Чехов написал «Чайку» и «Вишнёвый сад» → Чехов – это «Чайка» и «Вишнёвый сад»（契诃夫的代表作是《海鸥》和《樱桃园》）. Шекспир сочинил «Короля Лира» и «Гамлета» → Шекспир – это «Король Лир» и «Гамлет»（莎士比亚的代表作是《李尔王》和《哈姆雷特》）. 该类句子在提高特征程度时还有一定的主观评述伴随意义，即通过对施事所创造的事物的评价表达说话者对施事的评价，暗含的语义近似为：Я считаю «Чайку» и «Вишнёвый сад» («Короля Лира» и «Гамлета») вершинами русской (мировой) литературы (драматургии), и поэтому очень высоко ценю их создателя.

（5）定语和特征状语上升至名词性谓语位：Кубинские девушки танцуют **удивительно темпераментно** → Кубинские девушки – это **удивительный темперамент** в танцах /**удивительная темпераментность** танцев. Иван – это **лёгкость и красота** бега. Оля – это **выразительность** чтения.

（6）情态变异词上升至名词性谓语位：Я **хочу** увидеть эту картину → **Моим желанием** является увидеть эту картину. Нашей **целью** было сохранить музей. Нашим **долгом** будет помочь ему в случае необходимости. 比较核心动词由谓语位转换至主语的模型句：Нашей **целью** является **выявление** этих вирусов. Нашим **долгом** будет немедленная **помощь** ему в случае необходимости.

（7）语义关系标志词上升至名词性谓语位：Мы задержались **из-за дождя** → **Причиной** нашей задержки был дождь. Он долго работал и написал интересную статью → **Результатом** его долгой работы стала интересная статья. Мы исследуем опасные вирусы → **Объектом** нашего исследования являются опасные вирусы.

由于主语和名词性谓语这两个位置的交际作用极强，且述位还常常带有某些主观评述涵义，所以在俄语中该类模型句非常能产并可用于很多类型语句的句式转换。但有些俄语名词二项式转换句在其他语言中没有与之对应的形式结构，比如 Барселона – это Олимпиада-92. Долголетие – это физкультура. Спички у детей – пожар. 在汉语中就不能用"是"字句与之直接对应，只能展开解释：В Барселоне в 1992 году проходила Олимпиада. Чтобы долго жить, надо заниматься физкультурой. Когда дети играют со спичками, может случиться пожар. 因此，该类模型句对中国学生来说较难理解和掌握，需要透过简单的形式结构看到其深刻的内涵，不能仅从形式结构表面来理解和翻译，那样会造成理解错误和翻译上词不达意，导致交际失败，这一点需要引起教师和学生的特别注意。

另外需要提示的是，零系词双主格句很难单一地确定主语和谓语，尤其是当两个名词都是N₁时，解决办法之一是添加系词，如：**Нашей целью** является **сохранение** музея ↔ **Наша цель** заключается **в сохранении** музея. 解决办法之二是把其中一个N₁变成间接格形式，最常见的是带修饰成分的в+N₆形式：Причина неуспеха – **в слабости подготовки команды. В слабости нашей команды** – причина неуспеха.

Всеволодова（2000：436）指出，按照这个模型句可以转换各种不同的原始结构，甚至是复合句，如：**В самобытности** – престиж нации ← Если нация самобытна, она имеет высокий престиж в мире. **В терпимости** – сила. Слабость – **в злобе** ← Если мы будем терпимыми друг к другу, мы будет сильными; а если мы слабые, мы будем злобными. **В бережном отношении** к памятникам – вопрос культуры каждого человека ← Насколько бережно человек относится к памятникам / Бережно ли человек относится к памятникам, зависит от уровня его культуры / определяется уровнем его культуры. 此外，为了强调双主格句中主语的述位位置，在即兴口语中常出现N₅在主位上的"口误"：**Нашей целью** в этой работе – выявление возбудителя этой опасной болезни（ТВ，профессор）. **Главным уровнем**, чтобы вести переговоры, – это вывод войск（ТВ，журналист）. **Нашей главной задачей** – воспитание в детях доброты（ТВ，Р.Быков）.

名词性谓语的较高交际级能促使在这个位置上出现一些假谓语，即零动词时带或不带前置词的名词格形式：Мы – не **с жалобой**, мы – **за советом** ← Мы пришли не жаловаться, мы пришли получить совет. Всё – **о почте** ← На выставке вы узнаете о почте всё. А мы – **из водомёта**（喷水式推进器）← Мы будем стрелять из водомёта. 还可能只有前置词出现在述位上：Общественность – «**за**». 可见，名词性谓语这个位置的优势是能激发零动词结构的出现。

5.3 较高交际级的补语位

为了实义切分移至补语位置上的情况有以下几种：

（1）如果需要保留施事名词在主语位上，那么行为名词可借助描写述谓移至补语位上，比较：Мы **помогли** ребятам → Мы **оказали** ребятам **помощь**. Студенты **работают** со школьниками → Студенты **ведут работу** со школьниками. 或者是由形容词表示的特征名词移至补语位上：Оля у нас **скромная** → Оля у нас **отличается скромностью**.

（2）如果动词有相应的配价，方位、方向和路径都可转换至补语位上：Цапля обитает **по болотистым берегам рек** → Цапля **населяет болотистые берега рек**.

Гости сходили **в картинную галерею** → Гости **посетили картинную галерею**. Путники прошли **через поле** → Путники **пересекли поле**. Он уже уехал из деревни → Он уже **оставил /покинул деревню**.

（3）延续时间和完成时间转换至补语位上：Он писал статью **неделю** /написал **за неделю** → Работа над статьёй **заняла** у него **неделю**.

（4）交际上更独立的一致定语转换至补语位上：Он любовался **красивой** девушкой → Он любовался **красотой** девушки. Я удивляюсь **темпераментным** танцам → Я удивляюсь **темпераментности** танцев кубинских девушек / **темпераменту** кубинских девушек в танцах.

（5）在二格展词位的非一致定语转换至补语位时，一方面可以使之变得更加独立，另一方面可改变句子的实义切分：Пётр - брат Николая → Пётр - брат **нашему Николаю**. 和 Пётр **нашему Николаю** - брат.

Всеволодова（2000:437）在此指出，如果补语是从主语位转换来的就会降低其交际级：**Мама** - в обмороке → **С мамой** - обморок. **Она** в истерике → **У неё** истерика. 该句的句法中心由状态主体名词转移至状态名词上。

以上由名词和名词性成分占据的主语、名词性谓语和补语三个位置都起着很高的交际作用，这印证了Золотова（1986）指出的"俄语句子的主要结构成分不是动词而是名词"这一事实。

5.4　低于补语级别的是动词、形容词和述谓副词

这个位置交际级不高的原因是，一方面位于其上的述体词常被升至更高的主语、名词性谓语和补语位置上，另一方面该位置还常被描写说明词占据，即失去具体所指内容只表达语义联系的词оказывать/оказать，производить/произвести等，而行为意义则由四格名词表示：оказывать помощь - помогать, оказывать сопротивление - сопротивляться, оказывать внимание - быть внимательным к кому-л.: Дети **рисуют** → Дети **занимаются рисованием**. Оля **скромная** → Оле присуща **скромность**. Оля **отличается скромностью**.

Всеволодова（2000: 437）指出，把无信息成素的位置看成是没有交际优势的并不合理，不能说没有交际优势的成素就不重要，比如正是动词表达着情态、时间和人称范畴的信息，且这个基本功能是其他任何词类都无法代替的。此外，在口语和一般文学语体中往往是建构说明动词在实现形象表达的功能：Я испугался → Меня **охватил** страх → Во мне **шевельнулся** страх. Старуха заснула → Старуха **погрузилась** в сон → Старуху сморил /одолел сон. 但此处的建构动词只起辅助作用，它为述体名词开辟了更有优势的位置。这个位置的交际级虽然低于前三个，但比状语和定语的位置还是高一些，因为状语和定语一旦进入述谓化关系，就自动提升至谓语位上，并形成句子的句法稳定性：У него **хорошая** статья → Статья у него **хорошая**. Он был в пальто **нараспашку** → Пальто у него было **нараспашку**.

把较高位置上的成素转换至动词、形容词或述谓副词位上会降低特征程度，比较：Кубинские девушки танцуют **удивительно** темпераментно → Кубинские девушки **удивляют** своими темпераментными танцами; Танцы кубинских девушек **удивительно** темпераментны → Танцы кубинских девушек **удивительны** своей темпераментностью. 再如：Сергей – **токарь**和Сергей **токарничает** = занимается токарными работами как любитель. Маша – **болтунья**和Маша **много болтает**（其特征程度只能靠много来表达）. У Саши **грипп**和Саша **гриппует**（隐性表达"程度不太厉害"）.

5.5 低于动词、形容词或述语副词级别的是逻辑状语

逻辑状语（地点、时间、原因和目的等）虽然级别低，但其独立的位置能使原始结构中施事名词（即形义对称结构中的主语）变得消极，同时提升动词谓语的交际级，比较：**Петровы** опять шумят → **У Петровых** опять шумят. **Украинцы** хорошо поют → **На Украине** хорошо поют.

如果把句中同类动词的一个转换至状语位时，另一个留下的动词谓语本身就会比变成状语的动词的交际作用相对升高：Он **читал и** прислушивался к разговору → **При чтении** он прислушивался к разговору. 与之相同的是变成表达时间、原因或让步意义的副动词：**Читая**, он прислушивался к разговору. Он читал, **прислушиваясь** к разговору.

5.6 交际级最低的是定语和特征状语

（1）当主语转换成逻辑状语时，即使它依然留在结构模式中，也似乎已离开交际者的视线，比较：**Лист** начинает разлагаться → **В листе** начинается разложение（句法中心变成过程名词）. 当状态主体名词转换成类别词的非一致定语时就离开交际者视线更远，但却保留了语义主体的身份：**В тканях листа** начинается разложение → Начинается разложение **тканей листа**. 此时说的已经不是叶子的组织，而是过程的开始。这个定语位的转换改变了模型的类型意义，由原来的"主体及其状态"变成了"过程

或状态的开始"。

（2）在定语的"假面具"下经常隐藏着"被降级的"所指结构的施事，比较：Его фамилия упоминается в **ректорском** приказе ← **Ректор** упоминает его фамилию в своём приказе. Эта мелодия звучит /используется в 6-ой симфонии **П.И. Чайковского** ← Эту мелодию использовал в 6-ой симфонии **П.И. Чайковский**.

（3）这个位置还可能由副词化了的副动词和表示行为方式的副动词占据：Я люблю читать **лёжа**. Старик задремал **стоя**. Олег сидел, **развалившись** в кресле.

Всеволодова（2000: 439）指出，正是这些没有句子成分优势的成素常出现在述位焦点上：Я покажу вам **самую короткую** дорогу на почту. Доронина играет роль Аэлиты **с большим мастерством**. 这里起作用的应该是补偿律：当一个语言对象在某个方面作用小或不常用时，它就会在其他方面变得重要。一致定语在句子的结构语义组织中起着非常重要的作用，它使结构变得更紧凑，能改变内容的"包装"，保留所指结构相应的组成成素。这一点也充分说明语言中没有不重要的成分。

5.7 本身没有交际作用的系词、关系说明词、描写说明词和类别词

这些词的作用要么是揭示语义关系本身，如引入关系成分并使其活跃，以引起受话者的注意：Сера – жёлтый порошок 和 Сера – порошок жёлтого **цвета**. 要么是使信息重要的成素获得更高的位置，如当类别词上升至主语位时便获得了假主体角色，也就有了交际作用：**Цвет** серы жёлтый. 当其上升至补语位时则获得了假客体角色，其实它隐藏了整个命题，同样拥有了交际作用：Определим **цвет** раствора = Определим, какого цвета раствор. Назовите **число** мест в отеле = Назовите, сколько мест имеет отель. 描写说明词有规律地占据谓语位置说明其在句子结构中有着较高的交际地位。

Всеволодова（2016: 594）把句子成分位置级一目了然地呈现在下图中：

1. 主语
2. 名词性谓语
3. 补语
4. 其他谓语类型
5. 逻辑状语
6. 特征状语和定语
7. 系词

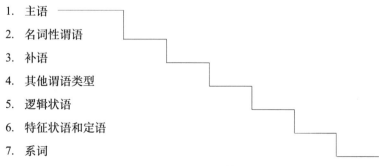

图33-1

可见，俄语句子成分体系可以个性化地分布所指结构的参项，揭示它们之间的语义关系，形成句子的交际预期。句子成分交际级机制与实义切分机制的不同是，后者受上下文情景制约并要保障语篇语义的完整性，而前者能表达作者的主观倾向和语篇的主观评述氛围。在前文关于句子四个平面关系的论述中我们已经看到，句子成分（即形式结构）跟所指结构的角色之间没有紧密的联系，跟语义结构的关系也不一一对应。而且后文句子的变换类型也证明描写述谓和逆向转换不仅可以出现在形义对称结构基础上，还可出现在非同构和形义非对称转换句的基础上。总之，了解句子成分交际级观念，对俄语句子语义的理解和同义转换句的生成都大有裨益，值得将其引入我们的俄语语法教学之中。

§6 引进描写述谓的同义句式变换

6.1 描写述谓-1的转换方式

当把谓语移至补语位上时，描写述谓-1[①]的一般转换方式有以下几种：

（1）展开动词：Археологи **раскапывают** курган → **ведут раскопку** кургана. Сбербанк **открывает** счета для физических лиц → **осуществляет открытие** счетов. Я вчера весь день **стирала** → **занималась стиркой**. Мы **наслаждались** тишиной → **испытывали наслаждение** от тишины. Земля **вращается** вокруг Солнца и своей оси → **совершает вращение**等。由увлекаться-возмутиться类情感关系或状态动词派生来的动名词如下：интересоваться – интерес; увлекаться – увлечение, влечение; гордиться – гордость; удовлетворяться – удовлетворение; любоваться – любование; восхищаться – восхищение; восторгаться – восторг; очаровываться – очарование; умиляться – умиление; наслаждаться – наслаждение; упиваться – упоение; огорчаться – огорчение; возмущаться – возмущение，它们与建构说明动词 испытывать，чувствовать，питать，иметь 构成的描写述谓呈现在下表中，各自的搭配能力可一目了然：

[①] 关于描写述谓的概念和分类详见本书第9章§5，本书第22章§3。

	испытывать	чувствовать	питать	иметь
интерес *к чему*	интерес	интерес	интерес	интерес
увлечение /влечение *к чему*	увлечение /влечение	–	–	влечение
гордость *чем, за что, от чего*	гордость	гордость	–	–
удовлетворение *чем, от чего, по причине чего*	удовлетворение	удовлетворение	–	–
любование	–	–	–	–
восхищение *чем, перед чем, от чего*	восхищение	восхищение	восхищение	–
восторг *чем, перед чем, от чего*	восторг	восторг	–	–
очарование *от чего*	очарование	–	–	–
умиление *от чего*	умиление	умиление	–	–
наслаждение *от чего*	наслаждение	–	–	–
упоение *от чего*	упоение	упоение	–	–
огорчение *от чего, чем, из-за чего*	огорчение	огорчение	–	–
возмущение *чем, перед чем, от чего*	возмущение	возмущение	–	–

可见，带以上动词的句子在转换时受到补充配置条件的影响，搭配能力不完全一样，只有интерес搭配最自由，搭配最少的是очарование和наслаждение，不能搭配的是любование。当гордость表示гордиться кем-чем时不能跟иметь搭配，但表示быть гордым时иметь гордость却是正确的。如：Аристотель интересовался философией → Семнадцатилетний Аристотель, **имевший большой интерес** к философии, стал учеником Платона. Отец его всегда **питал глубочайший интерес** к своей родословной（家谱）. В детстве он **испытывал увлечение** ботаникой. Мы **испытываем восхищение** перед достижениями человеческой мысли. В душе я **чувствовал возмущение** из-за такой бесхозяйственности（浪费）.

只有动词испытывать和питать在一些动名词前可加类别词чувство，但受补充配置条件的限制，влечение和увлечение不能与чувство连用。如：Он... **испытывал чувство удовлетворения** от того, что в решительные минуты боя всегда имел под рукой что-то（Симонов）. Этот старик всю жизнь **питал чувство восхищения** перед импрессионистами（印象派）и музыкой Равеля（Смирнов）. Павел почти не отрывал от глаз кинокамеру и **испытывал чувство гордости** за друзей. При входе в православный храм он **испытал чувство интереса**,«таинственности» и, вместе с тем, **чувства печали**, **тоски**（Всеволодова 2016: 606）.

除以上纯粹的建构说明动词外，还有表示情感出现或消失意义的动词выражать, проявлять, открыть, скрыть, спрятать等，如：Разгоряченному схваткой（被战斗激怒的）Дмитрию Петровичу хотелось **выразить своё возмущение** святотатством（亵渎）, которое творили жандармы（宪兵）на его глазах（Алпатов）. Это объяснялось, видимо, тем, что Пётр Петрович уже привык **скрывать чувства радости и наслаждения** бездельем（Липатов）. 以及阶段动词потерять, погасить, получать, оставлять, 不是所有动名词都能与之连用，不能说*получить / потерять восторг, возмущение, очарование等，如：Я совсем **потерял интерес** к её жизни（Казаков）. **Получаю** большое моральное **удовлетворение**, принося пользу людям. И всё-таки Володю **не оставляло чувство восхищения** Лилей（Уварова）. Забор сразу **погасил** весь **интерес** детворы（孩子们）к своему дворцу（Саршанов）.

此外，还有一些形象生动的描写述谓：Он **затосковал** → **впал в тоску**. Она **заснула** → **погрузилась в сон**等。

（2）展开形容词：Я **голоден** → **испытываю голод**. Это предложение **сложное по структуре** → **характеризуется сложностью** структуры. Ландшафт степи по сравнению с лесостепью **однообразен** → **отличается однообразностью**. Мы **рады встрече с вами** → Мы **испытываем радость**（**чувство радости**）от встречи с вами.

（3）展开述谓副词，通常有模型句的变化：Мне было **неловко** → Я **испытывал чувство неловкости**. Маше стало **грустно** → Маша **почувствовала грусть**等。

（4）展开数名词组，通常增加信源说明成分：На Днепре мы наблюдаем **два сгустка**（凝结体）памятников Черняховской культуры（Рыбаков）→ На Днепре в двух местах памятники Черняховской культуры расположены **особенно густо**.

（5）展开作述体的名词词形：У него **грипп** → Он **болеет / болен гриппом**; Страна **в разрухе** / В стране **разруха** → Страна **переживает разруху**; Я **в страхе** / Мне **страшно** Я испытываю **испытываю чувство страха**。比较：При входе в лаз（检查孔）я неожиданно **ощутил чувство непонятного страха**（Мулдашев）. Я испугался испугался, непонятно чего.

应该指出，以上这些描写述谓形式与形义对称结构相比只多出了一步，当所指述体本来就占据谓语位置时，这是最低限度的一类句子，只有当句子模型发生改变时，它们的内容才会有所增加。

6.2 描写述谓-2的转换方式

（1）由原则上不能构成描写述谓-1的 N_1V_f 型（即名—动模型句）转换，如：Частицы **рассеиваются**（消散）→ **Происходит рассеивание** частиц. 不能构成 *Частицы производят/ совершают рассеивание. 比较：Частицы беспорядочно **движутся** → **совершают** беспорядочное **движение**. При доступе кислорода металл **окисляется** → **Происходит окисление** металла. 不能构成 *Металл производит окисление. 又如：В.М. Лобанков склонен думать, что **процесс мышления осуществляется** на уровне торсионных полей（扭转场）ментального тела души（Мулдашев）. ← Люди **мыслят**.... 这种转换方式也适用于生动形象的描写述谓：Старик **заснул** → Старика **сморил / одолел сон**. Я **затосковал** → Меня **охватила тоска**.

（2）用于非动词述体的转换，如：Я никогда их（друзей-соратников（盟友））не оставлю, потому что меня будет **мучить совесть**（Мулдашев）.（属于形象描写述谓表达）← Мне будет мучительно **совестно**.

（3）由带 V_fN_4 形式的描写述谓-1构成的被动结构或双题元句（диатеза）以及名-形句，有以下几种情况：

1) 转换成被动结构句：Археологи **раскапывают** курган → **ведут раскопку** кургана ↔ Археологами **ведётся раскопка** кургана. Эксперты **согласились** → **дали согласие** ознакомиться с результатами исследований ↔ Экспертами было **дано согласие** ознакомиться с результатами исследований. Он **согласился** приехать к нам → Мы **получили** его **согласие** ↔ Нами было **получено** его **согласие** приехать к нам. В нашей лаборатории **экспериментируют/ поэкспериментировали** → **проводят / провели эксперимент** с клетками растений（植物细胞实验）↔ В нашей лаборатории **проводится / проведён эксперимент** с клетками растений.

2) 转换成双题元句，在转换时主体名词移至由名词二格或物主代词表示的伪方位词上：Земля **вращается** → **совершает вращение** вокруг Солнца и вокруг собственной оси ↔ **Вращение Земли совершается** вокруг Солнца и вокруг собственной оси. Мы **наблюдали** за этим стадом слонов очень тщательно → **провели наблюдения** за этим стадом слонов с максимальной тщательностью ↔ **Наши наблюдения** за

этим стадом слонов **были проведены** с максимальной тщательностью. 同样适用于形象描写述谓：**В моей душе копошились**（紫绕）**два** взаимно противоположных **чувства**（Мулдашев）. ↔ Я **испытывал два** взаимно противоположных **чувства**. → Я одновременно **чувствовал** нечто взаимно противоположное.

3）转换句中相应的描写述谓增加了带有感受意义的信源说明成分：В коридоре **шумят** → Из коридора **доносится шум**（= Я слышу шум）. В саду дивно **пахли** розы → Из сада **доходил/ доносился** дивный **запах** роз.

4）在转换时改变述谓关系，也就是将带名词建构词的描写述谓中的述体成分（建构词及其定语），移至相应的主语和谓语位上：Блузка – **синего цвета** → **Цвет** блузки – **синий**. Это предложение – **сложной структуры** → **Структура** этого предложения – **сложная**.

除上述情况外，还有建构词和类别词互相复制的现象，于是就出现了描写述谓-1和描写述谓-2的错合现象，从而更加提高了所要表达关系的交际地位，比较：Мне кажется, **влияние** общества, насквозь пропитанного погоней за долларом, **оказывает** своё тлетворное **воздействие**（有害影响）（на учёных）（Мулдашев）. → общество тлетворно **влияет /воздействует**. ...коммуникативному поведению собаки... не **свойственна** доминирующая **функция**（主导功能）знаков человеческого языка – функция репрезентации（表示）（Бюлер）. → ...в коммуникативном поведении собаки знаки ничего не **репрезентируют** → собака при коммуникации не пользуется знаками，чтобы что-то **репрезентировать**.

6.3 描写述谓选择的补充配置条件

对描写述谓的选择有补充配置条件的制约，但目前还无法确定全部的制约条件及其交际任务，Всеволодова（2000: 449）指出了以下几条：

（1）有的派生形容词没有对应的派生副词，如：Маятник **совершает крутильные колебания**. 却没有*крутильно колеблется. 或者没有相应的词汇语义变体，比较：Он **сделал важное заявление**. 不能说*Он важно заявил.

（2）在描写述谓中需要加入行为的延续时间和结束时间：Состоялись **многочасовые** переговоры. Совершили **получасовую** прогулку.

（3）科学和公文事物语体中，在派生词前需要添加数词：Маятник **совершил 86164 колебания**. Преступник **совершил два убийства и несколько ограблений**.

（4）有些原始句形式结构中的客体名词在转换成描写述谓时可以去掉，比较：Я сегодня

купил книгу → Я сегодня сделала покупку. Учёный открыл новое правило → Учёный сделал открытие. Преступник убил человека → Преступник совершил убийство. 但有些却不能去掉客体名词：заниматься покупкой /продажей（чего），而заниматься торговлей却又可以去掉客体名词。

可见，在做引入描写述谓的同义句式变换时，需要对描写说明词、能产生派生词的原词和句子类型进行具体而深入的研究。

§7 逆向同义句式变换

7.1 逆向转换的概念和种类

"逆向转换"[①]（конверсивы）略不同于"同义转换"。"同义转换"所指的形式和语义对应关系的意义变化局限在语法语义或句式意义范围内，而"逆向转换"立足于"句子表示的客观情景或事件意义同一"，在这一点上它与"同义转换"基本相同，所不同的是：语义上"逆向转换"突出"视点"或"语用焦点"的变化；在句子构成上，它允许词汇构成发生变化，在转换时必须伴有题元名项句法位的交换（即换位）（彭玉海2007: 294）如：Он **продал** машину другу – Друг **купил** у него машину. Книга пленяет（迷住）нас **юмором** – **Юмор книги** пленяет нас. 这种转换属于广义的转换，因为它超越了狭义的、纯粹语法性质的转换范围。传统的逆向转换只指纯语法逆向转换，即主语和补语位置的倒置，最常见的是主动句和被动句的转换：В начале 20-ого века **скульптор** С.М. Волнухин **создал** памятник Ивану Фёдорову. → В начале 20-ого века **скульптором** С.М. Волнухиным был **создан** памятник Ивану Фёдорову.

句子的逆向转换概念作为一种语法范畴是由Ломтев（1972）引进句法学的。Всеволодова（2000: 452）将其称为"句子在转换时改变主语和依附于谓语的成分或其他依附成分之间关系方向的能力"，也就是说，俄语中句子成分关系方向的改变不只发生在主体和客体之间：**Учёные** проводят /провели **эксперимент** → **Учёными** проводится /проведён **эксперимент**. 更多的是发生在任何两个名词成分之间，如：

（1）行为和状态之间：**Отец заболел** гриппом. → **У отца** начался **грипп**.

（2）两个关系成素之间：Земля **больше** Луны. ↔ Луна **меньше** Земли. Физика для меня **легче** химии. ↔ Химия для меня **труднее** физики. Саша – брат Коли. ↔ Коля – брат Саши. Петя дружит с Димой. ↔ Дима дружит с Петей. 这种成对关系中

[①] 彭玉海（2007: 294）称之为"换位转换"。

哪个词是原始成素哪个词是派生成素取决于情景或实义切分。还有一种派生关系：Я восхищаюсь её голосом. → Меня восхищает её голос. 其中原始词应该是形义对称结构中的词：Я восхищаюсь Аллой Пугачёвой. → Меня восхищает пение Аллы Пугачёвой. → Я восхищён пением Аллы Пугачёвой.

（3）方位成素之间：**В пещере** скрывались разбойники. → **Пещера** скрывала разбойников. **В пожелтевших письмах** хранится тайна их любви. → **Пожелтевшие письма** хранят тайну их любви.

（4）原因成素之间：Мы задержались **из-за дождя**. → Нас задержал **дождь**.

（5）特征成素之间：Маша отличается **скромностью**. → Машу отличает **скромность**. ← Маша **скромная**.

（6）伪评定词（квазиквалификатор）之间：**Основной трудностью** в опыте является поддержание постоянной температуры. ↔ **Основная трудность** опыта состоит в поддержании постоянной температуры.

可见，Всеволодова（2000: 452-465）扩大了逆向转换的范围，将其分为词汇逆向转换和语法逆向转换，而后者又分为形式化逆向转换（формализованные конверсивы）和非形式化逆向转换（неформализованные конверсивы）。

7.2 词汇逆向转换

通过词汇逆向转换形成的模型句可能保留形式结构，也可能改变形式结构，所以Всеволодова（2000: 454）把这种使用词汇逆向转换形成的句式变换称为词汇—语法变换，分为对称关系和非对称关系句。

（1）表示对称关系的句子有如下几种逆向转换：

1）逆向转换时保留形式结构：Саша - брат Коли. ↔ Брат Саши - Коля.和Коля - брат Саши. ↔ Брат Коли - Саша. Петя дружит с Димой. ↔ С Димой дружит Петя.和Дима дружит с Петей. ↔ С Петей дружит Дима. Аня похожа на Олю. ↔ На Олю похожа Аня.和Оля похожа на Аню. ↔ На Аню похожа Оля.

2）指出相关者共同特征的转换句：Саша и Коля братья. Петя и Дима дружат. Аня и Оля похожи.

3）逆向转换时两个句子使用相同的词，这可能是：

● 配价上要求相关者是共同施事的动词：Оля поссорилась с Аней. ↔ С Олей поссорилась Аня. ↔ Аня поссорилась с Олей. ↔ С Аней поссорилась Оля. 相关者也可能是其他类型情景的主体：Польша граничит с Литвой. ↔ С

Польшей граничит Литва. ↔ Литва граничит с Польшей. ↔ С Литвой граничит Польша. Лес соседствует с рощей ↔ С лесом соседствует роща.

- 表示相关者是同一类人之间关系的名词，如брат，сестра，партнёр，спутник，земляк，однофамилец等：Ваня – **друг** Миши. ↔ Друг Вани – Миша. ↔ Мшиа – друг Вани. ↔ Друг Миши – Ваня. Княгиня Дашкова – **современница** Екатерины II. ↔ Современница Дашковой – Екатерина II.

（2）表示非对称关系的句子在逆向转换时可能保留形式结构：Киев старше Орла. ↔ Орёл моложе Киева. 也可能局部改变形式结构：Он **сообщил** нам о результатах голосования. ↔ От него мы **узнали** о результатах голосования. 或完全改变形式结构：**У отца** есть два лотерейных билета. → **Отец** – обладатель двух лотерейных билетов.

（3）非对称关系可由以下词表达：

1）称名相同情景的反义词，包括：

- 动词продать /купить，сообщить /узнать，дать /получить等：«Спартак» **выиграл** у «Динамо». ↔ «Спартаку» **проиграл** «Динамо». Мы **сдаём экзамен** доценту. ↔ У нас **принимает экзамен** доцент. 不包括表示不同情景的приехать /уехать，родиться /умереть等。

- 本身作述体的比较级больше /меньше，выше /ниже，старше /моложе等：Катя **старше** Оли. ↔ Оля **моложе** Кати. Таня **выше** Маши. ↔ Маша **ниже** Тани. 和作特征状语的比较级：Таня **прыгает выше** Маши. ↔ Маша **прыгает ниже** Тани. Оля говорит **громче** Ани. ↔ Аня говорит **тише** Оли.

- 前置词和副词—前置词组合：над /под，перед /за，слева от /справа от等：Картина – **над** камином. ↔ Камин – **под** картиной. **Слева от** дивана – шкаф. ↔ Диван – **справа от** шкафа.

2）对应词（корреляты），包括表示以下关系的词：

- 表示不同性别和辈分的家族亲戚关系的муж /жена，сын /отец等：Анна – **жена** Петра. ↔ Пётр – **муж** Анны. Вадим Петрович – **дядя** Лены. ↔ Лена – **племянница** Вадима Петровича.

- 表示不同社会地位相互对应关系的начальник /подчинённый，хозяин /раб，палач /жертва，врач /пациент，мастер /клиент，учитель /ученик，тренер /воспитанник等：Лев Духовний – **тренер** школьников. ↔ **Воспитанники** Льва – школьники.

- 表示人员和所属物关系的 автор ↔ произведение, хозяин（владелец）↔ имущество等：Гете - **автор** «Фауста». ↔ «Фауст» - **произведение** Гёте. Олег - **владелец** дома. ↔ Дом - **имущество** Олега. Таганрог - **родина** Чехова. ↔ Чехов - **уроженец** Таганрога.

- 动词 обладать（владеть）↔ принадлежать, иметь ↔ быть, жениться ↔ выйти замуж等：Он **владел** огромным садом. ↔ Ему **принадлежал** огромный сад. Олег **имел** трёх дочерей. ↔ У Олега **были** три дочери. Иван **женился** на Анне. ↔ Анна **вышла замуж** за Ивана.

- 系词являться（представлять собой）↔ заключаться（состоять в чём）等：Его целью **является** выявление вируса. ↔ Его цель **заключается** в выявлении вируса.

3) 属于不同词类的词，包括：

① 动词↔形容词：Мы **видели** реку. ↔ Нам **видна** река. Я **слышу** голоса. ↔ Мне **слышны** голоса.

② 数词或副词↔形容词或形动词：В лесу **много** дичи. ↔ Лес **богат** дичью. В пустыне **мало** воды. ↔ Пустыня **бедна** водой.

③ 动词↔名词：У него **есть** диплом. ↔ Он - **обладатель** диплома.

4) 表示非对称关系的同一个词：В реке **кишит**（满满都是）рыба. ↔ Река **кишит** рыбой. В окнах **светятся** огни. - Окна **светятся** огнями. В душе **горит** огонь. ↔ Душа **горит** огнём.（Туманова 1985）

7.3 语法逆向转换

纯语法逆向转换主要由动词的被动态构成。术语"被动短语"（страдательные обороты）涵盖了语义和句法上不同的语言现象，但它们的共同点是动词的被动态形式，这可能是带尾缀-ся的动词：У нас очень хорошо **развиваются** отношения по текущим проектам. 也可能是被动形动词短语形式：Скоростной поезд полностью **разработан** китайскими специалистами. 而扩展动词的名词之间的关系可能完全不同，比如可能发生以下关系方向的改变：

（1）施事及其所创造的客体：**Памятник** Ивану Фёдорову скульптор С.М. **Волнухин создал** в начале 20-го века. → **Памятник** Ивану Фёдорову был **создан** С.М. **Волнухиным** в начале 20-го века.

（2）与事及转交客体：Своё **собрание** картин П.М. **Третьяков** в 1892 году **передал Москве.** → **Собрание** картин П.М. Третьякова в 1892 году было **передано им Москве**.

（3）方位及其中的客体：К этому времени **Вышгород переполнили слухи** о чудесных знамениях（征兆）и событиях. → К этому времени **Вышгород был переполнен слухами** о чудесных знамениях и событиях（Филист）.

（4）相关者及关系参项：Озеро окружают горы. → Озеро окружено горами. Тропу освещает луна. → Тропа освещена луной.

被动句按照语义分为过程被动和状态被动。过程被动呈现的述体特点是人的行为或自然力导致的结果：Пострадавшим от наводнения властями **оказывается /оказана** необходимая помощь. Вода затопила берега. → Водой **затоплены** берега. Селевые потоки（泥石流）разрушили посёлок. → Селевыми потоками был **разрушен** посёлок. 状态被动即使在所指结构中也没有施事，其特征是主体自来就固有和常有的：Лист **прикрепляется /прикреплён** к стволу черенком. Откуда **берётся** талант? Глаза у этого насекомого **расположены** на ногах. Они **связаны** родственными отношениями.

被动句按照构成数量分为三成分句、二成分句和一成分句，如：

（1）三成分被动句包括两个扩展谓语的名词，施事N_5或其对应词可能是：

1）可选的N_5：Пострадавшим от наводнения **городскими властями** оказывается /оказана необходимая помощь. → Пострадавшим от наводнения оказывается /оказана необходимая помощь. Памятник Ивану Фёдорову был создан（**С.М. Волнухиным**）в начале 20-го века. Собрание картин П.М. Третьякова в 1892 году было передано（**им**）в дар Москве. 也可能是表示情感关系或状态的被动句：Я была возмущена **всем случившимся**. → Я была возмущена. 这种转换其实是二次逆向转换，一次逆向转换应该是跟相应及物动词的转换，如：Я восхищаюсь её голосом. → Меня восхищает её голос. → Я восхищён（её голосом）. 类似的对应词还有：заинтересоваться → заинтересовать → заинтересован, увлечься → увлечь → увлечён, умилиться → умилить → умилён, плениться → пленить → пленён, очароваться → очаровать → очарован, удовлетвориться → удовлетворить → удовлетворён, возмутиться → возмутить → возмущён, огорчиться → огорчить → огорчён, упиться → 0 → упоён 等。由于受到词汇因素补充配置条件的制约，有些情感关系类动词（如гордиться, любоваться, наслаждаться, упиваться）不能构成类似的一次或二次的逆向转换。

2）必需的N_5，包括：

① 结构上必需，如果去掉N_5句子语义就会遭到破坏，尤其是在有关系说明词的原因述体句中，比较：**Реформы** Петра I **обусловили** превращение России в могучую державу. → **Реформами** Петра I было **обусловлено** превращение России в могучую державу. 不能说*Было обусловлено превращение России в могучую державу. Его срочный уход был **вызван важными делами.** 不能说*Его срочный уход был вызван.

② 信息上必需：Дорогу засыпали листья /обрывки /афиши. 不能说*Дорога засыпана. 但却可说Яма была засыпана. Реку покрыл лёд. → Река покрыта льдом. 不能说*Река покрыта.

带扩展谓语的动词不定式句可选择保留或不保留施事N_5，比较：**Коллективом** было **решено обойтись** без внешних эффектов. ← Коллектив решил обойтись без внешних эффектов.和Было решено обойтись без внешних эффектов. **Офицером** было **приказано** не **стрелять.** ← Офицер приказал не стрелять.和Было приказано не стрелять.

（2）二成分被动句保留一个扩展谓语的名词，要么是形式主语，要么是施事N_5：

1）保留形式主语的情况如下：

① 省略施事N_5的三成分句的对应形式，比如前文决定了施事N_5可选，此处在形式结构中消失的施事N_5不表明它们在所指结构和语义结构中也消失了，它们是可以被恢复的：Два года назад **принята** Концепция государственной политики по увековечиванию памяти（永垂不朽）жертв политических репрессий（镇压），**создан** Фонд памяти（**Правительством Российской Федерации**）. **Проведена /проводится** работа по восстановлению памятника（**специалистами**）.

② 三成分被动句的语义派生句，其主体成素保留在所指结构中，但在语义结构中却没有，这种被动句不能直接与带主体名词的主动句对应，比较：Система маркетинговых（营销学的）исследований **направлена** на следующие основные объекты. 不能说*Исследователи направили систему на объекты.

③ 动词结构的对应形式，不能在形式上改变关系方向，施事名词还是主语，通常是带纯反身动词的原始句：Ребёнок **умылся, оделся и причесался**（比较：Ребёнка умыли.）→ Ребёнок **умыт, одет и причёсан.** Он **побрился** и **надушился**（比较：Его побрили.）→ Он был **побрит и надушен**. Он **женился.** → Он **женат**.

2）二成分状态被动句建立在主体不是施事的所指结构基础上，如：

① 表示主体反应状态的被动句，跟此类被动句对应的是带-ся一般反身动词的句子，转换时关系方向不发生改变。主语可能是：

● 跟情感和智能状态动词连用时是表人名词：Он **взволновался** → Он был **взволнован**. Он **растерялся** → Он был **растерян**. Он **возбудился** → Он был **возбуждён**. Он **влюбился** → Он **влюблён**. Он **разочаровался** → Нет сомнения в том, что Фёдоров несколько **разочарован**（Отт）. 类似的对应词还有убедиться → убеждён, увериться → уверен, сосредоточиться → сосредоточен（на чём）等。

● 跟物理和生理状态动词连用时是非动物名词：Зрачки **расширились** / **сузились** → Зрачки **расширены /сужены**. Лицо **перекосилось** / **перекошено**. Складка между бровей **разгладилась** → **разглажена**. Орган атрофировался（萎缩）→ **атрофирован**. Фотон（光子）**родился** / **рождён** в недрах Солнца.（Всеволодова 2000: 459）

② 表示主体关系、性能和特征的被动句，此时没有带-ся动词形式：Глаза широко **расставлены**, кончики ушей **прижаты** к голове. У людей с неопределённым характером доминирующие черты **выражены** слабо. В то время я был **связан** с одним проектом（Отт）.

（3）一成分被动句是以下类型的句子：

1）跟不定人称主动句对应的句子，没有施事N_5，也没有主语，只保留间接补语和状语：За врачом уже **послано.** ← За врача уже послали. Про батарею Тушина было **забыто**（Л. Толстой）← забыли. Об этом **сообщалось** в печати ← сообщили. 或接动词不定式：**Приказано** не стрелять. **Предлагается рассмотреть** следующие вопросы.

2）主语和施事N_5是零形式，但有与主语一致的形动词：**Приведены** в повышенную готовность. **Издан** массовым тиражом.

可见，不是每个被动结构中都有两个扩展谓语的名词，也不是每个句子都是逆向转换。

逆向转换功能语义场的中心是表达主—客体关系的句子，在形式层面主要表现为由主格—宾格原始结构（$S_1V_fN_4$）向主动句或被动句的转换，如：Рабочие строят дом →

Рабочими строится дом. Олег сдал все экзамены → Олегом сданы все экзамены. 这种保留两个扩展述体词的主动句向被动句的转换叫做形式化的逆向转换。此外，还有非形式化的逆向转换。

7.3.1 形式化的逆向转换

按照形式化的逆向转换可以构成很多（但不是所有）带形式主语和直接补语的逆向转换，它们往往已经成为原始句的转换句，比如：

（1）带描写述谓的句子：Врач **оказал помощь** больному → Врачом **была оказана помощь** больному. 当及物动词不能构成被动形动词，无法进行逆向转换时，补充配置条件许可描写述谓的使用，比较：Боксёр **ударил** соперника слева. Грузовик **обогнал** «Волгу» в этом месте. 不能说*Боксёром соперник был ударен слева. *Грузовиком «Волга» была обогнана в этом месте. 但描写述谓则能恢复这种逆向转换：Боксёр **нанёс** сопернику **удар** слева. → Боксёром был **нанесён** сопернику сильный **удар** слева. Грузовик **совершил обгон** «Волги» → Грузовиком был **совершён обгон** «Волги». 此处逆向转换的参项变成боксёр – удар和грузовик – обгон，不是原始句里的боксёр – соперник和грузовик – «Волга»。

（2）针对形义对称结构的逆向转换：а) Я **восхищаюсь** стихами Пушкина. → б) Меня **восхищают** стихи Пушкина. → в) Я **восхищён** стихами Пушкина. а) Мы **удивились** его позднему приходу. → б) Нас **удивил** его поздний приход. → в) Мы были **удивлены** его поздним приходом. 这里发生了两次逆向转换，б) 是第一次，в) 是第二次。

（3）原始句的句法转换句：а) Пётр I **в результате проведения реформ** превратил Россию в могучую держава. → б) **Реформы** Петра I превратили Россию в могучую державу. → в) **Реформами** Петра I Россия была превращена в могучую державу. б) 句中上升至主语位的是原因成素。

形式化逆向转换的典型特点是：

（1）原始形式可能是主格—宾格结构$S_1V_fN_4$：Студент решает задачу → Студентом решается задача. 可能是主格—生格结构$S_1V_fN_2$：Дети достигли больших успехов → Детьми достигнуты большие успехи. 也可能是主格—工具格结构$S_1V_fN_5$，此时常是倒装词序：Страной управляет президент → Страна управляется президентом.

（2）被动句中的被动态有严格的对应形式，比如：

1）大部分未完成体及物动词对应其带-ся动词：Продавец **продаёт** телевизор → Продавцом **продаётся** телевизор. Археологи **ведут** раскопки древнего города →

Археологами **ведутся** раскопки древнего города.

　　2）动词与被动形动词对应，包括：

　　　　① 大部分爱—恨类未完成体动词的现在时：Нами ты была **любима** и для милого **хранима**（Пушкин）. Он был **ценим** и **уважаем** коллегами.

　　　　② 完成体动词的过去时：Отель **построила** итальянская фирма → Отель **построен** итальянской фирмой. Археологи **провели** раскопки кургана → Археологами **проведены** раскопки кургана.

　　（3）在被动句中原始主语的对应形式常由施事类N_5表示，例句见上。当出现某些补充语义关系（如拥有者、作者身份）时则使用N_2表示，可用代词保留N_5的位置：Своё собрание картин П.М. Третьяков в 1892 году передал Москве → **Собрание картин П.М. Третьякова** в 1892 году было передано（**им**）Москве（Чагина 1990: 8）.

　　（4）当原始主语位上是方位类名词（如завод выпускает ← на заводе выпускают）时，带行为动词的被动句中N_5都变成в/на+N_6形式：Музей открыл выставку → **В музее** открыта выставка. Завод выпускает станки → **На заводе** выпускаются станки.

　　但与之类似的带阶段动词的转换则属于非形式化的逆向转换，如：Музей **начинает** работать в 9 часов → Работа музея /в музее **начинается** в 9 часов. Завод **заканчивает** выпуск станков → На заводе **заканчивается** выпуск станков. 此处带-ся动词不是被动态形式，比较：Дождь начинается /заканчивается. 类似句子不是主动句的逆向转换，只是句法转换，因为这些句中没有所谓的"关系"因素。

7.3.2 非形式化的逆向转换

　　非形式化的逆向转换构成逆向转换功能语义场的近心区和远边缘区，这是一组研究得较少但有规律的句式变换，有时很难判断情景参项的主动程度，比较：Я **лечусь** у нашего врача ↔ Меня **лечит** наш врач. Он **тренируется** у известного тренера ↔ Его **тренирует** известный тренер. Отца **проконсультировал** адвокат ↔ Отец **проконсультировался** у адвоката. 这里的使役因素可能是пациент，спортсмен和клиент，但主动开始者应该是врач，тренер和адвокат。

　　非形式化的逆向转换数量很多，原始句也要求两个扩展谓语的名词，转换时需要把主语位上的词移至非一致定语位上，导致一个词位消失，因此这种句式变换实际上属于同义转换而不是逆向转换，比较：Лошади ускорили бег → **Бег** лошадей **ускорился**. Деревья замедлили свой рост → **Рост** деревьев **замедлился**.

　　带及物动词的句子可构成把主语位上的词变成у-方位格形式的转换句，这样动词就保留了名词之间的位置，同时也标记了关系的方向：Перепёлки（雌鹌鹑）увеличили яйценоскость（产蛋量）→ У перепёлок увеличилась яйценоскость. Дети развивают гибкость → У детей развивается гибкость. 也可以转换成Яйценоскость перепёлок увеличилась. Гибкость детей развивается.（Величко, Туманова, Чагина 1986）

非形式化的逆向转换有以下典型特点：

（1）原始结构（或正结构）是形义对称结构或主语是表人名词或更积极的情景共同施事的结构，在主语缺席时其位置由相应的所指角色名词占据，比较：Бутылка вмещает 3 литра.和В бутылке вмещается 3 литра. 其实容纳东西的物体由方位格表达的第二句被认为是原始结构。

（2）在正结构中扩展动词的第二个名词也可以是状语：Я пришёл **из любопытства** → Меня привело **любопытство**. Путники задержались **из-за дождя** → Путников задержал **дождь**. **В стандартной ванне** вмещается 140 литров воды → Стандартная ванна вмещает 140 литров воды.

（3）作为方向标志的动词在正、逆结构中并不严格对应，有以下几种情况：

1）及物动词完成体→完成体反身动词：Снег **покрыл** землю → Снегом **покрылась** земля. Первые лучи солнца **осветили** лес → Первыми лучами солнца **осветился** лес.

2）未完成体及物动词→完成体被动形动词：Снег прочно **покрывает** землю → Снегом прочно **покрыта** земля. Прожектора весь вечер ярко **освещают** центральную площадь → Прожекторами весь вечер ярко **освещена** центральная площадь.

3）未完成体及物动词和带-ся动词不构成主动—被动对：В детстве он **увлекался** рисованием → В детстве его **увлекало** рисование. Я **интересуюсь** музыкой → Меня **интересует** музыка. Мать волнуется о здоровье сына → Мать волнует здоровье сына. Гемоглобин **содержит** железо → В гемоглобине **содержится** железо

4）动词变形容词：Я **интересуюсь** музыкой → Мне **интересна** музыка. 或者相反形容词变动词：Мы **рады** встрече с вами → Нас **радует** встреча с вами.（Величко, Туманова, Чагина 1986）

5）方向标志可能是系词：В сердце（была）тоска → Сердце（было）в тоске. В городе（была）тьма → Город（был）в тьме. Мама（была）в обмороке → С мамой / У мамы（был）обморок.

从以上例句中我们看到，原来的主语形式在逆向转换中可能变成各种不同的形式。

7.4 加入描写述谓的逆向转换

（1）由带述体动词的原始模型句变成带描写述谓的逆向转换时，经常使用建构

动词 **внушать**, **ввергать**, **получить**, 有时使用其他动词（如 **иметь**, **войти** 等）+ 相应动名词，如：**Я** ему **доверяю**. ↔ **Он внушает** мне **доверие**.（比较其他形式：**Иван доверяет** Петру. ↔ **Пётр вошёл в доверие** к Ивану.）**Я отчаялся** из-за его поведения. → Его **поведение ввергло** меня **в отчаяние**. **Иван ударил** Петра. → **Иван нанёс удар** Петру. ↔ **Пётр получил удар** от Ивана, 但是不能变成 *Пётр был ударен Иваном. Ему **ответил я**. ↔ **Он получил ответ** от меня. Он **согласился** приехать к нам. ↔ Мы **получили** его **согласие** приехать к нам. **Мы привыкли** встречаться / к таким встречам. ↔ Такие встречи **вошли** у нас **в привычку**. Только ламы могли знать людей, которые могут **иметь доступ** к телам атлантов（人形柱）в состоянии сомати（冥思状态）（Мулдашев）. → которым **доступны**. → которые **допускаются**. → **которых допускают** к телам.（Всеволодова 2000: 452-456）

（2）带描写述谓的结构是被动结构的形式转换，经常使用的建构动词有 подвергаться, получать, причинять 等，如：На протяжении многих столетий в русском языке глагольные компоненты многих описательных выражений **подверглись замене**（Мордвилко）← компоненты **были заменены** ← компоненты **заменили**. В конце 19 века эта мысль **получила психологическую интерпретацию**（у ряда лингвистов）（Белошапкова）← эта мысль **была** психологически **интерпретирована**（некоторыми лингвистами）← эту мысль лингвисты **интерпретировали** психологически.

（3）二次转换，由描写述谓-2 转换成被动结构，如：Страну **охватил ужас**（← Страна **в ужасе/ ужаснулась**）. ↔ Страна **охвачена ужасом**. Людей **поразил страх**（← Люди **устрашились**）. ↔ Люди **поражены страхом**.

由此可见，带描写述谓的结构可由多步转换（两步或三步）构成，每种转换的目的都是为了解决相应的交际任务。

7.5 改变句法定位方向的逆向转换

改变句法定位方向的逆向转换，指把扩展动词、形容词谓语或系词的两个名词倒置，将原始模型句中的补语或状语移至主语位上，同时在必要时改变谓语形式，如：**Мы рады** встрече с вами → **Нас радует** встреча с вами. **Москва** является **столицей** России → **В Москве** находится **столица** России. **В моей душе** - тоска → **Моя душа** - в тоске. 这种逆向转换与同义模型句转换相交叉，处于交际聚合体的较远边缘区。

§8　同义转换

8.1　同义转换的特点

如果在逆向转换中主要的改变是扩展动词或系词的第二成素移至主语位上，那么在同义转换中通常是占据其他边缘位置的成素移至更高的位置，或者行为、关系、状态名称本身要么移至主语位，要么移至由其他词类表达的谓语位，致使原始句可能换成带其他类型意义的模型句。比如带类型意义"主体及其被性质特征修饰的行为"的形义对称结构：

（1）**Девушки** на Кубе танцуют удивительно темпераментно.

（2）**Иван** бежит легко и красиво.

（3）**Оля** читает очень выразительно.

可用类似У неё голубые глаза. 表示"主体及其固有特征"的类型情景来解释：

（1а）**У кубинских девушек** темпераментные танцы.

（2а）**У Ивана** лёгкий и красивый бег.

（3а）**У Оли** выразительное чтение /выразительность чтения.

也可用类似Дом высокий. 表示"主体及其性质特征"的类型情景来解释：

（1б）**Девушки** на Кубе удивительно **темпераментны** в танцах.

（2б）**Бег** Ивана **лёгкий и красивый**.

（3б）**Чтение** Оли **выразительное**.

或者用类似Он – врач. 表示"主体及其评定特征"的类型情景来解释：

（1в）Кубинские **девушки** – удивительно темпераментные **танцовщицы**.

（2в）**Бег** Ивана – это **лёгкость и красота**.

（3в）**Оля** в чтении – сама **выразительность**.

在以上三个按照形式标志S_1V_f构成的句子（1-3）基础上可构成具有同样形式标志但成素结构不同的转换句，如：

（1г）Кубинские **девушки удивляют** темпераментными танцами.

（1д）**Танцы** кубинских девушек **удивляют** темпераментностью.

（1е）**Темпераментность** танцев кубинских девушек **удивляет**.

这几个同义转换句中的动词词汇意义把共同类型意义转变为"名词性主体对客体的影响"。此外，也可转换成带描写述谓的模型句：

（1ж）Кубинские девушки **проявляют** в танцах удивительный **темперамент**.

句子（2）的类似同义转换句是：

（2г）**Иван отличается** лёгким и красивым **бегом**.

（2д）**Иван отличается** лёгкостью и красотой бега.

（2е）**Бег** Ивана **отличается лёгкостью и красотой**.

（2ж）**Ивана отличает** лёгкий и красивый **бег**.

（2з）**Ивана отличают** лёгкость и красота бега.

（2и）**Бег** Ивана **отличают лёгкость и красота**.

鉴于实义切分是由相关情景决定的客观因素，句式转换不应改变实义切分，而且在大多数情况下需要保留相同的词序，因此，不同句式转换的可能性不仅首先取决于具体的词序，还取决于句首的词形。下面用取自Т.Е. Чаплыгина（1994）的例句为证：

- Попов изобрёл радио → Поповым было изобретено радио（逆向转换）. Попов - изобретатель радио. Попов - это изобретение радио. Попов - это радио.
- Изобрёл Попов радио → Изобретено Поповым радио（逆向转换）. Изобретение Попова - радио.
- Изобрёл радио Попов. → Изобретено радио Поповым（逆向转换）. Изобретатель радио - это Попов. Изобретение радио - это Попов.
- Радио изобрёл Попов. → Радио изобретено Поповым（逆向转换）. Радио - изобретение Повова. Радио - это Попов.
- Радио Попов изобрёл. 只有在对话中可能有逆向转换：Радио Поповым изобретено. Радио у Попова - изобретение.

这个句子不能构成带描写述谓的转换，但在没有具体被发明物радио时，这种转换又是可以的：Попов что-то изобрёл → Попов **сделал** какое-то /важное **изобретение**.

Всеволодова（2000: 468）指出，在转换的所有集合中还有一种被称作"客观化转换"（объективированный оборот）的句式变换，指跟逆向转换一样，原占据补语位的客体名词或其他成素被移至主语位上，但跟逆向转换不同的是这里的谓语位占据的是阶段动词、存在动词，也可能是零形式，在模型句中施事名词占据不太重要的句法位置或者缺失，比较下列转换：Пётр I своими реформами превратил Россию в могучую державу → Петром I Россия была превращена в могучую державу（逆向转换）→ **Благодаря реформам Петра Первого Россия стала могучей державой**（客观化转换）. Стройотряд построил в селе новый клуб → Стройотрядом（был）построен в селе новый клуб → **Благодаря стройотряду в селе появился новый клуб**. Сотрудники часто не используют ценные приборы, поскольку не умеют ими пользоваться →

Ценные приборы часто простаивают из-за неумения ими пользоваться. Правительство наградило моего дедушку за храбрость → **У моего дедушки есть правительственные награды за храбрость.** 在客观化转换中受事和过程与主事之间的关系被断开，成为独立的关系。

8.2 带увлекаться-возмущаться一类动词句子的同义转换

根据Всеволодова（2000: 468）的划分，该类情感关系动词包括интересоваться, увлекаться, гордиться, удовлетворяться, любоваться, восхищаться, восторгаться, пленяться, очаровываться, умиляться, наслаждаться, упиваться, огорчаться, возмущаться, 带该类动词的句子在同义转换时会受到一些制约，一方面是由于它们共同的内容常体，另一方面是每个句子都受到构词和搭配因素的限制。该类句子主要有以下三种同义转换：

8.2.1 情感关系或状态名词移至主语位的转换句

（1）类似Его охватил страх.的转换句经常是倒词序，形式标志是 $S_4 \ V_f \ N_1$ ($N_{косв}$)，其中S_4是主体名词，N_1是关系名词，$N_{косв}$是引起原因的事物名词，V_f是建构动词охватить, наполнить（阶段变异词），волновать等：Профессора **наполнило** почтительное **восхищение** перед этой великолепной стройкой ← Профессор восхитился этой стройкой（正词序原始句）. Читая произведения русской классики, **меня охватывает восторг и чувство гордости** за отечественную литературу. 如果转换句也用正词序的话，那么主语则通常需要有加强语势的重音：**Почтительное восхище[4/7]ние** перед этой великолепной стройкой **наполнило** профессора.

（2）带у-方位词的模型句У него была **гордость** за сына. 形式标志为：**У+S_2** (**есть**) N_1 ($N_{косв}$)：У меня **огорчение** из-за болезни матери. У неё от успехов в работе **удовлетворение**. 也可能是存在动词在述位上：Интерес к жизни у меня, с одной стороны, конечно, **бы́л** (Казаков). 在转换句中可能出现以下词形：

1）类似в душе, на лице, в фигуре, во взгляде的伪方位词：...**в голосе** его было восхищение сноровкой（技巧）старшего товарища（Аксёнов）. **Во взгляде** его были и печаль, и досада, и лёгкое презрение ко мне（Коваль）.

2）表示"显现"的动词отразиться, выразиться, прозвучать等: На лице её **выразилось** отчаяние. Во взгляде Щупленкова **мелькнуло** облегчение, лицо стало менее напряжённым...（Бек）...в голосе Мельникова **прозвучал** жестокий восторг перед убойной силой（杀伤力）оружия（Голубев）.

这类转换句与正词序的原始模型句对应：Он гордится сыном. Я огорчаюсь болезнью матери.

（3）类似Ему **присущ** /Для него **характерен** глубокий интерес к таким проблемам.的模型句，形式标志为：N_1 $N_{косв}$（Cop）Adj_f S_3 /для+S_2，正词序和倒词序都可以，其中Adj_f是描写说明形容词присущ，характерен，свойствен，чужд（否定变异）：Ему **чужды** интересы армии = Он не интересуется жизнью армии. Страх смерти **присущ** всему живому на земле. ← Страшится смерти всё живое на земле. Повышенный интерес к религиозным вопросам был вообще **характерен** для жизни «священного города»（Панова，Вахтин）. Таким людям **свойствен** повышенный интерес к вопросам духовной жизни. ← Такие люди обычно очень интересуются вопросами духовной жизни.

（4）类似Огорчение у него - **из-за болезни матери**.的模型句，形式标志为：N_1（У+S_2）Cop от /из-за+N_2，此处状态名词的述谓伙伴是原因名词：Возмущение у нас - **из-за твоего поведения**. Его удовлетворение - **от успехов** в работе. 类型意义是"主体状态及其原因"，在这种情况下转换的意义在于显现状态名词及原因名词之间的因果关系，比较原始句：Огорчается /Огорчён он болезнью матери. Возмущаемся /Возмущены мы твоим поведением. Удовлетворён он успехами в работе.

8.2.2 关系或状态名称由动词谓语转换成其他形式的转换句

（1）体现在双主格句中的带名词谓语的转换句，包括：

1）类似Оля - наша гордость的无描写说明词和关系词的转换句，形式标志为：S_1 Cop $N_{1/5}$，其中$N_{1/5}$只能是派生的关系名词интерес，увлечение，гордость所表示的述谓伙伴，可能是主—谓这样的正词序，而与其对应的原始模型句是补语被主题化的补—主—谓词序，对比：**Победитель** становился **гордостью** сограждан（Нейхардт）← Победителем сограждане гордились. На всю жизнь **театр** стал моим самым сильным **увлечением** ← На всю жизнь театром я увлёкся. 也可能是谓—主这样的倒词序，而与其对应的原始模型句是动词被主题化的谓—主—补词序，对比：**Главным интересом** его внутренней жизни были **вопросы** веры ← Особенно интересовался он вопросами веры. Особенным его **увлечением** в те годы были **экспрессионисты**（表现主义者）← Особенно увлекался он в те годы экспрессионистами.

2）类似Саша - **предмет** нашей гордости. 带名词描写说明词的转换句，述位是模块$N_{1/5}$+N_2，其中$N_{1/5}$是предмет，объект一类词，N_2是派生词гордость，интерес， восхищение, увлечение, умиление, восторг (восторги), упоение: **Предметом его увлечения** тогда стали экспрессионисты. **Объектом главного интереса** его внутренней жизни были вопросы веры. Внуки были **объектом** его **постоянного умиления**. **Предметом** его **восторгов** были картины Лепина. 正词序对应的是客体名词被主题化的原始模型句，对比：Но богатство в те годы было **предметом** гордости (Панова, Вахтин) ← Но бога⁴ᐟ⁷тством в те годы люди гордились. 而倒词序对应的是动词被主题化的原始模型句，对比：**Предме⁴ᐟ⁷том** её постоянного **умиления** был десяток кошек, населявших её квартиру ← Постоянно умиля⁴ᐟ⁷лась она десятком кошек... **Предметом го⁴ᐟ⁷рдости** в те годы было бога¹тство ← **Горди⁴ᐟ⁷лись** люди в те годы бога¹тством.

3）类似**Причина его возмущения** – беспорядок на рабочем столе. 这样的带关系说明词причина, источник的转换句，其中N₂是状态名词восторг, возмущение, восхищение, огорчение, 关系说明词是跟восхищение, огорчение连用的причина 及跟其他四个词连用的источник: **Причиной** его **огорчения** была болезнь матери. Оркестр моего дяди был для меня **источником** самых живых **восторгов**（Глинка）. 跟模型句Огорчение у него – **из-за болезни матери**. 一样，该类转换句的意义在于表达状态名词及原因名词之间的因果关系，不同的是主语位上的是原因。

（2）类似Мы были **в восхищении** от картины. 的模型句，其中谓语是有状态意义的名词短语в+N₆，类型意义是"主体及其现实状态"，形式标志为：S₁ Cop в+N₆ от+N₂，S₁是主体名词，от+N₂是原因，в+N₆是带状态意义的в восхищении, в восторге, в умилении, в упоении, в огорчении, в возмущении, 但不能是*в наслаждении, *в очаровании, *в удовлетворении, 这说明有些带情感关系动词的原始模型句转换时受到补充配置条件的制约。该转换句通常是正词序，也可能是名词短语в+N₆ от+N₂倒置为от+N₂ в+N₆: Егор Павлович **в возмущении от того**, что вы сказали ему вчера. ← Егор Павлович возмущается /возмущён. Мы **от всего увиденного были в умилении**. ← Мы всем увиденным умилялись. Он **в упоении от сознания** собственной безнаказанности. ← Он упивается сознанием.... 也有可能от+N₂被移至主位上：**От всего уви³денного** здесь //мы были в умиле¹нии. 比较补语被主题化的原始模型句：Всем уви⁴ᐟ⁷денным здесь мы умили¹лись. 在该模型句中与主体现实状态同时并存的还有与某因素之间的原因关系，比较восторгаться фасадом（关系及其客体）和быть в восторге от фасада（状态及其原因）。如此一来，表示客体及其关系（восторгаться, восхищаться）的原始模型句被解释为由某因素导致的主体状态。

（3）谓语由短尾形容词表示的转换句，只能由句中动词可派生成形容词的原始模型句转换而来。对比увлекаться-возмущаться类动词及其派生形容词：

интересоваться – интересен	пленяться – пленителен
увлекаться – увлекателен	наслаждаться – 0
гордиться – горд	очаровываться – очарователен
удовлетворяться – удовлетворителен	умиляться – умилителен
любоваться – 0	упиваться – упоителен
восхищаться – восхитителен	огорчаться – огорчителен
восторгаться – 0	возмущаться – возмутителен

1）类似Эти стихи для меня **восхитительны**.的转换句可使用除горд外的以上所有形容词，类型意义是"主体及其性质特征"，形式标志是：S_1（для+S_2/S_3）Cop Adj$_f$，其中S_1是客体名词或导致特征形成的名词：**Музыка** этих стихов для меня восхитительна. 间接补语（信源说明者**для**+N_2，跟интересен连用时可能是N_3）位上的是关系主体或感受器官уши，глаза，сердце，或这些感受器官的表象слух，зрение等，经常使用变异动词казаться，показаться。该转换句的特点是把重心从跟客体的关系移至对客体或原因的信源说明评价上。

正词序主—谓—补或主—补—谓对应的是补语被主题化的原始模型句（补—主—谓）：Эта музыка всегда была **упоительна** для его изощрённого（敏锐的）слуха. ← Этой музыкой он всегда упивался. Вид малышей в кружевных（带花边的）платьицах показался им **умилительным.** ← Видом малышей они умилились. Ваш отказ был бы для нас весьма **огорчителен.** ← Вашим отказом мы огорчимся. Катание с горок，особенно для детей помладше，очень **увлекательно.** ← Катанием с горок дети помладше особенно увлекаются. 倒词序补—谓—主对应的是正词序的原始模型句：Ему были **интересны** все люди. ← Он интересовался всем. Для меня особенно **возмутителен** беспорядок. ← Я особенно возмущаюсь беспорядком. Но самой **восхитительной** показалась ему Люси. ← Больше всех он восхитился Люси.

由于重心移至客体评价上，作为其他命题代表的信源说明者可任选或省略，尤其是当信源说明者和说话者是同一人时：Среди произведений типично псковской иконографии（普斯科夫州的圣像画法）**интересна** группа икон с изображением святых. Игра конкурсантов была вполне **удовлетворительна**.

带谓语интересен的句子可与带描写述谓представлять интерес的句子对应：

В ежемесячном приложении газета публикует список выставок, которые могут **представить интерес** для деловых людей. Между тем, этот авторский текст **представляет**, как мы видим, большой **интерес**（Фридман）.

将重心移至关系客体的评价上会导致该类转换句被推至原始模型句的较远边缘区，但并不影响它们进入同义变体系列。

2）只由горд构成的转换句，形式标志是：S_1 **Cop Adj**$_f$ N_5，其中S_1是关系名词，N_5是客体名词或导致特征形成的名词：Они **горды**, что своим искусством доставляют радость людям. Севастопольцы **горды** своей «Морской библиотекой». 跟рад一样горд定位在主体名词上，但跟类似模型句中其他形容词不同的是，它表示人的状态意义，却没有类似Я в восторге.这样的转换句，因为没有相应的句素。

（4）类似Мне **интересно разговаривать** с ним.的谓语是无人称句中述谓副词的转换句，类型意义是"主体及其状态"（比较：Ему хорошо /холодно /радостно.），形式标志是：S_3 **Cop Adv**$_{praed}$，其中**Adv**$_{praed}$表示интересно和огорчительно +动词不定式，在这种情况下интересно似乎占据了形义对称位置：Мне **интересно** работать с детьми. 比较：Он **интересуется** коллекционированием марок. → Ему **интересно** коллекционировать марки. Мне **огорчительно** было узнать о его отказе. ← Я **огорчился** его отказом /тем, что он отказался.

副词интересно也可不与动词不定式而与方位短语连用，比较：Я люблю работать с молодыми. Мне и **в ГИТИСе интересно** из-за нового поколения, которое несёт в себе черты и приметы времени…（Гончаров）= Я с интересом работаю в ГИТИСе.

8.2.3 关系或状态的强化程度标志词移至谓语位上的转换句

在构成带类型意义"主体及其被客体特征引起的关系或状态"类型情景结构中，有一种作为关系或状态的强化程度标志词的成素，在原始模型中这一成素由（не）очень,（не）сильно,（не）особенно,（не）слишком, всё больше, всё меньше,（не）надолго一类词表示，该成素可出现在述位焦点上：Должно быть это было красивое зрелище, но я промокал от росы и **не о**^{1c}**чень** им любовался（Паустовский）. Я думала тогда, что моя фронтовая биография закончена, и, честно говоря, в такой момент **не сли**^{1c}**шком** этим огорчалась（Друнина）. Даже то, что кончились спички, его // **не надо**^{1c}**лго** огорчило（Полевой）.

如果述谓伙伴是关系或状态名词（被述谓化成素）和程度标志词（述谓化成素），那么这个变异句可由主题化的方法来完成：**Огорча**$^{4/7}$**лась** я этим в такой момент // **не сли**^{1c}**шком**. **Любова**$^{4/7}$**лся** им я **не о**^{1c}**чень**. **Интересу**$^{4/7}$**ются** творчеством Бунина всё **бо¹ᶜльше**. 为了避免不情愿的语调凸显，语句可转换为形式标志为**S₁ Cop Adj**，类似**Интерес** к физике у него большой.的模型句，其中**S₁**是行为或关系名词，**Adj**是程度标志词的对应形容词，如**большой**，**велик**，**сильный**，**незначительный**等，此时重心被移至程度的特征上，这通常在从句或独立的句子中得以展开: У него появилась уверенность, что аудитория в его руках. **Удовлетворение** от сознания этого было таким **сильным, что он даже удивился**（Мейлер）. ← Он был очень удовлетворён / удовлетворился сознанием этого. **Огорчение** его из-за этой неудачи было всё-таки **сильным**, и он не смог скрыть этого. ← Он очень сильно огорчился своей неудачей. Его **увлечение** живописью было **велико** и **не оставляло времени на личную жизнь**. 也可能是表示程度的固定用语: Восторг публики от выступления певца **не знал предела /был беспределен**.

带**увеличиваться，уменьшаться**等动词的模型句也表示强化程度的变化: **Интерес** к химии у Саши Бородина **растёт и углубляется** из месяца в месяц, и **увлечение** музыкой не **ослабевает**, а наоборот, **крепнет**（Рубашева）. ← Саша интересуется химией всё больше и глубже, и музыкой увлекается всё сильнее. Согласно данным от сервиса Google Trends, **интерес к технологии блокчейн**（区块链）**и биткоину**（比特币）значительно **снизился**. Его **восторги** от занятий с каждым днём **уменьшались**, и однажды он почувствовал себя разочарованным.

从以上对带**увлекаться-возмущаться**一类动词句子的解释（转换）聚合体的分析我们看到，不是每个转换句都与原始模型句对应，而是与该模型句具体的线性语调结构和具体的词序对应，有时转换句受到原始模型句的补充配置条件的制约。

第34章
句子的解释机制与我国俄语教学实践

§1 将解释机制引入我国俄语教学的重要性

功能交际语法提倡从意义到形式的教学方法，不再把句子看成孤立的、不与其他句子有任何联系的言语样板。比如两个毫无联系的句型что влияет на что和от чего зависит что，若把它们看成是一个句子的逆向转换（Погода влияет на урожай - От погоды зависит урожай. Экономика влияет на политику - От экономики зависит политика）及其实义切分转换（На урожай влияет погода - Урожай зависит от погоды. На политику влияет экономика - Политика зависит от экономики）会比把它们当作没有任何联系的句型学习要省时省力很多。同时功能交际语法还可以告诉学生这两个动词的描写述谓形式оказать влияние（на что），быть / находиться в зависимости（от чего），带描写述谓的句子通常带有书面语色彩：Образ жизни **оказывает влияние** на здоровье. - Здоровье **находится в зависимости** от образа жизни. 如此一来，这两个孤立的词语组成的模型句在相同情景基础上就建立起了同义转换句系列。

可见，在学习俄语之初就应该把解释机制引入教学过程，这不仅能帮助中国学生在原始模型句的基础上学会自主生成同义转换句系列，而且对原始模型句解释机制的掌握能够使学生了解俄语的语言世界图景，向学生展示相同情景的不同侧面，让学生看到相同述体所表达的不同类型意义，比如情感动词可以表示关系：Я интересуюсь химией. Я восхищаюсь этой картиной. Я возмущаюсь его поведением. 而由其变来的其他词形还可表示状态：Мне интересно. Я в восхищении. Я в возмущении. 或被引起的状态：Я заинтересован, восхищён, возмущён. 或对实体的评价：Химия мне интересна. Она восхитительна. Его поведение возмутительно. 或受到的影响：Нас интересуют эти события. Меня восхищает эта девушка.

在教学实践中我们发现，如果学生在句子中只看到词形链条上词汇和语法意义相加得出的句子意义，那么句子Маша читает бегло和另外一些句子У Маши беглое чтение.

Чтению Маши присуща беглость. Чтение Маши отличается беглостью. Маша – это беглость чтения. 等就都成了原始语句，对它们的选择只不过取决于语篇的类型而已。按照这种方法，学生对句子的学习将成为不考虑句子内容而只是对语篇类型和相应句子的机械记忆，这会大大加重学生的记忆负担和学习压力。如果在句子中我们首先看到的是其内容常体，而且这个内容常体可以用不同形式结构表达，那么上面列举的关于Маша的句子就变成拥有相同所指内容的句子，也就是说，这些句子在所指平面上相同，但在其他平面（交际、语义和形式）上有差别，这正是它们之间看上去完全不同的原因所在。如果学生能把这些同义转换句系列储存在大脑中，那么当需要表达或翻译"玛莎阅读流利"这类意思时，就可以根据场合和语体的不同，选择上面同义句系列中的某一个，而且可以根据不同情况变换表达方式，从而使自己的俄语表达变得丰富而地道，不至于造成只知道一种跟母语在形式结构上完全对应的形义对称结构句，即原始模型句Маша читает бегло 的局面。尤其当我们需要许多重复表达时，选择形式结构各异的同义转换句会使我们的言语不至于一成不变，枯燥乏味。

必须强调的是，在原始模型句基础之上掌握同义转换句系列不仅能帮助学生在读和听时正确理解信息，还能帮助学生在说和写时从有限的模型句中优化选择准确表达自己思想的同义转换句，这是提高学生俄语表达水平非常关键的一步。实际上俄语的大部分同义转换句都是内容的重新包装，即用其他模型句形式给相同的内容换上一身不同的"外衣"，使模型句跟客观内容的关系就像变魔术一般：相同的内容可由不同的模型句表达，而相同的模型句又可表达完全不同的内容。换言之，情景参项的句子成分级和主—述体对的组成要素发生了变化，改变了所要突显的成分，比如表面上是领属关系的模型句Озёра принадлежали гусям.包裹的内容其实是存在关系 В озёрах жили гуси. 亦即存在关系隐藏在领属关系中。

目前在我国的俄语教学中对同义句式转换的学习重视得还远远不够，虽然有些教材有所涉猎，但要么不顾及转换的交际任务，要么不考虑具体的词序，这导致学生常常错误使用正词序的句子。在学术语篇中经常会遇到逆向转换、被动形动词短语和被称名化的命题，如果学生不会找出称名化结构的形义对称表达，则常常无法准确理解语篇的内容，因为远不是所有外国学生都能独立揭示出反映在称名化结构中事件之间的相互联系，比如学生在阅读学术语篇时会遇到形式简单但语义复杂的句子，俄语教师的职责是先解码这些句子，从语义复杂的句子中分解出简单的命题，然后再去教会学生展开隐藏在句子中的信息，使学生学会生成同义转换的方法，其实这就是在向学生展示解释机制的作用。

§2　学习形式简单语义复杂的句子解码和生成的方法

　　我们前面讲过，俄语的形义对称结构最好理解，因此所有情景和关系都摆在表面上的复合句实际上比语义复杂的简单句更好理解。形式简单语义复杂的简单句对外国学生之所以难理解是由主观评述繁化之外的以下因素造成的：

　　（1）简单句的形式结构中混杂着多个情景，常常构成多命题句。虽然很多语言都有这种现象，但不同语言会有不同的压缩方式，比如汉语的四字成语就内涵丰富而复杂。俄语的压缩手段首先是称名化，比如简单句В учении о закономерной последовательности географических зон планеты почва оказалась важнейшим, связующим все остальные факторы звеном. 很多学生可能一下子无法明白其语义，教师应该把挤在一起的信息拆成独立的句子来展示每个情景：

　　1）Существует теория（учение）о том, что…

　　2）Географические зоны на планете Земля расположены последовательно.

　　3）Это（что они расположены последовательно /такое их расположение）- закономерно, не случайно.

　　4）Учёные объясняют этот факт разными причинами（факторами）.

　　5）Главный из этих факторов - характер почвы（= Главное условие того, что зоны последовательно сменяют друг друга, состоит в том, что постепенно меняется почва, меняется характер почвы）.

　　6）То, как изменяется почва（в пространстве от полюса к экватору）, позволяет учёным объяснить, систематизировать все другие причины, все другие факторы.

　　可见，一个简单句中包含了六个信息，教师若不做如此拆分讲解，学生恐怕会一头雾水，无法准确理解和翻译这个句子。

　　其实上面这个简单句的形式结构跟模型句**В России** Москва - самый большой город. 一样，带地点状语的双主格句中的状语很容易移至非一致定语的位置上：Москва - самый большой город **России**. 只不过上面那个简单句中有由系词оказалась表达的信源说明变异，而звено（环节）一词是描述土地因素的类别词，原则上可以去掉，那么这句话可转换成Почва - самый важный фактор, который связывает между собой, позволяет систематизировать все остальные факторы в учении о закономерной последовательности географических зон планеты. 而фактор一词也是类别词，在第一

句中也可去掉，那么这句话就可转换成跟模型句Маша – красивая.一样的句子：Почва – самое важное, что позволяет (учёным) систематизировать, связывать между собой все остальные факторы (признаки, условия) в учении о закономерной последовательности географических зон планеты. 可见，这个简单句的基础是逻辑命题，没有类别词便不成立，因为该语句的基本语义是对某个理论的成素之一的作用进行评价。

再看一个内容相对简单的句子：Между учёными уже давно ведётся спор по поводу способности обезьян пользоваться различными предметами для жизненных надобностей. 其中也有其复杂性。该句可拆分成以下几个简单句：

1）Учёные уже давно спорят (о том),

2) могут или не могут (способны ли) обезьяны использовать предметы,

3) которые они могут найти (которые им доступны),

4) для того, чтобы сделать то, что им нужно (например, достать плод, защититься от врага, укрепить что-нибудь и т.п.).

该复杂情景中除有几个命题外，还有隐性表达的句法内情态（используют или не используют обезьяны...）；还有描写述谓的逆向转换形式，可做如下还原：Учёные уже давно **спорят** → Учёные уже давно **ведут спор** → Учёными уже давно **ведётся спор**. 此外，还有关于争论内容这一隐藏命题。此类句子可以在模型句中引进动名词并将其置于主语位上，比较：На семинаре мы **говорили** о том, что параллельные сходятся. → На семинаре мы **вели разговор** /На семинаре **шёл разговор о сходимости параллельных**. 我们看到此转换句的基础是名—动句（如Отец работает），但主语位上是行为名词，而动词谓语位上是动词描写说明词（如Разговор шёл）。因此，从句子表面看穿其隐含的内容实质非常重要，首先教师应该具备这种拆解句子的能力，才能向学生解释明白形式简单但内容复杂的句子。

（2）如果句子内容的表达手段不是该情景的同构结构，即句子类型意义发生改变或情景参项名称移至其不该在的位置上时，可能造成对句子语义理解的困难。教师应该看到类型意义和原始模型句之间的不一致，并要教会学生在不理解之处把句子还原成原始模型句，如Сегодня любые платежи предприятий проходят через банк и появляется возможность реформы денежного обращения без выпуска новых купюр. 把这个复合句的第一部分恢复成原始模型句应该是这样的：Сегодня все предприятия за всё платят через банк. 其中行为名称платят被作者放在了主语位上，从而变成了платежи，同时使用了构成描写述谓的描写说明词проходят，而主体名词被移至所属人位置上：платежи предприятий，其实转换句还是保留了同样的模型句$S_1\ V_{act\ f}$，比较：Предприятия платят → Платежи проходят. 复合句的第二部分在恢复成原始模型句时改变了形式结构：Поэтому правительство **может** реформировать обращение денег（процесс обращения денег；то, как обращаются деньги）и **не выпускать** при этом новые денежные купюры. 这样一来该句的两个部分都变成名—动句，因此在称名化变体中不得不出现的主体名词правительство缺失，而模型句本身变成了情态变异句（第一个谓语）、情态和否定变异（第二个谓语）。在变换句式时作者使用了阶段变异：Правительство может → Правительство получает возможность →逆向转换У правительства **появляется** возможность. 但在转换句中主体名词У правительства无须出现即可明白，而其逻辑命题由连接词и来确定两个单句之间的疏状关系。

综上，如果在学习俄语之初需要学习的是如何解码凝结在一起的信息，那么学习压缩信息、称名化、建构多命题简单句则是在高年级需要完成的任务，那正是学生需要学习建构独立语篇之时，如撰写年级论文、毕业论文、摘要和学位论文等。不得不承认，在我们的语言教学中该方面的教学法依然非常薄弱，学生在用俄语撰写学术论文时遇到重重困难，主要原因是对科学语体不熟悉，不会利用固定言语套话建构形式简单但内容复杂的多命题简单句，这一点应该引起我们教师足够的关注。

§3 学习描写述谓的重要性

描写述谓作为句法转换的关键步骤在我们的俄语教学中没有进行过专门的学习，学生只是把它们当作固定的动名词组（如совершать вращение, испытывать растяжение, подвергаться нагреванию等）来机械地记忆而已，并不会在科学语体写作中主动而恰当地运用。其实在阅读学术语篇时教师就应该教会学生解码描写述谓，比较：Раствор **приобретает синий цвет** – **синеет** – **становится синим**. Во всех процессах и явлениях **имеет место переход** энергии от одних тел к другим – энергия **переходит**. 同时应该教会学生在建构学术语篇时使用类似的描写述谓。在科学语体中描写述谓是用来澄清语义的，因为呈现在表层的不只是"行为发出者和行为"之间的关系，还可能是所描写情景参项之间的各种不同关系，比如说话者关注的可能是主—述体关系（如主体及其状态）：В жидком воздухе **переходят в твёрдое состояние** многие газы ← твердеют. 再如主体及其特征关系就离不开描写述谓的参与，否则无法将数量（或参数）特征引入模型句。Всеволодова（2000：483）用例子证明了这些模型句的逻辑演变过程：

（1）形义对称模型句的主体参数特征通过数量形容词表达，但其中还没有数量结构：Башня – высокая /невысокая. Бассейн – большой /мелкий. Мотор – мощный /слабый. 模型句的类型意义是"主体及其数量特征"。

（2）该模型句的特征可借助描写述谓来呈现，此时的交际任务是"说出主体特征的参数"，为实现此目的需要把数量特征称名化，即把形容词构成同根特征名词，但只能是"大"的标志：высота, глубина, мощность, 不能是"小"的标志：низкость, мелкость, слабость；同时这些特征名词要求引入必有形容词来具体说明特征内容，而关系说明词则由动词иметь，偶尔也可由动词достигать表示：Башня **имеет большую /небольшую высоту**. Бассейн **имеет значительную /незначительную глубину**. Мотор **имеет большую /небольшую мощность**.

（3）当该类模型句中没有描写述谓时，则必须用二格述体名词，同时主体一定要有所指：Эта башня /Башни там **огромной высоты**. Наш бассейн **небольшой глубины**. Мотор на его машине **большой мощности**.

（4）当模型句中出现数量标志时要优先使用描写述谓，先比较一下不带描写述谓的句子：Тело весит пять тонн. Забор протянулся на триста метров. Башня поднимается /возвышается на сорок метров. 但在科学语体中一般不使用类似的述体，需要使用构成描写述谓的描写说明词 иметь或достигать：Башня **имеет высоту**（в）сорок метров. Бассейн **достигает глубины**（в）три метра. Мотор **имеет мощность** в шестьсот лошадиных сил.

（5）当称名的是线性单位（且只是线性单位）时，可使用上述模型句的另一种变体，此时可把数量词从扩展名词的非一致定语位移至离句法中心更近的扩展动词的补语位上，而把参数名词挤到不太显要的另一个补语位上，此时的参数名词可有以下几种形式：

1）высота, длина, глубина, ширина, толщина的**в+N₄**形式：建构说明动词достигать既可用于表示大参数: Башня **имеет в высоту** сорок метров /**достигает в высоту** сорока метров. 也可表示小参数：В этом месте бассейн **достигает в глубину** едва больше полутора метров.

2）радиус（半径）, диаметр, поперечник（直径）, окружность（圆周）的**в+N₆**形式：Кратер（火山口）**имеет в радиусе** двести метров /**достигает в радиусе** двухсот метров.

3）диагональ（对角线）和периметр（周长）的**по+N₃**形式：Квадрат **имеет по диагонали /по периметру** 0,5 метров.

这种把数量词由扩展名词位移至扩展动词位上的目的是使其在语句的交际预期中变得更加重要。

（6）下一个句法变换的目的是把主体名词的述谓化焦点移至参数名词上，使其与数量特征发生述谓化伴随关系，此时使用描写述谓-2，即参数名词为主语，建构说明动词是состоять, достигать: **Высота** башни **составляет** сорок метров /**достигает** сорока метров. **Мощность** мотора **составляет** шестьсот /**достигает** шестисот лошадиных сил.

此外，学生在阅读文学语篇时也会遇到跟源词不等值但语义接近的描写述谓。Всеволодова（2000: 484）认为，此时教师的任务是指出描写述谓的形象表达，比较：Я тоскую → Я **томлюсь** тоской → Меня **томит** тоска → Меня **грызёт** тоска → Меня **мучает** тоска → Я **пребываю** в тоске. Дети очень смеялись → Дети **залились** смехом → Детей **душил** смех → Дети **исходили** смехом → Дети **умирали** от смеха 等。也就是说，在任何情况下教师都应该让学生避免对言语套话和孤立词组的机械记忆，而应该尽力展示它们的转换过程。比如在出练习题时应该把"记住词组совершать вращательные（колебательные）движения"改为展示该词组的构词过程Тело вращается /колеблется →引入描写述谓：Тело **совершает** вращение（колебание）→ 引入使вращение和колебание范畴化的类别词：Тело совершает вращательные（колебательные）**движения**.

§4 学习逆向转换的重要性

逆向转换结构在我国俄语教材中首先是作为主动形动词和被动形动词短语来呈现的，但形动词的构成对中国学生是较晚才学习和比较难掌握的知识点，所以在最初的学习阶段可以先从词汇逆向转换，即表达关系的述体方向的转换开始学习，如：Он **продал** мне книгу. ↔ Я **купил** у него книгу. Земля **больше** Луны. ↔ Луна **меньше** Земли. Песчаные породы **богаты** кварцем（砂石富含石英）. ↔ В песчаных почвах **много** кварца. Лёгкие почвы **бедны** гумусом（轻土里腐殖土贫乏）. ↔ В лёгких почвах **мало** гумуса. 之后再学习主—客体关系逆向转换，即主动—被动形动词的转换：Учёные **решают** проблему → Учёными **решается** проблема. 甚至是描写述谓的主动—被动形式转换：Учёные **ставят** эксперимент → Учёными **ставится** эксперимент ← Учёные экспериментируют.

Всеволодова（2000: 485）还强调，教师应该让学生了解逆向转换是解决交际任务的方法，实际上两个似乎不同的句子隐藏着完全相同的客观事实，对模型句的选择只取决于说话者的立场，即在交际关系中说话者如何评价关系参项名称的重要性，也就是在语篇中哪个词放在主位、哪个词放在述位，这是跟实义切分密切相关的问题。

§5 学习简单句句式变换的重要性

简单句的句式变换首先也是跟句子在语篇中的"活动"相关，跟情景参项呈现的形态和词序的可能性相关，一方面受到上下文或语篇制约，另一方面取决于说话者的交际意图。因此，在学习之初就应该让学生了解句子的信息中心（即述位）和句法中心（即主语）的意义，以便掌握把某个参项名称移至主语位上来以生成系列同义转换句的能力。同时，对原始模型句的同义转换变体系列（即转换聚合体）的掌握能够向学生打开俄语的语言世界图景，比如同义转换句（例子见第33章§8）可以在同一个情景中展现其不同的侧面，主要命题的述体本身可表达以下多个意义：

（1）情感关系：Я **интересуюсь** химией, **восхищаюсь** девушкой, **возмущаюсь** его поведением.

（2）情感心理状态[①]：Мне **интересно**. Я **в восхищении**. Он **в возмущении**.

（3）通过二次逆向转换表达被感应、被引起的状态：Я **заинтересован** их разговором, **восхищён** её красотой, **возмущён** его поведением.

（4）对引起因果关系名词的评价：Химия мне **интересна**. Она **восхитительна**. Его поведение **возмутительно**.

（5）原因引起的影响：Меня **интересует** химия. Меня **восхищает** эта девушка. Его поведение меня **возмущает**.

我们赞同Всеволодова（2000: 487）的观点，不必让学生把这些模型句当作言语样板死记硬背，况且机械记住每个模型句也是不可能的。教师应该教会学生在语义和句式转换规则的基础上"推导"出模型句，这样才能培养和发展学生的语言直觉，以利于学生自主学习语言。语言直觉不仅能帮助学生理解语篇，还能使学生在言语活动的具体条件和任务下生成（而不只是机械复制）各种同义转换句以建构语篇。

由于俄语和汉语在词形变化、构词能力、词类标志、句子形式结构和词序等方面的巨大差异，汉语同义转换句的数量显然比俄语少很多，一些在汉语中没有对应句型的俄

---

① 关于俄语表示主体情感心理状态的同义转换句的详细论述可参见（郭淑芬 2012）。

语转换句对中国学生来说是较难理解和掌握的模型句,比如表示主体情感心理状态的同义转换系列中带描写述谓的模型句Меня **охватил** восторг(我欣喜若狂)、个别形容词模型句Ему **интересны** все люди(他对所有人都感兴趣)等。这些俄语独有的模型句需要教师有针对性地进行专门的讲解和训练,否则只能变成学生的死知识和沉重的记忆负担。

总之,对俄语句式变换规则,即对交际意图信息的引入以及运用不同转换句对其进行正确表达的规则,需要认真学习和积极掌握,这既是语言教学法的任务,也是心理语言学的任务。因此,在学习句式变换时,教师需要时常提醒学生关注构词学、实义切分和语篇类型等方面的知识。比如在科学语篇中表达原因关系时前置词от的使用就受限,尽管在其他语体中用от表示引发某个状态的原因是成体系的:Дом разрушился **от ветхости**(破旧). Она не могла идти **от слабости**. 但在科学语篇中必须使用其他复合原因前置词:**По причине ветхости** верхний слой покрытия легко подвергается разрушению. **Ввиду слабости** больной не может передвигаться самостоятельно. 这再一次表明,学术论文的俄语写作需要经过专门学习和训练,否则就会出现用大白话写学术论文的不符合科学语体规范的语体失误。

另外,Всеволодова(2000: 489)还指出,建立在模型句的选择和词形句子成分位置改变基础上的句式变换还是作家准确表达创作思想的工具,比如Кайсан Кулиев的一部中篇小说开头的一句话是这样的:Древний аул(山村), где родились и умерли мой дед, мой отец, где увидел свет и я, никогда не имел школы. Да, аул Чегем не имел школы. 其中在主语(句法中心)位上的是所指方位词аул,比较:В ауле никогда не было школы. 此句关注的焦点不再是在上句中扮演领有者角色的аул,而是没有学校成为村子的特征这一事实。但第一句对这一关系的表达更富有表现力。小说下一句的主语是дети:Его **дети** не знали, что значит учиться. 而代替形义对称结构дети в ауле的是所属关系его дети,这使上句中的дети受到аул角色的制约并使"孩子"的成员中也包括了成年人。接着下一句的"主角"是施事,具体表现为:Ни **дед**, ни **отец** мой никогда не держали в руках книги. Они хорошо умели пахать(耕种)свой клочок(小块)земли, пасти скот(放牲口), охотиться в горах. А что касается книги... Не их вина, что они не знали грамоты и книги для них просто не существовало. 其中最后一句信源说明结构是带有主要类型意义"主体的存在"的否定变异结构,该结构比形义对称结构Они не знали, что существуют книги.更强烈地表达了信源说明者"世界图景"中"书"这一概念的完全不存在。随后一句出现在主语位置上的假主体,实为所指述体的存在名词：Такой была **жизнь** болгарских горцев ← Так **жили** болгарские горцы. 该句讲的已经不是存在主事，而是其存在的性质。但下一句的主语又变回了存在主事：**Они** жили трудно. 再下一句的句法中心（主语）和信息中心（述位）变成了原因成素，使其在模型句$S_1V_{act\,f}N_4$中获得了主体型伪角色，即作为积极起因的力量：Их мучили **безземелье и бездорожье**... 比较原始模型句：Они страдали **от безземелья и бездорожья**.

可见，在文学语篇中学习和掌握句子的各种同义转换及其语义能使学生更强烈地感受到作家富有表现力的形象表达。通过类似分析能够让学生透过句子的表层结构看到其背后隐藏的所指角色位置的变换和句子的深层语义以及语篇的句际联系，从而学会独立生成这种富有表现力的言语表达，以求达到不仅准确而且生动地用俄语表达自己思想的目的。

通过以上几个对句子同义转换不同方面的分析，我们不难看出俄语解释机制是一个极其复杂的系统，还有很多没有研究清楚的问题，还需要我们继续不断深入探索和挖掘。但可以肯定的是，这一较难的知识点必须适时地引入我们的俄语教学。首先我们的俄语教师应该充分了解和掌握俄语句子的各种转换机制，才能在教学实践中如鱼得水地正确指导教学的实施和教材的编写，才能对学生的各种错误做出有说服力的解释，使学生看到俄语的异质性，尽量避开母语的干扰。学生也只有在掌握了俄语句子的各种转换机制后，才能正确地理解各类语篇的不同，并能独立地生成符合不同语体要求的不同语篇，从而准确而生动地用俄语表达思想，更有效地进行交际，在不同场合和情形中达到预期的交际目的。

结束语

　　本书在莫斯科大学语文系 М.В. Всеволодова 教授的功能交际句法理论框架下，融合多个功能语法学派的研究成果，重新建构了一部不同于传统语法的开放型、应用型、解释型且理论联系实际的功能交际语法。书中引用了大量涉及各方面知识的例句和例文，是一部"活"的言语语法，具有实用性、指导性、多级性、博学性和创新性等特点。

　　本书对俄语功能交际语法的基本理论做了全面梳理，厘清了一些术语的理论源头，介绍了一些对传统概念的重新界定并引进了一些新的功能语法观念，比如词在句法中的作用、构建句子语义不可或缺的关系说明词、描写说明词和主观评述补充涵义、句素和名词短语、形义对称和非对称结构、同构和非同构结构、类型情景和所指角色、功能语义场、句子和语句、句子的述谓性和述谓化、句子的句法场、句子聚合体、模型句理论、句子的词序和实义切分、句子的四个平面及其表达结构的相互关系、句子成分体系的组成及其交际级、语言机制等理论，特别对一些相关概念和理论在我国俄语教学实践中的作用做了详细的论述，为一些语义范畴进行俄汉对比提供了理论依据，阐述了俄语语篇和语言机制在说话者完成交际任务时的重要作用。

　　相信该语法能够帮助我们在描写语言和语言教学方面解决很多理论和实践问题，在理论方面能为我国外语界，尤其是俄语界语法的功能研究和教学实践提供方法论指导；在实践方面能为该理论在外语教学中的应用提供教学方法，为俄汉语语法在功能方面的对比提供新的视角和平台。

　　总结全书，我们得出以下主要结论：

　　1. 在实践层面，该语法理论能够提供语言句法层面的系统描写，能够制定对外俄语教学引入语言材料的语言教学法和一般教学法原则；可以帮助学生在学习过程中理解俄语和母语在模型句及语言机制层面的差别；能使语言学习成为真正以交际为目的、解决一定交际任务的学习，是符合语言客观实际的、建立在语言事实之上的学习；能帮助教师在指出学生错误时不只停留在"俄语不这么说"的水平上，而是能理解和解释错误的成因，并提供相应的引入和巩固学习材料的方法。

　　2. 在理论层面，该语法能帮助我们在研究语言时，不只看到语言形式单位的内部组织和结构化，同时能观察到语言单位的语义空间；不仅能看到说话者在达成交际意图时语言在内容层面和形式层面的相互影响，还能看到在言语建构过程中语言所有层面，包括词汇、构词、词法、句法、语篇、语用等各层面的相互作用；不仅能看到优化完成说话者交际任务时语言机制的作用，还能看到一些独立的词和词的词汇语义变体（如скоро和близко，настоящий-1和настоящий-2）在不同语境中所起到的不同交际作用。

3. 利用该理论可以指导语言在语义空间的对比，因为不同民族利用语言认知对客观事实进行范畴划分的方式不同，这比语言之间形式上的不同更为重要。

4. 该语法从所指、语义、交际、形式四个平面，从实义切分的角度系统地描写句子，使句子结构各个成素在不同层面的相互关系得以进一步澄清，说明形式层面的句子成分（主语和谓语）跟语义层面的句子结构成素（主体和述体）、交际层面的句子结构成素（主位和述位）以及所指层面的施事和受事之间没有绝对单一的对应关系，因而进一步证明俄语的词序不是词的顺序，而是句子成分的位置变化，而且词序也不像很多人以为的那样是绝对自由的，它是功能性的，围绕着说话人交际意图的不同而有规律地变化着。那么词序一旦发生改变，句子的语义和类型意义就都跟着发生改变。这一点对中国学生学习俄语非常重要，因为受母语的影响，我国学生在交际过程中无论遇到什么样的问题都习惯使用汉语固有的"主—谓—补"词序作答，常常忘记交际目的，从而引起不解或误会，导致交际失败或影响交际效果。

5. 从功能交际的角度研究词汇、句素、名词短语、形义对称和非对称结构、语句及其言语体现、模型句体系和语篇，可以不再把词汇和语篇看成独立的语言学分支学科，不再孤立地研究以上形式单位，而是把它们放在功能交际语法的大框架内进行研究，使词汇在句法中的地位和功能更加清晰，使语篇的建构更符合语体和体裁的要求。

6. 功能交际语法区分句子和语句，不再把句子当作抽象的样板，不只是看重形式忽视意义，而是把所有的句子都看成带有说话人主观评价涵义在内的语句，把句子的类型意义和形式标志紧密地结合起来，关注原始句的语法和结构语义变异，关注句子的句法聚合体和交际聚合体，特别关注那些按照相同模型句建构的句子语义的不同，比如俄语中常见的形式简单但内容复杂的双主格句和无动词切分句。

7. 我们特别强调模型句理论对我国俄语教学的作用，建议把模型句理论引入我国俄语教学，以帮助学生利用掌握的模型句，特别是俄语特有的一些模型句正确地表达思想。我们更高一级的理想是帮助学生在模型句系统基础上掌握独立生成地道俄语句子的能力。此外，模型句理论的优势为中国学生学习俄语和俄汉语句型的对比提供了更清晰的思路和途径。

8. 功能语义场理论为某些俄汉语功能语义范畴的对比提供了可能，比如时间、空间、数量、特征、体貌、态相、条件、目的、原因、让步和比较等功能语义范畴，想必也能为汉语功能语义范畴的研究和功能语义场的建构提供参考、启迪和借鉴。

9. 该语法所呈现的语言机制具有普遍意义，准确使用语言机制能保证我们建构的言语在语义和形式上都正确，而在诗歌或散文中又可利用独特方式故意"破坏"语言机制以达到修辞和艺术效果。如果没有准确掌握语言机制，就会造成言语错误，甚至交际失败。

正如黄国文（2016：7）指出的那样，"我们研究语法，重点要放在语言结构的意义表达和语言功能，通过研究语法来探索特定的场合如何使用合适的语言，研究语法目的就是考察特定的语言结构是怎样表达合适的意义的"。这应该也是俄语功能交际语法研究的终极目标。

期望借助这部俄语功能交际语法中的很多理论，可以进行以下创新和本土化研究：

1. 用功能语义场理论指导汉语语法研究，可以尝试对汉语中的某些语义范畴（如时间、空间、原因、条件、目的等）从功能语义场的角度进行研究。

2. 从类型学的角度对俄汉语进行对比研究，比如词汇在句法中的功能对比、各种功能语义场的对比、各种模型句的对比、从不同语言平面对句子进行对比等。

3. 运用实义切分理论对俄语复合句进行切分尝试（参见陈国亭 2003），对各种语篇进行功能分析以及翻译研究，将该理论引入其他外语（参见邱如春 2008）和汉语（参见郑贵友 2003）进行语篇分析研究，在这些方面虽然已有学者开始尝试，但还有待于更进一步深入研究。

4. 尝试对俄语中形式简单但语义复杂的句子（如双主格句、无动词切分句）以及结构和语义都复杂的复合句进行功能和模型化研究，期待创立一部独立的模型句语法。

5. 进行跨学科研究，比如与文化、社会、认知、生态语言学（即研究语言与自然、人文和社会环境的相互关系和相互作用的学科）相结合进行研究。

此外，本书还特别指出了很多未被专门研究、有待继续深入研究以及需要引入我国俄语教学和教材编写的课题，比如句素、名词短语、建构词、词组、功能语义场、类型情景、所指角色、句子成分的交际级、具体模型句的建构和分析、主观评述、实义切分的主题化、焦点引入和切分变异的全部制约条件、深层语法中的各种补充配置条件等课题。期待将来能够创立建构词、前置词、词组、主观评述等方面的独立语法，以丰富对俄语语法在功能方面的深入研究。

参考文献

Адамец П. Очерк функционально-трансформационного синтаксиса современного русского языка. Однобазовые предложения [M]. Praha: Stat. Ped. nakl., Cop. 1973.

Адмони В.Г. Структура грамматического значения и его статус в системе языка [A]. // Структура предложения и словосочетания в индоевропейских языках [C]. Л.: Наука, 1979. С. 6-36.

Алисова Т.Б. Дополнительные отношения модуса и диктума [J]. // Вопросы языкознания, 1971. №1. С. 54 -64.

Алисова М.П. Типы объективных отношений и средства их выражения в современном русском языке [D]. АКД филол. наук. Ташкент, 1989.

Амиантова Э.И., Битехтина Г.А., Всеволодова М.В., Клобукова Л.П. Функционально-коммуникативная лингводидактическая модель языка как одна из составляющих современной лингвистической парадигмы (становление специальности «Русский язык как иностранный») [J]. // Вестник МГУ. Серия 9. Филология. 2001. № 6. С. 215-233.

АН СССР. Грамматика современного русского литературного языка [M]. М.: Наука, 1970. (简称Гр-70 或《70年语法》)

АН СССР. Русская грамматика [M]. Т. I-II. М.: Наука, 1980. (简称РГ-80或《80年语法》)

Арват Н.Н. Семантическая структура простого предложения в современном русском языке [M]. Киев: Вища школа, 1984.

Апресян Ю.Д. Избранные труды. Т. 1. Лексическая семантика. Синонимические средства языка [M]. 2-ое изд, М.: Языки русской культуры, 1995.

Апресян Ю.Д. Синонимы и конверсивы [J]. // Русский язык в национальной школы (1957-1990). 1970. № 6. С.8.

Арутюнова Н.Д. Предложение и его смысл [M]. М.: Наука, 1976.

Арутюнова Н.Д. Язык и мир человека [M]. М.: Языки русской культуры, 1998.

Арутюнова Н.Д. Типы языковых значений: Оценка. Событие. Факт [M]. М.: Наука, 1988.

Арутюнова Н.Д, Ширяев Е.Н. Русское предложение. Бытийный тип [M]. М.: Русский язык, 1983.

Бабайцева В.В. Система членов предложения в современном русском языке [M]. М.: Изд-во «Флинта», Наука, 1988.

Бабина Т.П. Способы выражения субъекта состояния [J]. // Синтаксис: изучение и преподавание – Сборник работ учеников В.А. Белошапковой. М.: Диалог-МГУ, 1997, С. 78-92.

Бабенко Л.Г. Лексические средства обозначения эмоций в русском языке [M]. Свердловск: Изд-во Урал. ун-та, 1989.

Балли Ш. Общая лингвистика и вопросы французского языка [M]. М.: Изд-во Иностранной литературы, 1955.

Бахтина Л.Н., Кузьмич И.П., Лариохина Н.М. Реферирование научного текста. Учебное пособие для иностранцев, изучающих русский язык. [M]. М.: МГУ, 1988.

Бенуа Ж.-П. Предикатно-ролевая классификация ситуаций в русском языке (опыт когнитивной семантики к ролевой грамматике русского языка). Часть 1-2 [J]. // Русистика сегодня. 1995. №2. С. 68-76. №3. С. 88-114.

Белошапкова В.А. Современный русский язык. Синтаксис [M]. М.: Высшая школа, 1977.

Богданов В.В. Семантико-синтаксическая организация предложения [M]. Л.: ЛГУ, 1977.

Бондарко А.В. Вид и время русского глагола (значение и употребление) [M]. М.: Просвещение, 1971a.

Бондарко А.В. Грамматическая категория и контекст [M]. Л.: Наука, ЛО, 1971b.

Бондарко А.В. Теория морфологических категорий [M]. Л.: Наука, 1976.

Бондарко А.В. Грамматическое значение и смысл [M]. Л.: Наука, 1978.

Бондарко А.В. Принципы функциональной грамматики и вопросы аспектологии [M]. Л.: Наука, 1983.

Бондарко А.В. Функциональная грамматика [M]. Л.: Наука, 1984.

Бондарко А.В. Проблемы грамматической семантики и русской аспектологии [M]. СПб.: СПбГУ, 1996.

Бондарко А.В. Теория значения в системе функциональной грамматики: на материале русского языка [M]. М.: Языки славянской культуры, 2002.

Бондарко А.В. Теория функциональной грамматики: итоги и перспективы [A]. // Теоретические проблемы функциональной грамматики: Материалы Всероссийской конференции (Санкт-Петербург, 26-28 сентября 2001 г.) [C]. СПб.: 2001. С. 7-8.

Бондарко А.В., Шубик С.А. Проблемы функциональной грамматики: Категории морфологии и синтаксиса в высказывании [M]. СПб.: Наука, 2000.

Бондарко А.В., Шубик С.А. Проблемы функциональной грамматики: Семантическая инвариантность / вариативность [M]. СПб.: Наука, 2003.

Бондарко А.В., Шубик С.А. Проблемы функциональной грамматики: Полевые структуры [M]. СПб.: Наука, 2005.

Бондарко А.В., Шубик С.А. Проблемы функциональной грамматики: Категоризация семантики [M]. СПб.: Наука, 2008.

Брицын В.М. Синтаксис и семантика инфинитива в современном русском языке [M]. Киев: Наукова думка, 1990.

Брызгунова Е.А. Звуки и интонация русской речи [M]. М.: Русский язык, 1969.

Брызгунова Е.А. Интонация. // Русская грамматика [M]. Т. I. М.: Наука, 1980, С. 96-122.

Буйленко И.В. Современные представления о полевых структурах в языке [J]. // Электронный научно-образовательный журнал ВГСПУ «Грани познания». 2013 (21) С. 94-97.

Булыгина Т.В. К построению типологии предикатов в русском языке [A]. // Семантические типы предикатов [C]. М.: Наука, 1982, С. 7-85.

Бухарин В.И. Коммуникативный синтаксис в преподавании русского языка как иностранного [M]. М.: Русский язык, 1986.

Ван Янчжен. Роль подлежащего в структурно-семантической организации русского предложения: На материале предложений с глаголами эмоционального состояния и отношения [D]. АКД филол. наук. М.:1991.

Васильев Л.М. Современная лингвистическая семантика [M]. М.: Книжный дом «ЛИБРОКОМ», 2009.

Вежбицкая А. Язык. Культура. Познание [M]. М.: Русские словари, 1996.

Виноградов В.В. Русский язык. Грамматическое учение о слове [M]. М.: Высшая школа, 1972.

Виноградов В.В. Вопросы изучения словосочетаний [A]. // Избранные труды. Исследования по русской грамматике [C]. М.: Наука, 1975. С. 231-253.

Виноградов В.В. О категории модальности и модальных словах в русском языке [A]. // Избранные труды. Исследования по русской грамматике [C]. М.: Наука, 1975. С. 53-87.

Величко А.В., Туманова Ю.Л., Чагина О.В. Простое предложение. Опыт семантического описания [M]. М.: МГУ, 1986.

Волгина Н.С., Розенталь Д.Э., Фомина М.И. Современный русский язык [M]. 6-е изд., перераб. и доп., М.: Логос, 2002.

Володина Г.И. Описание семантических классов предложений в целях преподавания русского языка как неродного [M]. М.: МГУ, 1989.

Вольф Е.М. Состояние и признаки: Оценка состояний [A]. // Семантические типы предикатов [C]. М.: Наука, 1982. С. 320-338.

Вольф Е.М. Функциональная семантика оценки [M]. М.: Наука, 1985.

Вольф Е.М. Эмоциональные состояния и их представление в языке [A]. // Логический анализ языка: Проблемы интенсиональных и прагматических контекстов [C]. М.: Наука, 1989. С. 55-75.

Вопросы коммуникативно-функционального описания синтаксического строя русского языка [M]. Под ред. М.В. Всеволодовой и С.А. Шуваловой. М.: МГУ, 1989.

Всеволодова М.В. Полные и краткие прилагательные в группе предиката [J]. // Русский язык за рубежом. 1972, № 1. С. 10-14.

Всеволодова М.В. Способы выражения временных отношений в современном русском языке [M]. М.: МГУ, 1975.

Всеволодова М.В. Категория именной темпоральности и закономерности её речевой реализации [D]. Дисс. докт. филол. наук. М.: МГУ, 1983.

Всеволодова М.В. Основания практической функционально-коммуникативной грамматики русского языка [A]. // Языковая системность при коммуникативном обучении [C]. М.: Русский язык, 1988.

Всеволодова М.В. Уровни организации предложения в рамках функционально-коммуникативной модели языка [J]. // Вестник МГУ. Серия 9. Филология. 1997. № 1. С. 53-65.

Всеволодова М.В. Категория валентности и грамматическое присоединение как механизмы реализации закона семантического согласования [A]. // Слово. Грамматика. Речь [C]. Вып. 1. М.: МГУ, 1999.

Всеволодова М.В. Теория функционально-коммуникативного синтаксиса. Фрагмент прикладной (педагогической) модели языка [M]. М.: МГУ, 2000. 2016.

Всеволодова М.В. Межнациональный проект «Восточнославянские предлоги в синхронии и диахронии: морфология и синтаксис» [A]. // Славянское языкознание: К XIII Международному съезду славистов [C]. М.: Институт русского языка им. В.В. Виноградова РАН. 2003а. С. 42-61.

Всеволодова М.В. Функционально-коммуникативная лингводидактическая модель языка и контуры фундаментальной прикладной грамматики русского языка [A]. //X конгресс Международной ассоциации преподавателей русского языка и литературы. Русское слово в мировой культуре. Пленарные заседания. Сборник докладов [C]. Т. II. СПб.: 2003b. С. 75-83.

Всеволодова М.В. Фундаментальная теоретическая прикладная грамматика как компендиум теоретических и прагматических знаний о современном русском языке. (Что должно лежать в основе учебников русского языка для иноязычных учащихся) [J]. // Русский язык за рубежом. 2005. № 3-4. С. 48-59.

Всеволодова М.В. Категория предлога, категория предложения: системность языка [A]. // Предложение и слово /Межвузовский сборник научных трудов [C]. Саратов: Изд-во Саратов. ун-та, 2006. С. 30-38.

Всеволодова М.В. О ключевых проблемах категоризации текста [J]. //Вестник МГУ. Сер. 9. Филология. 2007а. № 2. С. 7-31.

Всеволодова М.В. Инвариант содержания и парадигматика предложения [A]. // III международный конгресс. Русский язык: исторические судьбы и современность. Труды и материалы [C]. М.: МГУ, 2007b. С. 760-797.

Всеволодова М.В. Текст как категориальная единица коммуникативного уровня языка (о некоторых проблемах прикладной лингвистики) [A]. // Лінгвістичні студії: Зб. наук. праць. Вип. 16. / Укл.: Анатолій Загнітко (наук. ред.) та ін [C]. Донецьк: ДонНУ, 2008а. С. 245-251.

Всеволодова М.В. Типология славянского предлога. Системность: категории и парадигмы [A]. // XIV международный съезд славистов. Славянское языкознание [C]. М.: Индрик, 2008b. С. 119-244.

Всеволодова М.В. Поля, категория и концепты в грамматической системе языка [J]. // Вопросы языкознания. 2009а. № 3. С. 76-99.

Всеволодова М.В. Язык и его место в структуре. Мироздания. Системность и структура. Функциональные стили [J]. // Газета «Наше время» № 133-134, 2009b. URL: http://www.gazetanv.ru/author/?id=5069 (дата обращения: 20.06.2015)

Всеволодова М.В. Грамматические аспекты русских предложных единиц: типология, структура, синтагматика и синтаксические модификации [J]. //Вопросы языкознания. 2010а. № 4. С. 3-26.

Всеволодова М.В. Язык и его место в мироздании. К вопросу об актуальной грамматике [J]. // Вестник МГУ. Сер. 9. Филология. 2010b. № 6. С. 7-35.

Всеволодова М.В. К вопросу об операционных методах категоризации предложных единиц [J] // Вестник МГУ. Сер. 9. Филология. 2011a. № 3. С. 103-135.

Всеволодова М.В. Язык: лингвистические универсалии и языковая специфика [A]. // Грамматика разноструктурных языков. Сб. статей к юбилею профессора В. Ю. Копрова [C]. Воронеж: НАУКА-ЮНИПРЕСС, 2011b. С. 74-82.

Всеволодова М.В. Языка как система и проблемы объективной грамматики [J] // Вестник МГУ. Сер. 9. Филология. 2016b. № 3. С. 7-37.

Всеволодова М.В., Владимирский Е.Ю. Способы выражения пространственных отношений в современном русском языке [M]. М.: Русский язык, 1982.

Всеволодова М.В., Го Шуфень Классы моделей русского простого предложения и их типовых значений. Модели русских предложений со статальными предикатами и их речевые реализации (в зеркале китайского языка) [M]. М.: АЦФИ, 1999.

Всеволодова М.В., Дементьева О.Ю. Проблемы синтаксической парадигматики: коммуникативная парадигма предложений [M]. М.: МГУ, 1997.

Всеволодова М.В., Куликова Е.И. Грамматика словосочетаний в контексте функционально-коммуникативной лингводидактической модели языка [J]. // Вестник МГУ. Сер. 9. Филология. 2009. № 4. С. 67-88.

Всеволодова М.В., Панков Ф.И. К вопросу о категориальном характере актуального членения и его роли в русском высказывании. Статья первая [J]. // Вестник МГУ. Сер. 9. Филология. 2008. № 6. С. 9-33.

Всеволодова М.В., Потапова Г.Б. Способы выражения временных отношений [M]. М.: МГУ, 1973.

Всеволодова М.В., Ященко Т.А. Причинно-следственные отношения в современном русском языке [M]. М.: Русский язык, 1988.

Всеволодова М.В., Кукушкина О.В., Поликарпов А.А. Русские предлоги и средства предложного типа: материалы к функционально-грамматическому описанию реального употребления. Книга 1 [M]. М.: УРСС, 2014.

Всеволодова М.В., Виноградова Е.Н., Чаплыгина Т.Е. Русские предлоги и средства предложного типа: материалы к функционально-грамматическому описанию реального употребления. Книга 2 [M]. М.: УРСС, 2018.

Всеволодова М.В., Клобуков Е.В., Кукушкина О.В., Поликарпов А.А. К основаниям функционально-коммуникативной грамматики русского предлога [J]. // Вестник МГУ. Сер. 9. Филология. 2003. № 2. С. 17-59.

Гак В.Г. К проблеме семантической синтагматики [A]. // Проблемы структурной лингвистики 1971 [C]. М.: АН СССР ин-т рус. яз., 1972. С. 370-410.

Гак В.Г. Очерк функциональной грамматики французского языка [M]. М.: МГПИ, 1974.

Гак В.Г. К типологии функциональных подходов к изучению языка [A]. // Проблемы функциональной грамматики [C]. М.: Наука, 1985. С. 5-15.

Гак В.Г. Семасиологический функциональный подход и типология функций [A]. // Теоретические проблемы функциональной грамматики: Материалы Всероссийской конференции [C]. СПб.: 2001.С.17-19. URL: http://iling.spb.ru/grammatikon/tpfg_1-6.pdf (дата обращения: 10.02.2015)

Гальперин И.Р. Текст как объект лингвистического исследования [M]. М.: Наука, 1981.

Гладров В. Функциональная грамматика и сопоставительная лингвистика [A]. // Исследования по языкознанию: К 70-летию члена-корреспондента РАН А.В. Бондарко /Отв. Ред. И.В. Недялков [C]. СПб.: СПбГУ, 2001. С. 67-77.

Гловинская М.Я. Вид глагола [A]. // Энциклопедический словарь юного лингвиста. 2-е изд., переработанное и дополненное [C]. М.: Флинта, Наука, 2006. С. 74-77.

Гловинская М.Я. Многозначность и синонимия в видо-временной системе русского глагола [M]. М.: Азбуковник, 2001.

Го Шуфень. Глагольная модель, обозначающая состояние субъекта [A]. // Язык. Сознание. Коммуникация [C]. Вып. 2. М.: Филология, 1997. С. 54-69.

Го Шуфень. Причастная модель, обозначающая состояние субъекта [A]. // Язык. Сознание. Коммуникация [C]. Вып. 18. М.: МАКС-ПРЕСС, 2001. С. 27-42.

Го Шуфень. Типологическое сопоставление особенностей русского и китайского языков [A]. // Грамматика разноструктурных языков, Сб. научных статей к юбилею профессора В.Ю. Копрова [C]. Воронеж: НАУКА-ЮНИПРЕСС, 2011. С. 90-99.

Го Шуфень. Принципы и методы введения русских моделей предложения в китайскую аудиторию [A]. // Язык. Сознание. Коммуникация [C]. Вып. 47. М.: МАКС-ПРЕСС, 2013. С. 171-185.

Го Шуфень, Е Фун. Анализ модели предложения типа *Течением унесло лодку* и её китайских коррелятов [A]. // Язык. Сознание. Коммуникация [C]. Вып. 47. М.: МАКС-ПРЕСС. 2013. С. 158-170.

Данеш Фр. Опыт теоретической интерпретации синтаксической синонимии [J]. // Вопросы языкознания. 1964, № 6. С. 3-17.

Демьянков В.З. Функционализм в зарубежной лингвистике конца 20 века [A]. // Дискурс, речь, речевая деятельность: Функциональные и структурные аспекты [C]. М.: ИНИОН РАН, 2000. С. 26-136.

Дерибас В.М. Устойчивые глагольно-именные словосочетания русского языка [M]. М.: Русский язык. 1983.

Дулина А.Н. Простые предложения с временными реляторами в современном русском языке [D]. Дипломная работа, М.: МГУ, 2008.

Есперсен О. Философия грамматики [M]. Перевод с английского языка В.В. Пассека и С.П. Сафроновой. Под редакцией и с предисловием проф. Б.А. Ильиша. М.: Изд-во Иностранной литературы. 1958.

Загнитко А. П. Концептуальные постулаты функциональной коммуникативности проф.

М.В. Всеволодовой [A]. // Лінгвістичні студії: Зб. наук. праць. Вип. 17. [C]. Донецьк: ДонНУ: 2008. С. 321-325.

Зализняк А.А. Русское именное словоизменение [M]. М.: Наука, 1976.

Земская Е.А. Активные процессы в русском языке последнего десятилетия XX века [M]. М.: Наука, 2001.

Золотова Г.А. Коммуникативные аспекты русского синтаксиса [M]. М.: Наука, 1982.

Золотова Г.А. Очерк функционального синтаксиса [M]. М.: Наука, 1973.

Золотова Г.А. О некоторых теоретических результатах работы над «Синтаксическим словарём русского языка» [J]. // Вопросы языкознания. 1986. №1. С. 32-33.

Золотова Г.А. Синтаксический словарь: Репертуар элементарных единиц русского синтаксиса [Z]. М.: Наука, 1988.

Золотова Г.А., Онипенко Н.К., Сидорова М.Ю. Коммуникативная грамматика русского языка [M]. М.: Наука, 1998.

Зяблова Н.Н. Дискурс и его отличие от текста [J]. // Молодой ученый. 2012. № 4(39). С. 223-225.

Иванова Т.С. Падеж как средство выражения объектных отношений в современном русском языке [D]. Канд. дисс. филол. наук. М.: 1985.

Камалова А.А. Формирование и функционирование лексики со значением психического состояния в современном литературном языке [M]. Архангельск: Изд-во Помор. междунар. пед. ун-та, 1994.

Камалова А.А. Семантические типы предикатов состояния в системном и функциональном аспектах [D]. Дисс. докт. филол. наук. Уфа: 1999.

Камынина А.А. Современный русский язык. Синтаксис простого предложения [M]. М.: МГУ, 1983.

Касевич В.Б. Семантика. Синтаксис. Морфология [M]. М.: Наука, 1988.

Касевич В.Б. Языковые структуры и когнитивная деятельность [A]. // Язык и когнитивная деятельность [C]. М.: Ин-т языкознания РАН, 1989. С. 8-18.

Категории бытия и обладания в языке [C]. / Отв. ред. чл.-кор. В.Н. Ярцева, АН СССР. Ин-т языкознания. М.: Наука, 1977.

Кацнельсон С.Д. О категории субъекта предложения [A]. // Универсалии и типологические исследования [C]. М.: Наука, 1974. С. 104-124.

Кацнельсон С. Д. Типология языка и речевое мышление [M]. Л.: Наука, 1972.

Кибрик А.Е. Подлежащее и проблема универсальной модели языка [J]. // Изв. АН СССР. Серия лит. и яз. 1979. Т. 38. №4. С. 309-317.

Кибрик А.Е. Очерки по общим и прикладным вопросам языкознания: универсальное, типовое и специфичное в языке [M]. М.: МГУ, 1992.

Кибрик А.А., Плунгян В.А. Функционализм [A]. // Фундаментальные направления современной американской лингвистики [C]. Под ред. А.А. Кибрика, И.М. Кобозевой и И.А. Секериной. М.: УРСС, 2010. С. 276-339.

Клобуков Е.В. Проблемы изучения коммуникативной грамматики русского языка [A]. // Язык. Сознание. Коммуникация. Сб. Статей /Ред. В.В. Красных, А.И. Изотов [C]. Вып. 1. М.: Филология, 1997. С. 41-47.

Клобуков Е.В. Семантика падежных форм в современном русском литературном языке [M]. М.: МГУ, 1986.

Клобуков Е.В. Система семантических противопоставлений в морфологии (семасиологический и ономасиологический аспекты) [A]. // Семантика языковых единиц. Сб. материалов 3-й межвузовской научной конференции [C]. Т. 2. М.: Альфа, 1993. С. 135-137.

Кобозева И.М. Лингвистическая семантика [M]. М.: Эдиториал УРСС, 2000.

Ковтунова И.И. Современный русский язык: Порядок слов и актуальное членение предложения [M]. М.: Просвещение, 1976.

Ковтунова И.И. Поэтический синтаксис [M]. М.: Наука, 1986.

Колшанский Г.В. Коммуникативная функция и структура языка [M]. Серия «Лингвистическое наследие XX века». 3-е изд.. М.: ЛКИ, 2007.

Колшанский Г.В. Объективная картина мира в познании и языке [M]. М.: Наука, 1990.

Копров В.Ю. Изучение русских посессивных конструкций в англоязычной аудитории [J]. // Мир русского слова. № 4. 2001. С. 67-72.

Копров В.Ю. Семантико-функциональный синтаксис русского языка в сопоставлении с английским и венгерским [M]. Воронеж: Издатель О.Ю. Алейников, 2010.

Косериу Э. Синхрония, диахрония и история = sincronía, diacronía e historia: проблема языкового изменения [M]. /пер. с исп. И. А. Мельчука. 3-е изд. М.: Эдиториал УРСС, 2009.

Красных В.В. Виртуальная реальность или реальная виртуальность [M]. М.: Диалог-МГУ, 1998.

Краткий справочник по современному русскому языку [Z]. Под ред. П.А. Леканта. М.: Высшая школа, 1991.

Крылов С.А. Некоторые особенности лингвистической концепции В.Г. Гака [A]. // Язык и действительность. Сб. науч. тр. памяти В.Г. Гака [C]. М.: УРСС, 2007. С. 27-41.

Крылова О.А. Коммуникативный синтаксис русского языка [M]. М.: Изд-во РУДН, 1992.

Крылова О.А., Хавронина С.А. Порядок слов в русском языке [M]. М.: Русский язык, 1984.

Крючкова М.Л. Особенности глагольного немотивированного управления в современном русском языке [M]. М.: Русский язык, 1979.

Кубрякова Е.С. Части речи с когнитивной точки зрения [M]. М.: Ин-т языкознания РАН, 1997.

Кубрякова Е.С. Язык и знание. На пути получения знаний о языке: части речи с когнитивной точки зрения. Роль языка в познании мира [M]. М.: Языки славянской культуры, 2004.

Кубрякова Е.С., Клобуков Е.В. Рецензия на кн. «Теория функциональной грамматики» [в шести томах]. Под ред. А.В. Бондарко. Л. (СПб.): 1987-1996 [J]. // Изв. РАН. Серия лит. и яз. 1998. Т. 57. №5. С. 62-72.

Кузнецова Э.В. Лексикология русского языка: Учеб. пособие для филол. фак. ун-тов. 2-е изд., испр. и доп. [M]. М.: Высшая школа, 1989.

Кузьменкова В.А., Лариохина Н.М. Описательные предикаты в профессионально ориентированном обучении РКИ [J]. // Русский язык за рубежом, № 1. 2005. С. 52-59.

Куликова Е.В. Словосочетание в функционально-коммуникативной лингводидактической модели русского языка (на материале словосочетаний с родительным приименным) [D]. Канд. дисс. филол. наук. М.: 2011.

Курилович Е. Очерки по лингвистике [M]. Биробиджан: Тривиум, 2000.

Лакофф Дж. Когнитивная семантика [A]. Перевод из английского А.Н. Баранова. // Язык и интеллект [C]. М.: Прогресс, 1995.

Лариохина Н. М. Обучение грамматике научной речи и виды упражнений [M]. М.: Русский язык, 1989.

Лебедева Е.К. Причинно-следственные конструкции со значением эмоционального состояния человека и их речевые реализации [D]. АДК филол. наук. М.: МГУ, 1992.

Левицкий А.Э. Функциональный подход в современной лингвистике [J]. // Studia Linguistica. Вып. 4. 2010. С. 31-38. URL: http://philology.kiev.ua/php/4/7/Studia_Linguistica_4/031_038.pdf (дата обращения: 20.04.2015)

Лекант П.А. Синтаксис простого предложения в современном русском языке [M]. М.: Высшая школа, 1974.

Лекант П.А. Виды предикации и структура простого предложения [A]. // Лингвистический сборник [C]. Вып. 4. М.: МОПИ им. Н.К. Крупской, 1975. С. 149.

Лекант П.А. Типы и формы сказуемого в современном русском языке [M]. М.: Высшая школа, 1976.

Лекант П.А. Предикативная структура предложений [A]. // Средства выражения предикативных значений предложений: Межвуз. сб. науч. тр. [C]. М.: МОПИ им. Н.К. Крупской, 1983.

Лекант П.А. Предложение и высказывание [A]. // Строение предложения и содержание высказывания: Межвуз. сб. науч. тр. [C]. М.: МОПИ, 1986. С. 3-8.

Ломтев Т.П. Основы синтаксиса современного русского языка [M]. М.: Учпедгиз, 1958.

Ломтев Т.П. Предложение и его грамматические категории [M]. М.: МГУ, 1972.

Ломтев Т.П. Структура предложения в современном русском языке [M]. М.: МГУ, 1979.

Ломов А. М. Типология русского предложения [M]. Воронеж: Воронеж. гос. ун-т, 1994.

ЛЭС – Лингвистический энциклопедический словарь [Z]. // Гл. ред. В.Н. Ярцева. М.: Сов. энциклопедия, 1990.

МАС – Словарь русского языка [Z]. АН СССР. В 4-х Т. М.: Гос. изд-во иностранных и национальных словарей, 1957-1961.

Маслов Ю.С. Очерки по аспектологии [M]. Л.: ЛГУ, 1984.

Матвеева Н.Н. О понятиях «функция» и «позиция» в синтаксисе [J]. // Филологические науки. 1975. № 4. С. 108-112.

Матезиус В.О. О так называемом актуальном членении предложения [A]. // Пражский лингвистический кружок. Сб. статей [C]. М.: Прогресс, 1967.

Махашева А. Ю. Выражение социального состояния лица средствами субстантивных предикативных словоформ современного русского языка [D]. АКД филол. наук. М.: 1996.

Мельчук И.А. Русский язык в модели «Смысл↔Текст» [M]. М.: Языки русской культуры, 1995.

Мещанинов И.И. Понятийные категории в языке [J]. // Труды Военного института иностранных языков. 1945. №1. С. 3-15.

Мигирин В.Н. Язык как система категории отображения [M]. Кишинёв: Штиинца, 1973.

Милославский И.Г. Вопросы словообразовательного синтеза [M]. М.: МГУ, 1980.

Москальская О.И. Проблемы системного описания синтаксиса [M]. М.: Высшая школа, 1974.

Мухин А.М. Функциональный анализ синтаксических элементов [M]. Л.‚ М.: Наука, 1964.

Недялкова Т.М. Лексическая группа глаголов речи в современном немецком языке [D]. АКД филол. наук., М.: 1965.

Никитин М.В. Основы лингвистической теории значения: Учеб. пособие [M]. М.: Высшая школа, 1988.

Николаева Т.М. Категориально-грамматическая целостность высказывания и его прагматический аспект [J]. // Изв. АН СССР. Серия лит. и яз., 1981. № 1. С. 27-37.

Норман Б.Ю. Грамматика говорящего [M]. СПб.: СПбГУ, 1994.

Ньюмейер Ф.Дж. Спор о формализме и функционализме в лингвистике и его разрешение [J]. // Вопросы языкознания. 1996. № 2. С. 137-145.

Олешков М. Ю. Основы функциональной лингвистики: дискурсивный аспект [M]. Нижний Тагил: Нижнетагильская государственная социально-педагогическая академия, 2006.

Онипенко Н.К. Система именных каузативных синтаксем современного русского литературного языка [D]. Канд. дисс. филол. наук. М.: МГУ, 1985.

Онипенко Н.К. Г.А. Золотова в современной лингвистической науке [A]. // Коммуникативно-смысловые параметры грамматики и текста: Сб. статей, посвящённый юбилею Г.А. Золотовой [C]. М.: УРСС, 2002. С. 8-13.

Онипенко Н.К. Теория коммуникативной грамматики и проблема системного описания русского синтаксиса [J]. // Русский язык в научном освещении. 2001. № 2. С. 107-121.

Падучева Е.В. Высказывание и его соотнесённость с действительностью [M]. М.: Наука, 1985.

Падучева Е.В., Успенский В.А. Подлежащее или сказуемое? [J]. // Изв. АН СССР. Серия лит. и яз., 1979. Т. 38. № 4. С. 349-360.

Панов М.В. Позиционная морфология русского языка [M]. М.: Наука, Школа «Языки русской культуры», 1999.

Панков Ф.И. Научная школа профессора М.В. Всеволодовой [A]. // Язык. Культура. Человек. Сб. научных статей к юбилею профессора М.В. Всеволодовой [C]. М.: МАКС-ПРЕСС, 2008a.

Панков Ф.И. Опыт функционально-коммуникативного анализа русского наречия: на материале категории адвербиальной темпоральности [M]. М.: МАКС ПРЕСС, 2008b.

Панков Ф.И. Функционально-коммуникативная грамматика наречий [D]. Дисс. докт. филол. наук. М.:

МГУ, 2009.

Пешковский А.М. Русский синтаксис в научном освещении [M]. М.: Учпедгиз, 1956.

Попов А.С. Подлежащее и сказуемое в структуре простого предложения современного русского языка [M]. Пермь: Пермский ГПИ, 1984.

Попова З.Д. Может ли обойтись синтаксис без учения о членах предложения [J]. // Вопросы языкознания. 1984. № 5. С. 69-75.

Потебня А.А. Из записок по русской грамматике [M]. Т. I-II. М.: Учпедгиз, 1958.

Путинцева Е.В. Биноминативные предложения, выражающие интерперсональные отношения [D]. Канд. дисс. филол. наук. М.: МГУ, 1995.

Реформатский А.А. Введение в языковедение [M]. М.: Аспект Пресс, 1996.

Розенталь Д.Э. Практическая стилистика [M]. 3-е Изд., М.: Высшая школа, 1974.

Розенталь Д.Э. Современный русский язык [M]. М.: Высшая школа, 1991.

Розенталь Д.Э., Теленкова М.А. Справочник по русскому языку. Словарь лингвистических терминов [Z]. М.: Мир и Образование, 2003.

Рябцева Н.К. Ментальный модус: от лексики к грамматике [A]. // Логический анализ языка. Ментальные действия [C]. М.: Наука, 1993. С. 51-57.

Савосина Л.М. Биноминативные предложения характеристики в современном русском языке [D]. АКД филол. наук. М.: 1991.

Сахарчук Л.И. Семантическая характеристика предложений состояния в современном немецком языке [A]. // Исследования по романской и германской филологии [C]. Киев: Вища школа, 1977. С. 97-101.

Селивёрстова О.Н. Второй вариант классификационной сетки и описание некоторых предикатных типов русского языка [A]. // Семантические типы предикатов [C]. М.: Наука, 1982. С. 86-157.

Селивёрстова О.Н. Компонентный анализ многозначных слов [M]. М.: Наука, 1975.

Селивёрстова О.Н. Труды по семантике [M]. М.: Языки славянской культуры, 2004.

СТП – Семантические типы предикатов [C]. М.: Наука, 1982.

Сентябова А.В. Структура предложных сочетаний параметрическими лексемами: компоненты и их функции (на материале русского и белорусского языков) [A]. // Язык. Культура. Человек [C]. М.: МГУ, 2008. С. 293-302.

Сидрова М.Ю. Функционально-семантические свойства имён прилагательных в современном русском языке [D]. АКД филол. наук. М.: 1994.

Сиротинина О.Б. Принципиальная несводимость традиционных членов предложения в единый классификационный ряд [A]. // Вопросы филологии. Сб. трудов [C]. М.: МГПИ., 1974.

Слюсарева Н.А. Проблемы функционального синтаксиса современного английского языка [M]. М.: Наука, 1981.

Слюсарева Н.А. Проблемы функциональной морфологии современного английского языка [M]. М.: Наука, 1986.

Солганик Г.Я. К проблеме модального текста [A]. // Русский язык. Функционирование грамматических категорий. Текст и контекст [C]. М.: Наука, 1984.

Солганик Г.Я. Стилистика текста [M]. М.: Флинта，Наука, 1997.

Солнцев В.М. Введение в теорию изолирующих языков [M]. М.: Восточная литература РАН, 1995.

Степанов Ю.С. Иерархия имён и ранги субъектов [J]. // Изв. АН СССР. Серия лит. и яз., 1979. Т. 39. № 4. С. 335-348.

Степанов Ю.С. Имена. Предикаты. Предложения [M]. М.: Наука, 1981.

СО – Ожегов С.И. Словарь русского языка [Z]. / Под ред. Н.Ю. Шведовой. М.: Русский язык, 1989.

СРЛЯ - Современный русский литературный язык [M]. / Под ред. П.А. Леканта. 3-е Изд., М.: Высшая школа, 1996.

СРЯ – Современный русский язык [M]. / Под ред. В.А. Белошапковой. 3-е Изд., М.: МГУ, 1997.

Сусов И.П. Семантическая структура предложения (на материале простого предложения немецкого языка). Тула: Тульский госпединститут, 1973.

Телия В.Н. Типы языковых значений. Связанное значение слова в языке [M]. М.: Наука, 1981.

Теньер Л. Основы структурного синтаксиса. Перевод с французского языка [M]. М.: Прогресс, 1988.

ТФГ – Теория функциональной грамматики [M]. / Отв. ред. А.В. Бондарко. Введение. Аспектуальность. Временная локализованность. Таксис. Л.: Наука, 1987.(Т.1)

ТФГ – Теория функциональной грамматики [M]. /Отв. ред. А.В. Бондарко. Темпоральность. Модальность. Л.: Наука, 1990.(Т.2)

ТФГ – Теория функциональной грамматики [M]. /Отв. ред. А.В. Бондарко. Персональность. Залоговость. СПб.: Наука, 1991.(Т.3)

ТФГ – Теория функциональной грамматики [M]. /Отв. ред. А.В. Бондарко. Субъективность. Объективность. Коммуникативная перспектива высказывания. Определённость / неопределённость. СПб.: Наука, 1992.(Т.4)

ТФГ – Теория функциональной грамматики [M]. /Отв. ред. А.В. Бондарко. Качественность. Количественность. СПб.: Наука, 1996.(Т.5)

ТФГ – Теория функциональной грамматики [M]. /Отв. ред. А.В. Бондарко. Локативность. Бытийность. Посессивность. Обусловленность. СПб.: Наука, 1996.(Т.6)

Туманова Ю.А. Простые предложения, описывающие наличие объекта в объёмном пространстве [D]. Канд. дисс. филол. наук. М.: МГУ, 1995.

Формановская Н.И. Коммуникативно-прагматические аспекты единиц общения [M]. М.: ИКАР, 1998.

Функциональная грамматика [OL]. URL: https://ru.wikipedia.org/wiki/ Функциональная_ грамматика (дата обращения: 18.12.2014).

Цейтлин С.Н. Синтаксические модели со значением психического состояния и их синонимика [A]. // Актуальные проблемы русского синтаксиса [C]. М.: МГУ, 1984.

Циммерлинг А.В. Американская лингвистика сегодняшнего дня глазами отечественных языковедов [J]. // Вопросы языкознания. 2000. №2. С. 118-133.

Чагина О.В. Как сказать иначе? Работа над синтаксической синонимией в иностранной аудитории [M]. М.: Русский язык, 1990.

Чаплыгина Т.Е. Биноминативные предложения как коммуникативная разновидность простых и сложных глагольных конструкций [D]. Канд. дисс.филол. наук. М.: МГУ, 1994.

Чейф У. Л. Значение и структура языка [M]. М.: Прогресс, 1975.

Шатуновский И.Б. Семантика предложения и нереферентные слова（значение, коммуникативная перспектива, прагматика）[M]. М.: Языки русской культуры, 1996.

Шахматов А.А. Синтаксис русского языка [M]. М.: Учпедгиз РСФСР, 1941.

Шведова Н.Ю. Один из возможных путей построения функциональной грамматики русского языка [A]. // Проблемы функциональной грамматики [C]. М.: Наука, 1986.

Шведова Н.Ю. Русский семантический словарь. Толковый словарь, систематизированный по классам слов и значений. Т. 1 [Z]. /РАН Ин-т рус. яз. им. В. В. Виноградова. М.: Азбуковник, 1998.

Шмелёв Д.Н. Синтаксическая членимость высказывания в современном русском языке [M]. М.: Наука, 1976.

Шмелёва Т.В. Пропозиция и её репрезентации в предложении [A]. // Вопросы русского языкознания [C]. Вып. 3. М.: МГУ, 1980.

Шмелёва Т.В. Семантический синтаксис. Текст лекций [M]. Красноярск: Красноярский гос. ун-т, 1994.

Шмелёва Т.В. Текст сквозь призму метафоры тканья [A]. // Вопросы стилистики: Межвуз. сб. науч. тр. [C]. Вып. 27. Саратов: 1998. С. 68-75.

Шелякин М.А. Функциональная грамматика русского языка [M]. М.: Русский язык, 2001.

Шувалова С.А. Смысловые отношения в структуре сложного предложения [M]. М.: МГУ, 1990.

Щерба Л.В. О частях речи в русском языке [A]. // Избранные работы по русскому языку [C]. М.: Учпедгиз, 1957.

ЭРЯ – Энциклопедия «Русский язык» [M]. М.: Большая Российская энциклопедия, 1997.

Яковлева Е.С. Фрагменты русской языковой картины мира [M]. М.: Гнозис, 1994.

Янко Т.Е. Коммуникативный статус выражений со словом правда [A]. // Логический анализ языка. Истина и истинность в культуре и языке [C]. М.: Наука, 1995. С. 173-177.

Янко Т.Е. Обстоятельство времени в коммуникативной структуре предложения [A]. // Логический анализ языка. Язык и время [C]. М.: Индрик, 1997. С. 281-296.

Янко Т.Е. Коммуникативные стратегии и коммуникативные структуры [D]. Канд. дисс. филол. наук. М.: МГУ, 1999.

Harris Z. Discourse Analysis [J]. Language, 1952. v. 28. №1. C. 1-30.

Van Dijk T.A. *Text and Context* [M]. London: Longman, 1977.

鲍红，俄语语篇结构中的表情句法手段 [J]，外语学刊，1998（2）：30-36.

鲍红，Г.А. Золотова 的理论体系 [J]，中国俄语教学，2000（3）：14-19.

鲍建彩，俄汉语条件功能语义场对比研究 [D]，[硕士学位论文]，北京外国语大学，2013.

陈国亭，俄汉语词组合与构句 [M]，北京：商务印书馆，2004.

陈国亭，句子实义切分的认知标记与适用文本 [J]，外语研究，2003（4）：13-16.
陈国亭，语法规则的类推机制与类推失灵的逻辑阐释 [J]，外语学刊，2001（3）：97-101.
陈国亭、吴哲主编，现代俄语常用同近义词解析 [Z]，哈尔滨：哈尔滨工业大学出版社，2005.
陈昌来，现代汉语：句子（张斌主编）[M]，上海：华东师范大学出版社，2000.
陈勇，俄语语篇连贯的特征与语境分类 [J]，中国俄语教学，2003（4）：1-6.
陈勇，А.Е. Кибрик 的语言类型学研究 [J]，当代语言学，2007（4）：359-372.
邓滢，俄语功能语义场和意义系统理论对教学的启示 —— 兼评俄语功能–交际语法的教学观 [J]，外语教学，2010（4）：61-64.
杜桂枝，20 世纪后期的俄语学研究及发展趋势（1975-1995）[M]，北京：首都师范大学出版社，2000.
杜桂枝，简述 А. В. Бондарко 的功能语义场理论 [J]，外语学刊，2000（2）：67-72.
范晓，汉语的句子类型 [M]，北京：书海出版社，1998a.
范晓，三个平面的语法观 [M]，北京：北京语言文化大学出版社，1998b.
范晓，动词配价研究中的几个问题 [A]，配价理论与汉语语法研究 [C]，北京：语文出版社，2000.
高等学校外语专业教学指导委员会俄语组编，高等学校俄语专业教学大纲 [Z]，第二版. 北京：外语教学与研究出版社，2012.
高名凯，汉语语法论 [M]，北京：商务印书馆，1986.
葛秋彤，俄汉语参数特征述体模型句对比研究 [D]，[硕士学位论文]，北京外国语大学，2012.
关慧颖，俄语语句同义转换的功能语义研究 [D]，[硕士学位论文]，东北师范大学，2007.
郭淑芬，对俄语中表示主体病理状态动词的分析 [J]，外语学刊，1998（2）：86-89.
郭淑芬，试析状态主体的主要表达手段及其区别 [J]，中国俄语教学，2001（2）：27-33.
郭淑芬，Всеволодова 的句子模型观 [J]，外语学刊，2002a（2）：68-74.
郭淑芬，试论应用语言模型框架中句子的四个平面理论 [A]，俄语语言文学研究（第一辑 语言学卷）[C]，北京：外语教学与研究出版社，2002b.
郭淑芬，试析用存在句模式表示的状态述体模型句 [J]，中国俄语教学，2002c：12-17.
郭淑芬，俄汉语句型对比——存在和状态述体模型句 [M]，哈尔滨：黑龙江人民出版社，2004.
郭淑芬，俄语描写述谓的基本类型及其功能语体特点 [J]，中国俄语教学，2007a（4）：26-30.
郭淑芬，表示主体社会状态名词述体模型句及其变体 [A]，语言·文化·交际 [C]，哈尔滨：黑龙江人民出版社，2007b.
郭淑芬，俄语服饰特征述体模型句分析 [J]，中国俄语教学，2009（2）：31-36.
郭淑芬，俄语实用写作教程 [M]，北京：外语教学与研究出版社，2009.
郭淑芬，俄语领属关系述体模型句及其教学策略 [J]，中国俄语教学，2010（1）：27-32.
郭淑芬，俄语带描写述谓的性质特征述体模型句及其学习顺序 [J]，中国俄语教学，2011a（3）：45-51.
郭淑芬，俄语名词二项式模型句意义体系及其学习顺序 [J]，外语学刊，2011b（3）：68-71.
郭淑芬，俄语表示主体情感心理状态的同义模型句及其语体特点 [J]，中国俄语教学，2012（4）：26-31.
郭淑芬，模型句理论的优势及将之引入我国俄语教学的必要性 [J]，中国俄语教学，2017（2）：26-31.
郭淑芬，俄语功能交际语法视域下参数名词向前置词演变的趋势分析 [J]，解放军外国语学院学报，2017

（4）：53-61.

郭淑芬，俄语功能交际语法对功能语义场理论的再认识 [J]，欧亚人文研究，2021（3）：55-64

郝斌，句子结构模式描写之管见 —— 兼评"结构—语义"原则和"语义—结构"原则 [J]，外语教学，1990（2）：23-29.

郝斌，俄语简单句的语义研究 [M]，哈尔滨：黑龙江人民出版社，2002.

何伟、高生文主编，功能句法研究 [M]，北京：外语教学与研究出版社，2011.

何荣昌，俄语功能语法纵横谈 [J]，解放军外国语学院学报，1990（1）：68-76.

黑龙江大学俄语语言文学研究中心辞书研究所编，大俄汉词典 [Z]，北京：商务印书馆，2006.

胡悦，俄汉体貌功能语义场对比研究 [D]，[硕士论文]，北京外国语大学，2021.

胡裕树主编，现代汉语（增订本）[M]，上海：上海教育出版社，1981.

胡壮麟，功能主义纵横谈 [M]，北京：外语教学与研究出版社，2000.

胡壮麟，美国功能语言学家 Givon 的研究现状 [J]，国外语言学，1996（4）：1-10.

胡壮麟，语篇的衔接与连贯 [M]，上海：上海外语教育出版社，1994.

胡壮麟，语言系统与功能 [M]，北京：北京大学出版社，1990.

胡壮麟、朱永生、张德禄，系统功能语法概论 [M]，长沙：湖南教育出版社，1989.

胡壮麟、朱永生、张德禄、李战子，系统功能语言学概论 [M]，北京：北京大学出版社，2005.

华劭，关于语言单位及其聚合关系和组合关系问题 —— 苏联科学院《俄语语法》（1980）理论研究之一 [J]，外语学刊，1986（4）：44-52.

华劭，对几种功能主义的简介和浅评 [J]，外语学刊，1991（2）：2-6.

华劭，语言经纬 [M]，北京：商务印书馆，2003.

华劭，论词的搭配限制 [J]，中国俄语教学，2012（2）：1-8.

黄国文，语篇分析的理论与实践 [M]，上海：上海外语教育出版社，2001.

黄国文，韩礼德系统功能语言学40年发展评述 [J]，外语教学与研究，2000（1）：15-21.

黄国文、徐珺，语篇分析与话语分析 [J]，外语教学与研究，2006（10）：1-6.

黄国文，人生处处皆选择 [J]，当代外语研究，2016（1）：1-8.

黄国文、辛志英，什么是功能语法 [M]，上海：上海外语教育出版社，2014.

黄东晶，语义研究中的新功能主义及其解读 [J]，中国俄语教学，2012（4）：16-19.

计冬姣，俄汉语因果表达手段对比研究 [D]，[硕士学位论文]，北京外国语大学，2012.

姜宏，汉俄语功能语法对比研究：评述与展望 [J]，外语研究，2005（6）：45-49.

姜宏，功能语法理论研究的多维思考 —— 谈当代语言学新元素对功能语法理论的修补和完善 [J]，中国俄语教学，2007（3）：2-6.

姜宏，功能语法视域下俄语表情句法的整合研究 [J]，外语学刊，2011（2）：51-54.

姜宏、赵爱国，俄罗斯功能语法理论与西方系统功能语言学对比研究发微 [J]，外语学刊，2015（1）：54-58.

姜望琪，当代语言学的发展趋势 [J]，外国语言文学，2003（3）：12-18.

李勤，论俄语复合句的结构模式和新的类型 [J]，中国俄语教学，2001（2）：6-13.

李勤，论句子语义中的命题 [J]，燕山大学学报（哲学社会科学版），2006（1）：1-7.

李勤，指涉理论和句子的命题结构——俄汉语实例分析 [J]，俄罗斯语言文学与文化研究，2012（2）：1-11.
李勤、孟庆和，俄语语法学 [M]，上海：上海外语教育出版社，2006.
李勤、钱琴，俄语句法语义学 [M]，上海：上海外语教育出版社，2006.
李锡奎、史铁强，语篇衔接与连贯在俄语写作教学中的应用现状 [J]，外语学刊，2012（5）：121-124.
李锡奎，俄语语篇理论及其应用研究 [M]，北京：对外经贸大学出版社，2016.
刘润清，西方语言学流派 [M]，北京：外语教学与研究出版社，1995.
龙涛、彭爽，语义功能语法：功能主义在中国的新发展，兼论语义功能语法与系统功能语法语义性质之区别 [J]，语文研究，2005（3）：10-16.
吕叔湘，汉语语法分析问题 [M]，北京：商务印书馆，1979.
吕叔湘，现代汉语八百词（增订本）[M]，北京：商务印书馆，2000.
苗兴伟，Simon Dik 的功能语法 [J]，外国语言文学研究，2005（1）：16-23.
宁琦，关于俄语词组的功能分析 [J]，外语学刊，2012（1）：67-70.
宁琦，现代俄语简单句的结构模式、语义结构及模型 [J]，中国俄语教学，1998（4）：9-15.
彭玉海，俄罗斯语言学家 В.Г. Гак 的研究述评 [J]，当代语言学，2007（4）：289-302.
钱敏汝，篇章语用学概论 [M]，北京：外语教学与研究出版社，2001.
邱如春，实义切分理论中主位述位理论及主位纯理功能 [J]，江苏大学学报（社会科学版），2008（3）：80-83.
屈承熹，汉语功能语法刍议 [J]，世界汉语教学，1998（4）：29-42.
史铁强、安利，语篇语言学概论 [M]，北京：外语教学与研究出版社，2012.
孙玉华、田秀坤，现代俄语功能语法概论 [M]，北京：外语教学与研究出版社，2011.
孙玉华、田秀坤，俄语领属关系与领属结构的功能阐释 [J]，中国俄语教学，2008（2）：1-6.
谭林，功能语法及俄语教学 [J]，中国俄语教学，1993（4），1-5.
谭顺志，俄语单句词序优选性问题研究 [J]，解放军外国语学院学报，2009（5）：21-27.
王德孝、段世骥、高静、王恩圩编，现代俄语理论教程（下册）[M]，上海：上海外语教育出版社，1989.
王冬竹，语境与话语 [M]，哈尔滨：黑龙江人民出版社，2004.
王福祥，俄语实际切分句法 [M]，北京：外语教学与研究出版社，1984.
王福祥，汉语话语语言学初探 [M]，北京：商务印书馆，1989.
王福祥，话语语言学概论 [M]，北京：外语教学与研究出版社，1994.
王福祥，当代中国名家学术文库——王福祥集 [M]，哈尔滨：黑龙江大学出版社，2007.
王惠玲，俄语领有关系述体模型句及其汉语对应句型对比 [D]，[硕士学位论文]，北京外国语大学，2011.
王铭玉，俄语功能研究概述 [J]，外语与外语教学，1998（9）：8-11.
王铭玉，现代俄语同义句 [M]，哈尔滨：黑龙江人民出版社，1993.
王铭玉，俄语学者对功能语言学的贡献 [J]，外语学刊，2001（3）：42-53.
王铭玉、于鑫，弗谢沃洛多娃的功能—交际句法 [J]，外语学刊，2008（1）：30-40.

王铭玉、于鑫，佐洛托娃的句子模型理论 [J]，外语教学，2009（1）：14-20.
王铭玉、于鑫，功能语言学 [M]，上海：上海外语教育出版社，2007.
王铭玉、于鑫，俄罗斯功能语法探析 [J]，现代外语，2005（4）：413-421.
王清华，从认知视角解读俄语功能语法 [J]，中国俄语教学，2006（4）：25-27.
王清华，来自 Бондарко 三角形框架理论的思考 [J]，外语研究，2006（5）：37-41.
王清华，俄语功能语法理论研究 [M]，长春：东北师范大学出版社，2009.
王辛夷，俄语语篇与话语研究 [J]，俄罗斯语言文学与文化研究，2014（1）：1-5.
王仰正，俄语功能语法 —— 句子·内容·形式·聚合体 [M]，西安：世界图书出版公司，1996.
王仰正，论 Всеволодова 功能交际句法的认识论基础 [J]，外语与外语教学，2005（2）：5-9.
王远新，语言理论与语言学方法论 [M]，北京：教育科学出版社，2006.
王宗炎，语言问题探索 [M]，上海：上海外语教育出版社，1985.
魏在江，从外交语言看语用含糊 [J]，外语学刊，2006（2）：45-51.
吴贻翼，现代俄语中简单句结构模式及其语义结构 [J]，北京大学学报，1987（4）：96-111.
吴贻翼，俄语简单句结构模式及其在教学中的应用 [J]，外语与外语教学，1993（1）：6-10.
吴贻翼，试谈现代俄语中简单句模型的概念 [J]，中国俄语教学，1999（3）：5-9.
吴贻翼，现代俄语功能语法概要 [M]，北京：北京大学出版社，1991.
吴贻翼，现代俄语句法研究 [M]，北京：商务印书馆，2004.
吴贻翼，当代中国名家学术文库 —— 吴贻翼集 [M]，哈尔滨：黑龙江大学出版社，2008.
吴贻翼、宁琦，现代俄语模型句法学 [M]，北京：北京大学出版社，2001.
吴贻翼、王辛夷、雷秀英、李玮，现代俄语语篇语法学 [M]，北京：北京大学出版社，2003.
信德麟、张会森、华劭，俄语语法（第 2 版）[M]，北京：外语教学与研究出版社，2009.
徐烈炯，功能主义与形式主义 [J]，外国语，2002（2）：8-14.
许高渝，А.В. 邦达尔科功能语法 [J]，外语与外语教学，1989（2）：9-17.
许高渝，俄汉语词汇对比研究 [M]，杭州：杭州大学出版社，1997.
许余龙，对比语言学概论 [M]，上海：上海外语教育出版社，1992.
薛恩奎，И.А. Мельчук 的"意思↔文本"学说 [J]，当代语言学，2007（4）：317-330.
严巧丽，功能语法与俄语语法教学 [J]，外语教学，1995（2），53-56.
严辰松，功能主义语言学说略 [J]，解放军外国语学院学报，1997（6）：1-7.
杨成凯，"主主谓"句法范畴和话题概念的逻辑分析 [J]，中国语文，1997（4）：
杨海云，功能语法在俄语教学中的作用 [J]，中国俄语教学，1993（4），45-47.
杨玉坤，俄语特征述体模型句及其汉语对应句型对比 [D]，[硕士学位论文]，北京外国语大学，2009.
杨元刚，结构与功能：语言学发展百年回眸 [J]，湖北大学学报（哲学社会科学版），2005（5）：594-596.
于鑫，当代俄罗斯的功能语法流派 [J]，中国俄语教学，2005（5）：10-13.
袁毓林、李湘、曹宏、王建，"有"字句的情景语义分析 [J]，世界汉语教学，2009（3）：291-307.
张会森、俞约法，功能语法的若干问题 [J]，外语教学与研究，1980（3）：31-38.
张会森，功能语法导言 [J]，外语学刊，1988（5）：10-15.

张会森，苏联的功能语法研究 [J]，国外语言学，1989（3）：115-119.
张会森，俄语功能语法 [M]，北京：高等教育出版社，1992.
张会森，关于功能语法 [J]，中国俄语教学，1994（1）：5-8.
张会森，功能语法问题——А.В. Бондарко 功能语法观述评 [J]，外语与外语教学，1989（1）：17-23.
张会森，最新俄语语法 [M]，北京：商务印书馆，2000.
张会森，从俄汉对比中看汉语有什么特点 [J]，外语学刊，2000（1）：3-12.
张会森，俄汉语对比研究（上、下卷）[M]，上海：上海外语教育出版社，2004.
张家骅、彭玉海、孙淑芳、李洪儒，俄罗斯当代语义学 [M]，北京：商务印书馆，2007.
张杰，系统功能语法理论——批判话语分析的有力工具 [J]，河北联合大学学报（社会科学版），2012（6）：99-101.
张静，汉语语法问题 [M]，北京：中国社会科学出版社，1987.
张志公，现代汉语（上、中、下）[M]，北京：人民教育出版社，1982.
赵艳芳，认知语言学概论 [M]，上海：上海外语教育出版社，2001.
郑贵友，汉语句子实义切分的宏观原则与主位的确定 [J]，语言教学与研究，2000（4）：18-24.
朱永生，语境动态研究 [M]，北京：北京大学出版社，2005.
朱永生、严世清，系统功能语言学多维思考 [M]，上海：上海外语教育出版社，2001.
朱永生、严世清、苗兴伟，功能语言学导论 [M]，上海：上海外语教育出版社，2004.
周文逸，弗斯 [J]，语言学动态，1979（2）：42-44.

术语俄汉对照汇览

авторизатор 信源说明者
авторизационные добавки 信源补充
авторизационные модификации 信源说明变异
авторизация 信源说明
агенс（агент，агентив）施事
аглютинативные языки 黏着语
адвербиализация 副词化
адресат 受话人，与事，对象
адресант 发话人
актант 题元；中心题元
актуализационная категория 现实化范畴
актуализационный механизм 实义切分机制
актуализация 现实化
актуальное членение 实义切分
акцентное выделение 重读强调
акциональность 行为
акциональный предикат 行为述体
аналитические языки 分析语
аргумент 论元
артефакт 人工制品
аспектуальность 体貌
безличная форма 无人称形式
бенефициенс 受益人或受损者
биноминативное предложение 双主格句
бытийность 存在
бытийный глагол 存在动词
бытийное предложение 存在句
бытийный предикат 存在述体
бытующий предмет 存在物
валентность 配价
внешнесинтаксическая модальность 句法外情态
внутрисинтаксическая модальность 句法内情态

вопросительная модификация 疑问变异
временной локализатор 时间处所词
вторичная предикация 二次述谓化
генератив 生成关系
гиперрема 总述位
гипертема 总主位
глагольная модель предложения 动词模型句
глагольный вид 动词的体
глаголы движения 运动动词
грамматические модификации 语法变异
грамматическое присоединение 语法组合
деадъектив 形名词
девербатив 动名词
действие 行为
делексикализованный бытийный глагол 非词汇化存在动词
делиберат（делибератив）所言之物
денотат 所指
денотативная структура 所指结构
денотативные роли 所指角色
денотативные типы предикатов 述体的所指类型
денотативный уровень 所指平面
дериват 派生词
деривация 派生
дескриптив 特征主事
дестинатив-1 涉及对象
дестинатив-2 功能上与部分相连的整体
деструктив 脱离整体的部分
детерминант 全句限定语
диатеза 双题元句，配位结构
диктум 客观陈述
дименсив-1 空间数量特征；

дименсив-2 段时间
дименсив-3 程度度量状语
дименсив-потенсив 事件后持续时间
директив 方向
директив-старт 方向起点
директив-финиш 方向终点
дискретные единицы 离散单位
дискурс 话语
дистрибутив-1 多个方位或路径
дистрибутив-2 复现或均分时间
донатив 给予物
донатор 给予者
дополнение 补语
духовная сфера проявления предиката 述体的灵性表现范围
естественная модель 自然模型
закон семантического согласования 语义匹配律
зооним (фауноним) 动物
идентификаторы или идентифицирующие слова 证同词
иерархизованная система коммуникативно значимых позиций 有交际意义位置的等级系统
изолирующие языки 孤立语
изоморфная конструкция 同构结构
изосемическая конструкция 形义对称结构
изосемия 形义对称
изофункциональность 功能同一性
именная группа 名词短语
именная локативная группа 方位名词短语
именная причинная группа 原因名词短语
именная темпоральная группа 时间名词短语
императив 命令式
инвариант 常体
индикатив 动词的陈述式
инкорпорирующие языки 多式综合语
инклюзивность 包容性

инплицит 隐性
инструмент 工具
интеллектуальная СПП 述体的智能表现范围
интенсиив-1 被消耗或充满的限度
интенсиив-2 被强化的状态
интерпретационные ФСП 解释功能语义场
интерпретационные механизмы 解释机制
интонационная конструкция 语调结构
интонационный центр 语调中心
интонация 语调
инфинитив 动词不定式
исходная модель предложения 原始模型句
категориальная ситуация 范畴情景
категориальные классы слов 词的范畴类别
категория состояния 状态范畴
каузатив 原因
каузатор 起因者
каузация 原因；使役
каузативные глаголы 使役动词
квазиквалификатор 伪评定词
квазилокализатор 伪方位词
квалитатив 性质
квалификатив 评定
квантитатив 数量
класс слов 一类词
классификатор 类别词
комитатив 伴随物；伴随状语
коммуникативная задача 交际任务
коммуникативная перспектива предложения 句子的交际视角
коммуникативный ранг 交际级
коммуникативный регистр 交际言语类型句
коммуникативная структура 交际结构
коммуникативное устройство 交际结构
коммуникативный статус слов 词的交际地位
коммуникативный уровень 交际平面
коммуникативные механизмы 交际机制

компарат 相较者
компенсатор 补偿词
комплексив 总括者
комплетив 数量的整体
композитив 组成部分
конверсив 逆向转换
кондитив 条件
консеквентив-1 后果
консеквентив-2 逻辑推论
конструктивное устройство 结构机制
контаминант 错合形式
контекст-партнёр 语境伙伴
контроллер 显示行为参数的控制器
конфирматив 信息的依据
концептуальное слово 观念词
концепция многоуровневости предложения 句子多平面观
конъюнктив 假定式
корневые языки 词根语
корреляты 对应形式；对应词
косвенный подеж 间接格
креатив 行为创造物
критерий 标准的针对者
лексема 词位
лексика 词汇学
лексикализованный бытийный глагол 词汇化存在动词
лексико-грамматическая валентность 词汇语法配价
лексико-семантический вариант 词汇语义变体
лексико-семантическая группа 词汇语义群
лексическая валентность 词汇配价
лексическое поле 词汇场
лимитатив 特征实现的范围
лингвистическая универсалия 语言共相
линейно-интонационная структура 线性语调结构

лицо 人称
личный локализатор 人称处所词
логическое обстоятельство 逻辑状语
логические типы предложения 句子的逻辑类型
локализатор 处所词
локатив 方位
локум 空间
медиатив-1 传输工具
медиатив-2 行为的性质特征
ментальный предикат 思维述体
местоимение 代词
метакатегория 元范畴
метаслово 元词
метасмысл 元涵义
метатекст 元语篇
метаязык 元语言
микрополе 微型场
модальные модификацие 情态变异
модальность 情态
модальный модификатор 情态变异词
модальные смыслы 情态涵义
модель предложения 句子模型，模型句
модификатор 变异词
модификация 变异
модуль 模块
модус 主观评述，模态
монопредикативные синонимические варианты 单述体同义变体
морфологическое подлежащее 词法主语
морфология 词法学
морфосинтаксис 形态句法学
мотив 逻辑依据
мотивированное управление 理据支配
наклонение （动词的）式
наличие 在场，存在
нарицательные имена 普通名词
натурфакт 自然物

неактуализированная позиция 不可切分位
неизосемия 形义非对称
неизосемическая конструкция 形义非对称结构
немотивированное управление 非理据支配
неодушевлённые имена 非动物名词
неопределённо-личная форма 不定人称形式
несовершенный вид 未完成体
несогласованное определение 非一致定语
нефлективные языке 非屈折语
неформализованные конверсивы 非形式化逆向转换
номинализационная конструкция 称名化结构
номинативная функция 称名功能
номинативно-аккузативное предложение 称名宾格句
номинативно-генитивное предложение 称名生格句
номинант 被命名物
номинатор 命名者
нулевая форма 零形式
область бытия 存在域
обстоятельство 状语
обстоятельство времени 时间状语
обстоятельство места 地点状语
обстоятельство цели 目的状语
обусловленная позиция 制约位置
обусловленная синтаксема 制约句素
обусловленное управление 制约支配
общефактическое прошедшее 一般事实过去时
объект 客体
объектив 物体受事
объективированный оборот 客观化转换
объективная модальность 客观情态
однокомпонентное предложение 单成素句
одушевлённые имена 动物名词
означаемое 所指
означающее 能指

ономисиатив 伴随专名
он-текст 他语篇
описательный предикат 描写述谓
оппозитивная система 对立体系
оппозиция 对立
определение 定语
открытая (явная) грамматика 表层语法
отправитель 派发者
отражательное ФСП 反映功能语义场
отрицательные модификации 否定变异
парадигма 聚合体
парантеза 插入成分
партитив 整体的一部分
партиципант 必有情景参项
парцилляция 句子的切割
пациенс (пациент) 受事
пациентив 生命受事
перефразировка 句式变换；转述
персуазивность 可信性，说服力
перфектное прошедшее 结果意义过去时
перцептив 感知客体
подлежащее 主语
позиционное звено 位置链接
позиция 位置
показатели модификации 变异标志词
поле типового значения модели предложения 模型句的类型意义场
полевая структура 场结构
полипропозитивные осложнения модели предложения 模型句的多命题繁复
получатель 获得者，接收者
понятийная категория 概念范畴
порядок слов (словопорядок) 词序
посессор 领有者
посессив 领属物
посредник 中介
прагматико-модусные разряды 语用情态类别

предикат 述体
предикативная основа 述谓基础
предикативное наречие 述谓副词
предикативность 述谓性
предикация 述谓化
предицируемый компонент 被述谓化成素
предицирующий компонент 述谓化成素
предложение-высказывание 语句
предложения именования（номинации）称名句
предложения тождества（идентификации）证同句
предложение характеризации 特征句
предметные имена 事物名词
пресуппозиция 预设
преемственность 继承性
придаточная часть 从句
признак 特征
признаковые имена 特征名词
прикладная модель языка 应用语言模式
прилагательное 形容词
примарная предикативная пара 首要"述谓对"
присловные члены 展词成分
причастная модель предложения 被动模型句
причинно-следственные отношения 因果关系
пропозиция 命题
простое предложение 简单句
пространственный локализатор 空间处所词
протагонист 主事
прототип 原型
прототипная конструкция 原型结构
ракурс 缩影；角度
распространитель 扩展成分
распространяющие члены 扩展成分
расширенная структурная схема 扩展结构模式
регулярные реализации 正规体现

релянт 关系主事；相关者
релятор 关系说明词
реляционный предикат 关系述体
рема 述位
рематическая доминанта 优控述位
референт 所指；指称对象
реципиент (рецепиенс) 接收者
речевые реализации 言语体现
родовое слово 类属词
ролевая функция 角色功能
связка 系词
связочный глагол 系动词
сема 义素
семантико-грамматические модификации 语义语法变异
семантическая структура 语义结构
семантический разряд 语义类别
семантический уровень 语义平面
семантическое устройство 语义结构
сигнификативный уровень 能指平面
синкретичные явления 融合现象
синонимика 同义句
синонимическая трансформация 同义转换
синтагматические связи 组合联系
синтагматическое членение 语段切分
синтаксема 句素
синтаксемный анализ 句素分析
синтаксис 句法学
синтаксическая парадигма 句法聚合体
синтаксические деривации 句法派生
синтаксический параллелизм 句法并行
синтаксическое поле предложения 句子的句法场
синтетические языки 综合语
синхронизм 共时
сирконстант 疏状成分

система значений 意义体系
ситуант 情景元
ситуатив-1 环境状态
ситуатив-2 地点和时间的融合
ситуатив-3 时间和原因的融合
ситуатив-4 环境状态跟原因和时间的融合
сказуемое 谓语
скрытная грамматика 深层语法
словосочетание 词组
словесная форма 词的形式
словоформа 词形
сложное предложение 复合句
смысловые отношения 语义关系
собственные имена 专有名词
событийные имена 事件名词
совершенный вид 完成体
согласованное определение 一致定语
содержательный инвариант 内容常体
содержательные разновидности 内容变种
состояние 状态
социальная СПП 述体的社会表现范围
способ выражения 表达方式
способ глагольного движения 动词运动的方式
статив 静态
статальный（стативный）предикат 状态述体
стимул-1 诱因主事
стимул-2 诱因受事
стихия 自然力
страдательный оборот 被动短语
строевые слова 建构词
структура предложения 句子结构
структурная схема предложения 句子的结构模式
структурно-коммуникативная единица 结构交际单位
структурно-семантические модификации 结构语义变异

субморфема 亚词素
субъект 主体
субъективная модальность 主观情态
субъектная перспектива 主体视角
субъектно-предикатная пара 主—述体对
супплетивные формы 词的异干形式
сурсив 信息来源
сфера проявления предиката (СПП) 述体表现范围
таксис 时序
тема 主位
текст 语篇
текстуальность 语篇性，文本性
тема-рематическая мена 主—述位变换
тема-рематическая организация 主—述位结构
темпоральность 时貌
темпоратив 点时间
терминатив 段内时间
типизированное событие 类型化事件
типовая ситуация 类型情景
типовое значение 类型意义
топик 主题，话题
топикализация 主题化，话题化
транзитив（трасса）路径
транспозиция 换位
условия дополнительной дистрибуции 补充配置条件
управление 支配
участник ситуации 情景参项
фабрикатив 原材料
фазисная модификация 阶段变异
фазисные глаголы 阶段动词
физиологическая СПП 述体的生理表现范围
физическая СПП 述体的物理表现范围
финитив 目的；目标
финитный глагол 变位动词
флективные языки 屈折语

фокус ремы 述位焦点
форма слова 词的形式
формализованная запись 形式标志
формализованные конверсивы 形式化逆向转换
формальная структура предложения 句子的形式结构
формальный уровень 形式平面
формальные механизмы 形式机制
фразовое ударение 句重音
функтив 情景创造物
функционально-грамматическое поле 功能语法场
функционально-коммуникативная грамматика 功能交际语法
функционально-маркированные слова 功能标记词
функционально-семантическая категория 功能语义范畴
функционально-семантическое поле（ФСП）功能语义场
функционирование 起作用
функция 功能
характеризатор 表征词
характеризующее обстоятельство 特征状语
характеризующий предикат 特征述体
характеристика 特征；特点
части речи 词类
члены предложения 句子成分
эврикатив 智能创造物
экзистенциальный предикат 存在述体
экзисциенс 存在主事
эксклюзивность 排他性
экспериенцер（экспериенсив）状态主事
экспликатор 描写说明词
эксплицит 显性
экспрессивно-коммуникативные модификации 表情交际变异
элементив 成员
элиминатив 被消除物
эмоционально-психическая СПП 述体的情感心理表现范围
ядерное предложение 场心句
ядро 场心
языковая картина мира 语言世界图景
языковые механизмы 语言机制
я-текст 我语篇